中国证据制度的传统与近代化

郭成伟 主编

中国检察出版社

《中国证据制度的传统与近代化》
编 委 会

主　　编：郭成伟

撰 稿 人：郭成伟　　姜登峰　　蒋铁初

　　　　　李　倩　　刘玉华　　杨晓秋

　　　　　张琮军

目　　录

下编　中国民事证据制度的传统与近代化

序　言

证据制度的研究，特别是传统证据制度及其近代转型的研究，是笔者多年前的想法，一直未有机会完成。今因承担了教育部项目，有条件予以完成，特写序言以下，表达自己粗浅的想法。

一

证据制度的极端重要性，日益被人们所认识。经过认真分析与研究，笔者认为：证据制度是整个司法制度的核心内容，也是全部司法活动的灵魂，它贯穿于诉讼审判的始终。第一，所谓的勘验（侦查、鉴定），实质上是依法收集与确定证据的过程。第二，所说的起诉，实际上是依法审定证据，确立定案的过程。第三，所说的诉讼，是依法指定原、被告人进行当庭质证的过程。第四，所谓的审判，实质上是推事（法官）依法据证，确定判决的过程。第五，所谓的平反冤狱，实质上是法律监督部门重新收集与检验证据，推翻原有判决，确立新的判决，纠正冤、假、错案的过程。在此过程中，法律是标准，证据是根据，推事（法官）依法据证作出审判结论。无论从何种角度看，证据制度都起到审理案件的奠基作用，发挥着无可替代的证明作用。明朝人佚名作者在其《居官必要为政便览》，"人命事情"一节中，讲了一段引人深思的话。他说："人命事，若无的证，必为疑狱。与其杀不辜，宁失不经。苟以一时之见，罗织成案后，有不胜共悔者矣。昔一富被盗，将家主杀殆，止一婢获免。后法司详细，俱以为婢子同奸夫杀之也。议拟凌迟。决后，而真盗事发，招出前情，问官皆得有罪。夫一身之荣辱不足惜……如此之类，诚为冤狱矣。所以为官之人，欲要昌后，当与此处存一善念可也。"① 这一段话表明中国古代贤人早已认识到杀人等重案调查取证的重要性，以及办案人员主观臆断所带来的严重后果。可见，在充分发挥证据在诉讼审判中的证明效力上，古今有同感，

---

① （明）佚名：《居官必要为政便览》，《官箴书集成》第 2 册，黄山书社 1997 年版，第 57 页。

仿佛感同身受。

二

　　证据在不同人看来，似乎有不同的属性。但不管认识如何不同，都不可否认，证据属性中，以其客观性为最重要。正如以上明人举例所说，法官在杀人命案的处理中，必须有"的证"，也就是确凿的证据，才能确定真凶，加以法律判决。反之，推事仅凭推断，主观认定婢女与奸夫杀人。结果冤杀了此二人，而放走了真正的杀人凶犯。正是因为在证据的认识上犯了主观主义的错误，法官办错案件，自己也落得身败名裂的下场。这既是深刻的历史教训，也是对后世的警醒与启发。实际上，中国古代贤人比较早地认识到证据客观性原则在诉讼审判中的重要性，而且愈益明确与深刻，并把其法律化制度化，这在中外司法制度史上是仅见的。在先秦的西周时期，就于民事证据上提出："听政役以比居"；"听闾里以版图"；"以取予以书契"；"听出入以要会"。① 即说征税发徭，以所在户籍为准；田土争讼，以地图为准；借贷钱物，以书契为准；审计库藏，以簿书为准。从而肯定了民事证据客观性原则及其重要的证明效能。在刑事证据方面，西周提出"两造具备，师听五辞；五辞简孚，正于五刑；五刑不简，正于五罚"；如"五刑之疑有赦，五罚之疑有赦，其审克之。简孚有众，惟貌有稽，无简不听"。② 即说法官审案应吸取原、被告的供述言词；同时在处罚时若存有疑难未解之处，则采取从赦的方针；在证据不充分时可以暂不处理。这种基于证据客观性原则而采取的慎刑、慎罚措施，就是要避免冤假错案的发生。

　　在秦朝统一的中央集权的君主专制政体建立后，继续奉行法家的封建法制主义主张，对证据客观性的认识有新的提升，曾规定："治狱，能以书从迹其言，毋笞掠而得人情为上，笞掠为下，有恐为败。"③ 即说能以确凿书证印证犯人口供，证明案情，是高明的审判方法。笞掠犯人是下策，有可能产生误判。这表明秦代把客观性充分的书证置于主导地位，用以保证审判的真实客观。

　　到封建法制文明、证据文明高度发达的唐朝，则进一步规定："若赃状露

<hr>

① 《周礼·天官·小宰》，《十三经注疏》上册，中华书局 1979 年影印本。
② 《尚书·周书·吕刑》，《十三经注疏》上册，中华书局 1979 年影印本。
③ 《睡虎地秦墓竹简·封诊式·讯狱》简 2—4，文物出版社 1978 年版。

验，理不可疑，虽不承引，即据状断之。"① 唐律的这项规定与法律解释，弥
补了秦律规定的不足。即认为只要司法机关起获盗罪真赃，查到杀人实证，理
论上没有疑点，虽然犯人不认罪、不交代口供，也可以据证定罪。这是唐律第
一次以国家大法的形式，确立"零口供断案"的先例，超越于东西方各国，
在中外司法制度史上具有开创性的历史地位，也无疑产生了不可估量的历史影
响。这既是中国，也是世界法制文明、证据文明发展的新标志，足以引起国人
为之自豪。

三

认识证据制度不是为认识而认识，而是要凭着本民族长期以来积累的伟大
精神与崇高道德并通过正确运用法律与证据，解决司法中的各项难题，以求得
公正与公平，并获得民众的拥护与支持。笔者在查阅大量资料与案例的基础上
认识到，中国古代法制文明与证据文明贯穿了中华民族伟大的民族精神。这也
是他们能够长盛不衰的基本原因之一。撮其要者，有以下六项：第一，据证执
法，应本"天下为公"的大道精神；② 第二，据证执法，应有"求其中"的
精准精神；③ 第三，据证执法，应有清廉律己的自省精神；④ 第四，据证执法
应有慎重刑狱的"恤刑"精神；⑤ 第五，据证执法，应具有调处息讼的和谐精
神；⑥ 第六，据证执法，应有融天理、国法、民情为一体的平衡精神。⑦ 没有
这样一种理想与精神，是很难在腐化浑沌的司法环境中，独善其身，秉公执
法，为民主持公道的。其理正如明朝佘自强《治谱十卷》卷一·《艰苦地方》
中所说："凡选得穷疲刁苦地方，且要安心息怒。人生食有方，固非人图度可
得。且丈夫做事必先精神，结聚而后续，乃有成。今若有蘧庐针毡，一刻不能
安之想，则访问必不真恳，经理必不周密，意气必不鼓舞。故选得此方，即矢
志以室，家视此方，方可他日，渐渍沦洽。极疲者，可使改观。极刁者，可使

---

①　《唐律疏议·断狱律》，讯囚察辞理条。
②　《礼记·礼运篇》，《十三经注疏》上册，中华书局1979年影印本。
③　《唐律疏议》，附元朝儒学提举柳斌所写的序。
④　武则天：《臣轨》，《官箴书集成》第1册，黄山书社1997年版。
⑤　尹会一：《健余先生抚豫条教》，《官箴书集成》第3册，黄山书社1997年版。
⑥　《论语·颜渊》，《十三经注疏》下册，中华书局1979年影印本。
⑦　《元史·周自强传》，另参见《人民法院报》2012年6月8日，法律之声版。

若家人父子。方知此言之不诬也。"① 在佘自强这位古之贤人看来，高尚的精神才能产生源源不断的克服一切困苦的动力。据证司法，又何尝不如此呢。春秋时期晋国与楚国分别产生一位精神高尚，以身殉法的官吏。据《史记·循吏列传》载：晋文公治下（前636—628年）有一位执掌司法的官吏李离，因"过听杀人，自拘当死"。晋文公认为这是过失所致，不应处死。李离说："理（司法机关的长官）有法，失刑则刑，失死则死，公以臣能听微决疑，故使为理。今过听杀人，罪当死。"于是，李离"遂不受令，伏剑而死"。② 李离忠于职守，以身护法，其精神令人肃然起敬，其守法执法的高尚品格，也足以感照后人。另外，春秋楚昭王时期（前515—489年），一次宰相后奢听见有人杀人，就带人捉拿凶手，结果凶手是自己父亲，石奢因孝放了父亲，到楚昭王处请死。他对楚昭王说："以父立政，不孝也；废法纵罪，非忠也，臣罪当死。"王曰："追而不及，不当伏罪，子治其事矣。"石奢坚定地说："不私其父，非孝子也；不奉主法，非忠臣也。王赦其罪，上惠也；伏诛而死，臣职也。""遂不受令，自刭而死"。③ 此案例又一次说明，司法官，据证执法的前提是忠于法律，严于执法，并从自身严格作起。石奢因不违背孝道，私放杀人的父亲。但私放又违背忠于法律的承诺，于是主动承担责任，自杀殉法。其严于律己、忠于职守、忠于法律的精神，同样是令人钦佩的。正是这样一批正直的司法官们，他们的不断涌现，才支撑起中国司法文明、证明文明的大厦，他们是永远值得后人缅怀的。

四

本书是有关中国传统证据制度及其近代转型的一部学术力作。它在大量收集档案与文献资料的前提下写就，故力争使结论确立在真实可靠的基础上。在这里尤要感谢有关学术同道与专家的支持，特别是北京大学法学院的蒲坚教授的关怀，他赠予我的大作《中国古代法制丛钞》（1—4册）一书，为我们写就本书提供了珍贵的材料，在此，向他们，特别是蒲先生表示感谢。对他们的辛勤付出，表示衷心的感谢。

另外，还要说明，这部学术专著，是郭成伟教授主持完成的2009年度教

---

① 明佘自强：《治谱十卷》卷1，《官箴书集成》第2册，黄山书社1997年版，第383页。

② 《史记·循吏列伟·李离传》。

③ 《史记·循吏列传·石奢传》。

育部人文社会科学研究规划基金项目《中国传统证据制度的嬗变与借鉴》的最终成果，其项目批准文号为：09YJA820087。我们课题组原本将课题设计为传统证据制度的范畴，但随着研究工作的不断深入，资料收集工作的不断扩展，决定扩大选题范围，将最终成果定名为《中国证据制度的传统与近代化》。虽然研究成果的范围有所扩展，但总体说来，并没有偏离课题设计的大方向。

本部学术专著，是带有创新性的专著。是主编组织并亲自撰写五章，同时参与撰写的课题组成员共同努力，经过艰辛的工作，最终完成的。具体分工如下：综论部分由中国政法大学副教授姜登峰与郭成伟教授合作完成。姜登峰独立完成第一部分，郭成伟教授完成第二部分。上篇：第一章由郭成伟撰写；第二章由中国社会科学院法学研究所博士后张琮军撰写；第三章由张琮军撰写；第四章由中国政法大学博士研究生杨晓秋撰写；第五章由中国政法大学副教授李倩撰写。下篇：第六章、第七章都由郭成伟教授撰写；第八章由郭成伟教授和张琮军合作完成，第一、三部分由郭成伟完成，第二部分由张琮军完成；第九章由浙江财经大学副教授蒋铁初撰写；第十章由天津科技大学刘玉华讲师撰写；结语由郭成伟教授撰写。

对于他们的刻苦努力与持续钻研而拿出的科研成果，我表示充分的肯定，同时也表示自己的衷心谢意。预祝他们取得更加优异的成绩。

郭成伟

2013 年 8 月 18 日

综　论

第一节　证据通论

一、社会环境与生成背景

中国是一个有着五千年悠久历史的文明古国，有着辉煌灿烂的历史文化文化。中国法制文明在漫长的历史进程中也有丰厚的历史积淀，它不仅辉耀着古老的中华帝国，而且也润泽着相邻的国家和地区，在相当长的历史进程中一直居于世界法制文明的前列。

在中国十分丰富的传统法律文化中，饶有特色的传统证据制度也是其重要的内容之一。与其他国家一样，我国传统的证据制度也较为简单、粗疏，体系性不强，特别是在历史朝代的更替过程中，变动较多，使得证据制度的体系性显得不足，在传统法律体系中也不具备应当具有的地位。但是，由于中国古代特殊的政治、经济、文化背景，我国传统的证据制度在其形成和发展过程中还是有许多特别的内容和特色的价值。从历史角度和对传统文化继承的视野来看，独树一帜的传统证据制度对现代中国证据制度的完善也有许多宝贵经验和教训值得我们继承和反思。

中国传统法律文化的形成和发展同中国传统文明的形成和发展一直是相伴而生的，这种文明下形成的政治、经济、文化等社会制度奠定了传统法律文化的独特品行。正如人类社会的发展是自然历史过程一样，任何民族文化的发展，也都是一个自然历史的发展过程，中国的法文化与自己特定生长土壤，有与世界上其他民族的文化迥异其趣的内在特质和精神风貌。

（一）中华法制文明的自然背景

中国是世界上四大文明古国之一，它的形成和发展有自己独特的道路和内在的特征，形成这种独特的文明的原因虽然有很多，但是，主要还是依赖其中的地理、气候、生产方式等主要因素。

中国地处亚洲的东北部，是一块内部物产丰富、外部天堑阻隔的独特区域，自北向南，跨越温带、热带两大气候带，自西向东展延五千二百公里。南北温度相差四十摄氏度。平原、高原等各种地形、地势兼备；冬春季节干燥的风从西伯利亚和蒙古高原吹到我国，由北向南，风力逐渐减弱，造成寒冷、干燥、南北温差大的气候。夏季风由南向北，温暖着秦岭以南的广袤土地。这种多变的地形和地势，以及多样的气候自然环境，繁育了不同种类的动植物，也分布着不同种类的丰富矿产资源。

中国先民生活的大地，是一个拥有周边屏障的独立区域，北部自西向东有天山、蒙古戈壁沙漠、大小兴安岭；西部往南有帕米尔高原、喜马拉雅山、横断山；向东和东南是一望无际的海洋。整个文明的发展处于一个相对完整、独立的地理区域之中。其他的人类早期文明不仅远离华夏大地，而且有天然屏障阻隔，难以形成文明的冲突和交流。正是这种独特的自然环境，为中华文明的形成、发展提供了既无主动对外扩张的需求，又无被动受到外部文明干扰的相对独立的自然环境，它直接促成了中华文明的独立发展和自我演进。可以说，中国先对独立的地理环境和得天独厚的自然条件，使它在相当漫长的历史时期内都基本上走着独立发展的道路，从而使得中国社会史的发展绵延不断，在世界几大文明古国中是唯一没有发生文化断层的国家，形成了极富特色的中华民族的思想文化精神。

（二）得天独厚的农耕文明孕育了早期的先民群体

中国是一个典型的农耕文明国家。中国先民居住和生活的区域特点决定了中国与众不同的文明形成方式，它伴随着先民们一系列的社会生活和生产，以及部族战争活动而展开。

人类文明的产生和发展，是在人类与自然博弈、物竞天择的情形下开始的一个过程。中华民族的发源地主要集中在长江和黄河两大流域，而这两大流域更是农耕文明的代表，早在公元前一万多年前的新石器初期，我们的远古祖先——华夏文明的主体就已经在此开始耕作，发明了早期农业。中国不但是世界农业最早兴起的地区之一，而且是世界上最大的农作物起源中心；黄河中下游是旱地农业起源的核心地区，长江中下游是稻作农业起源的重要中心。随着社会的发展，到新石器时代磨制农具的使用大幅度提高了生产效率。农耕生产（无论是旱地农业生产抑或是稻作农业生产）对水的依赖都很强，这就导致对水利建设作为公共工程的需要，而水利工程的建设和实施，又影响了血缘家庭作为天然生产单位的结构和职能，也刺激了公共机构的形成和发展，并进而形成了以家庭为单位的公共组织。农业文明区域固定化的特点，使它区别于游牧文明、渔猎文明对于勇气和力量的需要，它的文明传承更多的依赖于经验。中华文明重经验的特点，使得人们对老人和先人有着更多的依赖和尊敬。战争是人类早期相互之间关系的常态，特别是促进文明发展的一种重要方式，也是推进社会发展的主要动力，通过战争可以改善生存条件和扩大势力范围，而势力范围也是改善生存条件的重要体现，华夏文明的形成和发展进程中也伴随着普遍的战争。黄河中下游地区，由于地势平坦，地形易攻难守，既刺激了战争发生的频率，也催生了扩大势力范围、统领全境的大一统心理。中原大地频繁发生的部落联盟之间的相互战争，催发了中国早期文明的不断发展和演进。

（三）中国古代政治制度

中国独特的地理环境、自然条件以及社会分工的特点和商品经济不发达等原因，使早期国家在形成过程中也同样走上独特发展道路。夏商周三代国家政权不是在摧毁旧的原始血族组织的基础上建立起来，而是在利用和改造父系氏族的基础上建立起来的，因此，在政权组织上具有政权和族权结合的特点。国家官职由贵族家族世袭垄断，国家的行政体系根据大家族的宗法分封来缔造，国家的军队以贵族的家属成员为基干进行编制，整个国家的统治网也是以贵族，家族为中心联络起来的。而国家的都城，同时又是十足的统治中心和宗庙所在地，所谓"凡邑，有宗庙先君之主曰都"，"都曰城"。① 作为贵族家族继承法的宗法制度与国家制度紧密糅和在一起，成为国家的重要政治制度

西周时期，周制同姓百世不通婚，诸侯各国间同姓即是兄弟，异姓多是甥舅，彼此都有血缘关系，从而加强了相互之间的联系。土地所有权和政治权也是联系在一起的，合为一体、相互依存。"溥天之下莫非王土"，公、卿、大夫等各级贵族也都占有数量不等的王有土地。当时统治阶级内部，在宗法制为纽带的政治体制和经济体制的基础上，形成了"王臣公、公臣大夫、大夫臣士"② 的等级关系。

夏商周三代时期，广大平民一般也都以"族"为基础，聚族而居。根据《周礼地官大司徒》记载，周代王城近郊居民的族居情况是："令五家为比，使之相保；五比为闾，使之相受；五闾为族，使之相葬；五族为党，使之相救；五党为州，使之相赒；五州为乡，使之相宾。"周灭商后分封诸侯，一般也未破坏被征服民族的家族宗族组织，而是整族分给特定的诸侯，仍然聚族而居。春秋战国时期的社会变革，使周代的宗法发生了相应的改变，但在后来的封建社会里，宗法周代发展得更为完备，而一直延续到近代。

---

① 《左传·庄公二十八年》。
② 《左传·昭公七年》。

（四）早期中国文明的特点

中国文明由于一直处于相对封闭的自然环境，比较优厚的自然资源，以耕织为主的农耕经济，以公共工程、集体祭祀、部落战争为主要形式的公共活动共同造就了早期的中国文明，并使得中国文明呈现了一元意识、家庭观念和对礼的重视。

在中国在早期文明形成过程中，以暴力获取自然资源、以战争扩张领地的背景下，原始部落共同体即已形成力博天下、四方来朝的一元特点。在可达的地理范围内很难形成相对独立的权力实体。即使短期形成，也很快在利益纷争中、在战争中被强行一体化。政治一体化的特点，也体现在共同体内部结构和运行机制上。共同体在构建内部机制方面，形成了一体化的内部权力结构。共同体内部划分层级，每一层级承担不同的职能，拥有不同权力，但这种权利划分具有穿透性，不因层级而阻断，上层权力可以通过层级设置，直接到达底层。地理环境和权力运作方式，直接影响一元思想观念的形成。

血缘家庭是人类从原始状态到文明阶段的基本社会单位。随着文明的演进和政治国家的建立，个体从家长权力控制下转而处于国家权力控制之下。与家庭相比，国家代表一种完全新型的社会共同体，它以超越血缘和婚姻为主体的亲缘关系为基本特征。这一新型的共同体的产生和新型社会会关系的建立归功于经济发展对社会交往和个体竞争的需要。中华文明由于发源于自然资源丰富、交通便利的地区，这种较为优越的自然环境使得当时人们对于生活的需求与自然界供给之间的矛盾并不十分冲突。个体之间的战争未能充分展开，人们竞争的基本形态是部落共同体之间的相互征战。以血缘为纽带的家庭关系，自给自足的自然经济形态，以定居耕作为特征的农耕生产方式，三者结合，不仅限制了财产交换和经济交往的发展，也有效地把个体及家庭与土地相联系，形成了安土重迁的社会习俗。

农耕经济中，生产收获更多地依赖气候、季节等自然条件，以及长年生产经验的积累，由此产生了对自然力的畏惧和对先辈、长者的敬仰，产生对自然神的信仰和对祖先的崇拜，在我们的先民看来，祖先不仅养育了后世子孙，而且在智力上远远超过后世子孙。祖先们从生活习惯和生产经验，从家庭管理到社会控制，均为后世提供了完备的设计。子孙的任务是实践祖先的设计，并把已故的祖先当作超人的英雄，当作氏族、部落、民族的保护神，祈求先祖在天之灵对后世子孙的保护。对祖先的崇拜活动，逐渐形成固定的仪式。伴随着经常性的祭祀活动，以确定祭祀活动的程序和方式等为主要内容的习惯也逐渐更加具体、明确，最终形成了部落社会所共同接受的行为规范——礼。

二、中国古代证据制度的思想和表现

中国古代证据制度的形成和发展是与中国古代社会的发展紧密联系在一起的。由于中国在国家形成进程中所走的是先氏族，而部落，然后再国家的路径，并且以血缘为纽带的社会关系一直未能被完全打破，这种形式的社会关系深刻地影响着中国社会的政治、经济和文化等诸多领域，在法律领域更是特征鲜明形成了独特的中国礼法文化。数千年来在司法实践中为维护统治阶级的统治地位和社会秩序，必然要用法律开展对各种案件的审理，而各种案件的审理必然要涉及查清案件事实，分辨是非曲直。因此，相应的证据制度就必然应运而生。例如，西周时期，《周礼秋官小司寇》记载，司法官吏应当"以五声听狱讼，求民情"。"五听"就是"五辞"，实际上就是要求司法官吏在审理案件时，应当注意受审人讲话是否有理，讲话时神色是否从容，气息是否平和，精神是否清醒，眼神是否有神，并由此推断出其陈述是否真实。尽管"五听"制度具有很强的唯心主义的色彩，但是，在我国整个封建社会一直被官吏和法学者所推崇。由于该制度是我国古代司法经验的总结，因此它在我国古代证据史上产生了深远的影响。纵观中国古代封建社会的历史，在西方法律制度引进中国之前，我国古代证据制度中主要贯彻和体现了中国社会的特有文化思想。

（一）中国古代证据的伦理学基础

作为世界五大法系之一的中华法系，曾经对东亚法律制度及法律文化的发展产生过重大的影响，它历史悠久，留给今人很多值得继承的东西，饶有特色的古代证据制度就是其一。纵观逐步形成于夏商周，发展于战国秦汉魏晋南北朝，定型与成熟于唐宋，殆于进化于元明清，最终解体于清末的中国古代证据制度，既有世界各国在早期诉讼中证据制度发展中共性的一面，又具有中华法系独有的特点和价值取向。与其他国家一样，我国古代的证据制度较为简单、粗疏且不成体系，在传统的法律体系中并不具备其应当具有的地位。但是，中国古代特殊的政治、经济和文化背景，使得古代证据制度在其形成和发展过程中必有其独特的特点。①

中华法系是古代最重要的法系之一，也是对现代具有较大影响的法系，而伦理化是中华法系的重要特点，作为其中的重要组成部分，中国传统伦理对证据制度产生了深远的影响。

---

① 郑牧民、易海辉：《论中国古代证据制度的基本特点》，载《湖南科技大学学报（社会科学版）》第 10 卷第 2 期，2007 年 3 月。

如在证据制度中仍然适用"亲亲相隐"原则。所谓"亲亲相隐",是指法律规定一定范围内的亲属之间负有相互隐匿违法犯罪行为的义务,如果亲属间相互告发,则无论犯罪事实是否存在,告发者必须受到处罚。① "亲亲相隐"思想的首个鼓吹者当是孔子,《论语·子路》记载:叶公语孔子曰:"吾党有直躬者,其父攘羊,而子证之。"孔子曰:"吾党之直者异于是,父为子隐,子为父隐,直在其中矣。"②亲亲相隐作为一种主张在战国、秦、西汉前期并未得到统治者重视而上升为法律,只是到了西汉中期情况才发生改变。③

汉代"罢黜百家,独尊儒术"以后,儒家思想成为国家的统治思想,"春秋决狱"不仅在实践中出现,也在国家法令中得到彰显。

汉宣帝于地节四年专门颁布诏令指出:"父子之情,夫妇之道,天性也。虽有患祸,犹蒙死而存之。诚爱结于心,仁厚之至也,岂能违之哉!自今首匿父母,妻匿夫,孙匿大父母,皆勿坐。其父母匿子,夫匿妻,大父母匿孙,罪殊死,皆上请廷尉以闻。(从今以后,儿子首谋隐匿父母,妻子隐匿丈夫,孙子隐匿祖父母,均不治罪;而父母隐匿儿子,丈夫隐匿妻子,祖父母隐匿孙子,若属殊死重罪,都要上请廷尉,区别对待。)"④ 这一诏令首次用允许隐匿的形式正面肯定妻、子、孙为夫、父、祖隐在法律上不作证的正当性。⑤ 此后各代,国家立法基本都遵循这一原则,"亲亲相隐"成为中国古代证据制度的重要组成部分。

之所以出现"亲亲相隐"制度,其原因就在于伦理对法律或者说证据制度的影响。乔恩·R. 华尔兹教授指出:"社会期望通过保守秘密来促进某种关系。社会极度重视某种关系,宁愿为捍卫保守秘密的性质甚至不惜失去与案件结局关系重大的情报。"⑥ 在中国这样一个以家庭为本位的伦理社会里,家庭内部的和谐稳定对于社会稳定有着巨大的意义。允许家庭成员间的相互告发和作证虽会在一定程度上有利于打击犯罪,但它破坏伦理纲常,给社会带来的

---

① 郑牧民、易海辉:《论中国古代证据制度的基本特点》,载《湖南科技大学学报(社会科学版)》第 10 卷第 2 期,2007 年 3 月。

② 《论语·子路》。

③ 郑牧民、易海辉:《论中国古代证据制度的基本特点》,载《湖南科技大学学报(社会科学版)》第 10 卷第 2 期,2007 年 3 月。

④ 《汉书·宣帝纪》。

⑤ 郑牧民、易海辉:《论中国古代证据制度的基本特点》,载《湖南科技大学学报(社会科学版)》第 10 卷第 2 期,2007 年 3 月。

⑥ 〔美〕乔恩·R. 华尔兹著,何家弘等译:《刑事诉讼大全》,中国人民公安大学出版社 1995 年版。

负面影响将远远大于它的积极作用。①

　　实际上，历代统治者对这一点都是十分清楚的，如《晋书·刑法志》提出："相隐之道离，则君臣之义废，君臣之义废，则犯上之奸著。"② 《元典章》也认为："人伦之大，莫大于君臣、父子、夫妇、兄弟之叙。亲属之证，其弊至于使人不复知有纲常之理。"③ 因此，基于对于社会伦理的维护，国家或者说法律作出了让步。

（二）中国古代证据的心理学基础

　　在中国古代，证据制度虽然并没有在法律体系中具备其应当具备的地位，但是基于经验以及有效打击犯罪的需要，查明事实真相，防止冤案的发生，通过长期的社会实践经验的积累，人们逐渐发现并总结了一些心理学甚至是犯罪心理学的知识并应用在了案件的审判中，以保证证据特别是口供的真实性。

　　如神示证据制度的产生其心理学基础就是，在生产力水平十分落后的时代，借助人们对神灵的信仰与对神罚的恐惧，从而达到审判案件、查清事实的目的。

　　《尚书》记载："两造具备，师听五辞；五辞简孚，正于五刑。"这里的听五辞提出了中国古代经典的听讼方法"五听"。所谓"五听"，据《周礼》所言："一曰辞听，谓观其出言，不直则烦。二曰色听，谓观其颜色，不直则赧然。三曰气听，谓观其气息，不直则喘。四曰耳听，谓观其听聆，不直则惑。五曰目听，谓观其眸子视，不直则眊然。"秦律《封诊式·讯狱》也认为："凡讯狱，必先尽听其言而书之，各展其辞，虽智（知）其地，勿庸辄佑。其辞已尽书而毋（无）解，乃以诘者诘之。诘之有（又）尽听书其解辞，有（又）视其它毋（无）解者以复诘之。诘之极而数讫，更言不服，其律当治（笞）谅（掠）者，乃治（笞）谅（掠）。治（笞）谅（掠）之必书曰：爰书：以某数更言，毋（无）解辞，治（笞）讯某。④"《唐律疏议·断狱律》在"讯囚察辞理"条疏议规定："诸应讯囚者，必先以情，审察辞理，反覆参验，犹未能决，事须讯问者，立案同判，然后考讯。"⑤ 晋朝张斐认为："情

―――――――――――――

　　① 郑牧民、易海辉：《论中国古代证据制度的基本特点》，载《湖南科技大学学报（社会科学版）》第 10 卷第 2 期，2007 年 3 月。

　　② 《晋书·刑法志》。

　　③ 《元典章》。

　　④ 《封诊式·讯狱》。

　　⑤ 《唐律疏议·断狱律》。

者，心神之使，心感则情动于中而形于言，畅于四肢，发于事业，是故奸人心忧而面赤，内怖而色夺，论罪务本其心，审其情，精其事，进取诸身，远取诸物，然后乃可以正利。"① 这实际上已经接近了现代犯罪心理学的范畴了。察言观色作为一个重要的获取证据的手段而被广泛运用于案件的审理过程中。

如《棠阴比事》：

高柔迁廷尉。护军营士窦礼近出不还营，以为亡，表言没其妻盈，及男女为官奴婢。盈称冤自讼，乃诣廷尉。柔问曰："汝何以知夫不亡？"盈泣曰："夫少单特，养一老妪为母，又哀儿女，抚视不离，非是轻狡不顾室家者。"柔重问曰："汝夫无仇乎？"对曰："夫良善，与人无仇。"又曰："汝夫不与人交财乎？"对曰："尝出钱与同营士焦子文，久求不得。"时子文适坐事系狱，柔乃见子文，问所坐。言次，曰："汝曾举人钱否？"子文曰："单贫初不敢举人钱也。"柔察子文色动，遂曰："汝昔举窦礼钱，何言不举邪？"子文怪事露，应对不次。柔曰："汝已杀礼，宜早服。"子文于是叩头，具首本末。柔遣吏卒，承子文辞，掘得尸。诏书复盈母子为平民，抵子文罪。②

本案中，法官高柔就是通过观察子文的神色的变化，通过"子文色动"和"子文怪事露，应对不次"这两个细节来推测子文说了谎，顺利破案。因此在按语中，编者评价道："此正听五辞之一验也，唯虚心以待之，则情状可见。"应该说是十分中肯的。

又如清苑县有兄弟析爨而居者。

一日仲妻急遽至伯家乞贷，会妇在厨下做晚炊，仲妻与絮语。伯子适自外归，曰："馁甚也！"妇即以膳进。食毕，狱呼腹痛，倒地腾扑，移时乃卒；七窍之血如沈也。官执妇至，械之，逐自诬为因奸谋杀。适制府讷公近堂移督直隶，虑囚至此，疑其冤。乃拘集诸人，分别细鞫。明府曰："死者夜来以梦告我矣。其言曰：'吾诚中毒以死，然毒吾者非妇也。'问其何人，则曰：'毒我者，其右掌色变青。'言已，以目视诸人。既而又曰："死者又言，毒我者，其白睛当变黄色也。"言已，又以目视诸人。忽抚案叱仲妻曰："杀人者，汝也！"③

察言观色除了能发现案件线索、侦破案件外，更重要的还在于用以证实罪犯的犯罪事实。在许多案件中，尽管罪犯的疑点很多，但由于缺乏确凿的证据，难以定案。在这种情况下，运用察言观色的方法，对罪犯施加心理压力，往往能出其不意，迫使罪犯供认犯罪事实。此外，情理推断的方法也受到法律

---

① 《晋书·刑法志》。
② 桂万荣：《棠阴比事·高柔察色》，群众出版社1980年版。
③ 汪振达：《不用刑审判故事选》，群众出版社1987年版，第224页。

的鼓励，是"以情折狱"的法律依据。在实践中法官可以从正常的情理中推断出结论，也可以从反常的情理中推断出结论。①

古代的一些清官廉吏也在不断研究和推敲，力图从口供中发现事情的真相，如在断案时，能通过证据间的细微差别，证词间的自相矛盾，证人的体貌神色等推断出当事人的心理状态及案件的隐情。② 具体来说就是："或听其声而知之，或视其色而知之，或诘其辞而知之，或讯其事而知之。"③

与此同时，诈谲之术的大量运用，古代法官在审判中运用的很多诈谲之术，从现代司法理论角度上来讲，大多都是非法的或者要被证据规则所排除的，但是在古代，运用诈谲之术不仅是合法的，而且还可以被认为是法官智慧的体现而为人所称颂。这其实也是和生产力水平低下，证据取得能力不足有直接联系，同时也可以被看成是犯罪心理学被广泛运用的一个佐证。

如《折狱龟鉴》卷一"释冤·庄遵"载："庄遵，初为长安令，后迁扬州刺史，性明察。尝有陵阳女子与人杀其夫，叔觉，来赴贼，女子乃以血涂叔，因大呼曰：'奈何欲私于我而杀其兄！'便即告官。官司考掠其叔太过，因而自诬其罪。遵察之，乃谓吏曰：'叔为大逆，速置于法。可放嫂归。'密令人夜中于嫂壁下听。其夜，奸者果来，问曰：'刺史明察，见叔宁疑之耶？'嫂曰：'不疑'，因相与大喜。吏即擒之送狱，叔遂获免。"④

本案明显可以看出诈谲之术的运用和取得的效果，古代法官诈谲之术的大量运用也可以说是生产力水平低下，发现、收集、运用证据的手段有限的不得已和必然的选择。

反复诘问也是古代获取证据的一种常用方法，这也是有心理学依据的。"反复诘问的策略使讯问对象难以把握讯问人的真实意图，在不自觉中暴露矛盾以至于切断退路，最终不得不如实供述案情事实"。⑤ 如《封诊式·讯狱》就规定："凡讯狱，必先尽听其言而书之，各展其辞，虽知其言也，勿庸辄诘。其辞已尽书而无解，乃以诘者诘之。诘之又尽听书其解辞，又视其他无解者以复诘之。"⑥ 南宋律学家郑克在《折狱龟鉴》中便认为："是亦耐掠隐抵

①　王海燕：《古代中国证据制度刍议》，载《研究生法学》2000 年第 4 期。
②　江卫社：《"五听"中国古代断案的心证运用》，载《安徽广播电视大学学报》2004 年第 3 期。
③　杨奉琨：《疑狱集校释·折狱龟鉴》，复旦大学出版社 1988 年版。
④　杨奉琨：《疑狱集校释·折狱龟鉴》，复旦大学出版社 1988 年版。
⑤　郑牧民：《论中国古代获取证据的方法》，载《吉首大学学报（社会科学版）》2009 年 1 月第 30 卷第 1 期。
⑥　《封诊式·讯狱》。

者也，其能使之服罪，何哉？盖察其疑辞而见其本情，已识其为真贼矣。于是曲折诘问，攻其所抵，中其所隐，辞穷情得，势自屈服，斯不待于掠治也。"①

如张仲冶以翰林出守莱州，恃才傲上，巡抚长白某衔之。将登白简，某方伯颇左右之。会有剧盗桀骜狡诈，供词屡翻异，谳莫定。巡抚谓方伯曰："张守如能定谳，当令赴任。"方伯商诸廉访，延公至臬署讯盗。金问其几日可结，曰："三日足矣。"讯时索佳酿一瓮，乾脯一柈，箕坐炕上，且酌且问其年龄居址及父母兄弟，家中琐事。次日如之。三日复如之。问至日晡，命撤酒脯，呼刑具。正色语盗曰："前所谳一无误，汝何屡断屡翻也。人谓汝桀骜狡诈，实不谬。我与汝絮语三日，皆家常琐事。三日所答，前后迥不相符。琐事如此反覆，况正案耶？如再敢饰言强辩，我即将三日所答琐事，以证汝之反覆，虽严刑处死，亦不为过。"盗犹欲强辩，公叱左右施严刑，毙命勿论。盗亟叩头乞命，愿吐实，誓不再翻。公大喜，立命画供，案遂结。②

张仲冶面对"桀骜狡诈"，多次推翻供词的"剧盗"，通过三天反复诘问，发现其家常琐事"三日所答，前后迥不相符"，最后推断其在撒谎，显然是运用了心理学的原理只是不自知罢了。

因此，在古代，不论是"五听"，还是诈谲之术等无不说明，在中国古人在逐渐的经验积累中逐步发现了一些心理学原理，并把它运用到审判过程中，成为证据制度的一个重要组成部分。

（三）中国古代证据的法学基础

证据制度作为法律制度重要的组成部分，必然要受中国古代法学理论的影响。

1. "法自然的自然法"对证据制度的影响。

中国古代哲学强调："人法地，地法天，天法道，道法自然"。在中国古代，"法自然的自然法"思想一直对法律的制定和执行有重大影响，中国古人推崇"天人合一"的境界，《周易·第十六卦·豫》："《象》曰：豫，刚应而志行，顺以动，《豫》。豫，顺以动，故天地如之，而况建侯、行师乎！天地以顺动，故日月不过而四时不忒；圣人以顺动，则刑罚清而民服。《豫》之时义，大矣哉！"③ 就强调顺乎天理则民服。宋代大学者周敦颐在《通书·刑第三十六》中解释道："天以春生万物，止之以秋。物之生也，既成矣，不止则

---

① 《折狱龟鉴》卷3。

② （清）易宗夔：《新世说·政事》。

③ 《周易·第十六卦·豫》。

过焉，故得秋以成。圣人之法天，以政养万民，肃之以刑。民之盛也，欲动情胜，利害相攻，不止则贼灭无伦焉。故得刑以冶。情伪微暧，其变千状。苟非中正明达果断者，不能治也。《讼》卦曰：‘利见大人’，以刚得中也。《噬嗑》曰：‘利用狱’，以动而明也。呜呼！天下之广，主刑者，民之司命也。任用可不慎乎！"① 在儒家看来，对自然或者天命效法是"圣人"治民的根本，即因为万物以时，"物之生也，既成矣，不止则过焉，故得秋以成"，因此"圣人之法天，以政养万民，肃之以刑"。《礼记·月令》中也记载："仲春之月……命有司，省囹圄，去桎梏，毋肆掠，止狱讼。"② 而在"孟秋之月"则"命有司修法制，缮囹圄，具桎梏，禁止奸，慎罪邪，务搏执。命理瞻伤，察创，视折，审断决，狱讼必端平，戮有罪，严断刑。天地始肃，不可以赢"。③ 在不同时间应根据天时的不同而采取不同的刑事政策。《大清律例·刑律·诉讼·告状不受理》更是明确规定："每年自四月初一日至七月三十日，时正农忙，一切民词，除谋反、叛逆、盗贼人命及贪赃坏法等重情并奸牙铺户骗劫客货查有确据者，俱照常受理外，其一应户婚田土等细事，一概不准受理。自八月初一日以后方许听断。"④ 这虽然是为了不误农时，但是以天时以及自然的荣枯变化来制定刑事政策的意味还是十分明显的。

具体到证据制度上，证据的取得与运用更注意因时制宜和因地制宜，正如《礼记·月令》中所说在"孟秋之月"就要"命理瞻伤，察创，视折，审断决，狱讼必端平"，东汉大学者蔡邕解释认为："皮曰伤，肉曰创，骨曰折，骨肉皆绝曰断……瞻焉、察焉、视焉、审焉，即后世检验之法。"⑤ 在古人看来，在"孟秋之月"收集证据可以做到"狱讼必端平"。

上天有好生之德，强调："与其杀不辜，宁失不经，好生之德，洽于民心。"⑥因此在证据制度上强调疑罪从轻从无从赎。

2. "伦理法"对证据制度的影响。

如根据儒家经典来判案收集采用证据的"春秋决狱"，而儒家具有强烈的伦理倾向，因此证据制度的"伦理化"倾向也就不足为奇了。又比如上文所论述过的在证据制度中规定了"亲亲相隐"原则等。

---

① （宋）周敦颐：《通书·刑第三十六》。

② 《礼记·月令》。

③ 《礼记·月令》。

④ 《大清律例·刑律·诉讼·告状不受理》。

⑤ （东汉）蔡邕：《礼记》。

⑥ 《尚书·大禹谟》。

总之，中国古代证据制度虽然原始、粗糙，未形成一个完整的体系，但是通过长期的实践，证据制度中都是具有一定的伦理学、心理学依据的。

（四）中国古代证据制度的思想体现

1. 具有宗教色彩的神判证据思想

神明裁判的定罪方式是夏商时期和天命、天罚思想相联系的神学法思想。神明裁判或神证，就是用一定形式邀请神灵帮助裁断案情，并且用一定方式把神灵的旨意表现出来，根据神意的启示来判断诉讼中的是非曲直。事实上神示证据制度所包含的内容比神明裁判要宽泛得多，神明裁判只是神识的内容之一。在我国古代，神明裁判的思想和实践主要体现在夏商时期，西周以后日渐稀少。

神学色彩的证据思想的产生主要是由于在人类社会的早期，社会生产力的发展还非常落后，人们对自然的认识能力有限，科学文化很不发达，因此，当人们遇到社会问题和自然现象不能正确解释时，就把它们归为有神秘力量在主宰着一切，这就是神。神能主宰一切，当然也能察知一切，因而神是不可欺骗的。统治者不但将自身置身于神的崇拜者地位，同时还巧妙地利用人们对神的敬畏思想来欺骗民众。在当时，由于掌握国家政权的统治者的神权思想在政治上具有统治地位，所以，在司法活动中也必然带有这种神命思想的色彩。

"神明裁判"是人类社会早期普遍具有的一种断案方式。从文献记载来看，我国的原始社会末期和封建社会早期，同样盛行"神明裁判"。在汉族法文化中，五帝时期有皋陶治狱、神兽断案的"触角裁判"的传说；夏有血迹神判的记载；商代卜辞中存在"占卜审判"治狱的卜文；西周时期有盟诅审判的记载。但是在中国古代奴隶社会，审判作为一种证明方法并不占有主要地位，在纠纷解决中不起主流作用，是知识人们解决疑难案件或特殊类型案件时采用的一种方法。瞿同祖在《中国法律与中国社会》中指出，与西方相比，中国古代正式司法活动中排斥神明裁判的年代要早得多。他指出，英国在1215 年便正式废除神判法的应用。意大利在 13 世纪时候就从古代罗马法中学得刑讯的方法而应用于刑法（参见 272 页）。神判法在中国古代消失比较早的原因有两方面：一是中国古代文明比较发达，从而更早地促使人们发现，运用证据解决纠纷的意识和能力的生成。二是中国不信鬼神的主流传统文化同神明裁判不相容。

由于夏商时代的证据制度无籍可考。在周代，根据古代的典籍文献，可以看到神判制度的存在，以及带有主观主义色彩证据审查方法。

《周礼秋官司盟》中说："有狱讼者，则使盟诅"。"凡盟诅，各以其地之众庶，共有生而致焉，既盟则为司盟祈酒脯"。说明周代有盟诅这种古老的证据方法。由于在周代人们已注意到"天命靡常"，所以，有"以德配天"的思想。这就把对事物关注由神转化为人。在司法也就开始放弃了对神明裁判的重视，审判官审案时主要依据"五听"的方式审查证据，判断事实。《尚书吕刑》记载："两造具备，师听五辞；五辞简孚，正于五刑。""五辞"就是"五听"，在《周礼》中有被称为"五声"。《周礼秋官小司寇》中表明，司法官吏应当"以五声听狱讼，求民情"。可见在当时审理民、刑事案件已开始重视当事人陈述和获取口供。总之，在我国奴隶制社会存在着神明裁判制度，但该制度存在的时间是比较短的。

神明裁判的证据制度是以宗教迷信为思想基础，法律把审查判断证据的权力不是赋予法官，而是赋予神灵。因此，此种裁判方法是充满迷信色彩的。运用此种方法当然难以查明案件真相，也不能对案件作出正确结论。但是神明裁判的产生不是偶然的，而是与当时的历史条件相适应的。在生产力发展水平低下、科学技术落后的历史时期，人们愚昧无知，在人们的头脑中，神灵是万能的，无所不知，最能公正判断人们难以明辨的是非曲直。而神作为一个虚构的抽象物，要表现神意，必须通过人们所确定的具体方式来实现。当时的统治阶级正是巧妙地利用了人们信奉神灵的心理，利用神明裁判来断狱息讼，以维护和巩固自己的统治地位。这种证据制度现在看来十分荒谬，但是在当时对于判断证据的证明力还是有一定的作用的。由于人们信奉神灵，在神灵面前人们心理受到很大的限制，唯恐作不真实的陈述会受到神的惩罚，从而不敢不如实陈述案件事实真相，因此，神明裁判对于正确断狱也有一定的价值。即使在现代社会，在西方的司法实践中，证人作证还要对上帝承诺自己证言的真实性。由此观之，在信奉神灵的人心中，证人心理还是受到一定限制，这对获取真实的证言是一定帮助的。

2. 主观推断的唯心主义证据思想

在奴隶制社会，人们尽管还没有摆脱对神的敬畏，但是具有人文精神色彩的审判方式和证据获取方式也开始出现。

在我国西周时期，"五听"制度就已存在。它是在审判过程之中司法官吏通过对被讯问人的察言观色来推断案件事实。这里虽然没有神判的迷信，但是这种仅仅靠司法官吏的观察来定罪、断狱的方法无疑是一种唯心主义的审判方法。虽然产生于奴隶制社会，但是该制度一直被整个封建王朝奉为断案的金科玉律，并在法律上和理论上给予了充分的肯定。

盛行我国西汉时期的《春秋》决狱制度，既体现了儒家伦理法制的司法准则，同时也是断案证明当中的主观主义方法的体现。董仲舒说："春秋之听狱，必本其事而原其志，志邪者不待成，首恶者罪特重，本直者其论轻。"①
实际上就是考察犯罪者的主观动机去作出判决。原心定罪是起源于西周时期以
志之善恶定罪量刑的方法发展。重视犯罪动机原本没错，但是片面地追求动
机，以"心"作为定罪的唯一根据，又以儒家的道德观念作为衡量"心"的
尺度，则是完全错误的。结果出现了罪同罚异，牵强附会的现象。最终只是便
于官吏任意断狱。

在《唐律疏议》注释"讯囚察辞理"条说："依狱官令，察狱之官，先被
五听，又验诸证信。"法律规定在审讯时除了必须根据情理审查供词的内容，
还要参照其他根据进行比较和检验。这比纯粹五听断狱更具有进步意义。但
是，五听制度在唐朝以后仍然被广泛采用。《明会典》中规定，法官断案只须
观看颜色，察听情词。"惠帝为太孙时，罗者获盗七。太孙目之，言于帝曰：
'六人者盗，其一非是'。讯之，果然。帝问何以知之？对曰：'《周礼》听获，
色听为上，此人眸子了然，顾视端详，必非盗也?'帝喜曰：'治狱贵通经，
信然'。""以五声听狱讼"虽然在一定程度上反映了古代司法官吏注意到被讯
问人的心理和表情。但是，仅凭察言观色来猜测、推断案件事实，实际上就是
主观臆断。

主观推断的唯心主义证据方法贯穿于我国奴隶制和封建制社会的整个历
史。这种现象的产生主要是和当时社会经济发展水平、政治发展的实际状况有
密切的联系。"五听"制度的出现是西周时期司法断案权由神转向人的标志，
这比神明裁判要进步得多。审判讯问过程中，通过对被讯问人的察言观色来判
断陈述人陈述内容的真实性也具有较强的合理性，符合行为心理学的方法。但
是过于依靠司法官吏个人主观判断，难免带有很强的主观主义的色彩。同样，
原心定罪的证明方法，也是有其合理性的。但是，由于对行为人的心理的判断
和把握具有很大难度，因此，以此方法定罪量刑也必然带有很大的随意性，为
司法擅断打开了方便之门。自董仲舒创立春秋决狱以来，其发展所带来的任意
比附，破坏了法律的确定性，冲淡了援法断罪的严肃性，缩小了法律发挥作用
的空间。近代学者章炳麟对此批评说："独董仲舒为春秋折狱，引经附法，异
夫道家儒人所为，则佞之徒也。——仲舒折狱二百三十二事——上者得以重秘
其术，使民难窥；下者得以因缘为市，然后弃表埠之明，而从缪游之荡，悲夫
经之蚖虱，法之秕稗也。"② 汉代开始的原心定罪的证据方法，它兼顾主观心
理和客观事实的全面判断是合理的、进步的，较之西周单纯的以志之善恶定罪

---

① 《春秋繁露精华》。
② 《检论原法》。

的方法是一种进步和发展。对于春秋决狱，从历史发展的古代考察有其必然性，也在某种程度上限制了皇帝司法权的滥用，特别是在融通德治与法治，实现以经为体，以法为用方面作出了贡献。对此王充评价说："董仲舒表春秋之义，稽合于律，无怪异者。——论者徒尊法家，不高春秋，是闇遮蔽也。"①

3. 注重事实的客观主义证据思想

在秦代司法机关受理案件后，一般比较重视调查取证，包括检察勘验与司法鉴定，并做出详细笔录，称为"爰书"。调查内容主要包括被告的姓名、身份、籍贯、有无前科、判过何刑、赦免与否等信息，有时还采用发函异地等方式协助调查。对于需要查封的财产物品，一般采取强制"封守"的保全措施，并以爰书登记造册，交由专人看守，等候最后处理。从《封诊式》的"封守"、"爰书"来看，封守包括查封衣物、房屋、牲畜、树木等物品，以及看守妻子、奴婢等人员。另外，秦朝的法医检验技术和司法鉴定技术已相当高超。"封诊式"中就保存有："贼死"（凶杀）、经死（缢死）、"穴盗"（凿洞偷窃）、"出子"（流产）等多件现场勘查或尸体检验的"爰书"记录，内容十分丰富。② 在我国秦代还形成了初具规模的刑讯制度，秦代实行有条件的刑讯，并予以制度化。关于司法官吏应当如何进行刑讯，以及刑讯时是否可以拷打受审人，法律上已有明确规定。第一，在一定条件下允许刑讯。"诘之极而数言也，更言不服，其律当笞掠者，乃笞掠"。就是说，对于在审讯中受审人在受诘问至辞穷，多次欺骗，还改变口供而拒不服罪的，才可以刑讯。第二，视适用刑讯为下策，但认为是必要的。《封诊式》记载"治狱"规定"治狱，能以书从迹其言，毋笞掠而得人情为上；笞掠为下；有恐为败"。但是这一规定在秦代并未真正实行。第三，对于刑讯必须以"爰书"做详细记录。《封诊式》"讯狱"记载："笞掠必书曰：爰书。无解辞，笞讯某。"

汉承秦制，汉代对秦代的证据制度在继承中也有发展。律令对刑讯的规定较秦更为详细。南北朝时范泉引述的《汉书》记载："死罪及除名，罪证明白，拷掠已至而抵隐不服者，处当列上。"杜预注释说："处当，证验明白之状，列其抵隐之意。"由此可以看出，汉代对于犯重罪的被告人进行拷打，汉律是有明文规定的，但应当把已得到的证明情况和抵隐情况在上报的材料中全部写清楚。③ 注重事实的客观主义的证据思想发展到唐宋时期基本定型。唐代在继承和发展过程中确立了新的证据原则。比如"据众定罪"。《唐律疏议》

① 王充：《论衡·程材》。

② 《睡虎地秦墓竹简》，文物出版社1990年版，第157—162页。

③ 巫宇生主编：《证据学》，群众出版社1983年版，第37—38页。

解释:"称'众'者,三人以上,明证其事,始合定罪"。唐律规定的"据众定罪"只适用于特殊人群,即适用于那些具有议、请、减等特权的人和残疾人。他们犯罪不需要他们的供词,只要有众人证明即可,这使得特权者免受刑讯之苦。此种规定虽然保护了特权者,但是,也减少了刑讯的滥用,同时,也说明唐代重视客观证据的司法情形,唐代是规定"拷囚法甚详"的时期,但到了宋代,客观主义的证据理论和思想又有了很大的发展。无论是言词证据、还是实物证据,都进一步得到完善。特别是检验,这一需要专门科学知识和技能来收集证据的制度,更加完善。

宋代对刑讯的限制比唐代有所加强,只有在"事状疑似,尤不首实"的情况下,才能拷讯。而那些证据证验明白无疑的案子则"据状断之",不必拷讯。但宋代对贼盗一类的案子则突破了这种限制,规定盗贼"脏验见在"、"支证分明"而公然拒抗者,则依法拷掠。在据众证定罪方面,宋代比唐代发展的地方就是在法律上对重疾的范围有了统一的标准,在《庆元条法事类,老疾犯罪》中有明确的规定,但是不许拷讯而据众证定罪的重疾人一般限于废疾和笃疾两种。

宋代还在法律上对官吏随意逮捕、关禁、虐待证人的行为进行了严格的限制。比如,不得擅自追摄干证人(宋代称证人为"干证人"或干连证人等);要优先断放干证人;专门规定了干证人的关禁期限;如果正犯重罪已明,即不必再以待轻罪;无证人或证人不足者,可申报上级或中央机关裁决,以免地方滥追无辜。宋代对证人的各方面保护措施,标志着宋代证人证言制度的进一步完善,这是证据制度向文明发展的重要标志。但在封建社会的历史背景下,司法实践中任意迫害证人的现象是不可避免的。

在宋代证据制度中,发展程度最高、成果最大、最引人注目的就是它的检验制度。并且制定了大量的检验法规,同时还对以前的检验知识进行了全面的总结,宋慈著的《洗冤集录》就是总结和吸收了前代的经验和成果,一直被"官司检验奉为金科玉律",其历史影响十分深远。《洗冤集录》主要内容涉及的是法医学的知识,如关于暴力死和非暴力死、真伤与假伤、中毒、急死等的辨认和论述,但其中有很多关于如何检验、取证和审查证据的意见。该书在序言中指出:"每念狱情之失,多起于发端之著,定验之误,皆源于历试之涉。"特别强调检验对正确处理案件的意义。

元、明、清时期我国证据制度虽有发展但成就不大,创新不多。元代在检验尸体方面新增许多规定。其不仅对有司故意迁延、亲临等应承担的责任作了规定,而且还对检验的记录格式提出要求,即必须包括以下内容:尸体各部位的情况、致死的原因。检验时在场的犯人、见证人、地邻人、尸体等的姓名，检尸官等对致死根因"保节是实"，检验的年月日，最后由检验官画押。

明代法律中也有刑讯的规定。比如《明会典》中规定："犯重罪，脏证明白，故意持顽不招者，则用讯拷问"。《明律·刑律·断狱》"故禁故勘平人"条规定："依法拷讯"、"若因公事，干连平人在官，事须鞫问，及罪人脏状证佐明白，不服招承，明文立案，依法拷讯。"由此可见，明代对诉讼当事人和证人都可以在诉讼需要的时候依法刑讯。上述有关明代拷讯制度法律规定也证明沈家本关于明代不存在拷讯制度的说法不甚确切。①

我国古代重视各种证据以及勘验证据的制度内容十分的丰富，这表明了我国古代在司法和诉讼制度上的进步和完善。这些制度的实施在一定意义上有利于司法官吏能够有效地查清案件事实，同时也有利于案件的正确判决。但是，毕竟我国封建社会的国家政治制度和思想文化制度决定了司法活动过程之证据收集和运用的非规范性和使用本身的随意性。客观主义证据制度在我国古代形成的原因主要有以下几点：

第一，古代中国司法体制在很早就形成了一套系统严密、高度发达有效的内部监督机制。古代中国很早就规定了对司法官吏出入人罪的严厉处罚制度，如《吕刑》就明确规定了司法管理造成出入人罪的五种情况：惟官、惟反、惟货、惟内、惟来。并且这种规定以高度精致的监察制度作保证。这样使司法官吏受到其他官吏包括上级、同级甚至下级官吏的监督，使其时时感到战战兢兢，如履薄冰，从而不敢轻易枉法裁判，随意出入人罪。

第二，古代中国的司法官吏深受儒家思想的影响，基本上形成了一个儒家化的官僚群体。这种官僚体系的明显特征之一是强调修养心性以成仁人。所以统治者也确实认为，这些司法官吏的自身道德修养和内省足以保证一个儒家化的司法官吏公正断案，故也能确信其能灵活的运用证据以查明案件真相。

第三，中国古代一直轻程序，重实体，只要能查明真相和事实，手段上可以无所不用其极。所以，在重视证据查清事实的过程中，同时又为了获取证据而采用刑讯逼供等严酷的手段。在这种严厉酷刑下获得的证据本身又破坏了查清案件事实的目的，于是冤假错案不断出现。

第四，中国古代社会在儒家文化思想的影响下，以追求无讼为价值目标，司法活动本身并非是为查清案件事实、分清案件双方当事人的权利和义务，更多的是为了维护封建社会的政治统治和社会稳定。所以家庭和社会的稳定和谐

---

① 沈家本说："惟《唐律》于拷囚之法甚详，《明律》概行，删去拷讯，遂无节度，遇有疑难之案，仁厚者束手难行，暴戾者恣意捶打，枉滥之害，势所不免。"

遂成为司法官吏追求的司法目标和首要价值。

三、证据基础理论与基本原则

证据是诉讼的基础，证据理论与证据原则是诉讼制度的核心内容。自中国有诉讼开始，与诉讼制度相伴相随的证据制度亦随之不断发展、完善乃至成熟。可以毫不夸张地讲，对于证据基本理论与基本原则的探讨、研究，在一定意义上决定着证据法学体系的建立和证据法治建设的方向。加强证据法学理论基础的研究，不仅是证据立法、证据法实践的需要，也是证据法学研究逐渐走向成熟的表现。

（一）证据基础理论

证据基础理论是指对证据法制的建构与完善起指导作用的理论，是整个证据制度的灵魂。选择建立在何种基础理论之上事关能否保证证据法的科学发展和更好地在诉讼中发挥作用。关于证据制度的理论基础，近年来学界展开了激烈讨论，形成了争鸣之势①。有认识论与价值论说；认识论与程序正义说；形式理性与程序正义说；认识论、价值论与概率论说等②。现选择较多学者认同的认识论和价值论作为证据法的基础理论。

1. 认识论

我国证据法首先应当坚持以辩证唯物主义认识论为指导，将认识论的基本原理与诉讼证据运用的特殊规律结合起来，形成诉讼认识论，作为证据法的基础理论。

（1）哲学上的认识论

哲学上的认识论是对人类认识的来源、能力、范围、限度和真伪标准的研究，回答人是否能够以及如何了解和认识客观存在的问题。辩证唯物主义认识论是关于人类认识自然、社会和具体事物的一般规律的科学。具体包括可知论和真理论两方面内容。

可知论强调可知性和能动反映性，认为认识客体独立于认识主体而客观存在，主体则能够反映客体。在研究认识主体、客体时必然涉及"事实"问题，一般认为，事实是不依赖于主体主观意识的客观存在状态。它既包括客体性事实，即一切对象的客观存在及其现实状况，也包括人本身的主体性事实，即

---

① 宋英辉、汤维建主编：《证据法学研究述评》，中国人民公安大学出版社 2006 年版，第 73—97 页。

② 陈光中：《证据法学》，法律出版社 2011 年版，第 82 页。

"通过主体本身的存在和变化而表现出来的事实"。①

在真理论中，"真理"是指真实的道理，即客观事物及其规律在人的意识中的正确的反映。在真理的本质问题上，坚持从世界的客观物质性和可知性前提出发，认为真理都具有客观内容，但真理的获得与掌握过程具有主观性，需发挥主观能动性。认识是主观能动的反映，如果将外在的事物客观地反映在人的头脑、思维中形成了正确的认识，这在认识论上称之为"真理"；而不正确的认识是一种歪曲的反映。

实践不仅是认识的源泉，而且是检验认识是否具有真理性的唯一标准。正如马克思指出："人的思维是否具有客观的真理性，这并不是一个理论的问题，而是一个实践的问题。人应该在实践中证明自己思维的真理性，即自己思维的现实性和力量，也即自己思维的此岸性。关于离开实践的思维是否具有现实性争论，是一个纯粹经院哲学的问题。"②

（2）诉讼认识论

具体到诉讼认识论，它是一般认识原理对具体事物的认识在诉讼领域中的运用，与哲学上的认识论是特殊与一般的关系。它既接受哲学认识论的指导，也存在其自身的特殊性。诉讼认识的这种特殊性具体体现在以下几个方面：

第一，诉讼认识的主客体具有特殊性。哲学层面上的认识主体是所有社会生活中的人，而诉讼认识的主体主要是司法机关及其办案人员，此外，当事人及其法定代理人、辩护人和诉讼代理人也会以一定的方式参与诉讼认识活动，如辩护人或代理律师的调查取证、举证以及对案件事实真伪的主张等。

哲学层面的认识客体通常是客观存在的事物和规律，而诉讼认识的客体是案件事实。与其他事实相比，案件事实具有以下特征：客观性，案件一旦发生，就独立于办案人员而客观存在；确定性，案件事实具有不变的确定性，这主要表现在案件事实发生的时间是确定的、具体案情也是固定不变的。法律性，案件事实不同于社会事件，是在诉讼中具有一定法律意义的，对双方当事人的权利和义务能够产生影响的事实。刑事诉讼中的案件事实是与定罪、量刑有关的事实。

第二，诉讼认识的手段主要是证据。案件事实都发生在过去，但司法机关及其办案人员有可能通过证据再现案发现场，从而查明案情真相。证据成为诉讼认识主体（办案人员）与诉讼认识客体（案件事实）的唯一连接纽带和

---

① 李德顺：《价值论》（第2版），中国人民大学出版社2007年版，第243页。
② 《马克思恩格斯选集》第1卷，第16页。

桥梁。①

在诉讼中，通过证据认定的事实，学界一般称之为法律事实。这是主观的事实，属办案人员的主观认识范畴。法律事实在法定程序保障下，在大多数情况下与案件客观事实基本一致，但由于认识主体、认识程度的不同，办案人员通过证据认定的法律事实可能与客观事实大相径庭。因此，同一案件的法律事实可能是不同的，而且可能有多个，但案件的客观事实是永远不变的，只有一个。

第三，诉讼认识的过程法定。诉讼认识除了要遵守一般认识所遵循的经验法则、逻辑规则外，还要遵守法律的规定。首先，诉讼认识须在有限的时间内完成；其次，诉讼认识受到程序规则和证据规则的制约。在现代诉讼中，为了体现程序的公正、民主与文明，加强人权保障，对证据的收集、审查判断等都有严格的程序保障，并设置了一系列的证据规则，如非法证据排除规则、传闻证据规则等。

2. 价值论

哲学上通常从"主体与客体"的关系来定义价值，将其视为一种主体同客体的关系，是主体对客体的需要和客体满足主体需要的程度。哲学价值论的研究状况直接影响到诉讼价值论的发展，一般认为，诉讼价值，指诉讼活动及其结果满足民众、社会和国家需要的程度。我们认为，作为诉讼制度重要组成部分的证据制度之价值主要包括秩序、自由、公平和效率。

这些诉讼价值既是目的价值，也是手段价值。我们既要查明事实真相，又不应当只追求事实真相，必须通过证据制度和诉讼程序的规制，使多种诉讼价值互相结合并得以平衡实现。

（1）秩序

秩序在诉讼价值序列中位于最高一级，是诉讼所追求的首要价值。格老休斯曾云，秩序即所谓自然法。在近现代社会，人们认识到社会秩序是法治的基础，社会秩序若陷入崩溃，法治亦无从谈起，因此有学者指出："与法律永相伴随的基本价值，便是社会秩序，法律规则的首要目的，便是使社会中各个成员的人身和财产得到保障，使他们的精力不必因操心自我保护而消耗殆尽。"②这是因为，"必须先有社会秩序，才谈得上社会公平。社会秩序要靠一整套普遍性的法律规则来建立。而法律规则又需要整个社会系统地、正式地使用其力

————————

① 陈光中：《证据法学》，法律出版社 2011 年版，第 85 页。

② ［美］彼得·斯坦：《西方社会的法律价值》，王献平译，中国人民公安大学出版社 1990 年版，第 24 页。

量加以维持"。①

当格老休斯意义上的"秩序"发生紊乱，需要司法权主动或被动地介入予以干预时，体现自然公正的干预的结果必须通过发现案件真相并公正地适用法律予以实现。发现案件真相之所以重要，是因为刑事司法的目的在于确认犯罪事实和犯罪人，并在此基础上落实国家的刑罚权。因此，证据制度的建构不能不考虑怎样有利于发现案件的实质真实，并为将实体法律正确运用于具体案件创造积极条件。

（2）自由

对人及其存在价值和尊严的尊重是法治的最高价值追求，自由是人及其存在的价值和尊严的重要体现和保障，因而也是现代社会最重要的法律价值之一。德国学者考夫曼曾说过："社会正义、人权、人类尊严甚至责任及罪责皆根源于人类自由。"② 自由的重要性由此可见一斑。

美国学者 M. J. 阿德勒认为，我们拥有这样一些自由，诸如一种是选择的自由，有了自由选择这种内在能力，每个人都能够决定自己应该做什么和应该发展成什么样子，从而创造性地改变自己的性格，我们都拥有帮助自己改造成我们所选择的那种人的自由；一种是拥有某种意志的自由，这种意志因美德而习惯地成为它应该成为的那种意志，这种自由意味着挣脱了我们自身的低级人性的束缚、能够理性地控制感情和自主选择进行正当行为的自由；另一种是"为所欲为"的自由，是根据我们自己的意愿而行事的自由，即能够在公开场合实现我们所作的决定的自由。这里所谓"为所欲为"的自由是需要由正义加以制约的，"我们能够要求于社会的唯一自由，是在正义的限制下做自己想做的事的自由"。③

对个人自由的尊重在诉讼中主要表现为符合公正标准的程序被严格遵行，诉讼参与人的权利受到保障，当事人能够通过亲身参与和自由选择而对诉讼程序和诉讼结果产生实质性的影响。

（3）公平

公平在这里的含义是平等，主要体现为法律的平等适用，即要求法律无偏

---

① ［美］彼得·斯坦：《西方社会的法律价值》，王献平译，中国人民公安大学出版社 1990 年版，第 38 页。

② ［德］亚图·考夫曼：《法律哲学》，刘幸义等译，五南图书出版公司 2000 年版，第 235 页。

③ ［美］M. J. 阿德勒：《六大观念》，陈珠泉、杨建国译，团结出版社 1989 年版，第 146 页。

无倚地适用于每一个人，做到使人们不感到自己受到的对待与和自己地位相似的人不同。法律本身具有公正性的一个基本要求是在法律中确立平等适用的原则。这里需要防止因性别、民族、种族等造成法律适用中的偏袒和歧视现象，特别需要防止权力因素造成法律适用中的不平等现象。

（4）效率

诉讼效率是指诉讼中所投入的司法资源（包括人力、财力、设备等）与所取得的成果的比例。在刑事诉讼中提高诉讼效率不仅是为了节约司法成本、缓和办案经费紧张，更重要的是为了使犯罪分子及时得到惩罚，无罪的人早日免受刑事追究，被害人也可及时得到物质上和精神上的补偿，从而更有效地实现刑事诉讼法的任务。贝卡利亚在谈到刑罚的及时性时指出："惩罚犯罪的刑罚越是迅速和及时，就越是公正和有益。"[1]

在刑事司法领域中，存在偏重效率的诉讼模式。这种诉讼模式在根本上注重的是秩序，因为效率无非是为保障秩序而提出的要求。但正像自由取向的诉讼模式并非不顾及效率一样，效率取向的模式也并非不顾及自由，两者的区别在于：当出现价值冲突时，何者被置于优先考虑的地位——前者将自由置于效率之上，反对为追求效率而损害个人自由，在刑事证明活动中的表现是注重通过法律的正当程序达到实质真实发现，将法律的正当程序和实质真实发现看得同等重要，甚至为维护法律的正当程序不惜牺牲实质真实发现；后者则反之，将效率置于自由之上，为发现实质真实不惜牺牲法律的正当程序，在刑事证明中主要表现为对非法取得的证据的不予排除。[2]

综上，在刑事证据法制、证明活动以及证据制度的理论研究中要处理好上述几个方面的关系，既要坚持追求案件的实质真实，又应当根据不同诉讼的特点适度使用法律真实，以兼顾多方面诉讼价值的均衡实现。

（二）证据基本原则

证据基本原则又称证据法的基本原则，指制定与证据有关的法律规定时应确立的原则和在司法实践中运用证据证明案件事实时应该遵守的原则。它具有重要的地位，是整个证据运行机制的指导思想。我们认为证据原则既要明确反映司法证明一般规律的公理性原则，如实事求是原则、证据为本原则、直接言

---

① ［意］贝卡利亚：《论犯罪与刑罚》，黄风译，中国大百科全书出版社1993年版，第70页。

② 卞建林、谭世贵主编：《证据法学》（第2版），中国政法大学出版社2010年版，第66页。

词原则、法定证明与自由证明相结合原则等；又要明确反映法律价值取向和社会政策的政策性原则，如遵守法制原则。

1. 遵守法制原则

（1）遵守法制原则的含义

遵守法制原则是建设法治国家的基本要求。任何司法和执法活动都是为维护国家法制服务的，其本身必须遵守法制的有关规定。如果用非法的手段去司法和执法，那既有悖于司法活动的宗旨，也有害于国家的法制。

在司法证明活动中强调法制原则具有特殊的意义。这不仅因为证明活动本身就是司法活动的一部分，更因为长久以来我国证据法制建设相当落后。一方面，我国尚未通过证据立法和制定规章的形式建立起诉讼过程中取证、举证、质证、认证的法律制度，使得有关人员在证明活动中往往感到"无法可依"；另一方面，我国尚未在证明活动中确立严格依法办案的保障机制，在司法实践中难以有效地约束司法人员和执法人员的行为，离真正做到"有法必依"还有很大差距。

（2）遵守法制原则在司法证明中的实现

在司法证明活动中坚持遵守法制原则，首先要搞好证据法制建设。我们在很长一段时期都没有独立的"证据法学"，只有泛泛而谈的"证据学"；在证据立法上，一直没有切实有效的证据法条款；在司法实践中，司法人员往往以查明真相为第一要务，有的人只关注能否破案，而根本不关注手段是否合法。以上这些都是司法证明中不强调遵守法制原则的表现。

在司法活动中倡导法治精神，就是要求司法人员以及其他诉讼参与人必须严格按照法制精神去收集证据、使用证据，既不能允许任何人在法律面前享有特权，也不能非法侵害任何公民的人身权利和民主权利。

依法取证、依法举证、依法质证、依法认证是遵守法制原则在司法证明活动中的具体体现。在司法活动中倡导法治精神，遵守法制原则就是要求司法人员在上述环节中避免自主性和随意性，避免权利与权力的冲突，避免出现违法乱纪和侵犯人权的情况。

2. 实事求是原则

（1）实事求是原则的含义

所谓实事求是，就是要从客观实际出发去调查研究和分析问题，从而得出正确的认识结论。此词源于《汉书·河间献王传》，该文曰："河间献王德以孝景前二年立，修学好古，实事求是。"唐代训诂学家颜师古注释为："务得事实，每求真是也。"即根据实证，求索真相，务得正确结论之意。① 在证据制度中坚持实事求是原则就是要从实际出发，根据确实的证据，准确地查明和证明案件事实。

从本质上讲，在司法活动中运用证据查明和证明案件事实就是一种实事求是的活动：无论是发现提取证据还是评断使用证据，其基本宗旨都是从案件的客观实际情况出发去对案件中争议的事实问题作出正确的认定。

（2）实事求是原则在司法证明中的实现

在司法证明活动中坚持实事求是原则，就是要求司法人员不能想当然、不能主观臆断，必须深入细致地调查研究，根据案件的具体情况去收集证据、审查证据和运用证据。

在司法证明活动中坚持实事求是原则，还要求司法人员不能先入为主、不能偏听偏信。司法人员对案件的态度往往会造成一定的心理倾向，甚至会形成一定的偏见。坚持实事求是原则，就必须克服这种心理倾向，客观全面地收集证据、审查证据与运用证据，不能只收集或使用符合自己主观需要的证据，更不能为所谓的"工作需要"而弄虚作假，甚至是制造或使用虚假证据。② 从某种意义上讲，实事求是原则就是要司法人员在追求客观真实与维护程序公正间达成一种平衡。

3. 证据为本原则

（1）证据为本原则的含义

所谓证据为本，是指在司法活动中认定案件事实必须以证据为本源，司法证明活动必须以证据为基石。换言之，司法裁判必须建立在证据的基础上，因此证据为本原则又称为"证据裁判主义"。这是人类社会在摒弃神明裁判和主观断案的司法证明方法之后确立的一项司法原则。

证据为本原则是符合司法证明客观规律的。司法证明的基本任务是认定案件事实。对于司法人员及其他诉讼参与者来说，案件事实一般都是发生在过去的事件，具有过去性，诉辩双方的任务就是要举出各种证据来证明自己的事实主张或反驳对方的事实主张，而法官的任务就是要通过这些证据去查明和认定案件事实。证据为本原则至少包括：第一，没有证据不能认定待证事实；第二，无论是实体法事实还是程序法事实的证明都离不开证据；第三，用于定案的证据必须是有证据能力或可采性的证据；第四，用于定案的证据必须是在法庭上查证属实经过质证的证据。

---

① 柴发邦主编：《中国民事诉讼法学》，中国人民公安大学出版社 1992 年版，第 347 页。
② 何家弘、刘品新：《证据法学》（第 4 版），法律出版社 2011 年版，第 82 页。

（2）证据为本原则在司法证明中的实现

坚持证据为本原则，就是要求司法人员在办案过程中，必须从客观存在的证据出发去认定案件事实，不能以主观的臆断或猜测等作为认定案件事实的基础。证据为本原则可以帮助我们有效地克服司法专横和司法恣意，遏止刑讯逼供。在这种观念指导下，司法人员在办案过程中就应该认真按照法律的要求和标准去收集能够充分证明案件事实的证据，从而提高运用证据工作的质量。

坚持证据为本原则，还要求司法人员和执法人员转变观念，从传统的"查明事实"的办案观转向"证明事实"的办案观，从依赖人证的证明观转向重视物证的证明观。司法人员和执法人员不仅要通过种种方法查明案情，使自己清楚；而且要通过种种证据尤其是物证，使别人清楚。①

4. 直接言词原则

（1）直接言词原则的含义

直接言词原则是直接原则和言词原则的合称。直接原则又称为"直接审理原则"，是与间接审理原则相对而言的，其要旨在于对案件作出裁判的法官必须直接对证据进行审查，认定案件事实。法官是案件的裁判者，对证据的审查必须具有"亲历性"，即法官在审判中必须亲自审查证据，因此任何证据都必须经法庭上的直接质证和认证，才能使审判者对证据的证明力形成内心确信，并在此基础上认定案件事实，作出判决。言词原则又称言词审理原则，是与书面审理原则相对而言的，其要旨在于庭审调查过程中的举证和质证都必须以言词（即口头陈述）的方式进行。

直接言词原则是大陆法系国家普遍采用的一项原则。由于其出发点在于保障法官对证据的直接审查和采信，所以又称为直接采证原则。英美法系国家虽不使用直接言词原则的概念，但其传闻证据排除规则实际上具有同样的效果。按照传闻证据规则，各种证言必须以口头言词的方式在法庭上直接提出，并接受对方律师的交叉询问，以便法官或陪审团审查判断证据。证人在法庭外所作的陈述笔录或在审判之前提供的书面证言都属于传闻，一般来说应该排除。由此可见，大陆法系的直接言词原则和英美法系的传闻证据排除规则具有异曲同工之妙。

（2）直接言词原则在司法证明中的实现

在诉讼证明中贯彻直接言词原则，必须明确其适用范围。虽然该原则是为法庭审理而设立的，但它并不适用于一切庭审程序。首先，直接言词原则一般

---

① 何家弘、刘品新：《证据法学》（第4版），法律出版社2011年版，第85页。

只适用于一审法院案件证据的收集、审查、判断中，而一审法院就程序事项所作的裁定或决定，以及二审法院仅就一审判决所适用的法律进行的审查和判决一般不适用该原则，它们可以实行书面或间接的审理方式。其次，直接言词原则只适用于普通审判程序，而不适用于简易程序。最后，在法律明确规定的特殊情况下，可以不适用该原则。综上可知，直接言词原则存在一系列的例外适用的情形。

直接言词原则要求法官和诉讼各方做到以下几点：第一，诉讼各方均应亲自出庭，并以言词陈述的方式提供证言和接受对方的质证，以使法庭调查和辩论充分有效地进行；第二，法官应亲自调查证据并独立审判；第三，法庭审理以直接的、言词的方式集中进行，其判决应直接建立在法庭调查和言词辩论的基础之上。

5. 法定证明与自由证明相结合原则

（1）法定证明与自由证明的含义

从证明的角度来说，证据制度有两种基本模式：其一是法定证明模式；其二是自由证明模式。这两种模式的根本区别在于法律是否给予司法人员运用证据认定案件事实的自由。换言之，是由法律事先明确规定出法官采纳和审查每一种证据的具体标准，还是让法官根据案件的具体情况和个人良知去自由地使用证据。

主张法定证明模式的人认为，司法公正的核心在于相同案件应在司法系统中得到相同的处理，因此司法人员在收集和使用证据时必须遵守统一明确的规则，不能有任何自由裁量权。

主张自由证明模式的人认为，案件的具体情况纷繁复杂，证据的内容和形式是多种多样的，且社会环境状况也是变动不居的，因此，为保证具体案件中法官采用证据的合理性和正确性，法律必须给予法官采用证据认定案件事实的自由裁量权。

（2）法定证明与自由证明相结合原则在司法证明中的实现

总体上说，我国传统的证据法律制度具有超级自由证明的特点①虽然三大诉讼法及其他法律规范作出了不少关于证据的规定，但这些规定较为空泛、可操作性不强②。这样一来，在司法实践中，司法人员实质上是以"实事求是"为名而享有极其巨大的自由裁量权。结合法官的总体素质，我国的证据改革应

---

① 何家弘、刘品新：《证据法学》（第4版），法律出版社2011年版，第96页。

② 主要是针对什么是证据、证据的种类、证明应该达到什么程度、哪些人有责任向司法机关提供证据以及收集、审查判断证据应遵循哪些原则等泛泛的规定。

当选择以法定证明为主、自由证明为辅的模式，即在证据制度的大部分内容上采用法定证明的模式，仅在证明力的评断上采用自由证明模式。具体来说，收集采纳证据要规范化，而审查评断证据则可以"自由化"；法律不应预先对证据的证明力作出规定，不应用形式上的证明力规则束缚法官的手脚，应给予他们较大的自由裁量权，让他们根据具体情况作出判断。

证据法学的基础理论和基本原则是一个复杂的法律规范系统，过分单一的理论架构，难以支撑起证据这个庞大、复杂的法律建筑，因此应当以多元化的视角和思维，探讨证据法学的理论脉络。这种多元化的视角和思维，首先是证据法学的理论基础的多元化，其次是证据功能与证据价值论上的多元化，并借此推动证据法学研究范式的转换和新的研究方法的采用。

四、证据功能与证据价值

所谓功能，即功效和效能。证据的功能，就是证据的功效和效能，也可以称为证据的意义或证据的作用。价值本来是一个经济学概念，指某个特定物品的有用性，以及转让该物品时对其他物品的购买力，也可用于法律事物。① 由于证据的"有用性"主要体现为对案件事实的证明作用，所以证据的价值就是证据对案件事实的证明力量，也可以称为证据的分量或证据的证明价值和证明力。正如有学者指出"证据的生命力在于证据价值。证据价值又称为证据的证明力，是指证据对于案件事实的证明意义和作用。不同种类的证据，其证明价值有强弱之分，基本可以分为绝对证据价值、相对证据价值和无证据价值三种"。②

证据的功能和证据的价值是证据法学中一对既有联系又有区别的范畴。一方面，证据的功能和证据的价值是两个相似的概念，都与证据在司法活动中的证明作用有关；另一方面，两者的含义又存在差异，前者抽象，后者具体；前者宏观，后者微观。具体来说，证据的功能一般就证据整体而言，而证据价值则往往是就证据个体而言的。

从这个意义上讲，证据的价值是证据功能的具体化。③

（一）证据功能

如前所述，证据的功能又被称为证据的意义，由于证据是认定案件事实的

① 薛波主编：《元照英美法词典》，法律出版社2003年版，第1395页。
② 齐树洁主编：《英国证据法》，厦门大学出版社2002年版，第42页。
③ 何家弘：《论证据的基本范畴》，载《法学杂志》2007年第1期。

唯一合法的手段，收集证据的过程又同个人权利与自由密切相关，因此我们应当对诉讼证据予以高度重视。齐树洁教授在其主编的《英国证据法》一书的第一章就讨论了"证据的司法功能"问题。

他指出："英国的审判过程中生成的法律问题包括：权利主张和控诉所使用的实体法问题、证据的可采性问题、有关证据的产生和作用问题，以及是否有充足证据证明法庭对事实考虑的正当性问题。证据的司法功能也包括对附属于裁判本身的一些必要作出的决定。"①

证据在司法活动中的功能主要表现在以下几个方面：

第一，证据是认定案件事实的依据。案件事实是发生在过去的事件，办案人员只能通过各种证据去认定案件事实。离开证据，认定案件事实就成为了一句空话。

第二，证据是实现司法公正的基础。证据对司法公正的作用主要表现在：一方面，对案件的实体处理首先取决于能否运用证据准确地认定案件事实。证据具有揭示案件真实情况的作用，而发现真实情况是对案件作出符合客观实际的正确裁判的基础，没有证据，就难以实现实体公正。另一方面，诉讼过程通常是由法律加以规范的，由一定的原则加以统摄并由一定的程序和规则加以约束的。有关证据立法可以起到限制国家专门机关的权力、保障诉讼权利、实现程序公正的作用。

第三，证据是维护当事人合法权益的手段。证据的这种功能表现在两个方面：其一是在实体方面维护当事人的合法权益；其二是在程序方面维护当事人的平等权利和正当权利。没有证据和相应的证据规则，诉讼活动中当事人的合法权利就很难得到有效的保障。

（二）证据价值

如前所述，证据的价值就是证据对案件事实的证明力量，也可以称为证据的分量或证据的证明价值和证明力。证据的证明力是指证据对于案件事实有无证明作用及证明作用如何。证明力是证据本身固有的属性。如果证据具有客观性并与案件待证事实具有关联性，就具有一定的证明力，但不同的证据，因各自的特性和与案件待证事实的关系不同，对于待证事实往往具有不同的证明价值，发挥着不同程度的证明作用。

证据是客观和主观相结合的产物，因此证据在具有真实性一面的同时，不可避免的会存在虚假性。任何证据都存在真实与虚假两种可能性，甚至会同时

---

① 齐树洁主编：《英国证据法》，厦门大学出版社 2002 年版，第 53 页。

包含真实和虚假两种成分。由此，确定证据的价值，首先要考察证据的真实性，其次真实的证据能够在多大程度上证明案件事实，也是我们在认定证据价值时需要认真评判的内容。真实性和充分性是考察证据价值的两个基本标准。

第一，证据价值的真实性标准

证据的真实性是评断证据价值的基本标准之一。审查证据的真实性是将证据作为认定案件事实依据的必经程序。只有经查证属实的证据，才能作为定案的依据。换言之，在获准进入诉讼程序的证据中，如果经审查，发现某个证据不具备真实性，法官就不能采信该证据，不能把其作为认定案件事实的依据。在诉讼过程中，司法人员应该逐一审查每个证据的真实性，即审查每个证据是否确定真实。

第二，证据价值的充分性标准

证据的充分性也是证据价值的标准之一。作为定案根据的证据，不仅要具有内容上的真实性，还要具有证明上的充分性；不仅要"证据确实"，而且要"证据充分"。这里的"证据充分"即证据的证明力或证据效力足以证明案件中的待证事实。"证据充分"可以是就单个证据而言的，也可以是就一组证据或全部证据而言的①。就案件中的某个情节或事实来说，一个证据或一组证据可能就达到"证据充分"的标准，也即此证据或此组证据已具有足够的证明力来证明该情节或事实的存在或不存在。就整个案件来说的"证据充分"，则是指案件中的全部证据已经具有足够的证明力来证明案件的真实情况。由此可见，审查证据是否充分，就是要对证据的证明价值进行分析和评价。

围绕证据的功能与价值和法官运用证据确认案件事实的认识方式，在以证据作为判断案件事实是否存在的诉讼中，存在法定证据制度和自由心证证据制度。法律预先明文规定证据证明力的为"法定证据制度"。这一制度要求，法官在审理案件中运用证据，只需符合法律规定的各项规则，而且认为这样就能够借以发现案件真实。这种规定有利于约束法官，防止法官专权，但这种机械的做法只会窒息法官对案件的理性判断，难以作出符合案件真实的裁决。与之相反，法律对证据的证明力预先不作规定，允许法官在审判中自由加以判断的证据制度，称为"自由心证证据制度"。自由判断证据的证明力的制度顺应了诉讼证据本身的复杂性，可以使法官对证据进行理性的自由判断，所以成为现代世界各国普遍实行的证据制度。

19世纪初期英国著名法学家边沁在《司法证据原理》一书中就曾提出"证据是司法公正的基础"这一观点。实现司法公正的首要问题就是要准确地

---

① 何家弘：《论证据的基本范畴》，载《法学杂志》2007年第1期。

认定案件事实，就是要重视证据的功能与价值的作用，就是要从证据的形式与
证据的获取方面，建立相应的制度安排，以使当事人的合法权利在诉讼中得到
有效的保障。

五、证据形式与证据获取

（一）证据形式

证据形式指证据在法律上所具有的各种外在表现方式。我国古代法律都有
关于各种证据种类的相关规定，并确立了收集和审查判断证据的程序和规则，
以规范诉讼证明活动。这些关于证据种类的规定具有法律约束力，只有符合证
据的法定形式的资料，才能作为定案的依据。古代的证据形式与今天的大体相
同，主要有盟誓、当事人陈述、证人证言、物证、书证和勘验报告等。但各类
证据的收集方法及其在判案中的地位、作用却与现代社会有很大不同。受生产
力水平的限制，古代社会没有视听资料、电子证据等现代证据形式。

1. 盟誓

盟誓又称"盟诅"，是最古老的一种言词证据，是指当诉讼双方的陈述出
现矛盾、冲突时，裁判者便要求双方对神灵发誓，以证明其陈述的真实性。对
神的宣誓就成为法官确认宣誓者对案情陈述真实性的依据。盟诅这种证据盛行
于西周，是当时最具证明力的证据之一。《周礼》中记载"有狱讼者，则使盟
诅"。在西周时期，司法官吏在审理疑难案件时，一般会让双方当事人进行宣
誓，表示本方所说属实，不敢发誓一方会被判为理屈。若双方都愿发誓，则由
人多的一方胜诉。西周盟诅之所以具有强大的证明力，是基于两个心理因素：
一是借助"天"的威慑力，利用人们畏"天罚"的心理，使之不敢随意盟誓，
一旦立誓就要信守诺言，违背誓言理应受罚。二是司法官利用诉讼当事人避害
趋利的心理，非常注重特殊证据发挥特殊作用。

"盟誓"作为一种证据形式，其适用的震慑性大于惩罚性，更多在于形式
上的意义，是当时由"神判法"开始转型为"人判法"背景下的必然产物。
随着社会生产力的发展，"盟誓"在短暂的存续后便逐渐退出历史舞台。①

2. 当事人陈述

当事人陈述包括原告人的陈述和被告人的供述。在奴隶社会，当事人陈述
是查明案件事实的重要证据形式。据《尚书》记载：审理案件时，应该"听

---

① 胡旭晟主编：《狱与讼：中国传统诉讼文化研究》，中国人民大学出版社 2012 年版，
第 403 页。

狱之两辞","两造俱备，师听五辞，正辞简孚，正于五刑"①。也就是说，司法官应听取原、被告双方的陈述，以察听五辞的方式对之予以审查，并据以认定案情，适用法律。在承认原告人陈述证据价值的同时，封建法制还要求原告人必须据实陈述，对作虚假陈述、诬告的原告人实行惩罚。秦律把控告不实根据故意和过失分为"诬告"、"告不审"两种，施以不同的惩罚，但对"诬人"的处罚要重。汉以后，诬告反坐已成定制。唐代对诬告反坐区分具体情形作出了不同的规定。其中，对非故意控告不实的，已不再追究责任，对于控告谋反叛逆者，《唐律疏议·斗讼》规定："若事容不审，原情非诬者，上请。"唐代关于诬告反坐的规定，为后世所继承。

被告人的供述，通常简称为口供，在古代证据制度中被赋予了异乎寻常的重要性。在一般情况下，没有被告人口供，不得判定其有罪。所谓"罪从供定，犯供最关紧要"②形象地说明了被告人口供是具案下判的必要条件。

据史料记载，古代口供制度确立于西周，发展于秦汉魏晋南北朝，成熟于隋唐，强化于明清。在发展的各个历史时期，口供始终居于证据之王的地位。

3. 证人证言

《周礼·地官·小司徒》云："凡民讼，以地比正之。"《疏》谓："民讼，六乡之民有争讼之事，是非难辨，故以地之比邻知其是非者，共正断其讼。"意思是，如果民众之间发生了纠纷，又是非难辨，可让与他们居住的比较近且知晓情况的邻居作为证人，帮助司法官员查明案情，作出判决。这实际上是证人证言的起源。《周礼·秋官·朝士》亦谓："凡属责者，以其地傅而听其辞。"郑玄注：凡因债务纠纷而诉讼者，"以其地之人相比近能为证者来，乃受其辞为治之"③。对于债务诉讼，也可以由知情人提交证言，据以查明案情。由此可见，远至西周，证人证言这种证据形式就已经产生了。

在封建社会的法律中，对证人证言制度规定最为详尽的应首推唐律。唐律承前启后，其确立的许多证据制度为后世一以贯之，产生了深远的影响。证人证言的重要性突出表现在以下两个方面：

其一，在一些案件中，证人证言是最终定案的依据。《唐律疏议·断狱》"八议请减老小"条规定："诸应议、请、减，年七十以上，十五以下，及废疾者，并不合拷讯，皆据众证定罪，违者以故失论。"说明众证定罪的法律制

---

① 《尚书·吕刑》。

② 《折狱龟鉴补》。

③ 李嘉会解释说："地傅者，当土之人，当时为傅别者，若今牙保也。属责于人，有地傅为之证，则听其辞而理之。"

度，明载于法典，始见于此。

其二，一定的证人证言可以作为刑讯的条件。《唐律疏议·断狱》规定："依狱官令，察狱之官，先备五听，又验诸证信，事状疑似，犹不首实者，然后拷。"即拷囚之前，应当将被告人陈述与其他证据相互核查。

然而，由于缺乏完备的规范，且深受儒家伦理道德的影响，使得古代证人证言制度并没有得到很好的发展和完善。

4. 物证

《周礼·秋官·司厉》记载："司厉，掌盗贼之任器、货贿，辨其物，皆有数量，贾而楬之，入于司兵。"郑玄注："任器、货贿，谓盗贼所用伤人兵器及所盗财物也。""司厉"对伤人之器、所盗之物，要分别类别、数量、价格，加以标签，缴纳于司兵。

秦汉律中也很重视物证，在《睡虎地秦墓竹简》中有大量以物证证明犯罪的记载。南朝陈规定："其有赃验显然而不款，则上测立。"① 从唐、宋法律制度来看，唐、宋两代的物证是证罪的最关键的证据，所谓"若赃状露验，理不可疑，虽不承引，即据状断之"。②

在宋代，随着物证在诉讼中的作用越来越重要，系统的物证理论开始出现。郑克在其所著的《折狱龟鉴》中，总结了治狱之道、破案之术和定案之法，在理论上突破了传统证据观念，突出强调物证在案件审判中的重要作用。他在《证慝·李处厚沃尸》中指出："凡据证折狱者，不惟责问知见辞款，又当检勘其事，推验其物，以为证也。"同时在《证慝·顾宪之放牛》中说："按证以人，或容伪焉，故前后令莫能决；证以物，必得实焉，故盗者，始服其罪。"③ 这种物证优先于人证的思想，是对古代传统证据观念的重大突破。

5. 书证

书证是指以文字、符号、图画等记载的内容和表达的思想来证明案件事实的书面文件和其他物品。中国古代的书证制度在西周时已有记载，经秦汉时期的发展，至唐宋时已相当成熟。

《周礼·地官·小司徒》云："地讼，以图证之。"《注》谓："地讼争疆界，图谓邦国本图。"《疏》谓："言'地讼争疆界'者，谓民于疆之上横相侵削者也。谓'邦国本图'者，凡量地以制邑，初封量之时，即有地图在于官府，于后民有讼者，则以本图正之。"又《周礼·秋官·士师》云："凡以

① 《隋书·刑法志》。
② 《唐律疏议·断狱》，《宋刑统》卷29，《不合拷讯者取众证为定》。
③ 《折狱龟鉴·证慝》。

财狱讼者，正之以傅别、约剂。"郑玄注："傅别，中别手书也。""质剂，券书也"。《周礼·秋官·朝士》也记载："凡有责者，有判书以治，则听。"

唐宋时期，契约制度进一步完善，立契规范化。《唐律疏议·杂律》中"负债强牵财物"条规定："诸负债不告官司，而强牵财物过本契者，坐赃论。"疏议解释："谓公私债负违契不偿，应牵掣者，皆告官司听断。"宋代关于书证的法律更加完备，各种契约、书信、账簿、遗嘱都可以作为书证，而且在诉讼中，特别是民事诉讼中起着重要的作用。《折狱龟鉴》、《名公书判清明集》等古籍中在这方面有大量的记载。

6. 勘验报告

勘验制度在中国古代起源很早，在古籍中，最早的司法检验记载，见于《礼记·月令》："孟秋之月……命理瞻伤、察创、视听、审断、决狱讼，必端平。"[①] 意思是，进入秋季后，命令治理狱案的官员检验轻伤重创和肢体断折的情况，审理和判决案件要公正。

秦简《封诊式》是关于查封、侦查、治理狱案的程式，是法的一种。《封诊式》中不少式例都涉及案件的现场勘查和法医检验，但比较集中地记述此方面内容的式例有五个：一是《贼死》，即他杀而死；二是《经死》，即自缢而死；三是《穴盗》，即挖墙盗窃；四是《疠》，即麻风病；五是《出子》，即小产。从这五个式例看，司法官在接到报案后，就必须立即派官吏去现场勘验，勘验时不仅要勘查现场、检验尸体而且要询问被害人及其家属和邻近知情人。

宋代证据制度发展程度最高、成果最大、最引人注目的就是勘验制度。宋代宋慈所撰《洗冤集录》中记载了对现场勘验的具体程式要求，内容非常详尽。宋代法律对检验范围、检验程序、检验笔录、检验人员及其责任等内容都作出了详尽的规定。

元代的勘验理论在宋代的基础上有了较大的发展，主要表现在对人命案件主要官吏的急速勘验，并规定了较先进的检验方法和检验报告。《大元检尸记》记载："如遇检尸，随即定立时刻，行移附近不干碍官司，急速差人投下公文，仍差委正官，将引首领官吏、惯熟仵作行人，就即元降尸帐三幅，速诣停尸去处，呼集应合听验并行凶人等，躬亲监视，对众眼同，自上而下，一一分明仔细检验。"

---

① 胡旭晟主编：《狱与讼：中国传统诉讼文化研究》，中国人民大学出版社 2012 年版，第 408 页。

（二）证据获取

中国古代获取证据的方法是随着历史文明的不断进化而逐步得到完善的。在奴隶制早期，科学落后，迷信盛行，不知道收集证据，所以在诉讼中采用"神明裁判"。至周朝时，这种神判法基本消失，开始注重运用证据处理案件。在此后的立法和司法实践中，获取证据的技术和方法不断更新发展，《唐律》对此已有较为系统的规定，到宋代则发展到了一个高峰，之后则是一个较为缓慢发展的过程。归纳起来，古代获取证据的方法主要有"情讯"、"刑讯"、"察访询问"等。

1. 情讯

在我国历史上，情讯一直是收集证据的主要方法。深受儒家文化熏陶的司法官吏从立法上对审讯原则、程序、限制刑讯等作出明文规定，运用"情"、"理"的审问方式，在问案中抓住一些不被人注意的细节，层层推问，以获取出自被讯问人内心自愿的供述。情讯的方法具体表现在以下几个方面：

（1）察言观色

据《尚书·吕刑》记载，早在西周时期就开始强调"听狱之两辞"，"两造具备，师听五辞，五辞简孚，正于五刑"。《周礼·秋官·小司寇》云："以五声听狱讼，求民情：一曰辞听，二曰色听，三曰气听，四曰耳听，五曰目听。"郑玄《周礼注》解释："观其出言，不直则烦；观其颜色，不直则赧然；观其气息，不直则喘；观其听聆，不直则惑；观其眸子视，不直则眊然。"

五听制度是察言观色方法的制度化，自西周确立以后，历代沿用不衰并不断丰富发展。

（2）反复诘问

秦代的《封诊式》是关于司法审判的法律文件，其中《治狱》和《讯狱》两篇对"诘问"审讯法作了明确规定。《治狱》规定："治狱，能以书从迹其言，毋笞掠而得人情为上；笞掠为下；有恐为败。"《讯狱》规定："凡讯狱，必先尽听其言而书之，各展其辞，虽知其言也，勿庸辄诘。其辞已尽书而无解，乃以诘者诘之。诘之又尽听书其解辞，又视其他无解者以复诘之。"《治狱》的意义在于从法律上要求官吏在不拷打逼问的情况下获得讯问对象的口供。《讯狱》的合理价值在于：一是反复诘问的策略使讯问对象难以把握讯问人的真实意图，在不自觉中暴露矛盾最终不得不如实供述。二是允许讯问对象辩解，在一定程度上体现了对讯问对象的尊重，也使得口供更为客观真实。①

（3）钩距法

汉朝时，人们总结出钩距法用于审讯。据《汉书·赵广汉传》记载，赵广汉"尤善为钩距，以得事情。钩距者，设欲知马贾，则先问狗，已问羊，又问牛，然后及马，参伍其贾，以类相准，则知马之贵贱，不失实矣"。所谓钩距，晋儒晋灼注："钩，致也距，闭也。盖以闭其术为距，而能使彼不知为钩也。夫惟深隐而不可得，帮以钩致之。彼若知其为钩，则其隐必愈深，譬犹鱼逃于渊而终不可得矣。""使对者无疑，若不问而自知，众莫觉所由以闭，其术为距也。"

2. 刑讯

如果说情讯的方法是一个获得证据的良策，那么，在古代立法者心中，刑讯则是一个不得已而为之的下策。《睡虎地秦墓竹简》记载了秦律的规定："治狱，能以书从迹其言，毋笞掠而得人情为上；笞掠为下，有恐为败。"自汉代以降，唐、宋、元、明、清各个朝代的法律都对刑讯作出了限制性规定，其中尤以唐律的规定最为详备。唐律规定拷讯违律者要负刑事责任，这较前代是一个重大的进步。不仅如此，唐律又对"拷囚"数、拷满不承、刑讯的对象等作了具体的规定。沈家本因而赞叹"唐律拷囚之法有节度"、"法之善无有逾此者"。但是，唐律的规定只是古代拷讯制度的代表，而且是最"合理"的代表，如果从历史的角度来看，随着专制统治的深化，法定刑讯手段的使用程度又呈现出不断加重的趋势。② 表现在：法定的讯杖不断增大；法定刑讯手段不断增多；刑讯限制不断放宽等。

在中国古代社会的某些阶段，刑讯不仅是获取口供的主要手段，也是获取被害人陈述、证人证言甚至物证的重要手段。唐律规定对被告依法进行拷讯，但拷囚次数达三次、拷数达二百的所谓"拷满不承"，则"取保放之"。在此情况下，法律规定则要"反拷告人"。同样是在唐代，《唐律疏议·斗讼》规定："诸诬告人流罪以下，前人未加拷掠，而告人引虚者，减一等。若前人已拷者，不减。即拷证人，亦是。"

3. 察访询问

办案者询问案件当事人及有关的证人以便查明案情，这是自有诉讼以来就

---

① 胡旭晟主编：《狱与讼：中国传统诉讼文化研究》，中国人民大学出版社 2012 年版，第 411 页。

② 胡旭晟主编：《狱与讼：中国传统诉讼文化研究》，中国人民大学出版社 2012 年版，第 412 页。

已存在的证据调查方法。但是在控告式诉讼制度下，办案者只管"坐堂听案"或"坐堂问案"，根本谈不上去进行察访。后来，由于办案者有了主动去收集证据和查明案情的责任，察访询问才日渐重要起来。

　　最初的察访主要是与现场勘查同时进行的现场访问。执法官吏接到报案来到现场后，一边勘验，一边询问事主和邻居，以便了解案件的基本情况。《秦简·封诊式》中即有这样的记载。在"贼死"一案中，主持现场勘查的"令史"就曾询问当地的治安人员和附近的居民是否知道被害人死亡的时间，是否听到呼救的声音等。在"经死"和"穴盗"等案中，办案人都向当事人和证人进行了询问。这充分说明当时的执法者已把现场访问作为办案的一项基本工作。①

　　宋慈的《洗冤集录》虽然是一部法医学著作，但其中也有关于察访询问的论述。首先，宋慈认为办案人员到达现场后，应首先询问案件发生的经过，然后再进行勘验。他说："凡到检所，未要自向前，且于上风处坐定，略唤死人骨属，或地主、竟主，审问事因了……始同人吏向前看验。"其次，宋慈肯定了当时各地在办案过程中派专人担任"体究"负责察访的做法。他说："近年诸路宪司行下，每于初、复检官内，就差一员兼体究。凡体究者，必须先唤集邻保，反复审问。"最后，宋慈认为在办案过程中应该广泛察访，先全面收集各种证据材料，然后再综合分析、判断事实真相。他说："有可任公吏，使之察访，或有非理等说，且听来报，自更裁度。"

　　察访询问无疑是一种良好的获取证据的方法，但在古代社会中，司法官吏更愿意坐堂问案，究其原因：其一，察访询问不是古代社会的法定取证方法。因此，察访询问是否能在案件中得到运用及其效果如何，完全取决于案件裁判者个人的职业素质；其二，在古代社会，即使有良好道德责任感和事业心的司法官员，也无法卓有成效地进行察访询问。这是由裁判者多重的制度角色和司法官吏严重缺乏察访询问的专门技术和知识所决定的。在这个意义上可以说，非不为也，实不能也。②

六、中国古代证据理论与学说

　　我国古代并无证据法学专门著作，对于证据制度的讨论散见于史书或前人

---

　　①　郑牧民：《论中国古代获取证据的方法》，载《吉首大学学报》（社会科学版）2009年1月，第30卷第1期。

　　②　郑牧民：《论中国古代获取证据的方法》，载《吉首大学学报》（社会科学版）2009年1月，第30卷第1期。

的单篇文章之中，作为学术研究的证据法学科并不发达。

清代包世臣云："南朝有律学，唐沿隋制，公式首载讲读律令之条，至今因之。"不过目的在于"军民能熟谙律文、深明律意者，准免犯过失、因人连累流罪一次"。① 陈顾远认为："中国之律学，似以所谓法家者流，承其正统，实则概言之耳。法家之能否独立，故置不论；而从事律学者不必限于法家，则为定谳。言法制者多宗《吕刑》，也多取材《周礼》，皆非法家著作。法学盛于战国，律家之著仅在汉魏，律学之衰确于东晋，东晋至宋初，律学虽衰，尚可例示；南宋至清末，律学已微，沦为小道。"② 有学者指出："汉代以后，法学伴随'百家争鸣'时代的结束而趋于萧条，但讲习、注释法律之风渐盛。后发展成私家的'律学'，即学者对当朝以律为主的成文法进行的注释的法学。律学方法是依据儒家经义，从文学上、逻辑上注释法律条文、章句及法律名词，也简述某些法律原理。东晋以后，律学逐渐由'私家'转向'官学'。因而，在整个中国法律文化中，贯穿的是以注释为主的法学研究方法。先秦的《法律答问》融法条与法理于一体，蔚为可观。《唐律疏议》对注条的注疏更是达到了登峰造极的地步。相对于欧洲中世纪后期的注释法学，中国的律学及其方法产生时间早、持续时间长，对立法和司法的作用大。"③

1. 秦汉以前

我国先秦时期已经存在有关司法和证据的诉讼实践，形成了一些有关证据的朴素观念。《尚书》、《周礼》等著作以及一些流传下来的史书，记述了有关证据的制度和观念，从这些内容看，制度与理论不分，法学与法制混合，虽传至后世，却难以分开稽考。

《尚书》是我国最早的史书，春秋、战国时称《书》，及至汉代，方称《尚书》，儒家又尊称之为《书经》。依时代，《尚书》分为《虞书》、《夏书》、《商书》、《周书》四部分，凡100篇。《吕刑》为其中一篇。《吕刑》曰："五刑之疑有赦，五罚之疑有赦，其审克之！简孚有众，惟貌有稽。无简不听，具严天威。""非佞折狱，惟良折狱，罔非在中。察辞于差，非从惟从。哀敬折狱，明启刑书胥占，咸庶中正"。又曰："罔不中听狱之两辞，无或私家于狱之两辞！"又曰："两造具备，师听五辞，五辞简孚，正于五刑。"这些内容都与证据有一定关系，被后世奉为经典言论而多加引用。

---

① 包世臣：《齐民四术》，中华书局2001年版，第228页。

② 陈顾远：《中国法制史》，中国书店1988年版，第41—51页。

③ 田成有：《法学理论的方法回顾与前瞻》，载 http://www.yn148.com/flrzj/fl/spsj/fxllhgqz.htm。

《周礼》著于春秋时期，为古代官置典籍，在儒家经典中居举足轻重的地位，分为六篇，即天、地、春、夏、秋、冬六官。其中秋官为刑官，管理刑狱、司法政务，兼掌礼宾，有关刑官的内容与法制有关，如《周礼·秋官·小司寇》云："古者取囚要辞，皆对坐。"

中国古代的法制建立在伦理原则的基础上，礼教构成了国家的根本精神，儒家学说的主导地位促成了这一局面的形成。孔子及后世儒家针对诉讼提出了一系列主张，对证据法产生了重大影响，如孔子主张"亲亲相隐"，《论语》记述："叶公语孔子曰：'吾党有直躬者，其父攘羊，而子证之。'孔子曰：'吾党之直者异于是：父为子隐，子为父隐。直在其中矣。'"① 其父攘羊，而子证之，叶公认为直，孔子则以子为父隐为直。这是古代法律中亲属相为容隐制度的直接理论来源。

2. 秦汉以后

秦代遵奉法家思想，以严刑峻法治理国家，刻薄寡恩，及二世而亡。汉以后儒家思想占据主流地位，儒家经典不但给中华法系带来重大影响，而且亲亲相隐制度得以确立。儒家思想影响的最鲜明的体现是汉代董仲舒的《春秋》决狱，例如有如下案例："时有疑狱，曰：甲无子，拾道旁弃儿乙，养之以为子。及乙长，有罪杀人，以状语甲，甲藏匿之。甲何论？仲舒断曰：'甲无子，振活养乙，虽非所生，谁与易之？'《诗》云：'螟蛉有子，蜾蠃负之。'《春秋》之义，父为子隐。甲宜匿子，而不当坐。"② 除儒家外，先秦其他诸家也提出了一定的诉讼主张，特别是法家思想，在中国古代的诉讼实践中也有一定的影响，但影响力都不及儒家思想。

中国古代司法，许多制度和做法以经验为来源，证据法学中也有许多经验之谈。例如五听制度即是如此，"五听"之法得到认可，不仅源于儒家经典对这个制度的揭示和肯定，也源于它与实际经验的契合。

在古代的证据研究中，对于勘验的研究值得一提。无参验而必之者，愚也；弗能必而据之者，诬也。③ 检验之方，隋唐犹无闻焉，至宋乃有《洗冤集录》，而后又有《平冤录》、《无冤录》，《洗冤录》集以上三书而成之，到清代又有《洗冤集表》，更为简明。④ 《洗冤集录》为宋朝人宋慈所著，是世界最早的较为完整的法医学专著，该书主要内容包括：关于检验尸伤的法令；验

---

① 《论语·子路第十三》。
② 董仲舒：《董仲舒集》，学苑出版社 2003 年版，第 412 页。
③ 《韩非子·显学第五十》。
④ 《韩非子·显学第五十》。

尸的方法和注意事项；尸体现象；各种机械性窒息死；各种钝器损伤；锐器损伤；交通事故损伤；高温致死；中毒等。自南宋以来，《洗冤集录》成为历代官府尸伤检验的蓝本，被奉为宋以后各代刑事检验的准则。本书虽为法医学著作，但亦有证据法学上的意义，书中内容不仅对于证据的审查颇具价值，而且宋慈本人在书中亦提出了自己的证据法学观点，如在开篇提出不能轻信口供，认为"一切不可凭一二人口说便以为信，及备三两纸状谓可塞责。况其不识字者"、"告状切不可信，须是详细检验，务要从实"，对疑难案件尤"须是多方体访，务令参会归一，切不可凭一二人口说，便以为信"。对于检验，宋慈提出检验官必须亲临现场，告诫"临时审查，切勿轻易，差之毫厘，失之千里"，这些内容都具有证据法学的价值。

　　在我国古代，一些学术见解出现在对法典的注释性的著作中，这类著作有《唐律疏议》、《唐明律合编》、《读例存疑》等，其中都有一些对诉讼证据和证明的解释和观点，但内容并不多。《唐律疏议》是唐代长孙无忌的著作，此部著作被认为是有关唐律的首屈一指的名著。有学者认为："我国七世纪的著名法典注释书《唐律疏议》，无论在结构体系的合理性、概念阐述的科学性、条文注释的完整性、原则内容的系统性等方面，都可以与古代罗马查士丁尼《国法大全》相媲美。"① 我们可以《唐律疏议》对"疑罪"的解释管窥一斑。唐律规定：诸疑罪，各依所犯，以赎论。对此条的注释内容是："疑，谓虚实之证等，是非之理均；或事涉疑似，傍无证见；或傍有闻证，事非疑似之类。即疑狱，法官执见不同者，得为异议，议不得过三。"长孙无忌解释说："'疑罪'，谓事有疑似，处断难明。'各依所犯，以赎论'，谓依所疑之罪，用赎法收赎。注云'疑，谓虚实之证等'，谓八品以下及庶人，一人证虚，一人证实，二人以上，虚实之证其数各等；或七品以上，各据众证定罪，亦各虚实之数等。'是非之理均'，谓有是处，亦有非处，其理各均。'或事涉疑似'，谓赃状涉于疑似，傍无证见之人；或傍有闻见之人，其事全非疑似。称'之类'者，或行迹是，状验非；或闻证同，情理异。疑状既广，不可备论，故云'之类'。'即疑狱'，谓狱有所疑，法官执见不同，议律论情，各申异见，'得为异议'，听作异同。'议不得过三'，谓如丞相以下，通判者五人，大理卿以下五人，如此同判者多，不可各为异议，故云'议不得过三'。"② 《唐明律合编》、《读例存疑》是清代薛允升的著作，其对于律学颇有研究，著有《唐明

---

　　① 何勤华：《法学形态考——"中国古代无法学论"质疑》，载 http://www.jcrb.com/zyw/n5/ca10814.htm。

　　② 长孙无忌撰：《唐律疏议》。

律合编》四十卷、《汉律辑存》六卷、《汉律决事比》四卷、《读例存疑》五十四卷以及《薛大司寇遗集》等书。①

在古代的证据法的观点上，历代都有关于废止刑讯或痛陈刑讯弊害的呼求或主张。中国的刑讯流行于秦汉，前汉路温舒极力反对刑讯。史载昭帝崩，昌邑王贺废，宣帝初即位。路温舒上书言宜尚德缓刑。对刑讯逼供痛下针砭，主张"尚德缓刑"，云："夫狱者，天下之大命也，死者不可复生，绝者不可复属。《书》曰：'与其杀不辜，宁失不经。'今治狱吏则不然，上下相驱，以刻为明，深者获公名，平者多后患。故治狱之吏，皆欲人死。非憎人也，自安之道，在人之死。是以死人之血，流离于市；被刑之徒，比肩而立；大辟之计，岁以万数。此仁圣之所以伤也，太平之未洽，凡以此也。""夫人情安则乐生，痛则思死，棰楚之下，何求而不得？故囚人不胜痛，则饰辞以视之，吏治者利其然，则指道以明之。上奏畏却，则锻炼而周内之。盖奏当之成，虽咎繇听之，犹以为死有余辜。何则？成练者众，文致之罪明也。是以狱吏专为深刻，残贼而亡极，愉为一切，不顾国患，此世之大贼也！故俗语曰：'画地为狱议不入，刻木为吏期不对。'此皆疾吏之风，悲痛之辞也。故天下之患，莫深于狱。败法乱正，离亲塞道，莫甚乎治狱之吏。此所谓一尚存者也。"路温舒进而提出："广箴谏之路，扫亡秦之失，尊文武之德，省法制，宽刑罚，以废治狱；则太平之风，可兴于世。永履和乐，与天亡极，天下幸甚。"② 宣帝览罢，深为赞同，史书谓"上善其言"。

宋代胡太初在其所著《昼帘绪论·治狱》中批评当时的刑讯，云："甚至有狱囚不得一见知县之面者；不知吏逼求贿赂，视多寡为曲直，非法拷打，何罪不招？令合戒约推款，不得自行讯鞫，公事无小大，必令躬自唤上，诘问再三，顽狡不伏，尽情然后量施笞榜，周官有五听之法，亦以狱情难测，不可专事捶楚也"。

《金史·刑法志》载金世宗谓："棰楚之下，何求不得？奈何鞫狱者不以情求之乎？"但是，虽然如此，刑讯仍未被彻底废止。法律史学家杨鸿烈感叹："但历元、明、清，'讯刑'尤为'中国法系'的癌。"③ 由此看来，古代的统治者对刑讯这一问题似陷入了两难境地：他们将"毋笞掠而人情"视为最高理想，对刑讯食之无味，作出种种限制；但弃之又可惜，因而没有哪个朝代会放弃，表现在历代封建王朝制定的法律中，有关证据制度的规定，主要是

---

① 陈光中：《证据法学》，法律出版社 2011 年版，第 69 页。

② 路温舒：《尚德缓刑书》。

③ 杨鸿烈：《中国法律思想史》，上海书店 1984 年版，第 166 页。

关于讯囚和刑讯的内容。

　　中国古代证据制度，尽管在证据理论方面，积累、概括了一些司法实践经验，反映了某些诉讼规律，但从整体上讲，却是十分野蛮、残酷的。在长达几千年的君权社会里，"法自君出"，法律的最高价值取向便是维护君主统治秩序的稳定。王权意识浸透于证据制度立法、司法的每一个环节，过分重视对犯罪的打击，窒息了证据运用中的程序意识和权利意识。从这个意义上说，我国古代的证据制度首先表现为将口供作为最重要的定案依据，与之相应，制度化的刑讯成为获取口供的主要手段之一，这是因为，"拷问可能适合专制国家，因为凡是能够引起恐怖的任何东西都是专制政体的最好的动力"。① 其次，由于法律的终极目标是对秩序的维护，而涉讼本身就是有"斗莒之性"的"贱民"缺乏道德修养和蔑视秩序的表现，因此，有罪推定成为处理疑案的基本原则。② 这种证据制度的产生和存在完全是为了维护封建社会的专制统治。统治阶级一方面在法律上把各种危害封建统治秩序的思想、言论和行为都规定为犯罪，用极其残忍的方法对罪犯的身体加以残害；另一方面在断狱息讼时，又要披上"推理求情"、"公正执法"的外衣，以蒙骗群众。他们不懂得只有通过深入实际，调查研究，收集确实充分的证据，才能查清案情，而总是从本阶级的利益出发，受唯心主义和形而上学世界观的支配，视狱囚的口供为"证据之王"，视刑讯逼供为合法方法，从而导致了司法实践中的无数冤狱。

第二节　证据制度的嬗变

　　通过查阅大量的出土资料与历史文献资料，并经过认真地研究，对于传统证据制度的演变，大致可以归纳出这样的几个阶段：第一，中国传统证据制度肇始于先秦时期；第二，中国传统证据制度确立于秦汉时期；第三，中国传统证据制度发展于唐宋时期；第四，中国传统证据制度完善于明清时期。

一、先秦时期证据制度的滥觞

（一）先秦刑事证据制度

1. "证据"一词的释义
对于"证"的发祥，东汉许慎《说文解字·卷三》上有明确说明，认为

---

① 孟德斯鸠：《论法的精神》（上册），第93页。
② 胡旭晟主编：《狱与讼：中国传统诉讼文化研究》，中国人民大学出版社2012年版，第421页。

"证"："谏也，从言、正声。"又说："谏，证也，从言、柬声。"综合二者，可以看出古代"证"与"谏"有通义之用，以此表明作为证据的"证"，是用来鉴别真伪，以求公正之用。《说文解字》卷十二上说："据，杖持也，从手、居声。"将《说文解字》两段文字合解，可以看出，"证据"二字在中国古代，具有根据确凿证据，鉴别真伪，以求公正裁决的含意。此外，在《后汉书·缪肜传》中，也可以得到证明。其内中说："而肜独证据其事。"①即是说唯有缪肜能根据证据证明案情。这表明当时的证据在审案中具有重要的证明力，可以鉴别案件的真伪。

2. 先秦时期刑事证据制度

中国古代神判制度消失的比较早，证据制度在先秦时期已经萌发。先秦时期证据制度的发祥首先表现在当时最早出现了证据制度的指导原则。舜和时任"士"的司法官皋陶有一段重要的对话："皋陶，汝作士，明于五刑，以弼五教，期于予治。刑期于无刑，民协于中，时乃功懋哉。"皋陶回答说："帝德罔愆，临下以简，御众以宽，罚弗及嗣，赏延于世，宥过无大，刑故无小，罪疑惟轻，功疑惟重，与其杀不辜，宁失不经。好生之德，洽于民心，兹用不犯于有司。"② 在这里，舜针对证据制度在内的整个司法制度，提出了重要的指导理论与原则。诸如，司法制度（包括证据制度）的应用，目的在于社会的和谐与有效治理。为此，应采取教化优先，惩罚为辅方针，反对无视法律与证据，滥施刑罚的方案。皋陶进一步提出，司法制度（包括证据制度）的执行，关键在于秉公执法和具备良好的职业道德，以及准确掌握宽严适中的"度"，这样才能实现刑简而能治世；惩罚而不牵连家属；疑罪而能从轻处罚；处理过失犯罪而能宽大；处理故意犯罪而能严办；慎重死刑而不滥杀无辜的目的。这些重要原则，虽然说不太可能完全出于舜之口，可能有后世儒学家添加的成分，但无可否认，这在先秦时期的法律规定与证据规则中是有所体现的，而且对后世立法司法也产生不可估量的影响。

查阅史料，这些指导原则在先秦时期的法律规定上确有明确的反映。例如，《尚书·周书·吕刑》即针对司法官职业道德提出以民为本的安民思想，用刑有度的慎刑意识等方面的要求。如周穆王所说："有邦有土，告尔祥刑。在今尔安百姓，何择非人，何敬非刑，何度非及。"即告诫吕侯，刑用中典，安服百姓；执法在人，选择有德之官，慎重用刑。此外，中国古代有别于西方所谓"法定证据制度"，认定案情，运用证据主要由法官依法并按自己的认识

---

① 《后汉书》卷110，《独行列传》，中华书局2011年版。

② 《尚书·虞书·大禹谟三》，《十三经注疏》，中华书局1979年影印本，第135页。

断案。《周礼》有"五听"断狱的记载：即以"五声听狱讼，求民情；一曰辞听；二曰色听；三曰气听；四曰耳听；五曰目听"。① 五听，即要求法官考查收集言辞证据，并发挥其在处理刑案中的重要作用。像周穆王所说："两造具备，师听五辞；五辞简孚，正于五刑；五刑不简，正于五罚。"如果"五刑之疑有赦，五罚之疑有赦，其审克之。简孚有众，惟貌有稽，无简不听"。② 即法官凡遇到言词与证据有疑点的，经过审核是疑罪的，采取从轻从赦处理的方针，避免造成冤假错案。同时强调法官据证定案，虽有命令而无证据者，不予审理。另外，为了使审判符合国家法律的要求，穆王又提出法官的责任要求。即"五过之疵，惟官，惟反，惟内，惟货，惟来。其罪惟均，其审克之"。③ 即对司法官违犯法律与证据制度，或凭借长官意志；或有仇嫌报复；或受家人影响；或受贿；或受他人请托而导致的冤假错案，经过审查清楚，一律按照受害人所受的刑罚，反过来处罚司法官。这可能是世界上最早的最为严厉的法官责任制度，此项规定，是为了达到约束司法官，严格依据法律与证据审案的目的。

此外，在先秦时期也有司法官因审案不慎，错杀无辜而"其罚为均"的先例。据《史记·循吏列传》载：春秋时期，晋文公（前 636—628 年）当政，李离担任晋国执掌司法审判权力的理官。李离本人执法一向比较公正，但一次"过听杀人"，即听了错误的汇报，没有认真核查证据，而导致过失杀人的后果。李离到王宫表示应"自拘当死"。晋文公想为之解脱，李离坚持"其罚为均"的惯例，说："理有法，失刑则刑，失死则死，公以臣能听微决疑，故使为理，今过听杀人，罪当死"，"遂不受令，伏剑而死"。④ 对于本案，太史公司马迁曾评论说："李离过杀而伏剑，晋文以正国法。"⑤ 正如司马迁所说，正因为李离作为晋国最高司法官，严格实行法官责任制度，"伏剑而死"，才使得晋国从文公以下端正了对法律态度，各项法制才能正确的贯彻实施。

由上不难看出，中国先秦时期刑事证据制度已有相应的规定，同时也得到了一定的执行，但毕竟是发祥时期，比较简陋，需要进一步发展。

（二）先秦时期民事证据制度

先秦时期民事证据制度的产生，是与当时的生产力发展与商品交换的水平

---

① 《周礼·秋官·小司寇》，郑玄注。
② 《尚书·周书·吕刑》，《十三经注疏》，中华书局 1979 年影印本，第 249 页。
③ 《尚书·周书·吕刑》，《十三经注疏》，中华书局 1979 年影印本，第 249 页。
④ 《史记·循吏列传·李离列传》。
⑤ 《史记·循吏列传·李离列传》。

直接相关，属于萌发阶段。例如，在民事纠纷中，首先确立邻里为证的制度，正如《周礼·地官·小司徒》所说："凡民讼，以地比证之。"疏曰："民讼，六乡之民有争讼之事，是非难辨，故以地之比邻知其是非者，共正断其讼。"《周礼》的这项规定，充分表明西周时期已经确立以知情相邻的证人证言来证明案情真伪的制度。

　　另外，在先秦时期，特别在西周时期，因商品经济发展水平有限，因契约所生之债，比之罗马的债法内容相对的少些，大致有两种，即有买卖契约与借贷契约所生之债。《周礼·天官·小宰》说："听称责以傅别。"郑玄注曰："称责谓贷予，傅别谓券书也。听讼，责者以券书决之。"这里所谓的"称责"，就是"称债"，它表明作为债权债务关系的借贷行为已经出现。所谓的"券书"，是指用来证明借贷关系的物证。按东汉郑玄解释，记述契约内容的竹制券书，在其中央部门书写一个大"中"字，再将契约文本一分为二，由收执契约的双方当事人各持一半。① 发生争执时可以此为凭，证明自己所主张的权利。《周礼·天官·小宰》所说："听卖买以质剂。"② 另据唐人贾公彦疏云："质剂谓券书，有人争市事者，则以质剂听之。"可见，"质剂"是解决买卖争议诉讼的证据，用来解决双方的争端，维护双方的合法权益。但争议的内容不同，竹制券书的大小也不同，凡属人口、牲畜等大型交易的称为"大市"，使用"长券"，也叫"质"。凡属一般器具、珍玩之类的小型交易，则称为"小市"，使用"短券"，也称为"剂"。但"质剂"与"傅别"有所不同的是，"质剂"的"券书"上要书写一式两份内容相同的契约，再一分为二，由收执的当事人各持一份。③ 当双方发生争议时，均可以此为凭，证明自己所主张的权利真实存在。另外，在西周也有不付利息的赊贷契约文书，与上相比，是一种狭义的契约文书，如《周礼·天官·小宰》称："听取予以书契"，东汉郑玄注说："书契，符书也"，"谓出予受入之凡要"。贾公彦疏解说："此谓官直贷不出子者，故云取予。"④ 可见，书契作为证据是用来证明没有孳息关系的赊贷行为。另外，因为买卖契约与借贷契约关系的复杂性所致，西周又规定知情邻里的证人证言的证明作用。《周礼·秋官·朝士》说："凡属责者，以其地傅而听其辞。"东汉郑玄注云："以其地之人相比近能为证者来，乃受

---

① 《周礼·天官·小宰》，郑玄注。
② 《周礼·天官·小宰》，郑玄注。
③ 《周礼·天官·小宰》，贾公彦疏。
④ 《周礼·天官·小宰》，贾公彦疏。

其辞为治之。"① 这进一步表明在债权债务纠纷中，不仅需要以契约为凭，而且还要邀请知情相邻的证人出庭作证，提供证言官府才能受理辞讼，并开庭审理。

先秦时期民事证据制度的资料相对匮乏，本文以下将采取以金文与文献互证的方法，阐明民事证据及其证明效力问题。其中，《诗·小雅·北山》说："溥天之下，莫非王土，率土之滨，莫非王臣。"这条文献作为证据材料，证明周王是国家土地的最高所有权者，而分封诸侯仅享有分封辖地的使用权。而《大盂鼎铭》所说"受民受疆土"②，则以青铜浇铸的鼎铭证据材料证明分封的诸侯在当时只享有分封土地的使用权，而不是所有权。这些证据材料的相互印证，说明西周中期以前，作为物权的土地所有权与使用权的一般状况。到西周中期以后，由周王权力的衰落，诸侯势力的渐强，各种证据材料表明，各级宗主贵族对于所封赐的土地，逐渐由占有、使用权而变更为所有权，进而打破了"田里不鬻"③ 的传统。西周中期以后，以青铜器铭文形式出现的证据材料证明分封贵族公开将受封土地进行交换、赠予、赔偿、租赁等土地流转活动，从中获利。诸如，周共王时"卫盉铭"作为"永昭信守"的金文证据，证明在三有司主持的交易仪式上，矩伯以"十田"和"三田"，换得裘卫价值"八十朋"的玉璋和"廿朋"的礼器。另一青铜铭文证据材料——《格伯簋铭》，证明格伯以四匹"良马"换取倗生的"卅田"。还有青铜铭文证据材料《五祀卫鼎铭》也证明在共王五年（前845年），裘卫在五大臣主持下，以"五田"换取邦君厉的"四田"。④ 这些青铜铭文的证据材料，则证明西周中期以后，以王为代表的奴隶主国家土地所有权逐步向诸侯贵族土地所有权转化，从而导致周朝经济基础乃至上层建筑的重大变化。

与此同时，西周青铜铭文证据材料《矢人盘铭》⑤，《勿鼎铭》等，证明当时已经产生因违约或侵权行为所引起的财产纠纷，以及司法部门根据债权人的请求，依法追究了债务人的赔偿责任等。这同《周礼·天官·小宰》有"听称责（债）以傅别"；"听卖买以质剂"的规定相互印证。进一步说明文献记载的材料具有一定的真实性，反映了当时依法据证解决债权纠纷的实际情况。

---

①　《周礼·秋官·朝士》，郑玄注。

②　王文耀：《简明金文词典》，上海辞书出版社1998年版。

③　《礼记·王制》。

④　徐中舒主编：《殷周金文集录》，四川人民出版社1989年版，第101、103页。

⑤　《北京图书馆藏青铜器铭文拓片选编》，文物出版社1985年版，第197页。

由上可见，先秦时期，特别是具有代表性的西周时期，已出现青铜铭文等证据形式，其内容也得到文献记载的印证，这表明凡违约与侵权者均须负赔偿的责任。上述证据的形式与证据的分类，虽然有些简单，但通过证据的证明，"以昭信守"的传统，却被沿袭下来并且深刻地影响了后世。

二、秦汉时期证据制度的确立

伴随秦汉统一的封建中央集权的君主专制制度的确立，以及政治、经济与法制的发展，当时的证据制度较之先秦时期有了重要的发展变化，标志着古代中国封建制的证据制度正式确立。它主要表现为以下：

（一）刑事证据制度

1. 确立证据理论的客观性

众所周知，中国古代证据理论具有主观性的一面。强调定案取得犯人口供的重要性。一般情况下，没有取得犯人的口供，是不能定罪的。这是因为中华民族的先人，比较相信发自于内心的当事一方的口头陈述与供词；比较相信向天盟誓的证据效应，正如《周礼·秋官·司盟》所规定："有狱讼者，则使之盟诅。"①

但是到了秦代，伴随法家法治思想的统治地位愈益稳固，法制文明的不断发展，秦代最早确定了证据理论的客观性原则。这并不说秦代完全抛弃了证据的主观性原则。而是说秦代在法家倡导法制的特定的条件下，在坚持证据主观性原则的同时，突出强调了证据客观性原则的重要性与在司法实务中的重要价值。一方面，《睡虎地秦墓竹简·封诊式·讯狱》中规定："凡讯狱，必先尽听其言而书之，各展其辞，虽智（知）其言也，勿庸辄诘，其辞已尽书而毋解，乃以诘者诘之。诘之有（又）尽听书其解辞，有（又）有，乃治（笞）谅（掠）。"② 这表明秦代依然重视"口供至上"的观念，对犯人反复追问，逼求口供。若不招供，则动用刑讯，最终获取犯人的口供，以求对犯人定罪。与此同时，在《睡虎地秦墓竹简·封诊式·治狱篇》中又规定："治狱，能以书从迹其言，毋笞掠而得人情为上，笞掠为下，有恐为败。"③ 这就是说，在有充足确凿的书面证据材料，足以验证犯人交代口供的条件下，则不必动用刑讯手段，而能审理出案件的真实情况，才是值得提倡的审讯方法。同时也可以

---

① 《周礼·秋官·司盟》。
② 《睡虎地秦墓竹简·封诊式·讯狱》，简2—4，文物出版社1978年版。
③ 《睡虎地秦墓竹简·封诊式·治狱篇》，文物出版社1978年版。

避免因严刑拷问，犯人乱供，最终导致冤假错案的结果。秦代在特定的情况下，把确凿书面证据材料置于主导地位，把口供置于次要地位，只要书面证据能和口供相印证而且符合情理，就可以不用刑讯而判处犯人有罪。这表明秦代证据理论客观性的原则已基本确立。这一重要原则的确立，对后世产生了重要影响，也推动了封建法制文明的发展。

2. 证据品类趋于完整性

秦汉的证据种类较之先秦有明显发展，并且逐渐趋于完整。经过分析研究，当时证据制度包括了以下证据种类：

首先，言词证据。

在秦汉言词证据中包括有被告供述；原告控述；证人证言，其中包括有检举人揭发的材料，也包括有见证人的证言材料等。在秦汉封建专制主义的历史环境下，证人证言，无论是检举揭发犯罪，还是见证人出具证言，都是必须履行的法律义务。如果见证人不履行证言的责任，就会被逮捕与拷问。西汉著名酷吏杜周在担任廷尉后，每逢审理案件，都要逮捕证人强迫作证，大案几百，小案数十不等。见证人若不出具证言，就要遭至笞掠与拷打，以致一听到杜周审案，证人均四散藏匿，不肯露面。①

另外，西汉汉武帝采取儒家化的思想方策后，根据孔子"子为父隐，父为子隐，直在其中矣"②的伦理精神，规定"亲亲得相首匿"的刑事司法原则，即只要不是谋反、大逆等政治性犯罪，凡直系三代血亲之间，夫妻之间，有罪可以相互包庇隐瞒，不必揭发和作证。同时又规定，具有作证义务的见证人不得作伪证，作伪证者要追究其罪责。在出土的居延汉简《建武三年侯粟君所责寇恩事》中就有"先向受讯问者告知以下法律规定：'如果提供证明财物的证言故意作假不真实，数量在五百钱以上的，证辞已定，三日内又不去重新说明真实情况的，就要按证辞不实所造成的出罪或入罪，反过来对证人加以惩罚'"。③这表明秦汉在言词证据上已有比较严格的规定，但有些环节尚需进一步完善。

其次，物证。

一般来说，物证是指能够以其外表特征、物质属性、所处位置以及状态证明案件真实情况的各种客观存在的物品、物质或痕迹。秦汉时代继承了以往，

①　《汉书·杜周传》。

②　《论语·子路》。

③　《中国古代办案百例》：以实，臧（赃，下同）五百以上；辞已定，满三日而不更言请者，"以辞所出入，罪反罪"，之律辨告，乃。

使物证的形式有所完善。在《睡虎地秦墓竹简·封诊式》中，列举的物证即有盗案中的赃物；集团劫掠犯罪案件中的各式武器；私铸钱币案中的钱范等器具；凶杀案中的行凶器具等。

再次，司法鉴定结论。

司法鉴定结论是由法律规定的司法鉴定部门对争议案件中亟须解决的专门性问题所作的分析鉴定结论。可见司法鉴定结论既不同于证人证言，也不同于物证，是鉴定人员通过对案情的检验勘察而得出的客观结论，故也是独立证据的一种。在《睡虎地秦墓竹简·封诊式》有关《疠》的"爰书"中，记载某里里典甲怀疑该里士伍丙患有麻风病，并送到官府检验，经鉴定人认真检验勘定，得出士伍丙患麻风病的结论，根据这一结论，该里负责人甲须对士伍丙实行隔离措施，以防止传染邻里家人。

最后，司法函调爰书。

所谓司法函调爰书是秦汉时期审判机关责成犯罪嫌疑人所在县乡部门对其姓名、身份、经历进行核实，或者为执行判决而进行的查封资产所出具的法律文书。在《睡虎地秦墓竹简·封诊式》，《有鞫》及《覆》中就有司法函调爰书的记载。在简六—七《有鞫》中，乙县在审理犯人男子某时，曾向甲县发出函调爰书，请该县将其姓名、身份、籍贯、曾经犯罪、判刑或有无赦免等情况，连同依法查封其家财，一并登录回报等。从以上各类证据的分析中，不难看出秦汉时期证据种类逐渐趋于完善，并对以后的魏晋隋唐证据制度发挥了重要影响。

3. 证据运用较为熟练

通过认真研究与分析，人们不难发现秦汉时期在证据制度的运用上已达到比较熟练的地步。在这一时期中，把案件的勘验环节视为收集与确定证据的过程；将起诉环节视为审察证据依法立案的过程；把诉讼环节视为原被告双方据证对质的过程；把审判环节视为法官依据法律与证据作出裁判的过程；把行刑中的平反冤狱过程，视为依据法律与新的证据作出改判的过程。在运用证据制度上，环环相扣，形成完整的证据链条。两汉时期已达到比较成熟的地步。而秦代虽有相应的规定，但审理过程不够典型。在《居延新简·甲渠侯官与第四燧》中就有运用证据制度成功地解决案件的完整例证。内中说："迺九月庚辰甲渠第四守候长居延市阳里上造原宪与主官人谭与宪争言斗，宪以剑击伤谭囟（胸）一所，骑马驰南去。侯即时与令史立等遂捕到宪治所，不能及。验向燧长王长，辞曰：宪带剑，持官弩一、箭十一枚……骑马蘭越燧南塞天田出，西南去。以此知而劾无长史教使，劾者状其此。"这表明汉代官员在审理此案中，首先对案情做了全面了解；其次，询问受害人，主管官吏以及见证人等，通过勘验收集到各方面的证据；最后，通过调查证实此案是宪用剑击伤谭胸，制造伤害一案，并无长吏教唆的问题，罪责应由宪本人承担，由此对其作出有罪判决。可见，秦汉时期，特别是在汉代刑事证据在司法活动中的运用上，已经趋于成熟，也表现得相当熟练。

（二）民事证据制度

汉代民事证据制度同刑事证据制度一样，在司法活动中得到比较充分的运用，对于民事纠纷的解决发挥了重要的证明作用。反映这一状况比较明显的是，考古发掘出土的居延汉简中的建武三年侯粟君所责寇恩事欠钱不还为由，向居延县廷及都尉府分别提供证据并提出责令寇恩归还欠款的请求。对此，居延县衙作为一审机关，受理此案，并依核查证据材料与相关法律责令当地都乡啬夫相继传讯寇恩，彻查案情，将真相上报。经过多方查证与证据的比对，搞清事实真相是：甲渠侯官粟君雇佣客户寇恩贩鱼，双方依约规定：寇恩贩卖五千条鱼应归还粟君价钱四十万钱；粟君则交付寇恩公牛一头，谷米二十七万，作为佣金。但后来寇恩因鱼情不佳，捕至鱼但贩钱不足约定数额，便将公牛卖掉共凑齐三十二万钱，交付粟君之妻，尚欠八万钱。为偿还欠款，寇恩又给粟君送还籴谷一石，大麦二石，买肉十斤。另外，寇恩之子钦还为粟君捕鱼，其价值折合谷米相当二十石的价钱。双方对账，寇恩不仅偿还粟君余剩八万款项，粟君还要返款 2 万给寇恩。经过县廷与乡啬夫的二次验证，寇恩所提供的证据切实有效。同时查明甲渠侯官粟君依持权势，非但不归还应偿府寇恩的 2 万余款，而且还扣留了属于寇恩车器物品，并伪造证据诬告寇恩欠钱不还。对此，居延县廷根据法律与现有证据及乡啬夫验证报告，作出判决，以粟君犯有"为政不直者"罪上报府衙依律处罚，并责令粟君偿还寇恩 2 万余款。从这篇原始档案材料中可以看出，在处理这起民事诉讼案件中，居延县廷依据法律与现有证据，以及乡啬夫所提交的两次验证报告，厘清粟君诬告的案情，并还寇恩以清白，反映出运用法律与证据的熟练程度，以及秉公执法、不徇私情风貌。

三、唐宋时期证据制度的发展

伴随唐宋政治、经济与法制文明的发展，当时的证据制度有了重要的发展，并在一定程度显示自身的成熟性。

（一）刑事证据制度

1. 证据客观性原则的完善

如前所述，秦代已确立证据客观性原则，较之先秦在法制文明跨越了一大步。但存有不足，其认为书面证据材料与口供相符，不用刑讯而审出真情是最值得肯定的。这里固然强调了书面证据的客观性与重要性，同时也要求与口供内容的一致性。但事实上经常有犯人拒不供述，也有犯人不如实供述，如此就很难处理。《唐律疏议·断狱律》，"讯囚察辞理" 条则明确规定："若赃状露验，理不可疑，虽不承引，即据状断之。" 该条的疏议部分解释说："计赃者见获真赃，杀人者检得实状，赃状明白，理不可疑，问虽不承，听据状科断。"① 唐律的这项规定与司法解释，弥补了秦律规定的不足。只要盗罪真赃，杀人实证确凿无疑，在理论上推敲不存在疑点，尽管犯人拒不供述认罪，或作虚假供述者，均可以依据法律与真赃实证作出判决。从而排除了"口供至上"的影响，提高勘验取证的重要地位。并且在中外司法制度史上第一次以国家大法的形式，确立"零口供"断案的先例，反映出唐朝法制文明发展的新高度，从而产生了深远的影响。唐朝不但从法律上作出明确的规定，而且在司法实践上也坚持加以贯彻。宋人郑克《折狱龟鉴·察盗》中记载了唐朝司法官吏阎济美在江南审理的一起盗案的经过。内中说：有一名船夫在运客商时发现其"密隐银十锭于货中，于是起盗窃之意，盗窃十锭银并沉于泊船之所"。第二天清晨到岸，客商发现失银，便拖着船夫到阎济美办公的府衙上控告。阎济美首先询问案情始末，并把寻找赃证作为破案重点。于是，一面令属吏携船夫去水上寻赃，一面密令下属与楫师到船集之处沉钩搜找，最终获篋，银在其中，封题犹全。阎济美根据法律与搜取的十锭封银，确定船夫犯有"窃盗罪"，船夫尽管先前不承认，现在也无话可说，只得认罪服法。②

宋朝承袭并发展了唐朝的相关规定，在《宋刑统·断狱律·断罪引律令格式》中说："诸犯罪事发，有赃状露验者，虽徒伴未尽，见获者，先依状断之，自后从后追究。"③ 即是说在共同犯罪的案件中，只要掌握犯罪团伙的确凿赃证，虽然有个别同案犯尚未归案，已经捕获的案犯，仍可以依据法律与赃证及主从犯的关系定罪。以后捕获的逃犯，再依主从犯关系作出判决处理。由上可知，伴随唐宋时期封建法制文明的发展，证据理论愈益突显出它的客观性的光彩。这并不是说当时在封建专制传统下不存在证据主观性的内容，而是反映出这一时期法制文明发达，促进了当时证据的客观主义的成熟。

2. 对刑讯实行严格限制

在传统司法制度中，通过刑讯逼求犯人口供，早已合法化。但刑讯的弊端

---

① 《唐律疏议·断狱律》，讯囚察辞理条。

② 《折狱龟鉴·察盗》，上海古籍出版社 1988 年版。

③ 《宋刑统·断狱律·断罪引律令格式》。

也表现得十分明显。所以，历代虽主张刑讯合法化，同时也禁止滥施刑讯，以避免造成冤假错案，并对无辜者造成肉体上的伤害。但是，以往规定是原则性的，缺乏严格的程序上的限制。到封建法制主义比较发达的唐宋时期，特别是唐朝时期，在此方面有了重大进展，对各级司法机关动用刑讯方面做了程序上的严格限制，从而使刑讯制度化，法律化。其中，《唐律疏议·断狱律·讯囚审察辞理条》规定："诸应讯囚者，必先以情，审察辞理，反复参验，犹未能决，事须讯问者，立案同判，然后拷讯。违者，杖六十。"① 同前，唐《狱官令》也规定："察狱之官，先备五听，又验诸证信，事状疑似，犹不首实者，然后拷掠。"② 由上可知，唐朝在使用刑讯上规定了严格的程序：第一，先通过五听等方式了解案情，审察供词，验明证据材料；第二，反复多次验证供辞与证据材料，讯问犯人，仍不能作出判决，可以依据规定向上级申请动用刑讯手段；第三，上级机关批准使用刑讯手段后，必须办理使用手续，本案审判官员共同出席，然后对犯人实施刑讯；第四，对违背法律规定，私自动用刑讯手段的审判官吏追究刑事责任，给予杖六十的处罚。此外，《唐律疏议·断狱律·拷囚不得过三度条》又明确规定刑讯的总额与次数，即"诸拷囚不得过三度，总数不得过二百，杖罪以下不得过所犯之数。拷满不承，取保放人"。同时规定："诸拷囚限满而不首者，反拷证人。"③ 在这里，唐律严格刑讯使用程序：第一，刑讯总数为二百下，分三次使用；第二，判处笞一至笞五十，杖六十至杖一百的犯人，在使用刑讯的次数上不得超过判决书处罚笞、杖刑的数目；第三，刑讯用完，犯人依然不承认犯罪，实行取保释放。

　　另外，唐朝还规定用于刑讯的竹杖的具体规格，以及犯人在刑讯时的受刑部位。据《旧唐书·刑法志》载：唐朝规定：刑杖"皆削去节目，长三尺五寸。讯囚杖，大头径三分二厘，小头径二分二厘"，"（其）决杖者，背腿臀分受，及须等数，拷讯者亦同"。④ 按此规定：第一，唐代刑讯竹杖，一律磨平竹节，以免伤及犯人肌肉；第二，竹杖的大头面的直径为三分二厘，小头面的直径为二分二厘，不得超过限度；第三，刑讯时犯人受刑部位为背、腿、臀三处分受，以免处刑一处，伤及过重；第四，刑讯时必须严格按照法定的程序与具体次数进行，不得超过限度，超过限度要追究拷讯官员的责任。由上不难看

① 《唐律疏议·断狱律·讯囚审察辞理条》，中华书局1983年11月版，第552页。
② 《唐律疏议·断狱律·讯囚审察辞理条》，中华书局1983年11月版，第552页。
③ 《唐律疏议·断狱律·拷囚不得过三度条》，中华书局1983年11月版，第552—554页。
④ 《旧唐书》卷50《刑法志》。

出，唐朝统治时期较之以往，在法定程序上对刑讯使用作了更为详尽更为细致的限制规定，这些规定不仅限制了刑讯手段滥用，而且促使司法机关更多地依靠收集证据，解决各种类型的案件，从而有力地维护了封建法制的贯彻，保障了证据制度的实施。

3. 勘验理论的升华与勘验制度的完善

宋朝承袭了唐代以来的勘验理论与制度，并把它推进到一个比较完善的程度。

首先，勘验理论的升华。

勘验在整个证据理论中居于十分重要的地位，也发挥着关键性的作用。它充分体现了证据制度的灵魂与核心作用，物证勘验结论所反映出来的脱离人的主观意志的客观结论，具有客观的真实性，也为确认法律的真实性奠定了基础。它的结论往往决定法官判案的走向，以及最终定案的结果。中国古代的勘验有悠久的历史，例如《礼记·月令》载有："孟秋之月……命理瞻伤、察创、视折、审断，决狱讼。"对此，东汉蔡邕解释说："皮曰伤，肉曰创，骨曰折，骨肉皆绝曰断"，"言民斗辩而不死者，当以伤、创、折、断、深浅、大小正其罪之轻重"。即是说春秋战国时期司法机关在判断斗殴致伤上已形成运用各种勘验方法，来收集检验证据，其中，瞻、察、视比较典型。与此同时，通过勘验，判断罪行轻重，其中，伤、创、折比较典型。到秦代勘验制度有了进一步发展，特别在尸体的现场勘验上有明显表现。《睡虎地秦墓竹简·封诊式》有"贼死"（杀人）与"经死"（缢死）两种尸检的案例。并要求司法机关接到报案后，立即派人到现场进行勘查，详尽记载勘查的现场状况，检验尸体的伤痕和相关情况。并找邻近知情人与被害人亲属了解案情，记录在案上报官府查证。但这一切都是勘验的初创阶段，大多属于经验方面的积累，尚缺乏理论上的升华。

到了宋朝，勘验制度伴随当时科学技术发展与人们认识水准的提高，逐渐完成了经验型向理论型的转化。最明显的是南宋时期的宋慈《洗冤集录》的问世。《洗冤集录》一书从理论上系统地回答了勘验制度在据证定案上的功能作用，以及勘验的途径、方法与勘验结论上的关联作用。例如，在检验伤害案时，要了解行凶刀具与被害人伤痕之间关系是否高度一致。"如生前被刃伤，其痕肉阔，即有血汁及所伤创口皮肉血多花鲜色"。相反，"若死后用刀刃割伤处，肉色即干白，更无血花也（原注：盖人死后，血脉不行，是以肉色白也"。① 再例如，在检验溺水尸体时，就强调勘验者要关注溺水者与水流之间

① 《洗冤集录·杀伤》。

的关系。即注意：①原死水中，还是从上游漂流至此；②若是漂流，应查明来自东、西、南、北的具体方向，以后又流往何处；③若落水中，本人有无呼救，遇到救助否？④遇到救助，须查清是入水后死亡，还是原本已经死亡等。《洗冤集录》不仅是中国乃至世界第一部比较完整的法医学专著，也是首部勘验证据学的科学著作。它不仅影响了国内的元、明、清各代，同时远播海外，被荷兰、法国、英国、德国、日本、朝鲜等世界多国译成本国文字加以推广。由此不难看出唐宋时期，特别是宋朝时期勘验证据科学的发展高度。

其次，勘验制度的完善。

宋朝承袭了唐朝据证定案的传统，而在勘验取证的制度上有了进一步发展。其表现以下：

检验程序的严密。到南宋宁宗时期形成报检，初检与复检等相互联系的严格检验程序。南宋宁宗曾明确规定："凡有杀伤人去处，如都保不即申官，州县不差官检复及家属受财私和，许诸色人告首，并合从条究治。其行财受和会之人，更合计赃重行论罪。"①即是说，只要发生杀伤等刑案，地邻及保甲长均须履行向官府报检的义务，州县等基层机关接到报检后，须召集当地保甲负责人及死者亲属与干连证人到场，进行初检。初检过后再进行复检，复检官与初检人员无任何关联，有权进行全面的复查。

确立勘验范围。凡是杀伤及非理死亡者，以及死亡时无近亲属在旁者，必须差官勘验尸体，寻找致死的证据，确定致死的原因。勘验也适用于伤害罪与强奸罪的受害人，从中勘察伤情，提取犯罪证据。

最后，制作勘验笔录。

宋朝法律明文规定：凡勘验有验状、检验格目、检验正背人形图三种。所谓验状，即统一检验仰、俯、左、右四面各个部位，加以记录。检验格目为南宋浙西提刑郑兴裔创制并被朝廷推广全国。即记录勘验官员在每一环节中所做的检验工作。防止拖延推避与徇私舞弊，督促官吏尽心尽职。检验正背人形图最早为南宋宁宗嘉定四年（1211 年）所定，即以图像形式标示出尸伤的具体部位，具有证据的直观性。此外，南宋在《庆元条法事类》中明确规定勘验人员的组成及其法律责任。凡差官勘验者，须"无亲嫌于碍之人"②，此外，仵作、保甲、人吏、被害人亲属以及犯罪人等均须一同前往，以供备察。勘验官须承担应检而不检；稽滞检验；不依法检验以及检验不实不尽的责任。违

---

① 《宋会要辑稿·刑法六》之七。
② 《庆元条法事类》类 72，《验尸》。

者，依据法律要受到相应的处罚。

综上不难看出，唐宋时期，特别是宋朝时期，刑事证据制度，无论在证据理论上，还是在严格刑讯的程序上，乃至在勘验的制度建设与勘验技术的升华上都超越以往，发展到完善的程度，不仅对本国而且对世界各国都产生了十分重要的影响。

（二）民事证据制度

1. 民事证据制度的规范化

宋朝因"不立田制"，"不抑兼并"，所以土地交易频繁，流转速度比较快。为此，宋朝对土地交易的凭证——土地买卖契约作了进一步的规范性的规定。例如，宋代承认百姓对新开垦的荒地拥有所有权，并规定在开垦的前几年免除赋税。如十年内原主不来复业，官府承认其土地所有权，颁布由官府加盖红印的土地契，称之为"红契"。在土地买卖过程中，依法取得土地所有权的转移，并交纳契税，官府则承认该土地买卖契约，并加盖公章，称之为"赤契"。同时也区别了买卖双方当事人私立契约不经官府者，为"白契"，发生争执，一般不受国家法律的保护。

2. 民事证据制度的创制

宋代承袭唐代，在民事证据制度上出现有新的创制，这种创制正是适应了当时的商品经济发展与社会经济的变化而产生。

典卖交易中的证据制度

典卖是唐宋之间产生的一种交易活动，是业者将物的使用权让渡给买家而获取的使用价值的行为。这是商品经济发展，所有权与使用权相对分离而产生的一种交易形式。它为以前所未见，实属当时的一种创制。但是典卖行为必须符合国家的有关证据规定与证据要求，才能视为合法有效。第一，以签订契约为证；第二，规定业者回赎的期限；第三，申报官府批准，并交纳相关契税；第四，业主有权回赎，但必须在规定的期限之内；第五，买者具有占有、使用、收益之权，但无权处分；第六，还规定物的典卖权归于家长，子孙弟侄无权典卖，违者受罚。明确规定典卖交易所应遵循的证据要求，以及依法据证解决典卖交易的纠纷，是唐宋时期的创制，对以后典卖行为的法律规定产生了重要影响。

3. 租佃交易中的证据制度

唐末五代直至宋代，由于大规模的农民起义，以及藩镇间的割据战乱，使得社会结构与社会关系发生了剧烈的变化。原有的半农奴的部曲挣脱了地主的人身依赖关系，到宋初成为国家编户，具有了相对独立的人格身份，成了自由的农村劳动力。而战乱影响造成大量荒芜土地与地主闲置的土地不能发挥生产效益。宋初开始完成了租佃交易的创制，并形成租佃交易中的证据制度。第一，在租佃契约中规定，农民租种土地后，到年底同地主实行"对分制"或"四六分成"制；第二，规定农民在租佃契约签订后，虽受地主残酷剥削，但不得逃亡，凡违犯者，"令所属州县追回"，"令著旧业"；① 第三，禁止佃客犯主，有犯者，"加凡人一等，发配邻州"。上述规定，常常激起佃户们的反抗，至宋仁宗天圣五年（1027 年）被迫颁布宽松的诏令："自今后客户（佃农）起移，更不取主人凭由，须每田收田毕日，商量去处，各取稳便。"② 从上述民事证据制度的规范化，以及两种（租佃、典卖）契约证据制度创立，都反映出唐宋时期证据制度的发展变化的历史过程及其所积累的立法与司法经验，并对后世产生了重大影响。

四、明清时期证据制度的完善

（一）刑事证据制度

1. 刑事证据原则的变化

首先，取消证据客观性原则的法律规定。

明清时期封建社会进入晚期阶段，封建统治阶级已经整体上走向衰落，同时也丧失了封建中期鼎盛时代的进取心与创新能力。这在法律制度，特别是在证据制度上表现得更加明显。唐宋时期规定证据客观性的原则，并且突出强调赃证确实，无可怀疑，即使被告人不供述，也可以据证定罪，不必进行刑讯。伴随明清时代的变化，无论是《大明清·刑律·断狱》，还是《大清律例·刑律·断狱》都取消上述规定。按《大明律·刑律·吏典代写招草》条王肯堂笺释说："鞫问刑名等项，必据犯人之招草，以定其情。"③《大清律例·刑律·吏典代写招草》条同条夹注也说："必据犯人招草以定其罪。"这表明明清两代在国家大法上，正式取消证据客观性法律原则的规定，从而为证据主观主义的倾向的发展打开了方便之门。在证据客观性的规定方面，明清时期较之唐宋时期有了明显的倒退，并且重新回到"口供至上"的老路。这种现象确实值得后世深思与警觉。

其次，证据主观性原则的明显加强。

---

① 《名公书判清明集·户婚门》。

② 《宋会要·食货志》。

③ 薛允升：《唐明律合编》（5），第 699 页。

明清时期，证据制度的理论基础发生了重要变化。明清两朝在抛弃证据客观性原则的同时，因强化专制统治的需要，进一步强化了证据的主观主义的倾向。具体表现为：

明朝通过厂卫制度，干预司法。明朝的东厂、西厂、内行厂和锦衣卫镇抚司合称为厂卫。厂卫是明朝皇帝直接控制并用来镇压政敌的凶残工具。其情如同《明史·刑法志》所总结的那样："刑法有创之自明，不衷古制者，廷杖、东西厂、锦衣卫、镇抚司狱是矣。是数者，杀人至惨，而不丽法。"[1] 即是说明代厂卫特务机构，唯皇帝命令是从，随意逮捕、监禁、杀人，无法无天，破坏了包括证据制度在内的整个法律制度的基础，导致明朝司法制度的混乱。厂卫机构在"英（宗）、宪（宗）以后，钦恤之意微，侦伺之风炽。巨恶大憝，案如山积，而旨从中下，纵之不问；或本无死理，而片纸付诏狱，为祸尤烈。故综明代刑法大略，而以厂卫终之"[2]。即是说，明朝厂卫横行，是最高统治者无视法律与证据制度，公开包庇纵容造成的。而厂卫破坏作用之大，直接导致包括证据制度在内的整个明朝法律制度的崩溃。

清朝康雍乾时期，文字狱之风愈益严重。强化证据的主观主义倾向不仅破坏了当时法律规定，而且导致了法制上的严重倒退。

清朝文字狱由康熙二年（1663 年）查办庄廷钺"明史案"开始的，以该书不称努尔哈赤为清太祖而称其为明朝所封建州都督；不书写清朝年号而采用明朝年号等事为由，仅凭上述"文字"，便推断为"谋反大逆"罪，残酷地处罚相关涉案人员。雍正时期，胡文藻在所著《坚磨生诗抄》中，写有"一把心肠论浊清"之句，被统治者认为是故意把"浊"字冠于大清国号之前，构成对天朝的"诬蔑"罪，最终被处死。上述处罚无视客观证据和法律规定，仅凭摘取个别文字，而主观推断实施有罪判决，并残酷处罚当事人。这表明清朝企图依靠推行文化恐怖与法律威胁主义，来威慑国人，借以巩固其极端专制的皇权统治。而其危害相当严重，不但箝制思想，遏制理论创新，而且破坏了法律制度与证据规则。

2. 刑讯制度的变化

明初在法律上承袭了唐律的重证据、严格限制刑讯的传统，主张依法刑讯，即所谓"罪人赃仗证佐明白，不服招承，明立文案，依法拷讯"。[3] 此外，《大明律》规定："凡八议之人，及年七十以上，十五以下，若废疾者，并不

---

① 《明史·刑法志三》。

② 《明史·刑法志二》。

③ 《大明律·刑律·断狱》，"故禁故勘平人"条。

合拷讯，皆据众证定罪。"即规定不应刑讯而应按众证定罪的范围，以避免扩大刑讯的范围，造成不良的后果。但由于厂卫制度的建立，适应了最高统治者借用厂卫镇压政敌与反对势力的需要，故在实际的司法活动中，法律规定完全变为具文，厂卫特务非法刑讯，花样翻新，无所不用其极。据《明史·刑法志三》载："（厂卫对于重犯使用）全刑者，曰械、曰镣、曰棍、曰拶、曰夹棍。五毒俱，呼号声沸然，血肉溃烂，婉转求死不得。"厂卫特务依杖皇权的威势，使用各种残酷刑讯手段，逼求犯人口供，例如使用 150 斤的重枷以致折磨犯人致死，使用立枷、断脊、堕指、刺心等，以致刑讯未完，犯人已毙命。对此，普通司法机关及其司法人员往往慑于厂卫的淫威而不敢上言。以致明世宗也不得不承认厂卫非法刑讯导致司法混乱的严重后果。即所谓"在京在外缉获强盗、奸细等项，多系贪功图利无赖截番之徒，妄拿诬陷重罪。两京法司并在外问刑衙门官员，不肯用心讲明律例，详谳狱情，惟事笞楚锻炼，甚则怵势徇情，故出入人罪；又明知冤抑，拘于成案，回护原问官员，相视不予辩理"。厂卫特务的横行不法与滥施非法拷讯，严重地破坏了明朝法制及其核心内容证据制度，削弱了明朝统治的社会根基，使明朝社会陷入了深刻危机而不能自拔。

　　清朝的《大清律例》承袭了明律限制刑讯的规定，同时也承认刑讯的合法与必要性。而法律规定往往被视为一纸具文，滥施刑讯逼求口供的情况依然十分严重。康熙年间一位县官曾反映过班房刑讯的恐怖场景："（知县）拍案大怒，命取夹棍吓之，两班牙爪疾呼跃出，提摔而下，则惊魂大怖，宁有不服输者乎？"① 另外，乾隆二年（1737 年），负有秘监职责的广东海关监督郑伍赛呈奏皇帝说："下贱皂役只知图财，罔顾天理更比比皆是，遂其欲，责宜重而返轻；拂其意，责宜轻而独重。诚所谓有钱者生，无钱者死，爱之欲生，恶之欲死，高下随便，操纵自如。弊难擢举，势难禁遏，往往见行杖之下，立毙人命。"② 从上述奏报乾隆皇帝的秘折当中，可以看出，尽管是"盛世"之下，滥施刑讯以图私利的情况，依然是十分严重的。滥施刑讯与非法刑讯，已经成为封建社会不可医治的痼疾。这种现象的存在，不能不对清朝的法律制度，特别是它的证据制度产生破坏性的影响。在此种恐怖的环境下，更加剧人犯的心理压力，加之动用刑讯，使得他们被迫顺从主审官的意图违心地承认自己犯有"罪行"。从而造成了冤假错案很难得到平反的状况。

---

① 　黄六鸿：《福惠全书》卷 11。
② 　清史档案《朱批奏折·律例》卷号 45—52，红字 19。

3. 加强会审中的证据审查

明清时期的会审制度，从证据学的角度看，实际上就是对案件关键证据的重新审查，辨明真伪，作出新判决和执行规定。这一会审制度源于汉唐以来的录囚制度。其中，《汉书·隽不疑传》记载："（不疑）拜为青州刺史，每行县录囚徒还。"师古注："省录之，知其情状有冤滞与不也。"另据《后汉书·明帝纪》载：永平十八年夏诏："理冤狱，录轻系。"这表明从汉代始，本着儒家"恤刑"思想，不定时间，不分罪轻罪重，都要对在押人犯实行一次证据审察，以分辨冤情，平反冤狱。另据《唐六典》载："凡禁囚皆五日一虑焉。凡在京诸司现禁囚，每月二十五日以前本司录其犯及禁时日月以报刑部。凡天下诸州断罪应申复者，每年正月与吏择使，取历任清勤、明识法理者，仍过中书门下定讫以闻，乃令分道巡复。"① 由上可见，唐朝在京人犯通常是每月审查证据材料，实行每月一次录囚并上报刑部。外地人犯由吏部遣使与当地官员共同审查证据材料，实行每年一次的录囚，并上报中央。此外，唐太宗在位时，还实行过在外三复奏、在京五复奏的死刑执行前的审查证据制度。这些规定虽然在程序与分类上有待完善，但都对明清产生了直接的影响。

明朝在以往录囚审查证据制度的基础上，发展成为"会官审录"制度，简称为会审制度。即于每年霜降后请示皇帝，确定由三法司、五军都督府、九卿、科道、锦衣卫等衙门，在承天门外会同审查刑部监狱在押囚犯的证据材料，并讯问人犯，最终确定：有词服否，情罪有无矜疑，情罪可否确当，再分别情节加以处理。此后，明英宗天顺三年（1550年）正式确立朝审制度，如《明会典》所载："天顺三年令每岁霜降后，该决重囚，三法司会多官审录，著为令。"② 即对在京判处绞、斩监候死刑犯实行每年霜降会同审查证据，拟定处理意见上报皇帝批准。外省重犯则由中央派遣恤刑官与当时官员，对绞、斩监候死刑拟与徒刑犯会同审查证据材料，上报皇帝作出处理。其中，通过审查证据，最终确定"情真"、"可矜"、"可疑"、"有词不服"、"事无佐证"等类别上报皇帝请求裁决。

清朝在明朝的基础上对会审制度又作有新的发展。即在明朝朝审制度的基础上，建立了秋审、朝审制度，通过会同审查证据，解决京内外绞、斩监候死刑案件的复审程序。首先清朝明确区分了京内、外死刑绞斩监候案件会同审录上的差异。如顺治十年八月甲申刑部题准："朝审事宜日期，于霜降后十日举行。将情实、矜疑、有词各犯分为三项，各具一本请旨。其情实各犯，奉有御

---

① 《唐六典》卷6，刑部。

② 《明会典》卷177，刑部，朝审。

笔勾除者，方行处决。"① 即将刑部所辖京师百姓与官员中犯绞、斩监候刑名的人犯会同审录，定名为"朝审"，时间确定为霜降后十日举行。此外，顺治十五年十月已巳刑部等衙门遵旨会议："各省秋决重犯，该巡按会同巡抚、布、按等官，（对证据材料）面加详审，列疏明开情真应决、应缓、并可矜疑者，分别三项，于霜降前，奏请定夺。"即把秋审时间定为每年霜降之前，范围确定为外省犯有绞、斩监候死刑者，属于处理之列。② 此外，康熙十二年十一月丙谕刑部："各省秋审本内止有节略，观览未能明晰……以后各省秋审应令照在京朝审例，预期造册进呈，亦著九卿、科道会同复核，奏请定夺。"③ 经过皇帝批准，最终即将京外各省绞、斩监候死刑犯的会官审录定名"秋审"，时间为立秋至霜降前。

其次，建立九卿、詹事、科道等临时最高法庭，会同审查证据，对秋审、朝审案犯进行复审复核。

最后，经过九卿会审后，确定对案犯情实、缓决、可矜、留养承嗣等处理意见，上报皇帝批准，作出最终执行。

明清时期，特别是清朝时期在坚持对谋反等政治性犯罪，"决不待时"的处理方针的同时，出于传统"恤刑"的思想，以及缓和社会矛盾的考虑，对京内外判处绞、斩监候的死刑案犯，实行慎重处理的方针。除去经过证据审查，事实清楚，犯罪性质与情节属实者，上报皇帝批准处决外；其余缓决、可矜、留养承嗣的绞、斩监候案犯，都可以免死，得到从轻的处理。从这一角度上看，凡属一般性的死刑案犯（绞、斩监候案犯），清朝实行"可杀可不杀者，尽量不杀"的刑事政策，虽然是出于对稳定社会秩序与缓和社会矛盾的考虑，但是重视会审中的证据审查，并通过这种严格审查，区别死刑案犯不同犯罪情节，作出比较准确的处理，依然是值得肯定的，同时这种证据审查制度的确立，也反映出当权者对生命价值的合理关注，这同样也是值得肯定的。

（二）民事证据制度

1. 书证制度的发展

明清时期书证制度较之唐宋时期有比较大的发展。宋朝凡分家析产均须订立分析文书；民间婚姻亦须订立定亲帖子。此外，各种十照、文书、契照、遗

① 《世祖实录》卷 77。
② 《世祖实录》卷 121。
③ 《世祖实录》卷 121。

嘱、宗谱等都成为证明所有权的凭证。在宋代民事诉讼审判中，上述书证也成为民事判决的主要依据。据南宋《名公书判清朝集》卷五说："（凡民间）交易有争，官司定夺，止凭契约。"① 而"官厅财物勾加之讼，考察虚实，则凭文书"。② 而至清代对书证的规定更加详尽。其中，乾隆三十三年（1768年）《大清律例》卷9，《户律·田宅·盗卖田宅》条增例中规定："凡民人告诉坟山，近年者以印契为凭；如系远年，须将山地、字号、亩数及库贮鳞册并完粮印串，逐一丈勘查对，果相符合，即断令归己。如勘查不符，又无完粮印串，则所执远年旧契、碑谱不得为凭，照滥控侵占罪治之。"③又像清人王植在《手令书》卷18，《听断》中所说："对田产之讼，要详查土地印册。"凡在清朝"丈量有册，垦报有册，过户有册，实征有册。数册互参，核其年月。册皆有据，察其后先，自可剖明"。凡属户田争讼，官府须派人"核其四至，四至相类，核其形图，形图不符，勘其现田"。而对于坟山之讼，则查证更为详细。例如，"问其户税，有官有私；阅其形图，相近相远；质之山邻，何时殡葬，经祭何人；就供问证，以图核词。勘其形势，以地核图，聚族之葬，他姓莫参。众姓错葬，略分界址，穿心九步，以为成规。粤中人满，变通以济，此其法也。"对于真伪间杂，券约账簿之类的书证，不仅要查看"字有新旧，纸有今昔，蛀痕可验，长短可比。如其伪契，数张同缴，年月远隔，纸张一色，必有赝契。如其伪账，数年完欠，一笔写成，字迹浓淡、亦恒相近，必有赝约"。同时要"当堂授笔，纵有伪捏，可辨笔姿"。凡属"非买言买，非借言借，非偿言偿"之讼，在审查验证时，要推究"立契何地，交银何色，成效何所，同见几人"。同时要"隔别研讯"，发现口供不符，"再令同质"，以期做到"虚实难欺"。凡属婚姻案件，不仅要勘验"庚帖"，"文定"，还要讯问"媒证"："主婚何人"，"送礼何仆"。经过书证、人证对质，方能"实情可得"，"罪有所归"。

由上可见，明清朝书证制度较之以往有明显发展与变化。其一，书证种类的划分，愈益专业化。如区分土地的疆界之讼；坟山争执之讼；买卖纠纷之讼；借贷纠纷之讼；婚姻嫁娶之讼等；其二，在户田争讼中，强调各种书证的互相参照，以便"核其年月"，"察其后先"，确定土地所有权的归属；其三，在解决各项诉讼纠纷中，强调书证的重要地位与作用，同时也兼顾证人证言以及勘验手段的结合使用，用以区分真伪，察明真相，维护审判的公正性。

---

① 《名公书判清明集》卷5，《物业垂尽卖人故作交加》。
② 《名公书判清明集》卷9，《质库利息与私债不同》。
③ 《名公书判清明集》卷9，《质库利息与私债不同》。

2. 对起诉状及所附证据的规范化要求

明清时期，伴随资本主义萌芽经济的产生发展，涉及民事诉讼的案件日益
繁杂，而对于起诉受理及所附的证据要求也愈益严格，进而实现了起诉及所附
证据的规范化。这在清代康熙年间尤为明显。

第一，起诉状的文字要求。

据康熙年间黄六鸿所著《福惠全书》记载：起诉状有严格的文字要求，
所谓"故状刊格眼三行，以一百四十四字为率"。① 但因字数严格限制，当事
人唯恐呈情不清，所以也有另呈补充案情的"投状"。

第二，起诉状的内容要求。

清代要求起诉状中须包含以下内容：案发时间；案情梗概；被告姓名住
址；告诉（起诉）人及抱告、代书的姓名、住址；告诉人签字画押等。这期
间对起诉也做了严格限定。诸如起诉书中不得对告诉之事称疑；不得在诉状中
牵连无辜及无干之人；不得控告与己无干之事等。

第三，对涉及民事争讼者提出附加证据的要求。

凡告田园、房屋、坟墓、钱债、婚姻、继承等事，均须交验粘连契券、绘
图、注说、婚书等证据材料，正所谓："凡告户籍者，必以族长坟产为定；告
婚姻者，必以媒妁聘定为凭；告田土者，必以契券地邻为据；……此其定式
也。"若状式及所附证据不合要求，则"不与准理"。②

第四，对代书诉状提出不得增减事实的要求。

清代要求诉状须本人书写，不能书写者，"准其口诉，令书吏及官代书，
据其口诉之词，从实书写，如有增减情节者，将代书之人照例治罪。"③ 为此，
清代还专门规定凡经官备案的"官代书"，才有权承办书写辞状。至雍正七年
（1729 年）定例："内外刑名衙门，务择里民中之诚实识字省考取代书。凡有
呈状皆令其照本人情词，据实誊写，呈后登记代书姓名，该衙门验明，方许收
受。无代书姓名，即严行查究。其有教唆增减者，与犯人同罪。"④ 即试图通
过严格的法律规定，遏制代书中的违法犯罪。但实际上，往往是禁而不止的。
因为代书人与官衙幕吏刑名师爷勾结一气，其间的徇私枉法现象是很难避
免的。

---

① 黄六鸿：《福惠全书》卷 12，第 2 页。
② 黄六鸿：《福惠全书》卷 12，第 2 页。
③ 《大清会典事例》卷 819。
④ 《大清律例·刑律·教唆·词讼》附例。

五、证据制度的近代化

晚清最后十年统治，处于千古未有的剧烈的社会变动中，内外交困，风雨飘摇，使统治者再也无法维系，政治体制与法律制度改革已成必然趋势。其改革的总体方向，是以理念的变革为先导，强调三权分立，法律面前平等；法律国家主义与维护人权的重要性。它是以体制改革为依托，建立大理院独立行使审判权，建立法部执掌司法行政权，建立各级检察厅，代表国家行使公诉权和法律监督权，并强调行政不得干预司法。它以立法为手段，制定了宪法性文件，实体法与程序法等；使法律变革制度化。它是以行刑制度的改革为保障，建立"模范监狱"，改良监狱管理。从而形成整体化的推进过程。

（一）刑事证据制度的近代化

清末通过制定《大清刑事诉讼律草案》，《各级审判厅试办章程》等诉讼改革的法律文件，初步完成刑事诉讼的近代化。简述其内容如下：

第一，《大清刑事诉讼律草案》突破了传统社会的证据制度的范畴。在证据种类方面，借鉴了中国传统与西方经验，正式确立为：口供、检证笔录、证人证言、鉴定结论、文件证据、证物（物证）等。由于强调证据客观性原则，物证等客观性突出的证据，则被凸显出来，口供只是普通证据的一种。检证笔录就是勘验笔录增加了科技检验的成分，对犯罪现场实施勘查、验证，确定与收集证据材料，更加准确。同时，立法又对证人证言作出更加详尽的规定。如证人须有法定的资格，法律保障证人在诉讼审判中的证明作用。证人也须履行法律规定的义务，在庭审中作出真实的证明，否则，要受到罚金与短期拘役的处罚。此外，《大清刑事诉讼律草案》、《各级审判厅试办章程》都规定各级审判衙门和受命推事有权根据审理需要，选择鉴定人。并要求鉴定人须依法定程序进行，其鉴定结论才可以认定为有效证据。所谓文件证据，即该法律规定的一切以文字内容来证明案件真实的书面文件资料，它较之现代书证，范围更为广泛。由于理解与翻译的差别，《大清刑事诉讼律草案》规定了证物，及其在诉讼审判活动中的重要地位与作用，实际上就是现今通用的物证。

第二，规定了众证定罪的原则，对刑讯逼供进行严格限制。由于考虑到彻底根除刑讯逼供的艰巨性，1901 年，刘坤一、劳乃宣提出："一般案件的审理，对人犯均不得使用刑讯逼供，而可据众证定罪。只有杀人命案与劫盗重案，被告在证据确凿面前仍不认罪，方准用刑问供。"其后在《大清刑事诉讼律草案》中，也明确规定，对人犯"不得非法凌辱"，"禁用恫吓及诈罔之言，审讯案犯"。这样的规定，第一次正面肯定了证据的客观性与真实性，反对传统的刑讯逼供式的主观主义的认定证据的方法。

第三，规定了法官自由心证的原则。正如《大清刑事诉讼律草案》所规定：负责各级审判"推事认定事实应以证据，证据之证明力任推事自由判断"。这项规定首次明确法官不受外来干预影响，通过认定事实和依据证据，作出独立判断，得出正确的审判结论。这同以往相比，不能不说是立法上的重要进步。

第四，规定举证责任。其中，《大清刑事诉讼律草案》规定：在提起公诉时，举证责任由负责起诉的检察官承担。但是推事在必要时，也有权调查特定证据。《各级审判厅试办章程》第69条规定：凡证人除原、被两告所举外，审判官亦得指定之。这里又将指定证人的责任赋予各级审判官，以方便他们的审理。①

（二）民事证据制度的近代化

清末修律大臣沈家本在研究以往实体法与程序法不分，导致了严重后果时，在《大清刑事诉讼律草案》的上奏文中，论述了实体法与程序法分立的重要性。他认为："诸律中以刑事诉讼律尤为切要。"并引证西方说，谈道："刑律不善不足以害良民，刑事诉讼律不备，即良民亦罹其害。盖刑律为本，而刑诉为用，二者相为维系，固不容偏废也。"②他的结论，不但揭示了刑事诉讼律在刑事司法活动中维护人权的重要价值；同时也指出民事诉讼律在民事司法活动中维护正义，保障人权中的重要作用。与此同时，他又分析了传统中国"重刑轻民"倾向，导致民事诉讼与民事证据制度相对落后的状况后，在《大清民事诉讼律草案》的上奏文中指出："保护私权，实关重要。东西方各国法制虽殊，然于人民私权维护至周，既有民律以立其基，更有民事诉讼律以达其用，是以专断之弊绝，而明允之效彰……中国民刑不分，由来已久，刑事诉讼虽无专书，然其规程，尚互见于刑律；独至民事诉讼，因无整齐画一之规，易为百病丛生之府。若不速定专律，曲防事制，政平讼理未必可期，司法前途不无阻碍。"③应当指出，晚清的诉讼法的改革，不可避免地对传统的证据制度向近代转型起到了重要的推动作用。同时，证据制度的近代化也必然对清末的法制改革起到保障作用。

晚清的民事证据制度的近代化，无论在理论层面，或者在法律层面都有充

① 《大清法规大使·法律部》卷7《大清刑事诉讼律草案》第200条。
② 《大清光绪新法令》第20册，中华书局1986年版。
③ 《大清光绪新法令》第20册，中华书局1986年版。

分的表现。在理论层面，①引进人权原则，强调依法据证维护公民的私权与公权，以避免受到不法侵害；②引进法律平等的理论，确认证人具有平等出庭作证的权利与义务，这种权利与义务关系受到法律的保护，从而排除了封建时代收禁、关押乃至拷打证人，逼迫他们违心作出证词的丑陋历史现象；③引进公开辩论的原则，使原、被告以及证人在法庭上拥有辩论与质证的充分权利，同时有遵守法庭秩序的义务。

在法律层面上，虽然没有制定单独的证据法，但在《大清新刑律》、《大清刑事诉讼律草案》、《大清民事诉讼律草案》都有明确而具体的规定。例如，在奕劻等《核订新刑律告竣敬谨分别缮具清单请旨交议恭折》中就明确指出"朝廷博采各国成法，预备立宪，其要旨，重在保护人权"。①《钦定宪法大纲》也对所有臣民的权利义务，均逐一作出规定。"旧律之与立宪制度背驰之处，应亦逐加增损。"②晚清改革把保护人权作为立宪要旨，为保障立宪的实施，又相继制定了维护臣民权利与义务的刑事、民事法律制度，刑、民证据制度。

在《刑事民事诉讼法》（草案）中，晚清规定：《证人》一节，表明证人在证据体系中具有的重要地位。它打破了传统社会拘禁证人，强迫作证的做法。改为通知证人出庭的办法，只有在证人拒绝出庭时，才改用传票方法，若再不到庭，才用拘禁拘提。同时，也规定了证人资格，凡不能辨别是非的未成年人，患有心病、疯疾的人不能作为证人。另外，也规定了证人出庭作证的义务，对拒不出庭者处以罚款。③ 但由于受到"礼法之争"，特别是守旧势力的影响，根据证人的身份高上，给予不同的礼遇。例如，对职官命妇作证，法庭须另置座位以礼相待；对三品以上大员，则规定不需出庭作证，改由法庭派员询问等。

而在法部编成的《各级审判厅试办章程》中，其"诉讼"章，则专门规定了"证人、鉴定人"。从而把司法鉴定者的身份与地位提高到法制的高度，摒弃传统社会视"仵作"工作为下九流之役，仵作之人为贱人的偏见作法。④

在光绪二年（1910年）制定的《大清民事诉讼律草案》第三编第一章"总则"中，明确规定：民诉法根本法则之一，为证据结合主义易于保护当事人的权益，故排除证据分离主义；自由心证主义及法定证据主义相结合，以法

---

①　《钦定大清刑律》·附奕劻等奏折，第 23 页

②　《诉讼法驳议部属》，参见陈刚主编《中国民事诉讼法法制百年进程》，（清末时期·第 1 卷），中国法制出版社 2004 年版，第 153 页。

③　参见《大清法规大全·法律部》卷 7 "审判"，政学社印行。

④　《大清法规大全·法律部》卷 4 "司法权限"，政学社印行。

官自由心证为主，以法定证据主义为辅。此外，进一步规定举证责任；人证及其作证义务；鉴定人及其经济补偿；证书及其证明效力；检证及其检证程序；证据保全及其程序等。虽然该草案未来得及颁布与实行，但标志着中国民事证据制度开始转型，并为近代化的民事证据制度的建立奠定了基础，成为以后中华民国民事证据立法的主要依据之一。

上编

中国刑事证据制度的传统与近代化

第一章　先秦时期刑事证据制度

第一节　证据理论的萌发

先秦时期我国的刑事证据理论已开始萌发，这从舜与皋陶的谈话中可以看出端倪。据《尚书·虞书·大禹谟三》记载：舜在总结自己执政与理讼经验的基础上，提出了有关司法制度（包括证据制度）的理论认识。他说："皋陶，惟兹臣庶，罔或于正。汝作士，明于五刑，以弼五教，期于予治。刑期于无刑，民协于中，明乃功懋哉。"①舜在这里指出司法（包括证据的收集与运用）的最高指导原则，应当达成德政的公平、公正要求；是应当用刑事惩罚手段辅助教育感化的实施，最终实现不用刑罚而和谐于百姓的目标。舜在这里表达了良好的主观愿望，但在现实的世界中是很难实现的。因为社会矛盾和争端纠纷是永远不可避免的。作为主管司法的皋陶回答舜说："帝德罔愆，临下以简，御众以宽，罚弗及嗣，赏延于世，宥过无大，刑故无小，罪疑惟轻，功疑惟重。与其杀不辜，宁失不经。好生之德，洽于民心，兹用不犯于有司。"②皋陶拥有长期的丰富的司法实践经验，他的对话更多地带有现实性与针对性。他认为司法的本质应当是贯彻"德政"的工具，所以，不论是法律的规定，还是证据制度的实施，都离不开这一根本点。为此，他认为法律规定应当简明扼要，便于百姓知晓和认真遵行；应当刑宽赏重，故意从重，过失从轻，用以鼓励百姓守法而向上。他认为证据制度的运用，应当严格加以规范。例如，他以为证据的证明力，只限于正犯与共犯，不得及于亲属；应当实行"罪疑从轻、从赦"的方针，反对"罪疑从重"的做法；应当关注人的生命安全，实行慎杀的方针，如果法律判决错误地剥夺了人的生命，宁可不执行这种判决，也不能错杀无辜。皋陶之所以强调上述法律规定与证据原则，是因为他认识到德政的实施，符合百姓的意愿；遵守法律和严格证据办案，可以减少司法机关的差错。而所以这些都有利于社会的和谐与稳定。

---

① 《尚书·虞书·大禹谟三》，《十三经注疏》，中华书局 1979 年版，第 135 页。
② 《尚书·虞书·大禹谟三》，《十三经注疏》，中华书局 1979 年版，第 135 页。

另外，《尚书·周书·吕刑》中也有相似的内容。其中，周穆王曾告诫吕候说："有邦有士，告尔祥刑。在今尔安百姓，何择非人，何敬非刑，何度非及。"① 周穆王在这里重点强调，治理邦国必须贯彻德政的原则，使用宽严适用的法律必须制定法典，选择合适的官员执行法律，才能安抚百姓，实现社会的和谐。

综上可以看出，在先秦时期证据制度开始发祥，同时也形成最早的证据理论。例如，"罚不及嗣"（罪责自负）的原则；"罪疑惟轻"（疑罪从轻）的原则；"与其杀不辜，宁失不经"（慎杀）的原则等。这些表明证据理论与原则，最早产生在东方文明古国，产生在充分智慧与经验的古代中国。虽然从现今的观点看来，还比较简单，还不够成熟。但是在距今三四千年就有如此的成就，乃是民族的骄傲，仍然是难能可贵的指导原则，并且对后世形成持久不断的深刻影响。

第二节　证据制度的主要内容

一、取消神证，确立物证与人证的地位

古代中国早期与世界其他早期文明国家一样，因为科学文化落后，宗教迷信盛行，处于比较愚昧的状况，虽然出现最初的习惯法，用来解决常识性的法律问题。但是，遇到复杂而又难解的法律问题，往往束手无策，不懂得运用证据，判断是非，认定事实，作出法律判决。相反，往往求助于"神判"，依据所谓的"神证"来确定事实，作出判决。中国古代也不例外，也在一个比较短暂的历史时期，产生过神判，使用神证的方式。② 据许慎《说文解字》解释"灋"字（古代法的书写方式）说："刑也。平之如水，从水。廌所以触不直者去之，从廌去。"又释"廌"（音稚）为"兽也，似山牛，一角。古者决讼，令触不直"。古人所称的"廌"，即獬豸，据传"獬豸，神羊，能别曲直，楚王尝获之，故以为冠"。③ 东汉王充也说："皋陶治狱，其罪疑者，令羊触之，有罪则触，无罪则不触。"④ 中国古代传说中，利用神兽"廌"来判别罪与非罪，作出"神判"，反映出当时的神判与神证的景况。但是，这种神判在

---

① 《尚书·周书·吕刑》，《十三经注疏》中华书局 1979 年影印本，第 249 页。
② 瞿同祖：《中国法律与中国社会》，中华书局 1981 年重印，第 250、253 页。
③ 《后汉书·舆服志》。
④ 王充：《论衡·是应》。

中国历史上消失得比较早。到了西周时期，人文主义精神得到一定程度的发展，实行"敬鬼神而远之"的方针，最终用人判（法官判决）代替了"神判"，用物证、人证代替了神证的方式，从而进入了法制文明的新阶段。这种运用物证和人证的方式来解决争端的情况，在《尚书·周书·吕刑》中有所反映。内中有"两造具备，师听五辞"。其下注云："两，谓囚证。造，至也。两至具备，则众狱官共听其入五刑之辞。"疏云："两，谓两人，谓囚与证也。"① 即凡开庭审判，法官都要召集双方当事人（或在押人犯）与证人出庭。当原、被告双方及相关证人到齐，才能正式审理。这表明人证在审判中的具有重要的地位。

但是，在先秦时期出庭证人的资格与身份是有严格限定的。据《周礼·秋官·小司寇》记载："凡命夫命妇不躬坐狱讼。"② 这就是说，出于维护贵族整体尊严考虑，证人的资格与身份只限定于士、农、工、商等平民，而不适用于贵族，贵族夫妇均可以不必作证人而参与诉讼，只要指定代理人出庭应诉即可。而奴隶只属于"会说话的工具"，自然不在证人之列。

另外，先秦时期，为维护孝道，曾经规定父母同儿子之间，任何一方有罪，只要不是谋反等严重的犯罪，都有隐瞒的权力而不用出庭作证。法律不追究责任。据《春秋公羊注疏·文公十五年》记载："十年二月，齐人来归子皮姬，其言何来，闵之也。此有罪，何闵尔，父母之于子，虽有罪，犹若不欲服罪然。"注云："孔子曰：父为子隐，子为父隐，直在其中矣。"所以崇父子之亲也。叔姬于文公为兄妹，言父母者，时文公母在，明孝子当申母恩也。月者闵录之，从无罪例。这就是说，淑姬之母有罪，来投靠淑姬，淑姬隐瞒未报，因申父母之情，孝子之义，鲁文公作儿子，指示下属"从无罪例"，也不予追究了。

二、证据效应不及于无辜亲属

先秦时期，除去谋反、谋大逆等严重的政治性犯罪，实行缘坐之法外，一般的犯罪则强调"罚弗及嗣"，以及"罪人不孥"的方针。它表明在这种情况下，证据的效应，只限于正犯与共犯，而不能牵连家属坐罪。《尚书·周书·康诰》曰："父不慈，子不祗，兄不友，弟不恭，不相及也。"其下疏云："其意言，不慈、不祗、不友、不恭，各用文王之法刑之，不是罪子又罪父、刑弟

---

① 《尚书·周书·吕刑》，《十三经注疏》，中华书局 1979 年影印本。
② 《周礼·秋官·小司寇》，《十三经注疏》，中华书局 1979 年影印本。

复刑兄，是其不相及也。"① 可见，在西周时期采用周文王的规定，实行"恶恶止其身"，强调证据的证明力只适用于犯罪者本身，而不牵连无辜的家属。另外，《春秋左传·僖公三十三年》说："子有罪执其父，臣有罪执其君，听失之大者也。今以子诛父，以弟诛兄，亲戚小坐，什伍相连。若引根本之及华叶，伤小指之累四体也。如此则以有罪诛及无罪，无罪者寡矣。"这段文献记载了鲁僖公三十三年（前 627 年）运用证据规则，实行罪责自负而不牵连无辜的实况。它表明鲁国当时依然坚持证据效应只限于正犯与共犯，坚决反对牵连无罪亲属的错误做法。认为实行亲属连坐，邻里什伍连坐，是动摇了国家的根本，是"伤小指而累四体"，是"以有罪诛及无罪"的错误处置。

三、依证定罪，不得推定

在西周时期就有依证定罪，不能推定有罪。《尚书注疏》与《尚书·周书·吕刑》都有反映。其中，《尚书·周书·吕刑》说："两造具备，师听五辞。五辞简孚，正于五刑。"注云："两，谓囚、证。造，至也。两至具备，则众狱官共听其入五刑之辞。五辞简核，信有罪验，则正之于五刑。"疏云："两，谓两人，谓囚之与证也，非徒两人而已。两人谓囚与证，不为两敌至者，将断其罪，必须得证。两敌同时在官，不须待至，且两人竟理，或并皆为囚，各自须证。故以两为囚与证也，两至具备，谓囚证具足。各得其辞，乃据辞定罪。与众狱官共听其辞，观其犯状，斟酌入罪，或入墨、劓，或入宫、割。故云'听其入五刑之辞也'。"上述内容表明，在西周时期审理案件的过程中，强调犯人口供的重要性，同时也注重证人在定案中的证明效应。这里强调"两造具备"，是要求犯人与证人必须到场，并且各自陈述案情，法官必须听取犯人供述与证人的证言，并观其"犯状"（犯罪的证据）最终确定犯罪的情节与性质，作出刑事判决。此外，西周时期对物证也非常重视，在《周礼·秋官·司厉》中，强调在受理刑案时以"货贿"作为物证。《周礼·天官·阍人》中，则强调在受理刑案中，应以"任器"作为物证，作出判决。正如《周礼注疏·秋官·司厉》所说："司厉掌盗贼之任器货贿，辨其物皆有数量，贾而楬之，入于司兵。"郑玄曰："任器货贿，谓盗贼所用伤人兵器，及所盗财物也，入于司兵。若今时伤杀人所用兵器盗贼赃，加责没入县官。疏云："入于司兵者，其任器多是金刃；所盗货财，虽非金刃，以其贼物，示入司兵，给治兵刃之用，故入司兵也。"强调在审理盗窃、杀人等重大刑案时，将作案的工具与赃物作为主要证据之一，发挥其证据的证明力。

---

① 《尚书·周书·康诰》，《十三经注疏》，中华书局 1979 年影印本。

与此同时，西周时期在审理案件时，强调据证定案，反对推定判决。《尚书·周书·吕刑》曾有记载："五刑之疑有赦，五罚之疑有赦，其审克之。"其下有孔安国解释说："刑疑赦从罚，罚疑赦从免，其当清察，能得其理也。"① 这表明西周时期在确立据证定案，反对推定的同时，又规定疑难案件的处理方针，凡有疑罪的案件，不得推定就是有罪，立即加以处罚。相反，凡属应处墨、劓、剕、宫、大辟刑的案件，发现有疑时，从轻改判罚金；应当判处罚金的案件，发现有疑时，则从轻加以赦免，不再予以刑事处罚。上面据证定案的规定，以及罪疑从赦的要求，反映出当时法制文明发展的程度，是难能可贵的，而他的后世的影响也是十分深远的。

四、实行五听心证的裁量制度

据《周礼·秋官·小司寇》的记载，西周时期完成了人判（法官判案）替代神判的转变，并且采取五听心证裁量的方法，审理刑案。

其中规定："以五声听狱讼求民情"。疏曰："案下五事，惟辞听一。是声而以五声目之者，四事虽不是声，亦以声为本故也。""一曰辞听。"注："观其出言，不直则类。"疏曰："直则言要理深，虚则辞烦义寡，故云，不直则烦。""二曰色听。"注云："观其颜色，不直则赧然。"疏云："理直则颜色有历，理曲则颜色愧赧。"《小尔雅》云："不直失节，谓之惭愧。面惭曰赧。""三曰气听"。注云："观其气息，不直则喘。"疏云："虚本心知，气从内发。理既不直，吐气则喘。""四曰耳听"。注云："观其听聆，不直则惑。"疏云："《尚书》云，作德心逸日体，作伪心劳日拙。观其事宜，听物明审，其理不直，听物致疑。""五曰目听"。注云："观其眸子视，不直则眊然。"疏云："目为心视，视由心起。理若直实，视盼分明；理若虚陈，视乃眊乱。"②

从上面规定可以看出，西周时期在完成神判到人判（法官审判）的过程当中，赋予司法官"五听"心证的自由裁量权。所谓"辞听"，就是由司法官根据犯人的供述，内心确认这一供词的真伪。所谓"色听"，是司法官通过观察犯人面部表情与颜色变化，内心确认犯人是否具有犯罪的可能性。所谓的"气听"，是司法官通过观察犯人呼吸的具体状况，内心确认犯人是否存在犯罪。所谓"耳听"，是司法官通过观测犯人听力状况，内心确认犯人有没有可能实施犯罪。所谓"目听"，则是司法官通过观察犯人的眼睛的状况，内心确

---

① 《尚书·周书·吕刑》，《十三经注疏》，中华书局 1979 年影印本。
② 《周礼·秋官·小司寇》，《十三经注疏》，中华书局 1979 年影印本。

认犯人有无犯罪的可能。总之，判定犯人是否犯罪，是法官依据"五听"审判方式来确认，取决于法官的心证及其具体的裁量。

当然，在"五听"之中，司法官比较重视"辞听"，以期辨别其真伪。同时，也可以通过强令犯人"宣誓"的方式，检查口供的真伪。据《周礼注疏·秋官·司盟》记载：司法官在提起诉讼后，可令犯人宣誓。即所谓："有讼狱者，则使之盟诅。"注云："不信则不敢听此盟诅，所以省狱讼。"疏云："此盟诅，谓将来讼者，先使之盟诅。盟诅不信，自然不敢狱令，所以省事也。"① 根据《周礼》定例，司法官令犯人"宣誓"，其内容为"盟"和"诅"两部分，所说的"盟誓"是用以检验将来；所说的"诅誓"是证实以往的过失。令犯人宣誓，即让犯人向上天起誓，向神宣誓，如有违背，即受天谴。所以，西周时期法官审案，以令犯人"宣誓"为前提，通过"五听"来审断案件。

如果犯人拒不交代口供，西周时期的法官可以动用刑讯手段。通过刑讯，迫使犯人作出供述。但是，西周对于刑讯的时间有严格限制，他们认为春季是"上天"提供万物生长之机，不适宜刑讯。所以，《礼记·月令》载：仲春之月，"命有司，省囹圄，去桎梏，毋肆掠"。而孟秋之月，则是一派肃杀之气，显示上天之意，可以动用刑讯手段，审判案件，直至将罪大恶极者执行死刑，"戮有罪，严断刑"。②

与此同时，西周时期对于司法官的心证的自由裁量权也做有严格限制，用以保障审判最终符合法律的规定。《尚书·周书·吕刑》曾规定：西周司法官在享有心证裁量权力的同时，也必须承担相应的法律责任。即所谓"五过之疵，惟官、惟反、惟内、惟货、惟来，其罪惟均"。③ 即是说西周司法官在行使五听心证自由裁量权时，若有依仗官势（惟官）；私报恩怨（惟反）；受家庭主妇的影响（惟内）；接受当事人贿赂（惟货），或接受朋友与旧有关系的托请（惟来）五过行为，而导致案件审判有误，要受到最严厉的制裁，处以与所断罪相等的刑罚。由此可知，西周司法官的"五听"心证自由裁量权是相对的，是受到严格的法官责任制的制约的。这项制度的影响深远，在春秋晋文公统治时期（前636—628年）就有体现。当时李离曾任理官，掌管司法审判。但因误听汇报出现错杀的案例。正如《史记·循吏列传》所说："（离）过听杀人，（依照规定）自拘当死。"晋文公认为其情可原，应从宽处理。

① 《周礼注疏·秋官·司盟》，《十三经注疏》，中华书局1979年影印本。
② 《礼记·月令》，《十三经注疏》，中华书局1979年影印本。
③ 《尚书·周书·吕刑》，《十三经注疏》，中华书局1979年影印本。

但李离认为："理有法，失刑则刑，失死则死，公以臣能听微决疑，故使为理。今过听杀人，罪当死。"于是李离"遂不受令，伏剑而死"。① 李离忠于职守，以身护法，其精神令人肃然起敬，也足以感照后人。春秋楚昭王时期（前515—489 年）宰相石奢的父亲杀人应判处死刑。石奢因孝放了父亲。楚昭王因其尽孝，而没有处罚石奢。石奢自缚于朝堂，对楚昭王说："以父立政，不孝也；废法纵罪，非忠也，臣罪当死。"王曰："追而不及，不当伏罪，子其治事矣。"石奢曰："不私其父，非孝子也；不奉主法，非忠臣也。王赦其罪，上惠也；伏诛而死，臣职也。""遂不受令，自刎而死"。② 这一案例又一次说明，尽管春秋时期动乱，但法官责任制度仍在一些国度中得到实施。而身为宰相的石奢私放杀人的父亲，主动承担"其罚为均"的责任，从而付出了生命的代价，他的守法精神同样是可敬的。至汉唐以后，法官责任制度有了进一步发展，改变了西周"其罚为均"的传统规定，而根据主观上的故意，或者过失，分别情况予以处理。一般说故意出入人罪者，处罚从重；过失出入人罪者；从轻处罚。进而比较客观实际的解决了司法官责任制度，对司法官的心证裁量权有效地加以约束，以期实现审判符合法律规定的要求。

五、确立判例在事实认定上的效力

据《周礼注疏·秋官·士师》载，在西周时期，当法律无明文规定时，确认判例在事实认定上的效力。内中说："掌士之八成。"郑司农注云："八成者，行事有八篇。若今时决事比。"疏云："士之八成，言士者，此八者皆是，狱官断事成品式。士即士师，已下是也。先郑云：成者，行事有八篇。若今时决事比者，师若小宰八成。凡言成者，皆旧有成事品式，后人依而行之决事，依前比复决之。"

"一曰邦汋。注：郑司农云：汋读如酌酒尊中之酌，国汋者，斟汋盗取国家密事，若今时刺探尚书事。疏云：若今刺探尚书事者。"

"二曰邦贼。注：为逆乱者。疏曰：既曰邦贼，罪无过此。故知为逆乱，若崔杼州吁之类。"

"三曰邦谍。注：为异国反间。疏：异国欲来侵伐，先遣人往间，候取其委屈，反来说之，其言谍谍然，故谓之邦谍。用兵之策，勿善于此，故《孙子兵法》云：兴师千万，日费千金。内外骚动，以争一日之胜，而受爵禄金宝于天者，非民之将。故三军之事，莫密于反间。殷之兴也，伊挚在夏、周之

---

① 《史记·循吏列传》。
② 《史记·循吏列传》。

与也，吕牙之殷，唯贤圣将，能用间以成。此兵之要者也。"

"四曰犯邦令。注云：干冒王教令者。疏：郑云：干冒王教令者，谓犯邦令，不能依行。"

"五曰矫邦令。注云：称诈以有为者。疏云：矫即诈也，故郑云：称诈以有为者，谓诈上命，营构伪物之类也。"

"六曰为邦盗。注云：盗取国之宝藏者。疏云：谓若定八年阳货盗窃宝玉、大弓出奔之类是也。"

"七曰为邦朋。注：朋类相阿使政不平者，故书朋作傰。郑司农云：朋读朋友之朋。疏：朋谓朋党，阿曲相阿，违国家正法，擅生曲法，使政不平，以罔国法，故曰邦朋也。"

"八曰为邦诬。注：诬罔君臣，使事失实。疏：谓若君臣相得，政教平美；其有妄臣诬以恶事，致使善政失实者也。"①

众所周知，学界对于《周礼》这部古籍的可靠性，特别是对"八成"这类的记载的真实性是存有争议的。这种差异的认识是有一定的道理的。其中，认为在西周时期就形成完整的较为系统的判例制度，而且在法无明文规定的前提下，确认其在事实认定上的效力，确实有些超出当时人们的立法与司法的认识水平。但是，这并不等于说西周不存在判例，以及某些判例在事实认定上的重要法律效力。上述东汉郑玄所说的"八成者，行事有八篇。若今时决事比"。② 这里可能带有后世儒家学者的推断成分。但也说明西周时期的判例确实存在过，也对后世发生过重要影响。例如西周八成当中有"邦贼"、"邦盗"等。后世李悝立法强调"王者之政，莫急于盗贼"，故此立法首立"盗"、"贼"两篇法律。③ 此后，秦汉时期盛行一则判例，对后世产生了持久的影响。即所谓"诸夜半无故入人家，主人登时杀死者，勿论"。④ 也都受到"邦盗"与"邦贼"内容的影响。上述内容属于典型的判例，是秦汉法律在没有正当防卫规定的前提下，把防卫中失手将入室者杀死不追究责任的判例作为典型，对同类案件起到示范作用。对事实认定上具有重要的法律效力。从西周"八成"的"邦贼"，到"邦盗"，都表明法律规定的范围有限，法律没有规定的空间比较大，由此形成判例制度以及对事实认定上的重要效力。这在当时的条件下是具有一定合理性的。因为，这种判例的类推的形成，是经历了

① 《周礼注疏·秋官·士师》，《十三经注疏》，中华书局 1979 年影印本。
② 《周礼注疏·秋官·士师》，《十三经注疏》，中华书局 1979 年影印本。
③ 《汉书·艺文志·法家类》，《晋书·刑法志》。
④ 《唐律疏议·贼盗律·斗杀伤杀及疏议》。

长期的经验积累。判例的事实认定，是基于法无明文规定，以及典型判例对同类案件的示范作用。而认定事实的过程，则是比较科学并且符合逻辑的推理审判过程。故在当时会发生重要作用，对封建后世也必然产生持久的影响。

第二章　秦汉时期刑事证据制度

在中国古代刑事证据制度的演变历程中，秦汉刑事证据制度具有重要的历史地位。通过对秦汉刑事证据制度及其承继关系的研究，可以厘清秦汉刑事证据制度的基本状况及其在递进演化过程中呈现出的不同特点。这不仅使我们能够正确认识刑事证据制度的历史风貌与演化规律，而且对于推动中国古代刑事证据制度的研究意义重大。

第一节　秦汉刑事证据制度的理论原则

证据的理论问题非常复杂，经过研究发现，以法家法制思想为基础，秦代的刑事证据理论已初现轮廓。经过对秦简中《法律答问》、《封诊式》及《奏谳书》等相关史的考证，初步认为秦代的刑事证据规则呈现出综合性的特征，既有客观性的一面，也有主观性的一面，下面分别对秦代刑事证据这两方面的特征加以论证：

一、秦汉刑事证据理论的客观性表现

（一）秦代刑事证据的客观性表现

秦代继承以往的证据规则，同时又有所发展，形成了自身的刑事证据制度。早在夏、商、周时期，中华民族的先人已经开始探索证据的理论问题，尽管是探索性的，比较简陋与粗浅，但却具有相当大的历史价值。在原始社会的后期，已经形成了独具特色的惩罚原则和最初的证据理论。《尚书·大禹谟》中记载了皋陶对舜说的一段话，其对后世产生了极大的警醒作用，他说：

帝德罔衍，临下以简，御众以宽，罚弗及嗣，赏延于世，宥过无大，刑故无小，罚疑惟轻，功疑惟重，与其杀不辜，宁失不经。①

即在证据理论方面，强调宁可停止执行行刑的命令，也不能在缺乏证据的

---

① （清）阮元校刻：《十三经注疏》（上册），中华书局 1974 年影印本，第 135 页。

情况下杀害无辜，这较为明晰地体现了证据制度的客观性色彩。

在继承先秦时期客观性证据原则的同时，秦代在法家"缘法而治"的法治思想指导下，进一步丰富了这一原则，其主要表现在如下方面：

1. 据证系狱

在秦代的刑事诉讼过程中，只有在犯罪证据较为充分的前提下，才可以对被告人执行逮捕系狱的强制措施。在《封诊式·盗自告》爰书中，因盗窃共犯甲自首，自告曰：

> 以五月晦与同里士五丙某里士五丁千钱，毋它坐，来自告，告丙。（简15—16）

甲为揭露盗窃共犯丙的罪行提供了物证与人证，于是司法官吏作出"令令史某往执丙"的决定。可见，只有掌握了一定的证据，司法机关才会缉捕犯罪嫌疑人。据秦简记载，在秦的司法机关中设有宪盗、求盗、亭校长一类的侦捕犯罪的专职官吏，他们只能在握有相应证据的前提下，才能捕送现行的犯罪分子。《封诊式·盗马》爰书中记载：

> 某里曰甲缚诣男子丙，及马一匹，骓牝右剽；缇覆衣，帛裹莽缘领袖，及履，告曰："丙盗此马、衣，今日见亭旁，而捕来诣。"（简21—22）

求盗甲在捕送盗窃马匹的犯罪分子的同时，送上了为该犯罪分子所盗窃的马匹、衣服、鞋子等赃物，作为犯罪的证据。秦简中还记载有奖励百姓捕送罪犯的法律规定，而且有高额奖赏，但必须同时交出足以证明被捕送者有罪的证据。如《封诊式·群盗》爰书中记载：

> 某亭校长甲、求盗才某里曰乙、丙缚诣男子丁，斩首一，具弩二、矢廿，……（简25）

亭校长甲和求盗乙、丙捕送武装犯罪集团分子丁时，除了全套弩具两具、箭二十支外，还有一颗被箭射杀的武装犯罪团伙成员的首级，这些均作为捕送丁的证据。

由上可见，在秦代的诉讼过程中，无论是官府、司法官吏或百姓，只有在掌握相应罪证的情形下，才可以缉捕或扭送犯罪嫌疑人，这是刑事证据的客观性特征在拘捕环节的体现。

2. 据证审断

通过对秦律的研究可以发现，犯罪嫌疑人的供词是断案的重要依据，案件的审判过程很大程度上就是围绕犯罪嫌疑人的口供进行的。但是，经过考证秦简的相关式例可知，犯罪嫌疑人的供词并不是定罪科刑的最终依据。《封诊式·亡自出》爰书中记载，前来自首的逃犯甲供认，"以迺二月不识日去亡，无它坐，今来自出"。负责审理该案件的司法官吏并没有仅仅根据这一供词来确定罪行，而是对案件进行具体的核实，按真实情况定罪科刑。据核实，该人于二月丙子为逃避三月应承担的二十天修筑宫室的劳役而逃亡，而且还有前科。在档案中，秦始皇四年三月丁未日的记载，该人那时就曾逃亡过一次，共五个月零十天。最后把核实的结论，送交里典验视之后，才交法庭审判，依法论处，"毋它坐，莫覆问。以甲献典乙相诊，今令乙将之诣论"。即没有其他过犯，无须再行查问。将甲送交里典乙验视，现命乙将甲押送论处。

　　秦代这种客观性的刑事证据规则，从《奏谳书》[①] 中记载的"为君治食不谨"案[②]也能够得到印证。该案起因于"宰人大夫说进炙君，炙中有发长三寸；夫人养婢媚进食夫人，饭中有蔡长半寸，君及夫人皆怒，劾"。"炙"为烤肉；"蔡"，《说文》："草也"；"劾"为告劾之意，相当于现代意义上的起

---

　　①　《张家山汉墓竹简·奏谳书》，文物出版社，2006 年版，第 106 页。（以下该书只引篇名及页码）

　　②　注：此案例没有载明发生的具体年代，但从案件内容的表述情况以及整个《奏谳书》排列的时间顺序来看，该案应该发生于秦统一以前的战国时代。由于本文所述"秦代"，涵盖秦王国至秦帝国的发展阶段。从发生的时间上来讲，此案与秦代相距不远，与秦代的司法审判制度密切相关，故引用于此。

　　笔者认为，该案并非是一则实案，应该是虚拟的故事，在《韩非子》中也有记载，"文公之时，宰臣上炙而发绕之，文公召宰人而谯之曰：'女欲寡人之哽邪？奚为以发绕炙。'宰人顿首再拜请曰：'臣有死罪三：援砺砥刀，利犹干将也，切肉，肉断而发不断，臣之罪一也；援木而贯脔而不见发，臣之罪二也；奉炽炉，炭火尽赤红，而炙熟而发不烧，臣之罪三也。堂下得无微有疾臣者乎？'公曰：'善。'乃召其堂下而谯之，果然，乃诛之"。文中还记载了一例与此类似的案件，"一曰：晋平公觞客，少庶子进炙而发绕之，平公趣杀炮人，毋有反令，炮人呼天曰：'嗟乎！臣有三罪，死而不自知乎？'平公曰：'何谓也？'对曰：'臣刀之利，风靡骨断而发不断，是臣之一死也；桑炭炙之，肉红白而发不焦，是臣之二死也；炙熟又重睫而视之，发绕炙而目不见，是臣之三死也。意者堂下其有翳憎臣者乎？杀臣不亦蚤乎！'公曰：'善！'乃召其堂下而谯之，果然，乃诛之"。（陈奇猷：《韩非子新校注》，上海古籍出版社 2000 年版，第 640—642 页。）

　　《韩非子》中记载的案例与《奏谳书》中记载的案例，两者叙述的侧重点不同。前者没有对案件进行客观查证，当事人从人性的角度为自己的行为予以辩解，洗清冤情；而后者则对案件展开详细的勘验、调查，重点在于分析、论证客观事实。最终通过勘验获取的客观证据确定了案件事实，反映了据证断案的客观性原则。

诉。即宰人大夫说给国君进献烤肉时肉中有长达三寸的头发，几乎同时国君夫人的侍婢媚在给国君夫人进食时饭中有长达半寸的草，国君和夫人大怒，命令治二人之罪。史猷负责审理此案。经过一番仔细调查后，史猷提出的判决意见是："说毋罪，媚当赐衣。"国君听后，非常诧异，责问史猷依据什么作出如此判决。史猷便向国君讲述了整个案件的详细侦查过程。史猷说：首先对宰人大夫说使用的切肉刀和俎进行勘验，发现说使用的刀新磨过，非常锋利，切肉时肉筋能一刀切断，炙肉有一寸见方，而炙肉上的头发长达三寸，这说明炙肉上的头发不像是切肉时留下的。在勘察烤肉的工具时，发现"桑炭甚美"，烤肉用的铁炉很洁净，在铁炉上烤炙的肉均有焦痕，而炙肉上发现的长达三寸头发却无任何炙烤过的焦痕。据此，史猷推定炙肉上的头发应是在宰人大夫说进献炙肉时，热气腾腾的炙肉熏烤得国君身上发热，国君便命人为其掌扇，脱落的头发便随扇风飞入炙肉之中。为证实史猷推定是否正当，在征得国君的同意后史猷作了一次现场再现实验，将炙肉端到国君面前，后有人掌扇，结果发现有两枚头发飞入炙肉之中。史猷在对君夫人饭中有草的事情进行调查时，首先对君夫人吃饭的饭厅进行了勘验，发现墙壁洁净，帷幕、窗帘等整洁完好，饭厅中无草，也未发现草可以进入饭厅的通道。通过对侍婢媚的住室进行勘验，发现婢媚所用的草席破旧，编织草席的绳子已断裂，席草破碎；再察看养婢媚，养婢媚的衣袖破旧且已露出棉絮，破碎的席草粘在棉絮上，长达半寸的席草就有六枚。将席草与饭中发现的草进行比对，二者相同。据此，可以推断，饭中之草是养婢媚在给君夫人进食时不慎落入的。穿着破旧衣服，睡卧破碎的席子，衣服上粘满破碎的席草，在这种状态下为君夫人服侍饮食，而使席草不飘入饭菜之中，实难做到。基于上述分析，宰人大夫说和养婢媚两人主观上均无过错，炙肉中的发和饭中的草是由于个人意志以外的原因造成的。[①]

（二）汉代刑事证据的客观性表现

汉代继承了秦代刑事证据的客观性属性，并将其具体运用于证据的收集、分析及定案过程中，并在此基础上，结合其特定的历史国情，促进了该原则的发展。戴炎辉认为秦汉律的客观性缘于"罪刑法定主义"，并对之作了阐释："我国旧律对犯罪的处罚，采取客观的、具体的态度。盖出于罪刑法定主义的要求，以防止官司的擅断。这种主义，自秦汉以来，一直保守到清末的现行刑

[①]　程政举：《〈奏谳书〉所反映的先秦及秦汉时期的循实情断案原则》，载《法学评论》2007年第6期，第143—144页。

律。故同一罪质的犯罪，依其主体、客体、方法、犯意、处所、数量（日数、人数、赃数等）及其他情况，而另立罪名，各异其刑。如阑入（明清律为擅入）及其他犯罪，视其为宫、殿、上阁内、御在所，以及宫城、皇城、诸处守当、州镇戍城、县城等，各立罪名，亦异其刑；盗罪之刑，亦视其客体而异。于殴伤杀，则视伤害程度及方法、主体、客体及责任形式（谋、故、斗、戏、过失等），其刑互异。"①

汉代刑事证据的客观性具体表现如下方面：

1. 循证断案、据律量刑

汉司法审判制度强调循证断案、据律量刑。首先，汉代已经有了较为完备的实体法律。西汉的法律包括汉初编撰的《九章律》、惠帝时的《傍章律》十八篇、文景时的《酎金律》、"铸钱伪黄金弃市律"、武帝时的《越宫律》二十七篇、《朝律》六篇以及《上计律》等，后世对这些法典的修改和补充则以令的方式进行。汉武帝时"律令凡三百五十九章，大辟四百九条，千八百八十二事，死罪决事比万三千四百七十二事。文书盈于几阁，典者不能遍睹"。②其次，汉代具备了较为完善的程序法律，如《张家山汉简·二年律令》中"具律"、"告律"、"捕律"就属于程序法方面的内容。此外，《汉书》、《后汉书》中有关"时令诉讼"、"巡案"、"录囚"、"谳狱"等方面的规定，都属于程序方面的法律规定。这些较为完备的实体法和程序法为汉司法官吏循证断案、据律量刑提供了制度保障。

据考证，汉大多数罪行都严格依据证据、遵从律文定罪处罚。《奏谳书》中所记载的案件皆以证据为推导方向，并傅以相应的律文定罪。如：

> ……符曰：诚亡，诈自以为未有名数，以令自占书名数，为大夫明隶，明嫁符隐官解妻，弗告亡，它如。解曰：符有名数明所，解以为无恢人也，娶以为妻，不知前亡，乃后为明隶，它如符。诘解：符虽有名数明所，而实亡人也。律：娶亡人为妻，黥为城旦，弗知，非

① "罪刑法定主义"是欧洲资产阶级革命的产物，体现了近代资产阶级弘扬的个人自由精神及以此为本位的自由、民主、秩序和人权的价值追求。笔者认为，近现代资产阶级倡导的这种罪刑法定主义不可能存在于以家族宗法制度为基础、以君主专制为核心的中国古代刑法之中。但是，从春秋时期公布成文法开始，中国古代统治者便通过明晰、严谨的法律条文来抑制犯罪，将之作为定国安邦、维持社会秩序的工具。戴氏认为中国古代罪刑法定主义从秦汉以来，一直保守到清末的现行刑律。（戴炎辉：《中国法制史》，三民书局1966年版，第30—31页。）

② 邱汉平：《历代刑法志》，群众出版社1988年版，第18页。

有减也。解虽弗知，当以娶亡人为妻论。何解？解曰：罪，无解。明言如符、解。问解故黥劓，它如辞。鞫：符亡，诈自占书名数，解娶为妻，不知其亡，审。疑解罪，系，它县论，敢谳之。吏议：符有数明所，明嫁为解妻，解不知其亡，不当论。或曰：符虽已诈书名数，实亡人也。解虽不知其情，当以娶亡人为妻论，斩左止为城旦。廷报曰：娶亡人为妻论之。（简 28—35）

本案证据为原被告双方的言词、证人"明"的证言"明言如符、解"，并经过反复质证，从而确定了案件事实。最终依律"娶亡人为妻，黥为城旦，弗知，非有减也"，作出判决"娶亡人为妻论之"。这项案例比较鲜明地反映了汉"据证定案"、"依律科刑"的客观性原则。

《汉书》所载张释之断"犯跸"案，也可以作为例证：

上行出中渭桥，有一人从桥下走出，乘舆马惊。于是使骑捕，属之廷尉。释之治问。曰："县人来，闻跸，匿桥下。久之，以为行已过，即出，见乘舆车骑，即走耳。"廷尉奏当，一人犯跸，当罚金。文帝怒曰："此人亲惊吾马，吾马赖柔和，令他马，固不败伤我乎？而廷尉乃当之罚金！"释之曰："法者天子所与天下公共也。今法如此而更重之，是法不信于民也。且方其时，上使立诛之则已。今既下廷尉，廷尉，天下之平也，一倾而天下用法皆为轻重，民安所措其手足？唯陛下察之。"良久，上曰："廷尉当是也。"①

此案，廷尉释之通过相关证据审核案件，查明了事实，并依律作出"当罚金"的处罚，最终取得了皇帝的认同。

2. 讯验明白、理无可疑

同时，汉代对于重大的刑事案件，"讯验明白、案件事实理无可疑"是重要的标准，这一准则在汉刑事审判实践中也确实得到了较好的贯彻。当然，证据在当中扮演着至关重要的角色，从出土的汉代简牍法制文献中可以找到诸多的案例对此进行印证。兹试例如下：

迺九月庚辰甲渠第四守候长居延市阳里上造原宪与主官人谭与宪争言斗，宪以剑击伤谭匈（胸）一所，骑马驰南去。候即时与令史立等遂捕到宪治所，不能及。验问燧长王长，辞曰：宪带剑，持官弩一、箭十一枚，大橐谭革驼一，盛糒三斗、米五斗，骑马蘭越燧南塞

① 《汉书》卷50《张释之列传》。

天田出，西南去。以此知而劾无长吏教使，劾者状具此。（新简
EPT68·24—28）①

这是甘肃居延出土汉简中记载的一起刑事案件。案件证据包括勘验胸部的
剑伤；剑、弩、箭十一枚等物证；包括在劾状之中的证人证言等。从该案卷的
记载来看，汉代司法官吏非常注重证据之间的相互印证，通过证据来认定案件
事实，并作为最终定案的依据。

《后汉书·郭躬列传》记载，"有兄弟共杀人者，而罪未有所归。帝以
兄不训弟，故报兄重而减弟死。中常侍孙章宣诏，误言两报重，尚书奏章矫
制，罪当腰斩。帝复召躬问之，躬对'章应罚金'。帝曰：'章矫诏杀人，何
谓罚金？'躬曰：'法令有故、误，章传命之谬，于事为误，误者其文则
轻。'帝曰：'章与囚同县，疑其故也。'躬曰：'周道如砥，其直如矢。君
子不逆诈。君王法天，刑不可以委屈生意'"。显宗同意并迁郭躬为廷尉正。
此案中，显宗担心孙章矫诏是故意所为。因为孙章与囚犯同县，郭躬却认为
孙章矫诏是属于正常的失误非故意所为，并劝显宗作为君主效法于天，量刑
不能任意曲法，妄加判断，以莫须有的罪名强加于人，不要随便怀疑别人的
动机。

由上可见，汉代的证据制度中存在着显而易见的客观性成分。在案件的侦
查、审理过程中，注重各项证据的收集、检验，并将之相互印证。以求案件事
实清楚、明白，最后依据相应的律条作出判决。"循证断狱"、"依律量刑"的
客观性刑事证据原则，体现了一定的人道诉求和人文情怀。

二、秦汉刑事证据理论的主观性表现

（一）秦代刑事证据的主观性表现

考查整个秦代的诉讼审判制度，不难发现，尽管当时刑事证据制度中存在
着较为明显的客观性倾向。但是，犯罪嫌疑人的供词在当时依然是定罪量刑的
基本依据，在刑事证据中居于核心地位。物证、人证等客观性证据的使用，在
某种程度上讲是为了印证犯罪嫌疑人供词的真实性。为了获取真实的供词，在
审讯过程中，司法官吏要反复讯问犯罪嫌疑人，直至其理屈词穷，达到心服为
止。若理屈词穷时仍然狡辩、不以实相告，则刑讯逼取口供。通过这种方式追

---

① 甘肃省文物考古研究所、甘肃省博物馆、文化部古文献研究室、中国社会科学院
历史研究所编：《居延新简——甲渠候官与第四燧》，文物出版社 1990 年版，第 457 页。
（以下文中简称《新简》，不复注）

求断决的确定性。这在《封诊式·讯狱》篇中有明确记载：

> 凡讯狱，必先尽听其言而书之，各展其辞，虽智（知）其訑，勿庸辄诘。其辞已尽书而毋解，乃以诘者诘之。诘之有（又）尽听书其解辞，有（又）视其它毋解者以复诘之。诘之极而数訑，更言不服，其律当治（笞）谅（掠）者，乃治（笞）谅（掠）。（简2—4）

这是一条关于司法官吏审讯案件的程序性法规，要求司法官吏审讯被告时必须先听取其口供并加以记录，使受讯者各自陈述，虽然明知是欺骗，也不要马上诘问，供词已记录完毕而问题没有交代清楚，就要对应加诘问的问题进行诘问，诘问的时候，又应把其辩解的话记录下来，再看看还有无其他没弄清楚的问题，继续进行诘问，诘问到犯人词穷，多次的欺骗，还改变口供拒不服罪，依法应当笞掠的，就施行笞掠。

通过这条法规可以看到，秦代案件的审断是围绕录取被告人的真实供词进行的，并规定可以有条件地进行刑讯。虽然秦律中对刑讯作出了较为严格的约束，但是，在封建专制主义制度下，司法实践中审讯的随意性较大，司法官吏为获取口供滥施拷掠的事例史不乏载。"李斯被诬案"便具有代表性。丞相李斯有大功于秦朝，被人诬告"谋反"而入狱。"二世乃使高案丞相狱，治罪，责斯与子由谋反状，皆收捕宗族宾客。赵高治斯，榜掠千余，不胜痛，自诬服"。李斯上书二世以后，不仅未得到赦免，反而招来更加严酷的毒打，"赵高使其客十余辈诈为御史、谒者、侍中，更往复讯斯。斯更以其实对，辄使人复榜之。后二世使人案斯，斯以为如前，终不敢更言，辞服"。① 作为一朝丞相况且遭此酷刑，对于普通人的刑讯逼供就更惨不忍睹了。当然，这时的秦朝已进入末期，阶级斗争异常激化，其统治出现变异，所以，不应该以李斯案件看待整个秦王朝。但是，不可否认，在秦代司法审判的实践中刑讯是普遍现象。这种带有主观色彩的刑事证据的采集之所以被重视，其原因是多方面的，有技术上的原因，也是观念趋导的结果。如戴炎辉先生所言"招认之被重视，盖被告对自己的行为最为清楚，作为判断的基础，亦最有价值；且裁判要使被告心服，而心服宜以被告自招为印证"。② 这种观点既指出重视刑讯是由于追求快速结案所致，也是重视口供定案的结果。

秦代刑事证据理论中的主观性倾向，继承了古代奴隶制度下主观唯心主义的审判方法。西周时期的审判中，法官已开始强调：

---

① 《史记》卷87《李斯列传》。
② 戴炎辉：《中国法制史》，三民书局1967年版，第170页。

"两造具备，师听五辞。五辞简孚，正于五刑"① 孔安国注曰："两谓囚证。造，至也。两至具备，则众狱官听其入五刑辞。五辞简核，信有罪验，则正之于五刑矣。②

意谓被告与证人到齐以后，由法官根据五刑的规定来核验被告是否犯有罪行。没有被告的供词，一般不能定案。这种审讯方法，《周礼·秋官·小司寇》总结为五听，"以五声听讼狱，求民情。一曰辞听，二曰色听，三曰气听，四曰耳听，五曰目听"。即通过察言观色的方法，以获取被告人的供词，将这种主观性证据作为定罪量刑的依据。

（二）汉代刑事证据理论的主观性表现

上面分析了汉对秦刑事证据客观性原则的继承与发展，但必须看到，其证据原则的主观性倾向也是显而易见的。汉刑事证据的主观性原则表现在两方面：首先，"口供"依然是汉代定罪量刑所运用的首要证据，这是其主观性原则的表现之一；其次，春秋决狱倡导"论心定罪"，这为汉刑事证据的主观性原则增加了一项新内涵——心证。在定罪量刑环节要重点考究行为人的主观心念。以下就围绕这两方面来分析、论证。

1. 重视口供

汉代，被告人的如实供述是澄清案情的关键，也是定罪量刑的重要证据，无被告人供认，一般不能定罪。通过审讯问案，获取当事人有关案件事实的陈述和有关证据，其中最主要的是获取被告的供词。审讯过程中，判官根据已经了解的案情讯问犯罪嫌疑人，由犯罪嫌疑人供述事实经过。法官认为未尽其情，就需要继续诘问，甚至拷掠，直到被审讯者"毋解"或"辞服"为止。

被告的招供之所以被重视，有当时侦查技术的落后因素，但更主要是缘于主观主义的取证观念。"招认之被重视，盖被告对自己的行为最为清楚，作为判断的基础，亦最有价值；且裁判要使被告心服，而心服宜以被告自招为印证"。③ 汉继承了秦"勿笞掠而得人情为上"的治狱方略，在讯问犯罪嫌疑人时更好地贯彻了秦代的"讯狱"规则。汉司法官吏围绕指控的犯罪行为讯问犯罪嫌疑人，以获得被告人的有罪供词。

在断狱过程中，讯问要反复进行，直至犯罪嫌疑人"诘之极"而"毋解"

① 《尚书·吕刑》，中华书局 2009 年版，第 308 页。
② 《史记》卷 4《周本纪》集解。
③ 戴炎辉：《中国法制史》，三民书局 1966 年版，第 170 页。

方才罢休。《奏谳书》记载的一则案例可以窥见汉代如何讯问被告，节选原文如下：

> 十年七月辛卯朔癸巳，胡状、丞憙敢谳之。
>
> 劾曰：临淄狱史阑令女子南冠缟冠，佯病卧车中，袭大夫虞传，以阑出关。
>
> 今阑曰：南齐国族田氏，徙处长安。阑送行，娶为妻，与偕归临淄，未出关得，它如劾。
>
> 南言如劾及阑。
>
> 诘问，阑非当得娶南为妻也，而娶以为妻，与偕归临淄，是阑来诱及奸，南亡之诸侯，阑匿之也，何解。
>
> 阑曰：来送南而娶为妻，非来诱也。吏以为奸及匿南，罪，无解。
>
> 诘阑：律所以禁从诸侯来诱者，令它国毋得娶它国人也。阑虽不故来，而实诱汉民之齐国，即从诸侯来诱也，何解。
>
> 阑曰：罪，毋解。……（简17—22）

这是关于擅娶他国女子为妻的一起案件。在案件的审理过程中，判官首先围绕告劾的内容进行讯问，在被告初步回答所问之后，判官再接着其供词进行诘问，经过反复审问直至澄清案情，使犯罪嫌疑人理屈词穷、认罪服法"罪，毋解"。

汉代在刑事审判中为获取供词，也采取刑讯的方法。如果在讯问过程中，犯罪嫌疑人供词不实，或者其供词与官府已掌握的事实不符，判官就可以"动刑"，威逼其如实供述。正如陈顾远所言："刑讯者，讯问狱囚以刑求之之谓。盖在昔并不重视证据，而惟取于口供，从而法官对于狱囚，遂得以搒掠之，而为法之所许；尤其关于盗命重案，为录口供，视为当然有刑讯之必要。"[1] 在汉代通过刑讯获取口供是法律所允许的，但对其作出了限制性规定。景帝中元六年，专门制定了《箠令》，对刑讯工具及如何行刑作出了具体的规定："箠者，箠长五尺，其本大一寸，其竹也，末薄半寸，皆平其节。当箠者，箠臀。毋得更人，毕一罪乃更人。"[2] 东汉章帝在诏书中也曾说："律云：

---

①　陈顾远：《中国法制史概要》，三民书局1964年版，第174—175页。

②　《汉书》卷23《刑法志》。

掠者唯得榜、笞、立。"① 可见，汉代法律是允许刑讯的，并且将其写入律文之中。据《陈书·沈洙传》载："范泉今牒述《汉书》云：'死罪及除名罪证明白，考掠已至而抵隐不服者，处当列上。'杜预注曰：'处当证验明白之状。列其抵隐之意。'"应当说刑讯在汉断狱过程中是普遍采取的逼录供词的手段，如杜周所言："会狱，吏因责如章告劾，不服，以掠笞定之。"② 西汉刑讯断狱成风，官吏以苛暴为能，造成了大量冤狱。《汉书·杜周传》记载，武帝时"狱久者至更数赦十余岁而相告言，大氐尽诋以不道，以上廷尉及中都官，诏狱逮至六七万人，吏所增加十有余万"。即依法逮至的六七万人，官吏又巧文致罪的增加十余万人。宣帝时廷尉路温舒上书皇帝，指斥这种凄惨情景："今治狱吏……上下相驱，以刻为明；深者获公名，平者多后患。故治狱之吏皆欲人死，非憎人也，自安之道在人之死。"因此，被判罪处死的人，鲜血流淌满市，因罪受刑的人到处都是。每年被处以大辟之刑的人数以万计。他进一步指出，"夫人情安则乐生，痛则思死。棰楚之下，何求而不得？"所以，被囚受审的人，难以忍受拷打的痛苦，就假造供词，承认罪过。讯审官吏觉得如此得来很便利，就指划、引导他招供。上报的时候害怕被发现，就对奏书反复修改，使之没有破绽。奏书上所定成立的罪名，即使是咎繇来断狱，也会认为被审讯者死有余辜。为什么会如此？因为奏书经过多次修改，以法律条文罗织的罪名清楚无误。所以断狱之官援引法律陷人于罪，刻薄残酷，没有限度，不顾国患。他还引用俗语说："画地为狱，议不入；刻木为吏，期不对。"以此形容人们痛恨执法苛暴官吏的悲愤之情，最后他痛斥道，"故天下之患，莫深于狱；败法乱正，离亲塞道，莫甚乎治狱之吏"。③

　　路温舒看到，狱吏在断案过程中普遍使用刑讯，造成冤滥横生，已严重损坏了司法审判的正常进行。汉代这种惨烈的刑讯之风，使得最高统治者皇帝也不能坐视不问了，开始下令禁止。章帝元和元年（公元84年）下了一道禁令："自往者大狱以来，掠考多酷，钻鑽之后，惨苦无极。念其痛毒，怵然动心。《书》曰：'鞭作官刑'岂云若此？宜及秋冬理狱，明为其禁。"④

　　2. 探求心证

　　汉代奉行春秋决狱，在司法审判中开启了论心定罪的原则。这一原则强调

---

① （汉）范晔：《后汉书》卷三《肃宗孝章帝纪》，中华书局1965年版。（下文该书只引篇目）

② 《汉书》卷60《杜周传》。

③ 《汉书》卷51《路温舒传》。

④ 《后汉书》卷3《肃宗孝章帝纪》。

究查行为人的"主观心念"①，即以儒家的纲常伦理为标准，考究犯罪嫌疑人主观上为"善"抑或"恶"，并以此主观"心证"作为确定其罪行成立与否的依据。作为一种法律观念，原心定罪的历史可谓源远流长。《尚书·舜典》中记载："眚灾肆赦；怙终贼刑。"据孔颖达疏，眚灾指因过失误致危害；肆赦，即缓刑赦免。怙终，指故意坚持犯罪；贼刑，轻者判刑，重者处死。可见，根据主观心理状态来决定刑罚的轻重。《尚书·康诰》中周公教导康叔："人有小罪，非眚，乃惟终……有厥罪小，乃不可不杀。乃有大罪，非终，乃惟眚灾……时乃不可杀。"贯穿于其中的刑法思想，与《舜典》可谓一脉相承。将论心定罪这种思想明确提出，并成为一项定型的原则，是由汉儒所倡议的。两汉将论心定罪具体落实于理论与实践当中。我们先来看两则董仲舒断狱的案例：

> 甲夫乙，将船。会海风盛，船没溺，流尸亡不得葬。四月，甲母丙即嫁甲。欲皆何论？或曰：甲夫死未葬，法无许嫁，以私为人妻，当弃市。议曰：臣愚以为，《春秋》之义，言夫人归于齐。言夫死无男，有更嫁之道也。妇人无专制擅恣之行，听从为顺，嫁之者归也。甲又尊者所嫁，无淫衍之心，非私为人妻也。明于决事，皆无罪名，不当坐。②

本案虽夫死未葬，法不许嫁，但该女再嫁是出于尊长之意，并非淫心所趋。根据儒家纲常，尊者有教令权，该女必须遵守，所以不构成犯罪。以现代的法学观点来看，或许可以解释为缺少犯罪构成的主观要件。董仲舒对另一则案件的释解于此类似：

> 甲父乙与丙争言相斗，丙以佩刀刺乙，甲即以杖击丙，误伤乙，甲当何论？或曰殴父也，当枭首。论曰：臣愚以父子至亲也，闻其斗，莫不有怵怅之心，扶杖而救之，非所以欲诟父也。春秋之义，许止父病，进药于其父而卒，君子原心，赦而不诛。甲非律所谓殴父，不当坐。③

董仲舒之断，并未机械地引用律条，除了看行为后果之外，更关注主观动机，原心而断。可见，就是因为考察行为的角度不同，决定了行为人的生与

---

① 黄源盛：《两汉春秋折狱"原心定罪"的刑法理论》，载《传统中国法律的理念与实践》（载柳立言主编），台北中央研究院历史语言研究所 2008 年版，第 77 页。

② 程树德：《九朝律考》，中华书局 2006 年版，第 164—165 页。

③ 程树德：《九朝律考》，中华书局 2006 年版，第 164 页。

死。若仅从客观行为的角度论断，为"殴父"，依律当"枭首"；若考究心证，是欲行孝而非殴父。原心而论"非律所谓殴父，不当坐"。

论心定罪的原则影响甚大，起于两汉，经由魏晋，迄至明清，司法实践中一直存在着以心证决狱讼的现象。《史记》、《汉书》及《后汉书》中均记载有此类的案件。试例如下：

《史记·梁孝王世家》描绘的"悉烧梁之反辞"案，曰："故《春秋》曰君子大居正，守之福，宣公为之。"《史记·儒林列传》记述的"吕步舒治淮南狱"案中曰："以春秋之义正之，天子皆以为是。"《汉书·淮南王传》记载的"淮南王安谋反"案中，膠西王端在议淮南王安的行为时说："《春秋》曰：'臣毋将，将而诛。'安罪重于将，谓反形已定，当伏法。"《汉书·孙宝传》所载的"非造意者放归田里"案，"自劾矫制，奏商为乱首，春秋之义，诛首恶而已"。《后汉书·赵熹传》所述"余党徙京师近郡"案，"熹上言，恶恶止其身"。《后汉书·张皓传》中的"春秋采善书恶"案，"皓上疏谏曰：'《春秋》采善书恶，圣主不罪刍荛……'帝乃悟，减腾死罪一等，余皆司寇"，等等。

以上所列举典籍中的案例，论断中均引儒家经义来考究行为人的主观动机，以"心证"为依据论证罪的轻或重。

通过以上论证可以看出，探求心证强调在定罪量刑环节考究行为人的主观动机。即以纲常伦理为依据，区分其内心的"恶与善"、"故意与过失"，并作出罪的有无、宽严的处理。这种主观性倾向的证据原则，尽管为秦以来苛酷的刑罚注入了一股轻刑化、人性化的温泉，但其危害性也是显而易见的。这种"心证"的考究方法，由于操作形式的不可控性，加之监督制约机制的缺乏，从而为审断官吏提供了过大的自由裁量空间，使得贪官污吏滥罚擅断的方便之门大开。在一定程度上造成了司法审判制度的确定性与可预测性的缺失。

三、秦汉刑事证据理论的综合性表现

（一）秦代刑事证据的综合性表现

经过以上分析可以发现，秦代的刑事证据理论中既有客观性的色彩，也有主观性的因素，是一种综合性的证据原则。在此原则的引导下，秦代的证据制度既强调客观性，也有浓厚的主观性倾向。在客观性方面，秦律重视证据在司法实践的各个环节中的应用，强调"据证系狱"、"据证量刑"以及"据证重审与改判"；在主观性方面，我们必须认识到秦代还处在封建社会的早期，在其审判环节口供依然是基本的证据形式。一般情况下，不取得被告人的口供是不得定罪的。而且，依靠野蛮残酷的刑讯方式获取口供普遍盛行。虽然法律规定中对其适用作了限制，但由于缺乏具体的约束措施，在司法实践中刑讯依然恶性泛滥。

下面通过一则具体案例对此论点进行详细论证：

《奏谳书》中的第二十二则案例——"得微难狱"，记载了秦始皇六年八月发生的一起劫财案件。女子婢从集市回家途中被人刺伤，劫取其钱财后不知去向。案件中，司法官吏首先询问了被害人女子婢，获知案件的基本情况，并得到物证"笭刀"与"荆券"。随后，司法官吏根据被害人的描述，循着两件物证对案件展开了细微、缜密的调查。经过侦查发现了犯罪嫌疑人孔，并观察到其身上与案件相关的一处细节，"衣故有带，黑带，带有佩处而无佩也……"即衣带上有佩戴刀的系物，但没有佩刀。司法官吏并未因为怀疑对其进行逼供，仅仅简单询问即作罢。随后围绕嫌疑人展开调查，寻找与其相关的物证与人证。随着证人走马仆的出现，案件取得实质性进展。走马仆呈交物证"白革鞞係绢"——系着绢的白皮革刀鞘，并提供证言："公士孔以此鞞予仆，不知安取"。言证此刀鞘得于孔处。司法官吏"以婢背刀入仆所诣鞞中，袛。珍视鞞刀，刀环唅旁残，残傅鞞者处独青有残，类刀故鞞也"。即证人提供的物证——"刀鞘"与案发现场犯罪嫌疑人遗留物证——"笭刀"合为一体，案件关键的物证印证相吻合。嫌疑人孔的妻女也提供证词说："孔雅佩刀，今弗佩，不知存所。"接下来要做的就是将物证、证人证言同犯罪嫌疑人的口供相印证，以完成案件事实的最终认定，这是案件的核心环节。于是，司法官吏开始反复讯问嫌疑人孔。孔百般狡辩，拒不认罪。直到司法官吏以刑相吓"即就讯磔，恐獦欲笞"孔才如实供述了自己劫取钱财的犯罪事实。至此，案件大白，司法官吏据律作出判决："孔完为城旦"[①]，即宣判孔服"完城旦"刑。

狱史从追查作为凶器的刀与走马仆提供的无刀刀鞘的关联着手。将刀插入鞘中，证其为同套刀具；又取得犯罪嫌疑人妻女及走马仆的证言，故能多次推翻犯罪嫌疑人的狡辩，致其最终认罪服法。此案中，我们看到秦代运用多种证据形式断决案件，既有客观性的证据——物证、证人证言，也有以刑讯相威吓逼取的主观性证据——口供。司法官吏将两类证据相互印证，使主观与客观证

---

① 《张家山汉墓竹简·盗律》规定，"盗赃值过六百六十钱，黥为城旦舂。六百六十到二百二十钱，完为城旦舂。"该案经核"赃为千二百钱"，故判"孔完为城旦"。以上案例出自：《张家山汉墓竹简·奏谳书》，第 109 –110 页。

据相比对，最后得出审判结论。这一过程实际上运用了主观与客观相结合的方法，体现了刑事证据的综合性特征。

综合以上，秦代在证据理论问题上，继承了西周以降各个历史时期的相关内容。与此同时，根据缘法而治的时代要求，又有所发展，较以往更多地体现了法家主张的证据理论精神。根据研究，可以得出这样的判断：秦代奉行综合性的刑事证据原则，包含主、客观两方面的属性。

（二）汉代刑事证据的综合性表现

通过以上的分析可以看出，汉代刑事证据的原则继承了秦代。其中既有客观性的因素，也有主观性的因素，整体来看，其奉行的是综合性的刑事证据原则。以下对这种综合性的理论原则加以分析。

在刑事案件的审断过程中口供虽然至关重要，但是司法官吏更注重多种证据形式的综合应用，以排除疑点，追求定案的确定性。"古代审判活动虽然存在注重口供的弊端，但也很重视其他证据与口供的综合运用，对于刑讯的使用，很多朝代都有严格的限制"。① 这种综合性的证据原则在西周时已经萌芽，《礼记·王制》篇记述："司寇正刑明辟，以听狱颂。必三刺，有旨无简不听。附从轻，赦从重。凡制五刑，必即天论，邮罚丽于事。凡听五刑之讼，必原父子之亲，立君臣之义以权之。意论轻重之序，慎测浅深之量以别之。悉其聪明，致其忠爱以尽之。疑狱，氾与众共之；众疑赦之。必察小大之比以成之。"②

司寇之官应明法断罪，凡是制定五等轻重的刑罚，必须考虑到天伦关系，同时定罪量刑必须遵从客观事实，查明罪行的大小，适用与之相应的律文定罪。凡是受理五等刑的案件，必须体察父子之亲和君臣之义，考虑其是否为孝、忠而犯法，仔细探究其罪行浅深的分量。也就是说，判官量刑既要考究行为人的主观心念，看其是否符合纲常伦理，同时，也要尊重客观事实，做到主、客观相一致。

这种综合性的证据原则在汉司法制度中多有表现。如《汉书·淮南衡山王传》记载，赵王彭祖、列侯臣让等四十三人商议："淮南王刘安大逆不道，谋反之罪证据确凿，理当处死。"胶西王刘端说："淮南王刘安无法无天，不

---

① 杨一凡、徐立志主编，俞鹿年等整理：《历代判例判牍》第1册，中国社会科学文献出版社2005年版，第7—8页。

② 孙希丹：《礼记·集解》（卷14，王制第5之3），台湾文史哲出版社1972年版，第335—336页。

走正道，心怀叵测，扰乱天下，惑乱百姓，背叛祖宗，妄作妖言。《春秋》曰：'臣毋将，将而诛。'刘安的罪行不是刚刚萌发，谋反已是事实。依我之见，将其谋反之具验明之后，即可正法。"①胶西王刘端议本案，除引《春秋》"君亲无将，将而诛之"的纲常伦理大义对其声讨之外，还提出验明"其书节印图"等谋反的物证。这使得客观证据与主观心证相结合，法与理交互印证，显示判决理由充足。

从《奏谳书》为我们提供的案例来看，汉代判官断狱非常重视对告诉人的诉言、被告人的供述、证人证言等主观证据的确认；同时，注重将这些主观证据与书证、物证、勘验报告等客观证据进行相互印证，使得主、客观证据统一，以便准确地定罪量刑。现将《奏谳书》中所载汉高祖十一年发生的一则案件录写如下，通过该案的分析说明，来了解汉代司法审判中综合性刑事证据的具体应用。

> （高祖）十一年八月甲申朔乙丑，夷道介、丞嘉敢谳之。六月戊子发弩九诣男子毋忧，告为都尉屯，已受致书，行未到，去亡。·毋忧曰：蛮夷，大男子，岁出五十六钱以当繇赋，不当为屯。尉窨遣毋忧为屯，行未到，去亡。它如九。·窨曰：南郡尉发屯有令，变夷律不曰勿令为屯，即遣之，不知亡故，它如毋忧。诘毋忧：律，变夷男子岁出賨钱②，以当繇赋，非曰勿令为屯也，及虽不当为屯，窨已遣毋忧，即屯卒，已去亡，何解？毋忧曰：有君长，岁出賨钱，以当繇赋，即复也，存吏，毋解。问：如辞。·鞫之：毋忧变夷大男子，岁出賨钱，以当繇赋，窨遣为屯，去亡，得，皆审。·疑毋忧罪，它县论，敢谳之，谒报，署狱吏曹发。吏当：毋忧当腰斩，或曰不当论。廷报：当腰斩。（简1—7）

该份"奏谳书"或案例可分为三部分：第一，"十一年八月甲申朔己丑，夷道介、丞嘉敢谳之"。这部分主要说明的是上奏的时间和上奏人；第二，"六月戊子发弩九诣男子毋忧……得，皆审"。这部分为案件事实的认证部分；第三，"疑毋忧罪，它县论，敢谳之，谒报，署狱史曹发。史当：毋忧当要（腰）斩，或曰不当论。廷报：当要（腰）斩"。为议罪定刑部分。下面对该案件查证情况予以分析：

---

① 《汉书》卷44《淮南衡山王传》。

② （东汉）许慎撰，（清）段玉裁注：《说文解字》曰："賨，南蛮赋也。"中华书局2004年版。

该案例中，首先是举告人控告毋忧应征屯边，在接到屯边的通知后未到达屯边地时逃跑。随后是被告人毋忧供述（或辩解），即蛮夷成年男子每年上缴五十六钱作为应服徭役赋税，不应再屯边，县尉窑派发毋忧屯边，未到目的地即逃走，其他与发弩九所说一致。接着案件的证人提供证言，根据南郡尉颁发的屯边令文派发毋忧屯边，蛮夷法律没有规定蛮夷人每年出五十六钱的徭赋，就不再屯边，因而就派发毋忧屯边；其逃跑的原因不详，其他如毋忧所述。此环节结束之后，审案官吏根据被告供述和证人证言对被告进行讯诘，被告毋忧进行回答。"问，如辞。"为汉代司法文书用语，即经再次讯问，与前述供词相同。之后，法庭作出对案件事实的认定，即"鞫之"部分。其中"得，皆审。""得"可理解为"犯罪嫌疑人已羁押在案"，"皆审"相当于现代司法判决中"事实清楚，证据确实充分"。由于对被告毋忧如何定罪存有疑惑，因而将此案件事实及相关证据呈报上级官吏。最终廷尉作出决断"当腰斩"。从该案例的事实论证部分来看，注重告诉人的告诉、被告人的供述或辩解、证人证言之间的相互印证；同时，审判官吏还根据案件情况对被告人进行反复诘问，弄清案件事实，最后达到"审"或"皆审"。该案件展示了汉代刑事证据在案件诉讼审理中的应用情况，其中较为充分地表现了刑事证据的综合性特征。

再来看《奏谳书》中记载的汉高祖七年发生的一起盗米案：

> 七年八月己未江陵丞言：醴阳令恢盗县官米二百六十三石八斗，恢秩六百石，爵左庶长□□□□从史石盗醴阳巳乡县官米二百六十三石八斗，令舍人五兴、义与石卖，得金六斤三两，钱万五千五十，罪，它如书。兴、义皆言如恢。问：恢盗臧过六百六十钱，石亡不讯，它如辞。鞫：恢，吏，盗过六百六十钱，审。当：恢当黥为城旦，毋得以爵减免赎。（简69—72）

该案的证据方面包括三个部分：江陵丞告诉部分；证人兴、义二人的证言和被告人恢的口供；审问查证情况。第一部分，江陵丞告诉部分较为详细地记述了醴阳令恢的秩、爵及盗县官米的具体地点、参与盗米的人员及销赃获款情况；第二部分，简短地记述了证人兴、义的证言与被告人恢的供述一致；第三部分，记述审问查证情况，证实恢盗县官米的价值确实超过六百六十钱；另一证人石在逃，无法讯问。通过对以上三部分证据的分析，可以看出，汉代判官在审判的过程中，注重证据之间的相互印证。最后在案件事实清楚、查证属实的基础上据律定罪量刑。

董仲舒春秋决狱也含有依据混合原则定罪的成分。从现存的实例来看，在定罪量刑时，他并非全置客观事实于不顾，也并非唯主观意念是论。所谓"必本其事，而原其志"，意即审理案件时应当以犯罪的客观事实为根据，进而深入推究行为人的主观心念。黄源盛指出，"虽然在做结论时，可以清晰地嗅出，他是比较倾向主观方面的，但这种强调'志'的善恶是合宜的，不能因此得出为动机论的结论。讲白些，他只不过是想跳脱当时僵化而严酷的律条，主张从案件的实际出发，综合考量行为人主客观方面的情状而后作最后的裁决。"① 试举董仲舒一则春秋决狱的判例，加以分析：

> 甲为武库卒，盗强弩弦，一时与弩异处，当何论？论曰：兵所居比司马，阑入者髡，重武备，责精兵也。弩蘖机郭，弦轴异处，盗之不至，盗武库兵陈。论曰：大车无輗，小车无轨，何以行之？甲盗武库兵，当弃市乎？曰：虽与弩异处，不得弦不可谓弩，矢射不中，与无矢同，入与无镞同。律曰：此边郡兵所藏直百钱者，当从弃市。②

董仲舒指出，虽然只盗弩弦，未盗走弩，但依据法律规定超过值百钱，当弃市。从此例可以看出，春秋决狱并非置法律于不顾，一味主观臆断。

综上，我们对汉代刑事证据理论原则的客观性、主观性及其整体表现出的综合性作了具体分析。不难发现，汉代的刑事诉讼审判过程中引入了春秋决狱制度，开创了以经义为依据考察犯罪嫌疑人的主观善恶，并据此确定其刑事责任的有无、大小。这对汉代及其后世王朝刑事审判中的证据运用规则产生了重大影响。相较于秦代而言，这是汉代刑事证据制度的最大变化之处。

第二节　秦汉刑事证据的种类

通过对秦简、汉简及传世文献相关内容的研究发现，证据在侦查和审判的诸环节中，都扮演着重要的角色，秦汉司法官吏已注意运用各类证据来证明犯罪嫌疑人罪行的成立。这种对证据的认识和理解程度的提高，促使刑事证据制度不断得以发展。一个较为鲜明的体现就是刑事证据的类别开始系统化和规范化，初步形成了以言词证据为核心，以其他证据为依托的综合各类的证据制度。这些证据主要包括以下方面：

---

① 黄源盛：《两汉春秋折狱'原心定罪'的刑法理论》，载《传统中国法律的理念与实践》（柳立言主编），台北中央研究院历史语言研究所2008年版，第75页。

② 程树德：《九朝律考》，中华书局2006年版，第164页。

一、言词证据

言词证据指口头陈述，主要包括被害人、被告人的陈述和证人证言等，这是中国古代传统的证据形式。

（一）秦代言词证据

1. 被告供述

即我们所说的"口供"，在诉讼活动尤其是刑事诉讼中，具有十分重要的意义。口供往往被视为"证据之王"，记录在司法文件之中，成为侦查和定罪科刑的主要依据。对口供的重视在认识论上源于形而上学的唯心主义。正如《资治通鉴》记载，"狱辞之于囚口者为款。款，诚也，言所吐者皆诚也。"①但是，对被告人的供认，只有从多方面核实，才可以作为证据加以使用。同时，还必须由原审讯机关以外的机构和专人进行复核，才可以作为证据加以使用。② 这就要求"以诘者诘之"，即反复讯问，直至核实清楚案情疑问为止。因为如果本人推翻供辞，口供就失去了证据的效力。前文提到过的"得微难狱"案例，在物证、证人证言等客观性证据相对已经确凿的情况下，仍然反复讯诘犯罪嫌疑人，以取得其认罪的供词，并最终定案。"李斯被诬案"中，为了获得李斯最终确定的认罪供词，反复对之施加酷刑，直至其"终不敢更言，辞服"。方才定其死罪。

可见，被告人的供词是秦代刑事审判中的重要证据形式，一般情况下，只有获得确定的的认罪供词，才能最终对案件作出判决。这从《封诊式》中所记载的式例中可以得到印证。这些式例的爰书中几乎都有对被告供词的详细记录，其对案件的断决具有重大影响。例如，《告子》爰书中记载被告供曰：

　　　　甲亲子，诚不孝甲所，毋它坐罪。（简 51）

供称是甲亲生子，并承认其父对其不孝罪的指控。

再如，《告臣》爰书中记载被告供曰：

　　　　甲臣，诚悍，不听甲。甲未赏身免丙。丙毋病殴，毋它坐罪。（简 38）

承认自己是甲的奴隶，确系强悍，不听从甲，甲没有解除过丙的奴隶身份，丙没有病，没有其他过犯。

---

① （宋）司马光撰：《资治通鉴》卷 240。
② 栗劲：《秦律通论》，山东人民出版社 1985 年版，第 306 页。

2. 原告控述

这被看作是基本证据之一，记录在司法文件之中，成为立案、侦查和拘捕犯人的主要依据，也是定罪科刑的重要证据。但是，原告的控述只是提起诉讼，启动法庭的调查取证程序，对原告的身份与起诉的内容要进行核实。待认定案件事实后，方能作为可靠的证据加以使用。

例如，前文所列举的《奏谳书》案例"得微难狱"，在案件调查过程中，司法官对被害人进行了多次询问，被害人每次就询问所作的回答，作为证据对案件侦破起了关键作用。摘录如下，以便分析：

> 婢曰：但钱千二百，操篓，道市归，到巷中，或道后类暂（暂）拊，婢债，有顷乃起，钱已亡，不知何人之所。其拊婢疾，类男子。呼盗，女子赴出，谓婢背有芈刀，乃自知伤。

这是被害人就自己被"夺钱"的过程向法官所作的陈述，向法官提供了犯罪嫌疑人的轮廓，并指明案发现场证人"赴"的存在。

> 讯婢：人从后，何故弗顾？曰：操篓，篓鸣匈匈然，不闻声，弗顾。讯婢：起市中，谁逢见？曰：虽有逢见，弗能□①。讯婢党有与争斗、相怨，□□取葆庸，里人知识弟兄贫穷，疑盗伤婢者，曰：无有。（简198—202）

司法官吏接着就案件疑点及可能发生的原因向婢发问，婢逐一作了回答。根据其陈述，结合相关物证与证言展开对抢劫案的侦查，一点点揭露案情，最终使案件大白，查获凶犯。

《封诊式》记载的爰书中，《告子》、《黥妾》、《告臣》、《迁子》等多篇都有关于原告起诉内容的记录。文中多有述及，在此不加列举。

3. 证人证言

证人证言是指与案件相牵连的人、知情人等向司法官吏或司法机关所提供的证词，即诉讼双方以外的第三者的言词。证人证言在诉讼审判过程中承担着重要的作用，"证人之证言为证据之一，其证言如何，关于诉讼当事者之利害甚巨，故为证人，须为真实之陈述，理之当然也"。② 西周时期的案例中已存在关于证人的记载。在《曶鼎》铭文记载的"曶诉匡季寇禾案"中的匡季的众臣二十人就是人证。《散氏盘》铭文记载"矢氏侵犯散氏土地使用权的赔偿

---

① 此处"□"为原简残缺，简文不可释。下同。

② 徐朝阳：《中国诉讼法溯源》，台湾商务印书馆1973年版，第48页。

案件"中，记载的证人共计达二十五人之多。其中盉、且、武夫、万、贞、右、眚等十五人是矢氏一方的证人，而其余十人则是散氏一方的证人。因为这二十五人都参与了田界的划定，了解田界的四至，所以，他们作为证人，有利于澄清事实。

在秦代，证人证言在侦查与审判的过程中发挥着不可替代的功用。《奏谳书》记载的"得微难狱"中，女子觟、走马仆及犯罪嫌疑人孔的妻女都是证人，通过前文的分析可知，他们提供的证言对案件的侦破起到了至关重要的作用。同样，在《奏谳书》记载的著名乞鞫案——"毛诬讲盗牛案"中，证人士伍"和"、"牝"及讲父"处"提供的证言，对重新认定案件事实，平复冤案影响重大。

秦简《封诊式》的爱书中有多则关于证人证言的记载，印证了证言在案件查审中的重要作用。当中的证人证言又可以作如下划分：

第一，检举人的揭发。即案件的知情人就自己知道的有关案件的事实情节向官府作的报告。《盗铸钱》案爱书载：

> 告曰：丙盗铸此钱，丁佐铸。（简 19）

意为士五甲和士五乙就发现男子丙、丁铸钱的经过向官府作的陈述。

《奸》一案爱书中：

> 告曰：乙、丙相与奸，自昼见某所，捕校上来诣之。（简 95）

意为士伍甲就男子乙、女子丙相奸向官府作的陈述。

以上是第三者作为案件知情人的身份，客观地陈述他们所了解的事实及结果，这些证言均被作为定案的依据加以引用。

第二，见证人的证言。即亲历案件发生的人就其所见向司法机关提供的证明。《经死》爱书记载了对一名男子吊死现场的勘验情形。在对男子的尸体进行了一番仔细的勘验之后，为进一步落实其死因，指出自杀必有原因，应当询问其"同居"：

> 自杀者必先有故，问其同居，以合（答）其故。（简 72）

该处所言的"同居"，就是这起案件的证人。他们是死者最亲近的人，应当对其死亡原因有所了解。

《穴盗》爱书记载，被害人丢失一件"绵裾"。司法官吏向被害人的邻居作调查，得到的证言是：

> 见乙有结複衣，缪缘及纯，新殹。不知其里□何物及亡状。
> （简 83）

《封守》爱书记载：

> 几讯典某某、甲伍公士某某："甲党（倘）有【它】当封守而某
> 等脱弗占书，且有罪。"某等皆言曰："甲封具此，毋它当封者。"
> （简10）

即乡负责人某奉命清点了被告人士伍甲的家室、财产及人口之后，向在场的里典和同伍的公士交代说，士伍甲家的财产和人口如有当查封而脱漏不报未加登记的，作为里典和在场的人都是有罪的。里典和同伍的公士当场作出保证，说甲家应当查封的都已在这里，无其他应查封的了。里典和同里公士所提供的便是见证人的证言。

此外，《贼死》爱书中，令史等对现场进行了详细的勘验之后，就死者的死亡时间和案发情况向其同亭的人和士伍丙进行了询问，这是在寻求证人证言，以便侦破案件。

（二）汉代言词证据

1. 被告供述

即口供，指被告人在诉讼中就其被指控的犯罪事实及其他案件事实，向司法官所作的陈述。在中国古代司法审判中，口供制度可谓源远流长。早在西周时期的审判中，法官已开始强调"听狱之两辞"①。没有被告的供词，一般不能定案。《周礼》中有关当时的法官以"五听"断案的论述。"五听"包括：辞听（理屈者则言语错乱）；色听（理屈者则面红耳赤）；气听（无理则喘息）；耳听（理屈者则听不清法官的问话）；目听（理屈者则双目昏花，无神）②。其中的"辞听"即为口供，法官在庭审中可以凭自己的判断认定证词，判决案件。"五听"狱讼，深刻地影响了后世的审判方式，口供亦是自此开始确立其在诉讼中的地位。口供在汉代诉讼过程中，为法定的证据材料之一。在审判过程中，口供主要是通过法官的询问得来。被告初步回答所问，司法官接着针对被告的口供进行诘问，然后被告申辩，司法官再诘问，经多次反复，直至澄清事实，被告服罪为止。在此过程中，如果被告不招供，或者招供不实，法官就可以采取刑讯的方法。这点在前面介绍主观证据的时候已作过论

---

① 原文为《尚书·吕刑》："民之乱，罔不中听狱之两辞，无或私家于狱之两辞！"，参见（清）阮元校刻：《十三经注疏》（02），《尚书正义》，李学勤主编，北京大学出版社1999年版，第552页。

② （清）阮元校刻：《十三经注疏》（04），《周礼注疏》，李学勤主编，北京大学出版社1999年版，第914—915页。

述，不再复述。

被告人的供述在汉简中多有显现，例如：

《奏谳书》案例四比较典型地记录了一位名为"符"的被告人，在审断过程中，她自我陈述道：

> 诚亡，诈自以为未有名数，以令自占书名数，为大夫明隶，明嫁符隐官解妻，弗告亡，……（简 28—29）

符对指控的自我供述，是对其定罪量刑的重要证据；

汉代司法官吏在侦查案件的过程中重视录取被告人的口供，并将之作为定罪量刑的重要依据。但是，审讯严格按照法律程序进行，首先要告知被告人如实供述的法律规定。并非如人们所想象的，古代司法官吏可以随意地讯问犯罪嫌疑人，可以随意地对之进行刑讯。

2. 原告控述

指案件原告就其所了解的案件有关情况向司法机关所作的陈词。原告对案件的起因和具体过程了解比较清楚，其陈述对案件的侦破和案犯罪行的确定意义重大，因而在诉讼过程中也是一种重要的证据。在汉代简牍法律文献中，作为证据的原告陈述是多有记载的。法官一般要反复核实受害人所耳闻目睹的细小情节，并以此为查证线索展开调查。如《奏谳书》中，"十二月壬申，大夫所诣女子符，告亡"。即十二月壬申日，大夫所送来一名为符的女子，告她逃亡。随后案审官吏就原告大夫的控述对女子符进行讯诘，展开对案件事实的调查。

《汉书》记载了王尊为美阳县令时，一女子告假子以其为妻，王尊以原告陈述为证据，断定假子有罪而将其射杀。案件具体内容为：

> 春正月，美阳女子告假子不孝，曰："儿常以我为妻，妒笞我。"尊闻之，遣吏收捕验问，辞服。尊曰："律无妻母之法，圣人所不忍书，此经所谓造狱者也。"尊于是出坐廷上，取不孝子县磔着树，使骑吏五人张弓射杀之，吏民惊骇。①

可见，作为证据的被害人陈述，是案件查侦工作得以展开的首要一步。在侦查技术相对落后的古代，这种言词证据的作用无疑是至关重要的。

3. 证人证言

证人，汉代称其为"左"、"证左"②。证人证言是查破、裁断案件的重要

---

① 《汉书》卷 76《王尊传》。

② 《汉书》卷 66《杨敞传》："事下廷尉，廷尉定国考问，左验明白。"颜师古注："左，证左也，言当时在其左右见此事者也。"

依据之一，证言对断案的意义重大。汉代法律相比秦律而言，更加重视询问证人，要求证人必须据实陈述。《汉书·高帝纪》记载："吏以文法教训辨告，勿笞辱。"即在审讯前，吏首先要向原、被告及证人"辨告"法律。所谓"辨告"就是司法官对证人讲明相关的法律内容，如实质对案件。证人如果作伪证，则"以辞所出入罪反之"。① 对此，《二年律令·具律》中有明确规定：

> 证不言请（情），以出入罪人者，死罪黥为城旦春，它各以其所出入罪反罪之。狱未鞠而更言请（情）者，除。吏谨先以辨告证。（简110）

意为陈述事实时，没有反映真实案情，对所述他人之罪轻重不实，除诬告死罪判黥城旦春外，诬告其他罪皆以所诬告罪反坐之；在案件事实未确定之前更正其言辞的，不予处罚。受案官吏应预先告之相关的规定。在简牍法律文献记载的案例中对此多有记载，为论证之便摘录如下：《居延汉简释文合校》②：

> "先以证不言请（情）出入罪人辞。"（3·35）
>
> "□官，先以证不言请（情）出入罪。"（38·27）
>
> "□先以证不言请（情）出入罪□。"（7·20）
>
> "官先以证不言请（情）出入。"（38·27）

《居延新简》：

> "□先以证不［言］请（情）律辨告，乃验问定……"（E·P·T52：417）
>
> "而更不言诏（情）书律辨告。乃讯由辞曰：公乘，居延肩水里，年五十五岁，姓李氏，乃永光四年八月丁丑……"（E·P·S4·T2：7）
>
> "建武五年二月丙午朔甲戌，掾谭召万岁候长宪诣官，先以证不言请（情），辞已定，满三……"（E·P·F22：288）③

由此可知，证人证言作为一种证据形式在汉代广泛存在。敦煌悬泉置汉简

---

① 《建武三年侯粟君责寇恩事》简文。

② 谢桂华、李均明、朱国炤：《居延汉简释文合校》，文物出版社1987年版。（下文简称《合校》，不复注）

③ 以上所录简文，有的是该律文的概括，如"证不言请（情）出入罪"；有的是该律文的残篇，如"□先以证不言请（情）出入罪□"；有的是该律文的节录，如"□先以证不言请（情）出入罪□"。

中有一则关于调查证人的记载：

> 五凤二年四月癸未朔丁未，平望士吏安士敢言之。爰书：戍卒南
> 阳郡山都西平里莊疆友等四人守候，中部司马丞仁、史丞德，前得勿
> 赏卖财物敦煌吏，证财物不以实，律辨告，迺爰书。疆友等皆对曰：
> 不赏卖财物敦煌吏民所，皆相牵证任。它如爰书，敢言之。① （悬泉
> 汉简Ⅱ0314②：302）

此简是平望部士吏安世整理上报的一份文书。平望部接到爰书，要求对四名戍卒赏卖财物之事进行调查取证，四名戍卒互相作证并担保。文中的"相牵证任"是汉代的一种特殊的证言，称为"相证"，即当事人互相作证并担保，写成文书，上报法司。②

证人证言对案件事实的认定至关重要，简牍文献中记录的诸多案例可以鲜明地印证这一点，试例如下：

> 史商敢言之。爰书：郸卒魏郡内安定里霍不职等五人□□□□□
> 敞剑庭刺伤状，先以"证不言请（情）出入罪人"辞□乃爰书：不
> 职等辞县爵里年姓各如牒。不职等辞曰：敞实剑庭自刺伤，皆证，所
> 置辞审它如……（合校简3·35）

> 史商报告。爰书：郸卒魏郡内安定里霍不职等五人，□□□□□关于敞拔
> 剑刺伤一事。首先宣示"不如实反映案情"的法律责任，然后根据爰书验问
> 了不职等五人。县、里、年龄、姓名，各自均如附册。根据不职等供述可知，
> 敞确实是拔剑刺伤了自己。所有的证明供述均无谎言。其他如……

《新简》中也记载有多人作证的案例，例如：

> 建始元年四月甲午朔乙未，临木候长宪敢言之。爰书：杂与候史
> 辅，验问燧长忠等七人。先以"从所主及它部官卒买□三日而不更
> 言请（情）书"律辨告，乃验问，隧长忠等辞皆曰名郡县爵里年姓
> 官除各如牒。忠等毋从所生卒及它□。（新简E·P·T51：228）

此例中，戍卒赏等六人作证，证明隧长忠没有犯询问所涉罪行。再如：

> 建武四年三月壬午朔己亥，万岁候长宪敢言之。官记曰：第一隧
> 长秦恭时之俱起隧取鼓一，持之吞远隧，李丹、孙诩证之状。验问，

---

① 胡平生、张德芳：《敦煌悬泉汉简释粹》，上海古籍出版社2001年版，第26页。
② 关于"相证"的解释参见连邵名：《西域木简所见〈汉律〉中的"证不言请"律》，载《文物》1986年第11期，第42—47页。

俱言前言状。（新简 E・P・F22・329）

此案记录了李丹、孙诩两名证人作证的情节。

由于犯罪嫌疑人的供词可信度不高，尤其是刑讯得来的口供，多值得怀疑。这就需要其他证据加以证明或予以补充，形成一个证据链，增强定罪量刑的准确性。这样，证人证言就显得尤为必要。因此，汉代对比较简单的案件也要求有证人证言，重大案件则要求获取众多证人提供证言。所以，以上列举的案例都是多人提供的证言。为了获取证人的证言，有时不顾路途的远近，异地传讯证人到案发地或罪犯拘押地作证，如：

> 元延二年八月庚寅朔甲午，都乡啬夫武敢言之……褒葆俱送证女子赵佳张掖郡中。谨案户……留如律令，敢言之。八月丁酉居延丞……（合校简 181・2A）

此为护送证人前往作证的通行证，不仅表明汉代异地传讯证人情形的存在，也表明诉讼中对作为证据的证人证言的重视。

汉代法律儒家化也影响到了诉讼中的举证制度。汉宣帝四年颁布的"亲亲得相首匿"诏，对于亲属间的举证义务作出规定。诏曰：

> 父子之亲，夫妇之道，天性也。虽有患祸，犹蒙死而存之。诚爱结于心，仁厚之至也，岂能违之哉！自今子首匿父母，妻匿夫，孙匿大父母，皆勿坐。其父母匿子，夫匿妻，大父母匿孙，罪殊死，皆上请廷尉以闻。师古注："凡首匿者，言为谋首而藏匿罪人。"[1]

按此诏令规定，一定范围内的亲属犯罪，可以相互隐瞒，而不受法律追究或加刑。既然如此，诏令所规定的亲属犯罪，也可以不提供证言。因此，瞿同祖提出："法律上既容许亲属容隐，禁止亲属相告奸，同时也就不要求亲属在法庭上作证人。"[2]

因为证人对认定事实、审定案件作用重大，所以，若证人拒绝作证，或提供虚假证词，汉代司法官吏还会对证人进行刑讯，即"反拷证人"。典型的例证为《后汉书》记载的戴就受刑案：

> 幽囚考掠，五毒参至。就慷慨直辞，色不变容。又烧鈇斧，使就挟于肘腋。就语狱卒："可熟烧斧，勿令冷。"每上彭考，因止饭食不肯下，肉焦毁堕地者，掇而食之。主者穷竭酷惨，无复余方，乃卧

---

① 《汉书》卷 8《宣帝纪》。

② 瞿同祖：《中国法律与中国社会》，商务印书馆 1947 年版，第 43—44 页。

就覆船下，以马通熏之。一夜二日，皆谓已死，发船视之，就方张眼大骂曰："何不益火，而使灭绝！"又复烧地，以大针刺指爪中，使以把土，爪悉堕落。①

司法官为获取戴就证言，反复动用残酷至极的刑罚，但是没有达到逼取证言的目的。这种极端做法反映出汉代酷吏重视证人证言所带来的丛生弊端。

通过以上论述，不难发现，言词证据在汉代案件审断环节扮演着至关重要的角色，是其最终定罪的基本依据。一般情形下，没有言词证据，尤其是被告人的口供是不能定罪的。被告人的"辞服"是司法官吏要达到的一项定罪标准。如前文所分析，这里有技术落后的因素，但更主要的是观念使然。

二、物证

物证是指能够以其外部特征、物质属性、所处位置以及状态证明案件真实情况的各种客观存在的物品、物质或痕迹。古今中外，物证在诉讼中一直是重要的证据形式，对于确定案件事实及最终的决断作用巨大。物证制度从西周时期就已经开始实行。《周礼·秋官·司厉》记载，"司厉，掌盗贼之任器、货贿，辨其物，皆有数量，贾而楬之，入于司兵"。郑玄注："任器、货贿，谓盗贼所用伤人兵器及所盗财物也。"司厉对伤人之器、所盗之物，要分类别、数量、价格，加以标签，缴纳于司兵。西周之所以对之如此重视就因为它是刑事诉讼定罪科刑的重要证据。出土的西周文物印证了这一点，《曶鼎》铭文记载了一起"寇攘"（抢劫）罪的提起、审判过程，曶把匡季告于官府，司法官东宫说："女（汝）匡罪大"（匡季应受到很重的惩罚），虽然最后以调解的方式了结，没有处匡季以重刑，但在记载中，看到了给匡季定"寇攘"这种重罪的证据是匡季从曶那里抢劫的"禾十秭"。即"禾十秭"是东宫给匡季定罪的物证。

（一）秦代物证

秦代继承了这种证据形式并进一步将之加以完善。秦简《封诊式》中涉及物证的式例很多：盗案要赃物、群盗要武器、私铸钱币要验钱范，凶杀现场要验凶器等。例如：

《盗铸钱》爰书载：

> 某里士伍甲、乙缚诣男子丙、丁及新钱百一十钱、镕二合，告

---

① 《后汉书》卷81《独行列传》。

曰：丙铸此钱，丁佐铸。甲、乙捕索其室而得此钱、镕，来诣之。（简 19—20）

即将犯罪嫌疑人丙、丁，连同"新钱百一十钱"与"镕"一并送至官府。《群盗》爰书载：

> 某亭校长甲、求盗才某里曰乙、丙缚诣男子丁，斩首一，具弩二、矢廿，……。此弩矢丁及首人弩矢殹。（简 26—27）

意为某亭校长甲、求盗者某里人乙、丙在缚诣丁的同时，送上"具弩二、矢廿"。

以上两则示例中的新钱、钱镕、具弩、矢等均是犯罪过程中使用的工具，成为量刑断罪的物证。又如：

《盗马》爰书载：

> 市南街亭求盗才某里曰甲缚诣男子丙，……告曰：丙盗此马、衣，今日见亭旁，而捕来诣。（简 22）

即押解犯罪嫌疑人，并呈上其所盗马和衣物。

《出子》爰书载：

> 某里士伍妻甲告曰：甲怀子六月矣，自昼与同里大女子丙斗，甲与丙相捽，丙偾屏甲。里人公士丁救，别丙、甲。甲到室即病腹痛，自宵子变出。今甲裹把子来诣自告，告丙。（简 84—85）

即某里士伍妻甲在告发同里大女子丙将其殴至小产的同时，送到的成血块状的小产儿。

在这两则案例中，马、衣服和小产胎儿是犯罪行为所侵害的客体物。再如《贼死》爰书中，死者头部、背部的伤痕，身上、地下留的血迹；《穴盗》爰书中，犯罪人在墙上凿开的洞穴，洞穴旁的新土，洞穴上留下的凿痕，新土上留下的手、鞋、膝等印痕。这些犯罪时留下的痕迹，均被作为物证采纳。

同时，秦简《法律答问》还大量记载了以"赃"① 的形式存在的物证。其中直接使用作为认定盗罪的"赃"证有十三次之多。此处的"赃"是折算

---

① "赃"，依《说文解字》解释"赃私字，古亦用臧"，《正字通·贝部》对"赃"的解释："赃，盗所取物，凡非理所得财贿皆曰赃。"本义指贪窃所得的赃物，也指贪污受贿等财利。"赃"本身不仅成为认定罪名成立的证据，而且获得"赃"数的多少、价值的大小也成为量刑的标准之一。"赃"作为认定盗罪、赃罪等罪的证据，应该从广义上理解，不仅包括作为货币的"钱"，还包括各种"物"，甚至包括没有人格权的"奴婢"。

成"钱"的价值来认定的。兹举例如下：

> 五人盗，赃一钱以上，斩左趾，又黥以为城旦。（简 2）

即五人共同行盗，赃物一钱以上，先断去左足，再施以黥刑，并罚做城旦。

> 或盗采人桑叶，赃不盈一钱，何论？赀徭三旬。（简 7）

即有人盗采别人的桑叶，赃值不到一钱，如何处罚？罚服徭役三十天。

> 甲盗，赃值千钱，乙知其盗，受分赃不盈一钱，问乙何论？同论。（简 9）

即甲盗窃，赃值一千钱，乙知道甲盗窃，分赃不满一钱，问乙应如何论处？与甲同样论处。

> 甲、乙雅不相知，甲往盗丙，才到，乙亦往盗丙，与甲言，即各盗，其赃值各四百，已去而偕得。其前谋，当并赃以论；不谋，各坐赃。（简 12）

即甲乙素不相识，甲去丙处盗窃，刚到，乙也去丙处盗窃，两人交谈，然后各自行窃，其赃物各值四百钱，在离开丙处后被同时拿获。如有预谋，应将两人赃数合并一起论处，没有预谋，各依所盗赃数论罪。

《法律答问》中也存在不直接以"赃"的形式出现，而是以赃物如钱、羊、牛、具（供物）等直接认定盗罪成立的。如：

> 夫盗千钱，妻所匿三百，何以论妻？妻知，夫盗而匿之，当以三百论为盗；不知，为收。（简 14）

即丈夫盗窃一千钱，在其妻处藏匿了三百钱，妻应如何论处？妻若知道丈夫盗窃而藏匿，应按盗钱三百论处；不知道，作为收藏。

> 士伍甲盗一羊，羊颈有索，索值一钱，何论？甲意所盗羊也，而索系羊，甲即牵羊去，议不为过羊。（简 29）

即士伍甲盗窃一只羊，羊脖子上系有绳，绳值一钱，问应如何论处？甲所要偷的是羊，绳是用以拴羊的，甲就把羊牵走了，不应以超过盗羊议罪。

> 人臣甲谋遣人妾乙盗主牛，卖，把钱偕邦亡，出徼，得，论各何也？当城旦黥之，各畀主。（简 5）

即男奴甲谋划让婢女乙偷主人的牛，把牛卖掉，带着卖牛的钱一同逃越国

境，出边塞时被拿获，各应如何论处？应当按罚做城旦的样子施以黥刑，然后
分别交还主人。

> 公祠未阕，盗其具，当赀以下耐为隶臣。（简 26）

即公室祭祀尚未完毕，将供品盗去，即使是应处赀罚以下的刑，均应耐为
隶臣。

此外，在"为君治食不谨"案中的"三寸髪"、"半寸蔡"、"莞席"和
"敝衣"均属于物证。史猷就是围绕这些物证进行现场勘查、实验，最终使案
件大白。《奏谳书》的最后一则案例——"得危难狱"，对案件侦破起到关键
作用的"笄刀"、"荆券"、"白革鞈"等也都是物证。可见，在客观性的刑事
证据原则的引导下，秦代的司法官吏已经形成了重视物证的意识，在司法实践
中注重广泛使用和收集物证，用以查明和断决案件。

（二）汉代物证

汉代非常重视物证的作用，将之广泛用于诉讼与司法审判活动当中，成为
断罪量刑的重要依据。物证被称为"赃状"、"物"，主要包括作案工具和赃
物等。

西汉时期，淮南王刘安、江都王刘建谋反的案件，均是在掌握了相关物证
后进行定罪诛罚的。淮南王刘安谋反时，"吏因捕太子、王后，围王宫，尽捕
王宾客在国中者，索得反具以闻"。其中的"反具"，就是谋反的物证，即淮
南王刘安制造的为其当皇帝后使用的各种符玺图印。包括"皇帝玺"、"丞相、
御史大夫、将军、吏中两千石、都关令、丞印，及旁近郡太守、都尉印，汉使
节法官"。这些物证较为显明地证明了刘安谋反意图的存在，因而大臣们议
曰："淮南王安大逆无道，谋反明白，当伏诛。"[1] 江都王刘建谋反也是在
"索得兵器玺绶节反具，有司请捕诛建"。[2] 后被确定的，"兵器玺绶节"便是
该案的物证，就是"黄屋盖"、"皇帝玺"、"将军印"及"汉使节"等。

《奏谳书》所载的案例，其量刑断罪多有物证的运用。例如"醴阳令恢盗
縣官米"案中，"官米二百六十三石八斗"、"金六斤三两"及"钱一万五千
零五十"均是物证。

《新简》中记载了一起盗窃边塞官兵、穿越边境，企图逃亡它国的刑事案
件，在证据的陈列中展示了诸多的物证。摘录如下：

---

① 《汉书》卷 44《淮南衡山济北王传》。
② 《汉书》卷 53《景十三王传》。

常及客民赵阆、范翁一等五人具亡，皆共盗官兵，臧千钱以上，带刀、剑及铍各一，又持锥、小尺白刀、箴各一，……。（新简 EPT68·60—63）

常、赵阆及范翁一等五人"共盗官兵"，现均已死亡，查获物证"臧千钱以上"及"刀"、"剑"、"铍"、"锥"、"小尺白刀"、"箴"各一件。

《合校》中也有关于物证的记载，如：

□君单衣一领□二十三，弊橐絮三枚，革履二两夜亡去□。（合校简 346·30，346·43）

携带君单衣一领、驼絮三枚及皮衣二两逃亡而去。

可见，汉代在继承秦物证制度的基础上，对之有所发展，使其趋于完善。汉代在诉讼审断环节重视物证的作用，使得其刑事证据的客观性原则得以进一步强化。

三、司法函调爰书

在对犯罪嫌疑人作出判决前，必须要通知其原籍所在地。[①] 即根据嫌疑犯的供述，将其姓名、身份、经历以及查封资产的文书，送达其原籍所在的县、乡，指示县、乡负责人进行核实。

（一）秦代司法函调爰书

司法函调爰书在秦代也是定罪科刑的重要依据，《封诊式》中记载的式例可以对此加以印证。其中《有鞫》与《覆》是县的上级机构要县负责人派员对提出的问题进行了解，然后写出证明材料上报。

《有鞫》载：

敢告某县主：男子某有鞫，辞曰："士伍，居某里。"可定名事里，所坐论云何，何罪赦，或覆问无有，几籍亡，亡及逋事各几何日，遣识者当腾，腾皆为报。（简 6—7）

原籍在甲县而在乙县犯罪的"男子某"被审讯，为了核实他的供词和查明他的具体情况，乙县审理机关向甲县发送此函调文件。所以，函件的内容，一开头即点明受函单位——"敢告某县主"；接着说明男子某被审讯——"有

---

① 官宅洁：《秦汉时代裁判制度——张家山汉简〈奏谳书〉》，载《史林》1998 年第 81 卷第 2 号，第 55 页。

鞫"，供称：他是士伍，住在某里。请核实其姓名、身份、籍贯、曾犯有何罪，判过什么刑罚或经赦免，还有无其他犯罪行为，要派了解情况的人依法查封看守其家财，据实登记，将所录全部回报。类似于此，《覆》载：

> 敢告某县主：男子某辞曰："士伍，居某县某里，去亡。"可定
> 名事里，所坐论云何，何罪赦，或覆问无有，几籍亡，亡及遝事各几
> 何日，遣识者当腾，腾皆为报。（简 13—14）

即谨告某县负责人，男子某供称，他是士伍，住在某县某里，逃亡。请确定其姓名、身份、籍贯、曾犯有何罪，判过什么刑罚或经赦免，再查问还有什么问题，有几次在簿籍中记录逃亡，逃亡和遝事各多少天，派遣了解情况的人确实记录，将所录全部回报。这也是要求调查犯罪嫌疑人具体情况的函件。

《告臣》和《黥妾》是县丞要乡负责人对报告人的情况进行了解的函件。两者相当于现代的调查信。这种索取文字证明材料的函件，当然也属于证据的一种，对于案件的查明及断决意义重大。

《黥妾》爰书载：

> 其问如言不然？定名事里，所坐论云何，或覆问无有，以书言。
（简 44—45）

即询问是否和所说的一样，确定其姓名、身份、籍贯，曾犯有何罪，再查问还有什么问题，用书面回报。

《告臣》爰书载：

> 其定名事里，所坐论云何，何罪赦，或覆问无有，甲尝身免丙復
> 臣之不殹？以律封守之，到以书言。（简 40—41）

这份函件的内容是，县丞要乡负责人对士伍甲控告其家臣的有关事实、姓名、身份、籍贯，曾犯过什么罪，被判过什么刑或经赦免，是否还有其他什么问题，以及甲是否曾解除过丙的奴隶身份然后又奴役他等事项进行调查。最后要求将调查情况写成文字材料回报。

通过函件调查犯罪嫌疑人的姓名、年龄、籍贯以及有无犯罪记录等有关事实，不仅在于核实案情，更为主要的是这些具体情况可能会影响到对嫌疑人施加刑罚的轻重。《急就篇》"籍受证验，记问年"一节所附的颜师古注曰：

> 簿籍所受计其价直，并显证以定罪也。记问年者，具为书记，抵
> 其本属，问年齿也。幼少老耄，科罪不同，故问年也。

即接受簿籍的处所，计算其价值，并以确切的证据来定罪。"记问年"就

是详细书写下来，并送达其本属，询问年龄。幼少、老耄科罪不同，所以要询问年龄。

可见，作为证据使用的函调爰书影响重大，其不仅在于核实嫌疑人的"名事"，认定案件事实，更为重要的是根据嫌犯的年龄、身份及一贯表现的不同，作出轻重不同的判决结论。

（二）汉代司法函调爰书

汉代也存在司法函调爰书这类证据。在《新简》中记载有一则汉代法律规定：

> 移人在所县道官，县道官讯狱以报之，勿征逮。征逮者以擅移狱
> 论。（新简 E·P·S4·T2—101）

即案件有关人（包括证人）如在他县时，负责审理此案的县，无须将此人拘系到庭，而是请此人所在县讯问，将供词报与审判此案的县。如果拘系之，将以擅自受理不属于管辖的案件论处。这是一项关于函调文书的法律规则。

《奏谳书》中也有函调爰书的记录。如"问媚：年四十岁，它如辞"。即已问过，媚现年四十岁，其他情节如其所供述。经过核实确认了媚自身未供述的年龄。

此外，《合校》214·124载：

> □武（或）覆问毋有，云何？得盗械。（合校214·124）

即经过核查不存在，作何解释呢？为其戴上刑具。这支简当是汉函调文书的残篇。

第三节　秦汉刑事证据在司法中的运用

一、起诉与证据

起诉即诉讼的提起，俗称告状，是诉讼程序的开始。中国古代没有起诉的概念，一般称为"告"，许慎《说文》曰："诉，告也。"[1]

---

[1]　高敏指出："在《秦律》中虽然没有'起诉'、'诉讼'等法律用语，但有接近于'起诉'的概念，当时谓之'告'、'辞'"。（引高敏：《云梦秦简初探》，河南人民出版社1979年版，第305页。）

（一）秦代的起诉与证据运用制度

秦代刑事案件的起诉形式主要有自诉、告发、自首与举劾。除自首以外，其他诉讼方式的提起，都必须有相应的理由或依据，即必须具有支持其诉的证据。否则，官府不予受理，自诉与告发者还可能承担"告不审"或者诬告的法律责任。所以，提起诉讼是一个证据运用的过程。以下围绕这几类诉讼方式的证据运用进行论述。

1. 自诉与证据

刑事案件的自告是指受害者或者其亲属、家吏向官府控诉的行为。同当代刑事诉讼法的规定相类似，对于轻微刑事案件司法机关一般不主动干预，而由当事人自己提起诉讼。根据对秦简的分析，自诉人的控诉事由主要有以下两种：

第一，行为人因人身权益受到侵害而提起诉讼。这在自告案件中应当属于性质最严重的一类。《封诊式》中有关于此类自告案件的记载，如《出子》爰书："甲裹把子来诣自告，告丙。"

这是一起典型的自告案件，即怀孕六月的孕妇甲与同里丙殴斗，甲被丙摔倒，导致其小产。甲现在带着小产儿到官府控告丙。该自告案件中，"小产儿"是甲进行自诉的证据。因而，官府立即检验小产儿，查验甲的身体，并拘捕被告人丙。

再如《黥妾》爰书中，某里五大夫乙派家吏甲捆送其婢女丙到官府起诉，控告婢女丙凶悍，请求对之处刑。通过该起案例，还可以了解到，秦律允许地位高的有爵位者派人代替其起诉。

此外，《迁子》与《告子》两则式例也属于此类自诉案件。

第二，行为人因财产受到侵害而提起诉讼。此类案件往往作案人不明，即自诉时不能提供明确的被告，秦代的司法机关对此类案件要立案侦查取证，然后审理。《封诊式·穴盗》就是这样一起案件。被害人因一件"绵襦衣"被盗而到官府自告。司法机关受理案件后，对案发现场进行了勘查取证。

2. 告发与证据

告发亦即"告奸"，是指被害人及其亲属以外的、与案件无关联的他人向官府检举犯罪嫌疑人及其犯罪情况的行为。这是启动诉讼程序的一种重要方式。因为提起诉讼的是案外人，所以他们的诉言和提供的其他证据，具有更强的真实性与客观性，是案件审断的重要依据。

云梦秦简《法律答问》中有多篇关于告发的规定，其中有的是举告盗窃金钱的，如"告人盗千钱"、"告人盗百一十钱"、"甲告乙盗直（值）"等；

还有的是举告盗窃财物的，如"甲告乙盗牛，今乙盗羊，不盗牛"，"甲告乙盗牛若贼伤人"。这些都是对告发行为中出现的常见问题的解答。《法律答问》对匿奸与告奸行为作出了明确的惩治和奖励的规定。当中规定，如果明知他人犯罪而为其隐匿赃物，当治罪；如果不知是犯罪所得之物而隐匿者，则不为罪。例如：

> 甲盗不盈一钱，行乙室，乙弗觉，问乙论何殴？毋论。其见知之而弗捕，当赀一盾。（简10）

即甲盗窃钱物置于乙处，若乙不知是盗窃而来，不承担罪责；若知道而不加捕拿，则罚一盾。

《法律问答》中也有对告发者给予奖赏额的规定，例如：

> 捕亡完城旦，购几何？当购二两。（简135）

捕获逃亡的完城旦，应奖励黄金二两。这已是非常高的奖额了。

《封诊式》中也记载了几则关于告发的式例，例如，《奸》爰书记载的内容便是一则较为典型的告发案例。

可见，从秦代的法律规定到具体的案例记录都说明了告发是当时提起诉讼的一种重要形式。告发者提供的言证及发现的其他证据，是案件的侦查与断决的重要线索与依据。

3. 自首与证据

自首是指犯罪行为未被发觉或者已被发觉但尚未被捕获之前，其主动向官府投案，供述自己的犯罪事实的行为。通过对云梦秦简的研究可知，秦代将自首称为"自告"或"自出"。自首者主动向司法机关进行的供述，及提供的其他证据是审理案件并最终决断的重要依据之一。这种提起诉讼的方式早在春秋战国时期就已经存在了。《史记》中记载的"石奢纵父案"就是这一时期的一宗自首案件。其经过为，楚国丞相石奢"坚直廉政，无所阿避"。一次外出遇到杀人者，即行追捕，后发现是其父亲，遂作罢。石奢将己"自系"于朝廷并坦白说："杀人者，臣之父也。夫以父立政，不孝也；废法纵罪，非忠也：臣罪当死。"① 案件中的"自系"就是一种自首行为。《史记》同一列传中还记载了一则以"自拘"形式出现的自首案件，"李离者，晋文公之理也。过听杀人，自拘当死"。由此可知，春秋战国时期的"自拘、自系，相当于现在的

---

① 《史记》卷119《循吏列传》。

自首"。①

云梦秦简《法律答问》中有多项关于自首的法律规定：

> 司寇盗百一十钱，先自告，何论？当耐为隶臣，或曰赀二甲。
> （简8）

意即司寇盗窃一百一十钱，先以自首，如何论处？应当耐为隶臣，或者赀二甲。

> 把其假以亡，得及自出，当为盗不当？自出，以亡论。其得，坐
> 赃为盗；盗罪轻于亡，以亡论。（简131）

一位携带借用的官有物品逃亡的人，被捕获或者自首应如何论罪？若是自首，以逃亡论罪。如果是被捕获的，按照赃数以盗窃论处；如果以盗窃罪论处轻于逃亡罪，则仍以逃亡罪论处。可以看出，秦代在法律中作出了对于自首犯从轻处罚的规定。紧随其后的一项简文也是对罪犯逃亡自首后的法律规定：

> 隶臣妾系城旦春，去亡，已奔，未论而自出，当笞五十，备系
> 日。（简132）

隶臣妾被拘禁服城旦春劳役刑，逃亡，已经出走，尚未论处而自首，应笞打五十，仍拘系直至刑期满。

以上是秦代法律中关于自首的规定，《封诊式》中也记载了有关于此的案例。

最典型的便是《盗自告》与《亡自出》两则式例。《盗自告》爰书的内容为：

> 某里公士甲自告曰："以五月晦与同里士伍丙盗某里士伍丁千
> 钱，毋它坐，来自告，告丙。"（简15—16）

甲前来自首，供述说："于五月末和同里的丙盗窃了某里丁一千钱，没有其他犯罪行为，前来自首，并告发丙。"这是一起共同犯罪，一人前来自首，同时举告同案犯，争取从轻处罚。《亡自出》爰书记载的自首案件内容是：

> 男子甲自诣，辞曰："士伍，居某里，以迺二月不识日去亡，毋
> 它坐，今来自出。"（简96）

---

① 茅彭年：《中国刑事司法制度》，法律出版社2001年版，第49页。

甲前来自首，供述说："是士伍，住在某里，于本年二月的某一天逃亡，没有犯过其他罪，现在来自首。"

《□捕》爱书记载的也是一则自首案例，其内容为：

> 男子甲缚诣男子丙，辞曰：甲故士伍，居某里，遇四月中盗窃牛，去亡以命。丙坐贼人□命。自昼甲见丙阴市庸中，而捕以来自出。甲毋它坐。（简17—18）

甲将丙捆送至官府，供称：甲本为士伍，住在某里，今年四月盗窃牛，后逃亡。丙犯有杀伤人罪而逃亡。昨天发现其隐藏在市庸内，就将其捕获，前来自首。甲没有其他过犯。这则案例包含了告发与自首两种起诉方式，告发是为了自首后立功赎罪，减轻自己的罪过。

如前文所述，被告人的自我供述，是查清和断决案件的重要线索和依据。秦代统治者已经意识到了这一点，鼓励行为人犯罪后主动投案如实供述罪行，查证后对其予以从宽处治。这样能够更好地打击和瓦解犯罪行为。以上所列举的秦代法律规定和司法案例可以对此进行印证。

4. 官告与证据

官告是指官吏或者官府代表国家对犯罪活动进行举告的行为。这是官方主动举证犯罪、缉拿案犯及审断案件的活动。官告在西周时已出现，《周礼·秋官·司寇》载，"禁杀戮"官"掌司斩杀戮"，其职责为"凡伤人见血而不以告者，攘狱者，遏讼者，以告而诛之"。即凡伤害他人流血而被害人无法提起诉讼，官吏包庇不予受理，以及行凶者胁迫被害人不能告发的，禁杀戮官应当将其举告于司寇，诛之。西周时还设有专门负责举告的官吏，称为"禁暴氏"。《周礼·秋官·司寇》中对之有记载：

> 禁暴氏，掌禁庶民之乱暴力正者，挢诬犯禁者，作言语而不信者，以告而诛之。

其大意为禁暴氏职责是禁止庶民以暴力侵害别人，凡是有挢诬犯禁、妄言欺诈等行为的，禁暴氏应当向司寇举报而诛之。

以上是我们见到的较早的关于官告的记载，虽然缺乏系统与规范性，但是已显现出官告制度在初始阶段的特征。春秋战国时期，官告制度进一步发展。最典型的案例便是鲁国司寇孔丘诛少正卯一案。①

---

① 鲁国司寇孔丘举告大夫少正卯，诉其五大罪行，即"心达而险"、"行辟而坚"、"言伪而辩"、"记丑而博"、"顺非而泽"，并将其诛杀。见《史记》卷47《孔子世家》"诛鲁大夫乱政者少正卯"。

至秦代官告制度趋于规范化。秦律规定举告犯罪是官吏的义务，如有失职将受法律制裁。云梦秦简《语书》记载了南郡郡守腾于秦始皇二十年四月向其所管辖下的各县、道官吏发布的命令，令他们严格举告犯罪活动：

自从令、丞以下知而弗举论，是即明避主之明法殹，而养匿邪僻之民。（简5—6）

意为县令、丞以下的官员明明知道犯罪活动而不加检举处罪，这是公然违背君上的大法，包庇邪恶的人。紧接着令中对官吏知而不举的行为，下达了处断规定：

若弗知，是即不胜任、不智殹；知而弗敢论，是即不廉殹。此皆大罪殹。（简6—7）

如果不知道，是不称职、不明智；如果知道而不敢处罪，就是不正直。这些都是大罪。如果说这只是一道郡守下达的命令，在秦代不具有普遍适用的效力，那么《法律答问》中的内容，则是秦代具体的法律规范。当中对基层组织官吏举告犯罪的义务作了明确规定：

贼入甲室，贼伤甲，甲号寇，其四邻、典、老皆出不存，不闻号寇，问当论不当？审不存，不当论；典老虽不存，当论。（简98）

典指"里典"，老指"伍老"，均是秦代的基层组织负责人。若贼入室伤人，四邻确实不在家的，不应论处；而里典、伍老即使不在家也要论处。通过这样的严格的法律规定，督促官吏尽心履行举告犯罪的义务。

《封诊式》当中记载了多则官告式例，如前文述及的《群盗》、《贼死》、《盗马》、《经死》等案件都是由基层组织官吏举告的。

秦代还有一种官告形式，那就是监察机关的纠举。秦代的监察制度开始规范化，御史官吏负责主要负责纠举官吏的犯罪行为，这当然也属于官告。

（二）汉代的起诉与证据运用制度

汉代提起诉讼，主要有自诉、告发、举劾、自首四种方式。① 其中，前三者统称为告劾。提起诉讼是"据证起诉"的过程，也是刑事证据形成与运用的首要环节，经由此开始收集各类证据，对案件事实予以调查和认定。

以下分别对汉代刑事案件的四种起诉方式加以论述，并作总结概括：

① 李文玲：《中国古代刑事诉讼法史》，法律出版社2011年版，第110页。

1. 自诉与证据

汉代的自诉既可以书面形式提起，又可以口头形式提起。

（1）自言

以口头形式的自诉在传世法律文献和简牍资料中称为"自言"。《汉书》中有多则关于自言的记载，试例如下：

《田叔传》记载：

> 相初至官，民以王取其财物自言者百余人。叔取其渠率二十人笞，怒之曰："王非汝主邪？何敢自言主！"

百余民众以自言的形式声讨王侵犯其财物的行为。

汉简中关于"自言"的记载数量也比较多，以《居延汉简》为例：

> 字初卿，在部中者，敢言之，尉史临，白故第五燧卒司马谊自言，除沙殄北，未得去年九月家属食，谊言部以移籍廪，令史田忠不肯与谊食……（居延汉简89·1—2）

即尉史临说："第五烽燧的卒司马谊自行投诉，其除沙于殄北，去年九月没有获得应配送给家属的粮食，他将领取粮食的凭证交与配送部门，而令史不肯向其配送粮食……"

（2）书告

书告，是指控告者以书面形式向地方或中央的司法机关提出诉讼，这种形式一般用于各种重大案件的诉讼与直诉。因上书的对象和方式不同，可分为普通上书与越诉。

普通上书是指案件受害方以书面材料提出诉讼，此类诉讼主要由当地司法机关受理。《奏谳书》中记载了多则书告案例，试例如下：

> 十一年八月甲申朔丙戌，"三月己巳大夫禄辞曰：六年二月中买婢媚士五点所，价钱万六千，迺三月丁巳亡"。（简8—9）

（汉高祖）十一年（公元前196年）八月初三日，"三月己巳日，大夫橡状辞：六年二月中，在士伍点住处买婢女媚，身价一万六千钱。三月丁巳日逃跑了"。

由于吏治弛懈和官吏腐败，常有地方官吏设置种种障碍，阻拦百姓提起的诉讼。《潜夫论·爱日》的记载便是对此的揭露与批判："万官挠民，令长自衒，百姓废农桑而趋府庭者，非朝晡不得通，非意气不得见，讼不讼辄连月日，举室释作，以相瞻观，辞人之家，辄请邻里应对送饷，比事讫，竟亡一岁功。"① 文中揭露了官吏贪腐无度，百般刁难，百姓讼事艰难。为了遏制这类弊端，官府设置了越诉程序。《周礼·秋官·大司寇》记载：

> 凡远近惇独老幼之欲有复于上而其上弗达者，立于肺石，三日，士听其辞，以告于上，而罪其长。郑玄注云："复犹报也，……报之者，若上书诣公府言事矣。"

凡是有冤情欲向上级官府申诉的，应立于肺石之上三日，士方才听取其控辞，并禀告长官，以追究地方长官的罪责。"上书诣公府言事"，就是汉代越诉的一种形式，沈家本认为颇类似于清代的京控②。

2. 告发与证据

即当事人以外的同居、同伍、同里的普通百姓知悉犯罪后进行控告或揭发的行为。汉代的告发是由秦代继承而来，是由行为人主动地或者由法律规定的强制性义务而引发的。《新简》中记载了一则告发案例：

> □□内郡荡阴邑焦里田亥告曰：所与同郡县□□□□死亭东内中东……（新简 E·P·T58·46）

即名为田亥的人报告说，同郡县的人死于亭东内中东首。

《汉书》中多有关于告发的记载，试例如下：

《王尊传》载："尊出行县，男子郭赐自言尊：'许仲家十余人共杀赐兄赏，公归舍。'"即郭赐上告王尊说，其兄被许家十余人杀害。

《爰盎传》载："及绛侯就国，人上书告以为反，征系请室，诸公莫敢为言，唯盎明绛侯无罪。"即等到绛侯被免除丞相回到封国，有人上书告发他谋反，绛侯被捕入狱，皇族和公卿没人敢替其说话，只有爰盎申辩绛侯无罪。

汉代为了纠举犯罪，对于告发属实者，法律规定给予奖励，如《二年律令·捕律》记载：

> 诇告罪人，吏捕得之，半购诇者。（简139）

① 《后汉书·王符传》载《爱日篇》作："冤民仰希申诉，而令长以神自畜，百姓废农桑而趋府廷者，相续道路，非朝铺不得通，非意气不得见。或连日累月，更相瞻视；或转请邻里，馈粮应对。岁功既亏，天下岂无受其饥者乎？"

② （清）沈家本：《汉律摭遗》，见邓经元、骈宇骞点校：《历代刑法考》，中华书局1985年版，第1478页。

即给予告发者一半的奖励，如同秦一样，应该是黄金一两。同时，汉律也明确作出规定，诸同居、同伍、同里及职务相关（包括相邻商贩）者均负有相互监督、举报罪行的义务。如《二年律令·盗律》规定：

> 劫人、谋劫人求钱财，虽未得若未劫，皆磔之。罪其妻、子，以为城旦舂。其妻子当坐者偏（徧）捕，若告吏，吏捕得之，皆除坐者罪。（简68—69）

这是关于同居者相告的法律规定。劫人、谋劫人案的亲属如不及时告发将以连坐论处，只有告发才能免除其连坐的罪责。

《后汉书·百官志》记载了汉律关于同伍者相互伺察，有罪相告的规定："里有里魁，民有什伍，善恶以告。注曰：'里魁掌一里百家。什主十家，伍主五家，以相检察。民有善事恶事，以告监官。'"这项义务在《二年律令·户律》中有具体的规定：

> 自五大夫以下，比地为伍，以辨□为信，居处相察，出入相司。有为盗贼及亡者，辄谒吏、典……不从律，罚金二两。（简305—306）①

即凡是爵位在五大夫以下者，相邻五家为一联保单位，相互监督，发现为盗贼及逃亡者，立即报官，违背者受处罚。《二年律令·钱律》中也规定了同居、同伍者有罪相互告发的法律义务：

> 盗铸钱及佐者，弃市。同居不告，赎耐。正典、田典、伍人不告，罚金四两。（简201）

如果同居者对"盗铸钱"罪行不告发的，以"赎耐"论处。正典、田典、伍人不告发的，罚金四两。

不仅同居与同伍者有相互告发罪行的法律义务，而且，因店铺相连的商贩之间，也有相互监督告发罪行的义务。《二年律令·市律》中规定：

> 市贩匿不自占租，坐所匿租臧（赃）为盗，没入其所贩卖及贾钱县官，夺之列。列长、伍人弗告，罚金各一斤。（简260）

即商贩藏匿商物而不据实纳税的，对其本身进行处罚之外，与之同列的列长、同伍者也要受到处罚。

---

① 《汉书·百官公卿表》记载，汉代爵级共分为二十等级，五大夫为第九爵，属于大夫之列。《周礼·地官·司徒》曰："五家为邻，四邻为里。"

由上可见，汉代统治者为了打击犯罪，稳定社会秩序，继承了秦代的做法，在法律上作出了较为周密的规定。不仅鼓励告发犯罪行为，而且设置了诸多主体之间的举告义务。这在一定程度上起到了防护和抑制犯罪行为发生的作用。

3. 自告与证据

汉代的自首同秦一样，称为"自告"、"自出"。自告是行为人犯罪后基于内心的自我悔罪，或者希望得到宽恕而自愿到官府投案的行为。对于自告，汉律一般予以从轻处罚。《汉书·刑法志》颜师古注曰："杀人先自告，谓杀人而自首，得免罪者也。"《二年律令》中有类似的自首减罪的法律规定：

《具律》规定：

> 其自出者，死罪，黥为城旦舂。（简100）

若自首，死罪减为黥为城旦舂。

《亡律》规定：

> 罪人自出，若先自告，罪减。（简167）

即犯罪后自首的，减轻处罚。

《告律》规定：

> 有罪先自告，各减其罪一等，死罪黥以为城旦舂，城旦舂罪完为城旦舂，完为城旦舂罪……。（简127）

该简对自首者各减等处罚的情况作了具体说明。

经过以上分析可以看出，汉代继承了秦代关于自首的法律规定。一方面，为了审断罪行，化解矛盾，制定了自首减刑，甚至免刑的法律规定；另一方面，对于恶性犯罪、刑尽而再犯罪以及有悖伦常的犯罪行为，即使自首也不予减轻处罚。这样做，有利于打击严重危害社会秩序的刑事犯罪，也是出于对纲常伦理维护的考虑。

4. 举劾①与证据

上述三种诉讼的提起方式均可称为告，是"下告上"诉讼行为的总称，

---

① "劾"的字义，旧律尽管皆围绕治罪立义，但具体解释却颇有不同。《说文·力部》云："劾，法有罪也。"段注云："法者，谓以法施之。《广韵》曰：'推穷罪人也'。"《急就篇》"诸罚诈伪劾罪人"，颜师古注曰："劾，举案之也，有罪则举案。"《尚书正义·吕刑》云："汉世问罪谓之鞫，断狱谓之劾。"相较而言，四种释义以颜师古注为允当，颜注也是前有所承。《文选·通幽赋》"妣聆呱而劾石兮"，注引项岱云："举罪曰劾。"

而劾是"上告下"诉讼行为的总称，诚如沈家本所云："告、劾是二事，告属下，劾属上。"① 汉继承了秦代的举劾制度，即各级司法官吏代表官府举告犯罪行为。汉代在犯罪案件审理过程中，劾奏是必备程序，否则将视为违法，并追究相关者的法律责任。根据被举劾对象的不同，可以分为对普通人犯罪的举劾和对官吏犯罪的举劾两种。

通过对汉代诉讼提起方式的分析与论证，可以得出结论：同秦代一样，汉代刑事诉讼的提起是"据证起诉"的过程。告劾是启动诉讼必不可少的程序，通过告劾形成劾状，当中涵盖了启动刑事诉讼程序所要求的基本证据。以自诉、自首及告发三种方式提起的刑事诉讼，至少具备了供词证据。如前所述，供词证据包括被告的口供、原告的陈述及案外人的证人证言。而且，由以上所提供的材料可知，多数情况下起诉人还会同时提供一定的物证。举劾则更是一种据证起诉的方式，因为官吏之所以会举劾，要么是发现了杀伤、贼盗等犯罪事实，要么是接到了发生犯罪的举报。

二、勘验中的证据采集

勘查是证据采集与检验的核心环节。通过勘查形成现场勘验报告，它是侦查和司法人员对发案现场、物品、人身及尸体等检验后写出的报告材料。这种取证方式，为剖析案情、判断案件性质、确定侦查方向和最终破案提供线索和依据。同时，勘验报告也是伤情鉴定书，根据它可以确定被害人受伤害的程度，并以此对被告人作出相应的处罚。

勘验制度在中国古代起源很早，就目前所掌握的资料来看，至迟在西周时期已经实行了这种制度。《礼记·月令》记载："孟秋之月……命理瞻伤、察创、视听、审断，决狱讼，必端平。"也就是说，发生伤害案件以后，司法官要对受伤害者的身体进行检验，根据伤害的程度，作出伤皮、伤肉、断骨和骨肉皆断的检验结论，以便于司法官定罪科刑。

（一）秦代的勘验取证制度

秦代继承了西周以来的勘查检验制度，并对之加以发展。秦代的司法官吏已懂得通过细致的勘查和检验来发现、收集犯罪的痕迹，寻找物证。秦简《封诊式》中记载了三个较为典型的现场勘验报告，即《贼死》、《经死》、《穴盗》。勘验由县司法机构指派令史带领牢隶臣进行。在现场勘验时，要求

① （清）沈家本：《汉律摭遗》，见邓经元、骈宇骞点校：《历代刑法考》，中华书局1985年版，第1372页。

有见证人在场，一般由当事人的家属、邻居和基层组织的负责人担任。见证人有义务向司法机构的官吏提供与案件有关的真实情况。秦代现场勘验的内容主要包括以下方面：

1. 详细记录现场的方位、死者的形状和衣着。

《贼死》爰书载：

> 男子尸在某室南首，正偃……男子尸所到某亭百步，到某里士伍丙田舍二百步。（简56、60—61）

男子尸体在家里的南面，仰身……男子尸体距某亭一百步，距某里士伍丙的农舍二百步。

《经死》爰书载：

> 丙尸系其室东内中北癖权，南向，以枲索大如大指，旋通系劲，旋终在项。索上终权，再周结索，余末袤二尺。头上去权二尺，足不傅地二寸，头北傅癖……权大一围，袤三尺，西去堪二尺，堪上可道终索。（简65—77）

丙的尸体的位置与形状为：悬挂在其家东侧卧室北墙的房梁上，用拇指粗的麻绳做成绳套，束在头上，绳套的系束处在头后部，绳在房檐上，绕檐两周后打结，留下了绳头长二尺，尸体的头上距房檐二尺，脚离地面二寸，头和背贴墙……房椽粗一围，长三尺，西距地上土台二尺，在土台上面可以悬挂绳索。

这两篇勘验报告，详细记载和说明了死者的外形、衣着、现场的方位以及死者周围的情况等，对死亡现场的基本情形作了复原，有利于案件的查明。

2. 注意痕迹查检和记录。

《贼死》爰书载：

> 某头左角刃痏一所，背二所，皆纵头背，袤各四寸，相奏，广各一寸，皆臽中类斧，脑角出皆血出，被污头背及地，皆不可为广袤；它完。衣布禅襦、襦各一。其襦背直痏者，以刃决二所，应痏。襦背及中衽□污血。（简56—58）

该爰书详细记载了死者被伤害的部位、伤口大小，出血情况及似何物所致等。

《经死》爰书还特别记载了死者的舌及致死的索沟情况：

> 舌出齐唇吻，下遗矢溺，污两脚。解索，其口鼻气出喟然。索迹

椒郁，不周项二寸。它度无兵刃木索迹。（简66—67）

　　意为舌吐出与嘴唇齐，流出屎溺，沾污了两脚，解开绳索，尸体的口鼻有气排出，像叹息的样子，绳索在尸体上留下淤血的痕迹，只差头后两寸不到一圈，其他部位经检查没有兵刃、木棒、绳索的痕迹。

　　《穴盗》爰书中对洞穴的位置、大小形状、土壤堆放情况以及犯罪留下的其他痕迹的记载更为详尽：

　　　　内后有小堂，内中央有新穴，穴彻内中。穴下齐小堂，上高二尺三寸，下广二尺五寸，上如猪窦状。其所以椒者类旁凿，迹广□寸大半寸。其穴壤在小堂上，直穴播壤，破入内中。内中及穴中外壤上有膝、手迹，膝、手各六所。外壤秦纂履迹四所，袤尺二寸。其前稠纂袤四寸，其中央稀者五寸，其踵稠者三寸。其履迹类故履。内北有垣，垣高七尺，垣北即巷殹。（简75—79）

　　以上三篇有关勘验的爰书，详细、具体记载了各种痕迹，说明秦代司法机关对勘验取证的重视和细微，从中也可以看到，有关犯罪痕迹方面的取证经验和技术，在秦时已达到了相当高的水平。

　　勘验报告中记载了检验尸体时应注意的事项。

　　《经死》一案的爰书中写道：

　　　　诊必先谨审视其迹，当独抵尸所，即视索终，终所党有通迹，乃视舌出不出，头足去终所及地各几何，遗矢溺不殹？乃解索，视口鼻喟然不殹？及视索迹郁之状。道索终所试脱头；能脱，乃□其衣，尽视其身、头发中及篡。舌不出，口鼻不喟然，索迹不郁，索终急不能脱，□死难审殹。即死久，口鼻或不能喟然者。自杀者必先有故，问其同居，以答其故。（简68—72）

　　这段检验报告是关于现场勘验的注意事项，意思是检验时必须首先查看现场的痕迹，应独自到尸体所在的地点，观察系绳的地方，系绳处如有绳套的痕迹，要看舌是否吐出，头脚离系绳处和地面各有多远，有无屎尿流出，然后解下绳索，看口鼻有无叹气的样子，并看绳索痕迹淤血的情况。再试验死者的头能否从系在颈上的绳套中脱出；如能脱出，便剥下衣服，彻底检查尸体各部分、头发内及会阴部。如果舌吐不出，口鼻没有叹气的样子，绳子的痕迹不淤血，绳索紧紧系颈上不能将头脱出，就不能确定是自缢。如果死去已久，口鼻也有不出现像叹气样子的。一般自杀的人必有前因，要询问他的同居，听他们回答是什么缘故。

此外，《奏谳书》中也记载了有关伤情检验的案例，显示了勘验取证对于证明案件事实的重要作用。"毛诬讲盗牛案"是一起乞鞫案，司法官吏经重新查证案件事实后，认定罪犯毛系经刑讯而被迫诬告讲与其共犯，最终讲被据证改判为无罪。在覆审过程中，有关毛的伤情勘验发挥了关键作用。现将勘验报告摘录如下：

> 诊毛北（背）笞纠瘢相质五（伍）也，道肩下到要（腰），稠不可数，其臀瘢大如指四所，其两股瘢大如指。① （简 118—119）

即检验毛的背部、肩以下至腰部、臀部及大腿处，显现伤痕累累、斑迹叠加。此案说明，秦代不仅对案发时的现场、身体及尸体进行勘验，对罪囚的伤情也通过检验加以核实。

由上可见，秦代的司法官吏已意识到证据在定罪量刑中的重要性，因而在刑侦过程中注重对证据的收集，经过长期实践的摸索，已确立了一套细微、科学的取证方法。在遥远的两千多年前的秦，勘查取证的经验和技术能达到这种程度，不能不让人深感惊讶。这也让我们进一步认识到，秦在侦查和审断案件的过程中，不仅强调口供的重要性，也非常重视物证、人证、勘验结论等客观证据的运用，较为充分地体现了综合性的刑事证据原则。

（二）汉代的勘验取证制度

汉代继承了秦代重视勘查检验制度的传统，刑事案件案发后，在抓捕逃犯的同时，官府要立即指派法司对现场进行勘查检验，采集证据。通过对传世经典文献和出土法律文献的相关内容进行分析，发现汉代的勘验制度已趋于规范。经过勘查检验获取证据，并将之作为断罪量刑的有力依据，这在当时已是普遍性的做法。《汉书·薛宣传》记载了有关伤情的"痕"、"痏"等词语，"廷尉直以为：律曰'斗以刃伤人，完为城旦，其贼加罪一等，与谋者同罪。'诏书无以诋欺成罪。传曰：'遇人不以义而见疻者，与痏人之罪钩，恶不直也'。"② 东汉应劭在《汉书集解》注："以手杖殴击人，剥其皮肤，肿起青黑而无创瘢者，律谓'疻痏'。"从这些简单的记述中，我们可以看到汉代已具备了一定的检验意识和技术，法律中也根据鉴定结论对伤害行为作了相应的处罚规定。

---

① 该案例，文中有"二年十月癸酉朔戊寅"的记述，合于秦始皇二年。参见《张家山汉墓竹简》，第 102 页。

② 《汉书》卷 83《薛宣传》。

在《居延新简》中记录了诸多对现场勘查，对人身、尸体检验的爰书，说明汉代司法官吏的勘验取证行为已是通行的做法。他们通过勘验以发现、收集犯罪的痕迹，作为物证，为正确分析案情、判断案件性质、确定侦查方向以及最后破案提供线索及根据。现摘录如下，以作分析：

> □□内郡荡阴邑焦里田亥告曰：所与同郡县□□□□死亭东内中东，首正偃、目瞑、口吟、两手捲、足展、衣□，□□当时死，身完，毋兵刃、木索迹。实疾死，审皆证□。（新简 E·P·T58·46）

该简文虽然简短、残缺，但还是可以看出，该勘验文书由三部分组成：第一，告诉人的告诉——□□田亥报告说，同郡县的人死于亭东内中，东首；第二，法医勘验——仰身、双目闭合、闭着嘴、双手捲握、脚伸展、尸体完好，没有兵刃、木棒、绳索的痕迹；第三，检验结论——确系疾病而死，勘验者一致验证。该项勘验爰书与《封诊式》中的《贼死》爰书所记录的情形类似，法司经过仔细查验，得出勘验结论，系因病致死，排除凶杀。

> ……夏侯谭争言斗，宪以所带剑刃击伤谭匈一所，广二寸、长六寸、深至骨。宪带剑持、官六石、具弩一、橐矢铜鏃十一枚，持大□橐一，盛糒米三斗、米五斗，骑马蘭越烽燧南塞天田出……（新简 E·P·T68：20—22）

此简意为，夏侯谭争吵，宪以佩剑刺伤谭胸部一处，伤口宽二寸、长六寸、剑伤深至骨头。宪持着剑，带着官薪六石、弩一具、橐矢铜鏃十一枚，持一大驼皮口袋，里面装着三斗糒米、五斗米，骑马穿越烽燧出南边塞逃亡……这是一则守备边塞的官员因饮酒而发生争斗，一方以剑刺伤对方，随后逃亡的案件。简牍中对该案记载很完整，其中有对剑伤细致的勘验记录。

汉代司法官吏已具有普遍性的勘验意识，并在长期的实践中积累了较为丰富的勘验技术，将勘验得来的物证运用于随后进行的诉讼与审判工作，成为其最有说服力，也最具决定意义的法律依据。汉代广泛使用勘查技术，采集、检验刑事证据的做法，凸显了其理性的司法理念，不轻纳主观性刑事证据，而重视客观性刑事证据在诉讼审判环节中的作用。

三、庭审中的质证

官吏在侦查环节收集到证据之后，在庭审过程中还需要对证据进行确认，即质证程序。

（一）秦代的庭审质证制度

虽然秦律中没有规定刑事被告人辩护的权利，但是，在庭审过程中，原告、被告及判官所作的陈述和辩护，是要记录在案的。如前所述，《讯狱》篇强调凡审理案件，必须"各展其辞"，使受审者各自陈述。在《封诊式》中记载了多则有关原、被告双方到庭受审的案例。如《毒言》爰书中，一方面，记录了某里百姓二十余人联合控告同里百姓丙"口舌有毒"的事实，另一方面，也全面系统地记录了被告人的陈述：

> ……外大母同里丁坐有宁毒言，以卅余岁时迁。丙家即有祠，召甲等，甲等不肯来，亦未尝召丙饮。里即有祠，丙与里人及甲等会饮食，皆莫肯与丙共杯器。……丙而不把毒，毋它坐。（简92—94）

即被告人辩称，他之所以被指控"口舌之毒"，是因为早年外祖母曾被以"口舌之毒"的罪名，在三十岁时受到流放的处罚。因此，他本人很早就被同里人怀疑为"口舌有毒"的人，在祭祀和日常交往中，同里的人都不肯同他"会饮食"，但他为自己"不把毒"而辩解。

当然，听取和记录辩护词，并不等于承认被告人对自己的行为所进行的辩护，但在客观上某种程度地默认了刑事被告人的辩护权利。在《法律答问》中，有"告人盗百一十，问盗百"，"告人盗千钱，问盗六百七十"，"甲告乙盗牛若贼伤人，今乙不盗牛，不伤人"，"甲告乙盗牛，今乙盗羊，不盗牛"等记载。法庭之所以能作出与原告不同的判决，其中就包括有被告人对自己行为所进行的辩护，并在查实中得到法庭的尊重和承认这样的因素。对于刑事被告人的供词进行查证核实以及听取和记录本人为自身行为的辩护，在一定程度上反映了客观性的刑事证据原则。

（二）汉代的庭审质证制度

汉代承袭秦代的质证制度，将原告的陈述、证人证言与被告的口供进行质对，以便澄清案件事实。在审讯过程中，原、被告双方或其代理人必须到庭接受法官的讯问，进行质对。同时，由于证人提供的证言是重要的证据，对澄清案件事实意义重大。因此，证人也必须出庭作证，并参与质对。根据庭审对象身份的不同，汉代法庭质证程序中，法官的讯问方式分为两种：一种针对的是普通身份的原、被告，双方各尽陈词，法官进行询问。如《奏谳书》中的第二则案例：

> 大夫禄辞曰：六年二月中买婢媚士五点所，价钱万六千，迺三月

丁巳亡，求得媚，媚曰：不当为婢。

媚曰：故点婢，楚时去亡，降为汉，不书名数，点得媚，占数复婢媚，卖禄所，自当不当复受婢，即去亡，它如禄。.

点曰：媚故点婢，楚时亡，六年二月中得媚，媚未有名数，即占数，卖禄所，它如禄、媚。

诘媚：媚故点婢，虽楚时去亡，降为汉，不书名数，点得，占数媚，媚复为婢，卖媚当也。去亡，何解？.

媚曰：楚时亡，点乃以为汉，复婢，卖媚，自当不当复为婢，即去亡，无它解。（简 8—12）

这是原告禄、被告媚及证人点三者在法官的主持下进行质证的情形。禄控诉说，自己以万六千钱从点处买得媚，三月丁巳日逃跑了，抓获她后，她说：自己不应当是奴婢；媚辩解道，她以前是点的婢女，楚时期就逃脱了。到了汉朝，没有上户籍。点逮住她后，仍将她作为奴婢，报了户口，卖给禄。她认为自己不应该还是奴婢，就逃跑了。其他情况，和禄所说的相同；证人点提供证言，媚以前是他的婢女，楚时期逃跑了。六年二月中找到她，她没有户口，给她报了户口，卖给了禄。其他情节，和禄、媚所说相同；法官诘问媚，你以前是点的奴婢。虽然楚时逃跑了，可是到汉朝后，并没有申报户籍。点逮住你后，仍将你作为奴婢报了户口，将你卖与他人，符合法律。逃跑掉了，怎么解释？媚回答道，楚时候她已经逃跑，点认为到了汉朝后她仍是他的奴婢，卖了。她认为自己不应当还是奴婢，就逃跑了。没有其他要辩解的。

这则案例较为清晰地记录了汉代庭审过程中的质证情形，首先是原告的控诉，其次是被告对原告控诉的回应，接着证人提供证言。然后法官进行讯问，当事人都必须如实回答。《奏谳书》的第四则案例也对法庭的质证过程进行了详细的记录：

大夫所诣女子符，告亡。

符曰：诚亡，诈自以为未有名数，以令自占书名数，为大夫明隶，明嫁符隐官解妻，弗告亡，它如所。

解曰：符有名数明所，解以为无恢人也，娶以为妻，不知前亡，乃疑为明隶，它如符。

诘解：符虽有名数明所，而实亡人也。律：娶亡人为妻，黥为城旦，弗知，非有减也。解虽弗知，当以娶亡人为妻论。何解？

解曰：罪，无解。（简 28—31）

即大夫控告女子符逃亡；女子符辩称，她是逃跑，并谎称自己户籍，依照法令的规定去报了户口，成为大夫明的奴隶。被嫁给隐官解为妻，但没有告诉他自己逃跑的事。其他情况和控告的相同；解说，符在明家有户口。他认为符没有什么特殊之处，不知她从前曾逃跑过，以为她是明的奴婢，其他情节与符所说相同；法官诘问解，虽然符在明家有户籍，而实际上是一个逃亡的人。法律规定："娶亡人为妻，黥以为城旦，弗知，非有减也。"你虽然不知道，仍应该按照娶逃亡者为妻论处。你有什么可以辩解的？解答道，自己认罪，没有要辩解的了。

另一种庭审质证针对的是达官、重臣之间的诉讼。这种庭审质证程序往往由皇帝亲自主持，或者由皇帝派特使主持讯问。原、被告双方可以展开质辩，这同普通身份者之间的质证是完全不同的。《史记》中记载了此类一则著名的案件——"东朝廷辩"，此案由汉武帝主持，魏其侯窦婴和武安侯田蚡之间针锋相对质辩是非：

事件起因于任丞相的武安侯田蚡在酒宴上姿势傲慢，大将军灌夫使酒骂座，招致田蚡的报复。田蚡指责灌夫在宴席上辱骂宾客、侮辱诏令、犯了不敬之罪，将他囚禁在室内。还想借机追查灌夫以前的错事，并派人逐捕其亲属，都判了斩首示众之罪。魏其侯窦婴挺身而出，拼力相救，上书于汉武帝，皇上认同了他的意见。令双方："东朝廷辩之。"廷辩中，窦婴大力称道灌夫的长处，说他是酒后犯错误，而丞相却"以他事诬罪之"。田蚡则"盛毁灌夫所为横恣，罪逆不道"。魏其侯"度不可奈何，因言丞相短"。武安侯反驳说，天下幸而太平无事，我才得以做皇上的心腹，爱好音乐、狗马和田宅。我所喜欢的不过是歌伎艺人、巧匠这一些人，不像魏其侯和灌夫那样，招集天下的豪杰壮士，不分白天黑夜地商量讨论，"腹诽而心谤，不仰视天而俯画地"，窥测于东、西两宫之间，希望天下发生变故，好让他们立功成事……[1]双方廷辩后，汉武帝又让在座的大臣们谈论双方孰是孰非。

四、据证判决

（一）秦代的据证断决制度

前文所述，秦代司法官吏为收集证据而进行的听取控告、讯问被告、询问证人及勘查和检验活动，最终是为了查明案件事实、依法据证断狱提供客观依据。在审判过程中，司法官吏就是依据事实去适用相关法律，这是秦代断狱的

---

① 《史记》卷107《魏其侯窦婴武安侯田蚡列传》。

基本原则。

《封诊式》中的《告子》和《告臣》爰书中，记载了父亲控告儿子、主人控告奴婢这类特殊类型的案例。即使是这样的案件，也应当通过相关证据查明案件事实，然后根据法律进行判决。《告子》爰书中，既有父亲对其子犯不孝罪的控告辞："甲亲子同里士伍丙不孝，谒杀，敢告。"也有儿子"诚不孝"的供述："甲亲子，诚不孝甲所，无它坐罪。"《告臣》爰书中，既记录有主人控告奴隶："骄悍，不田作，不听甲令。谒卖公，斩以为城旦，受价钱"，也记录有奴婢对自己罪行的招供："甲臣，诚悍，不听甲。甲未尝身免丙。丙无病殴，无它坐罪。"通过对原被告双方言词证据进行核验，确认案件事实之后，方依法据证作出判决。由此可见，秦代司法官吏在审判过程中，是重视证据、尊重事实并依据法律进行定罪科刑的。

通过对云梦秦简《封诊式》和《奏谳书》中记载的秦代案例来看，在秦代的司法审判实践中，对大多数案件的判决都是在审定证据、认定案情的基础上依据相关律文作出的。前文列举过的发生于秦始皇八年的女子婢被劫案就是较为典型的一例。官吏将全案证据——被害人控诉、证人证言、物证及被告人的供述等反复进行印证，直至证据确凿充分，案件事实确定无误才作出判决。

《奏谳书》记载的第一十八则复审案例，是一例较为复杂的复审案件，经过查寻证据，认定事实，最终做出了断。该案发于秦始皇二十七年。当时苍梧县出现叛乱，带兵前去镇压的攸县令史义等人已阵亡，带领去的士卒、新黔首怕受惩罚，便携带所发的武器隐藏山中。另外一位随同令史因害怕被制裁，而将装有战败新黔首名册的公文箱丢弃逃跑了，这导致应当拘捕的战败新黔首的名册与最后征发新黔首的名册混乱于一起，没办法分别开，以致难以对战败逃跑者予以制裁。最先审理此案的攸县令未按法律规定及时制裁溃逃的新黔首。复审官吏对应当承担责任的相关官吏分别进行了讯问，经过一番较为复杂的质证之后，核实了案件的证据，查清了案情，确认了相关官吏的罪责。同时，逮捕了丢弃名册逃跑的官吏，并将其押赴攸县，确认应当捕拿的战败新黔首，以便对他们施加刑罚。最终，复审法官在事实清楚、证据确凿的基础上依律据证作出判决：

> 所取荆新地，多群盗，吏所兴与群盗遇，去北，以儃乏不斗律论。律：儃乏不斗，斩。篡遂纵囚，死罪囚，黥为城旦，上造以上耐为鬼薪，以此当广。（简157—159）

判决如下：新占领的荆地区多盗贼。官府兴兵征讨的士卒与盗贼相遇即溃逃，《律》："儃乏不斗，斩。"按照此律对他们论处。"篡遂纵囚，死罪囚，黥为城旦，上造以上耐为鬼薪。"按此律文论广的罪。

可见，在审判定罪过程中，秦代司法官吏奉行了客观定罪的原则，讲事实、从证据、依法律。为了保证法官能够依律据证断案，秦律中还规定了失刑罪、不直罪和纵囚罪，对司法官吏从法律上加以约制，避免其违背事实和法律进行枉法裁判。《法律答问》中有关于此的定义：

> 论狱何谓"不直"？何谓"纵囚"？罪当重而端轻之，当轻而端重之，是谓"不直"。当论而端弗论，及易其狱，端令不致，论出之，是谓"纵囚"。（简93）

意为断狱中什么情形为"不直"？什么情形为"纵囚"？罪应重而故意轻判，应轻判而故意重判，称为"不直"。应当论罪而故意不论，以及故意从轻认定案情，使其达不到判罪标准，于是判其无罪，称为"纵囚"。

《法律答问》中还记载有对纠正错误判决的答问，例如：

> 士伍甲盗，以得时值赃，赃值过六百六十，吏弗值，其狱鞫乃值赃，赃值百一十，以论耐，问甲及吏何论？甲当黥为城旦；吏为失刑罪，或端为，为不直。（简33—34）

意为甲盗窃，若在捕获时估其赃值超过六百六十钱，但吏当时未估价，到审讯时才估，赃值为一百一十钱，因而判处耐刑，问如何论处甲和吏？甲应当黥为城旦；吏以用刑不当论处，若是出于故意，则以不公论处。另外一例同此例恰好相反：

> 士伍甲盗，以得时值赃，赃值百一十，吏弗值，狱鞫乃值赃，赃值过六百六十，黥甲为城旦，问甲及吏何论？甲当耐为隶臣，吏为失刑罪。甲有罪，吏知而端重若轻之，论何殹？为不直。（简35—36）

意为甲盗窃，若在捕获时估其赃值应为一百一十钱，但吏当时未估价，到审讯时才估，赃值超过六百六十钱，因而将甲黥为城旦，问如何论处甲和吏？甲应耐为隶臣，吏以失刑论罪。

上述两则答问，都是由于司法官吏未及时清点赃物和估价赃值而发生的错判。前一例低估了赃值，对应判处黥为城旦刑的重罪而轻判耐为隶臣；后者则高估了赃值，对应判处耐为隶臣的轻罪重判为黥为城旦刑。通过核验，重新断决，一则纠正了错判，将黥为城旦改判耐为隶臣，将耐为隶臣改判黥为城旦；二则区别主观上故意或过失的不同，对办案致误的吏，作出不同处罚：若为故意，以"不直"论处；若是过失，则以"失刑"论处。这体现出秦代的司法审判中具有据证改判、维护司法公正的一面。

最后，引《奏谳书》中记载的最后一则案例"得微难狱"为例，以图表的形式展示秦代刑事证据在诉讼审判各环节的具体运用：

《奏谳书》得微难狱中刑事证据在诉讼审判环节的具体运用

总称	程序		案件文辞举例	备注
治狱	举劾		六月癸卯，典赢告曰：不知何人刺女子婢最里中，夺钱，不知之所。（简197）	本案原告为官吏，故为举劾。
	讯狱	被害人陈述	婢曰：但钱千二百，操篓，道市归，到巷中，或道后类堑拊，婢偾，有顷乃起，钱已亡，不知何人之所。其拊婢疾，类男子。呼盗，女子齕出，谓婢背有笄刀，乃自知伤。（简198—199）	侦查取证
		证人证言	噜曰：病卧内中，不见出入者。（简203） 走马仆曰：公士孔以此鞭予仆，不知安取。（简215—216） 孔妻女曰：孔雅佩刀，今弗佩，不知存所。（简218）	
		嫌犯供述	孔曰：为走士，未尝佩鞭刀、盗伤人，毋坐也。（简214） 孔曰：未尝予仆鞭，不知云故。（简216）	
		诘问	诘讯孔，改曰：得鞭予仆，前忘，即曰弗予。（简217） 诘讯女孔，孔曰：买鞭刀不知何人所，佩之市，人盗绀刀，即以鞭予仆。前曰得鞭及未尝佩，谩。（简218—219） 诘孔：何故以空鞭予仆，谩曰弗予，雅佩鞭刀，又曰未尝，孔毋解。（简219—220） 即急讯磔，恐猲欲答，改曰：贫急毋作业，恒游旗下，数见卖人券，言雅欲剽盗，佯为券，操，视可盗，盗置券其旁，令吏求卖市者，毋言。孔见一女子操篓但钱，其时吏悉令黔首之田救鼃，邑中少人，孔自以为利，足刺杀女子夺钱，即从到巷中，左右瞻毋人，以刀刺夺钱去走。前匿弗言，罪。（简220—224）	质证
		复问	问如辞。（简224）	确认证据
		据证鞫案	孔端为券，贼刺人，盗夺钱，置券其旁，令吏勿知，未尝有。黔首畏害之，出入不敢，若斯甚大害也。（简225）	确定案件事实
	俱证上报		六年八月丙子朔壬辰，咸阳丞、礼敢言之。为奏廿二牒。（简227—228）	
	据证判决		孔完为城旦。（简224）	

（二）汉代的据证鞫、判制度

1. 鞫①

质证结束之后，法官就需要对案件事实作出归纳总结，这一环节在汉代被称为鞫。如张建国先生所言："鞫是审判人员对案件调查的结果，也就是对审理得出的犯罪的过程与事实加以简单的归纳总结。"② 其在程序中处于质证结束之后，判决作出之前的阶段。《尚书》卷十九《吕刑》正义："汉世问罪谓之'鞫'，断狱谓之'劾'，谓上其鞫劾文辞也。"

《奏谳书》所记载的秦汉审判案例，印证了"鞫"的存在及其性质。试例如下：

> 鞫之：媚故点婢，楚时亡，降为汉，不书名数，点得，占数，复婢，卖禄所，媚去亡，年四十岁，得，皆审。（简14—15）

意为媚原是点的奴婢，楚时逃亡，到了汉朝后没有申报户籍。点逮住她，仍以奴婢上了户籍，并将她卖给禄，后又逃跑被抓获。现年四十岁。经审讯，均属实。

> 鞫之：武不当复为军奴，□□□弩告池，池以告与视捕武，武格斗，以剑击伤视，视亦以剑刺伤捕武，审。（简45—47）

意为被告武不应当再做军的奴隶。军以亡向校长池告发，根据控告，池带领求盗视去逮捕武。武拒捕，用剑击伤视，视回击，用剑刺伤，并逮捕武。一切经审讯属实。

通过上述案例不难发现，"鞫"的内容是法官对案件事实的认定，而非法律的认定，是事实判断的过程。法官经由它作出法律认定，即依法作出最终的判决。其类似于当代刑事判决书中的"经法庭审理查明"部分。该程序内容

---

① 鞫，亦作鞫，史籍对其多有注释。如《尚书·吕刑》："输而孚。"传："谓上其鞫劾文辞。"疏："汉世问罪谓之鞫，断狱谓之劾。"《周礼·秋官·小司寇》："读书则用法。"注引："郑司农云：'读书则用法，如今时读鞫已乃论之'。"疏："鞫谓劾囚之要辞，行刑之时，读已乃论其罪也。"《汉书·刑法志》："今遣延史与郡鞫。"如淳注："以囚辞决狱事为鞫。"李奇注："鞫，穷也，狱事竟穷也。"《汉书·景武昭宣元成功臣表》："新畤侯赵弟，坐为太常鞫狱不实。"如淳注："鞫者以其辞决罪也。"以上所释"鞫"，核心含义为"穷"，即"穷竟其事"。

② 张建国：《汉简〈奏谳书〉和秦汉刑事诉讼程序初探》，载《中外法学》1997年第2期（总第50期），第55页。

也不包含原、被告行为的定性、法律条文的适用等内容。其中，结尾处的"审"或"皆审"，意味案件已调查清楚属实，审判官吏对之确认。其类似于当代刑事判决书中的"以上事实清楚、证据确实充分"。

2. 据证论判

在汉代，判决多以"论"的形式表现。张建国先生曾言："'论'实际才相当于判决。"① 陶安先生提出："断狱无疑是以'论断'终结，但是更具体地说，'论'与'断'是指怎么样的程序呢？这一点恐怕还不太清楚。'断'似乎不是文书用语，它仅作为描写用语在法律条文以及相关注释等出现。"② 更确切地讲，"论"是根据鞫之后的犯罪事实，寻找相适应的法律条文，对案件作出决断。例如，《兴律》中所见"论"字：

> 县道官所治死罪及过失、戏而杀人，狱已具，勿庸论，上狱属所二千石官。二千石官令毋害吏复案，问（闻）二千石官，二千石官丞谨录，当论，乃告县道官以从事。彻侯邑上在所郡守。（简397）

简文中"勿庸论"、"当论"之"论"即为"处置"、"定罪"之意。

《后汉书》李贤注说"决罪曰论"，就是说根据法律规定某罪应当给予何种处罚。《奏谳书》中的案例能够印证此观点。例如第四则案例，经过质证之后，确定了案件事实，并上报廷尉，廷尉据证依律判决为"娶亡人为妻论之"。简文中的"论"显然具有"定罪"或"以……定罪"之意。

五、审判监督中的证据运用

（一）秦代审查乞鞫中的证据运用

法官对案件作出判决之后，为防冤假，维护当事人的合法权益，允许犯人及其家属在满足法定条件的前提下，请求重审。秦汉时期，将之称为乞鞫。由于犯罪行为的复杂性，加之时代所限，审判技术和水平相对落后，造成错判、误判的情况是难免的。因此秦在程序上设置复审，允许乞鞫，如果有确凿证据证明确属错判、误判，则依法改判。这种司法监督程序的存在，为当事人提供了一条权利救济途径，使得一些错误的案件得以纠正，并为依法断案提供制度

---

① 张建国：《汉简〈奏谳书〉和秦汉刑事诉讼程序初探》，载《中外法学》1997年第2期（总第50期），第56页。

② ［德］陶安：《试探"断狱"、"听讼"与"诉讼"之别》，收入《理性与智慧：中国法律传统再探讨》，中国政法大学出版社2008年版，第70页。

保障。① 从目前所发现的资料来看，最早有关乞鞫的法律规定，见于秦简《法律答问》，其对乞鞫作出如下法律规定：

> 以乞鞫及为人乞鞫者，狱已断乃听，且未断犹听殴？狱断乃听之。（简115）

已请求重审及为他人请求重审的，是在案件判决以后受理，还是在尚未判决之前就受理？在案件判决之后再受理。该项法律规定证明在秦代司法程序中确实存在乞鞫制度。该规定涵盖了如下内容：第一，当事人对判决不服，有权提出重新审判的请求；第二，该请求可以由本人提出，也可以由他人代为提出；第三，司法机关对于乞鞫的请求，在判决之后才能受理。《史记》中的记载也印证了秦代乞鞫制度的存在，如《史记·夏侯婴列传》（索隐）注曰："案晋灼云：狱结竟，呼囚鞫语罪状，囚其称枉欲乞鞫者，许之也。"

《奏谳书》记载了一则典型的乞鞫案件——"毛诬讲盗牛案"。该案件较为鲜明地展示了秦代的乞鞫过程中的证据运用制度。据李学勤先生考证，该案件发生于秦始皇王政元年（前246年）和二年（前245年）② 复审法官对案情重新进行考查，经过核实证人证言，勘验被告被答掠的伤情，最终认定被告讲系被诬告，原审法官确系误判，并据证改判。

（二）汉代审查乞鞫中的证据运用

汉代承继了秦代的乞鞫制度，在案件作出判决之后，允许当事人及其亲属在遵照法律规定的前提下提出复审要求。经过乞鞫，启动复审程序，上级司法官吏通过核实各项相关证据，重新审视案情，并作出复审处理决定。如果相关证据证明案件确属冤、错，法官会据证重新判决，并追究原判法官"审判不实"的责任。如果原判决准确，乞鞫者理由不成立，则其应承担相应的法律责任。汉代乞鞫制度较之秦代，进一步趋于规范化。《二年律令·具律》中对乞鞫制度作了较为详细的规定：

> 罪人狱已决，自以罪不当，欲气（乞）鞫者，许之。气（乞）鞫不审，驾（加）罪一等；其欲复气（乞）鞫，当刑者，刑乃听之。死罪不得自气（乞）鞫，其父、母、兄、姊、弟、夫、妻、子欲为气（乞）鞫，许之。其不审，黥为城旦舂。年未盈十岁为气（乞）鞫，勿听。狱已决盈一岁，不得气（乞）鞫。气（乞）鞫者各辞在

---

① 刘海年：《战国秦代法制管窥》，法律出版社2006年版，第200页。

② 李学勤：《〈奏谳书〉解说（下）》，载《文物》1995年第3期。

> 所县道，县道官令、长、丞谨听，书其气（乞）鞠，上狱属所二千
> 石官，二千石官令都吏覆之。都吏所覆治，廷及郡各移旁近郡，御
> 史、丞相所覆治移廷。（简 114—117）

这一规定就明确了乞鞠成立的前提条件、主体、提起的期限等。下面将此项法律规定展开分析，以便透彻了解汉代的乞鞠制度：

1. 乞鞠前提

"自以罪不当"，即已被判刑的罪犯自认为判决不当。这是古今通在的引发上诉制度的主观心理状态。它是行为人提起乞鞠的前提条件。

2. 乞鞠主体

即有资格向上级审判机关提出乞鞠的行为人。根据法律的规定有两类：一为被判处刑罚的罪犯，其可以"自乞"，但被判死刑者除外；二为罪犯的亲属，包括其父、母、兄、姊、弟、夫、妻、子等人。同时，排除了未满十岁儿童的乞鞠权。从以上《具律》的规定可以解读到，被告人若被判死罪，其乞鞠权被剥夺，该权利可以由其亲属代替行使。《汉书·赵广汉传》记载了一则由亲属提出复审请求的案件：

> 广汉使长安丞案贤，尉史禹故勃贤为骑士屯霸上，不诣屯所，乏
> 军兴。贤父上书讼罪，告广汉，事下有司覆治。禹坐要斩，请逮捕广
> 汉。有诏即讯，辞服，会赦，贬秩一等。

此案即是由苏贤的父亲提出复审请求，上级官吏下达重新审理案件，赵广汉获罪，后获赦，被降一级俸禄。

《晋书·刑法志》记载了三国时魏国对该律文作出了修改，进一步限制了亲属的乞鞠权，"改汉旧律不行于魏者皆除之……二岁刑以上，除以家人乞鞠之制，省所烦狱也"。为了减轻断狱程序上的琐累，缩减了亲属的乞鞠权，被告人若被判处两年以上刑的，就不许亲属为之乞鞠了。

3. 有关乞鞠期限

根据《具律》的规定，被告人或其亲属必须在判决结果作出一年之内提出乞鞠请求，超过此期限，则不得提出乞鞠请求。在《周礼·秋官·朝士》中已有关于听审期限的记载："凡士之治有期日：国中一旬，郊二旬，野三旬，都三月，邦国期。期内之治听，期外不听。"《十三经注疏》注引郑司农云："谓在期内者听，期外者不听，若今时徒论决满三月，不得乞鞠。"乞鞠期限的设定，一则在于督促行为人即时行使乞鞠权利，时间长久会导致相关证据的流失或难以确认，妨碍清楚认定案情；二则乞鞠拖沓时间过长，会造成案件的过度积压，增加司法审判机关的压力，耗费司法成本。

4. 对乞鞫"不审"① 的处罚

如果是被告人请求复审的诉讼理由不成立，则对其"驾（加）罪一等"；如果是亲属提出复审的理由不成立，则会被"黥为城旦舂"。汉代通过此法律规定，以防止乞鞫的随意性，减少诉讼的耗费与拖累。

5. 乞鞫的管辖

汉律对乞鞫的管辖主体及处理程序也作出了明确的规定。乞鞫者应当各到其居住地所在的县、道提交上诉状。县道之令、长、丞应谨慎受理，将乞鞫的内容记录下来，并将狱案上呈其所辖的二千石官，二千石官将案件交给都吏负责再审。都吏对案件进行复审之后，廷尉和郡以文书的形式将审判结果送到附近的郡；御史、丞相复审的案件，其结果应以文书的形式送达廷尉。

经过对汉代律文的分析，可以看出，汉代在承继秦代乞鞫制度的基础上，又进一步在法律上对之进行规制。从制度上而言，乞鞫之制确实能够对司法审判起到一定的监督作用，减少冤滞案件的发生，保障罪犯的合法权益。汉代国祚长久，一度兴盛，与此有益的司法监督制度关联甚大。但是，到东汉末期，国事混乱，动荡不安，乞鞫制度名存实亡。正如《潜夫论·述赦》所言：

> 奸猾之党，……令主上妄行刑辟，高至死徒，下乃论免，而被冤之家，乃甫当乞鞫告故以信直，亦无益于死亡矣。

王符对当时妄行刑辟、滥施赦行的做法进行抨击：往往被冤之家刚刚"乞鞫"，而害人者即被"论免"，这对于蒙冤死去之人而言，就没有多大意义了。从中反映了，当时的司法活动已遭到严重破坏，乞鞫制度存在的现实价值已甚微。

最后，引《奏谳书》中记载的第五则案例"江陵余、丞骜敢谳案"为例，以图表的形式归纳汉代刑事证据在诉讼审判各环节的具体运用：

---

① 所谓"审"，即"正确、确实"之意。如《法律答问》中载："甲杀人，不觉。今甲病死已葬，人乃后告甲。甲杀人审。"（简68）所以，"不审"即意为"不正确、不确实"。《二年律令·贼律》规定："诸上书及有言也而谩，完为城旦舂。其误不审，罚金四两。"（简12）又如《史记》所载"赵高案治李斯"，秦二世"恐其不审"，就派遣使者前往案验。那么，"告不审"就指不正确的告诉、告发。《法律答问》中对此有定义："甲告乙盗牛。今乙盗羊，不盗牛。问可（何）论？为告不审。"（简47）此外，由官吏所为的虚假告发，称为"劾人不审"。如《悬泉汉简》中的囚律佚文："囚律。劾人不审为失，以其赎半论之。"（简Ⅰ0112①：1）若官吏故意进行虚假告发，则构成"不直"之罪。如《二年律令·具律》规定："劾人不审为失，其轻罪也而故以重罪劾之，为不直。"（简112）

《奏谳书》江陵余、丞骜敢谳案中刑事证据在各环节的具体运用

总称	程序			案件文辞举例	备 注
治狱	举劾			乃五月庚戌，校长池曰：士五军告池曰，大奴武亡，见池亭西，西行。池以告，与求盗视追捕武。武格斗，以剑伤视，视亦以剑伤武。（简36—37）	本案原告为官吏，故为举劾。
	讯狱	被告供述		武曰：故军奴。楚时去亡，降汉，书名数为民，不当为军奴。视捕武，诚格斗，以剑击伤视，它如池。（简37—39）	质证
				视曰：以军告，与池追捕武，武以剑格斗，击伤视，视恐弗胜，诚以剑刺伤武而捕之，它如武。（简39—40）	
		证人证言		军曰：武故军奴，楚时亡，见池亭西。以武当复为军奴，即告池所，曰武军奴，亡。告诚不审，它如池、武。（简40—41）	
		诘问	诘武	诘武：武虽不当受军奴，视以告捕武，武宜听视而后与吏辩是不当状，乃格斗，以剑击伤视，是贼伤人也。何解？（简41—42）	
				武曰：自以非军亡奴，毋罪，视捕武，心恚，诚以剑击伤视，吏以为即贼伤人，存吏当罪，毋解。（简43—44）	
			诘视	诘视：武非罪人也，视捕，以剑伤武，何解？（简44）	
				视曰：军告武亡奴，亡奴罪当捕，以告捕武，武格斗伤视，视恐弗胜，诚以剑刺伤捕武，毋它解。（简45）	
		验问		问武：士伍，年卅七岁，诊如辞。（简45）	确认证据
		据证鞫案		鞫之：武不当复为军奴，军以亡奴告池，池以告与视捕武，武格斗，以剑击伤视，视亦以剑刺伤捕武，审。（简45—47）	确定案件事实
	俱证谳狱			疑武、视罪，敢谳之，谒报，署狱如膺发。（简47）	县上谳疑狱
	据证断狱	郡府吏当		吏当：黥武为城旦，除视。（简47）	断狱包括论、当。《奏谳书》其他各案可证。本案为上谳案，故郡府吏议与廷报亦应属断狱。
		廷报		廷以闻，武当黥为城旦，除视。（简47—48）	廷尉批复

第四节　秦汉刑事证据制度的影响

秦代是中国古代法制的全面构建时期，在法家"缘法而治"思想的引导下，以诉讼审判制度为核心的法律制度在这一阶段趋于规范化，刑事证据制度居于主导地位的证据制度也随之正式确立。汉承秦制，在承袭秦代各项法律制度成就的基础上，促使其进一步发展。随着指导思想的转变，汉代的诉讼审判制度开始变化，导致其证据制度，尤其是刑事证据制度形成了新的特点。后世王朝沿着秦汉朝开创的轨道不断演进，至唐宋时期刑事证据制度日益完善与成熟。

经过以上研究不难发现，秦汉时期是我国古代刑事证据制度的奠基阶段。这一时期不仅确立了我国古代主、客观兼容的综合性的刑事证据理论原则，而且奠定了刑事诉讼中各项具体证据运用制度的框架。经过研究之后发现，秦汉刑事证据制度对后世的影响体现在如下方面：

一、为后世历代王朝完善与发展刑事证据规则奠定了重要基础

秦汉王朝确立了中国古代封建体制下综合性的刑事证据规则，使得"据证定罪"的原则深入司法实践，获得广泛的运用。这一刑事证据规则中既有重视物证、勘验报告等客观性证据的因素，也有偏重口供的主观性因素。"中国古代审判活动虽然存在注重口供的弊端，但也很重视其他证据与口供的综合运用。对于刑讯的使用，很多朝代都有严格的限制"。① 刑事证据的客观性方面，强调以确凿的物证、勘验报告印证犯罪嫌疑人的踪迹与言行，确定案件事实；刑事证据的主观性方面，强调口供是基本的证据形式。口供虽然是最重要的证据形式，一般情况下，没有犯罪嫌疑人的供词，即使其他证据确凿，也不能作出最终判决。但是，秦汉奉行"据众证定罪"的证据原则，并不偏信口供，通过物证、勘验报告及证人证言等客观性证据来印证口供的真实性，进而确定案件事实。

秦汉时期这种综合性的刑事证据规则对后世王朝产生了深远影响。三国两晋南北朝时期在继承的基础上不断对之加以演化，唐宋时期促使其获得了充分的发展，使得这一证据规则日趋成熟。明清时期则保持了该刑事证据规则的稳定运行。

---

① 杨一凡、徐立志主编，俞鹿年等整理：《历代判例判牍》第 1 册，中国社会科学文献出版社 2005 年版，第 7—8 页。

三国时期，虽然政事动荡，法制飘忽，但其承袭了秦汉王朝的诉讼审判制度。庭审活动仍然坚持"据证定案、依律科刑"，案件的决断过程中，除重视供词证据之外，也注重探求客观证据来确定案件事实。前面引用的"走马楼吴简"中的"盗卖官盐"案，也能够反映当时据证定案的司法审判原则。三国时期还兴起了一股反刑讯之风，《三国志·魏书·司马芝传》中记录了曹魏大理正司马芝对刑讯取证制度的观点："夫刑罪之失，失在苛暴。今赃物先得而后讯其辞，若不胜掠，或至诬服。诬服之情，不可以折狱。"至西晋，传统律学滥觞，极大地推动了中国古代法学理论的发展。随着"罪刑法定主义"的轮廓初现，促使诉讼审判制度步入新的历史阶段，刑事证据运用的规范化进一步得以提高。

唐宋时期，随着司法理念的进步，勘验取证技术的提高，客观性证据在定罪量刑中发挥的作用越来越大，而作为主观性证据的口供，虽然依旧是基本的证据形式，但其在案件断决中的决定性作用被弱化。唐朝法律中明确作出了"据状断之"的类似于当代"零口供"的规定。宋朝已经形成了较为完整、规范的综合性刑事证据理论原则。形成了主观上"察情"与客观上"据证"相结合的推鞫制度。

《宋刑统》中引用的宋太祖建隆三年（962 年）十二月六日的一道诏令较为鲜明地显示了宋代对取证方式的严格制约：

> 宜令诸道州府指挥推司官吏，凡有贼盗刑狱，并须用心推鞫，勘问宿食行止，月日去处。如无差互，及未见为恶踪绪，即须别设法取情，多方辨听，不得便行鞭拷。如是勘到宿食行止与元通词款异同，或即支证分明及赃验见在，公然拒抗，不招情款者，方得依法拷掠，仍须先申取本处长吏指挥。余从前后制敕处分。①

在这期间，客观性证据被重视的程度越来越高。宋朝发达的法医学检验技术，就是对此鲜明地印证。宋朝不仅客观性证据的采集技术领先于当时世界，而且依据物证、勘验报告定罪的意识远远高于同时期的世界其他国家。

明清时期，由于步入封建社会的后期，阶级矛盾有所激化，刑罚有酷滥的倾向。证据制度的建树不多，但是，在承袭以往综合性的刑事证据规则的同时，促使其趋于稳定，平稳向前演进。这一时期，作为主观性证据的口供依然是断罪科刑的基本依据，明律中对拷讯取证行为作了限制性的许可规定。"其

---

① 《宋刑统》卷 29 "不合拷讯者取众证为定门"，中华书局 1984 年版。

重罪犯，赃证明白，抗拒不招者，众官圆坐，明立案验，方许用讯"。① 但是众所周知，明朝的司法实践中，刑讯酷烈。《明史》中记载了酷吏经常采用的各种酷刑，"酷吏辄用挺棍、夹棍、脑箍、烙铁及一封书、鼠弹筝、拦马棍、燕儿飞，或灌鼻、钉指，用径寸懒杆、不去棱节竹片，或鞭脊背、两踝"。② 明代的厂卫特务组织更是拷掠逼供，令人发指，"罪无轻重皆决杖"，"少不如意，榜笞之，名曰乾醡酒，亦曰曌儿，痛楚十倍官刑"。③ 但是，我们也不能就此一面而否定其整个刑事证据制度，在明代的证据制度中，也存在着重视物证，依据物证定罪科刑的另一面。例如，"凶器"是审断命案的主要依据，州县官"凶器验明，便摘取凶犯认凶器认状，亲笔花押，免其日后展辩。将认状附卷，凶器上用白棉纸裹束，上写某案某人凶杖，官用朱笔点过贮库。库吏随持贮库凶器赃物簿，注明某案某人某凶器，前件下于某年月日收贮讫"。④ 而在盗窃案件的审断中，赃物是最主要的物证，"夫强盗，必须以赃为确据。故《律》中云：'审有赃证明确，及当时现获者，照例即决。'如赃迹未明，招扳续缉，涉于疑似者，不妨再审，正恐冤诬良善无辜而限于大辟也"。⑤ 可见，明朝在司法审判中奉行的依然是秦汉以降的综合性刑事证据规则。既有严刑拷讯、逼取供词的一面，也有重物证、据证定案的一面。

　　至清代，秦汉王朝开创的刑事证据规则的运用趋于稳定。案件的审断既依赖口供，也注重物证、勘验报告等客观证据对认定案件事实的决定性作用。《大清律例》规定："凡狱囚，鞫问明白，追勘完备……审录无冤，依律议拟，转达刑部、定议奏闻回报。"⑥ 这是一则有关断狱程序的法律规定。同时，清律也作出规定，特殊情况下，案情查验明白，证据确凿，即使没有嫌犯的口供也可以依律决断。如"若犯罪事发而在逃者，众证明白，即同狱成，不须对问"。⑦

　　明代思想家丘濬关于重证据的主张，是对秦汉以降刑事证据规则的提炼与升华。他指出，审理案件，"必备两造之辞，必合众人之听，必核其实，必审其疑"。"盗贼之名，天下之至恶者也，一旦用以加诸其人，非真有实情显迹

---

① 《大明令·刑令》，"狱具"条。
② （清）张廷玉等撰：《明史》卷94《刑法二》，中华书局1974年版。
③ 《明史》卷94《刑法二》。
④ 黄六鸿：《福惠全书》卷14《刑名部·人命上·印官亲验》，载《官箴书集成》，黄山书社1997年版。
⑤ 黄六鸿：《福惠全书》卷18《刑名部·贼盗上·起赃》，载《官箴书集成》。
⑥ 《大清律例·刑律·断狱》，"有司决囚等第"条。
⑦ 《大清律例·名例律》，"犯罪事发在逃"条。

者，不可也"。所以，对于抢劫与盗窃案件，应当采集物证，以此认定案件事实。"欲知其实情显迹，必须穷其党与、索其赃仗焉。盖为劫盗必有党与，必持器仗、必得货财，货财物同也……是以验其党与必历审其家世、居止、性习之异，离合、聚散、图谋之由，验其赃仗，必详究其制造、物色、形状之殊，小大、新陈、利钝之实，某物因某而得，某人因某而来，某执某器械，某得某货财，所经由也何处，所证见也何人，既访诸其邻保，又质诸其亲属。"① 这种强调依据物证断案的主张，反映出一种朴素的客观唯物主义哲学的证据观，是对秦汉重物证、重勘验，不轻纳口供的刑事证据理论的进一步发展。

通过上述论证不难发现，秦汉王朝开创的主、客观相结合的刑事证据规则对后世影响深远。经由魏晋、唐宋，直至明清，对该套规则在承袭的基础上不断加以整合，使其渐趋规范与成熟稳定。

二、为后世完善与发展勘验取证制度积累了经验

如前文所述，秦简与汉简中记载了多则勘验取证的案例，让我们见识了秦汉的司法官吏重视勘查检验的意识以及细微的勘查检验的取证方法。这种取证方式自秦汉以来，一直受到司法机关的重视与推崇。秦汉称为"勘验"、唐代称为"参验"，至宋代，勘查检验的取证技术达到了巅峰。明清时期在勘验取证方面也颇有建树。

通过简牍文献的记述，我们了解到秦汉时期已经初步形成了一套较为系统的勘验程序。由具有相关经验的人员对包括人的身体、尸体、凶器及犯罪现场等与案件有关的各方面进行勘查检验。其为后世王朝勘查检验活动提供了经验。魏晋时期也注重通过勘验获取证据，进而认定事实。例如，《吴国志》中载：孙权长子孙登，别名子高，定为太子。曾经骑马出游，忽有弹丸飞过，左右求之。见一人操弓佩丸，都认为是该人所为。该人辞对不服，从者欲捶之，登不听，命随从寻找飞过的弹丸加以比对，不是同类弹丸，遂释放之。

我国古代的勘验技术发展至唐朝已渐趋成熟，至宋朝步入鼎盛。宋朝特别重视通过勘验取证，查明案情。宋朝之所以取得如此巨大的勘验成就，是由于其善于总结前人的勘验成果，并以此为基础在实践中不断推动其发展。宋朝勘验成就的典型代表便是宋慈编著的《洗冤集录》，这也是我国古代勘验取证活动的最高成果。它是对我国古代公元前 3 世纪至公元 13 世纪间勘查检验活动的经验总结。他对人的生前、死后及自杀、他杀的损伤鉴别，都有卓越的见解。在著作中他还阐释了用动物试验来认定案件事实，进而断决狱讼的情

---

① （明）邱濬：《大学衍义补·谨详谳之议》。

形。他根据公元 11 世纪书中的记载，利用"红油伞"检验尸骨上的损伤痕迹。他还依据公元 5 世纪有关人的血液具有遗传性的民间传说，提取血液滴在死者的骨骸上，以此来认定彼此之间是否具有血亲关系。这应当是现代亲子鉴定技术的先声。其后出现的《平冤录》、《无冤录》，尤其是清代在 1694 年编订的《洗冤录》都是以《洗冤集录》为底本编著而成的。而且它对世界法医学的发展起到了重大的推动作用，《无冤录》曾流传至朝鲜被译成朝文，再流传至日本被译成日文，《洗冤集录》流传至欧洲，被译为荷兰文、英文、法文及德文。①

至明清，勘验取证制度已经深入律文，形成了严密、规范的勘查检验的法律制度。通过勘验获取证据，查清案件事实并依法作出决断，这已经是司法实践中的通行做法。明律中对勘验人员、勘验程序及勘验办法均作了具体的规定。明代主要对三类刑事案件进行勘验——命案、盗案及斗殴案件。死伤案件一旦案发，官吏即赶赴现场对死伤情况展开勘查检验，并作详细的记录，将之作为认定案件事实和最终决断的依据。明律中明确规定，"检验尸伤有定法"。② 明代将宋慈的《洗冤集录》作为命案中勘验尸体的依据，并且制作了"检尸图式"。《大明律》中规定，"凡检尸图式，各府刊印，每副三幅，编立字号，半印刊发，发下州县"。③ 要求勘验人员依照图示对尸体进行检验。命案关天，要求官吏必须据实检验，否则将承担法律相应的责任。《大明律》中设有"检验尸伤不以实"条，处置不据实勘验的行为，"其仵作受财，增减伤痕，符同尸状，以成冤狱，审出实情，赃至满贯者，查照诓骗情重事例，枷号问遣"。④

清律乃传统法律的集大成者，它吸收了以往法律的精华，并结合本朝所处的具体社会背景，对以往法律，主要是明律作了大量的修整完善。其中关于勘察检验活动作了进一步细致、严密的规制。清代勘验制度奉行的依据仍然是《洗冤集录》，康熙时期为此专门制定了《律例馆校正洗冤录》，当中规定："凡检验，以宋慈所撰之洗冤录为主准，刑部题定验尸图格，颁行各省"。⑤ 清律中规定了较为细致的勘验程序，"人命呈报到官，地方正印官随带刑书、仵作，立即亲往相验。仵作据伤喝报部位之分寸，行凶之器物，伤痕之长短浅

① 陈康颐：《中国古代的法医学检验》，载《法医学杂志》1985 年第 1 期，第 5 页。
② 《明史》志第 70《刑法二》。
③ 《大明令·刑令》，"狱具"条。
④ 《大明律·刑律·断狱》，"检验尸伤不以实"条。
⑤ （清）赵尔巽等撰：《清史稿》卷 144《刑法三》，中华书局 1977 年。

深，——填入尸图"。①　在勘验工作结束之后，要对勘验情况作详细的记录，填写"尸格"，将其作为认定案件事实的客观证据。

总之，秦汉时期在司法实践中形成的勘验取证制度，对后世历代王朝刑事案件的侦查活动产生了深远影响。从整体上看，自秦汉经唐宋，迄明清，中国古代的勘验取证制度呈现出鲜明的承袭与演进关系。随着勘验取证方式日益受到重视，勘验技术不断得以进步与完善。至清代已将宋明时期先进的勘验理论转化为严密、细致的法律规定，如康熙时期编订的《律例馆校正洗冤录》，并稳定、普遍地运用于司法实践当中。

三、为后世运用刑事证据进行诉讼审判提供了基本模式

司法审判制度是围绕证据展开的，司法审判的各项环节都离不开证据的具体运用。秦汉朝不仅确立了刑事证据的规则，而且构筑了刑事证据制度的基本框架。为刑事证据在司法中的具体运用打下了基础。秦汉时期确立的刑事证据运用的框架为：起诉中的证据运用制度；受理案件中的证据审查制度；侦查中的证据采集制度；审判中的质证与据证断决制度；乞鞫中的俱证验案制度以及俱证奏谳与验证录囚制度等。后世王朝在承袭的基础上，不断对该制度框架进行完善，至唐宋朝架构起了较为成熟的刑事证据运用的体系，明清时期则促使这一体系趋于完备与定型。

总之，秦汉社会奠定了我国古代刑事证据制度的基础，具有重要的历史地位与影响。其刑事证据规则的确立、刑事证据类别的完善以及刑事证据在司法中运用模式的架构，都表明当时初步建立了刑事证据的体系。其历史贡献是巨大的，影响到整个后世封建社会。

---

① 《清史稿》志 119《刑法三》。

第三章　唐宋时期刑事证据制度

唐宋王期是我国古代发展的鼎盛时期，不仅在政治、经济、文化方面繁荣昌盛，而且在法制建设方面也取得巨大成就，推动古代法制趋于成熟与完备。《唐律疏议》与《宋刑统》成为中华法系的代表作，无论是内容还是立法技术、篇章体例，都堪称先秦以来中国古代法制之集大成者，其证据制度，尤其是刑事证据制度也更加系统化、规范化。

第一节　唐宋刑事证据的理论原则

唐宋朝继承了秦汉以降的刑事证据理论原则，经过充分的发展，促使其主、客观相结合的综合性特征趋于成熟。

一、刑事证据主观性方面的表现

这一时期的审判制度，在主观性证据方面，一则是强调在审判中采用情讯方法。所谓"情讯"，主要是指法官通过审判心理学方面的"五听"制度，来判断证据的真伪及其证明力；二则是"讯囚察辞理"，口供依然是定罪量刑的主要依据。但是，限制刑讯逼供。

（一）重视情讯与提取口供

唐宋时期继承了以往的审讯传统，注重以"五听"的方式查询案情。《唐律疏议·断狱》"讯囚"篇曰："诸应讯囚者必先以情，审察辞理"，【疏】议曰："察狱之官，先备五听。"唐朝要求司法官吏通过"五听"制度审察被告，也用于判断原告及其代理人及证人等言辞的真伪，以此来认定对案件事实。例如，武则天时期太平公主家发生盗窃案件，案破遇阻，湖州别驾苏无名自愿断案。在扫墓时看到"贼既奠哭不哀"，即推测墓中"所葬非人也"；又看到贼"相视而笑"，就断定盗贼"墓无所伤也"，进而识破案件并将盗贼擒获。①宋

---

① 《太平广记》卷第171，精察一"苏无名"。

律在唐律的基础上，促进了"情讯"方法趋向成熟。王安石对"五听"原理作了进一步阐释："听狱讼，求民情，以讯鞫作其言，因察其视听、起色，以知其情伪，故皆谓之声焉。言而色动，气丧，视听失，则其伪可知也。然皆以辞为主，辞穷而尽得矣，故五声以辞为先，色、气、耳、目次之。"[1]《宋刑统》规定："故拷囚之义，先察其情，审其辞理，反覆案状，参验是非。"并且明示："若不以情审察及反覆参验，而辄拷者，合杖六十。"[2]

利用心理学范畴的方法，通过外观，探究行为人的内心变化，"察其情、审辞理"。尽管其带有浓厚的主观唯心色彩，但其在辨识证据的真伪，认定案件事实方面产生的作用不容忽视。宋朝依据"五听"的方法审理疑案的例子很多，试举一例：

> 元绛调江宁推官，摄上元令。境内"甲与乙被酒相殴击，甲归卧，夜为盗断足。妻称乙，告里长，执乙诣县，而甲已死。绛敕其妻曰：'归治而夫丧，乙已伏矣。'阴使信谨吏迹其后，望一僧迎笑，窃窃私语。绛命取僧系庑下，诘妻奸状，即吐实。人问其故，绛曰'吾见妻哭不哀，且与伤者共席而襦无血污，是以知之'"。[3]

唐宋朝之后的元、明、清在关于口供的规定上基本与唐代一致，有时甚至有倒退现象。如明朝为加强专制极权制度，设立了"厂"、"卫"等特务机构，刑讯逼供一度恶性化。

（二）"讯囚察辞理"

中国古代奉行有罪推定的原则，最终判决结论未经作出，被告人已被推定有罪。在整个诉讼过程中被告都处于罪犯的位置，其有义务主动交代自己的罪行。因而，获取被告人的口供并将之作为定罪量刑的主要依据，这贯穿于中国古代司法审判的始终。唐宋时期，口供作为主观性证据仍然是断罪的主要证据，法律中也依然允许采取刑讯方式获取口供。但是，唐宋律对使用刑讯的合理性与必要性作了进一步明确的规制。

《唐律疏议·断狱》中"讯囚察辞理"条，对此规定：

---

① （明）邱浚撰：《大学衍义补》160 卷。

② 《宋刑统》卷 29《断狱》，"不合拷讯者取众证为定"条，中华书局 1984 年版。（以下只引书目）

③ （元）脱脱等撰：《宋史》卷 343《元绛传》，中华书局 1985 年版。（以下该书只引篇目）

反复参验，尤未能决，事须讯问者，立案同判，然后拷讯。

该律文设定了两道程序，只有同时具备时，司法官吏方可对被告人动刑取供。第一，反复查验案情，仍不能确定案件事实，必须由被告供实。这是刑讯的首要理由；第二，在刑讯之前，首先要立案，取得见在长官同判，然后拷讯。这是防止主审法官主观擅断、意气用刑的具体措施。同时，司法官吏还要遵守法律中施加拷讯的具体限制性规定：

诸拷囚不得过三度，数总不得过二百，杖罪以下不得过所犯之数。【疏】议曰：拷囚每讯相去二十日。若讯未毕，更移他司，仍须拷鞫，即通计前讯以充三度。①

通过这些法律措施，意图防止滥施刑讯，获得虚假供词，导致冤假案件。尽管其在实际中的时效性值得怀疑，但其历史的进步意义是不容质疑的。

宋代勘验取证技术相对发达，口供作为证据在定罪量刑中的作用有弱化的趋势，但是其重要性仍然不可替代。② 以《折狱龟鉴补》中记载的《莫轻蒸检》篇为例：

尸当速相而不可轻检，骸可详检而不可轻拆。拆骸蒸骨，此人命中万不得已之计。倘有一线余地，尚不可行。若使人命是真，抵偿可必，则死者受此劫磨，尚能瞑目。万一抵偿不果，枉遭此难，令彼何以甘心。故轻拆不如详检，详检不如速检，速检不如细审。果能审出真情，则不但无事检拆，并相验亦可不行矣。尝思片言折狱之人，不知存活多少性命，完全多少尸骸，故人乐有贤父母也。又凡奉上司批驳，情节不明者，止审情节，尸伤欠确者，方检尸伤，慎勿一概烦扰，以致生死俱累。③

该文强调如果能通过审问获得供词，进而对案件作出断决是最好的方法，不可轻易拆检骸骨。即"故轻拆不如详检，详检不如速检，速检不如细审"。可见，在检验技术发达的宋代，仍然注重口供的证明力。

口供虽然重要，但以刑讯方式获得口供的弊端是显而易见的。因此，宋律对刑讯作出了相对于唐律更为慎重的规制，"验诸证信，事状疑似，犹不首实者，然后拷掠"。同时，承袭唐律规定："事不明辨，未能断决，事须讯问者

① 《唐律疏议》卷29《断狱》，"拷囚不得过三度"条。
② 李文玲：《中国古代刑事诉讼法史》，法律出版社2011年版，第291页。
③ 陈重业主编：《折狱龟鉴补》，北京大学出版社2006年版，第838页。

立案，取见在长官同判，然后拷讯。"① 即不得擅自对被告人施以刑讯，必须经过长官同判。由于社会矛盾的激化，便于打击犯罪行为，对该限制性规定作了变化。宋太宗雍熙三年（公元 986 年）下诏："诸州讯囚，不须众官共视，申长吏得判乃讯囚。"② 此诏令废除了"长官同判"制度，只需取得长吏同意即可动刑逼供。如果未经长吏许可，自行刑讯，则要依法治罪。真宗天禧二年（公元 1018 年）三月规定：

> 自今捕盗、掌狱官不禀长吏而捶囚，不甚伤而得情者，止以违制失公坐；过差而不得情，挟私拷决有所规求者，以违制私坐。③

仁宗天圣元年（公元 1023 年）十月进一步规定：

> 诸州典狱者，不先白长吏而榜平民，论如违制律；榜有罪者以失论 ④

以此防止审判官吏在没有"长官同判"制度的约束下，随意动刑逼供，导致冤滞案件。有一则关于官吏"不申长吏"，擅自用刑，而被惩治的案例：

> 仁宗时感德军司理杨若愚因不申长吏拷决无罪人骆宪等，加石械上，最后杨若愚特追一官，典押，狱卒各刺配。⑤

二、刑事证据客观性方面的表现

唐宋时期刑事证据理论原则在客观方面表现为，第一，随着勘验取证技术的发展，物证在定罪量刑中的作用不断提高，"口供至上"的观念逐渐被打破；第二，据众证定罪。

（一）确立物证在断罪中的重要地位

唐宋时期已特别重视物证在认定案件事实中的作用，并形成了一套通过勘验、核查方式获取证据的方法。不再盲目采纳口供，降低了对其的依赖性。当客观性证据充分，案件事实被确认无疑，甚至可以"零口供"判决。《唐律疏

---

① 《宋刑统》卷 29《断狱》，"不合拷讯者取众证为定"条。

② 《宋史》卷 199《刑法一》。

③ （宋）李焘撰：《续资治通鉴长编》卷 91，中华书局 2004 年版。（以下该书只引篇目）

④ 《续资治通鉴长编》卷 101。

⑤ （清）徐松：《宋会要辑稿·刑法》6 之 54，中华书局 1957 年版。（以下该书只引篇目）

议·断狱》篇言：

> 若赃状露验，理不可疑，虽不承引，即据状断之。

在其后的"疏议"部分对"赃状露验"作了进一步说明：

> 计赃者见获真赃，杀人者检得实状，赃状明白，理不可疑，问虽
> 不承，听据状科断。①

即如果赃物等物证确凿，犯罪情节经过勘验也已查清，案无异议，即使犯罪嫌疑人拒不招供，也要根据实物证据所确定的案件实情判决。在这样的情况下，物证在案件的断决中便起到了决定性的作用，出现了零口供断决的情形。

在唐朝的审判实践中，据物证定罪的案例很多，试举例为证。

> 唐阎济美②镇江南，有舟人佣载一贾客，物甚繁碎，密隐银十锭
> 于货中，舟人窥见，伺其上岸，盗之沈于泊船之所。夜发至镇，旦阅
> 诸货而失其银，乃执舟人诣官。济美问："船上有何物？"
>
> 曰："搜索皆无。""昨夜宿何处？"曰："去此百里浦汉中。"亟
> 令武士与船夫同往索之。密谕武士曰："必是舟人盗之沈于江中矣，
> 可令楫师沈钩取之，获当重赏。"武士依命获篋，银在其中，封题犹
> 全。舟人遂服罪。③

此案即是通过查寻证据，认定案件事实，最终据证了结案件。

在敦煌文书《开元盗物计赃科物牒断片》，记载的王庆盗窃案中，官吏在论及其定罪依据时提出："盗物获赃，然可科罪。"④强调只有获取盗窃的赃物，方可以据此物证定罪。可见，据物证断罪在唐代的司法审判实践中，已具有相当普遍性。

宋代继承了唐代"据状断之"的法律规定。在其基础上，随着勘验技术的极大提高，进一步提升了物证在审判中的地位。《宋刑统》规定：

> 诸犯罪事发，有赃状露验者，虽徒伴未尽，见获者，先依状断

---

① 《唐律疏议》卷29《断狱》"讯囚察辞理"条。

② 阎济美——唐贞元末由婺州刺史为福建观察使，徙浙西、寻出华州刺史，入为秘书监，以工部尚书致仕。

③ （宋）郑克编撰，杨奉琨校释：《折狱龟鉴》卷7《察盗》"阎济美料银"，复旦大学出版社1988年版。（以下该书只引篇目）

④ 刘俊文：《敦煌吐鲁番唐代法制文书考释》，中华书局1989年版，第500页。

之，自后从后追究。①

即如果能够通过确凿的物证查清案件事实，那么，即使犯罪嫌疑人拒不认罪，也可以据物证决断。

在司法实践中，宋朝的司法官吏特别重视物证在认定案件事实中的作用。而且，注重验明物证的真伪。例如，仁宗时，张亦任洪州观察推官，属县发生盗贼纵火案，凶犯逃亡。三年后官府抓获一人，经刑讯而诬服，供曰"始以瓦盎藏火至其家，又以慧竹燃而焚之"。至此，仍不能定罪，还要"问二物之所存，则曰瘗于某所。验之信然"。物证已具备，张亦又提出疑问："盗亡三年，而所瘗之盎、竹，视之犹新，此殆非实耳。"再穷治之，最终"果得枉状而免之"。② 类似案件在宋代很多，《折狱龟鉴》中也有通过查验物证而为犯人昭雪的案例。如：

> 高防，初事周世宗。知蔡州时，部民王乂为贼所劫，捕得五人，系狱穷治，赃状已具，将加极典。防疑其枉，取赃阅之，召乂问："所失衫袴是一端布否？"曰："然。"防令校其幅尺，广狭不同，疏密有异。囚乃称冤。问："何故服罪？"曰："不任捶楚，求速死耳。"居数日，获其本贼，而五人得释。
>
> 注曰：此乃但凭赃证，不察情理，而遽决之者也。盖赃或非真，证或非实，唯以情察之，然后不致枉滥。③

这些案例较为突出地反映了"据物证定案"在宋代司法审判实践中的普遍应用。

随着物证在断案中地位的不断提高，宋朝开始形成较为系统的物证理论。《折狱龟鉴》一书中，郑克经过剖析宋朝大量的刑事案例，对其中的物证理论进行了归纳：第一，实物证据多，主要包括犯罪工具、犯罪中留下的物品以及痕迹、犯罪所遣返的客体；第二，物证的收集都是由司法机关通过现场勘验、检查、搜查而获得；第三，在物证确凿的情况下，即使犯罪嫌疑者不承认也可以定罪，同时即使其已经招供也要查取证物以验证口供的虚实，尤其是在审理共同犯罪的案件中。④

---

① 《宋刑统》卷30《断狱律》，"断罪引律令格式门"。
② 《苏颂公文集》卷58张君墓志铭。
③ 《折狱龟鉴》卷1《释冤下》，"高防校布"。
④ 常永平：《〈折狱龟鉴〉与古代司法鉴定》，载《中国司法鉴定》2005年5月12日，第59页。

唐宋时期，随着法律文化与法律制度的演进，对司法公正的要求不断提高，加之勘验取证水平的极大突破，在"据证断案"中，物证越来越受到重视。

（二） 众证定罪制度的建立

对于诸"不合拷讯"之人，主要指达官贵胄的特权阶层、年老年幼者及废疾者。不准对之通过刑讯纳取供词，"皆据众证定罪"。这种情况下只能通过了解案情的证人提供的证言进行决断。为防其虚妄，要求三名以上证人提供证言，才能确定其证明力，并将之作为定案的依据。即"三人以上明证其事，始合定罪"。如果"察验难明，二人证实，犹故不合入罪，况一实一虚，被告之人全不合坐"。如果"三人证实，三人证虚"，则按照"疑罪"处理。① 唐律中较为详尽的关于证人证言的规定，反映出其证人证言制度已经趋于规范化，客观性刑事证据原则日益受到重视。试举一则案例对此进行印证：

> （来）俊臣知群臣不敢斥己，乃有异图，常自比石勒，欲告皇嗣及庐陵王与南北衙谋反，因得骋志。（卫）遂忠发其谋。初，俊臣屡挢摭彼诸武、太平公主、张宗昌等过咎，后不发。至是诸武怨，共证其罪，有诏斩于西市，年四十七，人皆相庆。②

宋朝对唐律"据众证定罪"的规定沿用不废。此外，在司法实践中，宋代作出了变通的规定，在特殊情况下证人可以由他人替代出庭作证。这在一定程度上打破了关于证人作证的形式化特征。例如，真宗天禧元年（1017 年）十二月，判官夏竦请求"代母赴台证事"，得到同意，并且"如事须问母者，听就其家"。③

三、刑事证据理论的综合性表现

经过以上论证可知，秦汉开创的综合性刑事证据理论原则，经过唐宋朝的充分发展，已经趋向于成熟。其客观性倾向进一步增强，而主观性倾向则有所弱化。物证、勘验取证在定罪中发挥的作用不断增强，口供尽管仍然是基本的证据，但其地位已大大降低。法律中已明确作出了零口供断决的规定。也就是

---

① 《唐律疏议》卷 29《断狱》，"议请减老小疾不合拷讯"条"疏议"。
② （北宋）宋祁、欧阳修等撰：《新唐书》卷 209《酷吏列传》，中华书局 2003 年版。
③ 《宋会要辑稿·刑法》3 之 58。

说，至唐宋朝，综合刑事证据理论原则的主、客观两方面结合的日益紧密，两者彼此参照、相互补充。这一点，郑克在《折狱龟鉴》中作出了经典地概括。他认为，认清案件事实是断决刑事案件的核心，认清案件事实包括"察情"与"据证"两方面：

（一）"察情"。就是前面在主观性方面谈到的，以传统"五听"的方法，运用犯罪心理学讯问犯罪嫌疑人。郑克在《察奸》"孙长卿讯兄"中谈道：

> 奸人之匿情而作伪者，或听其声而知之，或视其色而知之，或诘其辞而知之，或讯其事而知之。盖以此四者得其情矣，故奸伪之人莫能欺也。然苟非明于察奸之术，则亦焉能与于此哉？①

通过察言观色而获知案情，虽然具有浓厚的主观唯心色彩，但也具有相当合理的成分。相对于刑讯逼供，其进步性是显而易见的。

（二）"据证"。就是采集与案件相关的各种物证，验明案情，并据以决断。即客观方面的"据证断罪"。郑克特别重视物证在认定案件事实中的作用，他在《察奸》"黄昌掩取"中论述道："察其情状，犹涉疑似；验其物色，遂见端的。于是掩取，理无不得也。"即强调通过查验物证逐渐认清案情。

郑克的证据理论比较鲜明地体现出主、客观的两面性，他强调应将两者结合使用，相互印证，方能定案的准确性。这当中，他又倾向于客观性证据，尤其是物证，在认清案情中的确定性的证明作用。关于此，他有精辟的论断："凡据证折狱者，不唯责问知见辞款，又当检勘其事，推验其物，以为证也。"② 即不仅要听其言，更要究其物而验其事。《折狱龟鉴》中记载了多则依据证据反复推验，最终查明案件事实的案例。例如：

> 唐肃待制，为秦州司理参军。时有商人，夜宿逆旅，而同宿者杀人亡去。旦起视之，血污其衣，为吏所执，不能辨明，遂自诬服。肃为白其冤，而知州马知节趣令具狱，肃固持不可。后数日，得真杀人者。③

在《证慝》"顾宪之放牛"中他更加明确地指出物证的证明效力强于言证，"证以人，或容伪焉，故前后令莫能决；证以物，必得实焉，故盗者始服其罪。"同门"程颢辨钱"中进一步谈道："旁求证左，或有伪也；直取证验，斯为实也。"他认为仅根据犯罪嫌疑人的主观"言"、"情"来判断案件，容易

---

① 《折狱龟鉴》卷5《察奸》"孙长卿讯兄"。
② 《折狱龟鉴》卷6《证慝》"李处厚沃尸"。
③ 《折狱龟鉴》卷1《释冤上》"辛祥察色"。

导致冤假。而根据客观性的物证，则可靠性强。"录囚徒，察其颜色，多得情伪。盖察狱之术有三：曰色，曰辞，曰情。此其以色察之者也。若辞与情颇有冤枉，而迹其状稍涉疑似，岂可遽以为实哉？苦执申之，理亦应尔。"① 他引用"臆想邻人偷斧子"的典故来印证其观点：

> 夫察奸者，或专以其色察之、或兼以其言察之，其色非常，人言有异，必奸诈也，但不可逆疑之耳。见其有异，见其非常，然后案之，未有不得其情者。苟逆疑之，则与意其邻之子窃斧者类矣。是故逆诈示明者，不得为善察奸也。②

他通过这段话，鲜活地阐释了依据言、情等主观臆断来判断事实的不可靠性。

由此可见，郑克不反对"察其辞理"的主观性审断方法，但他更注重通过物证对案情的验实作用。在《鞫情》"胡质至官"中，他对其既"察情"又"据证"的主、客观两种断狱手段作出了总结：

> 然则鞫情之术，或先以其色察之，或先以其辞察之，非负冤被诬审矣，乃检事验物，而曲折讯之，未有不得其情者也。③

在这里，他指明不能脱离物证而单凭言、情来认定案情。"察其辞理"只是了解案情的第一步，关键要靠物证来确定案件事实。他也不主张仅依靠物证断案，离开对犯罪嫌疑人言、情的审察，只使用物证来决断也是危险的。在《释冤》"高防校布"中指出："苟于情理有可疑者，虽赃证符合，亦未宜遽决。"如果情理有疑，即使物证齐备，也不可决断，因为"盖赃或非真，证或非实，唯以情理察之，然后不致枉滥"。④

综合郑克的证据理论不难发现，他强调"察情"与"据证"两者是相辅相成的，在审理刑事案件过程中要两者兼及，不可独具一方：

> 尝云："推事有两：一察情，一据证。"固当兼用之也。然证有难凭者，则不若察情，可以中其肺腑之隐；情有难见者，则不若据证，可以屈其口舌之争，两者迭用，各适所宜也。⑤

---

① 《折狱龟鉴》卷1《释冤上》"辛祥察色"。
② 《折狱龟鉴》卷5《察奸》"荀攸谏叔"。
③ 《折狱龟鉴》卷3《鞫情》"胡质至官"。
④ 《折狱龟鉴》卷1《释冤下》"高防校布"。
⑤ 《折狱龟鉴》卷6《证慝》"韩亿示医"。

强调"察情"与"据证"两者在认清案件事实中扮演着不同的角色，各有功用，"各适所宜"。不可随意舍弃，"固当兼用"方能准确定罪。

郑克的观点正切合了本文的核心论点：即刑事证据制度中存在主、客观两方面的证据原则，此两者应当相互依托，彼此印证。我们不妨引用郑克在《折狱龟鉴》中的一则案例，具体认识其既"察情"又"据证"的证据理论：

> 钱冶屯田为潮州海阳令时，郡之大姓某氏火，迹其来自某家，吏捕讯之，某家号冤不服。太守刁湛曰："狱非钱令不可。"冶问大姓，得火所发床足，验之，疑里仇家物，因率吏入仇家取床折足合之，皆是。仇家即服曰："火自我出。故遗其迹某家者，欲自免也。"某家乃获释。

郑克在按语中说："察某家号冤之情，据仇家放火之证，情理、证验灼然可见，彼安得不服乎！此善推事者，故能释冤也。"①

第二节   唐宋刑事证据的运用制度

唐宋朝继承了秦汉王朝确立的刑事证据的运用制度，并不断推动向前演化，直至其趋于成熟。

一、起诉中的刑事证据运用制度

至唐朝，刑事自诉案件要求告诉者必须书写诉状，如实呈具，并将之作为审断案件的重要依据。据开元七年（公元 719 年）《狱官令》记载：告言人罪者当以书面形式起诉，"应受辞牒官司并具晓示虚得反坐之状……不解书者，典为书之"。② 诉状中必须注明列明犯罪的时间，指控的犯罪事实，"诸告人罪，皆须明注年月，指陈事实，不得称疑"。③ 这是出于保证诉讼的严肃性，指控他人犯罪应当凭依据而行，防止妄及无辜。唐朝的诉状已形成规范的格式形式，诉者要严格遵照文本格式的要求填写诉状。试以敦煌、吐鲁番出土的文书中保留的两则唐朝诉讼案卷的原始资料为例，加以印证说明：

《宝应元年（762 年）六月高昌县勘问康失芬行车伤人案卷》记载：

---

① 《折狱龟鉴》卷 1《释冤》"钱冶取证"。

② 天一阁博物馆、中国社会科学院历史研究所天圣令整理课题组校证：《天一阁藏明钞本天圣令校证》，中华书局 2006 年版，第 646 页。

③ 《唐律疏议》卷 29《断狱》，"告人须明注年月"条。

（前缺）

男金儿八岁。——

牒：拂郁上件男在张游鹤店门前坐，乃被行客

靳嗔奴家生活人将车辗损，腰以下骨并碎破。

今见困重，恐性命不存，请处分。谨牒。

元年建未月日，百姓史拂郁牒。

追问铮示。

四月

————————铮————————

元年建未月日，百姓曹没冒辞。

女子想子八岁。——

县司：没冒前件女在张游鹤店门前坐，乃

被行客靳嗔奴快车人将车辗损，腰骨

损折，恐性命不存，请乞处分。谨辞。

付本案铮①

（后略）

　　这是两起"交通肇事"的案卷，孩童被车辗伤，监护人向官府提起诉讼。该案卷并列史拂郁、曹没冒二人诉辞，书写格式略有差异。从中可见唐朝诉状书写已具规范格式，简明扼要列明案情，使官吏一目了然，据此对案件进行查验审断。

　　唐律要求告者要如实具状，后汉乾祐三年（公元 950 年），刑部侍郎边归谠曾言官府受纳狱讼词状之要："其直须显有披论，具陈名姓，即据理详按，无纵舞文。其无名文书及风闻访闻，并望止绝，不得施行。"② 此时去唐未远，唐代诉讼辞牒的程式规定仍具影响。③

　　宋代沿袭唐代的控告制度，《宋刑统》"犯罪陈首门"规定了如实具状的要求，起诉他人需要按照格式书写诉状，注明时间，说明案件事实。这为启动诉讼程序，确定案件事实提供依据。

二、勘验中的取证制度与技术规范

　　如前文所论证，勘查检验制度对于查清案情、侦破案件及最终断罪都发挥

---

① 唐长孺：《吐鲁番文书》（第 4 册），文物出版社 1996 年版，第 329—330 页。

② 《册府元龟》卷 476《台省部·奏议第 7》。

③ 李文玲：《中国古代刑事诉讼法史》，法律出版社 2011 年版，第 201 页。

着至关重要的作用。就目前所掌握的资料来看，中国古代较为细致、规范的勘验取证制度见于秦代，《封诊式》中记载了多起现场勘查取证的案例。汉代在此基础上，进一步将其规范化，并较为普遍地适用于刑事案件的侦查中。经过魏晋的发展，至唐宋朝，勘验取证制度趋向成熟。

　　唐朝时已经对疾病、伤情等情形作了较为严格的勘验规制，并且追究勘检人员不实的法律责任。"诸有诈病及死伤，受使检验不实者，各依所欺，减一等。若实病死及伤，不以实验者，以故入人罪论"。①

　　唐朝法律中对勘验现场已作了较为明确的规定，如《捕亡令》载："诸有盗贼及被伤杀者，即告随近官司、村、坊、屯、驿。闻告之处，率随近军人及夫，从发处追捕。"②《狱官令》规定，辖内发生之无头命案的勘验职责，由随近官司承担："诸地界有死人，不知姓名家属者，经随近官司申牒推究，验其死人。"③

　　对于涉及疾病、伤情等案件，唐代规定了严格的检验制度，案验人员勘验、检验不实，提供虚假结论者，依法予以惩办，"诸有诈病及死伤，受使检验不实者，各依所欺，减一等。若实病死及伤，不以实验者，以故入人罪论"。④ 武则天统治时期，张松寿为长安令，时昆明池侧有劫杀，奉敕十日内须获贼，张松寿曾"至行劫处寻踪迹"。⑤ 开元中，长安豪民杨崇义妻刘氏与邻居李弇私通，后两人同谋害崇义，埋于枯井中，"县官等再诣崇义家检校，其架上鹦鹉忽然声屈，县官遂取于臂上，因问其故，鹦鹉曰：'杀家主者刘氏、李弇也。'官吏等遂执缚刘氏及捕李弇下狱"。⑥ "鹦鹉告事"或属乌有，县官赴案件现场勘查的记述当可信从。

　　唐代笔记小说中还记载了官吏通过勘验尸体查明真凶的案例，韩滉在润州时，夜闻妇人哭而不悼，遂命"吏捕哭者讯之，信宿狱不具。吏惧罪，守于尸侧，忽有大青蝇集其首，因发髻验之，果妇私于邻，醉其夫而钉杀之，吏以

---

　　① 《唐律疏议》卷 25《诈伪律》，"诈病死伤检验不实"条。

　　② 《唐令拾遗·捕亡令》，"有盗贼告随近官司"条。

　　③ 《唐捕亡令复原清本》6 条，《天一阁藏明钞本天圣令校正》，中华书局 2006 年版，第 550 页。

　　④ 《唐律疏议》卷 25《诈伪律》，"诈病死伤检验不实"条。

　　⑤ （唐）张鷟：《朝野佥载》卷 5，赵守俨点校，中华书局 1979 年版，第 110 页。

　　⑥ 王仁裕：《开元天宝遗事》卷上"鹦鹉告事"，曾贻芬点校，中华书局 2006 年版，第 18 页。

为神"。①

唐朝时已形成严格的勘验取证制度，勘验过程的每一步骤都要作详细的记录，结束之后形成完整的勘验笔录。它不同于物证，勘验笔录是一种独立于物证之外的客观性证据。其作为检验的结论，对认清案件事实及最后的断决至关重要。例如，《永淳元年坊正赵思艺牒为堪当失盗事》记载，坊正赵思艺按照官府指派对盗窃案件现场进行勘验，并形成了对盗窃案件现场勘验的司法文书，事后牒报官府。

这份勘验文书的内容如下②：

　　□□□□坊
　　赵仲行家裈僧香
　　右奉判付坊正赵思艺专为堪当
　　者，准状就僧香家内检，比邻全无
　　盗物踪迹。又问僧香口云：其铜钱
　　耳当等在厨下，披子在一门房内
　　坎上，并不觉被人盗抃，亦不敢
　　加诬比邻。请给公验，更自访觅
　　者。今以状言
　　□状如前。谨牒。
　　永淳元年八月□日坊正赵思艺牒

宋朝在吸收以往朝代的勘验取证技术的基础上，经过大量实践操作，技术不断创新，推动中国古代法医检验和司法鉴定等调查取证技术达到鼎盛阶段。尤其是南宋时期，勘验取证制度取得巨大突破。在吸收前朝原有勘验取证技术的同时，又不断加以创新，推动其更进一步。当中，特别注重通过法医检验与司法鉴定等方式进行调查取证。宋代的勘验制度已经专业化，设有专门的检验人员，并制定了勘验法规。如《宋刑统·诈伪律》有"检验病死伤不实门"，《庆元条法事类》也有"检验门"及"检验格目"、"验尸格目"等敕令格式，对勘验取证制度作了具体规定。宋代勘验技术的最高成就莫过于宋慈的《洗冤集录》。宋慈指出："狱事莫重于大辟，大辟莫重于初情，初情莫重于检

---

① （唐）段成式：《酉阳杂俎》续集卷4《贬误》，方南生点校，中华书局1981年版，第231页。

② 唐长孺：《吐鲁番文书》（第3册），文物出版社1996年版，第341页。

验。"①"大辟"是最重大的刑事案件，审定它最重要的是认清案件事实，而查清案件事实的关键在于勘验。

北宋时，已对主持勘查检验的官吏的分工作了明确规定："真宗咸平三年（公元 1000 年）十月诏：今后杀伤公事，在县委尉，在州委司理参军，如阙正官，差以次官。"② 对于较为重大的案件，要求分工负责的官吏要亲自主持勘验。宋真宗咸平三年（公元 1000 年）的法令规定："部领一行人躬亲检验。"③

（一）勘验范围

凡是"杀伤公事"、"非理死者"④、"死前无近亲在旁"、"病死"及"囚禁或部送的犯人死亡"等都应当差官进行鉴定。⑤ 检验不仅针对普通民众，即使是社会下层人士非正常死亡都应当检验，如奴婢、仆人等非理致命者，也要及时检，以查明死因。除非病死等死因明确者，可以经有关人员保证无他故、官司察验明白，无须勘验，《庆元条法事类》卷七十五《验尸杂令》中规定，因病死亡而应验尸者，若其至亲至死所请求免检者；僧道未死前有近亲在旁，其寺观主事人保明无他故者；朝廷命官病死，所居处的寺观主事人或店户及邻居、并当地有关人员等保明无他故，官司审察明白者以及"公私家婢仆疾病三申官者，死日不须检验"。此四种情况，可以依法免予检验。其他均要经历初检、复检的法定程序。宋太祖开宝二年（969 年）八月诏开封、河南府："自今奴婢非理致死者，即时检视，听速自收瘗。病死者不用检视，吏辄以扰人者罪之。"⑥ 宋仁宗时又下诏："今后所申状内无医人姓名，及一日三申者，差人检验，余依旧制。"⑦ 真宗大中祥符四年（公元 1011 年）十月诏："自今诸路州院、司理院系囚死者，并遣他司官吏检视，防其枉抑也。"⑧

勘验对象包括尸体与活人的身体。例如，真宗朝钱惟济知绛州：

---

① （南宋）宋慈：《洗冤集录·序》，高随捷、祝林森校译，上海古籍出版社 2008 年版，第 1 页。（以下该书只引篇目）

② 《宋会要辑稿·刑法》6 之检验。

③ 《宋会要辑稿·刑法》6 之检验。

④ "非理死者"，即非正常死亡，包括除病死、杀伤死以外的一切外因死亡，后世亦称"横死"，如投水、自缢、自刑、火死、服毒、跌死、踏压死、雷震死、牛马踏死等。

⑤ （南宋）谢深甫等：《庆元条法事类》卷 75《检验·杂敕》。

⑥ 《续资治通鉴长编》卷 10。

⑦ 《宋会要辑稿·刑法》6 之 2 至 3。

⑧ 《续资治通鉴长编》卷 76。

民有条桑者，盗夺桑不能得，乃自创其臂，诬桑主欲杀之，久系不能辨。惟济取盗而给食，视之，而盗以左手举匕鲺。惟济曰："以右手创他人者上重下轻，今汝创特下重，正用左手伤右臂尔，非尔自为之耶？"盗遂沮伏。①

这是一则通过对他人身体伤痕的检验而获得证据的案例。类似检验的案例在《折狱龟鉴》、《棠阴比事》和《疑狱集》等案例集中，有大量记载。可见，宋代通过对活人身体进行检验而获得定案证据是常用的手段。

（二）勘验程序

宋代已经规制了严密的勘验程序，必须经过报检、初检及复检三个阶段。整个勘验活动都要做详细记录，形成勘验笔录，将其直接作为刑事诉讼的证据。

1. 报检

根据宋朝法律规定，出现杀伤人案件，地邻、保甲必须向州县官府报检。即使被害人家属与犯罪人私和，地邻、保甲也不得隐瞒不报。但是，地邻、保甲害怕鉴定时花费太多，作为证人又耗时劳苦，所以经常劝诱凶犯向血属贿钱物，以求私和。为了杜绝这一现象，嘉泰元年（公元 1201 年）宁宗规定："凡有杀伤人去处，如都保不即申官，州县不差官检复及家属受财私和，许诸色人告首。并合从条究治，其行财受和会之人，更合计赃重行论罪。"②

2. 初检

州县官府官吏接到报检后，应当及时差官前往案发现场堪验。《验尸格目》的记载可见，勘验差官应当遵照法律程序开展工作，并要在法律文书上签字。初检由案发地的官府负责，若发生在县所辖范围，由县委派县尉负责。例如，陈荐为华阳尉，"盗杀人，弃尸民田。荐出验"。③ 若发生在州所辖范围，则由州委派官吏，"如验本院（州司理院）囚或本县囚，则别州、县差官"。④

宋代法律对差官做出了严格的限制，"诸检复之类应差官者，差无亲嫌干碍之人"；"诸命官所任处，有任满赏者，不得差出"；"诸县令、丞、簿虽应

---

① 《续资治通鉴长编》卷 89。
② 《宋会要辑稿·刑法》6 之 7。
③ 《宋史》列传第 81《陈荐传》。
④ 《庆元条法事类》卷 75《验尸·职制令》。

差出，须（常）［当］留一员在县"①。南宋法律规定，如果案件特殊，须于邻县请官检验或申州差官，本地官府不得差官，"若过十里，或验本县囚，牒最近县。其郭下县，皆申州"。②"诸请官验尸者，不得越黄河江湖，及牒独负县"。③

勘验官至案发现场后，应当先收缴作案凶器。若不及时收缴，可能会被凶手隐藏、调包或转移，以逃避其罪责。"凡行凶器杖，索之少缓，则奸囚之家藏匿移易，状成疑狱，可以免死，干系甚重"。④

初检主要包括三项内容，即现场勘验、尸体检验与调查访问。勘验的对象既包括犯罪现场，也包括尸体及人的身体。宋朝对活体检验是普遍的，而且技术已较为发达。《洗冤集录》和《折狱龟鉴》中记载了许多对活体痕迹进行检验的案例。例如，

> 李公验桦"尚书李南公知长沙县令，有斗者，甲强乙弱，各有青赤痕。南公召使前，自以指捏之，曰：'乙真而甲伪也。'讯之，果然。盖南方有桦柳，以叶涂肌，则青赤如殴伤者；剥其皮，横置肤上，以火熨之，则如梏伤者，水洗不落。但殴伤者血聚则硬，而伪者不然。⑤

再如，

> 宋咸淳年间，浙江人寓江西，招一尼教其女刺绣。女忽有娠，父母究问，曰："尼也。"尼与同寝，常言夫妇咸恒事。时偶心动，尼曰："妾有二刑，逢阳则女，逢阴则男"。揣之，则俨然男子也。遂数与合。父母闻之官，尼不服。验之无状，事莫能明。一坐婆曰："当令仰卧，以盐肉水渍其阴，令犬舐之，则其阴中必露出男形，如龟头出壳。"官即如其法验之，果然。尼即处死。⑥

这是一则对嫌犯生理特征进行检验鉴别的案例，并依据鉴定结论认定性犯罪事实而审断案件。

---

① 《洗冤集录》卷1第1《条令》。
② 《庆元条法事类》卷75《验尸·职制令》。
③ 《庆元条法事类》卷75《验尸·杂令》。
④ 《洗冤集录》卷1第2《检复总说上》。
⑤ 《折狱龟鉴》卷6《证慝》，"李南公捏痕"。
⑥ 陈重业主编：《折狱龟鉴补译注》，北京大学出版社2006年版，第190—191页。

初检结束后需要申牒报告检验的情况及结论。① 初检时有两次申牒：一是于检验日申牒差官复检，二是检验完毕。《庆元条法事类》规定，检验结束后，检验人员应将《验尸格目》"并验状，一本发赴州县，一本给付血属，一本具日时字号状入急递，经申发赴本司（提点刑狱司）"②，上级通过此对下级的勘验活动进行监督、检查。

3. 复检

复检是依法对案件进行再次检验的行为。它与初检正确与否无关，是例须进行的程序。一般情况下，差官初检时，就通知复检官，"应复验者，并于差初验日，先次申牒差官"。③

复检的结果若与初检相同，两次所填勘验笔录可以作为审断案件的依据。若与初检结果不同，则依法需要进行第三次乃至第四次检验。为了保证检验结果的客观真实，法律严格规定复检官与初检官不能有任何关系，初检官在牒请复检的公文中不得写明致死的原因，以免复检官照搬。④ 复检官须由上级或邻近的其他县中选差，除非以下特殊情况才允许由本州县复检：第一，路途遥远。真宗咸平三年（公元 1000 年）十月诏："一程以上，只报本县令佐复检。"⑤ 南宋时，"若百里之内无县，然后不得已而委之巡检或都巡检。"⑥ 第二，天气炎暑。天禧三年（公元 1019 年）九月十六日诏："今后三月以后，八月以前，应有非理致命公事，只本州县差官复检。九月以后一依元敕施行。"⑦

宋代法律规定，各地机关接到复检公文后必须立即派簿、尉等官员前往检验，不得无故推诿。防止尸体腐化，轻则影响复检质量，重则使得复检无法进行。若"受差过两时不发"，以违制论。除非符合法定免责情形，"诸验尸……若牒至应受不受"，"有官可那而称缺，若缺官而不具事因申牒，或探同牒至而托故在假避免者，各以违制论"。⑧

复检尸体的结果与初检的无异，方可具名上报。如是有些许不同，可迁就改正；如有重大出入，需要再三审问与本案有关系的人，不可擅自改变结果。

① "牒"是宋代官府同级之间或下级对上级传送的法律文书。
② 《庆元条法事类》卷 75《验尸·杂式》。
③ 《洗冤集录》卷 1 第 1《条令》。
④ 王云海主编：《宋代司法制度》，河南大学出版社 1999 年版，第 221 页。
⑤ 《宋会要辑稿·刑法》6 之 1。
⑥ 《宋会要辑稿·刑法》6 之 4。
⑦ 《宋会要辑稿·刑法》6 之 2。
⑧ 《庆元条法事类》卷 75《验尸·杂敕》。

"与前检无异，方可保明具申。……检得与前验些小不同，迁就改正；果有大段违戾，不可依随。更再三审问干系等人，如众称可变，方据检得异同事理供申。不可据己见，便变易"。①

（三）勘验鉴定内容

宋朝刑事案件的勘验鉴定主要包含三方面内容：案件发生原因、死者身份、伤亡程度及原因。以下分别对这些内容予以分析介绍：

1. 勘验鉴定案发原因

石公弼任卫州司法参军期间，"获嘉民甲与乙斗，伤指；病小愈，复与丙斗，病指流血死。郡吏具狱，两人以他物伤人，当死。公弼以为疑，驳而鞫之，乃甲指血流伤，因而丙发，指脱瘕中风死，非由击伤也。两人皆得免"。②经过勘验鉴定，确定真实死因，从而洗脱乙丙两人的罪责。

再看《折狱龟鉴》中记载的两则对失火原因进行鉴定的典型案例。

程琳担任开封府知府时，皇宫内发生火灾。经调查，发现现场有裁缝使用的熨斗，负责调查的宦官便认定火灾是由熨斗引起的，并将裁缝交开封府审讯结案。但程琳认为此案疑点甚多。经过仔细的勘察，发现后宫烧饭的灶靠近壁板，日子一久壁板就变得非常干燥而引起火灾。③ 此案件中，通过对案发现场的勘验，验明着火的真正原因，从而避免了冤案的发生。

另一则案例记载，钱冶为潮州海阳县令时，州中有大姓家中起火，经过调查，发现火源来自邻居家，便将其逮捕审讯。某家喊冤不服。太守便将此案交钱冶审理。钱冶发现作为引火之物的一只木头床可能是大姓的仇家之物，便带人去仇家，将床脚进行比对。在事实面前，仇家供认了纵火并栽赃以逃避罪责的犯罪事实。④

2. 勘验鉴定死者身份

通过"检骨法"对不明死者的身份进行鉴定。《检骨条》叙述了人体全身骨骼的名称、数目及形状的特点。虽然有些方法同现代科学不相符，但在当时历史条件下，其价值无疑是极高的。与其类似，《论沿身骨脉及要害处条》也

---

① 《洗冤集录》卷 2 第 7《复检》。

② 《宋史》列传第 107《石公弼传》。

③ 殷啸虎：《中国古代司法鉴定的运用及其制度化发展》，载《华东政法学院学报》2001 年第 1 期。

④ 殷啸虎：《中国古代司法鉴定的运用及其制度化发展》，载《华东政法学院学报》2001 年第 1 期。

叙述了人体骨骼结构与验骨的各种方法：

一为分辨尸骨的性别。"男子骨白，妇人骨黑。妇人生前出血如河水，故骨黑。如被毒药骨黑，须仔细详定"。①

二为"检滴骨亲法"。"谓如：某甲是父或母，有骸骨在，某乙来认亲生男或女，何以验之？试令某乙就身刺一两滴血，滴骸骨上，是亲生则血沁入骨内，否则不入。俗云'滴骨亲'"②。这种通过滴血入骨的方法来检验是否存在血缘关系，类似于当今的血清检验法，其科学道理在一定程度上是存在的，但验证结果不一定准确。

3. 勘验鉴定伤亡程度及原因

《洗冤集录》中集中记载了宋朝关于检验尸伤的法令，验尸的方法和注意事项，尸体现象以及各种机械性窒息死、各种钝器损伤、锐器损伤、交通事故损伤、高温致死、中毒、病死和急死、尸体发掘等死亡原因及各种伤亡程度的鉴定方法等。③ 对于伤亡程度及原因，宋朝主要采用以下方法进行鉴定：

（1）检骨鉴定死亡原因

主要有两种方法：

第一，"检骨须是晴明"。具体做法："先以水净洗骨，用麻穿定形骸次第，以箪子盛定。却锄开地窖一穴，长五尺，阔三尺，深二尺。多以柴炭烧煅，以地红为度，除去火，却以好酒二升、酸醋五升泼地窖内，乘热气扛骨入穴内，以藁荐遮定，蒸骨一两时。候地冷，取去荐，扛出骨殖，向平明处，将红油伞遮尸骨验。……如阴雨，不得已则用煮法。以瓮一口，如锅煮物，以炭火煮醋，多入盐、白梅同骨煎，须着亲临监视，候千百滚取出，水洗，向日照，其痕即见。血皆浸骨损处，赤色、青黑色，仍子细验，有无破裂。"④ 或者："若阴雨以熟炭隔照，此良法也。或更隐而难见，以白梅捣烂，摊在欲见处，再拥罨看。犹未全见，再以白梅取肉，加葱、椒、盐、糟一处研，拍作饼子，火上煨令极热，烙损处，下先用纸衬之，即见其损。"⑤

第二，根据骨上的状况判断死者生前所受何伤。"若骨上有被打处，即有红色路、微荫；骨断处其接续两头各有血晕色；再以有痕骨照日看，红活，乃是生前被打分明。骨上若无血荫，纵有损折，乃死后痕"；"髑髅骨有他故处，

---

① 《洗冤集录》卷3第17《验骨》。

② 《洗冤集录》卷3第18《论骨脉要害去处》。

③ 赵晓华：《晚清狱讼制度的社会考察》，中国人民大学出版社2001年版，第48页。

④ 《洗冤集录》卷3第18《论骨脉要害去处》。

⑤ 《洗冤集录》卷2第8《验尸》。

骨青；骨折处带淤血"；"仔细看骨上有青晕或紫黑晕：长是他物，圆是拳，大是头撞，小是脚尖"；"原被伤痕，血粘骨上，有干黑血为证。若无伤骨损，其骨上有破损，如头发露痕，又如瓦器龟裂，沉淹损路，为验"；"殴死者，受伤处不至骨损，则肉紧贴在骨上，用水冲激亦不去，指甲蹙之方脱，肉贴处其痕损即可见"。①

（2）对易混淆的伤亡及不明死亡原因的鉴定

其方法主要有以下几种：

第一，对自杀或是他杀的缢死尸体的鉴定。被勒死者，"其尸合面地卧，为被勒时争命，须是揉扑得头发或角子散漫，或沿身上有磕擦着痕"，四周环境则"有折磨踪迹去处"。若是先被害死亡后，又使用绳索系扎喉上，假做自缢状，则"其人已死，气血不行，虽被系缚，其痕不紫赤，有白痕可验。死后系缚者，无血荫，系缚痕虽深入皮，即无青紫赤色，但只是白痕。有用火筚烙成痕，但红色或焦赤，带湿不干"。②

第二，对于是生前或是死后所受的刀刃伤所作的鉴定。"如生前被刃伤，其痕肉阔，花纹交出；若肉痕齐截，只是死后假作刃伤痕。如生前刃伤，即有血汁，及所伤痕创口皮肉血多花鲜色；……若死后用刀刃割伤处，肉色即干白，更无雪花也"。③

关于他物伤还是手足伤致死的，伤后的肿块及颜色各有不同，"诸用他物及头额、拳手、脚足坚硬之物撞打，痕损颜色其至重者紫黯微肿，次重者紫赤微肿，又其次紫赤色，又其次青色。其出限外痕损者，其色微青"。④

第三，对于是生前被烧死或死后被烧所作的鉴定。"凡生前被火烧死者，其尸口鼻内有烟灰，两手脚皆拳缩；若死后烧者，其人虽手足拳缩，口内即无烟灰；若不烧着两肘骨及膝骨，手脚亦不拳缩"。⑤

第四，对于是生前被淹死或死后被推入水中所作的鉴定。《洗冤集录》中描述了溺死者的情形，若是生前溺水死亡的，男尸为俯卧，女尸则为仰卧。"男仆卧，女仰卧，头面仰……两脚底皱白不胀……盖其人未死必须争命，气脉往来，搯水入肠，故两手自然拳曲，脚鞻缝各有沙泥，口鼻有水沫流出，腹内有水胀也"。死后被推入水中者，"入深则胀，浅则不甚胀……

---

① 《洗冤集录》卷 3 第 18《论骨脉要害去处》。
② 《洗冤集录》卷 3 第 20《打勒死假自缢》。
③ 《洗冤集录》卷 4 第 24《杀伤》。原注：盖人死后，血脉不行，是以肉色白也。
④ 《洗冤集录》卷 4 第 22《他物手足伤死》。
⑤ 《洗冤集录》卷 4 第 26《火死》。

口、眼、耳、鼻无水沥流出，指爪罅缝并无沙泥，两手不拳缩，两脚底不皱白，却虚胀"。① 若溺死经久，皮肉全无，只剩骷髅骸骨，则需"乃取髑髅净洗，将净热汤瓶细细斟汤，灌从脑门穴入，看有无细泥沙屑自鼻孔窍中出，以此定是与不是生前溺水身死。盖生前落水，则因鼻息取气，吸入沙土，死后则无"。②

《洗冤集录》中还记载了多种其他鉴定死亡原因的方法。例如，使用"银钗检验"法鉴定是否为服毒死亡，"若验服毒，用银钗，皂角水揩洗过，探入死人喉内，以纸密封，良久取出，作青黑色，再用皂角水揩洗，其色不去；如无，其色鲜白"。③ 卷五较为详细地叙述了验罪囚死、受杖死、跌死、塌压死、外物压塞口鼻死、硬物瘾店死、牛马踏死、车轮移死、雷震死、虎咬死、蛇虫伤死、酒食醉饱死、醉饱后筑踏内损死、男子作过死、遗路死、死后仰卧停泊有微赤色、死后虫鼠犬伤、发家、验邻县尸等各种死尸的表征及鉴定死亡原因的方法。

（四）勘验要求

杀伤案件被提起诉讼后，宋朝州县专门负责勘验的官吏与法医就会赶赴案发现场，对与案件有关的人身、物品及尸体进行勘察。勘验必须严格按照程序进行，勘查过程细致入微。因为勘验越仔细，证据就越充分，对案件事实的认定就越准确。《洗冤集录》中详细记载了对各类情形尸体的勘验要求，其技术的专业性、查验的细致性，不禁让后人对宋朝勘验意识与技术的先进与发达感到惊讶与佩服。以下是对各类尸检的具体要求：

1. 验未埋尸

先打量顿尸所在四至、高低，所离某处若干。在溪涧之内，上去山脚或岸几许，系何人地上，地名甚处。若屋内，系在何处，及上下有无物色盖簟，讫，方可攒尸出验。④

2. 验已埋尸

先验坟系何人地上，地名甚处。土堆一个，量高及长阔，并各计若干尺寸，及尸见攒殡在何人屋下，亦如前量之。次看尸头脚所向，

---

① 《洗冤集录》卷3第21《溺死》。
② 《洗冤集录》卷2第5《疑难杂说下》。
③ 《洗冤集录》卷4第28《服毒》。
④ 《洗冤集录》卷2第12《验未埋瘗尸》。

谓如头东脚西之类；头离某处若干，脚离某处若干。左右亦如之。①

3. 验溺水尸

检验之时，先问原申人：早晚见尸在水内？见时便只在今处，或自漂流而来？若是漂流而来，即问是东、西、南、北？又如何流到此便住？如何申官？如称见其人落水，即问：当时曾与不曾救应？若曾救应，其人未出水时已死，或救应上岸才死？……若在江、河、陂、潭、池塘间，难以打量四至，只看尸所浮何处。如未浮打捞方出，声说在何处打捞见尸。池塘或坎阱有水处可以致命者，须量见浅深丈尺，坎阱则量四至。江、河、陂、潭尸起浮或见处地岸，并池塘坎阱系何人所管，地名何处。②

4. 验悬缢尸

凡验自缢之尸，先要见得甚地分、甚街巷、甚人家、何人见？本人自用甚物？于甚处搭过？或作十字死襻系定；或于项下作活襻套。却验所着衣新旧，打量身四至，东、南、西、北至甚物？面觑甚处？背向甚处？其死人用甚物踏上？上量头悬去所吊处相去若干尺寸？下量脚下至地相去若干尺寸？或所缢处虽低，亦看头上悬挂索处，下至所离处，并量相去若干尺寸。对众解下，扛尸于露明处，方解脱自缢套绳，通量长若干尺寸；量围喉下套头绳围长若干，项下交围，量到耳后发际起处，阔狭、横斜、长短，然后依法检验。③

5. 验尸首异处

务要仔细打量尸首顿处四至。讫，次量首级离尸远近，或左、或右，或去肩脚若干尺寸。支解手臂、脚腿，各量别计，仍各写相去尸远近。却随其所解肢体与尸相凑，提捧首与项相凑，围量尺寸。④

杀伤案件事关重大，必须慎重对待。《洗冤集录·验尸》中记载了尸体检验的具体格式要求为"四缝尸首"，即从仰、俯、左、右四面各部位进行全面检查。

在检验过程中，应当特别注意各类非正常死亡的特征。若被烧死，口腔内

---

① 《洗冤集录》卷 2 第 13《验已攒殡尸》。
② 《洗冤集录》卷 3 第 21《溺死》。
③ 《洗冤集录》卷 3 第 19《自缢》。
④ 《洗冤集录》卷 4 第 25《尸首异处》。

往往会有烟灰；若被溺死，肚子膨胀，腹内有水；若用衣物或是打湿的纸张覆在脸鼻上闷死的，肚子也会膨胀，但腹内无水；若是被人勒死，脖子上会有勒痕；若是吊死，绳索在喉结下面的，舌头会伸出来，在喉结上面，则不会伸出。

> 如烧死，口内有灰；溺死，腹胀，内有水；以衣物或湿纸搭口鼻上死，即腹干胀；若被人勒死，项下绳索交过，若自缢，即脑后分八字，索子不交；绳在喉下，舌出；喉上，舌不出。①

通过勘验所得结论，即勘验笔录，是重要的证据形式，对于确定案件事实意义重大，因而宋朝法律规定，整个勘验过程应当制作笔录，而且有严格的形式要求。②

宋代的勘验制度进入鼎盛阶段，勘验笔录作为核心的证据已经制度化、规范化。南宋孝宗淳熙元年，下诏颁行《检验格目》。宁宗嘉定四年，又颁行《检验正背人刑图》，并规定："令于伤损去处，依样朱红书画，唱喝伤痕，众无异词，然后署押。"③ 要求勘验严格按照时间和范围进行，形成确定结论，并"署押"。《庆元条法事类》规定，南宋时期，勘验完成后，相关人员应当"并验状，一本发赴州县，一本给付血属，一本具日时字号状入急递，经申发赴本司（提点刑狱司）"。④

可见，沿袭秦汉以来的勘验取证制度，经过长期的实践探索，我国古代的勘验制度在唐朝已趋于成熟，宋朝则步入巅峰时期。积累了丰富的经验，形成了一套具体入微、行之有效的检验方法。为客观认定案件事实、准确判决案件

---

① 《洗冤集录》卷1第3《检复总说下》。

② 宋代的勘验笔录有验状、检验格目及正背人形图三种。验状，即验尸（伤）报告书，在检验完成之后，负责检验的人员应当详细填写验尸（伤）报告书。多数刑事案件，都依据验尸（伤）报告记录的内容进行推理和裁定；检验格目是宋代重要的勘验鉴定笔录，这一文书是南宋孝宗淳熙元年（公元1174年）由浙西提刑郑兴裔创制并建议使用于全国的。原因在于，虽已有"成法可循，但州县却视之为闲慢。遇有检复案件不即差官前去；或被差官延迟起发；或因路远怕冷怕热，却说尸体已不堪检复；或承检官不肯亲临检验，手下人尽情作弊；等等。致使冤枉不明，狱讼滋繁。"（《宋会要·检验》）检验格目分为初验尸格目与复验尸格目两种，每次检验均立定字号，用格目三本。一份申报所属州县，一份给被害之家，一份申报提刑司；检验正背人形图颁布于南宋宁宗嘉定四年（公元1211年），它是我国最早的尸图。它以图像标出身体的各部位，具有逼真与直观的特点，使人能够一目了然。南宋法律规定，制作验状时，应当附上正背人形图。

③ 《宋史》志第153《刑法二》。

④ 《庆元条法事类》卷75《验尸·杂式》。

提供了坚实的保障。中国古代勘验取证技术的发达也证明，在封建时代的司法审判实践中，司法官吏重视物证等客观性刑事证据的证明力，不轻纳口供。在封建司法制度成熟的时期，已形成了重客观证据、轻主观证据的刑事证据原则，以此追求定罪量刑的准确与公正。

三、质证制度

质证是法官结合物证等客观性证据对被告、原告以及证人的言词证据等进行质辨，将物证与言词证据及言词证据之间相互印证，结合逻辑推断，落实案情。如前文所述，中国古代质证制度萌发于西周，秦汉时期促使其规范化。通过相关的史籍资料，在秦汉的法庭审讯中，我们已见识了法官对被告人反复讯诘，直至其无语认罪的质证过程。这一时期为质证制度的进一步发展奠定了基础。经过魏晋南北朝的演进，至唐宋时期已形成一套较为成熟的质证程序。

唐代在法庭审判的质证程序中，法官多以推理的方法对当事人双方的言辞进行分析，辨别。因为原告与被告是案件的亲历者，所以他们的指控与申辩最接近案件事实。但是，双方几乎都不可能如实地陈述案情。原告往往对案件事实进行夸大、渲染，以便加重被告的罪责；而被告为了避免或者减轻惩罚则多会百般抵赖、避重就轻。这就需要法官结合已有的客观性证据，运用各种审判技巧，辨识真伪、排查疑点。如唐文宗时期，杨汉公任鄠县尉时，鞠问邑民煞（杀）妻事，通过对其供词进行质析，最终使疑案大白：

> 公既领事，即时客系而去其械。问数日，引问曰：死者首何指？曰：东。又数日，引问曰：自刑者刃之，靶何向？曰：南。又数日，引问曰：死者仰耶覆耶？曰：仰。又数日，引问曰：死者所用之手，左耶右耶？曰：右。即诘之曰：是则果非自刑也。如尔所说，即刃之，靶当在北向矣。民即叩头曰：死罪，实某煞之，不敢隐。遂以具狱，正其刑名矣。[①]

本案中，杨汉公通过对案件细节步步的追问，使得嫌犯在质辩中露出破绽，经过推理挑明案件真相，嫌犯伏法。

再如《疑狱集》中记载的案例，唐杜亚镇维扬日，有告继母酖杀人者，杜亚通过讯问举告人察明诬毒案情：

> 公问曰："尔上母寿酒何来？"曰："长妇执爵而致也。"又问曰："母赐觞何来？"亦曰："长妇之执爵也。"又问曰："长妇何人也？"

---

① 周绍良、赵超：《唐代墓志汇编续集》，上海古籍出版社 2001 年版，第 1037 页。

曰："此则予之妻也。"公曰："尔妇执爵，毒因妇起，岂可诬尔母乎！"遂令厅侧劾之，乃知夫妻同谋，欲害其母。置之于法。①

这是一则通过对举告人的言词证据进行质对，从中发现疑点，进而查清案件事实的案例。

宋朝司法官吏在案件审判的质证环节，也注重通过分析原告、被告供词的逻辑性，发现其中矛盾之处，结合相关证人证言、物证等其他证据，查清案件。"诚以语言之间，尤为难考，"这便需要司法官吏，对其言辞多加质证，"必在参验彼此以察其诚，虚心审听以考其意，诚意所之，真伪斯得。若逆其疑似而不究其情，案其单辞而不参证左，则所疑者未必非真，所治者未必有罪也"。②

如李南公知长沙县时，有寡妇携儿改嫁，七年后前夫族人来认领儿子。妇人称孩子不是其族子，双方诉于官府。问孩子年龄，族人称九岁，而妇称七岁。又问孩子何时换齿，妇人称去年。南公遂曰："男八岁而龀，尚何争？"命儿归族。③ 此案判官通过讯问，找出破绽。

刑事案件有时异常复杂，在质证中，司法官吏必须综合各类证据，反复查辨，方能发现真相。"事有似是而实非，词有似弱而实强，察词于事，始见情伪，善听讼者不可有所偏也"。④ 有一则案例较为典型，讼者不惜以自残相蒙蔽，诬告他人。案件的经过是这样的：崇宁县凶民陈平被族人陈遇以盗名执送官府，二十日后，陈平父因年老而死，平诬告是陈遇在抓获自己时，遇子陈洵直用铁锹击伤平父头部，当时县尉孙妙仲的初验尸体结果与复验官吴某的复验结果都认为无击伤状，乃平"欲诬遇之子以死"。陈平没有善罢甘休，俟其父尸体腐败溃烂不可再验时，乘其弟醉时以言语相激，诱其自断一手再诉于州。州官大惊，认为既然是断手之讼，其情必实，"不复察其事，惟以断手为决有冤"，令宜黄簿李泾再次检验尸体，李泾附会知州判断，竟然称无法再验之尸确实有击伤处，狱具。⑤ 这则案件，说明了案件的诈伪之处有时异常隐蔽，司法官吏必须全面质证，方能去伪存真。

---

① （后晋）和凝撰，杨奉琨校释：《疑狱集》卷中"杜亚劾诬"，复旦大学出版社1988 年版，第 25—26 页。

② 《续资治通鉴长编》卷 289。

③ 《宋史》卷 355《李南公传》。

④ （明）张四维辑：《名公书判清明集》卷之五《户婚门·争业下》"侄假立叔契昏赖田业"，第 146 页。

⑤ 潘永因：《宋稗类钞》卷 1《吏治》。

证人证言是证人对其所了解的案情向官府作客观陈述，它是重要的证据形式，在秦汉时期的司法审判中即被广泛应用。其对认定案件事实作用重大，对其真伪性也需要质辨。唐宋时期，在质证环节，注重对言证的真伪进行查验。宋代《州县提纲》中对此有一段论述，颇切要害：

> 斗殴必追证而证不可凭一人之词，争界必会实而会不可尽信者邻之说。盖富者有赂，则可以非为是，贫者无赂，则可以是为非。专凭证会，则凡贫弱者皆无理矣。①

这段话说明，证人证言容易产生主观倾向性，不可断然取纳。应当结合其他证据，对之加以印证。南宋叶适的《水心文集》中记载了一则判官识破伪证的案例：张彭杀人，诬陷是其仆所为，并以其弟张泗作证。审问了四五次仆人都不承认，于是法官令张泗"画地状奴所以击死者"，泗无以应对，泣与其兄诀曰："昔勘官皆先鞫奴，款定，泗和之尔。今忽先问泗，吾不知所答。兄真杀人矣。"② 判官让证人复原其所见案件之情状，因虚假而不能完成，立刻显露破绽，验明其证言系虚假。

经过以上论述可知，随着"据证定罪"意识的提高，以及勘验取证制度的发展，唐宋时期的质证制度趋向于成熟。司法审判中法官注重将主、客观证据进行相互印证，来确定各种证据，尤其是主观言词证据的真假及证明力的大小。

四、据证判决

经过庭审环节，判官对主、客观证据进行确认，认定案件事实后，依法对犯罪嫌疑人予以宣判。中国古代审判制度经商周之初萌、秦汉之确立、三国两晋南北朝之发展，至唐宋进入成熟阶段。据证判决制度发展至唐宋王朝也随之进入成熟的阶段。

（一）唐朝"鞫实"判决

唐朝法律规定，必须经过"鞫实"后，才能对刑事案件作出最后判决。"武三思构五王，而侍御史郑愔请诛之；（大理丞李朝隐）独以'不经鞫实，不宜轻用法'忤旨。"③

---

① 《州县提纲》卷2《证会不足凭》。
② 叶适：《水心文集》卷23《朝议大夫秘书监王公墓志铭》
③ 《新唐书》列传第54《李朝隐传》。

　　唐朝法律明确规定，刑事案件在证据确凿，事实认定清楚的情况下，必须严格依据法律规定作出判决。《唐律·断狱》规定："诸断罪皆须具引律令格式正文，违者笞三十。"疏议对之作了进一步阐释："犯罪之人，皆有条制。断狱之法，须凭正文。若不具引，或致乖谬。""诸制敕断罪，临时处分，不为永格者，不得引为后比"。① 并指出，针对具体情况所作的非经常标准的权宜案件，其他案件不得将之作为比附成例加以引用。"若辄引，致罪有出入者，以故失论"。

　　敦煌吐鲁番出土的唐代法制文书中，有断片记录了一则唐初的刑事案件，尽管内容残缺不全，但经过专家考证，内容是对嫌犯据证科罪及对告发者准律免罪的判决书。内容如下②：

　　（前缺）

　　丈四尺五寸，据赃不满……③

　　讫，放。其粟既是彼此俱罪……，准例合没官。别牒

　　交河县，即惩支女粟参……送州，请供修甲

　　仗，仍牒兵曹检纳处分。其……所告支女剩取粟

　　既是实，准斗讼律：若告二罪……，重事实……数事等，但一事

实，除其罪。请从免者。……准状故牒。（后缺）

　　[唐初西州处分支女赃罪牒断片 72TAM230：47（a）]④

　　简中"丈四尺五寸"与"粟"属于客观物证。"彼此俱罪"合《唐律疏议》卷四"彼此俱罪之赃"条，律条内容："诸彼此俱罪之赃及犯禁之物，则没官。"即西州官吏据证、依律对嫌犯支女作出判罚。"既是实，准斗讼律：若告二罪……重事实"，即根据案件事实，引"斗讼律诬告反坐"⑤ 条，对告

---

　　① 《唐律疏议》卷 29《断狱》，"辄引制敕断罪"条。

　　② 注：件中有"别牒交河县即惩支女粟"及"仍牒兵曹检纳处分"云云，可知是西州法曹之官文书。另检与此件同墓所出之残文书，多有"文明元年"或"天授二年"等明确纪年。因而可以推断，此件当是初唐文献。（《敦煌吐鲁番唐代法制文书考释》著者考证）

　　③ 注：原文残缺，案例中省略号处为残缺部分。

　　④ 刘俊义：《敦煌吐鲁番唐代法制文书考释》，中华书局 1989 年版，第 495 页。

　　⑤ 《唐律疏议》卷 23"诬告反坐"条内容："若告二罪以上，重事实及数事等，但一事实，除其罪；重事虚，反其所剩。"疏曰："'若告二罪以上重事实'，假有甲告乙殴人折一齿，徒一年；又告人盗绢五匹，亦合徒一年；或故杀他人马一匹，合徒一年半。推杀马事实，殴、盗是虚，是名'告二罪以上重事实'。又有丙告丁三事，各徒一年，此名'数事等'，但一事实，除其罪。"

发者准律免罪的判决。由此简可以看出，唐朝地方官吏认真执行唐律的规定，严格依据法律决断案件。

（二）宋朝"结绝"宣判

宋朝，刑事案件经过庭审之后，即须整理主、客观各种证据，将其作为最终判决的依据，这一环节被称为"结款"。其对判决有直接影响，因而至关重要。结款时除了嫌犯的供词之外，还须有原告的陈词、证人证言以及物证、勘验报告等客观证据。证据认定事项完成后，即需书写供状，最后结款。宋代法律规定了较为严格的结款程序：

第一，审讯嫌犯时，应当由其自己书写供状（此被称为"碎款"），若其不能书写，则由典狱官代为书写，但书写完毕后应向嫌犯读示。

> 囚辞，皆狱官亲听，令自通状，不能书者，典为书之，书讫读示。①

第二，官司根据嫌犯所书供状，整理抄录出一份整洁清晰的"成款"，也应当向嫌犯读示，让其确认后亲手画押。

> 辞已穷尽，即官典同以辞状类合成款。唯具要切事情，不得漫录出语。仍示囚，详认书字，能书者，亲书结款。②

第三，官吏必须根据嫌犯所通原状进行结款，如实条具。宁宗嘉泰元年（1201 年）正月，臣僚言：

> 今日治狱之弊，推鞫之初虽得其情，至穿款之际，则必先自揣摩斟酌之，以为案如某罪，当合某法，或笞或杖或徒流与死刑之类皆文致其辞，轻重其字，必欲以款之情与法意合。……乞行下诸路州军，所隶刑狱应自今圆结案款，但据其所吐实情，明白条具，然后听其议法者定罪。不得仍前傅会牵合，稍有文饰。如有违戾，监司按治施行。庶几情得其实，法当其罪。诏从之。③

为了有效防止官吏结案时牵合附会，次年宁宗又依刑部侍郎俞澄建议，规定了大辟犯人书写日历的办法，即正犯与干连证佐人各给一历，让其各自记录下从初入狱至审讯结束所供之情款，堪官审问时也就历书写。错字不许改动，

---

① 《古今合璧事类备要·外集》卷 23 "刑法门·款辨·刑法总论"。

② 《宋会要辑稿》职官 5 之 59。

③ 《宋会要辑稿》职官 5 之 59。

只能圈记。历纸必须是上级机关预先印制的。① 如此，结款不仅成为刑事案件审结的依据，也成为上级官吏监察下级官吏是否依法结案的重要依据。

第四，若是重要案件，还须摘抄成款的要点，呈报上级审核，称为"录本"或"节状"。但是，此种未经嫌犯过目的摘抄，给奸吏歪曲案情以可趁之机。为防奸赃，太宗雍熙三年（986）诏："诸州所奏大辟案，多抄略疑辨之辞，或至愆误。自今并全录以闻。"② 但"全录"只限于大辟。其他狱案须奏者或须申上级复审者仍是只抄"录本"。例如，南宋刘克庄在审理饶州一起案件的判词中说："提刑司亦只见录本，所以蔡提刑信为狱成，当职初亦信之。今索到州县狱款，兰亭真本，然后知狱未尝成。"③ 此案例即因录本与狱款有出入而险些导致误判。上级在审查录本时索取原状对照，这也是补救这一缺陷的有效方法。④

刑事案件经过结款之后，案件进入检法议刑程序，即法司依据案件相关证据，认定事实后，检出应当适用的相对法律条文。从《名公书判清明集》记载的案例可以看到，法司检法时还可以提出其对案件的处理意见，供长官参考。《结托州县蓄养罢吏配军夺人之产罪恶贯盈》一案，法司检法书拟曰：

> 在法：以恐惧逼迫人致死者，以故斗杀论。若元吉之犯绞刑，盖亦屡矣。恶贯已盈，岂容幸免。欲将王元吉决脊杖二十，配广南远恶州军。

长官宋自牧审阅后断罪曰：

> 王元吉且照检法所定罪名，刺配广州摧锋军，拘监重后，日下押发。赃监家属纳，余照行。⑤

由此可见，法司检法虽然不是判决，但已将判决限定于所检法律条文范围之内，对长官的最后判决影响极大。

法司检法，长官正式定判之后，必须要向犯人宣读判词，并询问其是否服判。通过此程序，给予囚犯一次申诉的机会。这在唐朝时已有定制："诸狱结

---

① 《古今合璧事类备要·外集》卷23，"刑法门·款辨·刑法总论"。

② 《通鉴长编记事本末》卷14，"听断"。

③ 《后村先生大全集》卷192。

④ 张晋藩总主编：《中国法制通史》第5卷（本卷主编：张晋藩、郭成伟），法律出版社1999年版，第635页。

⑤ 《名公书判清明集》卷12《结托州县蓄养罢吏配军夺人之产罪恶贯盈》。第465页。

竟，徒以上，各呼囚及其家属，具告罪名，仍取囚服辩。若不服者，听其自理，更为审详，违者笞五十，死罪杖一百。"① 《宋刑统》完全承袭此制，宣判时准许家人申诉，若犯人服罪无异辞，即可执行判决。全案也即告终结，宋代将此程序称为"结绝"。例如，宋玘在常州时，"每有重辟，必持案谂囚尔罪应死，尽召家人，使之相见。"②

五、俱证奏谳制度

自从商鞅变法之后，秦国便逐渐确立起"确证定案、依律量刑"的客观主义刑事司法原则。汉代对之加以承袭，为了保证定罪量刑的确定性，制定了疑狱奏谳制度。如果遇到疑难复杂案件，基层司法机关不可擅断，应上报中央决断。疑狱奏谳制度被后世封建王朝所继承，至唐宋趋于成熟。

唐朝的地方司法机关分为州、县两级，州刺史和县令执掌审判权。如果遇到证据不明，案情落实不清，案件疑难复杂或者事关情理时，州县司法机关应当谳奏大理寺，若其不能决，再上转到尚书省集议，然后送秘书省，再奏报给皇帝：

> 天下疑狱谳大理寺，不能决，尚书省众议之，录可为法者送秘书
> 省。奏报不驰驿。经覆而决者，刑部岁以正月遣使巡覆，所至，阅狱
> 囚枷校、粮饷，治不如法者。③

这是唐朝疑难案件自下而上进行奏谳复核的程序。与汉代相同，奏报时，应当将已掌握的言词证据、物证、勘验笔录等相关证据一并呈上。因为相关证据是上级官吏解析案情、认定事实，并最终决断的关键。

至宋朝，随着司法制度的日趋成熟，奏谳制度进一步得以完善。对重大案件，尤其是死刑案件，知州审判官应当陈列证据、详备案情将案宗上呈中央。太宗雍熙元年（984 年）八月下诏：诸州当奏疑案，要"骑置以闻"。④ 真宗大中祥符六年（1013 年）四月诏："诏诸州死罪情理可悯及刑名可疑者，报提点刑狱司详察以闻，当付大理寺详覆，无得顾避举敚，致有幽枉。"⑤ 其奏谳程序应为"凡狱具上，先经大理，断谳既定，报审刑，然后知院与详议官定

---

① 《唐律疏议》卷 29《断狱》，"狱结竟取服辩"条。
② 《景文集》卷 62，"荆南府君行状"。
③ 《新唐书》志第 46《刑法》。
④ 《续资治通鉴长编》卷 25。
⑤ 《续资治通鉴长编》卷 80。

成文草，奏记上中书，中书已奏天子论决"。① 《宋史》中记载了一则关于关于疑案奏谳的案例：张洞调颍州推官后，州民刘甲强使其弟刘使鞭打其妇，既而投杖，夫妇相持而泣。刘甲怒，逼使刘使再次鞭打其妇，结果，刘使妇被无罪鞭死。"吏当夫极法，知州欧阳修欲从之。洞曰：'律以教令者为首，夫为从，且非其意，不当死。'众不听，洞即称疾不出，不得已谳于朝，果如洞言，修甚重之"。②

唐宋时期的"俱证奏谳"制度，规范化、细致化程度进一步增强。在减少冤滞、保证法律准确运行、补充法律的局限性等方面，发挥着越来越大的作用。

六、验证复审制度

刑事案件判决后，法官要向当事人宣读判决结果，当事人如果对判决不服，可以向上级审判机关上诉，从而启动复审程序，这在秦汉时期被称为乞鞫。该项制度为当事人诉讼权利的救济开辟了途径，也在一定程度上保障了司法审判的公正运行。后世封建王朝在承继该制度的基础上，不断对之建构，至唐宋时期日趋完善。

唐朝的法律中规定了严格、细致的上诉制度。如果被告人对判决结果不满，认为有冤屈之处，则可以具状上诉。《唐律疏议》中规定：

> 诸狱结竟，徒以上，各呼囚及其家属具告罪名，仍取囚服辩。若不服者，听其自理，更为审详。③

疏议解释曰："'狱结竟'，谓徒以上刑名，长官同断案，已判讫。徒流及死罪，各呼囚及其家属，具告所断之罪名，仍取囚服辩。其家人、亲属，唯止告示罪名，不须问其服否。囚若不服，听其自理，依不服之状，更为审详。"即判决作出后，应当具告囚徒及其家属，若对判决不满，则可具状上诉。在上诉状中，应当详细陈述不服判决的理由。在复审中，司法官吏应当对案件核验证据、详细审察。如果发现冤屈，则据证改判。上诉需逐级进行，直至中央司法审判机关，甚至皇帝。《唐六典》对此有规定：

> 凡有冤滞不申欲诉理者，先由本司本贯，或路远而踬碍者，随近官司断决之。即不伏，当请给不理状，至尚书省左右丞为申详之。又

---

① 《宋史》卷 163《职官三》。

② 《宋史》卷 299《张洞列传》。

③ 《唐律疏议》卷 29《断狱》，"狱结竟取服辩"条。

不伏，复给不理状，经三司陈述。又不伏者，上表。①

《新唐书》中记载了一则上诉案件，能够对此印证。

    凤翔七马坊押官盗掠人，"天兴令谢夷甫杀之。（宰相李）辅国讽其妻使诉枉，诏监察御史孙鉴鞫之，直夷甫。其妻又诉，诏御史中丞崔伯阳、刑部侍郎李晔、大理卿权献为三司讯之，无异辞。妻不承，辅国助之，乃令侍御史毛若虚覆按"。②

至宋代，在承继以往案件复核制度的基础上，推动其进一步发展，形成了"翻异别勘"制度。重大案件，一般指死刑囚犯，如果不服判决结果，或者家属代其申冤时，由同级其他审判机关或上级审判机关另行指派官员对之重新审理的制度。前者称为"移司别推"，后者称为"差官别推"。

（一）移司别推

即同级异司复审。案件判决后，被告或其家属不服，由同级其他司法机关指派官吏核实定案的各项主、客观证据，重新认定案情。宋太宗淳化三年（992 年）下诏："诸州决死刑，有号呼不付及亲属称冤者，即以白长吏移司推鞫。"③由同级审判机关长吏另外指派一名官司复审。仁宗景祐四年（1037年）正月对此又下诏规定："天下狱有大辟，长吏以下并聚厅虑问，有翻异或其家诉冤者，听本处移司。"④也强调了"移司别推"的复审制度。为了满足此复审的需要，宋代的司法机构设置，从中央到地方各级都设有两个或两个以上的审判机关。如州级设有推判官主管的"当置司"、录事参军主管的"州院"、司理参军主管的"司理院"；开封府内设有"府院"（或"府司"）和左、右军巡院等；中央刑部设有左、右厅治事，大理寺狱分左、右推。⑤如果案件发生翻异，则同级审判机关进行移推。如大理寺狱"有翻异即左移右推，右移左推"。⑥通过以上论证可知，宋代"验证复审"较为常见的方式为"移司别推"，即同级审判机关长吏将案件交由另一法司重新审理的制度。

---

    ① （唐）李林甫等撰，陈仲夫点校：《唐六典·刑部》，中华书局 1992 年版。

    ② 《新唐书》卷 131。

    ③ （元）马端临编撰：《文献通考》卷 166，《刑五》，浙江古籍出版社 2000 年版。

    ④ 《资治通鉴续编》卷 120。

    ⑤ 张晋藩总主编：《中国法制通史》第 5 卷（本卷主编：张晋藩、郭成伟），法律出版社 1999 年版，第 658 页。

    ⑥ 《宋会要辑稿》职官 24 之 12。

（二）差官别推

宋朝法律规定，案件经过"移司别推"后，如果被害人或其家属仍然不服判决，则由上级司法审判机关差派与原审机关无关的其他审判机关，或者差派官吏前往再行验证复案。这被称为"差官别推"。如仁宗景祐四年（1037年）的诏令：大辟囚翻异，听本处移司，"又不服，即申转运司或提点刑狱司差官别讯之"。① 即如果案件经过别推后"又不服"，则由上级机关差官别推。在宋哲宗以后，该制度发生变化。元符元年（1098年）六月，尚书省言：

> 大理寺修立到，大辟或品官犯罪已结案，未录问，而罪人翻异，或其家属称冤者，听移司别推。若已录问而翻异称冤者，仍马递申提刑司审察，若事不可委本州者，差官别推。②

即若是录问之前翻异的应移司别推，录问之后翻的则要由上级审判机关差官别推。这样的复审程序更成熟、合理，也更有利于对案件进行验证复核。因为在录问之前申冤，原判法司尚未检断，案件的相关证据保存相对完备，复审时容易厘清案情，故可以由其移司；若在录问后申冤，原判各法司均已经手，再由其移司，弊端重重，验案证据可信度降低，难以再验实案件，故由上级差官更合理。

如果经差官别推后，囚徒依然翻异者，则须由其他监司再差官复审。宁宗庆元四年（1198年）九月曰："州狱翻异，则提刑司差官推勘。提刑司复翻异，则以次至转运、提举、安抚司。"③

我们通过宋太宗时期发生的一则案例来具体了解宋代的"验证复审"制度。"熙雍元年，开封寡妇刘使婢诣府，诉其夫前室子王元吉毒己将死。右军巡推不得实，移左军巡掠治，元吉自诬伏。俄刘死。及府中虑囚，移司录司案问，颇得其侵诬之状，累月未决。府白于上，以其毒无显状，令免死，决徒。元吉妻张击登闻鼓称冤，帝召问张，尽得其状。立遣中使捕元推官吏，御史鞠问，乃刘有奸状，渐悟成疾，惧其子发觉而诬之。推官及左、右军巡使等削任降秩；医工作称被毒，刘母弟欺隐王氏财物及推吏受赃者，并流海岛；余决罚有差。"④ 案中，王元吉受刘寡妇所诬告，经多次"别推"，直至皇帝差御史

---

① 《资治通鉴续编》卷120。
② 《资治通鉴续编》卷499。
③ 《宋会要辑稿》职官5。
④ 《宋史》志第153《刑法二》。

验证别推，方得以昭雪。

　　综括上述，随着政治、经济、文化及法律的全面发展，唐宋社会诉讼审判制度获得了长足的进步，其证据制度，尤其是刑事证据制度已趋于成熟。我国古代的刑事证据制度发展至唐朝已渐趋成熟，至宋朝则步入鼎盛。唐宋朝刑事证据制度之所以取得如此巨大成就，是由于其充分吸收了秦汉以降各朝刑事证据制度的精华，并以此为基础在实践中不断推动其发展。唐宋时期，重客观证据、轻主观证据的意识已深入实践，长期作为"证据之王"的口供，其证据地位在宋代进一步下降，其他证据如证人证言、物证、书证及检验笔录等越来越受到重视。

　　唐宋王朝的证据意识、证据规则，以及具体的证据制度不仅直接惠及元、明、清等中国后世王朝，而且，对东亚乃至全世界都产生了深远影响。其最显著的表现便是《洗冤集录》受到的重视。其后出现的《平冤录》、《无冤录》，尤其是清代在 1694 年编订的《洗冤录》都以《洗冤集录》为底本编著而成的。它对世界法医学的发展也起到了重大的推动作用，《无冤录》曾流传至朝鲜被译成朝文，再流传至日本被译成日文，《洗冤集录》流传至欧洲，被译为荷兰文、英文、法文及德文。① 即使在法医学高度发展的今天，其借鉴价值仍不容忽视，当代法医学家仍将其奉为经典。

---

① 　陈康颐：《中国古代的法医学检验》，载《法医学杂志》1985 年第 1 期，第 5 页。

第四章　明清时期刑事证据制度

第一节　明清刑事证据制度理论

明清刑事证据理论的综合性、客观性、主观性是对前朝的承继，在此，对于其具体的表现不再赘述，而是侧重于阐释与前朝相比发生的变化，重点阐释刑事证据理论主观性的加强，并对其原因进行细致的分析。

一、明清刑事证据理论的综合性

在中国古代刑事诉讼证据制度规定及其实践层面，一直体现着客观主义和主观主义相结合的综合性的理论特点，在明清时期也不例外。但是，在明清承继了前朝综合性特点的同时，在客观性和主观性的倾向性上发生了变化，即客观性削弱，主观性加强。废除了"零口供"定罪的规定，在法律中增设了新的罪名，加强对政治性犯罪的镇压，特殊司法机构的建立，重视口供，原心定罪等，都使得刑事证据理论向着主观性倾斜。

二、明清刑事证据理论的客观性

明清时期刑事证据理论的客观性削弱的一个突出表现就是"零口供"定罪规定的废除，《唐律疏议》规定："若赃状露验，理不可疑，虽不承引，即据状断之"。① 也就是说，当赃物等实物证据和犯罪情状已经勘验查清，而且从情理上也没有可以质疑的，那么即使疑犯不招供，也要根据实物证据所证明的实情判决。即"零口供定罪"。宋朝沿袭唐朝，《宋刑统》也规定："若赃状露验，理不可疑，虽不承引，即据状断之。"② 这项规定明确了在无口供的情况下，可以直接依据实物证据定罪，客观定罪理论凸显，表明了唐宋刑事证据制度的科学性。但是到了明清时期，该项规定取消，可以说是刑事证据领域的

---

① 刘俊文点校：《中华传世法典》，《唐律疏议》，"讯囚察辞理"条，法律出版社1998年版，第593页。
② 薛梅卿点校：《中华传世法典》，《宋刑统》，"不合拷讯者取众证为定"条，法律出版社1998年版，第538页。

倒退。

虽然，客观性受到了削弱，但是其依然存在，尤其表现在对物证和勘验结论的运用上。在强窃盗案件和人命等案件中物证及查验结论是及其重要的定罪依据，通常要寻到杀人的凶器，并辨明尸伤的检验结论是否与被告供述以及凶器相吻合，要比对盗窃的赃物是否与事主报失单记载的相一致，盗窃现场的勘验是否与被告及干连佐证的证言一致，方能结案。物证、查验结论不像言词证据那样易受主观因素的影响，与案件有着内在的客观联系，它们的运用体现了明清刑事证据理论的客观主义。

三、明清刑事证据理论的主观性

明清刑事证据理论主观性加强是该时期刑事证据理论的主要变化。现就其原因和表现具体阐释如下。

（一）明朝证据理论的主观性加强

1. 废除"零口供"定罪，使客观性削弱，主观性加强

大明律渊源于唐律，但基于其自身的实际需要有所损益。唐律中有关刑事诉讼制度的规定相当完善，尤其是"零口供"定罪，体现了客观定罪的原则。明朝废除了该项规定，极为重视口供的作用，定罪"必据犯人之招草"、"据众证定罪"。

2. 加强对政治性犯罪的镇压，使主观性进一步加强

明初，明太祖为了惩治元末法律废弛的弊端，使用重法，尤其是重典治吏。《大明律》中专门增设了前律所没有的"奸党罪"，严惩官吏朋党行为，并为此屡兴大狱。"凡奸邪进谗言，左使杀人者，斩。若犯罪律该处死，其大臣小官，巧言谏免，暗邀人心者，亦斩。若在朝官员，交结朋党，紊乱朝政者，皆斩。妻子为奴，财产入官。若刑部及大小各衙门官吏，不执法律，听从上司主使出入人罪者，罪亦如之。若有不避权势，明具实迹，亲赴御前执法陈述者，罪坐奸臣……"① 在明律之外，另行颁布了《大诰》。明《大诰》多用法外酷刑，族诛、凌迟、枭首的案例多达几千件。明初曾发生了著名的四大案，丞相胡惟庸奸党案、大将军蓝玉奸党案、户部贪污二案空印案和郭恒案，牵连甚广。"郭桓者，户部侍郎也。帝疑北平二司官吏李彧、赵全德等与桓为奸利，自六部左右侍郎下皆死，赃七百万，词连直省诸官吏，系死者数万人。

---

① 怀效锋点校：《大明律·吏律》，"奸党"条，《中华传世法典》，法律出版社1998年版，第34页。

黩赃所寄借遍天下，民中人之家大抵皆破。时咸归谤御史余敏、丁廷举。或以为言，帝乃手诏列桓等罪，而论右审刑吴庸等极刑，以厌天下心，言：'朕诏有司除奸，顾复生奸扰吾民，今后有如此者遇赦不宥。'先是十五年空印事发。每岁布政司、府州县吏诣户部黩钱粮、军需诸事，以道远，预持空印文书，遇部驳即改，以为常。及是，帝疑有奸，大怒，论诸长吏死，佐贰棒百戍边。宁海人郑士利上书讼其冤，复杖戍之。二狱所诛杀已过当。而胡惟庸、蓝玉两狱，株连死者且四万。"① 众多人获罪的原因无不与朱元璋的猜疑心有关，"帝疑有奸"，凭主观猜测想当然的治罪于人。以空印案来说，明初规定，每年各布政使司、府、州、县均需派遣计吏至户部，呈报地方财政的收支账目及所有钱谷之数，府与布政使司、布政使司与户部的数字必须完全相符，稍有差错，即被驳回重造账册，并须加盖原衙门官印。各布政使司计吏因离户部道远，为免往返奔走，便预持盖有官印的空白账册，遇有部驳，随时填用。该空白账册盖有骑缝印，不做他用，户部对此从不干预。明太祖得知空印之事后大怒，下令严办。致自户部尚书至各地守令主印者皆处死，佐贰以下杖一百，充军边地。与此案有关者多不免。持有预先盖有官印的空白账册已经成为惯例，也是提高工作效率的需要，况且从制度设计的层面来说，能够防止明太祖所认为的官员勾结舞弊的问题，官方文书要有效，必须盖有完整的印章，而钱粮文书盖的是骑缝印，是不能用来为非作歹的。但是明太祖还是不听解释，凭自己的臆断酿成一大惨案。

3. 厂卫横行加剧了证据的主观性

明朝正式的中央司法机关是刑部、大理寺、都察院，但是在正式的司法机关以外，却还存在着特别的机构——厂卫特务机构。厂卫特务机构是明朝皇权专制加强的产物，也是最为时人和后人诟病的，"刑法有创之自明，不衷古制者，廷杖、东西厂、锦衣卫、镇抚司狱是已。是数者，杀人至惨，而不丽于法。踵而行之，至末造而极。举朝野命，一听之武夫、宦竖之手，良可叹也"。②

厂卫特务机构的兴起最主要源于明太祖借助胡惟庸案废除宰相制度，权力集中于自己手里，在明太祖时期，基于大批官僚亲信的支持，权力的运作还能较好地维持，但是到了明成祖以后，皇帝仅凭借自己的力量无法实现众多权力

---

① 高潮、马建石主编：《中国历代刑法志注释》，《明史刑法志注释》2，吉林人民出版社1994年版，第932页。

② 高潮、马建石主编：《中国历代刑法志注释》，《明史刑法志注释》3，吉林人民出版社1994年版，第961页。

的运作，一方面要维续皇权的绝对专制，一方面又颇不相信大臣们的忠诚，所以利用对其依附性最强的也是最贴心的两大队伍，一个就是由贴身侍卫队伍组成的锦衣卫，另一个就是由宦官统领的东、西厂。他们直接由皇帝统领，不受其他机构的掣肘，所以横行专断。厂卫组织倚仗皇帝的宠信，可以超越法律行使侦查、逮捕、刑讯乃至审判等司法权。厂卫作为皇帝的耳目，要为皇帝四处探听、侦查缉捕试图谋反以及有"妖言"之人，派出的密探遍布全国，无孔不入，哪怕仅凭"风闻"就四处抓人，诳诈勒索钱财、挟仇诬陷，毫无法律限制可言。"京师亡命，诳财挟仇，视干事者为穴窟。得一阴事，由之以密白于档头，档头视其事大小，先予之金。事曰起数，金曰买起数。既得事，帅番子至所犯家，左右坐曰打桩。番子即突入执讯之，无有佐证符牒，贿如数，尽去。少不如意，搒治之，名曰乾醡酒，亦曰曾儿。痛楚十倍官刑。且授意使牵有力者，有力者予多金，即无事。"① 在案件审判中，厂卫组织视法律为一纸空文，审讯手段残酷，任意拷打，锻炼成狱，然后交法司，法司也不敢平反。"弘治九年刑部典吏徐圭所奏：'臣在刑部三年，见鞫问盗贼，多东厂镇抚司所缉获。有称校尉诬陷者，有称校尉为人报仇者，有称校尉手首恶赃擅而以为从、令傍人抵罪者。刑官洞见其情，无敢擅改一字。'"② 厂卫特务机构对明朝的司法权造成极大的破坏。"英、宪以后，亲恤之意微，侦伺之风炽。巨恶大憝，案如山积，而旨从中下，纵之不问；或本无死理，而片纸付诏狱，为祸尤烈。故综明代刑法大略，而以厂卫终之。"③ 厂卫特务机构任意构陷入罪，甚至不需要任何证据，完全凭喜好和政治斗争的需要。所谓"欲加之罪何患无辞？"使得明朝刑事证据理论的主观主义愈加浓重。

4. 严刑逼供推动证据主观性的发展。

在中国古代司法活动中，口供一直是种重要的定罪证据，采用刑讯方式获取口供也是被法律所允许的，但同时也会受到诸多限制。明朝法律将口供上升到了极为重要的地位，王肯堂笺释说："鞫问刑名等项，必据犯人之招草，以定其情。"，④ 口供成为了定罪的必备条件。因此，也就不可避免地使刑讯逼供泛滥。虽然法律中也对刑讯规定了诸多限制，比如刑具要符合法定要求、拷讯

---

① 高潮、马建石主编：《中国历代刑法志注释》，《明史刑法志注释》3，吉林人民出版社 1994 年版，第 973 页。

② 《明史·孙盎传》，吉林人民出版社 1995 年版，第 3361 页。

③ 高潮、马建石主编：《中国历代刑法志注释》，《明史刑法志注释》1，吉林人民出版社 1994 年版，第 844 页。

④ （清）薛允升：《唐明律合编》5，商务印书馆发行，《万有文库》第 2 集 7 百种之 134，第 699 页。

的"度"要符合法定要求、案件类型要符合法定要求，即要依法拷讯。但在实际状况往往与法律规定相脱节，为获取口供，非法刑讯绝非罕见之事。据《皇明条法事类纂》记载："弘治元年七月二十六日，刑部尚书何等为陈言修省事。该大理寺右丞杨澄奏一件：……近见在外问刑官员多刻少恕，凡遇狱讼之来，不分情之轻重，罪有大小，一概毒刑以逞，锻炼成狱……"① "成化七年八月十八日，刑部等衙门尚书等官陆等题，为刑狱事……奈何问刑官员罔知遵守，法外擅用铤棍、脑箍、烙铁等刑，深为未便……"② 从这些记载中，能看出法外用刑是比较普遍的。而厂卫特务机构在司法实践中用刑之惨烈更甚，前已阐释，不再赘述。由此可见，明朝信奉口供至上，为获取口供滥用刑讯，这使得明朝刑事证据主观性较前朝加强。

（二）清朝的刑事证据理论主观性加强

1. 废除"零口供定罪"，强化了主观性

清律如明律一样，取消了唐宋关于仅凭实物证据就能定罪的规定，即不再采纳"若赃状露验，理不可疑，虽不承引，即据状断之"的定罪方法，极为重视口供，刑事证据客观性原则减弱，强化了主观主义倾向。"凡诸衙门鞫问刑名等项，必据犯者招草以定罪"，③ 没有口供即不定案，体现了清朝口供至上的原则。"律虽有'众证明白，即用狱成'之文，然非共犯有逃亡，并罪在军、流以下，不轻用也。"④ 这种对口供的一味追求，必然导致刑讯的泛滥，主观主义的证据认定方法必然造成大量冤假错案。这种状况的产生与清朝进一步加强专制统治不无关系。这种专制既体现在政治领域，也体现在思想领域。而清朝对言词证据的重视尤为突出，几近到了"无供不定案"的程度。"断罪必取输服供词"，"据众证定罪"。但言词证据会受到提供者主观因素的影响，体现了清朝证据运用中的主观主义理论的倾向。

2. 加大对政治性犯罪镇压，主观定罪倾向加强

明朝还没有将禁止歃血订盟规定在法律条文中，清朝统治者认为这已经威

---

① 刘海年、杨一凡：《中国珍稀法律典籍集成》乙编，第 5 册，《皇明条法事类纂》卷之 37，刑部类，科学出版社 1994 年版，第 485 页。

② 刘海年、杨一凡：《中国珍稀法律典籍集成》乙编，第 5 册，《皇明条法事类纂》卷之 37，刑部类，科学出版社 1994 年版，第 905—907 页。

③ 田涛、郑秦点校：《中华传世法典》，《大清律例·刑律·断狱》，"吏典代写招草"条，法律出版社 1999 年版，第 602 页。

④ 高潮、马建石主编：《中国历代刑法志注释》，《清史稿刑法志》3，吉林人民出版社 1994 年版，第 1054 页。

胁到其专制政权，所以一律要严厉打击，并在大清律例中加以明确规定。

《大清律例》刑律中规定对异姓结盟予以严厉制裁："凡异姓人歃血订盟，焚表结拜弟兄，不分人数多寡，照谋叛未行律，为首者，拟绞监候。其无歃血盟誓焚表事情，止结拜弟兄，为首者，杖一百；为从者，各减一等。""凡不逞之徒，歃血订盟，转相结连土豪、市棍、衙役、兵丁，彼倡此应，为害良民，据邻佑乡保首告，地方官如不准理，又不缉拿，惟图掩饰，或至蜂起为盗，抄掠横行，将地方文武各官革职，从重治罪。其平日失察，首告之后，不自隐讳，即能擒获之地方官，免其议处。至乡保、邻佑，知情不行首告者，亦从重治罪。如旁人确知首告者，该地方官酌量给赏。倘借端妄告者，仍照诬告律治罪。"① 从大清律的规定可以看出，清朝将歃血订盟分为两种，一种是有所作为的，如"为害良民，据邻佑乡保首告"，甚至"蜂起为盗，抄掠横行"；另一种是没有作为的，仅仅是有了订盟的形式。即使是对后一种，也是要进行定罪的，"为首者，杖一百；为从者，各减一等"。这就具有了非常主观的倾向，不管有没有实际的危害活动，将结盟者均视为有谋叛之心，一律定罪。

3. 大兴文字狱，加剧了证据的主观性

为了对民众的思想大加钳制，将与正统封建法律思想相抵触、具有反满倾向的、有损于皇权的著述、言论，依律定为"妖书"、"妖言"，用严刑加以禁绝。《大清律》规定："凡造谶纬、妖书、妖言，及传用惑众者，皆斩。（监候。被惑者不坐，不及众者，流三千里，合依量情分坐。）若（他人造传）私有妖书，隐藏不送官者，杖一百、徒三年。"② 这种思想专制的直接结果就是清代出现了大量的文字狱，主要集中在顺治、康熙、雍正、乾隆四朝，尤其是乾隆朝。号称不以文字罪人的乾隆，其在位期间发生的文字狱却是比任何一位皇帝在位时期都多。"所谓文字狱，就是指统治者通过对知识分子著述中的文字进行附会苛责、演绎犯罪故意罗织罪名，以达到铲除'异端思想'的目的。"③《大清律例》中并没有以文字罪人的正条，在定罪量刑的过程中，比附"谋反"、"谋大逆"的条款拟断，所以对犯罪者处罚极重，而且株连广泛。思想领域的专制延伸到司法领域，对因文字引发的问题用司法的手段加以解决。加之文字狱是因为皇帝的猜疑之心而起，"原心定罪"，主观臆断，使得

---

① 田涛、郑秦点校：《中华传世法典》，《大清律例·刑律·贼盗》，"谋叛"条，法律出版社1998年版，第367—368页。

② 田涛、郑秦点校：《中华传世法典·大清律例》，《大清律例·刑律·贼盗》，"造妖言妖书"条，法律出版社1999年版，第368页。

③ 朱勇：《中国法制史》，中国政法大学出版社2008年版，第258页。

清朝司法实践，当然也包括证据运用中的主观主义得到了进一步加强。

《清代文字狱档》记载了诸多文字狱的案件。谢济世因对经文的一段注释"据谏饰非，必致拂人之性，骄泰甚矣"，被雍正联系谢济世因参奏田文镜而治罪一事，说："谢济世为此发往军前效力，不思痛改前非，反而借注经责难朕拒谏饰非，违反人性，骄恣专横。"几近被斩；① 胡中藻著有《坚磨生诗钞》，本讲政治节操的"一把心肠论浊清"一句被乾隆帝曲解为在国号前加"浊"，别有用心。"老佛如今无病病，朝门闻说不开开"一句，乾隆硬说"老佛"暗指他，并认为他每天听政，召见众臣，怎么能说"朝门不开"呢？胡中藻被斩决；② 乾隆四十三年徐述夔《一柱楼诗》案，影响颇大，该案中戮尸枭示二人，死刑六人，另有流放、徒刑的，亲属多人给功臣之家为奴。《一柱楼诗》被视为悖逆之句甚多，尤其是"明朝期振翮，一举去清都"两句，被指责不用"明当"而用"明朝"，不用"到清都"而用"去清都"，借"朝夕"之"朝"读作"朝代"之"朝"，其悖逆尤显而易见。最后惨遭戮尸，其儿子也没能逃脱同样的厄运，孙子因皇帝"开恩"处斩监候。为其诗集校对的徐首发、沈成濯也被划入"逆党"，理由是两个人的名字，更堪骇异。认为该二犯一以首发为名、一以成濯为名，四字合看明是取义《孟子》"牛山之木若彼濯濯"，"首发"即头发，"濯濯"是山上的草木全秃了，合起来看，就是头发剃光之意，诋毁清朝薙发之制，其为逆党显然。后被处斩监候。③ 可以说用来作为定罪证据的那些文字，书证也好物证也罢，简直就是望文生义，百般挑剔，严词吹求，极近主观臆断之能事。

从文字狱的案件中不难看出，所谓的定罪证据是出于统治者的主观构建，而不是建立在客观事实的基础之上，造成"案犯"被定罪处刑。因为文字狱的兴起，使得清朝在案件的审判的过程中，当然也包括证据的收集和认定上更多的显现了主观主义的倾向。

究其原因：首先，是镇压汉人的民族意识和气节的需要。清王朝以少数民族入主中原，得到汉族的抵制，以儒家文化为正宗的知识分子中间充斥着反满的情绪。除了武装斗争以外，反满的思想也通过文字的形式表达出来，在民间

---

① 《清代文字狱档》增订本，上海书店出版社编，上海书店出版社 2011 年版，第 3—4 页。

② 《清代文字狱档》增订本，上海书店出版社编，上海书店出版社 2011 年版，第 34—69 页。

③ 《清代文字狱档》增订本，上海书店出版社编，上海书店出版社 2011 年版，第 597—660 页。

广为流传，使清统治者感到不安。为了打击这种反动势力，大兴文字狱，查禁书，构陷缘由，迫害知识分子，以钳制人民的思想。雍正帝曾说："盗贼明火执仗，是有形的，地方官即便想掩盖也势所不能。至于那些专以文字蛊惑人心的'匪奸'，如地方官不留心访察，尽可置之不问。而权衡二者，'匪奸'之为害国家、蛊惑人心，'甚于盗贼远矣!'①　其次，是打击朋党，加强皇权的需要。文字狱打击的地域以江浙一带为主，因为那里经济、文化发达，那里士子结盟的风气盛行，并与朝中朋党之争呼应，这是对专制皇权的挑战。所以在清朝的文字狱中有些故意就是做出来给朝中官员和士子们看的，以示警戒。无论是针对汉族知识分子的反满问题还是针对朋党问题，可以说文字狱是清朝皇帝强化封建专制统治的强烈需要的产物。

第二节　明清刑事证据的分类

明清时期的法律中未见有关于证据的明确分类，也未对各种证据的范围作出明确的界定。基于明清散见于法律和司法实践中的相关内容，我们可以将证据划分为三大类，一为言词证据，包括被告人供述、原告供述和证人证言等；二为实物证据，包括物证和书证；三为查验结论。

一、言词证据

（一）明朝的言词证据

明朝在言词证据制度上沿袭唐宋前朝，略有变化。

1. 被告人供述

明代多用"招"来表示被告人的供述。"明代以后，'招'、'供'二字，逐渐演变成不同意义，'供'泛指原告、被告、证人之陈述，'招'则专指被告承认自己有罪之陈述，'招'实为'供'的一种，'供'之范围大，'招'之范围小。"②

明律"吏典代写招草"条，王肯堂箋释说："鞫问刑名等项，必据犯人之招草，以定其情。"③犯人之"招草"，即被告人的供述是确定案情以定罪的

---

① 郭寿康、林铁钧：《清朝文字狱》，群众出版社 1990 年版，第 23 页。

② 那思陆：《清代州县衙门审判制度》，中国政法大学出版社 2006 年版，第 59 页。

③ （清）薛允升：《唐明律合编》5，商务印书馆发行，《万有文库》第 2 集 7 百种之 134，第 699 页。

必要条件。另《大明律》规定："若因公事，干连平人在官，事须鞫问，及罪人赃仗证佐明白，不服招承，明立文案，依法拷讯，邂逅致死者，勿论。"①哪怕在物证、人证都明白无误的情况下，也不能定罪，还要有被告的招承，否则，就采用拷讯的方式使被告作出有罪供述，将该供述作为最后定罪的依据。被告人的供述一直是作为我国古代刑事案件判决的最主要依据，明朝时期，无论在法律规定还是司法实践中均有明显的体现。

2. 原告供述

原告的供词主要是其口头或书面的诉状和庭审时的供述。因在中国古代采用"有罪推定"原则，所以原告在诉状中的供词先被视为是真实的，作为最初的证据。在庭审时，原告、被告、证人要进行质证，这时原告所作的供述会被司法官对照被告供述、证人证言以及同物证、查验结论等比对作出甄别。如果确认真实，成为法官定案的辅助证据，如果是诬告，则要承担法律责任。

原告不得进行诬告，明朝法律对诬告反坐的规定基本同于唐宋。相异之处主要在于刑罚趋严，并且要赔偿经济损失（诬告者对被诬者）。《大明律》规定："凡诬告人笞罪者，加所诬罪二等；流徒、杖罪，加所诬罪三等；各罪止杖一百，流三千里。若所诬徒罪人已役，流罪人已配，虽经改正放回，验日于犯人名下追征，用过路费给还。若曾经典卖田宅者，着落犯人备价取赎。因而致死随性有服亲属一人者，绞。将犯人财产一半，断付被诬之人……至死罪，所诬之人已决者，反坐以死……未决者，杖一百，流三千里，加役三年……"②《盟水斋存牍》记载一案：

审得毛舜勳与毛柱台有讼田之仇，乃居弟死为奇，遂以人命见告。当日在县相验，即畏虚躲匿，不待更讯而烛其诞也。今被告毛柱台、毛明富俱已物故，无可更质。舜勳应坐诬重拟。念讼田有因，姑从杖治。其毛柱台所买之田，据毛允略称係已卖，与舜勳无涉。或中有影佔，行县清丈分界，以杜争端。招详。布政司批：毛舜勳以争田小忿，籍弟死而诬告多人。迫开棺相验，惧罪潜逃，狡而忍矣，宜从配律，杖不尽辜。仰候院详示行檄。察院批：毛舜勳修讼之隙，居人命为奇，杖有余辜。依拟赎发，库收缴。③

———————

① 怀效锋点校：《中华传世法典·大明律·断狱》，"故禁故勘平人"条，法律出版社1999年版，第212页。

② 怀效锋点校：《中华传世法典·大明律·诉讼》，"诬告"条，法律出版社1999年版，第176页。

③ （明）颜俊彦：《盟水斋存牍》，"强盗何文华"，中国政法大学出版社2001年版，第507页。

原告的告发必须具名。《大明律》规定："凡投隐匿姓名文书，告言人罪者，绞。见者，即便烧毁。若将送入官司者，杖八十。官司受而为理者，杖一百。被告言者，不坐。若能连文书捉获解官者，官给银一十两充赏。"①《临民宝镜》记载一案：

审得吴正险如墉隼，奸似城狐。预报睚眦之仇，则匿名而告罪。好承角牙之讼，辄隐砺而投词。一纸飞书，陷应辂于死地。数行诬状，繫施卿以为囚。非张宝证明，定成滥狱。不设计赚出，谁得真情。是为乱法之奸民，宜入绞刑之宪纲。②

原告即因投匿名文书告人而被处以绞刑。

3. 证人证言

证人证言大多时候是作为辅助证据，同被告的招供和物证、查验结论等相互印证定罪。人命案件在犯罪现场亲眼目睹的人、当事人的街坊四邻都可以成为证人。"继母告子不孝，及伯、叔父、母、兄、姊，伯、叔祖、同堂伯、叔父母、兄姊奏告弟侄人等经打骂者，俱行拘四邻亲族人等，审勘是实，依律问断。"③ "告义子女，义妇、义孙、妾子、前妻、前夫之子不孝者，必审其四邻。"④

但是，在有些情况下，证人证言可以单独作为有力证据来作为结案的依据。明朝沿袭唐宋旧制，采据"众证定罪"原则。大明律"老幼不拷讯"条规定："凡八议之人，及年七十以上、十五以下，若废疾者，并不合拷讯，皆据众证定罪。"⑤ "犯罪事发在逃条"也规定："……若犯罪而事发在逃者，众证明白，即同狱成，不须对问。"⑥ 对于老幼、废疾不能够拷讯的和事发在逃的，可以直接依据证人证言及其他证据定罪。

有时有疑难案件，不易作出判断，经证人作证就可即时结案。《明宣宗实

---

① 怀效锋点校：《中华传世法典·大明律·诉讼》，"投匿名文书告人罪"条，法律出版社 1999 年版，第 174—175 页。

② 杨一凡、徐立志主编：《历代判例判牍》（第 4 册），《临民宝镜》卷 7，中国社会科学出版社 2005 年版，第 221 页。

③ 杨一凡、徐立志主编：《历代判例判牍》（第 4 册），《临民宝镜》，卷首下，中国社会科学出版社 2005 年版，第 19 页。

④ 《明宣宗实录》卷 189，第 3879 页。

⑤ 怀效锋点校：《中华传世法典·大明律·断狱》，"老幼不拷讯"条，法律出版社 1999 年版，第 215 页。

⑥ 怀效锋点校：《中华传世法典·大明律·名例律》，"犯罪事发在逃"条，法律出版社 1999 年版，第 18 页。

录》里记有一事：

在宣德九年，因辽东指挥佥事黄顺，与都指挥王祥、张荣等偕行至苏州后荣死。荣弟永等报顺，顺与详等疑其事，擒永，遗械人送行刑部鞫治永，永憾顺擒己，遂诬顺杀荣。逮顺至，论谋杀重罪。顺妻诉冤枉，法司久未决。上（宣宗）曰：顺何有恶于荣，且何所图之，遣御史张聪，锦衣卫千户尹亢诣苏州荣等原宿处覆实。皆言荣畏往辽东守边，坐卧口语不已，晚因醉，遂自刭，实非他杀。聪等还奏，即释顺还职，并荣弟释之。案得以结束。① 在该案陷入僵局，法司久不能决时，到人犯的住处收集证人证言，才得以真相大白，人犯无罪释放。证人证言在该案中起到了决定性的作用。

基于案情的需要，司法机关可以将证人羁候在衙门中，但是《大明律》规定："若因公事内干连平人在官无招，误禁致死者，杖八十。有文案应禁者，勿论。"② 将证人关押致死，有文案的（也就是虽然没有罪，但是如果是重要的证人，难以保管，立有文案的）不承担责任，没有文案的，杖八十。事实上，存在着因案件久不能决，证人被淹禁于狱中的现象。在成化元年八月由监察御史赵敬奏请，经刑部、都察院议定通行：凡文武官犯罪逃匿者，照依律例，就据众证定罪，证佐先行发落，不得淹禁。③

证人要承担据实作证的责任，作伪证要承担法律责任。大明律"狱囚诬指平人"条规定："……若鞫囚而证佐之人不言实情，故行诬证，及化外人有罪，通事传译番语不以实对，致罪有出入者，证佐人减罪人罪二等。……通事与同罪。"④

（二）清朝的言词证据

言词证据的作用在清代要高于其他证据，是审判的最主要依据。《大清会典》规定："凡听断，依状以鞫情，如法以决罚，据供以定案"。⑤ 由此可以归纳出清代三项最基本的审判原则，一是审讯要依据原告的诉状范围而确定，即"依状以鞫情"；二是依照法律进行审理、判决，即"如法以决罚"。在清代刑事案件审理的过程中，采用拷讯获取口供是常用程序，而法律对拷讯有各

---

① 《明宣宗实录》卷112，第2511—2512页。

② 怀效锋点校：《中华传世法典·大明律·断狱》，"故禁故勘平人"条，法律出版社1999年版，第212页。

③ 《明宪宗实录》卷20，第398页。

④ 怀效锋点校：《中华传世法典·大明律·断狱》，"狱囚诬指平人"条，法律出版社1999年版，第217页。

⑤ 《大清会典》卷55，第1页。

种规定，在审讯阶段，"如法以决罚"主要指的应为依法拷讯；三是要依据口供定案，口供也就是言词证据，包括原告、被告供述和证人证言，即"据供以定案"。在这三条原则中，后两项均涉及言词证据定罪问题，可见，言词证据在清代刑事诉讼中的重要地位。

1. 被告人供述

清代审判，极重视被告人口供，几乎是"无供不能定案"。"断罪必取输服供词，律虽有'众证明白，即同狱成'之文，然非共犯有逃亡，并罪在军、流以下，不轻用也"。① 清律规定："内外问刑衙门申办案件，除本犯事发在逃，众证明白，照例即同狱成外；如犯未逃走，鞫狱官详别讯问，各得输服供词，勿得节引众证明白即同狱成之律，遽请定案。"② "凡诸衙门鞫问刑名等项，必据犯者招草以定罪。"③ 即原则上应有犯人亲写招草，但是如果犯人不识字，可允许吏典等人代写。清律代写招草条："……若犯人果不识字，许令（在官）不干碍之人（依其亲具招情）。代写。"④

"若因公事干连平人在官，事须鞫问，及（正犯）罪人赃仗证佐明白，（而干连之人，独为之相助匿非。）不服招承，明立文案，依法拷讯……"⑤ 这一条说明，即使赃物（物证）、证言（人证）都已齐全，但是没有被告人的口供，还是不能定案，所以，还需要以拷讯的方式获取被告人口供。

2. 原告供述

原告的供述是引发案件的原因之一，提交诉状时，原告要明确相关的证据。如告盗情状式："某州某县人，某人为盗情事。某月日某更时分，不知名（强、窃）盗约有几名，各持凶器（剜透墙房暗偷出或打开门窗，将某搴住，用刀扎火燎劫去）某物、某物若干件（系甚花样，有何记号），银钱若干数（整锭，散碎或人口俱惊散或轮奸某妇女），保甲人等（俱来，通不）救护（或锥杆不前，或不知去向）。伏乞，案侯严拏，上告。"⑥ 该告状中，原告则

---

① 高潮、马建石主编：《中国历代刑法志注释》，《清史稿刑法志》3，吉林人民出版社 1994 年版，第 1054 页。

② 《大清会典事例》卷 739，第 9 页。

③ 田涛、郑秦点校：《中华传世法典》，《大清律例·刑律·断狱》，"吏典代写招草"条，法律出版社 1999 年版，第 602 页。

④ 田涛、郑秦点校：《中华传世法典》，《大清律例·刑律·断狱》，"吏典代写招草"条，法律出版社 1999 年版，第 602 页。

⑤ 田涛、郑秦点校：《中华传世法典》，《大清律例·刑律·断狱》，"故禁故勘平人"条，法律出版社 1999 年版，第 561 页。

⑥ （清）郑端：《郑学录》卷 5，畿辅丛书本，第 30—31 页。

须明确物证（凶器、赃物）、人证，以便其案件能够被受理。

原告的供述是指证犯罪的最初证据，不得被擅自删改，否则会被治罪。有例可证：

河抚题：县役王广居主使张居诬告侯秀林赌博，并差役索诈钱文，致侯秀林情急自尽。迨侯张氏具呈控诉，王广居复嘱令王守业删减呈词，王守业希图酬谢，转嘱刘瑾端将侯张氏所告王广居唆使诬告及诈赃各重情，于呈内悉行删去，实实朋比为奸，王守业、刘瑾端均应比照吏典代写招草条，增减情节，致非有出入，以故出入人罪论，故出入人罪未决放减一等律，于王广居绞罪上减一等，各杖一百，流三千里。（道光八年案）①

清代法律对诬告反坐的规定基本同于明代。《大清律例汇辑便览·刑律·诉讼·诬告》规定："凡诬告人笞罪者，加所诬罪二等。流、徒、杖罪，（不论已决配、未决配）加所诬罪三等，各罪止杖一百、流三千里。（不加入于绞）若所诬徒罪人已役，流罪人已配，虽经改正放回，（须）验（其被逮发回之）日，于犯人名下追征用过路费，给还。（被诬之人）若曾经典卖田宅者，着落犯人备价取赎；因而致死随行有服亲属一人者，绞，（监候。除偿费赎产外，仍）将犯人财产一半断付被诬之人。至死罪，所诬之人，已决者，（依本绞斩）反坐（诬告人）以死。（虽坐死罪，仍令备偿取赎，断付养赡）未决者，杖一百、流三千里，（就于配所）加徒役三年。"②

同明代一样，在清代告发也必须具名，否则要受到严厉制裁。《大清律例》规定："凡投隐匿姓名文书告人言者，绞。""凡凶恶之徒，不知国家事务，捏告悖谬言词，投贴匿名揭帖者，将投贴之人，及知而不首者，俱拟绞立决。""凡布散匿名揭帖，及投递部院衙门者，俱不准行，仍将投遞之人，拿送刑部，照例治罪。"③ 投匿名文书被认为是恶风恶俗，道光十八年八月二十日奉上谕：陶澍等奏揭获匿名词帖，先将被揭知县撤任确查等语。匿名文书告言人罪为风俗人心之害，前经降旨严行查禁，拾获者即为销毁，密拿编造之人，照例治罪。此案昭文县知县续抢升被人指称冒姓捐官等情况，该督等查获匿名文书，既知立案不行，即应照例销毁，一面严拿编造之犯，按律惩办，乃遽将该知县撤任查办，转使若辈鬼蜮伎俩得以阴售其奸。该督等如此动作，从

---

① （清）祝庆祺等编：《刑案汇览三编》4，北京古籍出版社 2004 年版，第 508—509 页。

② 田涛、郑秦点校：《中华传世法典·大清律例》，《大清律例·刑律·诉讼》，"诬告"条，法律出版社 1999 年版，第 481 页。

③ 田涛、郑秦点校：《中华传世法典·大清律例》，《大清律例·刑律·诉讼》，"投匿名文书告人罪"条，法律出版社 1999 年版，第 477 页。

此匿名揭告之风又炽矣，办理实属错谬。陶澍、陈銮俱着传旨严行申饬，该督等仍当督饬所属严密根追，务将编造揭帖之犯查拿到案，重治其罪，以警刁风，其续抢升有无劣迹之处，并着查明具奏。钦此。①

3. 证人证言

虽然清代特别强调被告人口供的重要性，但是证人证言也是非常重要的一种证据形式。除了可以作为被告人供述的佐证外，在被告人不供述的情况下，人证等证据也可以直接定案。"若犯罪而事发在逃者，众证明白，（或系为首，或系为从。）即同狱成，（将来照提到官，以原招决之。）不须对问。"②"其有实在刁健不承招者，如犯该徒罪以上，仍具众证情状，奏请定夺，不得率行咨结。杖笞以下，系本应具奏之案，照例奏请。其寻常咨行事件，如果讯无屈抑，经该督抚亲提审究，实系逞刁狡执意存拖累者，即具众证情状，咨部完结。"③《刑案汇览》中所记"知县借端侵渔勒索贪劣不职照众证确凿定拟"案即据此定罪：

......此案已革署荣河县知县、候补知县王兴存于该县职员王玉显呈控村人阻粜麦石，经该革员断令捐麦一百石，散给本村贫民三十余石之外，余麦六十余石令其交县，赈济阖县贫民。该革员辄思乘机勒索，或令交麦，或令折价交银，继复令其交麦，迭次勒捎驳换。迨王玉显买麦欲交，被村人阻闹，禀请饬差弹压，复倚势将王玉显父子及保人张国得押逼索银，于麦价之外索赃至千两之多，实属倚势强索，贪婪不职。该革员虽坚不承招，众证明白，自应按律拟定。......④

另一案"刁徒主使诬告讯不成招援照众供确凿拟办请旨"，与之情况相似：

湘府奏清泉衡阳等县童声尹松涛等京控郡绅杨柄等倚势横行一案，讯系宋濂光等主使。......已革捐贡生宋濂光做就词稿，许给钱文，令尹松涛誊写，与杨佐才等联名赴京诬控，实属用财雇寄，该犯刁健异常，坚不承招，已据杨佐才等切实供证，亦应照例问拟。......⑤

---

① （清）祝庆祺等编：《刑案汇览三编》4，北京古籍出版社 2004 年版，第 373 页。

② 田涛、郑秦点校：《中华传世法典·大清律例》，《大清律例·名例律》，"犯罪事发在逃"条，法律出版社 1999 年版，第 119 页。

③ 《大清会典事例》卷 739，第 9 页。

④ （清）祝庆祺等编：《刑案汇览三编》4，北京古籍出版社 2004 年版，第 686—687页。

⑤ （清）祝庆祺等编：《刑案汇览三编》4，北京古籍出版社 2004 年版，第 682—683页。

证人作伪证要承担责任。"凡因在禁诬指平人者，以诬告人（加三等）论；其本犯罪重（于加诬之罪）者，从（原）重（者）论。""若（官司）鞫囚，而证佐之人（有所偏徇）。不言实情，故行诬证，及化外人有罪，通事传译番语，（有所偏私）。不以实对，之（断）罪有出入者，证佐人，减罪人罪二等。"① "词内干证，令与两造同具甘结，审系虚诬，将不言实情之佐证，按律治罪。"②

二、实物证据

（一）明朝的实物证据

1. 物证

物证是指能够证明犯罪，作为审判依据的物品。主要包括犯罪过程中使用的工具，犯罪中所侵犯的对象，保留有犯罪痕迹的物品等。物证制度早在西周时期就已经存在，而在明朝物证定罪的重要性更显突出。万历十六年正月内题奉钦依："各处巡按御史今后奉审强盗，必须审有赃证明确及系当时现获者，照例即决。如赃迹未明，招扳续辑，涉于疑似者，不妨再审。其问刑衙门，以后如遇鞫审强盗，务要审有赃证，方拟不时处决。"③ "响马强盗，执有弓矢、军器，白日邀劫道路，赃证明白，俱不分人数多寡，曾否伤人，依律处决，于行劫处枭示。"④ 说明了物证（赃证）在明代强盗案件中定罪处决中的关键作用。

但并不是说物证在这种强盗死刑案件判决中是必不可少的证据。"其问刑衙门，以后如遇鞫审强盗，务要审有赃证，方拟不时处决。或有被获之时，伙贼供证明白，年久未获，赃亦化费，伙贼已决无证者，俱行秋后处决。"⑤ 如果赃证已经化费，不存在了，也可定罪，秋后处决。《折狱新语》一判词可以作为佐证：

审得王明宇与陈思庆、孙六等之聚劫，虽无赃无证，而其情实实非莫须有

① 田涛、郑秦点校：《中华传世法典》，《大清律例·刑律·断狱》，"狱囚诬指平人"条，法律出版社1999年版，第577页。
② 《大清会典事例》卷818，第3页。
③ 怀效锋点校：《中华传世法典·大明律》附录《大明令·刑令》，法律出版社1999年版，第296页。
④ 怀效锋点校：《中华传世法典·大明律》附录《大明令·刑令》，法律出版社1999年版，第296页。
⑤ 怀效锋点校：《中华传世法典·大明律》附录《大明令·刑令》，法律出版社1999年版，第296页。

也。当许春元撞遇明宇而诘伊弟春魁下落，明宇即挺身应云："不从我为盗，斧斫落水身死。"盖明谓"杀人者，当为人所杀，更迭为之，亦复何伤"？然若辈狗鼠耳，原非等荼苦于荠甘，而有视死如归之侠气者，故一转念间，而求生之软肠，忽变硬口矣。夫始之挺身直认，原未尝刑之而求其必供也。则今之巧言力辨，亦不必刑之而求其再供也。口自若澜之翻案已如山之定，则取诸初供足矣。明宇之斩，何说之辞？至陈恩庆、孙六等，皆明宇之翼虎而飞者。虽脏无实据，则六人之骈颈就戮，未必不恻然于汤网之祝，然一入其党，即犯死脉矣。依律骈斩，允当厥辜。①

　　除在强窃盗案件中，重视物证的作用外，在人命案件中，要有凶器、血衣等作为物证；在诈伪制书、伪造印信、伪造宝钞、私铸铜钱等案件中，要有伪造和私铸的假物作为物证。"律称伪造诸衙门印信者斩。……若篆文虽印，形质非印者，不可谓之伪造，故例又立描摸充军之条。……"②

　　2. 书证

　　书证是一种以文书记载的内容证明案件情况的证据，包括在广义的物证里面，以其所记载的内容和包含的思想起证据的作用。明朝时的各种文书已经相当规范，其可信度高，也便于司法官援引采用，所以，明朝的司法官将书证作为某些案件诉讼审判的有力证据。

　　(二) 清朝的实物证据

　　1. 物证

　　清代审判案件虽重招供，但并非不重视其他证据，在人命、窃盗等案件中，物证是极为重要的证据，命案需要起获凶器，盗案需要起获赃物，必须有真赃实据，才可定案，否则审转时容易被上级驳回。"凡问刑衙门鞫审强盗，赃证明确者，照例即决，若赃迹未明，招扳续辑，涉于疑似者，不妨再审。或有续获强盗，无自认口供，赃踪未明，夥盗已决无证者，俱引监候处决。""凡强盗初到案时，审明伙盗赃数，及起有赃物，经事主确认，即按律定罪。……如系窃贼，审明行窃次数，并事主初供，但搜有真赃，即分别定拟。"③

　　① 李清原著：《折狱新语注释·盗杀事》，华东政法学院法律古籍整理研究所，吉林人民出版社1989年版，第479页。
　　② 高潮、马建石主编：《中国历代刑法志注释》，《明史刑法志注释》1，吉林人民出版社1994年版，第874页。
　　③ 《大清会典事例》卷783，第2页。

大清律"故禁故勘平人"条规定："若因公事干连平人在官，事须鞫问，及罪人赃仗、证佐明白，不服招承，明文立案，依法拷讯，邂逅致死者，勿论。"该条文后附例进一步明确解释："强、窃盗、人命及情罪重大案件，正犯及干连有罪人犯，或证据已明，再三详究，不吐实情，或先已招认明白，后竟改供者，准用夹讯。"① 这说明在一定情形下，物证明确是进行刑讯的前提。

2. 书证

《大清律例》规定："事主呈报盗案失单，须逐细开明，如赃物繁多，一时失记，准于五日内续报。"② 等到起获人犯和赃物时，以事主所列失单上的物品对照领取。不仅在命案、盗案中重视书证的作用，在某些"诈伪"案件中，也需要综合运用物证书证来定罪处罚。《刑案汇览》中记载一案：

河南司查律载：……今河南省题逃军朱亚兆商同杨题名伪造赦文，私雕假印一案，职等详加查核，朱亚兆系照凶恶棍徒拟军在配脱逃改发安置之犯，与未获之同配军犯杨题名等商同逃走，杨题名恐沿路盘诘，起意伪造赦文，朱亚兆以文内未盖印信，虑及被人窥破，随潜揭该县告示印模，雕就假印，杨题名即捏写赦文二张，封筒两个，各盖假印，将假文封固。朱亚兆与杨题名等携带假文分路逃走，朱亚兆被拿获，该抚以朱亚兆私雕假印，与商同伪造制书罪各相等，将该犯依诈伪制书律不分首从拟斩监候。详阅原题内称，查验已获假文，封套有盖用假印，封面上开河南武安县移广东南海县开折，因被水浸湿，残破不全，内惟准赦面上起字及遵赦发回字样，并该犯供称记得假文内写恩赦，自乾隆五十七年发配起至嘉庆六年止，准其保释，不得誊挪阻滞，即验放行等语，是朱亚兆等所造假文系诈为，该县给发释放原籍，沿途验放之公文，与昭赦谕赦不同，自应依诈为州县文书科断，该犯私雕假印，为首应治其伪造印信之罪，乃该抚因起验假文内有恩赦字样，遽将该犯依诈为制书律拟斩监候，实未允协，该司照伪造印信例议驳，尚属平允。惟伪造印信亦应验明假印篆文是否俱全，分别核办。查阅招内虽有令该犯当堂雕刻，篆文与所盖假印无异之语，而所雕篆文是否文质俱全与该县印信相同，并未叙明，若验与该县印篆不同，仍应照未成治罪，应驳令覆验明确，以昭核实。嘉庆七年说帖。③

① 田涛、郑秦点校·《中华传世法典·大清律例》，《大清律例·刑律·断狱》法律出版社，"故禁故勘平人"条，1999年版，第561页。

② 田涛、郑秦点校：《中华传世法典·大清律例》，《大清律例·刑律·贼盗》，"强盗"条，法律出版社1999年版，第380页。

③ （清）祝庆祺等编：《刑案汇览三编》3，"私雕县印填写遇赦释回文书"案，北京古籍出版社2004年版，第1901页。

该案中定罪要明晰的几个要点是：一是伪造的文书的内容和形式是否构成"制书"；二是假印是否为该犯所雕刻；三是所雕假印的篆文是否文质俱全与该县印信相同。第一点，仅以"恩赦"两字断定为制书不妥，同昭赦谕赦有所不同，所以讲该犯定性为诈为州县文书，这是以书证为凭；第二点，让该犯当堂雕刻与之前所用的假印比对，结果是一样的，可以断定假印是该犯所雕。这是以物证为凭；第三点，关于假印所雕篆文是否文质俱全并且与该县印信相同，未予明确，所以需要驳回覆验，核实真情，予以准确定案。这是以书证为凭。在清朝，文字狱兴起，在诸如此类的案件中，文集、小说、笔记、诗词作为书证成为定罪的主要依据。

三、查验结论

(一) 明朝的查验结论

查验结论是司法机关对与案件有关的场所、人身、尸体等进行勘查和检验所得出的结论，是古代司法官定罪判刑的重要证据，该证据早在西周时期就已经在司法实践中运用，明朝得以继续完善。

明朝虽然重视以口供定罪，但是对查验结论的重视也不容忽视，尤其是对人命案件的勘验更是予以多方强调。成化年间规定："凡盗贼赃仗未真，人命死伤未及勘验，辄加重刑致死狱中者，审勘有无过失明白，不分军民职官，但视酷刑事例为民。"① 明代宪宗时期明确规定："今后有告人命，须先体勘明白，果系应该偿命者，然后如法委官检验，依律问断。"② 《盟水斋存牍》载有一案：

审得梁子冲毒死梁于谨。图赖廖公畅等，已经屡谳，三简伤真，似无容置喙矣。但廖氏及左袒廖氏者，均硬称无共殴之事，而耳根、臂膊诸伤何所自来？且以毒死而牙齿又白色，此子冲之犹然哓哓不已也。今再一蒸检，自头及足，逐肢逐节与子冲面质之，其耳根臂膊诸伤皆非致命，而处处黑色，的係中毒。其牙齿之不黑，据仵作称。毒缘酒进，则毒竟入腹不留于齿，亦可不黑。理或有之，总之，子冲二十三日往墟报复，拉于谨与俱，两相撕斗，身有微伤，即问之廖志洪，亦自认共殴，而乘机毒死，抬尸图赖。于谨委死于毒，不死于殴，正不必以无共殴之事为廖公畅等讳也。彼苍在上，万目环瞩，子冲即

___

① （清）王鸿绪：《明史稿》卷72，文海影印清敬慎堂刊本，第13页。
② 刘海年、杨一凡主编：《中国珍稀法律典籍集成》乙编，第5册，《皇明条法事类纂》卷46，科学出版社1994年版，第833页。

有百口，又何辞于一斩哉！①

案件反复审理，疑点主要在两点：一是毒死牙齿却为白色；二是身体有伤痕，何来？经过再次检验，处处黑色，死于毒确定无疑，牙齿为白色，是因为"毒鬻酒进，则毒竟入腹不留于齿，亦可不黑"。身体的伤痕同犯供称是在撕斗的过程中留下的，已有出处，关键是经检验该伤痕并非致命伤。所以案件能够确认是死于毒而非殴。

（二）清朝的查验结论

查验结论包括勘查、检验结论。在清代盗案、命案、斗殴案都要进行勘查、检验。《六部处分则例》规定："地方呈报强劫盗案，责令州县印官，不论远近，无分风雨，立即会同营讯飞赴事主之家。查验前后出入情形，有无撞门毁户，遗下器械油捻之类。事主有无拷燎捆扎伤痕，并详讯地邻更夫救护人等，有无见闻影响，当场讯取确供，俱填注通报文内。"一旦发生强窃盗案件，要及时勘查事发现场，获取和保留相关证据。检验分为初检和复检。大清律"检验尸伤不以实"条例："凡人命重案，必检验尸伤，注明致命伤痕，一经检明，即应定拟。若尸亲控告伤痕互异者，许再行复检，勿得违例三检，致滋拖累。"②另规定："凡京城内外及各省州县，遇有斗杀伤重不能动履之人，或具控到官，或经拿获，及巡役地保人等指报，该管官即行带领件作亲往眼看。"③人命和斗殴案件发生，要立即检验尸伤和伤情。

第三节 明清刑事证据的收集

官府审理案件并对其进行处理，首先要认定事实，而要认定事实就必须先收集和运用证据，所以证据的收集又成为建构证据的前提。因证据的种类不同，证据的收集主体、对象、程序、方式等内容也均有所不同。

---

① （明）颜俊彦：《盟水斋存牍》，"人命梁子冲"案，中国政法大学出版社2001年版，第54页。

② 田涛、郑秦点校：《中华传世法典·大清律例》，《大清律例·刑律·断狱》，"检验尸伤不以实"条，法律出版社1999年版，第592页。

③ 田涛、郑秦点校：《中华传世法典·大清律例》，《大清律例·刑律·斗殴》，"保辜期限"条，法律出版社1999年版，第447页。

一、言词证据的收集

（一）明朝言词证据的收集

1. 收集的对象

（1）范围

言词证据可以说是中国古代诉讼、审判中最重要的证据，特别是被告的口供更是定罪判案的主要依据。言词证据收集的对象主要包括原告、被告和干连佐证。原告的供词主要是其口头或书面的诉状和庭审时的供述。因在中国古代采用"有罪推定"原则，所以原告的供词先被视为是真实的。当然，在案件审讯的过程中，如果发现原告"诬告"，审判官将会重新从原告那里获取供词。相对于原告的供词来说，被告的供述对审判更为重要，在明朝尤其如此。因此，在明朝法律中关于被告口供收集的规定比较详尽。干连佐证在定案时的作用也十分重要，案件目击者、街坊四邻、约长、保长等都是都是言词证据收集的对象，当然，亲眼目睹者的证据效果最为强。

（2）限制

明朝的法律对于言词证据的收集对象作出了某些限制。在此，以法律消极的规定说明那些不能成为言词证据收集对象的情形：

第一种是原告不能作为收集对象的情形。依据明朝法律，被囚禁的人不能告举他人，另外，老幼笃疾和妇人，除某几类案件外均不得告。《大明律》规定："凡被囚禁，不得告举他事。……其年八十以上，十岁以下及笃疾者，若妇人，除谋反、逆叛、子孙不孝，或己身及同居之内为人盗诈，侵夺财产及杀伤之类，听告。余并不得告。"① 这表明以上人员不可能作为原告来对其收集证据。

第二种是对被告不能收集的情形（针对的是以刑讯为采集手段）：一是应八议之人；二是七十以上，十五以下，老幼废疾者；三是怀孕妇女。《大明律》，"老幼不拷讯"条规定："凡应八议之人，及年七十以上，十五以下，若废疾者，并不合拷讯，皆据众证定罪。违者，以故失入人罪论。"② 另《大明律》，"妇人犯罪"条规定："……若妇人怀孕，犯罪应拷决者，……皆待产后

---

① 怀效锋点校：《中华传世法典》，《大明律·诉讼》，"现禁囚不得告举他事"条，法律出版社1999年版，第179—180页。

② 怀效锋点校：《中华传世法典》，《大明律·断狱》，"老幼不拷讯"条，法律出版社1999年版，第215页。

一百日拷决。若未产而拷决因而堕胎者，官吏减凡斗伤罪三等。致死者，杖一百，徒三年。产限未满而拷决者，减一等。若犯死罪，听令稳婆入禁看视，亦听产后百日乃行刑。未产而决者，杖八十；产讫限未满而决者，杖七十……"①

第三种是对证人不能收集的情形：一是八十以上、十岁以下之人；二是笃疾之人；三是得相容隐之人。《大明律·断狱》，"老幼不拷讯"条规定："……其与律得相容隐之人及年八十以上、十岁以下，若笃疾，皆不得令其为证。违者，笞五十"。②《大明令·刑令》规定："凡告事者，告人祖父不得指其子孙为证，告人兄不得指其弟为证，告人夫不得指其妻为证，告人本使不得指其奴婢为证。违者，治罪。"③ 另外，明代法律限制出庭证人的人数。明代条例规定：凡遇奏办人命、强盗等项冤枉情事，所指证佐勿过十人。违者，原词立案不行。④

2. 收集的手段

言词证据采集的手段分为合法手段和非法手段。

（1）合法手段。即为法律所认可的手段。

第一，五听。"五听"是运用察言观色的方法，通过对当事人的心理活动的考察，从而对当事人施加压力，迫使其提供真实的供词。作为刑事证据采集的一种手段，"五听"制度在我国源远流长，早在奴隶社会即已存在。明朝也同前朝一样将五听作为刑事证据采集的方法之一。《大明会典》中明确规定：在审讯时，必须先"观看颜色，察听情词，其词语抗厉，颜色不动者，其理必真；若转换失吞，则必理亏，略见真伪，然后用笞决勘"。⑤ 由此可以看出，明朝司法官吏审理案件时，首先运用的是五听的方法，然后再是刑讯等方式。《明会要》载：明惠帝（建文帝）为太孙时，官兵捕获盗贼七人，他对七人仔细观察之后，对太祖（朱元璋）说，只有六个人是真盗，一个人不是的。经

① 怀效锋点校：《中华传世法典》，《大明律·断狱》，"老幼不拷讯"条，法律出版社1999年版，第222页。

② 怀效锋点校：《中华传世法典》，《大明律·断狱》，"老幼不拷讯"条，法律出版社1999年版，第216页。

③ 怀效锋点校：《中华传世法典》，《大明律》附录《大明令》，法律出版社1999年版，第267页。

④ 《条例备考·通都大例》卷1，转引自罗昶：《伦理司法——中国古代司法的观念和制度》，法律出版社2009年版，第304页。

⑤ （明）李东阳等纂：《大明会典》卷177，江苏广陵古籍刻印社影印出版1989年版，第155页。

审讯之后果然如此。太祖问他是怎么知道的，他回答说《周礼》听狱，色听为上，此人眸子了然，顾视端详，肯定不是盗贼。这一记载，虽有夸张之处，但比较客观地反映了这一方法在实际中的应用。

从现代证据学的角度看，五听也即我们现在所说的察色判断、闻声判断、情理判断、言词判断、事理判断，注重被询问人的神情状态，从而发现破绽漏洞，颇有当今犯罪心理学之理念。"五听"制度虽然具有较大的任意性和盲目性，很容易导致主观臆断、造成冤假错案，但是其总结了审判实践中一些有益的经验，其内容含有一定合乎审讯学、心理学和逻辑学等的正确成分，其在古代司法实践中的诸多运用实例说明，五听作为一种刑事证据的采集手段有其可取之处。

第二，刑讯。刑讯亦称拷讯，用刑具拷打被告人等，以获取供词或证词。刑讯在中国古代的司法中一直是刑事证据采集的合法手段，可以施加于被告身上，也可以施加于原告和证人身上。在明朝虽然形式上强调据察听情词，禁止非法刑讯，但实际上刑讯仍是一种基本的审讯方式，且法外刑讯及其残酷程度都较之历代有过之而无不及。

首先，明朝确立了刑讯的合法性和条件。《明会典》中规定："犯重罪，赃状明白，故意恃顽不招者，则用讯拷问。"① 另大明律规定："若因公事，干连平人在官，事须鞫问，及罪人赃仗证佐明白，不服招承，明立文案，依法拷讯，邂逅致死者，勿论。"② 《明史·刑法志》中说到："凡内外问刑官，惟死罪及窃盗重犯，始用拷讯，余止鞭扑常刑……"③ 从上述规定当中可见，实施刑讯的方式是被法律肯定的，实施刑讯的条件是可以确定的：一是赃状明白，二是不服招承，三是明文立案。而适用的到底是什么类型的案件，是只适用于重罪（《明会典》和《明史·刑法志》的规定如此）还是适用于所有的案件（《大明律·断狱》的规定无从判断）？学者对此也是看法不一。有学者认为只适用于重罪案件，"明律明确规定刑讯的条件有三个：首先是罪囚犯重罪。只有在犯重罪的情形下才可以对罪囚使用刑讯"。④ 有学者认为"无论轻重罪犯，都要先依法详情审问推理，于真伪略见端底或真相已明，而人犯仍恃顽不予供

① （明）李东阳等纂：《大明会典》卷 177，江苏广陵古籍刻印社 1989 年版，第 154—155 页。

② 怀效锋点校：《大明律·断狱》，"故禁故勘平人"条，法律出版社 1999 年版，第 212 页。

③ 高潮、马建石主编：《中国历代刑法志注释》，吉林出版社 1994 年版，第 924 页。

④ 李奉侠：《明代刑讯制度特点研究——与唐宋比较》，西南政法大学硕士论文，2011 年，第 6 页。

招者，才用刑拷打……"① 但在司法实践中，并非只有死罪、窃盗重犯才拷讯。

其次，明确了对刑讯的限制及对非法刑讯的制裁。除了上面提到的对刑讯对象有所限制以外，还存在以下一些限制：一是刑具的限制。"笞，大头颈二分七厘。小头径一分七厘，长三尺五寸。杖大头颈三分二厘。小头径二分二厘，长三尺五寸。讯杖大头颈四分五厘。小头径三分五厘，长三尺五寸。以上笞杖，皆须削去节目，……拷讯时，臀腿分受。"② 二是"度"的限制。"依法拷讯。拷讯不得过三度，每讯相去二十日，通记前数，以充三度。杖不得过一百，笞不得过所犯之数。"③

明朝对酷吏非法刑讯规定了严厉的制裁措施。"凡鞫问罪囚，必须依法详情推理，勿得非法苦楚，锻炼成狱。违者，究治。"④ "内外问刑衙门，一应该问死罪，并窃盗、抢夺重犯，须用严刑拷讯。其余止用鞭朴常刑。若酷吏官员，不论情罪轻重，辄行挺棍、夹棍、脑箍、烙铁等项惨刻刑具，如一封书、鼠弹筝、拦马棍、燕儿飞等项名色，或以烧酒灌鼻、竹签钉指，及用径寸懒杆，不去棱节竹片，乱打复打，或打脚踝，或鞭脊背，若但伤人，不曾致死者，俱奏请。文官降级调用，武官降级，于本卫所带俸。因而致死者，文官发原籍为民，武官革职，随舍余食量差操。若致死至三命以上者，文官发附近，武官发边卫，各充军。"⑤《明史·刑法志》记载，弘治六年，常少卿李东阳言："……律故勘平人者抵命，刑具非法者除名，偶不出此，便谓之公。一以公名，虽多无害。此则情重而律轻者，不可以不议也。请凡拷讯轻罪即时致死，累二十或三十人以上，本律外，仍议行降调，或病死不实者，并治其医。"⑥ "又定制，凡盗贼赃仗未真，人命死伤未经勘验，辄加重刑至死狱中

① 杨雪峯：《明代的审判制度》，黎明文化事业股份有限公司1981年版，第260页。

② 怀效锋点校：《中华传世法典·大明律》附录《大明令》，法律出版社1999年版，第260页。

③ （明）苏茂相：《临民宝镜》卷11，第3页。

④ 怀效锋点校：《中华传世法典·大明律》附录《万历问刑条例·刑律·断狱》，法律出版社1999年版，第262页。

⑤ 怀效锋点校：《中华传世法典·大明律》附录《万历问刑条例·刑律·断狱》，法律出版社1999年版，第438—439页。

⑥ 高潮、马建石主编：《中国历代刑法志注释》，《明史刑法志》2，吉林出版社1994年版，第871页。

者，审勘有如故失明白，不分军民职官，俱视酷刑事例为民。"①

有些爱民州县官自订拷讯禁止条款，节制拷讯之使用。如明代的吕坤刑戒有五不打、五不轻打、五勿就打、五且缓打、三莫又打、三怜不打、三应打不打、三禁打之说。"五不打：曰老不打，幼不打，病不打，衣食不继不打，人打我不打。五轻不打：曰宗室莫轻打，官莫轻打，生员莫轻打，上司差人莫轻打，妇人莫轻打。五勿就打：曰人急勿就打，人忿勿就打，人醉勿就打，人随行远路勿就打，人跑来喘息勿就打。五且缓打：曰我怒且缓打，我醉且缓打，我病且缓打，我不见真且缓打，我不能处分且缓打。三莫又打：已挦莫又打，已夹莫又打，已枷莫又打。三怜不打：曰盛寒酷暑怜不打，佳辰令节怜不打，人方伤心怜不打。三应打不打：曰尊长该打与卑幼讼不打，百姓该打与衙门人讼不打，工役铺行该打为修私衙或买办自用物不打。三禁打：禁重杖打，禁从下打，禁佐贰非刑打。②

在庭审时，司法官通过质证的程序，综合运用五听、刑讯等手段获取真情实据。《明会典》记载："其引问一干人证，先审原告，词因明白，然后放起原告，拘唤被告审问；如被告不服，则审干证人，如干证人供与原告同词，却问被告，如各执一词，则唤原被告干证人一同对问，观看颜色，察听情词，其词语抗厉颜色不动者，事即必真；若转语支吾，则必理亏，略见真伪，然后用笞决勘；如不服，用杖决勘，仔细磨问，求其真情。"③

（2）非法手段。除了基本的刑讯和五听的方法外，审案官还常常借助一些特别的手段收集口供，尤其是针对被告，以使其服罪。

一是诈谲的方法。虽然在古代这种方法为许多饱读儒家经典的审判官吏所不耻，但是在司法实践中还是被采用的。《仁狱类编》，"舆妓屈盗辨"例：

……安吉州富家新娶妇，有盗乘人冗杂时入妇室，潜床下伺夜行窃，然久不得手，饿极出，被捉送官，乃诡称新妇有疾，相随常为用药耳。询其情，言之皆合。富家不得已，谋之老吏，恳县宰，为选一妓，盛服出对盗，若执之，见其诬矣。盗不知其计，遇妓即呼妇乳名，伪遂识破矣。④

《海刚峰公案》记载一案：

①　高潮、马建石主编：《中国历代刑法志注释》，《明史刑法志》2，吉林出版社1994年版，第948页。
②　（清）徐栋辑：《牧令书》卷18，第37—38页。
③　（明）李东阳等纂：《大明会典》卷225，江苏广陵古籍刻印社1989年版，第154页。
④　《续修四库全书》编撰委员会编，《仁狱类编》卷15，上海古籍出版社2002年版，第40页。

金华府金华县有一富家汪大婚娶，邻有为盗者，亦遂戚友往贺。席散，盗乘闹阆入，伏新妇床下，盗其金银首饰。富家疑昨席散未见支（观）德，德出，彼被盗也。告于公廷，掠不伏。公沉思，乃书一"金"字于盗掌中，曰："果而耶，字当自灭；若非尔，盗字当在。"令之起立一边。公乃令一明白会干事的隶去拘其妻。至仪门，海公问盗曰："金字在乎？"盗曰："在"。隶语其妻曰："尔夫已招矣，说金子还在。"妻惊讶间，公复问盗："金在否？"盗又答："金字尚在。"其妻以为夫果服也，归取所盗之物付隶，呈于公。公以示盗，乃伏于法。①

在古代利用诈谲之术审理疑案是不被禁止的，这为古代法官运用智慧破案提供了便利。

二是借"鬼神取证"。明代法官判案，利用一般人存在的鬼神观念制造地域场景，假扮鬼神恐吓犯人，使其在惊魂未定时如实招供，并将供词作为定案的依据。② 明朝也有用鬼神断案的实例：

建昌府新城县民李瀚二索子钱还家，……以暮归，至相识黄嵩五家与其义男喻五宿，次早辞行，中道被人谋死，踰数月，其兄李瀚一诉之府，尸与主名具未获。喻同知信李瀚一言，闻有余钦者，能下神，召至府，询以李瀚二死事，神言嵩五谋杀，埋葬乌泥坡，同知乃捕嵩五，阅其家，瀚一于床下搜得钥匙，即对李瀚一言，此是昭先寺钥匙……屡审，送抚院，余懋学审问，认神言未足评，终经直证李瀚一所诬，嵩五得平反。③

虽然最后，余懋学认为神断不足以作为定案的凭证，此案也没有侦破。但可以看出借用鬼神取证立法并未禁止。

三是运用法官个人智慧和经验，运用情理的把握采集口供，这种方式非常多见。《折狱要编》记载一例：

欧阳晔治鄂州，桂阳民有争舟而相殴至死者，狱久不决，晔自临其监，出囚坐庭中，去其桎梏而饮食之。食讫，悉劳而还之狱，独留一人于庭，留者色动，惶顾，公曰：杀人者，汝也。囚不知所以然。公曰：吾视食者皆以右手持匕箸，而汝独以左，今死者伤在右肋，此汝杀之明矣，囚即涕泣曰：我杀也，不敢以累他人。④

---

① （明）李春芳编次：《海刚峰公案》，第21回公案"乘闹窃盗"，刘世德、竺青主编，《古代公案小说丛书》，群众出版社1999年版，第173页。

② 郑牧民：《论中国古代获取证据的方法》，载《吉首大学学报·社科版》2009年第1期，第97页。

③ 《续修四库全书》编撰委员会编：《仁狱类编》卷30，上海古籍出版社2002年版，第8页。

④ （明）张九德辑：《折狱要编》卷1，台北故宫博物院馆藏本，第18页。

《历朝折狱纂要》亦记载一例：

明朝四川成都守。某县有奸狱，一曰和奸，一曰强奸，县令久不能决。臬司檄属成都守鲁公永清讯之，因公平日有折狱才也。公讯此案，遂令隶有力者，脱去妇衣，诸衣皆去，独裹衣，妇以死自持，隶无如之何。公曰供作和奸。盖妇苟守贞，衣且不能去，况可犯耶？遂以和奸定案。责而逐之。①

第一案中，死者伤在右肋，司法官判定杀人凶手是左撇子，于是叫所以狱囚吃饭，当场观察到一囚用左手吃饭。于是诘问之，案情大白。第二个案件中，司法官采用模拟的方式，叫强有力之人强行脱去妇人的衣服，但妇人以死自持，根本不从，从而断定其实为通奸，而不是被强奸。这两个案子都是依据情理推断，最后作出判决。

古代法官为采集口供，作为定案之凭，有时会采用反复鞫问的方法。明代佚名撰《新纂四六谳语》载"斩犯李枏审疑开释谳语"，这是一则将斩犯"申豁"案例，谳语中指出，李枏帮助妻舅程元生毒杀其兄李朴，情节有七大可疑之处。② 这些疑问本身说明供词或证词之间存在矛盾，证据不够充分，需要反复诘问，反复参验取得新的相关证据，尤其是被告的口供，因为在明代口供在一般情况下是定罪的必备要件。

3. 口供收集的认定

告人罪者必须要写明告发人的名字，是告发人对于其所主张事实以及所提供证据的确认。明朝严厉禁止投匿名书告人。《大明律》规定："凡投隐匿姓名文书，告言人罪者，绞。见者，即便烧毁。若将送入官府者，杖八十。官司受而为理者，杖一百。被告言者，不坐。若能连文书捉获解官者，官给银一十两充赏。"③ 这充分说明在明朝原告的供词是要经本人签字认定的。原告、被告和证人在庭审结束时在自己的供词上都要签字画押，这是对自己的供词的认定。不仅如此，在最后判决形成时，被告还要签字画押予以确认。《大明律》规定："凡狱囚徒、流、死罪，各唤囚及其家属，具告所断罪名，仍取囚服辨文状……"④

之所以作出这样的规定，一方面是据供词定罪的需要。尤其是被告，对供

---

① （清）周尔吉：《历朝折狱纂要》，全国图书馆文献缩微复制中心，第27页。

② 杨一凡、徐立志主编：《历代判例判牍》（第4册），（明）佚名：《新纂四六谳语》，中国社会科学出版社2005年版，第82—83页。

③ 怀效锋点校：《大明律·刑律·诉讼》，"投匿名文书告人罪"条，法律出版社1999年版，第174页。

④ 怀效锋点校：《大明律·刑律·断狱》，"狱囚服辨"条，法律出版社1999年版，第221页。

词的认定表明是对被告之罪的真实的认可。由此，也可以视为是被告"自愿"服法，以达到古代所追求的"心服口服"的司法证据理念。同时，也能表明司法裁决的合法性、合理性和正当性，体现古代"公"、"和"的司法理念；另一方面是法官保护自己的需要，因为，如果被告翻供，将可能使自己承担办案不力的责任。

（二）清朝言词证据的收集

1. 收集的对象

清朝沿袭明朝的规定，言词证据的收集对象也受到一些限制：

一是原告作为收集对象的限制。主要包括两种情形，被囚禁的人不得告举他人，老幼、笃疾、妇人除个别案件外，其他情况不得告。"凡被囚禁不得告举他（人之）事，……其年八十以上，十岁以下，及笃疾者，若妇人，除谋反、叛逆、子孙不孝，或己身及同居之内为人盗诈，侵夺财产及杀伤之类，听告，余并不得告……"①

二是被告作为收集对象的限制，主要针对的是采用刑讯的手段收集证据时。清朝法律规定对八议之人、老幼废疾、孕妇不得拷讯。"凡八议之人，问鞠不加考讯，皆据各证定罪"。"三品以上大员，革职拏问，不得遽用刑夹，有不得不刑讯之事，请旨遵行"。②"凡应八议之人，（礼所当优）及年七十以上，（老所当恤）。十五以下，（幼所当慈）若废疾（疾所当矜）者，（如有犯罪，官司）并不合（用刑）拷讯，皆据众证定罪，违者，以故失入人罪论。"③ 孕妇在怀孕期间不拷讯，"若妇人怀孕，犯罪应拷决者，依上保管，皆待产后一百日拷决"。④

三是证人作为收集对象时的限制。《大清律例》规定："其于律得相容隐之人，（以其情亲有所违）年八十以上，十岁以下，若笃疾，（以其免罪有所

---

① 田涛、郑秦点校：《中华传世法典·大清律例》，《大清律例·刑律·诉讼》，"见禁囚不得告举他事"条，法律出版社1999年版，第489页。

② 田涛、郑秦点校：《中华传世法典·大清律例》，《大清律例·名例律》，"应议者犯罪"条，法律出版社1999年版，第87页。

③ 田涛、郑秦点校：《中华传世法典·大清律例》，《大清律例·刑律·断狱》，"老幼不拷讯"条，法律出版社1999年版，第573页。

④ 田涛、郑秦点校：《中华传世法典·大清律例》，《大清律例·刑律·断狱》，"妇人犯罪"条，法律出版社1999年版，第599页。

恃）皆不得令其为证，违者，笞五十。"① 由此可见，有三种人不可以作为证人，一是相容隐之人，二是老幼之人，三是笃疾之人。

2. 收集手段

清朝言词证据的收集手段非常丰富，在此介绍几种主要的收集方法。

（1）七字审问法

康熙时期的黄六鸿依自己的司法经验，将审讯归纳为七字法："曰钩，曰袭，曰攻，曰逼，曰摄，曰合，曰挠。"其中对被告的讯问可用"钩，袭，攻，逼"的方法。"何谓钩？以我意探彼意也。彼腹中原有真情在，不肯实吐，止将虚词肤愬，而我已窥见真情，但未知的确，姑微以一语钩之，看其如何回答，于是乎用袭。何谓袭？乘其虚而掩之也。我既钩之，彼不受饵，仍将前词敷说，我却从他意料不到之处诘问之，彼必无心致对也，于是乎用攻。何谓攻？因其瑕而击之也。所对一有空隙，我即从他空隙处连驳之，彼之情已惶然不能自掩矣，于是乎用逼。何谓逼？因其穷而急厄之也。彼情已觉难掩，然跃跃在喉，又不肯遽吐，若此时间官局势稍缓，则跃跃者又将复隐，其时假作威严，乃拍案大怒，命取夹棍吓之，两班牙爪，疾呼跃出，提摔而下，则惊魂大怖，宁有不输服者乎？然此就审正犯言之也。"②

对于证佐等，又可用"摄"字问供法。"至于证佐之类，多系受贿买嘱，不则至亲好友，亦缘情谊难却，若语以辱身殉命，则未敢必也，但棍徒奸狡，最善相机，彼之口供虚实，只看上官缓急，吾则用之以摄。何谓摄？制其奸而不使逞也。于证造前，上官预嗔目厉容以待，若一言不合便欲加刑者，因择极肯綮处严讯之，彼若遽尔直言，何以塞贿金之命，亲友之情，彼必言辞游衍，乃即命加刑，彼自连声称吐。如此，彼上畏官长之精严，不敢饰欺，下受本人之贿托，亦已有词矣！说者谓先唤原被，后唤干证，彼将依样葫芦，必致互争无已固也。夫事小者，干证知无大害，何妨直言。若情关重大，纵先唤干证，彼岂肯轻出一言，而偾乃公事耶？故听讼原无定法，贵在随时应变耳。"③

---

① 田涛、郑秦点校：《中华传世法典·大清律例》，《大清律例·刑律·断狱》，"老幼不拷讯"条，法律出版社1999年版，第573页。

② （清）黄六鸿：《福惠全书》，卷11刑名部，清康熙38年金陵濂溪书屋刊本，第23—24页。

③ （清）黄六鸿：《福惠全书》，卷11刑名部，清康熙38年金陵濂溪书屋刊本，第24页。

（2）五听审判法

五听法作为一种古老的审问方法，在清代司法实践中常被应用。《历朝折狱纂要》记载一案：

清朝直隶清苑县，有伯仲析产而居。仲无行，遗产荡尽，赖伯时周济之。伯年逾五旬，仅一子，弱冠娶某氏女，相得甚欢。会仲妻以急，诣伯家求助。日将暮，伯子从市归，腹中苦饥。晚炊尚早，其妻即以日中蔬饭与之，食毕七窍流血而死。某氏惶恐失措，奔告伯夫妇，相持恸哭，几不欲生。仲妻瞪目旁哭，厉声曰：“伯年半百，仅此一子，今无故暴死，某媳能辞其咎乎？”归诉于仲，偕伯夫妇鸣官，直控某氏毒死亲夫。官验确系服毒，乃严刑搒讯，某氏不能耐刑，遂诬服。其案已定，适讷近堂制军，移节直隶，虑囚至此，疑其不实。某明府，健吏也，听讼为一时冠，讷公调省，告以此狱可疑，命为平反。明府见案逾一年，已经多官研讯，又系大辟，不敢承鞫。讷公强之，明府细覆历年案牍，厚盈尺许，中间屡断屡翻，实有可疑。即命拘集在案人等，隔别研讯，某女辞气温和，益信其冤。又讯伯夫妇，同称媳入门后，甚孝，夫妇亦极伉俪，是否毒害，不敢臆断。讯至仲妻，则厉声哭骂，谓贱婢以毒斩伯氏之嗣。不付大辟，无以服死者，词色悍暴。明府谛审久之，忽拍案叱曰：“下毒者非他人，即汝是也！汝毒尤子，欲夺其产，敢诬某媳乎？”仲妻失色称冤。明府大怒，命极刑拷之，……仲妻乃尽吐其实。缘久欲吞伯产，每至伯家，必怀砒少许。伺隙投之，恰值伯子先食，遂潜下焉。伯子毙命，即乘机嫁祸某氏。至此吐实，共颂制军虑囚之神，明府断狱之决。或请于明府，曰：“何以知为仲妻所毒？”曰：“是不难。在听讼者，察言观色耳。彼姑舅且不敢臆断，仲妻竟敢直言其罪，已属可疑。且其日适至伯家，更露破绽，故严拷之，不谓果成信谳。”爰以仲妻抵罪，而释某氏女焉。①

（3）刑讯

清朝允许采用刑讯的方式取供，刑讯不止是对被告运用的，对证人和原告均可使用。在此，着重介绍对被告的刑讯取供。“若因公事干连平人在官，事须鞫问，及（正犯）罪人赃仗证佐明白，（而干连之人，独为之相助匿非。）不服招承，明文立案，依法拷讯，邂逅致死者，勿论。”② 清律关于拷讯的规定基本同于明律，但是也有规定的更为具体的地方。大清律“故勘故禁平人”

---

① （清）周尔吉：《历朝折狱纂要》卷5，全国图书馆文献缩微复制中心，第441页。

② 田涛、郑秦点校：《中华传世法典·大清律例》，《大清律例·刑律·断狱》，“故禁故勘平人”条，法律出版社1999年版，第561页。

条后附有的条例大多数事关于刑讯的。①

第一，刑讯的前提。

大清律"故勘故禁平人"条规定来看，实施刑讯应具备三个前提：一是"赃仗证佐明白"，即为物证和证人证言都已经明白确切；二是"不服招承"，即被告拒不招供自己的罪行；三是"明文立案"。司法官妄拿良民拷打实为违法，如果致死，性质更为严重。《刑案汇览》中记载一案：

陕督题：捕役张应举诬窃拷打唐名身死一案。查例载：诬良为窃，吓诈逼认因而致死，照诬告致死律拟绞监候，如因拷打致死，照故杀律拟斩监候。又捕役诬窃为盗，吓诈逼认因而致死，照诬告致死律拟绞监候，拷打致死者，照故杀律拟斩监候。又捕役奉差辑贼，其人本是良民，捏称踪迹可疑，妄拿私行拷打，吓诈逼认，照诬良为盗例分别强窃治罪各等语。……此案捕役张应举奉差辑匪，因见唐名行走慌张，向其盘诘，复以口音不对情有可疑，欲拉其禀官讯究，唐名蹲地不行，愈加疑惑，该犯恐系窃匪，起意拷问，随用拳殴伤其左耳耳窍等处倒地，复用铁链殴伤其左膝等处迫问窃情，唐名詈其诬赖，该犯即将唐名身穿马褂剥去，用铁链拴其颈项，并捆住两手，用木鞭殴其左腮颊、右乳、左肋等处，因其滚骂翻身，又用鞭杆戳伤其背脊、脊膂、左右肋、腰眼等处，经人路过劝住查问，唐名告以被诬拷打，该犯生气，又用鞭杆殴伤其左手背等处，唐名至次日殒命。检阅供招内称，审据乡约崔朝善及尸妻丁氏金供，死者平日并未为匪，该犯即因其口音不对亦当禀官究治，乃辄恣意拷问，叠殴多伤致死，自应照捕役诬良为窃例问拟。该省将该犯依诬良为窃，拷打致死照故杀律拟以斩候，与例相符，应请照覆。嘉庆二十一年说帖②

第二，依法拷讯。

依法刑讯，意味着在刑讯的过程中不得违反法律的相关规定，而清朝的法律对刑讯做出了各种限制。兹述于下。

一是刑讯的限度。"凡讯囚用杖，每日不得过二十。熬审得用掌嘴、跪链等刑，强盗人命酌用夹棍，妇人拶指，通不得过两次，其余一切非刑有禁。"③

二是刑具的限制。清代的法定刑具有三种，竹板、夹棍、拶指。竹板

---

① 田涛、郑秦点校：《中华传世法典·大清律例》，《大清律例·刑律·断狱》，"故禁故勘平人"条，法律出版社1999年版，第561—563页。

② （清）祝庆祺等：《刑案汇览三编》3，"捕役妄拿良民拷打逼认致毙"案，古籍出版社2004年版，第1765—1766页。

③ 高潮、马建石主编：《中国历代刑法志注释》，《清史稿刑法志》3，吉林人民出版社1994年版，第1054页。

"长五尺五寸。小竹板，大头阔一寸五分，小头阔一寸，重不过一斤半。大竹板，大头阔二寸，小头阔一寸五分，重不过二斤。""夹棍中梃木长三尺四寸，两旁木各长三尺。上圆下方，圆头各阔一寸八分。拶指以五根圆木为之，各长七寸，径圆各四分五厘，其应夹人指不得实供方夹一次，再不实供许再夹一次。"① 另外，"其拧耳、跪链、厌膝、掌责等刑，准其照常行用。"②

三是主体的限制。只有正印官有权进行拷讯，捕官和差役不得私自用刑取供。"凡强盗案件，交与印官审鞫，不许捕官私行审讯、审捕等役私拷取供。违者，捕官，参处；审役等，于本衙门首枷号一个月，杖一百，革役。"③ 但实际上，差役私行拷讯的情况并非不存在。方大湜论捕役八大害："……吊拷：于深林僻地、古庙空屋内私刑拷问疑犯。……"④

第三，刑讯的责任。

《大清律例》，"故禁故勘平人"条对非法刑讯的责任作出了细致的规定。"强、窃盗、人命，及情罪重大案件正犯，及干连有罪人犯，或证据已明，再三详究，不吐实情，或先以招认明白，后竟改供者，准夹讯外，其别项小事，概不许滥用夹棍。若将案内不应夹讯之人，滥用夹棍，及虽系应夹之人，因夹致死，并恣意叠夹致死者，将问刑官题参治罪，若有别项情弊，从重论。""内而法司，外而督抚、按察使、正印官，许酌用夹棍外，其余大小衙门概不许擅用，若堂官发司上司官批发佐杂审理案件，呈请批准，方许刑审。若不呈请，而擅用夹棍、拶指、掌嘴等刑，及佐贰并武弁衙门，擅设夹棍、拶指等刑具者，督抚题参，交部议处，正印官亦照失察例处分。""凡用刑衙门，凡一切刑具不照题定工样造用，致有一号、二号、三号不等者，用刑官照酷刑例治罪；上司各官，不即题参，照徇庇例治罪"。"直隶各省督抚设立用刑印簿，分发问刑衙门，将某案、某人因何事用刑讯，及用刑次数，逐细填注簿内，于年终申缴督抚查阅。如有滥用夹棍，及用多报少情弊，即将用刑各官指参议处。""承审官吏，凡遇一切命案、盗案，……如有将干连人犯，不应拷讯，误执己见，刑讯致毙者，依决人不如法因而致死律，杖一百。其有将干连人犯，不应拷讯，任意叠夹致毙者，照非法殴打致死律，杖一百，徒三年。如有将徒流人犯，拷讯致毙二命者，照决人不如法加一等，杖六十，徒一年；三命

---

① 田涛、郑秦点校：《中华传世法典·大清律例》，《大清律例·名例律》，"五刑"条，法律出版社1999年版，第81页。
② 《大清会典事例》卷839，第5页
③ 《大清会典事例》卷783，第3页。
④ 方大湜：《平平言》卷4，第4—16页。

以上。遞加一等，罪止杖一百、徒三年。"① 另外，"妇人犯罪"条规定了对孕妇进行刑讯的责任。"若妇人怀孕，……若未产而拷决，因而堕胎者，官吏减凡斗伤罪三等；致死者，杖一百、徒三年，产限未满，而拷决致死者，减一等。"②

　　言词证据的收集，要经本人亲自确认。而且大清律对此有程序性规定。"各有司讞狱时，令招房书吏照供录写，当堂读与两造共听，果与所供无异，方令该犯画供。该有司亲自定稿，不得假手胥吏，致滋出入情弊。如有司将供词辄交经承，致有增删改易者，许被害人首告。督抚察实题参，将有司官照失出入律议处；经承书吏照故出入律治罪；受财者，计脏，以枉法从重论。"③在判决作出时，被告还要签字画押，以表示自己对判决结果的确认。狱囚取服辨条："凡狱囚（有犯）徒流死罪，（鞫狱官司）各唤（本）囚及其家属（到官），具告所断罪名，仍（责）取囚服辨文状。"④

　　州县官不得改口供："承审官改造口供故行出入者，革职；故入死罪已决者，抵以死罪。"⑤ 尤其强调初次招供不许擅自删改。"凡初次招供，不许擅自删改，俱应详载揭帖。若承问官增减原供，希图结案，按察使依样转详，该督抚严察题参。不行察参，将督抚交部一并议处。"⑥

二、实物证据的收集

（一）明朝实物证据的收集

　　物证在人命、强窃盗案件中是定罪量刑的重要依据，比如人命案件中的凶器、血衣，强窃盗案件中的赃物等。其收集的主要手段是通过被告的供述和司法机关的搜查起获。《历朝折狱纂要》记载一案：

　　明朝江南大理寺，尝鞫杀人狱，未得其实狱。吏日夜忧惧。乃焚香恳祷，

　　① 田涛、郑秦点校：《中华传世法典·大清律例》，《大清律例·刑律·断狱》，"故禁故勘平人"条，法律出版社1999年版，第561—563页。

　　② 田涛、郑秦点校：《中华传世法典·大清律例》，《大清律例·刑律·断狱》，"妇人犯罪"条，法律出版社1999年版，第599页。

　　③ 田涛、郑秦点校：《中华传世法典·大清律例》，《大清律例·刑律·断狱》，"吏典代写招草"条，法律出版社1999年版，第602页。

　　④ 田涛、郑秦点校：《中华传世法典·大清律例》，《大清律例·刑律·断狱》，"狱囚服辨"条，法律出版社1999年版，第596—597页。

　　⑤ 《大清会典事例》卷818，第4页。

　　⑥ 《大清会典事例》）卷843，第5页。

以求神助。是夜，即梦过枯河，上高山。寐而思之，曰河无水，可字；山而告，嵩字也。常闻人言崇孝寺有僧，名可嵩，素不法，杀人贼，即是僧也乎。乃白长官，下符摄之。既至讯问，亦无奸状。忽见履上墨污，因问其由，云墨所溅。使脱视之，乃墨涂也。复诘之，僧色动。涤去其墨，即是血痕，以此鞠之，此狱果系该生所杀。案乃定。①

该案中，因为发现了人犯鞋子上的血痕，由此作为突破口，问出案情真相。这个物证的取得源于审问官的细心观察，然后通过洗去墨汁，获得了血痕这一重要证据。

（二）清朝实物证据的收集

物证在人命和强窃盗案件中通常是定罪的必要证据。其收集的路径主要是被告的供述和司法部门的搜查。人命案件中人犯到案以后，要对其诘问或搜查其住所等地点，获取凶器下落，然后同尸伤的伤痕进行比对，确定是否为作案工具。

在强窃盗案件中，人犯到案后，也要对其进行诘问以获取赃物所在地点，盗贼一旦供出真赃所在，要及时起获赃物。"故问官既审出真盗，供有真赃为失主报单所有之物，便宜即时起获其赃，须讯明本盗在于何处。若在其家，即从其家照赃起获；若寄顿人家或质之典铺，即从所供人家典铺照赃起获。"②"失事之后，不惟盗宜即获赃，亦宜即起，万不可迟延自误，赃有多分有少分，有分细有分粗，有现在有花费，有藏匿有抵换，有别得为首，线窝远勾来者，皆多分；把风截门，新上道者，皆少分。黠盗分细，弱盗分粗；或置之家中，或质典当，皆为现在；或鬻之市集或准折嫖赌者，皆为花费。"③

赃物起获之后，传失主辨认，并同失主报失单进行比对，对于有些特征不明显的赃物，最好多找些相同或相似的物品混杂在其中让失主辨认。当有人问刘衡如何保证盗案中赃物真实可靠时，刘衡就提到混杂辨认法。"赃物可凭，但患失主记忆不清，或错认耳。更恐捕役勒令失主妄认，以冀速了案耳。须将似是而非之物参错其间，令失主辨认。若能认，方是真赃，否则恐有别故，难

---

① （清）周尔吉编：《历朝折狱纂要》，全国图书馆文献缩微复制中心，第135—136页。

② （清）黄六鸿：《福惠全书》卷18刑名部，清康熙38年金陵濂溪书屋刊本，第6—7页。

③ （清）徐栋辑：《牧令书》卷19，徐文弼之"起赃"，清道光28年刊，第48—59页。

为凭也。"① 如确定是事主丢失的赃物，则以此作为物证定罪处罚。如赃物挥霍，无从获取，则凭被告的供述和干连佐证的证言定罪量刑。

三、查验结论的收集

（一）明朝查验结论的收集

1. 收集的主体

收集的主体根据地方和京师而有所不同。地方有其正印官查验，京师多由五城兵马司查验。

（1）地方上由府、州、县正印官，即县官和府推官进行。《问刑条例》，"检验尸伤不以实新题例"规定："万历十八年三月题奉钦依：凡遇告讼人命，除内有自缢、自残及病死而妄称身死不明，意在图赖、挟财者，究问明确，不得一概发检，以启弊害外，其果系斗殴、故杀、谋杀等项该当检验者，……在外初委州县正官，复检则委推官"。② 州县如遇较复杂之人命尸伤案件，有时尚须检验二次以上，第一次是州县官为之，为初检；第二次府推官为之，为复检。

通常州县官、府推官应亲自检验。"府则通判、推官，州县则长官亲检，勿得委下僚。"③ 但是在特殊情况下，允许正官委托他人检验。成化十五年（一四七九年）七月二十六日奉旨：……若正官缺员，或有公占事故，方于佐贰官内选委廉能干济者，眼同从实检验尸伤。④

（2）京师人命案件多由五城兵马司为之。"凡刑部、都察院照勘、提人、检尸、追赃，分委该司（五城兵马司）承行。"⑤ 《大明律》第436条"检验尸伤不以实"条虽将检验尸伤分为初检和复检，但京师人命案件之检验原仅有初检而已。《大明会典》："凡刑部遇有应检尸伤，该司付行照磨所，取得部

---

① 郭成伟主编：《官箴书点评与官箴文化研究》，中国法制出版社2000年版，第275—276页。

② 怀效锋点校：《大明律》附例《问刑条例》，"检验尸伤不以实新题例"，法律出版社1999年9月第1版，第441页。

③ 高潮、马建石主编：《中国历代刑法志注释》，《明史刑法志》1，吉林出版社1994年版，第925页。

④ 刘海年、杨一凡主编：《中国珍稀法律典籍集成》乙编，第5册，《皇明条法事类纂》卷48，科学出版社1994年版，第904页。

⑤ （明）李东阳等纂：《大明会典》卷225，江苏广陵古籍刻印社1989年版，第653页。

印尸图一幅，先时止行顺天府大兴、宛平二县委官，如法检验填图，各取结状缴报。今多行委五城兵马，如尸检不一，及执词不服者，然后改委府县。其自缢身死无词者，止行城相验。如情词不一，仍行检验。若尊长殴死卑幼，据律不应偿命者，亦止相验，不检。"① 京师人命案件的检验分为初检和复检始于嘉靖三十九年。《大明会典》载："嘉靖三十九年奏准，凡遇检验尸伤，必择该城廉干兵马一员，先行检验。再调各城复检。如有前后尸伤不一，原被告不服者，方再改委京县知县或京府推官，复行详检。"②《问刑条例》，"检验尸伤不以实新题例"规定："凡遇告讼人命……其果系斗殴、故杀、谋杀等项该当检验者，在京初发五城兵马，复检则委京县知县"。③ 说明，万历十八年以后，京师人命案件，初检由五城兵马司为之，复检由两京县知县为之。

其实无论是州县官和府推官，还是五城兵马司，都是检验的主持人员，真正实施检验的是仵作，就是今天的法医，是专业的检验技术人员。也因如此，有些仵作趁机作弊，对审判结果影响甚大。所以，对仵作的不实检验要予以惩处。"仵作行人检验不实，符同尸状者，罪亦如之。"④

2. 收集的程序

（1）查验前的准备。司法机关接收应进行查验的案件后，应尽快执行，并在进行查验前，先收集言词证据，以比对场所、尸伤等是否相符。《问刑条例》检验尸伤不以实新题例规定："凡遇告讼人命，……其果系斗殴、故杀、谋杀等项该当检验者，……务求于检验之先，即详鞫尸亲佐凶犯人等，令其实招，以何物伤何致命之处，立为一案，随即亲诣尸所，督令仵作，如法检报，定执要害致命去处，细验其圆长斜正青赤分寸，果否系某物所伤，公同一干人众，质对明白，各情输服，然后成招。"⑤ 成化十五年（一四七九年）七月二十六日奉旨：各处巡抚巡按等官及浙江等都布按三司兼直隶府州卫所，今后但有诉告人命，但照前例，先拘数内干证里邻等到官，从公审勘人命是实，方许

① （明）李东阳等纂：《大明会典》卷178，江苏广陵古籍刻印社1989年版，第164页。

② （明）李东阳等纂：《大明会典》卷188，江苏广陵古籍刻印社1989年版，第165页。

③ 怀效锋点校：《大明律》附例《问刑条例》，"检验尸伤不以实新题例"，法律出版社1999年版，第441页。

④ 怀效锋点校：《大明律·刑律·断狱》，"检验尸伤不以实"条，法律出版社1999年版，第219页。

⑤ 怀效锋点校：《大明律》附例《问刑条例》，"检验尸伤不以实新题例"，法律出版社1999年版，第441页。

行委州县卫所正官检验。① 检验前做如此的准备，一是为了检验时有所针对，二是为了防止给言词证据的提供者以串供的时间和机会。

（2）当场查验。场所要当场勘查，尸身要当场检验。《大明令》规定：如遇初、复检验尸伤划时，委官将引首领官吏、仵作行人，亲诣地所，呼集众合听检人等，眼同仔细检验，定执生前端的致命根因，依式标注、署押，一幅付苦主、一幅黏连附卷、一幅缴申上司。② 检验人员带着尸亲和干连佐证等，共同当面检验，检验出致命伤后，按照要求填写尸格，共三份，一份给尸亲，一份附在卷上，还有一份给上司。

3. 收集的方法

明代查验的方法基本沿用宋代，但也有自己独创之处，最有代表性的是吕坤的《实政录》中所记载的一些关于人命案的检验方法。如确定了致命之处、致命之伤。吕坤认为：

"有致命之处，有致命之伤，顶心、囟门、耳根、咽喉、心坎、腰眼、小腹、肾囊，此速死之处。脑后、额角、胸膛、背后、胁肋，此必死之处。肉青黑，皮破肉绽、骨裂、脑出血流，此致命之伤。致命之伤当速死之处，不得过三日，当必死之处，不得过十日。若当致命之处而伤轻，或极重之伤而非致命之处，虽死于限内，当推别情，不可一槩坐死。"他还指出："致命之伤，当致命要处，死于登时，或三日之内，原告干证定执某物殴某处，只宜于所殴之处检验伤痕，既免死者翻尸，又免生者冤诬。何者人生一世，自少至壮，或失足磕跌，或病疾捶按，或生疮击，或负重著坚，血不流行。伤轻和新伤著骨则红，日久或消。重伤与久伤，著骨则青，终身不散。试将病死之人细一蒸刷，果全身一副白骨，则检验真足凭信。近日问官，全不理会原告、证人，本说耳根一处打死，而浑身检验，动数十处伤痕。上司以伤痕不对为驳辞，问官增殴打情节为比对。有左右伤痕、尺寸、青红、不差分毫者，如以为殴，岂两手执一般凶器而对击乎？有昏夜醉后群殴，而定执某人打某处者，虽殴者亦不能自知其所偶之处，不能自己起所殴之数，而况证人乎？大抵共殴，只坐殴人，因由检伤只只重原伤的处。慎无刻舟胶柱，致有冤情。慎勿含糊模稜，致多

---

① 刘海年、杨一凡主编：《中国珍稀法律典籍集成》乙编，第 5 册，《皇明条法事类纂》卷 46，科学出版社 1994 年版，第 904 页。

② 怀效锋点校：《中华传世法典·大明律》附录《大明令》，法律出版社 1999 年版，第 263—264 页。

驳案。"①

4. 免检

《大明令》规定三种免检的情形：（1）凡诸人自缢、溺水、别无他故，亲属情愿埋葬，官司详审明白，准告免检。（2）若事主被强盗杀死，若主告免检者，官为相视伤损，将尸给亲埋葬。（3）其狱囚患病责保看治而死者，情无可疑，亦许亲属告免检。②

5. 查验官责任

《大明律》第436条"检验尸伤不以实"条："凡检验尸伤，若牒到托故不即检验，致令尸变，及不亲临监视，转委吏卒，若初复检官吏相见，符同尸状及不为用心检验，移易轻重、增减尸伤不实、定执致死根因不明者，正官杖六十，首领官杖七十，吏典杖八十。仵作行人检验不实，符同尸状者，罪亦如之。因而罪有增减者，以失出入人罪论。若受财故检验不以实者，以故出入人罪论。脏重者，计脏以枉法从重论。"③

另，万历十八年三月内奉钦依：凡人命当检验者，仵作受财增减伤痕，符同尸状，以成冤狱，审出真情，脏至满贯者，查照诓骗情重事例，问遣。④ 成化十五年（一四七九年）七月二十六日奉旨：……眼同从实检验尸伤，要见的确致死根因，明白取其备细供结，以凭问结，若各该官司违例，不行用心审勘，及辄委仓场，库务等官，阴阳医生等役以前作弊枉人者，许巡按御史并按察司依律究问施行。⑤

（二）清朝查验证据的收集

查验结论的证据形式在盗案、命案和斗殴案件中应用普遍。

1. 盗案

（1）收集主体：要由州县正印官负责收集。"地方呈报强劫盗案，……如

---

① （明）吕坤撰：《吕新吾先生实政录·风宪约》，"人命"，北京图书馆古籍珍本丛刊，书目文献出版社2000年版，第187页。

② 怀效锋点校：《中华传世法典·大明律》附录《大明令》，法律出版社1999年版，第266页。

③ 怀效锋点校：《大明律·刑律·断狱》，"检验尸伤不以实"条，法律出版社1999年版，第219—220页。

④ 怀效锋点校：《中华传世法典》《大明律·大明令·刑令》，法律出版社1999年版，第321页。

⑤ 刘海年、杨一凡主编：《中国珍稀法律典籍集成》乙编，第5册，《皇明条法事类纂》卷46，科学出版社1994年版，第904页。

州县印官不亲诣查验，或竟将未曾目见之情形，捏作亲诣填报者，将州县官革职……"① 当然，要是有特殊情况，正印官不在，则可以委佐贰捕官代为检验。"失事地方印官外出，该佐贰捕官一面会同营汛先行勘验查缉，一面申请邻境印官复加查验。"② "交界处所失事呈报到官，地方官即关会接界州县，公同踏勘。"③

（2）收集时间：接到呈报的盗案以后，应该立即进行勘验，但在勘验之前，应先询问事主被盗情形。"地方被盗，必以事主呈报失单为据。状至，即传入事主，询其被盗情形，盗是何时刻从何处入，从何时出，向何处去，如何警觉，如何行劫，约有若干人，持何器械，曾否涂面，听系何处声音，有无器捻等物遗下，邻右地方曾否救应，并据单按件讯明，衣服新旧色样，银两是何成色，若干锭件，并取无诳开遗漏甘结。如有地邻同来，亦各取供存卷，随即带卷，协同城守往勘。往勘之时，须察其进出形迹，如撬门，越墙，挖空，暗进暗出。"④

2. 命案和斗殴

（1）收集主体：地方由正印官检验，在京则由刑部司官、五城兵马司和京县知县负责检验。"凡遇告讼人命……其果系斗杀、故杀、谋杀等项，当检验者，在京委刑部司官，及五城兵马司、京县知县；在外委州县正印官。"⑤ 而且，正印官必须亲自检验。"凡人人命呈报到官，该地方印官立即亲往检验。"⑥ "凡京城内外及各省州县，遇有斗殴伤重不能动履之人，或具控到官，或经拿获，及巡役地保人等指报，该管官即行带领件作亲往验看。"⑦

当然在特殊情况下，正官不能分身者，准委副官、吏目代验。或有主官因公外出，可以请相距不过五六十里的邻县州主官代往相验，如果地处遥远，不能朝发夕至，才允许委派同知、通判、州同、州判、县丞等官检验，严禁滥派

---

① （清）文孚等纂：《六部处分则例》卷41，第4页。

② （清）文孚等纂：《六部处分则例》卷41，第5页。

③ （清）文孚等纂：《六部处分则例》卷41，第12页。

④ 那思陆：《清代州县衙门审判制度》，中国政法大学出版社2006年版，第75—76页。

⑤ 田涛、郑秦点校：《中华传世法典·大清律例》，《大清律例·刑律·断狱》，"检验尸伤不以实"条，法律出版社1999年版，第591页。

⑥ 田涛、郑秦点校：《中华传世法典·大清律例》，《大清律例·刑律·断狱》，"检验尸伤不以实"条，法律出版社1999年版，第593页。

⑦ 田涛、郑秦点校：《中华传世法典·大清律例》，《大清律例·刑律·斗殴》，"保辜限期"条，法律出版社1999年版，第447页。

杂职。"地方呈报人命到官，正印官公出，壤地相接不过五六十里之邻邑印官，未经公出，级移请代往相验。或地处遥远，不能朝发夕至，又经他往，方许派委同知、通判、州同、州判、县丞等官，勿得烂派杂职。其同知等官相验，填具结格通报，仍听正印官承审，如有相验不实，照例参处。"①　"凡斗殴伤重之人，除附近城郭，以及事简州、县，照例正印官亲诣验看外；其离城窎远之区，及繁冗州、县，委係不能逐起验看者，许委贰佐、巡捕等官，代往据实验报。"②

旗人命案，有关于会同检验的特别规定。"凡外省驻防旗人遇有命案，该管旗员，即会同理事同知、通判，带领领催、尸亲人等，公同检验。……如无理事同知、通判之处，即会同有司官，公同检验，详报审拟。"③

（2）收集程序。检验的程序分为四步：第一步是立案，在检验以前，从证人、被告等处取得初步证据；第二步是现场详细检验，由地方正印官主持，仵作负责具体的检验；第三步是填写尸格。《大清律》规定："凡遇告讼人命，……其果系斗殴、故杀、谋杀等项该当检验者，……务须于未检验之先，即详鞫尸亲、证佐、凶犯人等，令其实招以何物伤何致命之处，立为一案。随即亲诣尸所，督令仵作如法检报。定执要害致命去处，细验其圆长斜正青赤分寸，果否系某物所伤，公同一干人众，质对明白，各情输服，然后成招。"④如果是"查办自尽命案，尸亲不到，一面审祥，一面关传。如尸亲后到，取供补祥结案。……若真正命案，尸亲实在远出，不能即到者，验讯明确，亦须先行详报。"⑤　"凡检验，以宋宋慈所撰之《洗冤集录》为准。刑部题定《验尸图格》，颁行各省。……仵作据伤喝报部位之分寸，行凶之器物，伤痕之长短浅深，一一填入尸图。"⑥

---

① 田涛、郑秦点校：《中华传世法典·大清律例》，《大清律例·刑律·断狱》，"检验尸伤不以实"条，法律出版社1999年版，第593页。

② 田涛、郑秦点校：《中华传世法典·大清律例》，《大清律例·刑律·斗殴》，"保辜限期"条，法律出版社1999年版，第446页。

③ 田涛、郑秦点校：《中华传世法典·大清律例》，《大清律例·刑律·断狱》，"检验尸伤不以实"条，法律出版社1999年版，第592页。

④ 田涛、郑秦点校：《中华传世法典·大清律例》，《大清律例·刑律·断狱》，"检验尸伤不以实"条，法律出版社1999年版，第591—592页。

⑤ （清）王又槐：《办案要略·论命案》，华东政法学院语文教研室注译，群众出版社1987年版，第7页。

⑥ 高潮、马建石主编：《中国历代刑法志注释》，《清史稿刑法志》3，吉林人民出版社1994年版，第1053页。

斗殴案件有关于保辜期限的规定，被殴伤之人未死，责令犯人限期医治，这样在保辜期限之前先行进行一次检验，待保辜期限界至或被殴伤之人死亡时再进行一次检验，从而确定犯人的责任。"凡保辜者，（先验伤之重轻，或手足、或他物、或金刃、各明白立限）责令犯人（保辜）医治。辜限内皆须因（原殴之）伤死者，（如打人头伤，风从头疮而入，因风致死之类）以斗殴杀人论。（绞）其在辜限外，及虽在辜限内，（原殴之）伤已平复，官司文案明白，（被殴之人）别因他故死者，……各从本殴伤法。若折伤以上，辜内医治平复者，各减二等。……辜内虽平复，而成残废笃疾，及辜限满日不平复（而死）者，各依律全科。"①

（3）收集方法：清代对死刑案件的检验方法有许多种。主要有验骨法、验地法、自缢检验法。验骨法针对的是尸体因年久只剩下骨头的情形。清代的王明德解释了通过验骨能验清死因的理由："盖凡人生一息尚存，气血仍周行于身内，若被伤损其处，气血即为凝滞，重则沁入骨中，经久不散，必为多方医治，使多积之气与血，消净尽，其骨始为复旧，否则虽至形销骨化，而所伤则仍存，盖以生气所聚，伤为气血所养，人死而骨犹生故也。"②

检地法是清代王明德提出的方法，针对的是尸体被烧无尸骨可检验的情形。"得其烧尸地面，即于其处设立尸场，令凶首见证，亲为指明，将草芟除净尽，多用柴薪，烧令地热，取胡麻数斗撒上，用帚扫之，如果系在彼烧化，则麻内之油沁入土中，即成人形，其被伤之处，麻即聚结于上，大小方圆长短斜正，一如其状；如所未伤之处，则毫无沾恋。既已得其伤形，然无可见之痕，犹未足深服凶首之心。又将所恋之麻，尽行除去，将系人形所在，用火再狠烧，和槽水泼上，再用火烧极热，烹之以醋，急用明亮新金漆桌覆上，少顷取验，则桌面之上，全一人形，凡系伤痕，纤毫毕见。"③

王又槐《办案要略》检验是否自缢的记载最为详细，标志着古代法医检验技术相当高超。"检验自缢者，手足俱垂，血气凝注，牙齿、手指尖骨俱带赤色，或血色气坠而不均，则十指尖骨赤白不同；若俱白色，非缢死也。又有将带先系颈项，然后登高吊挂八字不交者，头向左侧，伤在左耳根骨；如缠绕系有一道交匝者，伤在颈项骨，皆须酌看形势。被勒者，多有制缚磕碰等伤，或牙齿脱落，指尖骨白色无血晕。凡自缢或被勒，被搕死者，顶心及左右骨有

---

① 田涛、郑秦点校：《中华传世法典·大清律例》，《大清律例·刑律·斗殴》，"保辜限期"条，法律出版社1999年版，第446页。

② （清）王明德：《读律佩觿》法律出版社2001年版，第315页。

③ （清）王明德：《读律佩觿》法律出版社2001年版，第334页。

血晕。或又云：缢死者无血晕。"① 除上述方法以外，王又槐还论及了其他检验技术。如对于是否因"痧胀及阴症不治而死"的检验，要重点检验："手足指甲皆青黯或青紫，其则头面及遍身紫黯或青紫，其则头面及遍身紫黯。此因血败成色，不可错认服毒"；对于"伤风身死者"，必须检验是否"口眼㖞斜，牙关紧闭，伤处及顶浮肿，手足拘挛"。② 如果是，则是伤风致命，非他杀。

（4）免检：《大清律》规定三种情形免检：第一种：全部因为死者自己的原因造成的，事实清楚，家属愿意埋葬的，可以免检。"诸人自缢、溺水身死、别无他故，亲属情愿安葬，官司详审明白，准告免检"；③ 第二种：若事主被强盗杀死，家人要求免检，司法官也已经看过尸伤，可以免检。"若事主被强盗杀死，若主告免检者，官与相视伤损，将尸给亲埋葬"；④ 第三种：犯人因为患病保外就医而死亡的，没有可疑之处，亲属要求的，可以免检。"其狱因患病，责保看治而死者，情无可疑，亦许亲属告免覆检"。⑤ 但是，如果是被杀害而死的，就是亲属提出要求，也不能免检。"若据杀伤而死者，亲属虽告，不听免检。"⑥

（5）责任：如不依法检验，将会受到刑处。不及时检验、正印官不亲自检验、不用心检验都属于不依法检验。"凡（官司初）检验尸伤，若（承委）牒到，讬故（迁延）不即检验，致令尸变；及（虽即检验）。不亲临（尸所）监视，转委吏卒；（凭臆增减伤痕）。若初（检与）复检官吏相见，扶同尸状，及（虽视临监视）。不为用心检验，移易（如移脑作头之类）。轻重（如本轻报重，本重报轻之类）。增减（如少增作多。如有减作无之类。）尸伤不实；定执（要害）致死根因不明者，正官杖六十，（同检）首领官杖七十，吏典杖八十。仵作行人，检验不实，扶同尸状者，罪亦如（吏典，以杖八十坐）之。

---

① （清）王又槐：《办案要略·论命案》，华东政法学院语文教研室注译，群众出版社1987年版，第7页。

② （清）王又槐：《办案要略·论命案》，华东政法学院语文教研室注译，群众出版社1987年版，第4页。

③ 田涛、郑秦点校：《中华传世法典·大清律例》，《大清律例·刑律·断狱》，"检验尸伤不以实"条，法律出版社1999年版，第592页。

④ 田涛、郑秦点校：《中华传世法典·大清律例》，《大清律例·刑律·断狱》，"检验尸伤不以实"条，法律出版社1999年版，第592页。

⑤ 田涛、郑秦点校：《中华传世法典·大清律例》，《大清律例·刑律·断狱》，"检验尸伤不以实"条，法律出版社1999年版，第592页。

⑥ 田涛、郑秦点校：《中华传世法典·大清律例》，《大清律例·刑律·断狱》，"检验尸伤不以实"条，法律出版社1999年版，第592页。

（其官吏仵作）因（检验不实）而罪有增减者，以失出入人罪论。（失出，减五等。失入，减三等。）若（官吏仵作）受财，故检验不以实（致罪有增减）者，以故出入人罪论。赃重（于故出、故入之罪）者，计赃，以枉法各从重论。（止坐受财检验不实之人，其余不知情者，仍以失出入人罪论。）"①　"凡京城内外及各省州县，遇有斗殴伤重不能动履之人，……仍令扛抬听候验看者，各该上司察实指参，交部议处。""倘佐贰、巡捕等官验报不实，照例议处。如州、县官怠驰推诿，概委佐贰、巡捕等官代验，致滋扰累捏饰等弊，仍照定例议处。"②

　　另外，检验途中所发生的费用必须自理，不得需索于地方。"凡人命呈报到官，该地方印官立即亲往相验，止许随带仵作一名、刑书一名、皂隶二名，一切夫马饭食，俱自行备用，并严禁书役人等，不许需索分文。……如该地方印官不行自备夫马，取之地方者，照因公科敛律议处。书役需索者，照例计赃，分别治罪。如故意迟延拖累者，照易结不结律处分。"③

　　《刑案汇览》记载一案，因检验尸伤不实，各级官吏均受到处罚。

　　刑部奏：浙江余杭县民妇葛毕氏毒毙本夫一案，讯明相验不实、枉坐人罪之承审官员，并妄行控验之尸亲人等，按律分别拟结。……此案仵作沈详率将病死发变尸身误报服毒，致入凌迟重罪，殊非寻常疏忽可比，合依检验不实失入死罪未决，照例递减四等，拟杖八十，徒二年。已革余杭县知县刘锡彤虽讯无挟仇索贿情事，惟始则任听仵作草率相验，继复捏报擦洗银针，涂改尸状，及刑逼葛毕氏等诬服，并嘱令章溶函致钱宝生诱勒具结，罗织成狱，仅依失于死罪未决本律拟徒，殊觉轻纵，应请从重发往黑龙江效力赎罪，年逾七十，不准收赎。杭州知府陈鲁于所属州县相验错误，毫无觉察，及解府督审，率凭刑讯混供具详定案，复不亲提钱宝生究明砒毒来历，实属草菅人命。宁波府知县边保诚、嘉兴县知县罗于森、候补知县顾德恒、龚世潼，经学政委审此案，未能彻底根究，依附原题。候补知县郑锡皋系巡抚派令密查案情，并不详细访查，率以无冤无滥会同原问官含糊禀覆，厥咎惟均，俱应依承审官草率定案，证据无凭，枉坐人罪例，各拟以革职。巡抚杨昌浚据详具题，不能查出冤情，

───────────

　　①　田涛、郑秦点校：《中华传世法典·大清律例》，《大清律例·刑律·断狱》，"检验尸伤不以实"条，法律出版社1999年版，第591页。

　　②　田涛、郑秦点校：《中华传世法典·大清律例》，《大清律例·刑律·斗殴》，"保辜限期"条，法律出版社1999年版，第447页。

　　③　田涛、郑秦点校：《中华传世法典·大清律例》，《大清律例·刑律·断狱》，"检验尸伤不以实"条，法律出版社1999年版，第593页。

京控交审不能据实平反，意涉瞻徇，学政胡瑞澜以特旨交审要案，所讯情节既有与原题不符之处，未能究诘致死根由，详加覆验，草率奏结，几致二命惨罹重辟，惟均系大员，所有应得处分恭候钦定。按察使劙贺莼失入死罪，本干律议，业已病故，湖州府知府锡光等复审此案，尚未拟结，均免置议。刘锡彤门丁沈彩泉在尸场与仵作争论，坚执砒毒，实属任意妄为，合依长随倚官滋事，怂令妄为，累及本官，罪至流者，与同罪律，拟杖一百，流三千里。①

因仵作素质低劣，且工食微薄，不足养赡，故甚少悉心供役，认真学习检验，所以在司法实践中检验的效果并不尽如人意。因此"斗殴事件验伤报痕，尚恐未能了了，一与相验尸躯，欲于伤痕上之圆长、阔狭、颜色、分寸间，辨为何械所殴，因何处致命，类皆游移无据，设有检骨重案更显把握"。②

另外，需要特别说明，清朝规定有不理刑名日，"每年正月、六月、十月以及元旦令节七日，上元令节三日，端午、中秋、重阳各一日，万寿圣节七日，各坛庙祭享、斋戒以及忌辰素服等日，并封印日期，四月初八日，每月初一、初二日，皆不理刑名……"③ 不理刑名的日期，也就是不能收集证据的日期，因此证据的收集时间应在该些日期以外。

第四节　刑事证据在诉讼审判中的应用

证据是一切诉讼审判活动的灵魂。明清时期更是以证据为诉讼、审判的链条和核心，其不仅作为受理案件的依据，更是作为案件事实认定、法律裁判的依据。证据充分、罪无可疑的则依律拟罪；证据不足的，则视为罪疑从轻发落；没有证据的，则无罪释放或者定为疑案。

一、准理案件中证据的使用

（一）明朝准理案件中证据的使用

司法官所收诉状，并非全部受理，在审查是否受理的过程中，证据是一重要因素。吕新吾在其《实政录》中，列出诸多告状式，"凡各府州县受词衙门，责令代书人等俱照后式填写，如不合式者，将代书人重责，枷号，所告不

---

① （清）祝庆祺等编：《刑案汇览三编》4，"诬告谋毒本夫重案相验不实枉坐人罪复讯据实平反"案，北京古籍出版社 2004 年版，第 728—729 页。

② （清）徐栋辑：《牧令书》卷 19，清道光 28 年刊，第 3 页。

③ 高潮、马建石主编：《中国历代刑法志注释》，《清史稿刑法志》3，吉林人民出版社 1994 年版，第 1049 页。

许准理。"① 如果状式不符，不予受理。从这些告状式，可以看出，证据的存在是案件受理的重要因素。现列举一二：

人命告辜式【不许多报一处，不许妄增一分，违者，看明重究。路远告辜。不得过五日】：本县某里某人，为殴伤事。有某父（伯、叔、侄、兄、弟、妻、子），年若干岁，本月某日某时与某人为某事【多不过四字】相争，被某执挈砖石（金刃、他物）或用拳脚，将某父（伯、叔、侄、兄、弟、妻、子）顶心打有斜伤一处，青红色，长若干，阔若干。耳根打有圆伤一处，青红色【有无破骨】，围若干，横若干，见今著床不食，某人某人见证。为此，抬扶到官，伏乞相看，案候保辜，责令本犯寻医调治。上告。②

在人命案件的诉状中，必须要有自检伤情状况，还要有人证等证据，作为起诉的依据。

告盗情状式【不许多开一物，不许多报一盗，违者重究，仍不准理】：某州某县某人，为盗情事。某月日更时分，不知名强窃盗，约有几名，各持凶器，【剜透墙房暗偷出，或打开门窗将某挈住，用刀扎、火燎劫去】某物某物若干件，【係甚花样，有何记号】银钱若干数【整锭散碎，或人口俱惊散，或轮奸某妇女】，保甲人等【俱来/通不】救护【或追赶不前，或不知去向】，伏乞案候严挈。上告。③

在盗情案件中，诉状中要写明凶器、赃物、证人等，作为起诉的证据。

（二）清朝准理案件中证据的使用

司法官收到原告的呈控后，要作出是否准理案件的决定。呈状，除当堂批示的以外，其余需退堂后批词。从王又槐在《办案要略》中的阐述可知，在清朝，准理案件时需要有确切的证据。"事无情理无确据，或系不干己事，或仅角口负气等情，一批而不准，再渎而亦不准者，必须将不准缘由批驳透彻……"④这段阐述说明受理案件除了应具备符合情理、干己之事、具备一定的严重性（非口角负气之事），还应该有确切的证据。

---

① （明）吕坤撰：《吕新吾先生实政录·风宪约》，"状式"，北京图书馆古籍珍本丛刊，书目文献出版社 2000 年版，第 201 页。

② （明）吕坤撰：《吕新吾先生实政录·风宪约》，"状式"，北京图书馆古籍珍本丛刊，书目文献出版社 2000 年版，第 201—202 页。

③ （明）吕坤撰：《吕新吾先生实政录·风宪约》，"状式"，北京图书馆古籍珍本丛刊，书目文献出版社 2000 年版，第 202 页。

④ （清）王又槐：《办案要略·论批呈词》，华东政法学院语文教研室注译，群众出版社 1987 年版，第 70 页。

另据《大清律例会通新纂》规定，同治十二年以后不准理的情形中包括：……

4. 报窃盗无出入形迹，及首饰不开明分两、衣服不开明棉绫缎布皮棉单夹者，不准。

5. 告娄赃无确证过付者，不准。

6. 田土无地邻，债负无中保及不黏连契据者，不准。

7. 告婚姻无媒证者，不准。

8. 被告干证不得牵连多人，如有将无干之人混行开出及告奸盗牵连妇女作证者，除不准外，仍责代书。

……①

康熙年间，黄六鸿批词不准时适用以下条款：

……

2. 告人命，不粘连伤痕凶器谋助单者，不准；

……

5. 告强盗，无地邻见证，窃盗无出入形迹，空粘失单者，不准；

6. 告娄赃，无过付见证者，不准；

7. 告田土无地邻，债负无中保，及不抄粘契卷者，不准；

……

14. 告人命，粘单内不填尸伤、凶器、下手凶犯及不花押者，不准。②

二、审判中证据的使用

（一）明朝审判中证据的使用

案件审理中，依据获取的证据是否充分，审问官会作出不同的判决结果。证据充分，罪无可疑是基本的定罪标准；如果证据不足，则依据罪疑唯轻的原则定罪；如果毫无证据，则将人犯无罪释放。

1. 证据充分，罪无可疑

在案件审理的过程中，最理想的状态是司法官收集到确切的证据，并综合运用之，作为定案依据，以达到案件证据充分，罪无可疑的定罪标准。《盟水

---

① 姚雨蘘原纂、胡仰山增辑：《大清律例会通新纂》，台北文海出版有限公司印行，1987 年版，第 2923—2924 页。

② （清）黄六鸿：《福惠全书》卷 20，引自《官箴书集成》第 3 册，黄山书社 1997 年影印本，第 438 页。

斋存牍》中记载一案：

审得苏子元被掳勒赎。虽实繁有徒，而何文华为之戎首，其自供各分银六两，而故贼何成遇等俱称赃留文华处，至阵伤四人，郭茂相现在可证也。诸犯俱相继狩毙，天正留此巨魁，以正典刑，斩不待时，又何辞焉？具招呈祥，兵巡道转详。军门王批：何文华主盟劫掳，供证详明，允应枭斩，监候详决。余照行，取库收领状缴。察院梁批：何文华合伙捉掳勒赎，名供于真党，赃吐于互质。历审已确，一斩奚辞。依拟监候，会审详决。余如照，库收领状缴。①

另一案：

审得区子驯家有金穴，遂可以其使鬼之钱，蔽其杀人之罪。叶仲芳明死于殴而饰之为疯，叶金可谓佺执命，而坐之为诈。死者喊冤，生者啜泣，天道终不萝萝，以有今日。卑职奉宪檄庭讯之，见金可情词哀迫，而自驯语意支吾，因吊尸亲检以信此案。乃检之前一日，金可以取别府为请，职应之曰：官不肯自看，即别府无益。官肯自看，即本县何伤？职后来简伤，未尝以此辈之眼为眼也。诣尸所，发其骨而片片，手辩之，向之以红报者，今且紫色矣，向之以散漫难量者，今各有分寸矣。原简之仵作，现在亦错愕无语，叩头乞死。子驯至此始知钱神有时而不灵也。伤真矣，可具牍以上矣。而当日里排、干证无一在听者，更发该县拘齐研审，郭晓明之经门见殴，苏云阁之蒸救不起，种种铁证。三尺者，朝廷之三尺，岂能为富人贷乎？若如许伤真证确之人命，而可以上下相蒙，依回了事，地方亦何庸此法官为也！卑职再四覆审，本犯亦不能更展一语矣。区子驯杀人，绞抵无辞，莫华祝不合居间金息，应杖。仵作何标检验尸伤不以实，并从杖治。余免株求，招详。察院批：区子驯殴死叶仲芳，至数年而简审始确，即钱神有灵，而恢网亦终不可漏矣。分巡岭南道覆确招详。②

第一个案子中，综合运用了被告的供述（何文华自供各分银六两）、证人证言（何成遇证赃、郭茂相证伤）、物证（赃物）等证据，第二个案子中则综合运用了五听（见金可情词哀迫，而自驯语意支吾）、检验（诣尸所，发其骨而片片，手辩之，向之以红报者，今且紫色矣，向之以散漫难量者，今各有分寸矣）、证人证言（郭晓明之经门见殴，苏云阁之蒸救不起）等证据，最后形成种种铁证。

---

① （明）颜俊彦：《盟水斋存牍》，"强盗何文华"案，中国政法大学出版社2001年版，第28页。

② （明）颜俊彦：《盟水斋存牍》，"人命区子驯"案，中国政法大学出版社2001年版，第52页。

2. 疑罪从轻

审判官收集的证据不足，有可疑之处，又无从得到确证，则依照疑罪为轻的原则发落。有判例为证：

审得朱琢新夥劫生员容孔贯、孔珍之家，枪伤事主，罄劫其赀，有巡捕之勘验，有里保之会查。解县廷鞫，琢新即供出陈献宇等，而孔贯之枪伤实系献宇之下手，各盗得赃表分，历历在案，已狅毙其七，仅存二犯，安敢轻为祝锢。第查琢新，非经失主面认，初词亦无指名，里老李余庆等多人保良，不得一笔抹杀。献宇为琢新所供，掳招夏布衫一件，又失单所不经载。二犯哓哓有词，或得邀新诏浩荡之恩，矜疑改遣，亦宁失出意也。具招详。蒙兵巡道转详。军门王批：朱琢新一育男作蹝，勾贼劫主，陈献宇系琢新初供，为枪主凶手。据招情似近真，第无一赃可据，且转相扳连，皆属良类，颇可矜疑，戍之为当，依拟佥发廉州卫充军终身。招达部知。……察院高批：朱琢新、陈献宇劫杀近真，但事主原未识认，里长为之保良，且无赃仗足凭，援赦矜遣似亦非纵，听军门定卫发遣。招达部知。[①] 该案即因为证据不足，而将人犯以矜疑从轻定为戍，未斩。

又一案：

审得刘益之与监故冯于禄被获之时，止一独橹小艇尔，若曰有徒实繁，此艇能容几何？且多供姓名皆无是公乌有先生，其为妄报无疑。况未见行劫，又无事主，无赃无据，捕兵亦不得张大邀功而仅以夜禁歹船解，情事止此而已。族党下石，群指为贼。夫本犯既为众弃，固属无良，然混称各处失盗而无事主实证，何以死本犯之心。即据众弃，见在陈廷岳被劫，亦未尝告有失单，事后补词，影响附和，况称初四，为日不久，要见所劫之牛非细软等物，不宰不卖，赃从何处？与众同住一乡，在船在家，何难追缉。当时到官，招劫招徒皆无一实，谓非刑讯得之不可也。陈知县初审即云贼无可凭，只有两人游艇，是的不可重拟，纵之非法，议以"强盗已行而不得财"之律甚为得情。乃后之谳者，竟以重恶为不必察，悬坐重狱则过矣。于禄业已狅毙无论，益之应照初审原案速为详配，以免续死。人命关天，未易草草也。覆招候夺，兵巡道转详。军门批：刘益之为里排所弃，原非善类，第党止二人，又无赃无证，改配允宜。……察院批：刘益之虽素行不良，保约共弃而获无一赃辟，难悬坐以不

---

① （明）颜俊彦：《盟水斋存牍》，"强盗朱琢新陈献宇"案，中国政法大学出版社2001年版，第245—246页。

得财配之，亦罪疑惟轻耳，依拟该道定驿摆站。①

3. 无证开释

如果在审判中发现无证据，纯系蒙冤，则不会定罪判刑。《盟水斋存牍》记载一案：

审得李兆基一案。见在者六犯，其劫失主陈应坤家，得财分赃互证，符合依律正典，诚无说之辞者也。续获刘瑞先一犯，不特无赃，而诸盗面质无一认伙，虽出里排之功，其如无失主无证据何？若一既罗入，徒滋冤滥，相应昭【释】释，以豁无辜。具县详奉兵巡道转详。察院批：……刘瑞先既无赃据，什放非纵。余如照，库收缴。军门批：……刘瑞先准释。余照行，库收领状檄。② 该案中刘瑞先既无物证，也无人证，被无罪释放。

（二）清朝审判中证据的使用

证据是断案的依据，在案件审理判决的过程中，司法官会综合运用各种证据形式定罪断刑。

1. 证据确凿，依法定罪

有责任心的司法、审判官员大多重物证而不轻信口供。汪辉祖就认为："或谓命盗生案，犯多狡黠，非刑讯难取确供，此非笃论也。命有伤，盗有赃，不患无据。且重案断不止一人，隔别细鞫，真供以伪供乱之，伪供以真供正之，命有下乎情形，盗有攫赃光景，揆之以理，衡之以法，款有不得其实者。"③

王又槐在其《办案要略》中，强调："若因奸而谋，……须审认有奸，证据确凿，方足征信。""因盗而谋，多在孤村旷野，或隐僻处所，昏夜时候，见证无人，必须起获有赃，方可定案。因仇而谋，仇以何凭？或取验凶器、衣履血迹，或鞫讯当日同在何处聚会，有何人作证？或搜存余毒及卖药之人。""此等重案，倘无真赃确据，纵然屡审屡招，直认不讳，万一招解翻供，竟无把握矣。""若不执有确据，只凭犯供数语，安知非畏刑而诬认，确保难不翻供而呼冤。即反复刑求，部院照供成狱，而清夜问心，终难自信。""疑难之

---

① （明）颜俊彦：《盟水斋存牍》，"强盗刘益之"案，中国政法大学出版社2001年版，第248—249页。

② （明）颜俊彦：《盟水斋存牍》，"强盗李兆基等"案，中国政法大学出版社2001年版，第28—29页。

③ 汪辉祖：《学治臆说》，转引自罗昶：《伦理司法——中国古代司法的观念与制度》，法律出版社2009年版，第310页。

案，若无真正凶犯，切实供据，只可详报辑凶，俟访获明确，再行审办。不可捕风捉影，悬揣刑求。"① "盗之真者，到案未必就肯直招，若到案即认，其中恐有别情，不可遽信。惟贼貌凶恶，自称好汉者，或有出口而即吐，亦须起获有赃，事主认得确切，方能定案。"② 又黄六鸿曰："贼既捕获，又必以起失主所报之真赃为据，若无真赃难定盗罪，即盗亦不得硬坐为真盗矣。"③ 这表明，司法官在定罪判决时以证据充分作为定罪的标准。

在实际的案件审理过程中，大多数时候还是综合运用多种证据形式作出定罪判决。《历朝折狱纂要》中记载一案：

清朝山东青州府居民范小山，娶贺氏，贩笔为业。行贾未归，四月间某妻独宿，为盗所杀。是夜微雨，房遗诗扇一柄，乃王晟之吴蜚卿者。晟不知何人，吴益都县之素封，与范同里，平日颇有佻䢋，里党皆共信之。郡且拘质，坚不服，而惨被械梏，遂以定案。往复历十余官，更无异议，吴亦自分必死，嘱其妻罄竭所有，以济茕独而已。一日，周元亮先生分守是道，虑囚至吴，若有所思。因问吴某杀人有何确据，范以扇对。先生熟视扇，便问王晟何人，并云不知。又将扇书细阅一过，立命脱吴械，自监移之仓，范力争，先生怒曰："而欲枉杀一人便了却耶、抑将得仇人而甘心也？"众疑先生私吴，即莫敢言。先生立拘南郭某肆主任至，问曰："肆壁有东莞李秀诗，何时所题？"答："自旧岁提学按临，有二三秀才饮酒留题，不知所居何里，"遂遣役至某处，拘李秀。数日，秀至，怒之曰："即作秀才，奈何杀人？"秀顿首错愕，答言无之。先生掷扇下，令其自视，曰："明系而作，何诡托王晟？"秀审视云："诗真某作，字实非某书。"曰："既知汝诗，当即汝友，谁书者？"秀曰："迹似沂州王佐，佐至，亦如见秀状。佐言此益都巨商张成索其书者，云晟其表兄也。先生曰："盗在是也！"执成至，一讯遂服。先是，成窥贺氏美，欲挑之，恐不谐。吴之佻䢋，人所共知，故伪为吴，执扇而往。谐则自认，不谐则嫁名于吴，而实不期至于杀也。逾垣入逼，妇独居，以刀自卫。既觉，捉成衣，操刀而起，成惧，夺其刀不得，贺氏力挽而号，成益窘，遂杀之，委扇而去。三年冤狱，一朝而雪，无不颂神明者。然终莫解其故。后邑绅乘间请之，公笑曰："此甚易知。细阅告词，贺被杀在三月上旬，是夜阴雨，天气犹寒，扇乃不急

① （清）王又槐：《办案要略·论命案》，华东政法学院语文教研室注译，群众出版社1987年版，第3—4页。
② （清）王又槐：《办案要略·论强窃盗案》，华东政法学院语文教研室注译，群众出版社1987年版，第33页。
③ （清）黄六鸿：《福惠全书》卷17，第8页。

之物，岂有夜间携此以增累者，其嫁祸可知。向避雨南郭，见题壁中与箆头之作口角相类，故妄度李生，果因是而得真盗，幸中耳。"闻者叹服。① 该案中，综合运用了五听等方法，获取了物证、书证等诸多证据，证据充分，案情遂定。

2. 证据不足，遂为悬案

证据不足，无法结案，嫌犯往往被羁押在官，遂成为悬案。至于羁押多久，暂无从考证。大清律"淹禁"条规定："凡恩诏颁到赦款内，除已经刑部法司覆覈明白应免罪囚，逐一详查，登时释放，另行题明外，如有情罪可疑者，限赦到一月内即彙疏奏请。其未经法司核覆明白者，俟法司核覆文到之日，即时释放，务得耽延时日。"② 从该条的规定，认为"情罪可疑者"应包含悬案被羁押的嫌犯，如果经刑部法司覆覈可免，就会被释放。但是，如果未遇到恩赦，或虽遇到恩赦法司审核不同意免，则会被一直关押。《历朝折狱纂要》记载一案：

国朝福建昌乐县，民妇李氏年二十五，生一子，越六月而夫亡，矢志抚孤。家只一婢一苍头，此外虽亲族罕相见者，里党咸钦之。子年十五，就学外传。一日，氏早纺绩，忽见白衣男子立床前，骇而叱之，趋床后没。氏惧，呼婢入房，相伴。及午子自外归，同母午餐，举头又见白衣男子在床前，骇而呼，男子复趋床下没。母语子曰："闻白衣者财神也。此屋自祖居至今，百余年，得无先人所留金乎？"与婢共起床下地板，有青石大如方桌，上置红缎银包一个，内白银五锭，母喜，欲启其石，而三人之力有未逮，乃计曰，凡掘藏宜先祀财神，儿曷入市，买牲礼祭而后启之。儿即持银袱趋市买猪首。既成交，乃忆未经钱，因出银袱与屠者曰："请以五锭为质，更以布袋囊猪首归。道经县署前，有捕役尾之，问小哥袋内盛何物，曰猪头。役盘问再三，儿怒掷袋于地曰："非猪头，岂人头耶？！"倾囊出，果一人头，鲜血满地。儿大恐啼泣，役捉到官。儿以买自屠告，拘屠者至，所言合，并以银袱呈上。经胥吏辗转捧上，皆红缎袱。及至案前开视，则缎袱乃一血染白布，中包人手指五枚。令大骇，重讯儿，儿以实对令。亲至其家，饬启其石坑内一无头男子，衣履尽白，右五指缺焉，以头与指合之，相符。遍究从来，莫能得其影响。因紧屠与

_____

① （清）周尔吉：《历朝折狱纂要》卷5，全国图书馆文献缩微复制中心，1993年版，第401—404页。

② 田涛、郑秦点校：《中华传世法典·大清律例》，《大清律例·刑律·断狱》，"淹禁"条，法律出版社1999年版，第564页。

儿于狱。案悬莫结。此乾隆二十八年事。①

3. 毫无证据，或释或疑

如果案件审理中，无任何证据可定罪，嫌犯已关押的，即行释放，未有嫌犯的，则定为疑案。《历朝折狱纂要》记载一案：

国朝献县城东双塔寺，有两老僧，共一庵。一夕有两道士，叩门借宿，僧不允。道士曰："释道虽两教，出家则一，师何所见之不广？"僧乃留之。次日至晚门不启，呼亦不应，邻人越墙入视，则四人皆不见，而僧房一物不失，道士行囊中藏数十金亦俱在。皆大骇，以闻于官。时邑令粟公千钟往验。忽宣传村南十余里外有枯井，其中似有死人。驰往验之，则四尸重叠在焉，然皆无伤。粟公曰："一物不失，则非盗；年皆衰老，则非奸；邂逅留宿，则非仇；身无寸伤，则非殴。四人何以同死？何以并移？门窗不启，何以能出？距井窎远，何以能至？事出情理之外，吾不能定谳也。"遂以疑案结之。竟申上官，上官亦无可驳结，竟从所议。②

第五节　刑事证据在复审复核中的应用

依据明清法律规定，复审的情况主要包括三类：一是对案件的判决结果不服者，可以逐级上诉，这会引发复审；二是州县官遇到较为重大的案件，必须报上司衙门复审，这是依据法律规定的自然审转，即官府主动启动的复审；三是国家主动进行的会审。复核针对的是判处死刑的案件，死刑案件分为两种：一是立决的，即立即执行的。一般要先经刑部审定，都察院参核，再送大理寺审允，最后会奏皇帝核准；二是秋后决的，即秋后执行的。明朝对该类死刑案件进行朝审，清朝在此基础上发展为朝审和秋审两种。

一、刑事证据在复审复核中的应用

（一）刑事证据在明朝复审复核中的应用

1. 被告自己或者亲属不服判决，引起复审中的证据应用

对刑事判决不服的，可以逐级上诉。这是由被告自己或者其亲属启动的

---

① （清）周尔吉：《历朝折狱纂要》卷5，全国图书馆文献缩微复制中心，"长乐奇冤"案，1993年版，第595—597页。

② （清）周尔吉：《历朝折狱纂要》卷5，"双塔寺僧"案，全国图书馆文献缩微复制中心，1993年版，第599—600页。

复审。上诉必须被受理，"……及本宗公事已决，理断不当，称诉冤枉者，各衙门即便勾问。若推故不受理，及转委有司，或仍发原问官司收问者，依告状不理律论罪。"① 如果上诉后，对判决结果仍然不满，还可逐级上诉。另外，在一审案件中，对判决不服，也可直接上诉到御史机关。"凡监察御史、按察司辨明冤枉，须要开具所枉事砌，实封奏闻，委官追问得实，被诬之人，依律改正，罪坐原告、原问官吏。若事无冤枉，朦胧辨明者，杖一百、徒三年。"②

在复审中，司法官会重新研究案情现有证据，找出可疑点，需要时，会收集新的证据，以查明案情，准确定案。《历朝折狱纂要》有一案：

> 明朝某县贼首王和尚，攀出同伙，有多应亨、多邦宰者，骁悍倍于他盗，招服已久。忽一日应亨母，从兵备道衙门告辨十纸，批准仍下州中覆审。恐王和尚诬攀，公思之，此必王和尚受财，许以辨脱耳。乃于后堂设案桌，桌围内藏一门子。唤三盗俱至，案前覆讯预设皂隶，报以寅宾馆有客，公即舍之而出。少卿还人，则门子从桌下出，云听得王和尚对二贼云，且忍两夹棍，俟为汝脱。王盗惶恐，遽叩头请死。③

2. 官府主动启动的复审中的证据应用

这种复审，不管初审是否合法、是否适当，也不管当事人服不服，都会发生。州县杖一百以上的案件要审祥到府复审，徒刑以上的案件还要转详到更上级，死刑案件则要送到中央，由三法司议拟，再由皇帝勾决。"在外问刑衙门、罪至大辟者、皆呈部详议。议允。则送大理寺覆拟。覆拟无异、然后请旨施行。其情法未当及已送寺驳回者、俱发回所司再问。事例详后洪武十七年、谕法司官、布政司、按察司、所拟刑名、其间人命重狱、恐有差误、令具奏转达刑部都察院参考、仍发大理寺详拟、已著为令。今后直隶府州县所拟刑名、一体具奏○二十六年定、凡各布政司、并直隶府州、遇有问拟刑名、笞杖就彼决断。徒流迁徙充军、杂犯死罪、解部审录发落。其合的决、绞、斩、凌迟处死罪名、各处开坐备细招罪事由、照行事理、呈部详议。比律允当者、则开缘由、具本发大理寺覆拟。如覆拟平允、行移各该衙门、如法监收听候、依时差官审决。如有决不待时重囚、详议允当、随即具奏差官前去审决。其有情词不

① 怀效锋点校：《大明律·刑律·诉讼》，"告状不受理"条，北京，法律出版社1999年版，第175页。

② 怀效锋点校：《大明律·刑律·断狱》，"辨明冤枉"条，北京，法律出版社1999年版，第218—219页。

③ （清）周尔吉编：《历朝折狱纂要》，全国图书馆文献缩微复制中心，第133—134页。

明、或出入人罪、失出入者、驳回改正再问。若故出入、情弊显然、具奏连原问官吏提问。"①

在复审过程中，对证据的审查是一项重要内容，以判断被告是否冤枉，并常常据此作出是否驳回的决定。《大明会典》记载，大理寺对在京以外的地方案件进行复核时，大多数进行书面审理，确有需要时，才提审囚犯。审理后其处理原则可有："或中间招情有未明者、必须驳回再问。"② 说明了，大理寺在复核程序中，证据是决定最终复核结果的重要因素之一。明宪宗时，刑科给事中白昂等上奏说：大理寺复审案件时，如遇"称冤人犯，驳回再问者多，行移调问者少。"地方巡抚、巡按官在详审上报案件时，"内有情弊者，亦皆驳回再问。""致被偏执己见，不与辨明，多用非法重刑，锻炼成狱。囚人虑其驳回必加酷刑，虽有冤枉，不敢再言。"因此，建议在今后复审中如有"问招不明，拟罪不当，及有词称冤者，俱听改调别衙门问理。"白昂等的这个建议，经过有关司法机关研究后，得到了采纳。③

《明宣宗实录》卷十三记载因严刑拷打而诬服的案例：宣宗时期山西临猗县民郭小生之妻王骨都，一天夜里，她与姑在家织布，其夫郭小生先如卧室睡觉，仇人于八偷偷溜进其房杀死郭小生后潜逃。郭父却怀疑儿媳与邻居袁加儿私通谋害，将儿媳捆绑送官，但是有人举证凶犯为于八，但于八抵赖不承，难明真相，于是拷掠王骨都，她终因严刑拷掠而诬服。可幸的是，案件上报刑部，临死定罪时，王骨都翻供诉冤，复审时终于辨明了案情，王骨都被无罪释放。④

（二）刑事证据在清朝复审复核中的应用

1. 因上诉引发的复审中的证据应用

当事人或其亲属不服判决，可以提出上诉，在复审中如发现确系冤枉，则依据证据为其洗冤。《历朝折狱纂要》记载一案：

国朝道光年间，杨晓东都转裕深，官杭嘉湖道时，绍兴有富室子，与邻居薙发匠之女私定终身。惮其父，不敢言，微露其情于母，母怒，亟为授室。既

① （明）李东阳等纂：《大明会典》卷177，江苏广陵古籍刻印社1989年版，第57页。

② （明）李东阳等纂：《大明会典》卷214，江苏广陵古籍刻印社1989年版，第553页。

③ 《续通考·刑七》，转引自陈光中、沈国峰著：《中国古代司法制度》，群众出版社1984年版，第153页。

④ 《明宣宗实录》卷13，第362—363页。

婚后，子又乘夜往邻女家。女恨极，潜以毒饼食之，并断其三指。负痛奔回，登榻而毙。其父母往诘，新妇不知所云。遂以新妇谋害报县，令验属实，即以谋杀定谳。妇家亦大族。控于省。大宪某，知公能，即檄治其狱。公于新妇上堂，略问数语，即令释妇。翁姑泣请惩治，公怒曰："汝子死于非命，将欲杀一人，以泄愤耶？抑欲得雠人，而甘心也？汝为妇杀，则三指何在？速退，吾终当为汝雪冤也。"遂使人暗访，竟得与女私通情节。拘之一讯即服，并于床下起出三指，而以女拟抵焉。有问公何以见新妇，即知其冤。公曰无他，察言观色耳。新妇到堂，颜色惨沮，举止端重，且跪时，裙开露足，旋以裙覆之，小节如此，岂毒夫之人耶？是以知其冤也。次日其家来报，妇已仰药殉节矣。公即审详府院，如例请旌焉。①

2. 因案件的审转引发上级机关复审中的证据应用

徒以上案件州县初审后，要报上级复审。如按察司要对徒刑以上案件进行复审，还要上报到督抚复审；流刑案件督抚审结还要报到刑部复审；人命等重大刑事案件报到刑部复审后，还要皇帝亲自裁决。在复审过程中，如果情实据确，则会维持原判，如果案情可疑或证据不足，则驳回重审或者直接审理，重新定案。王又槐在论驳案时论及证据的有无以及证据是否充分是驳案考虑的重要因素。"大凡上司驳案，多因其案内尸伤情节、口供及情罪、较勘实有可驳之处，方加批饬。""案之干驳者，难以言尽。姑略举其大端：如报词与口供不对者驳；填伤与《洗冤录》不服者驳；伤与凶器不对，及与犯供不合，或遗漏错误者皆驳；供情率混游移者驳；供不周密而疏漏者驳；前后彼此供情迥异者驳；事无情理无证据者驳；顾此失彼，轻重不平者驳。此皆由于自取，而不得不驳审核正者也。"②《刑案汇览》记一案：

陕西司查律载：窃盗赃一百二十两以上，绞监候等语。此案回民张虎因起意纠允王忠虎等行窃，共伙七人，徒手同往，行至途中，张虎令伙贼伊吗儿等四人拉马等候，随带领伙贼马由素伏、王忠虎三人，走至吴姓店外，见有车辆，王忠虎潜至车前，偷得被褥一卷，交给马由素伏背负行走，因赃重，走不数步，王忠虎又复接背，始至马前，众共解被探摸，知系银两3，张虎仍令卷驮马上，行至天明，解包查点，见有元宝四锭，碎银三封，衣物等件俵分而散。事主孙忠知觉，开单呈报，单内共开元宝六锭，犯供仅四锭，计少赃一百两。该都统

---

① （清）周尔吉：《历朝折狱纂要》卷5，"双塔寺僧"案，全国图书馆文献缩微复制中心，1993年版，第301—303页。

② （清）王又槐：《办案要略·论驳案》，华东政法学院语文教研室注译，群众出版社1987年版，第115页。

依犯供估值计赃四百三十八两八钱，讯系张虎起意为首，将张虎依窃盗赃一百二十两以上律拟绞监候，并声明失主孙忠多开元宝二锭，领赃后即以他往，是否捏报，应俟贼犯全获质实再为传讯等因具奏。臣等查窃盗计赃定罪，必赃数谳凿可据，庶案情毫发无疑，况窃盗赃一百二十两以上，首犯虽同一绞候，而办理秋审则以计赃已未逾五百两为情实缓决之分，岂得草率定确，致滋出入？令张虎纠窃事主孙忠银物，据犯供计赃四百三十八两零，核与事主原报赃数不符，是否事主冒开，或系该犯等畏罪谎供，抑系行窃后辗转背负，途中遗失，必应查讯明确。乃该都统仅以贼犯疑似之供朦胧定拟，殊不足以成信谳。且查此案同伙共七人，虽王忠虎等在逃未获，而现获之犯除该犯尚有伊吗儿、杨木沙子二人，其窃赃银数无难分别研鞫，且事主孙忠业已到案领赃，自应质明实数，何以任其他往？即令他往，亦应饬属查传，讯取确供，何以必俟贼犯全获后始行质审？似此疑窦多端，臣部碍难率覆。应令该都统再行提集现犯，分别研讯，并严辑逃犯，传讯事主，于被窃及分赃处所确切根究，务得赃银实数，另行按律定拟具奏。道光十二年说帖①该案因为赃物不确实，驳回重审。

二、会审中的证据应用

（一）明朝会审中的证据应用

明朝的会审制度相对于唐朝来说，丰富很多。唐朝会审主要包括"三司推事"、"三司使"、"督堂集议制"，明朝包括了圆审、朝审、大审、热审、寒审等。"会官审录之例，定于洪武三十年。"② 明朝初期，重大案件均有皇帝亲自审理，但皇帝的精力毕竟有限，之后委以会官审录，这种会官审录制度继而延续下来。圆审针对的是"二次番异不服"案件，由大理寺奏请九卿会审，会审的官员来自六部、大理寺、都察院和通政司。明英宗天顺三年以后实行朝审，朝审针对的是已决重囚，时间定在每年霜降以后，"天顺三年令每岁霜降后，三法司同公、侯、伯会审重囚，谓之朝审。历朝遂遵行之"。③ 大审定制于成化年间，目的主要是清理疑狱。"成化十七年命司礼太监一员会同三法司堂上官，于大理寺审录，谓之大审。南京则命内守备行之。自此定例，每五年

① （清）祝庆祺等编：《刑案汇览三编》1，"贼赃既与失赃不符应行确审"案，古籍出版社 2004 年版，第 586—587 页。

② 高潮、马建石主编：《中国历代刑法志注释》，《明史刑法志》2，吉林出版社 1994年版，第 901 页。

③ 高潮、马建石主编：《中国历代刑法志注释》，《明史刑法志》2，吉林出版社 1994年版，第 903 页。

则大审。"① 热审是在暑热天气对在狱徒流以下囚犯采取的清理监狱的措施。"热审始永乐二年，止决遣轻罪，命出狱听候而已。"② 寒审并未形成制度，但是有这样的表述，并有实践。"历朝无寒审之制，崇祯十年，以代知州郭正中疏及寒审，命所司求故事。"并提及了几次寒审，洪武二十三年十二月、永乐四年十一月、九年十一月、宣德四年十月等。③

在明朝的会审过程中，证据审查是确定会审结果的重要依据。在此以朝审、热审为例。

在朝审当日，将重囚引赴承天门外，三法司会同五府九卿衙门并锦衣卫各堂上官及科道官逐一复核。这种复核是以听审的方式进行的，关于朝审的过程，《明会典》有详细的记载："其审录之时，原问、原审并接管官员，仍带原卷听审。情真无词者，复奏处决；如遇囚番异称冤有词，各官仍亲一一照卷陈其始末来历并原先审过缘由，听从多官参详；如有可矜、可疑或应合再与勘问，通行备由，奏请定夺。"④ 根据《续文献通考》等材料来看，听审主要有三个步骤：读原案件招供、听案犯陈述、官员进行"参情覆案"（参酌案情进行复查）。而听案犯陈述是否称冤则是朝审的关键，也就是说对证据之一被告的口供要进行认真审查，包括案卷中记载的口供和现场所获取的口供，如果口供一致，则可以据实定案。如果被告称冤，即作为证据的口供发生变化，有可矜、可疑之处，则听审官员要进行勘问。勘问的过程就是对案情、定案依据和适用法律的审核过程，在这过程中会重点关注两个问题，一是情，是否确有"可矜"之处，即可以同情宽宥之处；二是法，是否有"可疑"之处，即案件事实不清、证据不充分、适用法律不当。如果有，奏请皇帝裁决。可见，在朝审中，证据审查是决定会审结果的一个重要因素。

热审虽然在明的会审制度中不被视为像朝审、圆审那么重要，但是却是统治者体现仁慈恤囚的重要方式之一。我们分析热审的处理结果就会发现证据的审查在其中所起到的作用。根据《明会典》的记载，从弘治十七年以后，对热审的处理结果越来越具体，概括起来可以包括：按例应当枷号的罪犯可以经奏请后予以宽免；热审后应处笞罪而无干证的犯人立即予以释放；徒流罪以

① 高潮、马建石主编：《中国历代刑法志注释》，《明史刑法志》2，吉林出版社1994年版，第903页。

② 高潮、马建石主编：《中国历代刑法志注释》，《明史刑法志》2，吉林出版社1994年版，905页。

③ 高潮、马建石主编：《中国历代刑法志注释》，《明史刑法志》2，吉林出版社1994年版，第908页。

④ （明）申时行等修、赵用贤等纂：《明会典》卷177，《续修四库全书》，上海古籍出版社年版，第158页。

下的犯人予以减等后马上发落；对于赃犯，按照犯罪情形与赃物数量进行处理，情节严重，赃款数量较多并且监禁时间不多的仍然继续追赃；赃银二十一两以上，"监久产绝"的按照原拟发落，不再追赃；正犯已故，所牵连的家属也免于追赃，并且释放。可见，对于笞罪而没有干证的犯人会被立即释放，也就是说，在审理过程中发现证据不充分，缺少干连佐证，那就会直接将疑犯发遣回家。而对于涉及赃案的，审理的结果直接与赃数（即赃物的价值）有关，只有赃数太多的才会被继续关押，即为物证在其中起到了至关重要的作用。

（二）清朝会审中的证据应用

清承明制，在明代会审制度体系的基础上，进一步完善重案会审制度，除保留了朝审、三司会审、热审等制度外，又开创了秋审以及旗人宗人府会审制度。"顺治元年，刑部左侍郎党崇雅奏言：'旧制凡刑狱重犯，自大逆、大盗决不待时外，余俱监候处决。在京有热审、朝审之例，每至霜降后方请旨处决。在外直省，亦有三司秋审之例，未尝一丽死刑，辄弃于市。望照例区别，以昭钦恤。'此有清言秋、朝之始。嗣后逐渐举行，而法益加密。"① 清代的秋审系沿袭明代朝审制度而来，是把明朝以来只限于京师的朝审程序推广到全国，每年一度对在押斩监候或绞监候死刑犯进行特别复核的制度。因复核例于每年秋八月中下旬进行，是为秋审。秋审号称清代国家"大典"，是清代最重要的一项司法制度。秋审虽源于朝审，但却是清代的独创。可以理解为是将明朝京师以外每五年举行的大审改为一年一次，定为秋审之制。明朝时期的热审制度依然存在，但无寒审。"热审之制，顺治初赓续举行。……列朝无寒审。"② 清朝的九卿会审和明朝没有什么变化，但是清朝废除了明朝的大审制度。但同时确立了维护特权阶层的旗人宗人府会审制度。"若宗室有犯，宗人府会刑部审理。觉罗，刑部会宗人府审理。"③

清朝独创了秋审，针对各省的斩绞监候案件。秋审的最后结果，就是把被审录的在押死囚分为情实、缓决、可矜、留养。以下分别说明在不同结果作出时证据在其中所起的作用。

---

① 高潮、马建石主编：《中国历代刑法志注释》，《清史稿·刑法志注释》，吉林人民出版社1994年版，第1043页。

② 高潮、马建石主编：《中国历代刑法志注释》，《清史稿·刑法志注释》，吉林人民出版社1994年版，第1048页。

③ 高潮、马建石主编：《中国历代刑法志注释》，《清史稿·刑法志注释》，吉林人民出版社1994年版，第1051页。

1. 情实。情实针对的是案情清楚、证据充分、法律适用恰当的案件；

2. 缓决。缓决针对的是案情虽属实，但危害性不大者，在秋审案犯中罪行较轻，按法律规定，不执行死刑。而在确定罪行是否为轻的时候，证据是考量的一个标准。有一起梁三驴等共殴裴毛来身死一案，将梁三驴依律拟绞等因具题，奉旨三法司核拟具奏，钦此。

该臣等会看得梁三驴与裴毛来素好无嫌。同治七年七月间，裴毛来向人谈论梁三驴素情轻薄，与村中妇女必有不端之事，经武狗百听闻转向梁三驴告述。

二十六日，梁三驴同胞兄梁驴娃并武狗百由邻村观剧回归，与裴毛来路遇。梁三驴向其查问，裴毛来狡赖。梁三驴指武狗百质证，裴毛来斥说武狗百不应挑唆是非。武狗百分辨致相骂詈。裴毛来拔出身带小刀用背殴伤武狗百左胳膊。武狗百拔刀将小刀格落，戳伤其左眼。裴毛来两脚乱踢，武狗百砍伤其左脸、左膝、右腿肚。梁驴娃拢劝，裴毛来疑帮扑殴，梁驴娃闪避。梁三驴恐兄吃亏，上前帮护，拾刀用背殴伤其左胳膊、左手腕。梁驴娃用拳殴其脊背未伤，裴毛来转身揪住梁驴娃胸衣，撞头拼命。梁三驴弃刀用身带铁铜殴伤其左腿并叠殴伤其脸、脚、右腿肚，松手倒地，擦伤左右手背、左后肋右臀至三十九日陨命。报验获犯审供不讳。查裴毛来身受各伤惟后被梁三驴殴伤左右脸为重，应依拟抵除梁驴娃拟杖武狗百缉获另结外，梁三驴合依共殴人致死下手伤重者绞律，拟绞监候秋后处决等因具题奉旨梁三驴依拟应绞著监候秋后处决，余依议，钦此。

同治九年秋审，死本理曲，殴非预纠，梁三驴应缓决。三人轮殴毙命，该犯铁器之伤，三重迭骨损。惟死者凭空诬伊与妇女有不端之事，理本不直，该犯先殴，刀不用刃，重伤由死者揪住伊兄撞头拼命所致，且均在肢体不致命处，所共殴亦非预纠，尚可原缓记候核，照缓。①

该案中，之所以能够定为缓决，除了情理以外，还依据对尸身的检验结论这一证据，即所伤非致命处作出定夺。

3. 可矜。可矜指案情属实，但有可矜或可疑之处，按照法律规定，可免于死刑，一般减为徒、流刑罚。而可矜、可疑之处通常要有证据予以证明。

4. 留养承祀。指案情属实、罪名恰当，但考虑到犯人是独子或犯人父母老病无人奉养，按法应处死者可免死，使他回家奉养父母，不致绝嗣。

清朝有时候，皇帝也会临时指定多个机构官员一同会审某案。会审时，会审官员研究案情，分析证据，必要时会收集新的证据，以确定前审断案是否准

① 刚毅辑，沈云龙主编：《秋谳辑要》，文海出版社印，第685—687页。

确。《大清高宗纯（乾隆）皇帝实录》中有如下记载：

乾隆五十年。丁酉。谕曰：海昇殴死伊妻吴雅氏一案经步军统领衙门，奏交刑部审讯。尸亲贵宁，以伊姓吴雅氏并非自缢，不肯画供。经刑部奏请，特派大臣覆检。随派左都御史纪昀，会同刑部侍郎景禄、杜玉林，带同御史崇泰郑激，及刑部熟谙司员王士棻、庆兴，前往开棺检验。据纪昀等奏称，公同检验伤痕，实系缢死。而贵宁仍以检验不实，复在步军统领衙门，以海昇系大学士阿桂亲戚，刑部显有回护等情具控。又拣派侍郎曾文埴、伊龄阿前往覆检，则吴雅氏尸身，并无缢痕。据实具奏。随令阿桂、和珅，会同刑部堂官，及原检覆检之堂官等，公同检验。与曹文埴、伊龄阿所奏相符。因即令研讯海昇。始据将殴踢致死，装点自缢。情供出。是此案原验覆验之堂官司官，竟因海昇系阿桂姻亲，均不免意存瞻顾逢迎之见。从前刑部堂官于福隆安家人富礼善一案，有意瞻徇，竟至正凶几于漏网。经朕看出疑窦，特派大臣复行严审。方得水落石出。……①

该事件中，大学士阿桂的姻亲员外郎海昇殴死其妻吴雅氏，谎称其妻吴雅氏自缢身亡。先由步军统领衙门奏交刑部审讯，定为自缢身死。吴雅氏的弟弟贵宁不服，乾隆皇帝派以左都御史纪晓岚为首的一行人去复验，又证明是自缢，吴雅氏的弟弟贵宁依然不服上告，随后乾隆皇帝又派阿桂、和珅会同刑部共同查核，发现却无缢痕，研讯海昇，始供出是踢死，装点自缢。通过最后的会审，有了被告的供述和检验的结论，终于使案情明了。

第六节　小　　结

明清时期的刑事证据制度较前朝得到了进一步发展，比如，明清时期会审制度的完善、新的证据收集方法的开创。唐朝会审主要包括"三司推事"、"三司使"、"督堂集议制"，明朝则包括了会官审录、圆审、朝审、大审、热审、寒审等，清朝又在明朝朝审的基础上发展出秋审。伴随着会审制度的种类增多，证据制度在会审中的应用也更为深入广泛，间接地促进了刑事证据制度的发展。明清时期创制了更多的证据收集方法。明朝吕坤在其《实政录》中记载了一些关于人命案的检验方法；清朝的黄六鸿依自己的司法经验总结出"七字审问法"；清代王明德针对尸体被烧无尸骨可检验的情形提出了"检地法"等，这些方法的创制大大丰富了明清时期刑事证据制度的内容和实践经验。虽然如此，但是，较唐宋而言，随着明清封建专制主义的强化，刑事证据

---

① 《清实录·大清高宗纯（乾隆）皇帝实录》卷1229，中华书局1985年版，第471页。

制度的客观性减弱，主观性加强。明太祖为了惩治元末法律废弛的弊端，使用重法，尤其是重典治吏，严惩官吏朋党行为，并为此屡兴大狱，加之朱元璋的猜疑心重，凭主观猜测想当然的治罪于人，使得明朝刑事证据的主观性加强。另外，明朝取消了唐宋凸显证据客观性（即没有口供，可以直接依据物证定罪）的法律规定、司法实践中厂卫横行、严刑逼供又进一步加剧了主观性倾向。清朝加大对政治性犯罪镇压、大兴文字狱，主观定罪倾向愈加明显。明清刑事证据中所体现出来的这种倾向可以说是历史的倒退。另外，明清刑事证据制度规定与司法实践经常会出现背离，尤其是在以刑讯的方式获取口供时，法律关于对刑讯的主体、数量、刑具上的诸多限制在实践中常常被突破，使其成为具文。

第五章　清末民初刑事证据
制度的近代转型

19 世纪中期，随着西学东渐的潮流，来自西方的近代法制文明开始冲击古老的中华法制文明。至 20 世纪初，清末的刑事证据制度最终在清末大规模修律的过程中发生了重大的转型，并在民国初年初步形成近代刑事证据制度。

第一节　变化动因

一、社会经济基础的变化

传统证据制度的转型始于清朝末年大规模的修律活动，在这次修律过程中，已具二千多年历史传统的证据制度发生了重大的变化。这一变化的根本原因，即 20 世纪初中国社会的经济基础发生了深刻变化，导致作为上层建筑一部分的包括证据制度在内的清朝法律必须随之进行相应的调整与转型。

19 世纪中叶，清王朝内患不断，国势渐衰。同时，西方列强发动以鸦片战争为开端的一系列侵略战争，用坚船利炮打开了闭关锁国多年的清帝国的大门，攫取了关税、贸易、司法等多项特权。外国资本的入侵破坏了中国固有的封建自然经济基础。据中国社会科学院经济研究所收藏的清代安徽农业收成表可见，鸦片战争后由于外国势力的侵入和影响，更由于清政府加紧对农民的搜刮，安徽多数州县的农业收成下降为六成以下。① 为了提高收益，一些家庭开始在有限的土地上缩小粮食作物面积，种植因西方国家的市场需求而变得相对

---

① 《中国近代农业史资料·清代耕地面积表》，转引自秦佩珩：《明清社会经济史论稿》，中州古籍出版社 1984 年版，第 54 页。

有利可图的经济作物，如棉花、大豆、芝麻等。①经济类作物只有通过商品交换才能实现其价值，农产品开始商品化。② 这一变化打破了农业自给自足的性质，增强了其对于外贸以及其他工商业的依赖性，再次对自然经济基础形成冲击。

另一方面，由于外国机器廉价商品的侵入，中国传统的家庭手工业也受到破坏。以纺织业为例：洋布"幅宽质细价廉，而适于用，人皆便之，反弃土布而不用，其夺我之利，实为最巨"，"迄今通商大埠，及内地市镇城乡，衣土布者十之二三，衣洋布者十之七八"。③粮食种植业以及土布市场的萎缩，表明男耕女织式的自然经济基础遭到破坏。

与此同时，资本主义商品经济开始从沿海城市发展起来，并不断深入到内陆地区。伴随着一系列不平等条约的签订，中国被迫开埠通商，这使得一部分近代城市开始崛起。这些新兴的城市是一种开放型城市，以通商贸易为特征，从而区别于传统城市。除了城市内部的商品交换外，开阜城市在城乡贸易、地区贸易甚至国际贸易中都发挥了很大作用。它在一定程度上还能够辐射到周边的乡村。因此近代中国的城市一旦开埠之后，都得到不同程度的发展，到20世纪中前期，开埠通商城市成为中国新兴城市的主体，其中部分城市成为区域性甚至是全国性的经济中心城市，初步形成了以这些城市为中心的区域性和全国性经济网络。随着商业城市的崛起，近代资本主义工业也得到发展。最初是外国资本主义企业，后来民族工业开始发展，最后促成一批新兴工业城市的崛起。

同时，自然经济的破坏还表现在农村劳动力的流失。在殖民化的商品浪潮面前，农业经营长期亏损，分散的小农经受不住国际市场风浪的冲击，纷纷破产，只得卖掉自己的土地，沦为佃农或雇农。失去土地的农民中就有相当一部分被吸引到城市中。以上海为例，从1852—1890年，上海人口从54.4万人增

---

① 如当时外国资本主义棉纺织业发展的需要，棉花出口数量不断增加，价格也在上升，便导致了皖北植棉区迅速扩大。当时的大豆和芝麻也是皖北重要的经济作物。阜阳大豆富含油脂，在国内仅次于东北大连豆。阜阳的大豆除满足本地的消费外，还有不少运往其他地区，并有部分出口。近代的皖北还是全国重要的芝麻产区之一，产量仅次于河南、湖北，大部分运往省外或国外。（宋红影：《试谈近代皖北地区的农业经济》2002年12月《安徽农业大学学报（社会科学版）》第4期，第55页。）

② 到20世纪20年代，某些地区的农产品商品化已达到较高的水准，如江苏江宁农产品的出售比例为收获量的73.7%。（魏永理：《关于近代中国曾否形成统一的国内市场问题》，参见孙健编：《中国经济史论文集》，中国人民大学出版社1987年版，第263页。）

③ 彭泽益编：《中国近代手工业史资料》第2卷，三联书店1957年版，第222页。

至82.5万人，38年间人口总数增长了52%，年均递增率为11‰，而同时期全国人口的年均增长率只有0.6%左右。①进入民国以来，"壮年劳动者常脱离农村，致生产力日益减少"；"田畴荒废，产额又因之减下"；"耕者日少，而田愈荒"；"田园任其荒芜，生产能力低减"已成为南北各地农村的普遍现象。②

商业的发达，城市固定市场的形成，人口流动性的增加，无疑将改变传统的由熟人所组成的乡土社会结构，改变人与人之间的关系，从而对诉讼法律制度的价值追求、制度设计提出变革要求，此即为清末民初中国证据制度转型的内因。

二、人权思想的确立与西方法学理论的影响

（一）"天赋人权"思想的引进与传播

自公元前221年秦始皇统一六国之后，中国便建立起以"君权"为核心的专制制度，"海内为郡县，法令由一统"，③一统便是二千年。至19世纪下半叶，近代西方的自然权利学说和国家契约的理论正式传入中国，这便是"天赋人权"与"社会契约论"。它为中国思想界提供了一种全新的世界观，在近代中国迅速传播开来，从此影响了中国几代知识分子。戊戌维新分子对于"天赋人权"思想的传播无疑起到关键的作用。梁启超："三代以后，君权日益尊，民权日益衰，为中国致弱之根源。"④谭嗣同在《仁学》中的阐述则更为接近："生民之初，本无所谓君臣，则皆民也。民不能相治，亦不暇治，于是共举一民为君。"⑤这一表述与卢梭等所主张的自然权利学说如出一辙：人类在进入文明社会之前处于一种自然状态，人人享有生命、自由、平等、财产等自然权利。但由于自然状态下人的权利没有保障，因此人类的理性促使人们联合起来，通过转让一部分（有时可能是全部）自然权利的方式订立社会契约，从而过渡到文明社会。⑥此后，资产阶级立宪派、革命派也从各自的立场宣扬"天赋人权"思想。其中，邹容、陈天华、秋瑾等革命派直接采用了西方"天

①　张开敏主编：《上海人口迁移研究》，上海社会科学院出版社1989年版，第29页。应说明，这里上海所增加的人口来源并不一定都是破产农民，当时还有相当的求学者、经商者涌入上海；但尽管如此，农民仍占相当大的比例。
②　章有义编：《中国近代农业史资料》第2辑，三联书店1957年版，第649—651页。
③　《史记·秦始皇本纪》卷6，见《史记》（第1册），中华书局1954年版，第236页。
④　梁启超：《西学书目表后序》。参见《饮冰室合集》。
⑤　《谭嗣同全集》（下），中华书局1981年版，第56页。
⑥　卢梭：《社会契约论》，商务印书馆1980年版，第9、22页。

赋人权"的理论作为抨击封建专制、宣传革命的基本的思想武器。孙中山先生也以民权思想为核心提出了三民主义，后来又在此基础上形成了"五权宪法"思想。

由于"天赋人权"思想的深入传播，以"民权至上"来代替"君权至上"已是一股不可阻挡的历史洪流。近代中国的思想界因此发生了重大的变化：以民权代替君权，以权利本位代替义务本位，以平等代替等级……而保护人权、平等、程序正义等原则恰恰是近代刑诉制度的价值基础，也是证据制度的价值基础，中国近代证据制度转型的思想基础趋于成熟。

（二）近代西方法学理论的引进

早在 1840 年，林则徐便组织专人翻译《各国律例》，这应是最早引入近代西方法学之举。鸦片战争后，西方的事物如潮水般涌入中国，中国在被迫同西方列强交锋的同时，也在不断地审视和接受西方事物。人们对于西学的态度，由开始的鄙视、敌视，渐渐转为认真的审视和学习。"领事裁判权"和"会审公廨"制度是近代国人心目中的奇耻大辱，强行将西方的诉讼程序与诉讼理念推行到中国。国人在感情上排斥治外法权的同时，在理智上却也在考量、研究西方的诉讼制度。"《申报》等报纸对一些重大案件进行的追踪报道和评价，促进了西方近代诉讼法律文化在中国的传播。"①

陆续有一些西方国家的法律和法学著作被翻译、介绍到中国来。包括：1864 年同文馆教习美国人丁匙良译《万国公法》，1880 年同文馆教习法国人毕利干率馆生译成《法国律例》，首次将法国包括民法典在内的法典完整地介绍到中国②；而严复从英国留学回国后所翻译的《法意》、《天演论》等系列译作无疑是当时翻译水平最高、影响最大的"西学"之著。19 世纪末至 20 世纪初，许多有识之士从日本的崛起认识到变法的重要性，一方面中国大批留学生赴日学习法律，另一方面在国内大量设立译书局和学会机构，创办以法政为主要内容的杂志，如 1900 年开始发行的《译书汇编》，并翻译介绍西方法学名著和法律制度。此时几乎当时西方主要的法律与法学名著都被介绍到中国来了，如章宗元译：《美国宪法》（上海文明书局 1902 年版）；天野为之、石原健三著，周逵译：《英国宪法论》（广智书局 1902 年版）；矶谷幸次郎著，王

---

① 李春雷：《中国近代刑事诉讼制度变革研究》，北京大学出版社 2004 年版。
② 王健：《西法东渐——外国人与中国法的近代变革》附录一，"丁匙良"、"毕利干"条，中国政法大学出版社 2001 年版，第 541、542 页。

国维译：《法学通论》（广智书局1902年版）等。① 刑事诉讼法方面，修订法律馆组织翻译了谷野格著《日本刑事诉讼法》（1907年），《日本改正刑事诉讼法》，《普鲁士司法制度》，《美国刑事诉讼法》（未完成），《法国刑事诉讼法》（未完成），松室致著、陈时夏译《刑事诉讼法论》（商务印书馆1910年版）等。② 而由于这个阶段正是留日学生大批回国的时期，因此日本法学对于中国产生了重大的影响，中国后来所制定的近代证据法规取法日本和德国，与此有一定关系。

进入20世纪后，外国法学专家成为清末、北洋以及南京国民政府的座上宾，对于中国近代法律制度也产生了一定影响。修订法律馆聘请的基本都是日本的法学专家，包括冈田朝太郎、松冈义正、志田钾太郎、小河滋次郎、岩谷孙藏等。其中，松冈义正和岗田朝太郎参与了《法院编制法》的起草，岗田朝太郎参与了《刑事诉讼律草案》的起草，对于近代证据制度的发展形成一定影响。此外，随着中国近代法学教育的发展，还有很多外国的法律专家来到中国，担任国立或私立大学中的法律教习，讲授各国法律，而所请专家在初期多为日本人，如直接参与立法的日本刑事法学专家岗田朝太郎即在京师法律学堂讲授《刑事诉讼法学》③。至20年代后，则多为英、美、德、法等国人，其中以美国人最多。一些法律专家同时还在中国从事律师职业，因此他们所持的西方法学理念必然直接和间接地对中国近代的法律实践产生影响。

西方法学理论的引进，外国法学专家及留学生在立法与法学教育领域的参与都直接影响了近代证据法律的理论与实践，使得中国近代证据制度转型具备了一定的理论基础。

三、近代中国的法律改革运动与资产阶级革命理论的积极推动

（一）清末修律的推动

宏观地来看，清末证据制度之所以会发生转型，是由当时中国整个法律体系的近代化转型这个大背景所决定的。中国近代的法律改革运动发端于晚清的

---

① 俞江：《近代中国法学语词的形成与发展》，参见中南财经政法大学法律史研究所编：《中西法律传统》第1卷，中国政法大学出版社2001年版，第35、37页。

② 李春雷：《中国近代刑事诉讼制度变革研究》，北京大学出版社2004年版，第32页；及黄源盛《近代刑事诉讼的生成与展开》，载《清华法学》2006年第2期，第87页脚注1。

③ 汪庚年编：《京师法律学堂讲义》，载《法学汇编》第12辑，京师法学汇编社发行，1911年5月版。

修律活动，清末修律"为中国法律的近代转型，确立了航标，奠下了基础"①，它确定了中国法律近代化的基本模式，即取法大陆法系，移植西方法律。尽管在此之前，西方近代的法制原则已在中国得到一定传播，但得到官方正式的确认，应始于清末的变法修律。

清末修律活动持续了将近十年，在 20 世纪的第一个十年中，中国在外国法律专家的帮助下制定了包括刑法、民法、商法、诉讼法等在内的一系列法典，建立起以西方近代法律原则为指导的部门法体系。虽然这些法典在相当程度上只是停留在文字阶段，但它却代表着近代中国在立法方面作出的努力，它是一种国家意志的表达，表明中国的统治阶层已接受和肯定了西方近代的一系列法律原则。尽管在修律的过程中存在着守旧势力与图新势力的斗争，而且最终封建法制原则也得到适当的保留，但总体上，清末修律向近代所跨出的步伐还是相当大的，以至于很多学者认为，修律的结果相对于当时的经济与社会现实而言，甚至过于超前了。②

1906 年（光绪三十二年四月初三），修订法律大臣沈家本等上奏《进呈诉讼律拟请先行试办折》。随后清政府先后制定了 1906 年《刑事民事诉讼法》（草案）、1910 年《大清刑事诉讼律》（草案）等专门的诉讼法典，以及 1907 年《各级审判厅试办章程》、1910 年《法院编制法》等与诉讼相关法规。与传统法律制度相比，清末修律的一个重大变化就是将程序法与实体法分开，制定了专门的刑事诉讼法，在这些专门的诉讼法规中，有相当一部分内容是关于证据制度的，由此近代刑事证据制度开始形成。

①　张晋藩：《中国法律的传统与近代转型》，法律出版社 1997 年版，第 475 页。

②　如高旭晨认为，在清末修律的时候，中国的社会经济基础并没有像表面上表现出的那样，已呈离析状态，修律也缺乏必要的社会基础。（高旭晨：《谈清末修律的背景》，参见中国法律史学会编：《法律史论丛》第四辑，江西高校出版社 1998 年版，第 373、374 页。）胡旭晟也认为，"近代化的新式立法在二十世纪早期的中国社会尚缺乏其生根的伦理土壤"。（胡旭晟：《中国近代法制变革之伦理分析》，参见《走向法制之路》）此外，美国学者黄宗智也认为，在民国初年，立法者作出了一个耐人寻味的选择，"他们采用了晚清新修的刑法，却没有采用其按照德国民法新修的民法典。相反，他们宁愿保留原来《大清律例》中的民法部分，让其作为民国的民法继续运用了近二十年。他们这样做是因为他们相信这部旧法比新修的民法更接近中国的实际，而法律变革需要有一个过渡。新修法典在经过修改变得更接近于中国社会生活的实际之后才最终得以颁行。"（黄宗智：《清代的法律、社会与文化：民法的表达与实践》，上海书店出版社 2001 年版，第 9 页。）

（二）辛亥革命的推动

1911 年中国爆发辛亥革命，推翻了在中国实行了二千多年的封建帝制，建立了中华民国。孙中山所领导的南京临时政府虽然只存在了 3 个月，但却使中国政治法律制度在近代化的征途上迈出了重要的一大步。尤其是《临时约法》的颁布，将"主权在民"确认为国家制度的基本原则，首次以宪法的形式肯定人民所具有的权利和自由，确立了人格自由、平等，私有权神圣不可侵犯等一系列保护人民权利的原则。而这些原则也必然要求改变传统的契约制度。

1. 保障人民权利，人格自由、平等

推翻君主专制、建立民主共和，这本身便是对社会以及人们思想观念的一次大解放。《临时约法》第一条规定："中华民国由中华人民组织之。"第二条规定："中华民国之主权，属于国民全体。"这一宣告，对于人们摆脱专制束缚、追求个性解放所起到的开拓作用是不可估量的。在君权至上的时代，实行有罪推定，从某种意义上，所有的臣民都屈服于强大的王权之下，随时面临着沦为阶下囚的命运。但南京临时政府建立起来的是一个主权在民的新制度，人民摆脱了被奴役的境地，拥有参与国家政治生活的各项政治权利，更拥有广泛的民主自由权利，神圣不可侵犯。

《临时约法》在"人民"一章，以资产阶级"天赋人权"思想为基础，规定了人民的权利和义务，其第五条规定："中华民国人民，一律平等，无种族、阶级、宗教之区别。"即不能为了保护某个人、某些人、某种人的利益而侵犯任何人的合法权利，帝制时代下皇帝、贵族官僚及封建家长所拥有的各种特权都被取消。人民享有人身、居住、言论、出版、集会、结社、通信、信仰等各项自由，至此，人格自由平等原则得以确立。其中第六条规定："人民之身体非依法律，不得逮捕、拘禁、审问、处罚。人民之家宅非依法律不得侵入或搜索。……人民有书信秘密之自由。"这些规定对于建立近代证据制度具有特别的指导意义。

2. 禁止刑讯

为保障人权，1912 年 3 月 2 日南京临时政府颁布《大总统令内务司法两部通饬所属禁止刑讯文》大总统令，禁止在司法实践中使用刑讯手段。在《大总统令内务司法两部通饬所属禁止刑讯文》中，首先抨击了以威吓报复为宗旨的旧刑罚制度，同时宣布废止刑讯："本总统提倡人道，注重民生，奔走国难二十余载，对于亡清虐政，曾声其罪状，布告中外人士。而于刑讯一端，尤深恶痛绝，中夜以思，情逾剥肤。今者光复大业幸告成功，五族一家，声威远暨。当肃清吏治，休养民生，荡涤烦苛，咸与更始。为此令仰该部转饬所属，不论行政司法官署，及何种案件，一概不准刑讯。鞫狱当视证据之充实与否，不当偏重口供。其从前不法刑具，悉令焚毁。仍不时派员巡视，如有不肖官司，日久故智复萌，重煽亡清遗毒者，除褫夺官职外，付所司治以应得之罪。"① 司法部也颁布了《司法部咨各省都督禁止刑讯文》等法令来执行大总统令。在中国实行了几千年的刑讯逼供制度得以废止，这些法令对于近代证据制度的转型具有直接的推动作用。

综上，中国近代证据制度转型的动因主要有三方面的因素：其一，近代中国的经济基础首先发生了变化，对包括证据制度在内的传统法律制度提出了转型的内在要求，构成清末证据制度转型的内因；其二，"天赋人权"思想的传播与西方法学理论的引进为近代证据制度的转型准备了理论基础，构成其外因；其三，近代中国的法律改革运动与资产阶级革命直接推动了证据制度的转型，使得中国近代证据制度得以正式建立起来。

第二节　刑事证据理论的变化

现代证据法理论，主要涉及认识论、价值论等理论基础。从认识论的角度来分析中国近代证据制度，可以发现一个明显地由追求客观真实到追求法律真实的转变。而从价值论的角度来分析，中国近代证据制度又呈现出一个由追求实体正义到追求程序正义的趋势。但在清朝末年，刑事证据制度所涉及的理论问题还要更宏观得多，中国古代长期保持"诸法合体"的传统，刑事证据制度和民事证据制度并无严格的区别，但到清朝末年，受西方法学理论的影响，将民事诉讼与刑事诉讼加以区分的主张被提出来，这样就形成了从刑事、民事证据不分到刑事民事证据有分的理论。此外保护人权、人道主义也对近代中国的刑事诉讼理论产生了很大的影响。

一、刑事民事证据的分立

中国古代法律的一个重要特点就是用刑罚手段来调整民事法律关系，从这个意义上，所有的诉讼都可以看作是刑事诉讼，而并无严格的刑事诉讼和民事诉讼之分。由此导致中国古代的证据制度也无刑事证据制度和民事证据制度之分，但这一特点至清末修律时发生了改变。沈家本在主持清末修律的过程中，就极力主张将民事诉讼和刑事诉讼分开："中国旧制刑部专理刑名、户部专理

---

① 《南京临时政府公报》第 27 号，1912 年 3 月 2 日公布，第 3—4 页。

钱债，微有分析刑事、民事之意。"① 同时提出设想："凡关于钱债、房屋、地亩、契约及索取赔偿者，隶诸民事裁判；关于叛逆、伪造货币官印、谋杀、故杀、强劫、窃盗、诈欺、恐吓取财及他项应遵刑律定拟者，隶诸刑事裁判。"② 尽管如此，由沈家本所主持修订的中国第一部程序法草案《刑事民事诉讼法》，仍然是刑诉和民诉合编在一起的。究其原因，这部法律是根据中国的现状而草拟的一部简明诉讼法，其性质"为一时的过渡立法"③。这部诉讼法草案由于遭到以张之洞为代表的各地官员的反对，并未能付诸实施。随着《各级审判厅试办章程》的出台，明确规定在刑民诉讼有分的理论转变下，中国近代形成了专门的刑事证据制度。

二、从客观真实到法律真实

中国古代证据制度追求客观真实，即案件的事实真相，为了实现这一目标，法官可以使用包括装神弄鬼、刑讯手段在内的多种采证手段获取口供，而很少受到法律的限制。著名的典故"何武断剑"反映了一种更异乎寻常的证据采信方式：汉代沛中有一个富豪，女儿已出嫁但儿子年幼，临终时立下遗嘱说，所有财产都归女儿，只给儿子留下一把宝剑，而且还要由女儿保管，明确说等到儿子 15 岁时交给他。儿子成年后，向姐姐索要宝剑，但姐姐不肯给，儿子告至官府。司空何武说："剑，所以断决也。现年十五，有智力足也。"他认为富豪的本意是担心儿子年幼，无力独立生活，要靠姐姐照顾。如果给他留下很多财产，儿子必然会受到早已成年而又贪心的姐姐和姐夫的迫害，所以就留下一把宝剑，料定贪心的姐姐不肯给儿子会告到官府，等着何武这样的法官来主持公道。何武的证据就是这把宝剑，因为剑是决断事务的意思，要在儿子十五岁时才将剑交与他，是指儿子已经十五，智力足以掌理家族的能力了。于是何武把所有的家产都判给了儿子，至于女儿和女婿，"温饱十五年已幸矣"。当时大家都说何武这样"原情度事"十分恰当。④ 在这个案件中，有两个关键证据，一个是富豪的遗嘱，另一个是一把宝剑。遗嘱显然应当比宝剑有更强的证明力，但法官却认为富商的行为不合常理，而去探究富豪真实的意思

①　《修订法律大臣沈家本等奏进呈诉讼律拟请先行试办折》，见《大清光绪新法令》第 19 册，上海商务印书馆铅印本，中国政法大学图书馆典藏。

②　《修订法律大臣沈家本等奏进呈诉讼律拟请先行试办折》，见《大清光绪新法令》第 19 册，上海商务印书馆铅印本，中国政法大学图书馆典藏。

③　黄源盛：《近代刑事诉讼的生成与展开》，载《清华法学》2006 年第 2 期，第 87 页。

④　《太平御览》卷 836。

表示，否定了具有法定效力的遗嘱的证据资格，而通过解释宝剑的喻义将其采信为证据。这种审查证据的方式在当时人看来是非常恰当的。中国古代文献中这样超出法律规定来采信证据、进行判案的记载还有很多，而且几乎无一例外地被作为机智、公正的正面事迹被记载下来。其根源就在于中国古人在证据的认识论问题上追求的是"事实真相"，也就是证据学上所谓的"客观真实"。

在追求"客观真实"的目标下，导致的必然结果就是为了追求事实真相而忽略证据的合法性，不择手段，重结果、轻过程，重实体法、轻程序法。这也是由中国古代法律的价值取向——"秩序"所决定的。为了打击犯罪、维护国家的统治秩序，忽略对于刑事诉讼当事人特别是被告人权利的保护，刑讯逼供合法，实行有罪推定，在君权至上的大背景下，司法人员在案件的侦查、审理过程中往往不择手段。因此，虽然在司法实践中积累了丰富的运用书证、物证、证人证言、勘验报告等各种证据来审理案件的经验，但是，其经验皆以如何发现案件事实真相为己任，其关注焦点在于官府如何能有效地收集、固定证据，保全证据，检验证据，审查、判断证据等，即更多地关注证据的真实性，而忽略证据的合法性问题。

清朝末年在修律的过程中，仍将"真实"作为证据制度的目标，但这个真实是"法律真实"，而非"客观真实"。沈家本在奏进《刑事诉讼律》草案时，将"摘发真实"作为修律宗旨之一向皇帝汇报，提出以"众证"主义来取代"口供"主义，证据以法律预定，同时实行自由心证制度，"悉凭审判官自由取舍"。① 它强调证据的合法性，包括不能以"威吓及诈罔之言"② 取得口供，所有证据必须经过质证等法律程序。这种证据制度所追求的既不是完全符合客观实际的"真实"（客观真实），也不是法官根据一定价值标准所做的原心定罪，而是经过法律程序认可的证据所能够证明的"真实"——法律真实。

三、实体法与程序法并重

中国古代重实体法、轻程序法，程序法长期处于依附实体法的地位。但清末修律活动开始后，程序法与实体法并重的观念日益被接受。1906 年（光绪三十二年四月初三），沈家本在其所上奏《进呈诉讼律拟请先行试办折》中即指出，实体法与诉讼法之间是体和用的关系，"体不全，无以标立法之宗旨；

---

① 《修订法律大臣沈家本等奏〈刑事诉讼法草案〉告成装册呈览折》，详见吴宏耀、郭恒编校：《1911 年刑事诉讼律（草案）》，中国政法大学出版社 2011 年版，第 470 页。

② 《大清刑事诉讼律》草案第 66 条。

用不备，无以收行法之实功。二者相因，不容偏废。"① 再如民国初年曾任大理院推事的夏勤亦认为："法有实体与程序之分，实体法犹车也，程序法犹轮也。轮无车则无依，车无轮则不行。故国家贵有实体法，尤贵有程序法。"②

制定独立于实体法之外的程序法的最大意义，在于以程序法来保障实体法的公正，从而有利于人权的保护。黄源盛先生在评论清末《刑事民事诉讼法》草案时，即认为与传统审判体制相比，这部草案"仅是加入一些人权保护理念的诉讼法则，并未根本动摇传统的审判深层结构"③，但人权保护方面的诉讼法则恰恰表明了这部草案在诉讼（证据）法学理论上的最重大的贡献。此后，以清末《刑事诉讼律》草案为代表，中国开始出现专门的程序法，严格限定证据规则，强调证据制度在于揭示案件事实的同时，更强调事实真相应当通过合法的途径和手段得到揭示。其第一编（总则）第三章诉讼行为之第三节，严格规定了检证、搜索、扣押、保管等有关证据保存的诉讼行为，明确规定行为主体，保证证据的采集、检证及保存整个诉讼行为的公开性，以示公正。如第一百四十条规定："检察官实施检证、搜索、扣押或保管，得按其情形命被告莅视。"第一百四十一条："审判衙门或受命推事实施检证、搜索、扣押或保管等，得由检察官及辩护人莅视。审判衙门或受命推事遇有必要情形，得命被告莅视。"④

严格限定证据规则的意义，在于强调发现事实真相所采用的手段和方式应当具备正当性、合理性、人道性和公正性，这样才使证据规则真正成为程序法的核心部分，使得证据裁判主义得以通行。

四、维护公权与民权并重

中国古代曾依靠人们对于神明的崇拜来解决证据的真实性问题，如皋陶与獬豸的记载及西周的盟誓制度等。"在证据保存手段和认识能力都相当贫乏的古代社会，人们认定事实的主要途径是依靠人的良心和道德的感召力，相信人的良知能够促使其坦陈事实，将发现的目的建立在当事人自我陈述的基础之上。"⑤ 随着神权法思想的衰落，及封建正统法律思想的形成，人们开始利用

---

① 《大清光绪新法令》第19册，上海商务印书馆铅印本，中国政法大学图书馆典藏，第2页。

② 夏勤：《刑事诉讼法要论》，重庆商务印书馆1944年版，第5页。

③ 黄源盛：《近代刑事诉讼的生成与展开》，载《清华法学》2006年第2期，第87页。

④ 吴宏耀、郭恒编校：《1911年刑事诉讼律（草案）》，中国政法大学出版社2011年版，第88页。

⑤ 陈浩然：《证据学原理》，华东理工大学出版社2002年版，第5页。

道德感召力及伦理的制约力来解决证据问题，如自白、以祖宗的名义赌咒发誓等。但随着社会的发展，单纯依靠良心制约的方法来支配诉讼已不能满足社会需要，暴力和威慑手段越来越多地被应用到诉讼活动中，来保障证据的可靠性，特别是口供的真实性。这是君主专制政体下的一个必然结果，如孟德斯鸠所断言："凡是能够引起恐怖的任何东西都是专制政体最好的动力。"① 秦朝即已经有关于刑讯逼供的法律规定，发展至清朝，刑讯手段可以说是集中国古代之大成，有笞、杖、枷号、夹棍、拶指等，只有年七十以上、十五岁以下及废疾者不加拷讯。在证据的采信特别是口供的取得方面，以威吓报复为主要特征，以有罪推定为前提，丝毫不顾忌诉讼当事人的权利保护问题。

但至清末后，由于天赋人权思想的传播，在诉讼法中也变威吓报复为人道主义，证据制度越来越注重对于人权的保护。如《大清刑事诉讼律》草案第一百五十五条规定："传唤证人，应用传票。"第一百五十八条规定："证人既经传唤，届时不到场者，得再送传票或发句票拘摄。"中国古代实行有罪推定的原则，因此一旦案发，所有包括证人在内的涉案人员都属于怀疑对象、干连佐证，要被强制到庭，甚至限制人身自由。但在清末所修订的刑事诉讼法草案中，虽然规定证人有到庭的义务，却并不采用强制手段，而是用"传票"，更为人道。其在草案中自陈如此规定之理由："传唤证人应用传票者，不外重视民权、保障自由。"②

中国古代的法律重在维护君权，亦即国家的公权，但至清末民初，在充分保障国家公权的同时，也注重保护人民的私权利。如《大清刑事诉讼律》草案在陈述"检证、搜索、扣押及保管"一节的立法理由时，即强调："凡此行为，皆诉讼上必不可少者，唯应尊重人民自由。故本节既授当该官吏以重大之权限而保障国家刑事上之公权，复严定各项限制以保护人民之自由，所以昭慎重也"。③

民国成立后，更是多次重申保护民权、实行人道的立场。南京临时政府公报开篇即宣告："近世文化日进，刑法之目的亦因而递嬗。昔之威吓报复为帜志者，今也则异。刑罚之目的，在维持国权，保护公安。人民之触犯法纪，由个人之利益与社会之得奖不得其平，互相抵触而起。国家之所以惩创

---

① ［法］孟德斯鸠：《论法的精神》（上），商务印书馆1961年版，第93页。

② 吴宏耀、郭恒编校：《1911年刑事诉讼律（草案）》第158条"理由"，中国政法大学出版社2011年版，第88页。

③ 吴宏耀、郭恒编校：《1911年刑事诉讼律（草案）》，中国政法大学出版社2011年版，第77页。

罪人者，非快私人报复之私，亦非以示惩创，使后来相戒，盖非此不足以保持国家之生存，而成人道之均平也。故其罚之之程度，以足调剂个人之利益与社会之利益之平为准，苟暴残酷，义无取焉。"① 即国家之所以惩罚犯罪人，既不是为了满足某个人的利益而进行报复，也不是为了杀鸡儆猴，向全社会示警，而是为了调整个人与社会之间的平衡，既要保护国家的公权——"保持国家之生存"，也要保护人民的私权——"成人道之均平"。1912 年 3 月南京临时政府颁布《大总统令内务司法两部通饬所属禁止刑讯文》，禁止在司法实践中使用刑讯手段，人权思想、人道主义在证据制度中的贯彻较之清末更加彻底。

第三节　有关刑事证据的相关立法

近代中国关于刑事证据并没有单独的立法，其相关内容主要依靠于刑事诉讼法和法院组织法来进行规范。

一、《刑事民事诉讼法草案》的制定

如前所述，清末修订法律馆成立后，即翻译和整理了大量外国刑事诉讼法规和刑事诉讼理论，在此基础上，1906 年沈家本、伍廷芳编订了《刑事民事诉讼法》草案，共五章 260 条，呈奏朝廷。黄源盛先生总结其特点有三："（1）乃'就中国现实之程度，商定简明诉讼法'先行试办，性质上为一时的过渡立法；（2）独立于实体法之外，并区分刑事规则、民事规则与刑事民事通用规则，分别作不同的规定；（3）采用欧西各国的陪审制、律师辩护及公开审判制度。"②

关于诉讼规则，这部草案在一定程度上对于刑事诉讼证据和民事诉讼证据加以区分，贯彻平等的诉讼原则，并肯定了法官对于证据实行自由心证取舍："法官在作出裁判以前，必须对'两造所呈之证据'，'每造前后各供有无自相牴牾之处'，'两造供词之重轻'，'两造情节之虚实'，'所呈证据是否足定被告之罪'，'证据是否为法律所准'等项问题进行细心研究，然后再作出

---

① 《南京临时政府公报》第 27 号，1912 年 3 月 2 日公布，第 3—4 页。

② 黄源盛：《近代刑事诉讼的生成与展开》，载《清华法学》2006 年第 2 期，第 87 页。

判断。"①

虽然这部草案对于传统的司法体制予以基本保留，但还是引来了一片争议。从张之洞对于这部草案的抨击中，可以分析出，平等、民主等近代诉讼原则在这部草案中还是有相当比重的："综核所纂二百六十条，大率采用西法，于中法本原似有乖违……""盖法律之设，所以纳民于轨物之中；而法律本原，实与经术相表里，其最著者为亲亲之义，男女之别，天经地义，万古不刊。乃观本法所纂，父子必异财，兄弟必析产，夫妇必分资；甚至妇人女子，责令到堂作证。……坏中国名教之坊，启男女平等之风……"② 这样，由于各路将军与地方官僚的竭力反对，《刑事民事诉讼法》草案在被交法部复核后旋即遭到搁置，加之后又编订了专门的《刑事诉讼律》草案和《民事诉讼律》草案，这部草案始终未及颁行。

二、《各级审判厅试办章程》的制定

这部法规其实是为了适应预备立宪的需要而起草的一部兼有法院组织法和诉讼法性质的法律。1906 年 11 月，清政府将大理寺改为大理院，专掌审判；将刑部改为法部，专掌司法。同年 12 月，清政府又批复《大理院奏请厘定审判权限折》，设审判体制为乡谳局、地方审判厅、高等审判厅及大理院四级。1907 年 3 月，直隶总督袁世凯所辖的天津成功试行《天津府属试办审判章程》，效果良好。在总结天津府审判章程的试行经验和沈家本所奏《法院编制法》草案的基础上，法部编纂《各级审判厅试办章程》，拟先由京师各审判厅试办。1909 年经修订后颁行全国。

这部章程共五章一百二十条，五章篇名分别为：总纲、审判通则、诉讼、各级审判厅通则及附则③。其中第三章包括起诉、上诉、证人、鉴定人、管收、保释、讼费七节，对证据规则进行了一些限定。该章程第一条对民刑案件作了一个抽象的区分："凡审判案件，分刑事、民事二项，其区别如左：一、刑事案件：凡因诉讼而审定罪之有无者，属刑事案件。二、民事案件：凡因诉讼而审定理之曲直者，属民事案件。"民刑诉讼实行分庭告诉、分别审理的制度，证据规则也有所区别，如刑事诉讼中更强调检察官在调查事实、收集证据

---

① 李春雷：《中国近代刑事诉讼制度变革研究》，北京大学出版社 2004 年版，第186—187 页。

② 《张文襄公全集·奏议》69。

③ 黄源盛：《近代刑事诉讼的生成与展开》，载《清华法学》2006 年第 2 期，第 91页。

方面的作用（第 97 条）。

这部章程仍属于过渡性质的一部法规，如果从纯文本的角度来考察，它在证据规则方面，并不如《刑事民事诉讼法》完善。但它更适合当时中国新旧交替的社会现实，正是这种紧扣社会现实的特点，才使得《各省审判厅试办章程》具有可行性，从而成为"中国法制历史上第一部从体制到程序全面变革传统审判制度的法律"①。随着章程的颁行，中国近代第一批新式审判机关相继筹建起来，并分别受理刑事诉讼和民事诉讼，刑事证据制度开始在实践中发展。

三、《法院编制法》的制定

《法院编制法》的前身是 1906 年 12 月颁行的《大理院审判编制法》，其初衷原为明确以大理院为首的审判机关的权限及职责。《大理院审判编制法》共 5 节 45 条，仿照日本裁判制度，设立了四级三审制的法院体系：中央最高审判机关为大理院，以下分别为高等审判厅、地方审判厅及乡谳局（京师为城谳局）。这部法律对日后整个近代中国的审判机关体系产生了深刻的影响。其一，它确立了司法独立的原则，"自大理院以下及本院直辖各审判厅局，关于司法裁判，全然不受行政衙门干涉，以重国家司法独立大权，而保护人民身体财产"（第 6 条）。司法独立是实现近代证据裁判主义的根本前提，如果没有独立的法庭，以及具有独立地位的法官，也就无法通过对于证据的取舍来证明法律事实，从而据证做出公正的裁决。明确了民刑分立的原则。其二，它明确了民刑分立的原则，"自大理院以下各审判厅、局，均分民事刑事二类为审判事"（第 3 条）。其三，首次建立检察制度并肯定检察官在刑事证据制度中特殊的作用。

1907 年 9 月，修订法律馆为在全国推行新的审判机关体系，在《大理院审判编制法》的基础上编成《法院编制法》。1910 年 2 月，正式颁行全国。该法共 16 章、164 条，继承并完善《大理院审判编法》的立法精神及法律内容。这部法律未及全面推行，清朝即被推翻，但民国成立后，继续援用该法。这部法律的性质毕竟是一部法院组织法，因此其中有关刑证据制度的法规多为原则性的，如民刑分开、检察官的搜查取证权②、诉讼相关人员的回避制度等。

---

① 李春雷：《中国近代刑事诉讼制度变革研究》，北京大学出版社 2004 年版，第 60 页。
② 《法院编制法》第 90 条规定，检察官的职权包括，遵照刑事诉讼律及其他法令所定，实行搜查处分，提起公诉，实行公诉，并监察判决之执行。

四、《刑事诉讼律草案》的制定

虽然《大清刑事民事诉讼法》一度受挫，但沈家本所主持的修订法律馆从未停止刑事诉讼法典和民事诉讼法典的起草工作。1911 年 1 月，在日本刑法学家岗田朝太郎的帮助下，《大清刑事诉讼律草案》完成并奏呈朝廷，这是当时最为完整的一部刑事诉讼法典草案。草案共 6 编 515 条。六编依次为：总则，第一审，上诉，再理，特别诉讼程序，裁判之执行。草案基本仿照日本1890 年刑诉法典而成。与传统的诉讼制度相比，这部草案变化极大。沈家本在其领衔所奏《〈刑事诉讼法草案〉告成装册呈览折》中将修律的要旨概括为八个方面，即一曰诉讼用告劾程式；二曰检察提起公诉；三曰摘发真实；四曰原被告待遇同等；五曰审判公开；六曰当事人无处分权；七曰干涉主义；八曰三审制度。这其中，关乎刑事证据制度者主要有三点：摘发真实、原被告待遇同等和干涉主义。其中摘发真实最为紧要。

为了达到摘发真实，也就是提示案件事实真相的目的，《大清刑事诉讼律》草案实行证据裁判主义和自由心证制度，不再以口供为重。这是近代中国刑事证据制度转型的最大变化。其第 326 条第一款规定："认定事实，应依证据。"明确规定了据证定罪的原则，亦即现代证据理论所谓"证据裁判主义"；第二款规定："证据之证明力，任推事自由判断。"此即自由心证原则。

原、被告待遇同等，"非地位相同，指诉讼中关于攻击防御俾以同等便利而言。盖原告之起诉，既为谙习法律之检察官，若被告系无学识经验之人，何能于之对待？故特许被告人用辩护人及辅佐人，并为收集有利证据，与以最终辩论之权。庶两造势力不至有所盈朒"。① 草案中举证责任分配、质证程序、证据保全等多项规定体现此要旨。与纠问式的审判方式相比，这种对抗式的审判方式更有利于保护被告人的权益。

干涉主义，指"审判官因断定其罪之有无，应干涉调查一切必要事宜，而不为人之辩论所拘束。"这是刑事诉讼不同于民事诉讼的一大特征，就证据制度而言，它意味着法官有调查取证权，而不是被动地局限在原、被告双方所呈交的证据基础上进行裁量。"地方审判厅不问开始辩论前后，得就该厅庭员或独任推事中指定受命推事，命调查特定证据或其他事宜。受命推事调查特定证据，有为一切必要处分之权。"（第 320 条）

这部草案后来由于清政府被推翻而未及颁行，但它对于中国近代证据制度

---

① 《修订法律大臣沈家本等奏〈刑事诉讼法草案〉告成装册呈览折》，详见吴宏耀、郭恒编校：《1911 年刑事诉讼律（草案）》，中国政法大学出版社 2011 年版，第 470 页。

的转型发挥了关键作用。它建立相对合理的自由心证的证据规则、严格贯彻法定的证据程序，实行证据裁判主义，开近代证据制度之先河。由于该草案的重要作用，本文有关证据制度的内容变化将以《大清刑事诉讼律》草案为中心展开探讨。

五、民国初年有关证据立法

民国初年，战争不断、时局动荡，没有精力修订和颁布正式的刑事诉讼法典。"整体说来，民国初期（1912—1914 年）的审判制度，基本上是援用清末沈家本等人所主持编纂的相关法规。"[1] 1913 年司法部将《各级审判厅试办章程》稍作修订，改名为《高等以下各级审判厅试办章程》，加以颁行。1915 年司法部修订《法院编制法》并颁行。

《刑事诉讼律》草案的援用情形稍显复杂，北洋政府并没有立即全部援用，而是由司法部逐步地呈请援用其部分规定，同时辅之以新制定的单行诉讼规则。先后被援引的内容包括"管辖"、"再理"、"裁判之执行"、"回避"等。虽未被正式赋予法律效力，但《刑事诉讼律》在司法实践中常被作为"诉讼法理"加以援用，从大理院所作的判决来看，基本与《大清诉讼律》草案的规定相一致。1921 年，修订法律馆在《大清刑事诉讼律》草案的基础上编定了刑事诉讼法草案，北京政府司法部将其命名《刑事诉讼条例》，这是中国近代正式颁布的第一部刑事诉讼法规，刑事证据制度终于"有法可依"。

第四节　刑事证据制度内容的变化

一、从据供定罪到据证定罪

中国传统的刑事证据制度长期以来实行的是"口供主义"，即将口供作为定案的必要证据，据供定罪。云梦秦简《封诊式》有关刑讯的规定[2]，以及史记中关于李斯被赵高"榜掠千余，不胜痛，自诬服"[3] 的记载，都证明中国至晚从秦朝开始，即将口供作为定案的必要证据。唐朝在肯定据供定罪的同时，

---

① 黄源盛：《近代刑事诉讼的生成与展开》，载《清华法学》2006 年第 2 期，第 96 页。

② 详见《睡虎地秦墓竹简》整理小组编，文物出版社 1978 年版，第 246 页。

③ 《史记·李斯列传》，中华书局 2005 年第 3 版，第 1992 页。

还针对特殊情形（"赃状露验，理不可疑"①）和特殊人群（属于议、请、减、老、小、废疾等不得拷讯之人）规定了"众证定罪"原则，"三人以上，明证其事，始合定罪"。② 清朝原则上继承了唐朝的规定，但亦明确要求："断罪必取输服供词。律虽有众证明白即同狱成之文，然非共犯有逃亡，并罪在军流以下，不轻用也。"③ 伴随据供定罪原则的最大问题，就是刑讯逼供导致的冤狱，虽然各个朝代在限制刑讯方面多有努力，但由于据供定罪的大前提，屈打成招的情况仍屡见不鲜。清朝末年著名的杨乃武与小白菜案，即是最好例证，二人不堪刑讯，几经复审、几经翻供，前后历三年，涉及三十多名不法官员。④ 如果不从根本上改变据供定罪的原则，刑讯逼供的现象就无法停止。⑤

但发展至清末民初，受西方证据理论的影响，强调据供定罪的原则有所改变，而被据证定罪为主导的原则所取代。《大清刑事诉讼律》草案第 326 条第一款规定："认定事实，应依证据。"明确规定了据证定罪的原则。这里据证定罪所谓的"证"，主要是指包括口供在内的所有证据。该条立法理由称："本条第一项明揭废止口供主义，采用众证主义。按断案不必尽据口供，已见唐律所谓'赃状露显，理不可疑，虽不承引，即据状断'者是也。窃谓案情应以众证为凭，当可十得八九，苟舍众证而取口供，殊未可尽信。今各国无不采众证主义，亦以其合于法理与实益也。或谓现在中国警察尚未完备，若舍口供主义，不易侦知实情。殊不知警察未备，理应从速改良。警察安可永守此不备之制度，以保流弊无穷之旧法？况口供之未可信乎？"⑥

这一转变带来的最大进步是禁止刑讯。《大清刑事诉讼律》草案第 66 条规定："讯问被告人，禁用威吓及诈罔之言。"其立法理由称："讯问被告人，若用威吓、诈言，则惊恐之余，思想纷杂，真实状态反为所淆。故本条采各国

---

① 《唐律疏议·断狱律》。

② 《唐律疏议·断狱律》。

③ 《清史稿·刑法志》。

④ 王策来：《杨乃武与小白菜案》，中国检察出版社 2002 年版。

⑤ 需要说明的是，中国古代在强调口供作为定罪必要条件的同时，并不否认其他证据在定罪中的作用，但其他的人证、物证常常被用来与被告人对质，而起到说服犯罪人认罪，从而取得口供结案的作用。从这个意义上讲，本文所谓"据供定罪"，是指口供在中国古代的司法审判中所发挥的主导作用，是其他证据无法取代的。

⑥ 吴宏耀、郭恒编校：《1911 年刑事诉讼律（草案）》，中国政法大学出版社 2011 年版，第 231—232 页。

通例严禁之。"① 此处并未明确言明禁止使用刑讯手段，而是用"威吓及诈罔之言"来表述，但考虑到中国自唐朝起便有"举轻以明重"之原则，"威吓"、"诈罔之言"尚且不可，刑讯自亦应在禁用之列。

民国成立后继续肯定据证定罪的原则，不以口供为重，并作出多个判决例重申此原则。

1913 年大理院上字第 66 号判决例要旨："证据定罪，不以自白为重。"其理由称："诉讼通例，自白固为证据之一种，然据证定罪不必斤斤以自白为重。控告审判衙门苟据确实之人证、物证而行裁判，即属合法。"②

1914 年大理院判决例规定，没有口供也可以定罪："犯罪人自白，虽作为证据之一种，然众证俱确，可不待犯罪人自白而为判决。"③ 此时，口供的作用与中国古代时期相比，有相当程度的下降，成为与其他物证、人证等同等位阶的证据种类，既不是定罪的充分条件，也不是定罪的必要条件。

1915 年大理院以判决例明确，仅有口供不足以定罪："被告人不利于己之供述，仍须调查真伪。"其理由为："刑事诉讼被告人不利于己之供述，原可为有力之证据，然审判衙门并非必须采用。其供如认为有疑义者，仍应以职权调查，以期发现真实。"④

1915 年大理院以判决例明确，刑讯逼供所取得口供不得作为证据："自白出于刑求，不得采为证据。"⑤

在《大清刑事诉讼律》草案基础上修订而成的 1921 年《刑事诉讼条例》则更明确了禁止刑讯和据证定罪原则。"讯问被告不得用强暴、胁迫、利诱、诈欺及其他不正之方法"（第 70 条）；"被告之自白非出于强暴、胁迫、利诱、诈欺及其他不正之方法，且与事实相符者，得为证据。被告虽经自白，仍应调查必要之证据，以察其是否与事实相符"（第 303 条）；"犯罪事实应依证据认

---

① 吴宏耀、郭恒编校：《1911 年刑事诉讼律（草案）》，中国政法大学出版社 2011 年版，第 62 页。

② 吴宏耀、郭恒编校：《1911 年刑事诉讼律（草案）》，中国政法大学出版社 2011 年版，第 232 页。

③ 大理院判决例民国二年（1914 年）上字第 363 号。

④ 大理院判决例民国四年（1915 年）上字第 989 号。

⑤ 大理院判决例民国四年（1915 年）上字第 1042 号。其理由称：查诉讼通例，审判衙门审判案件，认定事实应依证据。而证据之证明力，由审判官自由心证判断之。被告人之自白，虽可为证据之一种，然原审以该被告在该县初供系出于刑讯，不采为证据并无违法。

定之"（第 305 条）。① 依据证据认定事实的原则被称为"证据裁判主义"，甚至是"当代自由心证合理性的基石"②。当然，司法实践中刑讯逼供的问题不仅在近代中国，在当今中国亦未能彻底根绝，但刑讯毕竟正式因法律的发展而退出了历史舞台中心，对近代刑事证据制度的这一进步应予充分肯定。

二、确立自由心证制度

所谓自由心证，是指"对证据是否有证明力以及证明力的大小，法律不预先作出规定，而由法官根据内心确信去自由判断证据，从而认定案件事实。所谓'自由'，是指法官根据良心、理性判断证据，不受任何其他的限制和约束；而'心证'是指法官通过对证据的判断所形成的内心信念"③。1808 年《法国刑事诉讼法》最早确立了自由心证制度，它的大意是：法律对于陪审员通过何种方法而认定事实，并不计较；法律也并不规定陪审员必须特别依据某些规则来确定一项证据的完备性和充足性；法律只要求陪审员集中思想、静心自问、缜密思考，以自己的真诚和良知，凭借理性，对控诉证据和辩护理由形成独自的印象，法律只向陪审员提出一个问题，这个问题涵盖了陪审员履行全部职责的准则：您是否已经经形成了内心确信？④

从某种意义上说，19 世纪后欧洲所形成的自由心证制度与中国古代法官所拥有的自由裁量权有一定的相似性。以至于有观点认为，"在我国古代社会，司法官吏在证据审查判断和事实认定方面享有非常大的权力，以自由心证为主要特征，重视直觉、经验、情理和整理在判断证据和认定事实中的作用，法律对证据能力、证据价值和证明标准几乎不作任何规定。"⑤ 在本文前引"何武断剑"的故事中，法官何武即根据经验认为富豪的遗嘱处分不合常理，而否定了富豪遗嘱的证明力，同时又根据其直觉与经验解释了"剑"的喻义，将其采纳为证据，这可以理解为一种"中国式的自由心证"。

---

① 李春雷：《中国近代刑事诉讼制度变革研究》，北京大学出版社 2004 年版，第 187—188 页。

② 汪海燕、胡常龙：《自由新证新理念手探析——走出对自由心证传统认识的误区》，载《法学研究》2001 年第 5 期。

③ 汪海燕、胡常龙：《自由新证新理念手探析——走出对自由心证传统认识的误区》，载《法学研究》2001 年第 5 期。

④ 《法国民法典》第 342 条，详见何勤华主编：《法国法律发达史》，法律出版社 2001 年版，第 515—516 页。

⑤ 郑牧民、易海辉：《论中国古代证据制度的基本特点》，载《湖南科技大学学报》2007 年第 10 卷第 2 期。

正是由于自由心证制度与中国司法实践中综合考虑"天理、国法与人情"的传统相契合，所以在清末修律的过程中，这一制度很顺利地被吸收到诉讼法规中，从而取代了据供定罪的传统。"《大清刑事民事诉讼法》规定，法官在作出裁判以前，必须对'两造所呈之证据'，'每造前后各供有无自相抵牾之处'，'两造供词之重轻'，'两造情节之虚实'，'所呈证据是否足定被告之罪'，'证据是否为法律所准'等项问题进行细心研究，然后再作出判断。"①

《大清刑事诉讼律》草案明确采用自由心证主义。沈家本在其领衔所奏《〈刑事诉讼律草案〉告成装册呈览折》中阐明，这部草案的一个修订宗旨就是"摘发真实"，即有利于揭示案件的事实真相，"其主义有三：一为自由心证。证据之法，中国旧用口供，各国通例则用众证。众证之优于口供，无待缕述。然证据而以法律预定，则事实皆凭推测，真实反为所蔽，宜悉凭审判官自由取舍。"② 其中，"悉凭审判官自由取舍"是自由心证制度的首要特征。《大清刑事诉讼律》草案第326条第二款规定："证据之证明力，任推事自由判断。"其立法理由称："按法定证据主义与发现真实主义不合。各国通例乃采用心证主义，本律亦拟仿效之。"③

民国初期，大理院以多个判决例来继续肯定自由心证制度。"犯人自白，审判官亦有取舍之权。"④ "审判官有自由取舍证据之权。"其理由："按证明事实全凭证据，而证据是否可靠，则须参酌各方面情形，故诉讼通例特许审判官以自由取舍证据之权。"⑤

三、从亲属之间的拒证义务到拒证权利

中国从汉朝时起即确立"亲亲得相首匿"的原则，此后其内涵不断扩大，亲属之间相互容隐犯罪不但是一种权利，更是一种义务，如果违犯则要负非常严重的刑事责任。告发祖父母、父母犯罪更是被列入十恶之"不孝"，在唐朝要被处以绞刑，但清朝刑罚有所减轻，将其归入"干名犯义"条，处杖一百、

---

① 李春雷：《中国近代刑事诉讼制度变革研究》，北京大学出版社2004年版，第186—187页。

② 吴宏耀、郭恒编校：《1911年刑事诉讼律（草案）》，中国政法大学出版社2011年版，第470页。

③ 吴宏耀、郭恒编校：《1911年刑事诉讼律（草案）》，中国政法大学出版社2011年版，第231—232页。

④ 1914年大理院上字第363号判决例。

⑤ 1915年大理院上字第73号判决例。

徒三年。① 而且从唐朝开始规定，法官不得强迫亲属作证，否则要负刑事责任："其于律得相容隐者……皆不得令其为证，违者减罪人罪三等。"② 清朝法律继承了唐朝关于审判官不得强迫亲属作证的规定，只是罚则有所变化："其于律得相容隐之人……皆不得令其为证，违者笞五十。"③

但清末修律之后，虽然对亲属容隐的权利有所保留，但却免除了亲属之间相互容隐的义务，亲属之间有拒绝作证的权利，但如果自愿放弃这个权利，法律是许可的。如《大清刑事诉讼律》草案第 152 条规定："下列各人得拒绝证言：第一，被告人之亲族，其亲族关系消灭后，亦同；第二，被告人之监护人、监督监护人及保佐人。"在其立法理由中，强调："刑事关系虽重，然立法不外人情。故本条许所列各人，概得拒绝证言。惟拒绝与否，仍听其人之自便。如有自愿证言者，法律并不禁止，亦不免除其为证人及到场之义务也。"④

四、刑事证据种类的变化

中国古代证据的种类主要有口供、证人证言、物证、书证、勘验笔录等。清末民初时期的证据种类有所变化。《大清刑事诉讼律》草案第二编"第一审"程序，第二章"公判"，对证据的种类作出了较为详细的规定，但并没有明确的分类。主要包括文件证据（书证）、物证、证人证言、口供等。

口供的证据效力问题在清末民初发生了重大变化，前已多有讨论。为统一全国审判系统对于口供的认识，民国初年大理院亦以多项判决例来重申其性质。其中，尤以 1915 年上字第 1042 号判决理由的总结最为精辟："查诉讼通例，审判衙门审判案件，认定事实应依证据。而证据之证明力，由审判官自由心证判断之。被告人之自白，虽可为证据之一种，然原审以该被告在该县初供系出于刑讯，不采为证据并无违法。"⑤ 即口供是证据中的一种，其证明力与其他证据无异，皆由法官依自由心证而判断取舍。没有口供，如果其他证据足够充分，可以定罪；仅有口供，而无其他证据印证支持，也不足以定罪。口供既不是定罪的充分条件，更不是定案的必要条件。

---

① 《大清律例·刑律·诉讼》。

② 《唐律疏议·断狱上》。

③ 《大清律例·刑律·断狱》。

④ 吴宏耀、郭恒编校：《1911 年刑事诉讼律（草案）》，中国政法大学出版社 2011 年版，第 87 页。

⑤ 吴宏耀、郭恒编校：《1911 年刑事诉讼律（草案）》，中国政法大学出版社 2011 年版，第 232—233 页。

我们习惯称之为书证的证据，在《大清刑事诉讼律》草案中被称为"文件证据"，其范围非常广泛，勘验笔录亦被列入其中。其一般原则是，只有经过审判衙门调查、直接取得的证据才可以"为判决资料之证据"（第321条）。其立法理由为："诉讼之用意，专在发现真实。然欲发现真实，必不得不直接调查证据。"① 所谓"直接调查"，是指排除书记官等间接调查方式。这一规定不禁令人联想起清王朝"与胥吏共天下"的特点，在各级司法机关中充斥着大量刑名幕吏来维持机构的日常运转，他们或者从官府那里得不到收入，或者只能得到非常微薄的收入，从而靠上下其手、受贿、索贿来维持生计，成为司法体制中的毒瘤。笔者分析当时之所以作出这种规定，主要还是为了实现司法公正，防止不法之徒在取证环节有机可乘。

由法庭来直接调查固然能有效地发现真实，但效率过低，司法成本过于巨大。因此法律认可一些特殊的"文件"具有当然的证据资格。主要包括四种：第一，起诉后，由审判衙门或受命推事所作检证、搜索、扣押、保管、讯问证人之笔录及补充笔录之文件、图画；第二，官吏、公吏据其职务证明身份、年龄、前科等项之文件；第三，外国官吏、公吏据其职务证明身份、年龄、前科等项之文件，但以该文件经真正证明者为限；第四，鉴定书或鉴定笔录及补充之文件、图画。（第322条）这些文件都是一些由官方制作的法律文件，虽然不是由审判衙门直接调查取证所得，但文件本身的性质有充分的证明力。

除审判衙门外，检察机关、司法警察官或依法律特有审判、检察权限者所作的包括讯问笔录在内的各种笔录及附件，在特定情况下可以成为证据，包括当事人无异议、不能再调查或难于调查者、因相关人员亡故而不能再讯问或难于讯问者、无理由前后陈述不一样者及拒绝陈述者等。（323条）

这里的官方法律文件限定是很严格的，民初大理院判例要旨规定："巡警调查报告不得为证据。"② "据保卫团局呈文定案采证，系属违法。"③ "检验存留手印笔录得为证据。"④ 此外，证据文件必须当庭朗读，以给当事人审查答辩的机会。

总体来说，《大清刑事诉讼律》草案中关于证据的条文并不集中，既没有明确的分类，也没有一个完整的列举式的规定，来说明到底哪些可以作为证

---

① 吴宏耀、郭恒编校：《1911年刑事诉讼律（草案）》，中国政法大学出版社2011年版，第227页。

② 大理院民国四年（1915年）上字第28号判决例。

③ 大理院民国七年（1918年）上字第112号判决例。

④ 大理院民国四年（1915年）上字第90号判决例。

据。究其原因，笔者认为是因为"自由心证"的立法设计使然。即如前文所述，证据的资格"悉凭审判官自由取舍"①，证据的证明力，"任推事自由判断"②，在这种情况下，法典不需要对于证据进行过多的预设，否则会成为法官自由心证的障碍。

第五节 小 结

清末民初，是中国从传统走向现代的关键时期。之所以会发生转型，是由当时近代中国的国情所决定的：经济基础首先发生了变化，对包括刑事证据制度在内的传统法律制度提出了转型的内在要求，而"天赋人权"思想与西方法学理论恰在此时传播与引进，为近代刑事证据制度的转型准备了理论基础；近代中国的法律改革运动与资产阶级革命则直接推动了证据制度的转型，使得中国近代以"据证定罪"、"自由心证"为主要特征的刑事证据制度得以正式建立起来。

这一时期的刑事证据理论首先发生了转变：打破了中国古代"诸法合体"的传统，形成了从刑事、民事证据不分到刑事民事证据有分的理论；从追求客观真实到追求法律真实，实行众证主义和自由心证主义，摒弃了原心定罪，废止刑讯逼供；由追求实体正义到追求程序正义，实体法、程序法并重，以法律严格限定证据规则。此外保护人权、人道主义也对近代中国的刑事诉讼理论产生很大的影响，变威吓恐怖主义为人道主义，在维护公权的同时重视对于公民个人合法权利的保护。

清末民初时期并未制定专门的刑事证据法，刑事证据规则主要依靠刑事诉讼法和法院组织法来规定。包括两部诉讼法草案（1906 年《刑事民事诉讼法》草案、1911 年《刑事诉讼律》草案），两部法院组织法（1909 年《各级审判厅试办章程》、1910 年《法院编制法》），和一部条例（1921 年《刑事诉讼条例》）。其中，起到关键作用的是 1911 年的《大清刑事诉讼律》草案，这部草案虽因清政府灭亡而未及颁行，但它确立自由心证、严格证据程序，实行证据裁判主义，开近代证据制度之先河，并成为 1921 年北洋政府《刑事诉讼条例》的基础，其证据规则在民国初年大理院所作的判例和解释例中得到了完全贯彻。

---

① 《沈家本等奏〈大清刑事诉讼律〉草案告成装册呈览折》，吴宏耀、郭恒编校：《1911 年刑事诉讼律（草案）》，中国政法大学出版社 2011 年版，第 470 页。

② 《大清刑事诉讼律》草案第 326 条。

　　清末民初的证据制度主要发生了这样的变化：从口供主义转变为众证主义，从传统的"据供定罪"发展为"据证定罪"；确立自由心证的制度，法官凭借其理性判断来自由决定证据的采信；传统的"亲亲相隐"原则发生一定变化，亲属拒绝作证不再是一项违者有罪的法律义务，而是一项可以放弃的法律权利。

　　综上，刑事证据制度在清末民初发生重大转型后，成为刑事诉讼程序各环节中的关键因素。证据决定着从提起公诉、审理、判决，到控告、上告、抗告等上诉程序的进程，甚至可以引起再审程序。"依靠证据来判断和认定事实是任何诉讼的必由之路，也是唯一选择。"① 证据制度在清末民初积累下了丰富的经验，如以法律精英化来保障自由心证制度的做法，至今仍然具有借鉴价值。

---

① 陈浩然：《证据学原理》，华东理工大学出版社 2002 年版，第 3 页。

下编

中国民事证据制度的传统与近代化

第六章　先秦时期民事证据制度

与先秦时期刑事证据制度相比，先秦时期的民事证据制度相对薄弱一些。这与当时的社会自然经济基础稳固，商业发展受到一定限制的"重农抑商"的政策有直接关系。以西周为例，民事证据制度虽已产生，但比较简陋。在西周中期以前实行国家支配主义原则，当事人主义原则表现得不明显。

而到西周中期以后，随着社会情形的变化，当事人处分的原则受到重视，民事证据制度也有了相对的发展。但总的来说，公证的作用发挥得比较充分；私证的作用有所发挥，但仍有不足之处。

第一节　民事证据的理论与原则

一、证据的客观性原则

众所周知，证据是具有客观性的，它是脱离人的主观意识而独立存在的。而证据的客观属性，则要求运用证据进行裁决的司法官员，必须要抛弃主观臆断，根据证据的证明的客观真实，并运用法律作出正确的判断，使客观真实与法律真实相一致。

先秦的民事证据原则较之刑事证据原则，更加注重客观性原则的规定与运用。以西周为例，当时的国家民政管理以及民事交易活动中，都强调证据客观性原则的规定与运用。在当时国家的民政管理上，强调"听政役以比居"；"听闾里以版图"；"以取予以书契"；"听出入以要会"。① 即是说，凡是征收赋税与征发徭役、军役，都必须以所在户籍（伍籍）为依据，以免发生脱漏；凡是官府受理百姓土地争讼的，都必须以地图为依据作出判决，以免出现错案；凡是向官府借贷钱物而不付利息的，都必须以借贷书契作为依据，以便到期追偿；凡是月底或者年底审计官府财物的，都必须以该府库的簿书为依据。如果发生官府财物争讼的，同样要派人作出审计，并依据府库的簿书记载作出裁决，以免在官物归属上作出误判。

---

① 《周礼·天官·小宰》，《十三经注疏》，中华书局 1979 年影印本。

与此同时，在当时的民事交易上也非常注重运用证据客观性原则作为指导，来解决交易中的争讼问题。例如，《周礼·地官·小司徒》规定："凡民讼以地比证之"；"地讼，以图证之"；这就是说，百姓在交易中发生争讼的，应以相邻最近而且能为之作证的邻居作为人证；凡因土地引发纠纷的，都必须以地图为依据，才能被官府受理。此外，《周礼·秋官·士师》规定："凡以财狱讼者，正以傅别、约剂。"；另外，《周礼·天官·小宰》说："听称责（债）以傅别"；"听卖买以质剂。"即是说，凡是因借贷钱物发生争讼的，必须出示傅别这种竹制的契券作为证据，官府才会受理。凡是因买卖货物或奴隶发生争讼的，必须出示约剂这类竹制的契券作为证据的，官府才会受理。此外，西周还设置有专门管理契约事务的官吏，《周礼·秋官·司约》说："司约掌邦国及万民之约剂。"；同书《士师》也说："凡以财狱讼者，正之以傅别、约剂。"即是说，西周的司约与士师则专职负责约剂与傅别二种契约交易的管理。使得该两种债权债务关系得到协商与解决。

二、证据的关联性原则

先秦时期，特别是西周时期，在运用证据解决民事争讼中，非常重视证据的关联性原则，以期取得"咸庶中正"① 的裁判效果。西周司法官吏在选择证据时，注重选取与争讼焦点问题有密切关联的各项证据；在这些证据的判断上，又注重发现证据间的内在联系，以期固定证据链条，证实事务真相，并依法据证对争讼案件作出判决。西周在运用证据关联性原则时，注意官方证据文书与私证文书的关联性考察，注重官方证据文书内部的关联性考察；注重私证文书内部关联性考察，以期揭示其内在的逻辑性，形成不可颠覆的审判结论。

在官方公证文书中强调证据关联性的原则及其运用。例如，《周礼·天官·小宰》中记载，西周在处理赋税、徭役、田土等争讼中，则注重书证之间的关联性的证明原则与证明效力。即所谓"听闾里以版图"郑司农注："版，户籍。图，地图也。听人讼地者，以版图决之。"凡有田土争讼，既要有户籍簿登记的书证证明，也要有土地的地界图证明，上述两个关联性比较强的书证相比照，才能证明土地的所有权或使用权的归属。具备了关联性密切的各类书证，官府才能受理并解决这类案件，否则，不予受理。

同样，在私证文书中也强调证据关联性原则的证明与应用。《周礼·秋

---

① 《尚书·吕刑》，《十三经注疏》上册，中华书局 1979 年影印本。

官·朝士》说："凡民讼以地比证之"，疏谓"民讼，……故以地之比邻知其是非者，证其断其讼。"① 《周礼·地官·小司徒》也说："凡民讼，……地讼，以图版之。"② 这就是说，在处理土地这类不动产的权属诉讼中，要以相邻最近且了解真情并能出庭作证的邻居为人证。同时还要求该争讼的证人拿出相关联的地图，作为书证证明。当二者一致时，才能正确地判明事实真相，并依法据证作出裁判。

另外，西周在处理复杂的债权债务纠纷中，往往将关联性紧密的公证文书与私证文书结合使用，用以证明案件的真伪，以及维护债权人的合法权益。例如，《周礼·秋官·朝士》说："凡属责（债）者，以其地傅而听其辞"；③《周礼·秋官·士师》则说："凡以财狱讼者，正以傅别、约剂。"④ 即是说，一方面要让当事人寻找邻近证人，以其证言证明私人的债权与债务；另一方面，也要由官府出面，寻找收藏在官衙中的借贷契约（傅别）与买卖契约券（约剂）作为证据，与当事人所保存的契券相对照，同证人的证言相比较，最终得出裁判意见。

三、证据的主观性原则

在西周摆脱了神明裁判制度，步入了较为文明的法官裁判制度的历史阶段后，直接采用了五听审判方法。据《周礼·秋官·小司寇》载："以五声听狱讼，求民情。""一曰辞听（观其出言，不直则烦）；二曰色听（观其颜色，不直则赧然）；三曰气听（观其气息，不直则喘）；四曰耳听（观其听聆，不直则惑）；五曰目听，（观其眸子视，不直则目毛然）。"⑤ 这就是说，西周司法官员在审理案件时主要依据察言观色等五种方式，听取犯人口供；观察犯人面部颜色；考察犯人气息；查明犯人的听力；观测犯人的眼睛及其所包含的意思。这种五听审判的方式，侧重于司法官个人的主观上的认识和判断。这种审判方法所审理的结论，则多有主观推断成分，从而较多的体现出证据认定上的主观性特点。

① 《周礼·秋官·朝士》，《十三经注疏》上册，中华书局 1979 年影印本。
② 《周礼·地官·小司徒》，《十三经注疏》上册，中华书局 1979 年影印本。
③ 《周礼·秋官·朝士》，《十三经注疏》上册，中华书局 1979 年影印本。
④ 《周礼·秋官·士师》，《十三经注疏》上册，中华书局 1979 年影印本。
⑤ 《周礼·秋官·小司寇》，《十三经注疏》上册，中华书局 1979 年影印本。

第二节　公证及其证明效力

一、社会管理方面的公证文书及其证明效力

西周国家出于社会管理的需要，规定了公证文书和私契文书两类不同性质的证据文件形式。据《周礼注疏·天官·小宰》记载：天官下属小宰掌管官府八个方面的证明文书的登记与保管工作。其中的第一、二、三、五、六、八属于公证文书的登记与保管工作。

其一，"听政役以比居"。郑司农注云："政，谓军政也。役，谓发兵起徒役也。比居，谓伍籍也。比地为伍，因内政寄军令。以伍籍发军起役者乎，而无遗脱也。郑玄谓：政，谓赋也。疏云：听政，役以比居者，八事皆听者，旧事争讼当断之也。政，谓赋税。役谓使役。民有争赋税使役，则以地比居之，共听之。"

其二，"听师田以简稽"。郑司农注云："简稽士卒兵器簿书，简，犹阅也。稽，犹计也、合也。合计其士之卒伍，阅其兵器，为之要薄也。故《遂人》职曰：稽其人民，简其兵器。"《国语》曰："黄池之会，吴陈其兵，皆官师拥铎拱稽。""疏云：听师，田以简稽者。稽，计也。简，阅也，谓师出征伐及田猎，恐有违法，则当阅其兵器，与人并算是否。"

其三，"听闾里以版图"。郑司农注："版，户籍。图，地图也。听人讼地者，以版图决之。"《司书》职曰："邦中之版，土地之图。"疏云："所闾里以版图者，在六乡，则二十五家为闾；在六遂，则二十五家为里。闾里之中有争讼，则以户籍之版，土地之图，听决之。"

其五，"听禄位以礼命"。郑司农云："礼命，谓九赐也。"郑玄云："礼命，礼之九命之差等。"疏云："听禄位以礼命者，谓听时以礼命之其人。策书之本，有人争禄之多少，位之前后，则以礼命文书听之也。"

其六，"听取予以书契"。郑司农注曰："书契，符书也。"郑玄云："书契，谓出予、受入之凡要。凡簿书之最目。狱讼之要辞，皆曰'契'。"《春秋传》曰："王叔不能举其契。"疏云："听取予以书契者，此谓于官直贷不出子者，故云'取予'。若争此取予者，则以书契券书听之。"

其八，"听出入以要会"。郑司农注云："要会，谓计最之簿也。月计，曰要；岁计，曰会。"故《宰夫》职曰："岁终，则令群吏正岁会；月终，则令正月要。"疏云："听出入以要会者，岁计曰会，月计曰要。此出入者，正是

官内自用物。有人争此官物者，则以要会，簿书听之。"①

在西周时期，已经有八个方面的官方公证文书，并且发挥官方证明作用的文献记载，可能有些超前，也可能掺杂了后世儒家学者的理想成分。但是，无可否认，由于行政与经济管理的实际需要，西周时期必然也必定会产生一些官方制定的公证文件，用以证明户籍登记；劳役征发；赋税征收；军队的检核；官物的审计等方面的管理证明，是完全有可能的。而且具备西周国家赋予的重要的证明效力。

此外，西周还专门设置负责契约事务管理与民事纠纷处理的管理机构，并负责对契约等书面证据材料的审查与保管。《周礼·秋官·司约》规定："司约掌邦国及万民之约剂。"②《周礼·秋官·士师》也规定："凡以财狱讼者，正之以傅别、约剂"。③ 这里所说的约剂，就是西周证明交易活动的书面证据，平日保管在士师办公之所；发生交易纠纷时，士师则以此为凭，解决纠纷，辨明案情，并发挥"约剂"或"傅别"的证明效力。

二、管理订立婚约与解除婚姻方面的公证文书及其证明效力

东汉时期问世的《大戴礼》曾经记载：汉代官方有以下各项证据者，不批准女方订立婚约。而由唐代考证，戴氏所说，其根据"引自古礼"即（《周礼》）。即所谓一、"逆家"。二、"乱家"。三、"世有刑人"。四、"世有恶疾"。五、"幼丧父母者"。④

这即是说，汉代在婚姻管理方向，已经确立了公证制度，在登记结婚时，要据证检验女方，①凡是属于"贼盗、谋反、谋大逆"之家，该家女子因缘坐"没官为奴"的，不得订立婚约；②凡属淫乱之家，其家女子，不得订立婚约；③凡属受重刑之家，该家女子不得订立婚约；④凡属患有绝症或其他不治之症者，不得订立婚约；⑤凡属自幼丧母，缺乏母亲家训，该家女子不得订立婚约。⑤ 上述唐代考证戴氏所说的根据是"引自古礼"（即《周礼》），未见出处。但是，《春秋公羊传注》曾载有："丧失长子之娶，无教戒也；也有恶疾不娶，弃于天地；也有刑人不娶，弃于人也；乱家女不娶，类不正也；逆家女不娶，废人伦也。"另外，《韩诗外传》也说："茉苢（指车前草，音Fuyi。）

---

① 《周礼注疏·天官·小宰》，《十三经注疏》，中华书局1979年影印本。
② 《周礼·秋官·士师》，《十三经注疏》，中华书局1979年影印本。
③ 《周礼·秋官·士师》，《十三经注疏》，中华书局1979年影印本。
④ 《大戴礼记·本命篇》。
⑤ 《大戴礼记·本命篇》。

伤夫有恶疾也。"综上可知，戴氏所说五款不得订立婚约的规定，虽在东汉有比较系统的规定，但显然不是汉代所独有，而可能在某些方面受到西周的影响。例如第四款"世有恶疾"，先秦文献《韩诗外传》就有记载：被认为有恶疾的女子娶回家有可能对丈夫产生不良影响，故不得订立婚约。这多少反映了西周时期对订立婚约方面的公证文件的存在，以及相应的证明效力。

此外，在婚姻关系解除与否，官府的公证文书也发挥了重要的证明效力。据《春秋公羊传·庄公二十七年》载："妇人有七弃、三不去。尝更三年丧不去，不忘恩也；贱娶贵不去，不背德也；有所娶无所归不去，不穷穷也。"即是说，妇女为公婆认真守孝三年尽了义务的，官府应出具公证文书，要求不得离弃该妇。因为男方不应忘却女方恩德。夫妇双方经过艰苦努力，由贫穷而转为富裕，有妇女的贡献，官府应该出具公证文书，要求男方不得离弃该妇女，因为不能忘却妇女努力富家之德。此外，女方嫁入男方家门，带来丰厚的嫁妆，而后女方娘家家境败落，以致无处可居时，官府应出具公证文书，要求男方不得离弃女方，因为不能忘却共同享受财富的日子。

同时，《春秋公羊传·庄公二十七年》又强调官府对五种女子背德应出具公证文书，证明男女双方的婚姻关系最终解除。即所谓"不事舅姑（公婆），悖德也；口舌弄，离亲也；盗窃弃，反义也；嫉妒弃，乱家也；恶疾弃，不可奉宗庙也。"其理由是，①违背为妇道德，不孝顺公婆；②拨弄是非，离间亲属；③偷窃家中财物，违反道义；④嫉妒姑叔，唆使丈夫乱家；⑤患有绝症等重病，不能同丈夫长久贡奉家庙。这些公证文书的出具，表明先秦时期，特别是春秋时期，离婚已结束无序状态，而由官府出具公证文书，对妇女有五种背德行为者，宣布解除其婚姻关系，实行离婚。但同时也宣布"三不去"的制度，表明对三种情况特殊的妇女，实行相应的救济，并出具公证文书，不允许丈夫对妻子随意离异。

第三节　私证及其证明效力

一、证人证言的证明作用

在西周时期，在证据形式中重视证人证言的作用。《周礼·地官·小司徒》说："凡民讼以地比证之。"疏谓："民讼，六乡之民有争讼之事，是非难辨，故以地之比邻知其是非者，正其断其讼。"又《周礼·秋官·朝士》说："凡属责者，以其地傅而听其辞。"郑玄注云："凡因债务纠纷引起的诉讼，以共地之人相比近能为证者来，乃受其辞为治之。"这些文献资料的记载表明，在西周民事诉讼活动中，为解决债权纠纷和其他争讼，往往指定相邻最近的而且能为之作证的邻居出庭证明，以表明是非曲直，所以，证人证言的证明力得到充分的肯定，也发挥了重要的证明作用。

二、书证与物证的证明作用

西周时期，因土地争讼的增多，开始强调书证的证明作用。在《周礼·地官·小司徒》中说："凡民讼，……地讼，以图证之。"又《周礼·秋官·士师》说："凡以财狱讼者，正以傅别、约剂。"这即是说，不论是土地争讼，还是债权纠纷，都要以官府所收藏的地图，或者以借贷契券和买卖契券作为凭证，来确定土地所有权与使用权的归属问题，证明借贷债权与买卖债权的真实与虚假。这里所说的傅，就是"傅者约束于文书"，也就是把契约内容书写在竹简上；别，则是"别为两，两家各得一也。"即把契约内容书写在竹简上，然后一破两半，或债权人与官府或由立契双方各执一半。这一证明文件具有一定的书写格式，往往是"为大手书于一札，中字别之。"即说在竹简中间书写契券文字，然后将其从中间破一为二，当事人执一半，官府收存另一半。一旦发生契约纠纷，官府便于府库取出契券的左半，与债权人执掌的右半相验合，用以断决是非。这里所说的约剂，就是质剂。通常是"两书一札，同而别之，长曰质，短曰剂。"[1] 也就是说，在一支札上按左右两个方向书写同一内容的契约，然后中分两半，右半归债权人掌握，左半归于官府，发生纠纷，开府验对澄清事实，断明案件。这种证据材料有长短之别。长券叫质，凡奴隶、马牛、土地等大型交易时，以长券质作为证据发挥证明作用；凡奇珍异物或者小型兵器等小型交易，则以短券剂作为证据发挥证明。

三、青铜铭文的证明效力

在西周时期，土地作为最大财富的象征，最初严格控制在周王为代表的宗族国家手中，正如《诗·小雅·北山》所描述的"薄天之下，莫非王土；率土之滨；莫非王臣。"这即是说，土地作为最大的不动产，是王权所有，臣下享有分封土地，使用土地的权力，但不允许买卖交易。但到西周中期以后，周朝国家政治经济实力衰弱，天子的权威地位开始动摇，原有的土地国有制也随之发生变化。各地分封的诸侯贵族趁机取得了封册土地的所有权，同时开始了土地买卖的交易活动，产生了土地交易中的纷争问题。为了证明自己土地的所有权，以及交易土地的合法性与有效性，这些诸侯与贵族往往将土地所有权、

---

① 《周礼·秋官·士师》，《十三经注疏》上册，中华书局 1979 年影印本。

交易、赠予、赔偿、租赁等行为，采用浇注青铜鼎铭的方式，记载保存下来，"以昭示信守"。其中，周共王时期的"卫盉铭"，作为青铜铭文形式的证据，证明在三有司主持下，矩伯以自己的"十田"及"三田"换取裘卫价值"八十朋"的玉璋和"廿朋"礼器成功交易的事实。而"柏格簋铭"则证明，格伯以四匹"良马"换取佣生的"卅田"交易成功的事实。同是周共王时期，"五祀卫鼎铭"证明，由五大臣主持下，裘卫用"五田"换取邦君厉的"四田"的事实。① 而孝王时期的"曶鼎铭"证明，因匡季指使众臣抢曶的"十秭"稻禾，被曶控告到东宫，最终判决匡季以自己的"七田"与"五夫"赔偿曶的损失的全部事实。② 此外，"鬲攸从鼎铭"则证明，鬲攸从与攸卫牧签订土地租赁契约，以及确立彼此权利义务关系的重要事实。"③ 上述金文证据证明，西周中期以后，诸侯贵族开始以鼎铭证据的形式，确认自己土地的所有权，以及证明作为不动产的土地进行各种交易的过程。从而反映出这一时期同西周初期明显的差别。周朝的土地所有权，因周王室的衰微与诸侯贵族势力的强大，逐渐由王权所有到诸侯贵族所有的转化，从而动摇周王朝统治的经济基础。

---

① 徐中舒主编：《殷周金文集录》，四川人民出版社 1984 年版，第 101、103 页。
② 王文耀：《简明金文词典》，上海辞书出版社 1989 年版，第 210—211 页。
③ 北京图书馆金石组：《北京图书馆藏青铜器铭文拓本选编》，文物出版社 1985 年版，第 65 页。

第七章　秦汉时期民事证据制度

第一节　证据的理论与原则

秦汉时期较之先秦时期，民事证据理论有新的发展，同时也为后世证据理论的完善奠定了基础。

一、证据的客观性原则

秦汉时期建立了封建中央集权的君主专制政体，出于强化社会管理的需要，加大了民事法律关系的调整力度，较前更加重视民事证据制度的建设，从而推进了民事证据理论的发展。秦汉时期在民事证据理论方面，证据客观性原则得到比较充分的展现。例如，在秦朝土地所有权归属的争讼中，突出强调证据客观性原则的指导意义，确认地界石——"封"，这一物证的客观与真实的属性，用来保护土地所有者的权益，并惩罚通过偷移地界石而企图侵占他人土地权益的犯罪行为。即所谓"盗徒封，赎耐。"①

汉朝统治时期继承了秦朝民事证据制度，与此同时，也有新的发展变化。在民事证据理论方面，也同样如此。在当时最大的不动产——土地的权属争讼中，充分发挥了证据客观性原则的指导作用，把买卖土地的"铅券"这一重要物证，作为裁决土地权益纠纷的核心证据，而把证人、证言等其他证据作为辅助证据，最终作出裁判。这可以从东汉灵帝光和七年（184 年）和《樊利家买地铅券》中可以得到证明。据该铅券："平阴男子樊利家从名雒阳男子杜謂子，弟□买石梁亭部桓千东，比是佰北田五亩；三千并直万五千钱，……"②从上述铅券的内容上看，汉朝对证据客观性的要求较秦朝更加严格规范，也更加全面。除去在铅券中写明买田的亩数，卖田的田主，以及确切钱数外；还要铅券中，要注明该田的四至，见证人乃至对争议问题的预先调解安排等都一一加以标明。即所谓"即日异田中根土著上至天下下至黄皆□□行，田南尽佰

---

① 《睡虎地秦墓竹简》，《法律答问》，文物出版社 1990 年版，第 95 页。
② 《罗雪堂先生全集》，《初编》第 13 册，第 5220—5223 页。

北，东自比調子，西北羽林孟□，若一旦田为吏民秦胡所名有（卖主），調子自当解之。时傍人杜子陵、李秀盛，沽酒各半，钱千，无五十。"①

二、证据的关联性原则

秦汉时期在依法解决民事争讼案件中，注重运用证据关联性原则，指导审判工作的进行。据《睡虎地秦墓竹简·封守》中载：秦代在执行民事财产查封时，将本案查封的物证与该物证关系密切的人证以及书证，紧密衔接，形成证据链条，并且固定化，从而使证据关联性原则及其在查封财产中的证据运用，具有了典型性的示范作用。据该《封守》文说：查封的某里士五（伍）甲家的物证有"依器、畜产"；"一宇（房）二内（间），各有（窗）户，内室皆瓦盖，木大具，门桑十木"等。与之密切相关的人证有"妻、子、臣妾"；"子大女子某，子小男子某，……臣某，姜小女子某"，"典某某，甲伍公士某某"等。② 在本案中，人证涉及广泛，有亲属为之作证；有家庭奴隶为之作证；也有本地里典长为之作证。这些人证均与物证密切关联。与此同时，该《封守》又将查封实录、查验文书等作为与本案密切相关的书证，用来证明查封财产的实况，当此次查封财产过程，将物证与相关联的人证、书证相结合，就使得证据链条牢固，发挥了确凿的证明作用，表明查封财产的合法有效，不容置疑。

三、证据的主观性原则

秦汉时期，特别是西汉武帝奉行"春秋决狱"时期，证据的主观性原则有了充分的发挥，而且对案件的判决与执行走向产生了关键性影响。其原因是，董仲舒的亲断判词不是根据证据的客观性，而是依据《春秋》的大义，也就是儒家所倡导的伦理道德精神，主观地判断，从而影响了对证据客观真实的认识，也不可避免地影响判决与执行的走向。

据《通典》载：西汉武帝年间（前140年—前88年）有董仲舒亲断判词一例：

甲有子乙以乞丙判。③

"甲有子乙以乞丙，乙后长大而丙所成育。甲因酒色谓乙曰：'汝是吾

---

① 《罗雪堂先生全集》，《初编》，第13册，第5220—5223页。

② 《罗雪堂先生全集》，《初编》，第15册，第5220—5223页。

③ 唐杜佑：《通典》卷69"礼二十九·嘉礼十四"引东晋成帝咸和五年散骑侍郎贺乔妻于氏所上表。

子。'乙怒，杖甲二十。甲以乙本是其子，不胜其忿，自告县官。"

仲舒断之曰："甲生乙①，不能长育，以乞丙，于义已绝矣。虽杖甲，不应坐。"

在董仲舒亲断的判词中，依据孔子笔削的《春秋》之大义，主观地认为甲生乙，而不能抚育成人，而交付丙来养育，已经断绝父子之情义，故乙杖甲二十，不应受到法律的处罚。这是依据证据主观主义思想而制判词的典型事例。因为甲乙本是血脉相连的父子关系。尽管甲将乙送给丙抚养，但他们之间的血缘关系是客观现实，并不因送去别人养育而丧失。故从这一意义上讲，乙杖父二十，应受法律处罚。此外，甲酒后对乙说出父子之情的真相，可能违背了承诺，对不知情的乙造成刺激。对此，甲应受到道义上的谴责。但无论从何种角度乙杖击甲二十，都是违法的，而应当受到法律追究。但事出有因，可以从轻处罚。不加处理，是在法律上立不住脚的。

第二节　公证及其证明效力

秦汉建立统一的中央集权的君主专制政体后，在承袭先秦的基础上，又有重大发展。秦建有治粟内史，"掌谷货，有两丞。"② 即是说治粟内史及其下属两丞等，是秦中央通过郡县征收粮食、货物，并出具公证文书的单位，他们所发出的公证文书具有国家法律所认可的证明效力。

此外，秦设少府一职，掌握"山海池泽之税，以给共养。"注引应劭曰："名曰禁钱，以给私养，自别为藏，少者，小也，故称少府。"师古曰："大司农供国国之用，少府以养天子也。"③ 这表明秦代为国家征收粮、税的机构，为治粟内史，汉称大司农，是出具征收国税的公证文件的机构。而秦代少府是专为供养皇室征收粮、税的机构，所出具的是征收皇税的证明文件。故二者的性质与功用有所不同。

到了汉代景帝元年，将治粟内史"更名大农令，武帝太初元年更名大司农。属官有太仓、均输、平准、都内、籍田五令丞"。孟康曰："均输，谓诸当所有输于官者，皆令输其地土所饶，平其所在时贾，官更于佗处卖之，输者皆使，而官有利也。"即说"均输"丞是中央负责征收赋粮与商业税，平

<hr />

① 甲生乙：《通典》（中华书局校点本，1988 年版）《校勘记》："'甲'下原衍'能'，据北宋本，傅校本，明抄本，明刻本，王吴本删。"

② 《汉书》卷 19 上·《百官公卿表》。

③ 《汉书》卷 19 上·《百官公卿表》。

抑物价的主管机关，他们在征收农业税与商税货税的同时，下发公证文书，确认完粮与完税的农户与商户，并从法律上加以证明，具有重要的功能效力。

此外，又设"斡官、铁市两长丞"。如淳曰："斡音筦，或做干。斡，主也，主均输之事，所谓斡盐铁而榷酒酤也。"晋灼曰："此竹箭于之官长也。均输自有令。"师古曰："如说今是也。纵作于读，当以干持财货之事耳，非谓箭干也。"① 即是说斡官与铁市两长丞，专门负责管理盐铁专营与酒业专卖各项事务，同时对业者征收税钱，出具有法律效力的公证文书，具有官方的证明效力。据《通典》卷十二二《职官·尚书省》载：汉武帝"以为中书之职"。到汉成帝建始四年（29年）设立尚书一职，取代中书，使尚书"出纳壬命，政赋四海"，使仆射及右丞"分掌廪假钱谷"。即是说从汉成帝建始年间以后，中央机关变更，开始设立尚书台制度，尚书台中的仆射与右丞，取代大司农的均输丞，掌管国家的"赋政"与"钱谷"，并负责出具有证明力的公证文书。

另外，汉代"郡国诸仓农监、都水六十五官长丞皆属焉"。② 即是说，中央大司农及其所属均输等丞，又直接管理各地"诸仓农监"，通过地方机构的郡丞与县丞督促所属农户、商户的完粮完税的工作，并出具当地官府的公证文书，证明其有效性。秦汉县下设乡，乡实行自治。以秦为例，地方设置乡级，乡级三老，即"有秩、啬夫、游徼"，而"啬夫职听讼，收赋税。"③ 这就是说，秦代基层设置啬夫一职，除去管理所辖调处息讼外，还负责赋税征收与出具公证加以证明的工作。其公证文书也有法律所赋予的证明效力。汉承秦制也有相似的制度。

另据《睡虎地秦墓竹简·金布律》载："有责（债）于公及赀、赎者居它县，辄移居县责之。公有责（债）百姓未赏（偿），亦移其县，县赏（偿）。"④ 这就是说，凡欠国家的债物、钱物尚未偿还者，以及被法律判决应交罚金和罚物而得到赎刑处理者，凡迁移到其他县的尚未偿还国家债务的，应由原县出具公证文书，移交新居住县衙负责征偿。凡偿还完者，县里也应发给公证文件，同样具备证明效力。

---

① 《汉书》卷 19 上《百官公卿表》。
② 《汉书》卷 19 上《百官公卿表》。
③ 《汉书》卷 19 上《百官公卿表》。
④ 《睡虎地秦墓竹简·金布律》，文物出版社 1978 年版。

第三节　私证及其证明效力

一、物权证据及其证明效力

（一）地产证据及证明效力

应当指出，自商鞅变法以来，秦国面貌为之大变。废井田，开阡陌，逐步建立起新型的封建土地所有权制度。其中，既有国有土地所有权制度，也有迅速发展起来的私有土地所有权制度。针对这一变化，秦始皇三十一年（前216年）正式颁布"使黔首自实田"。① 以此鼓励天下百姓耕植土地并自行占有，实现土地私有制的法律化与制度化，促使土地所有权逐渐由国有为主到私有为主的转变，并加强对封建土地所有权的法律保护。"封"，是秦代田界，地产物权的标识和土地所有的证据，这种证据具有充足的证明力，并得到法律的保护。《睡虎地秦墓竹简·法律答问》："盗徙封，赎耐。"可（何）如为"封"？"封"即田千佰。顷半（畔）"封"殴（也）且非是？而盗徙之，赎耐，可（何）重也？是，不重。② 秦代私自移动用来证明地产的界石行为，被视为侵犯官私土地所有权的行为，应当判处耐刑，从法律规定上看，并不为重。

（二）物权交易的证据及其效力

汉朝承袭了秦朝确立土地有权的界石制度，同时又确认了土地所有者的产权证明——土地券书的证明效力。据《罗雪堂先生全集》，《初编》第13册，载有《王未卿买地铅券》："建宁二年（169年）八月庚午朔廿五日甲午，河内怀男子王未卿，从河南街邮部男子袁叔威，买罩门亭部什三百陌，袁田三亩，亩贾钱三千一百，并直九千三百钱，即日毕，时约者袁叔威沽酒半，即日丹书铁券为约。"③ 这项铅铁混合制成的券书，成为袁叔威转让三亩田地给王未卿，王未卿给付全部价款九千三百钱，完成土地产权的转移的证明文书，是具有充分的证明效力的。从这则铅制券书的内容上看，具有物权交易证据的一些基本特征。即有确定的时间，东汉灵帝建宁二年（169年）；有交易双方的姓名与地址；有交易的具体位置；交易总金额；当天交易完成饮酒相庆；并制

---

① 《史记》卷6《秦始皇本纪》，裴骃《集解》引徐广语。
② 《睡虎地秦墓竹简·法律答问》，文物出版社1990年版，第95页。
③ 《罗雪堂先生全集·初编》，第13册，第5218—5219页。

丹书铁券作为交易成功的证据。这类混合铅铁成分制成的券书，有相当的保存价值，当发生争议时，可以作为拥有三亩土地的有效证明。

至东汉灵帝光和七年（184 年）的《樊利家买地铅券》，作为买地证据，证明的形式与内容更加详细。内中记载："光和七年九月，癸酉朔，六日戊寅，平阴男子樊利家从雒阳男子杜谞子，弟□买石梁亭部桓千东，比是佰北田五亩；三千并直万五千钱，即日异田中根土著上至天下下至黄皆□□行，田南尽佰北，东自比谞子，西比羽林孟□，若一旦田为吏民秦胡所名有（卖主），谞子自当解之。时旁人杜子陵、李秀盛，沽酒各半，钱千，无五十。"① 从这一则铅铁混制的土地产权交易的证据文件中，不但标明交易双方名称与地址，交易的时间与金额，而且增加了交易地产的四至，添加中间人作保，并对其他争议者预作调解安排等，都在券中标示出来，表示交易地产的成功，以及后续的安排的完成。这表明至东汉时期，对丹书铁券（丹书铅券）这类证据的运用已比较普遍，而所证明的土地产权交易的程序日益严密，格式愈益统一，内容愈益全面，从而反映出当时民事证据制度的新发展。

上述运用券书这种证据形式完成地产的交易，不仅在中原地区有充分表明，在西北边疆地区也有所反映。如《居延汉简考据·契据》记载："□置长乐里受奴田卅五亩，贾钱九百，钱毕已，丈田即不足，计亩还钱，商人淳于次儒王兄郑少卿沽酒商二斗，皆饮之。"② 这则券书虽然行文简单一些，但基本程序已完成，故有充分的证明力。与前面几则不同的是，交易中间出现瑕疵，即钱已付但土地亩数不足，故须要计算欠缺的亩数，返还卖家应得的款项，最终完成了地产交易过程，该契据同样具有证据的证明效力，只不过证明的内容比较复杂一些。这里饮酒不但有庆贺交易成功的意思，同时也有饮酒起誓的含义，表明双方签订协议，信守承诺，永不反悔之意。

二、债权交易的证据及其证明效力

（一）借贷证据及其证明效力

秦汉时期运用证据解决借贷纠纷的事例很多，例如《睡虎地秦墓竹简》一书的内容就可以得到证明。其中，该书第 214 至第 215 页规定："百姓有责（债），勿敢擅强质，擅强质及和受质者，皆赀二甲。廷行事强质人者论，鼠

---

① 《罗雪堂先生全集》，《初编》，第 15 册，第 5220—5223 页。
② 《居延汉简考据》，《契据》，557·4。

（予）者不论；和质者，鼠（予）者□论。"① 在秦代凡属借贷关系都应以签订契券文件为前提，不履行者视为非法。债务人虽违背契券规定，但债权人对债务人不得使用暴力，强行掠劫为人质，违犯者，罚相当二副铠甲的钱。债务人同意做人质的也同样罚相当二副铠甲的钱，廷行事作为典型判例的汇集也有规定：债权人强行劫掠债务人为人质已触犯法律，应该给予刑事处罚。但被迫做人质的债务人不应该判罪处刑。而债权债务双方同意用人质作为抵押的，都要论罪给予刑事处罚。这则规定表明，在借贷法律关系中，借贷契券起着关键性的证明作用。首先，在此证据中不得写有人质抵押的内容，在使用证据时，也不得违犯国家法律，由债权人扣押债务人为人质，强迫还债。必须按国家法律的要求，申请官府解决债务纠纷。否则，违法掠夺债务人为人质，或者债务人私下同意为人质者，都要受到相同的处罚。

汉承秦制，同样承认借贷证据及其证明效力。在借贷证据的内容上，增加了利息的条件。汉代规定借贷利息，月息三分，并不准"取息过律"。但实际上，高利贷广泛存在，月取息高达10%以上，史称高利贷者为"子钱家"。由于汉代官府和富人都向外放贷，借贷者多为贫民，一旦因无钱还贷，就有沦为债奴的可能。同时借贷还要求有质押物或其他的保证条件。

官方放贷，比较严重的是王莽在位时期，据《汉书·王莽传》载："（始建国）二年，……又令市官收贱卖贵，赊贷于民，收息百月三。"如淳曰："出钱百与民用，月收其息三钱也。"② 王莽当政时期，以国家名义，建立借贷法律关系，并且同债务人签订借贷百钱，月息三钱的契券文书，到期强制执行，导致不少贫民借贷沦为债务奴隶。因此，这类借贷契券文书，成为贫民借贷的催命符，导致家庭破产与妻离子散的悲惨窘况，也同时是导致贫民造反的重要原因。

私人放贷情况也同样严重。据《汉书·食货志》载："当具有者半贾而卖，师古曰：'本直千钱者，止得五百也。贾读曰价'。'亡者取倍称之息'。如淳曰：'取一偿二为倍称'。师古曰：'称，举也，今俗所谓举钱者也。''于是有卖田鬻子孙以偿责（债）者矣。'"③ 这表明汉代放贷严重时期，凭借一张借贷证据，借千而得五百，借贷利息却可以取一偿二，也就是借一而偿还二倍的高额利息，这必然导致百姓无钱偿还高利贷，而出卖田产、出卖子女的惨况。

————————

①　《睡虎地秦墓竹简》，文物出版社1978年版，第214—215页。

②　《汉书》卷99中《王莽传》。

③　《汉书·食货志》，卷24上。

汉代为保障放贷的可靠性，往往要求借贷者在借贷契券中标明中等之家为保人的字样。否则，很难借贷到钱款。《后汉书·桓谭传》载："今富商大贾，多放钱贷。中家子弟，为之保役。"注曰："中家犹中等也。保役，可保信也。"① 也就是说，只有在借贷契券中，标明中等家庭的子弟，作为还贷的"保役"，借贷者才能取得所需贷款。而还贷时，必须有保人在场，以期起到监督还贷的作用，这是借贷契据内容上的重要变化，并对后世产生了深远影响。

（二）买卖奴婢的契券及其证明效力

据《太平御览·契券》载：《王褒约僮》曰：汉代"蜀郡王子渊，以事到渝，止寡妇杨惠舍。惠有夫时奴名便。子渊倩奴行酤酒。便拽大杖上冢巅曰：'大夫买便时，不要为它人男子酤酒'。子渊大怒曰：'奴宁欲卖邪？'惠曰：'奴方诟人，人无欲者'。子渊即决买券之。奴复曰：'欲使上券，不上券，便不能为也。'子渊曰：'诺'。券文曰：'神爵三年正月十五日，资中男子王子渊，从成都安志里女子杨惠买亡夫时户下髯奴便，决贾万五千，奴当从百役，不得有二言。……奴不听教，当笞一百。'"以上表明，秦汉时期，特别是汉朝鼎盛时期，仍然存在奴婢买卖的契券关系。在武汉帝神爵三年（59年），来自蜀郡的王子渊，在留宿寡妇杨惠的商铺期间，决意要买其家奴婢便时，便除去要求子渊买奴，只为陪其一人吃酒外，还要在契券上写明这一条件。这一契券的内容证明：其时虽然存在买卖奴婢的契券关系，但奴婢在被买卖时也可以提出有利自己的某些条件，并在契券上标明。这同先秦时期奴隶只是"会说话的工具"，而没有任何权益的状况相比，汉朝的奴婢状况还是有所改善的。奴婢便敢于要求在契券上写明自己的合理要求，而且实现了自己的目的，这从另一方面表明契券在当时除具有证明效力外，还具有实现被卖奴婢要求的可能性。

（三）租佃契券及证明效力

汉代已出现租佃契券制度，并产生了证明效力。

据《汉书·食货志》载："（汉代）或耕豪民之田，见税什五。师古曰：'言下户贫人，自无田而耕垦豪富家田，十分之中，以五输本田主也。故贫民常衣牛马之衣，而食犬彘之食。'"② 即是说贫苦农民要租佃地主土地，须在租

① 《后汉书》卷28上《桓谭传》。
② 《汉书·食货志》卷24上，引董仲舒语。

佃契券上写明每年收成粮食要交付地主一半的条款，才可能租种到地主的土地。而交付收成一半的佃农，其全家生活必然陷于贫困无告的境地，以致吃穿无着，过着牛马不如的生活。如果发生租佃纠纷，官府则可以凭借租佃契券断案。从而显现出租佃契券有利于业主的证明作用。

另据《汉书·酷吏·宁成传》载：汉武帝即位后，酷吏宁成"徙为内史。外戚多毁成之短，抵罪髡钳。是时九卿死即死，少被刑，而成刑极，自以为不复收。"如淳曰："以被重刑，将不复见收用也。""乃解脱，诈该传出关归家。"师古曰："辄解脱钳钛而亡去也。传，所以出关之符也"，"乃贳贷陂田千余顷"，师古曰："贳贷，假取之也"，"假贫民，役使数千家。"即是说，酷吏宁成在武帝即位后，被人揭发，获罪处刑。自以为不会被朝廷收用，在服役期间，挣脱钳镣，伪造通关符书，逃脱而归家。其后，宁成与上千家农户签订租佃契券文书，出租千余顷土地，令众多农户为其耕种，并收取租金与租粮。而租佃契券也成为宁成收取租金租粮的证明文书，具有重要的效力，并受到法律的保护。

（四）证明合伙的石券及其效力

据《文物》1982年第12期刊载宁可：《关于〈汉侍廷里父老僤买田约束石券〉》一文，文中讲到当时汉侍廷里父老结成私人团体"僤"，树立约束石券，券中标明"所买田地"收益为大家共有，成员有使用权，所有权则属于"僤。"这件出土文物表明，汉代已产生合伙契券，并作为重要证据，证明合伙人的共有权利。

1973年河南偃师县缑氏公社郑瑶大队南村出土了《汉侍廷里父老僤买田约束石券》，其全文如下：

"建初二年（77年）正月十五日，侍廷里父老僤祭尊（1）
于季主疏，左巨等廿五人，共为约束石券里治中（2）
遒以永平十五年（72年）六月中造起僤，敛钱共有六万（3）
一千五百，买田八十二亩。僤中其有訾次（4）
当给为里父老者，共以客田借与，得收田（5）
上毛物谷实自给。即訾下不中，还田（6）
转与当为父老者，传后子孙以为常（7）
其有物故，得传后代户者一人，即僤（8）
中皆訾下不中父老，季、巨等共假赁（9）
田，它如约束。单侯、单子阳、尹伯通、锜中都、周平、周兰（10）
［父？］［老？］周伟、丁中山、于中程、于季、于孝卿、于程、于伯先、

于孝（11）

左巨、单力、于稚、锜初卿、左中、［文］口、王思、锜季卿、尹太孙、于伯和、尹明功（12）"①

从这一石刻约束券文内容看，汉代合伙契券制度已经产生，而且具有很强的证明效力。其证明方面：第一，汉侍廷里父老结成私人团体"僤"，其所购买的田地，为僤属下二十五名成员所共有；第二，凡是僤下成员充当里父老者，应该共同出借共同管理八十二亩田地的租佃工作；第三，僤下成员不再担任里父老时应即退出，转交新任里父老承担管理责任；第四，八十二亩土地的所有权归属于僤，实行全体成员共有，僤的成员只拥有使用权。这项石刻的契券所展现汉代合伙管理与租佃土地的全景风貌，使人看到这种证据形式在汉代已经有相当的发展，并对后世封建王朝产生深刻影响。

三、婚姻契券及其证明效力

秦汉时期注重婚姻制度的完善，并主张严格管理夫妻的婚姻关系。据《睡虎地秦墓竹简》第223—224页记载：（秦代）"弃妻不书，赀二甲"，"其弃妻亦当论不当？赀二甲。"即说丈夫随意抛弃妻，不向官府报告登记，取得离婚证书，应当罚交相当两副铠甲的钱款，其休妻也应当罚交相当两副铠甲的钱款。

汉代也承袭了秦代的做法，主张对离婚手续严格管理。据《大戴礼记·本命篇》记载：凡夫家有以下七项证据的，法律准许将其妻子强制离婚。

"一为不顺父母。推丈夫志在四方之义，亲闱奉养，系妻是赖，设任其不顺，不唯妇职有亏，且以钟戾气矣。

二为无子。古人最重宗祧，是以父子与夫妇并列为五伦，无子列为七出者以此。惟人之生理不同，无子似难诿为妻之责任。

三为淫。溱洧相期，风人所刺，不为制止，将生乱族之嫌。

四为妒。生齿长例，女多于男。妾媵之制，绵历久远，若诟谇之声时闻，则贞顺之声益远。

五为恶疾。乃自绝于天，疢（音书，指病）疾难疗，贻忧毕世。

六为多言。三党以敦睦为贵，多言乃召衅之归轫也。

七为窃盗。人生于世，宜别义利。窃盗乃贼义之尤，矧其为女子耶。"②

---

① 宁可：《关于〈汉侍廷里父老僤买田约束石券〉》，载《文物》1982年第12期，第21页。

② 《大戴礼记·本命篇》。

与此同时，《大戴礼记·本命篇》又说汉代对女方离婚有三不去的规定：即有证据证明妇女有下述三项者，可以不离婚。即所谓："有所娶无所归不去，与更三年丧不去，前贫贱后富贵不去。"

综上可见，秦汉时期在婚姻关系上，特别是离婚问题，因担心家庭解体影响社会生产生活，采取严格管理的方针。男方只有具备七方面证据，例如，证明妇女有不顺父母、无子、淫、妒、恶疾、多言、窃盗七项者，准许强制离婚。但是，女子有证据证明，曾经为父母（公婆）守孝三年的，不能离婚，贫穷时同丈夫奋斗，富贵时不能离弃妻子，娶时女方嫁妆丰厚，送到男家，而离异时无处安身的，则不准许离婚。这两项规定表明秦汉时期在婚姻关系上注重男子离婚证据，同时也关注到女方的证据，在两者之间采取重男方而又兼顾女方的方针，以利于家庭的稳定，以及有利于社会经济的发展。

此外，《大戴礼记·本命篇》还载有汉代身份特殊的女子不得订立婚约的规定。凡有证据证明的五种特殊身份的女子，不得登记结婚。即所谓"女有五不娶：逆家子不取、乱家子不取，世有刑人不取、世有恶疾不取、丧妇长子取"。其原因是"逆家子者，为其逆德也；乱家子者，为其乱伦也；世有刑人者，为其弃于人也；世有恶疾也，为其弃于天也；丧妇长子者，为其无所受命也"。[1]　即是说，叛逆家庭，淫乱家庭、受刑家庭的女子，以及患有绝症和早年丧母的长女，均不得订立婚约，以上汉代的这些限制性规定，说明法律对女子订立婚约有了更加严格的规定。

第四节　证据在司法中的应用

一、证据在查封财产中的应用

秦汉时期注重证据在民事诉讼审判活动中的灵活运用，以期合理解决各种法律问题。据《睡虎地秦墓竹简·封守》载：

"乡某爰书：封有鞫者某里士五（伍）甲家室、妻、子、臣妾、衣器、畜产。甲室、人：一宇二内，各有户，内室皆瓦盖，木大具、门桑十木。妻曰某，亡，不会封。子大女子某，未有夫。子小男子某，高六尺五寸。臣某，姜小女子某。牲犬一。几讯典某某、甲伍公士某某说：'甲党（傥）有它当封守而某等脱弗占书，且有罪。某等皆言曰：'甲封具此，毋（无）它当封者。'

---

① 《大戴礼记·本命篇》。

即以甲封付某等，与里人更守之，侍（待）令。"①

　　释文为某乡爰书：根据某县县丞某的文书，查封被审讯人某里士，伍甲的房屋，妻子，奴婢，衣物，牲畜。甲的房屋、家人计有：堂屋一间，卧室二间，都有门，房屋都用瓦盖，木枸齐备，门前有桑树十株。妻名某，已逃亡，查封时不在场。女儿大女子某，没有丈夫。儿子小男子某，身高六尺五寸。奴某，奴婢小女子某。公狗一只。查问里典某某，甲的邻居公士某某："甲是否还有其他应加查封而某等脱漏未加登记，如果有，将是有罪的。"某等都说："甲应查封的都在这里，没有其他应封查的了。"当即将封交付某等，要求他们和同里的人轮流看守，等候命令。

　　秦简上述有关民事执行的案件中，反映出当时注重证据的特点。首先要求该乡负责人的上交查封实录与书面检证报告，以便官府进一步勘验。其次，要求里典某某，甲的邻居公士某某，做证并提供证言，并强调做伪证应承担的法律责任。最后，与乡负责人正式办理移交手续，并协同里人某等轮流看守封存物品，等候官府下达执行命令。

二、证据在遗嘱执行中的应用

　　据历史文献及出土文物的记载，汉代已经出现遗嘱继承方面的争讼，同时也有依据证据执行遗嘱的案例。《太平御览》卷八三六引应劭《风俗通》说："沛中有富豪，家訾三千万，小妇子是男，又早失母，其大妇女甚不贤。公病困，恐死后必当争财，男儿判不全得，因呼族人为遗令，云悉以财属女，但以一剑与男，年十五以付之。儿后大，姊不肯与剑，男乃诣官诉之。司空何武曰：'剑，所以断决也；限年十五，有智力足也。女及婿温饱十五年已幸矣！'议者皆服，谓武原情度事得其理。"② 这篇文献记载表明：汉代就有当事人（富豪）生前召集族人公开宣布遗嘱的事实。因考虑妾生男孩岁数小，当年无继承财产的能力，而正妻生女岁数大而不贤惠，故在遗嘱中故设伏笔，一方面宣布把全部财产给其女，另一方面宣布把剑付男，而且年十五岁付给。富豪过世，其子长大，其姊仍不付给男子剑。于是其子赴官府起诉，要求归还剑。主持审判的司空何武经过核查事实，验对遗嘱，判明富豪遗嘱的真意：其剑，表示断决的意思。其子年龄达到十五岁，智力足以承幼与管理遗产，因之将富豪的全部遗产宣布由其子所继承。而其女与婿已享受遗产达十五年之久，已相当幸运了，故应当取消遗产继承权。时人对此判决与执行，都认为依遗嘱而执行

---

①　《睡虎地秦墓竹简·封守》，乡某爰书。

②　《太平御览》卷836引应劭《风俗通》。

合情合理，表示信服。

三、证据在诉讼审判中的应用

考古发掘出土的居延汉简中保存一份十分珍贵的运用证据审判民事诉讼的案例。

建武①三年（27年）侯粟群所责寇恩事（节选）

建武三年十月祭丑朔乙卯②，都乡啬夫③宫④以廷⑤所移⑥甲渠侯书⑦召恩⑧诣乡。⑨ 先以证⑩财物故以不实，赃五百以上；辞已定，满三日而不更请⑪者，以辞所出入，罪反罪⑫之律辩告⑬，乃爰书验问。

恩辞曰："颍川昆阳市南里"⑭，年六十六岁，姓寇氏。去年十二月中，甲渠令史⑮华商⑯、尉史⑰、周育⑱，当为侯粟君载鱼之角乐得卖。⑲ 商、育不能

---

① 建武：汉光武帝刘秀年号。建武三年，公元27年。

② 癸丑朔乙卯：中国古代以干支记日，阴历每月初一为朔，癸丑朔，即癸丑是初一，乙卯是初三日。

③ 都乡啬夫：《日知录·都乡》："都乡之制，前史不载，按都乡盖即今之坊厢也。"都乡，应是县所在之乡，啬夫，指乡官。都乡啬夫，指县城所在地的乡官。

④ 宫：人名，负责调查此案的乡啬夫。

⑤ 廷：指县廷。

⑥ 所移：所转。

⑦ 甲渠侯：甲渠地名；在今内蒙古自治区额济纳旗西南约二十四公里的破城子。侯，官名，其级别与县令相当。

⑧ 恩：指本案被告寇恩。

⑨ 诣乡：到都乡来。

⑩ 证：证据，被告人口供。

⑪ 请：通情。

⑫ 辞所出入，罪反罪；供词与事实不符之罪反及其身。

⑬ 辩告：指审案官员告诫被告，若口供与事实不符，三日内不申请变更，将据法科罪。

⑭ 颍川昆阳市南里：颍川：郡名，秦置，辖今河南省中部及南部地区；昆阳，县名，汉置，今河南省叶县，里是汉代基层建权组织。市南里，指里名，在市之南的一个里。

⑮ 甲渠令吏：甲渠侯官的属吏。

⑯ 华商：人名。

⑰ 尉史：甲渠侯属吏。

⑱ 周育：人名。

⑲ 角乐（路）得：县名，汉武帝太初元年置，属张掖郡，现在甘肃省乡掖县西北。

行。商即出牛一头，黄、特、齿八岁①，平价②值六十石，与它谷牛五石，为谷七十五石；育出牛一壮举；黑、特、齿五岁，平价值六十石；与它谷册③石，凡④为谷百石；皆予粟君，以当载鱼僦⑤值。时，粟群借恩为僦，载鱼五千头到角乐得，价值牛一头，谷廿七石，约为粟君卖鱼沽出时行钱⑥册万。时，粟君以所得商牛、黄、特、齿八岁，以谷廿七石子恩雇僦值。后二日至三日当发，粟群谓恩曰："黄特微瘦⑦，所得育牛黑特虽小，肥，价值俱等耳，择可用者持行。"⑧ 恩即取黑牛去，留黄牛，非从粟君借牛冈牛。⑨ 恩到角乐得卖鱼尽，钱少，因卖黑牛，并以钱册二万付粟君妻业⑩，少八岁（注：应为少八万）⑪，恩以大车半木则⑫轴一，值万钱；羊韦⑬一枚为橐⑭，值三千，大筒⑮一合，值千；一石去卢⑯一，值六百；牛库索⑰二枚，值千；皆置业车上。与业俱来还，到第三置⑱，恩籴⑲大麦二石副业，值六千；又到北部⑳，为业买肉十斤，值谷一石，石三千；凡并为钱二万四千六百，皆在粟君所㉑。恩以

---

① 黄特、齿八岁：指黄色公牛八岁。

② 平价：指正常市价。

③ 册（音细）：四十。

④ 凡：总共。

⑤ 僦：（音就）租赁。

⑥ 沽出时行钱：沽，卖。行（音航）钱，指当时市面通行的官铸钱。

⑦ 瘦：指该牛显瘦。

⑧ 持行：牵走。

⑨ 牛冈（音钢）牛：公牛的意思。

⑩ 业：人名，粟君之妻。

⑪ 岁：应为万。

⑫ 木则：应为大车某一形制的轴。

⑬ 韦：熟治之兽皮。

⑭ 橐（音驼）：口袋。

⑮ 大筒：盛米及存衣的竹器。

⑯ 去卢：指用竹或柳条编织的饭器。

⑰ 牛库索：可能指缰绳。

⑱ 置：指驿站，第三置，指第三个驿站。

⑲ 籴（音敌）：买进粮食。

⑳ 北部：地名，在居延与角乐得之间。

㉑ 所：即处。

负粟君钱，故不从取器物，① 又恩子男钦②以去年十二月廿日为粟君捕鱼，尽③今（年）正月、闰月、二月，积作三月十日④，不得价值。⑤ 时，市庸⑥平价大男⑦曰二斗，为谷廿石。恩居角乐得副业钱时，市谷决⑧石四千。以钦作作谷十三石八斗五升，值角乐得钱五万五千四，凡为钱八万，用偿所付钱毕。恩当得钦作价余谷六石一半五升付⑨。恩从角乐得自食为业将车⑩到居延，［积］⑪行道廿余日，不计价值。时，商、育皆平牛值六十石与粟君，粟君因⑫以其价予恩，已决。恩不当予粟君牛，不相当⑬谷廿石。皆证也，如爱书。"⑭

建武三年十二月癸丑朔辛未⑮，都乡啬夫敢言之。⑯ 廷移甲渠侯书曰："去年十二月中，取客民⑰寇恩为傭，载鱼五千头到角乐得，傭价用牛一头，谷廿七石，恩愿沽出时行钱卅万，以得卅二万。又借牛一头以为牛冈，因卖，不肯归以所得傭值牛，偿不相当廿石。"书到⑱，验问、治决言。⑲ 前言解廷邮书⑳曰："恩辞不与侯书相应"，疑非实。今侯奏记㉑府，愿诣乡爱书是正。㉒

---

①　器物：指寇恩车上留存的东西。

②　钦：人名，寇恩的儿子。

③　尽：止，终。

④　积作三月十日：指总计作工三个月又十天。

⑤　价值：指工钱。

⑥　市庸：在市场雇用的人。

⑦　大男：指十五岁以上的男青年为大男。

⑧　决：断，判。市谷决石四千指市上谷子定价每石四千。

⑨　付：支付。

⑩　将车：赶车。

⑪　［积］：为解释所加字。

⑫　因：于是。

⑬　不相当：不应当给付的意思。

⑭　如爱书：爱书通常表达的形式。

⑮　癸丑辛未：指建武三年十二月十九日。

⑯　敢言之：战国秦汉时期下级对上级汇报时的常用语。

⑰　客民：外地寄离的居民。

⑱　书到：指县转来控告书和县廷关于审讯寇恩的指令都到都乡。

⑲　治决言：指作出判决。

⑳　邮书：指前两次送到县廷的文书。

㉑　奏记：指甲渠侯上诉到上级都尉府。

㉒　正：指证。

府录①：

令明处更详验问，治决言。谨验问，恩辞：不当与粟君牛，不相当石廿石；又以在粟君所器物值万五千六百；又为粟君买肉；余三石；又子男钦为粟君作价值廿石；皆［尽］［偿］［所］［负］粟君钱毕。粟君用恩器物敝败，②今欲归恩，不肯受。爰书自证。③

写移爰书④，叩头死罪敢言之。右爰书。

十二月乙卯⑤，居延令⑥，守丞⑦胜⑧移甲渠侯官。⑨侯所债男子寇恩［事］，乡□辞⑩，爰书自证。写移书［到］□□□□□辞⑪，爰书自证。须以政不直⑫者法亟极⑬。如律令⑭。掾党⑮、守令史赏⑯。

建武三年十二月侯粟君所债寇恩事。

以上材料反映的是建武三年（27年）甲渠侯官粟君与客民寇恩有关欠债不偿的一起民事诉讼案件。一审受理机构为居延县廷，二审受理机构为上级都尉府衙。在建武三年十月居延县廷，收到客民寇恩诉状，控告甲渠侯官粟君无理扣押自己的车器，并抵赖曾收下为其购买米肉，与寇恩付出了的钱币。而甲渠侯官粟君却依仗官势，不仅不承认事实，反而写诉状，诬告寇恩卖掉粟家借给的公牛，而不赔钱进而反诉寇恩。为此，居延县廷首先查验寇恩所提供的证据，详细问讯了寇恩并预先告知寇恩，如果在诉讼审判中，提供财物证据不属实，而赃钱五百钱以上，供词已确定，超过三日不申请变更的，要以证词不实，故意出入人罪反坐处罚。寇恩陈述了事实：甲渠侯官粟君雇用寇恩到市场

---

① 指都尉府下达的命令。

② 敝败：指毁坏。

③ 自证：指被告人自己提供证明证明自身。

④ 写移爰书：指抄录并移送爰书到上级官府。

⑤ 十二月乙卯：指建武三年十二月二十七日。

⑥ 居延令：指居延县令。

⑦ 守丞：指兼理或代理县丞。

⑧ 胜：人名，指居延县守丞。

⑨ 甲渠侯官：指甲渠侯官的官署。

⑩ 辞：指证词。

⑪ 辞：指证词。

⑫ 不直：指执政故意出入人罪的不法行为。

⑬ 极：据原简，当读"极"，指下级司法机关将审判结果报请上级批准。

⑭ 如律令：指按法律规定办理。

⑮ 掾党：指狱掾。

⑯ 守令史赏：守令史指代理令史。赏是代理令史之名。

贩鱼。双方达成协议，寇恩卖出五千条鱼，要付给粟君四十万钱的价款。而粟君给付寇恩一头公牛和二十七石谷作为雇用工钱。但由于市场的关系，寇恩到角乐得卖鱼所得价款远不及四十万，不得已将牛卖掉凑齐三十二万钱交付粟君的妻子业，尚欠八万钱。为还欠款，寇恩又买谷一石，买大麦二石，买肉十斤给付粟君。寇恩儿子钦为粟君捕鱼折合工钱为粮价各二十石。两相折抵，寇恩除偿还了粟君欠款八万外，还有二万钱余款应当返还寇恩。居延县廷不单讯问寇恩，取得口供，而且查验证据。同时将寇恩的劾书（诉状），转至其所在的乡，交由主管的乡啬夫进一步查证寇恩控告的事实及相应的证据。经过乡啬夫的查验，在十二月初三日乙卯，依据寇恩供词与相关证据，作为判断，制写爰书上报居延县廷，确认寇恩不欠粟君的钱，不负担偿债的义务。但甲渠候官粟君不仅不偿还寇恩二万钱余款，还扣留了寇恩的车器，并且向居延县廷反诉寇恩卖掉粟家借与的公牛而不偿还，并请求赔偿。对此，居延县廷又一次传讯寇恩，进行讯问查证，结果与前相同。粟君又向上级居延都尉府提出上诉状，认为寇恩的诉状与事实不符，要求再审。居延都尉府下令居延县重新审问作出裁决。对此，居延县廷第二次下命令，使乡啬夫覆核此案。到同年十二月十六日戊辰，乡啬夫再次讯问寇恩查证事实，寇恩如实陈述了口供，与原词无异。乡啬夫再次将讯问验证的实情制作成爰书，于十二月十九日辛未上报居延县廷，再次确认寇恩不欠粟君钱款，没有还债的义务。对此，居延县廷加以认可。居延县廷于同年十二月二十七日乙卯，把复审结果批转甲渠候官，并且将乡啬夫报送县廷的公文和戊辰爰书抄附于后。由此推断，寇恩胜诉，粟君败诉是没有什么疑问的了。①

在这份有关居延简册中最为完整的民诉档案中，充分反映了证据在诉讼审判过程中发挥的极为重要的作用。从寇恩的劾书（诉状）、乡啬夫的爰书、到县廷的审讯笔录，都尉府重审的命令，以及乡啬夫再次验问上报的爰书，直至县廷将证据与裁定意见移送甲渠候官，告之"须以政不直者法亟极，如律令"的最终结果，均表明汉朝基层政府在正常情况下，能够遵守法律规定与证据规则，据证定案的一般状况。应当指出，依法据证定案，公平公正地处理案件，是封建法制文明发展的一种反映。而这一案件正好发生在东汉光武帝年间，说明封建政治、经济与文化的恢复和发展，促进了法制文明的发展，也带动了证据文明的发展。

---

① 甘肃居延考古队：《居延队汉代遗址的发掘和新出土的简册文物》一文，刊载《文物》1978 年第 1 期，第 9—10 页。

第八章　唐宋时期民事证据制度

第一节　民事证据的理论与原则

一、证据的客观性原则

唐宋时期的民事证据制度，以及它的包含的民事证据原则均得比较大的发展。首先表现证据的客观性原则有了比较突出的发展。

唐代在处理婚姻关系上，强调发挥证据客观性原则的指导作用，并且严格规范各种制度，依法据证解决婚姻争讼。首先，唐朝法律规定：凡是婚姻，男方应先向女方（通过媒人）送交礼状和《通婚书》，从而证明男方已向女方发出婚姻的要约。女方接到礼状和《通婚书》后，如表示同意，则通过媒人以《答婚书》的形式表示接受男方的婚姻要约，表达出同意的意向。唐代司法机构则可以根据双方婚书的送达，认定男女婚姻关系的基本确立。这里《通婚书》、礼状、《答婚书》则成为证明婚姻关系的客观证据，也成为判定婚姻诉讼成败的关键证明。除此之外，如果男、女双方订有《私约》，唐律认为是法定婚约的补充形式，也加以保护。但订立《私约》遇有特殊情况，例如丈夫或者年老，或者幼小，或者患有疾病，或者身有残疾，或者不是嫡生而是庶出的等，女方都有义务通过媒人与男方，预先了解表示同意，方能订立《私约》。① 该《私约》就有证明婚姻关系成立的效力，而且较之口头约定的婚姻，更具有客观的证明力。

宋代在运用证据客观性的原则解决婚姻问题上，既有对唐代的继承，又有自身的发展。据《东京梦华录》卷五《娶妇》中记载：宋朝的婚嫁，注重证据的客观证明作用。往往先由媒人把反映女方的情况的"草帖"送交男方。男方据女方"草帖"提供的情况问卜求吉，获得吉兆而无相克之相时，再通过媒人送还女方。当双方意思一致时，再通过媒人交换"定帖"。"定帖"是文字为表达方式的书面证据，成为男女双方确立婚姻关系的关键性证据，具有法律认可的证明效力。如任何一方悔婚，官府即可凭借"定帖"（婚书）来处

---

① 《唐律疏议》卷 13《户婚律》。

罚悔婚者，维护该婚姻关系的有效性。而男方送交女方的聘财，则被视为缔结婚姻关系的物证。若女方收受男方财礼后悔婚的，杖六十。而婚姻照旧有效，如期进行。若男方悔婚者，不再追究其刑责。但送交的财礼归属女方，作为对其补偿。不准许男方追偿。由此可见，宋朝在据证订婚方面，对证据的客观性要求更高，规定得更加细致、复杂。不但要男女双方交换"草帖"，而且还要在此基础上进一步交换"定帖"，当无疑义时，男女婚姻关系才算正式确立。确立后，就不许反悔。可见，证据的客观性被进一步彰显，而发挥决定性的作用。

二、证据的关联性原则

宋朝承袭了唐朝，同时又发展了证据关联性原则，并在民事诉讼中推广应用。据《宋刑统》·杂律·地内得宿藏物门："准《捕亡令》：'诸得阑遗物，皆送附近县，在市得者送市司，其金吾在两京巡察，得者送金吾卫。所得之物，皆悬于门外，有主识认者，检验记责保还之。虽未有案记，但证据灼然可验者，亦准此。其经三十日，无主识认者，收掌，仍录物色目，榜村坊门，经一周年无人认者，没官录账，申省听处分。没入之后，物犹见在，主来识认，证据分明者还之。'"在这里遗失物品也是一种原始证据，它的各项特征，是主人认领的根据。但宋朝法律要求对这一物证要检验作记号，收录官府。这样一来，检验的记号，便成为与该原始证据关联密切的证据。主人来领遗失物，要将该物品特征验明清楚，与主人所说不误，责成保长交付主人。若遗失物品没有明显的外部特征，而主人有新的证据可以证明是自己的，该证据与其他证据有关联性，则经过验证也可以发还。如果经历三十天后，无人识领，由官府收存，并将该物颜色等特征登记在案。与此同时，在乡村与城镇坊间出榜文公布。经一年后，仍无人认领，再收存官府登录在案。申报尚书省等待处理。官府收录登记后，该遗失物还在，主人来认领，证据清楚可以发还其主人。由上可见，在处理遗失物品的问题，宋朝重视证据以及证据间的关联性，用以正确处理因遗失物认领发生的纠纷。

三、证据的主观性原则

唐代从整体来说，是比较注重封建法制的。但同样也存在忽视证据的客观性，随意判决的情况。据《全唐文》卷九百七十六载：

"甲为守，不拘文法，科其罪，曰：'无为而已'。"

对官员不引用律令格式审判案件，唐律有明确规定："诸断罪皆须具引律、令、格、式正文，违者笞三十。"疏议曰："犯罪之人，皆有条制。断狱之法，须凭正文。若不具引，或致乖谬。违而不引者，笞三十。"①

官员甲明知断案必须援引律、令、格、式正文，否则，就要受到处罚。但无视法律，无视证据的客观属性，仅凭自己主观臆断，随意剪裁案情，任意作出裁判，反映出在唐朝一部分官员的头脑中证据主观性的影响还是比较严重的。以致受到法律的处罚，还以"无为而已"为自己辩解，而不知道从中吸取应有的教训。

另据《全唐文》卷九八四载：

"甲游嵩山，获古镜，文彩极异，陈于县。县宰因窥拿，忽破。甲诉阙进，令科诬罔。"

该文的作者为佚名之士。他对此分析道：

"今日翻菱，唯看碎影。裂非因坠，是则难诬；破不原击，欲尤谁过？……何得牵连，公为嫁祸，令科其罪，终非慎罚。"

这就是说，县令把玩古镜，造成破损，已无法恢复古镜光彩的原貌，责任应由县令承担。该县令在接到起诉的诉状后，竟把自己的责任全部推卸干净，反而以诬蔑之罪，处罚了发现宝镜之人。

第二节　唐宋民事证据种类

一、公证文书类别

唐宋朝时期，经济的繁荣、商品经济的发展推进了契约关系的发展，交易普遍契约化。唐宋朝契约不仅应用广泛，而且契约制度也更加完善。

唐宋时期，随着法制的成熟，官府加强对民事活动的规范化管理。其公证契约的规制更加详细，类别也多样。归纳如下：

（一）唐朝公证文书类别

1. 市券

"市券"即该有市司官印的契约。唐律规定，买卖奴隶、牛马，须立市券，"凡买卖奴婢、牛马，用本部本司公验以立券"。② 买卖行为不立"市券"即为坐罪，卖方笞二十，买方笞三十。在此三天之内，如发现所买卖的奴婢及

---

① 《唐律疏议·断狱律》·断罪不具引律令格式条，法律出版社1999年版，第602页。

② ［日］仁井田升：《唐令拾遗·关市令第二十六·十一》。

牲畜有"旧病",买方可以悔约退货。卖方如不同意买方悔约,要被处以笞四十的刑罚,"诸买奴婢、马牛驼骡驴,已过价,不立市券,过三日笞三十;卖者,减一等。立券之后,有旧病者三日内听悔,无病欺市者如法,违者笞四十。即买卖以讫,而市司不时过券者,一日笞三十,一日加一等,罪止杖一百"。① 在吐鲁番出土的唐代买卖契约文书中可以看到,民间契约确有"别立市契"的约定,如唐咸亨四年(673年)西州前庭府杜某买驼契:

> 咸亨四年十二月十二日,西州前庭队正杜……交用练拾肆
> 匹,于康国兴生胡康乌破延边买取黄敦驼壹头,年十岁。其驼及
> 练,及交想(相)付了……三日不食水草,得还本主。待保未集,
> 且立私契,保人集,别(立)市券。两和立契,获指……验。
>
> | | |
> |---|---|
> | 驼主 | 康乌破延(画指) |
> | 买驼人 | 杜 |
> | 保人都护人 | 敦(签名) |
> | 保人同乡人 | 康莫匡(画指) |
> | 知见人 | 张轨端② |

官府之所以要求买卖奴婢、牛马之类要立市券,主要出于以下原因:其一,由于实行均田制,土地一般不允许自由买卖,因此进入交易领域的奴婢马牛之类就成了最重要最有价值的买卖物。对之必须谨慎,立有市券,日后出现反复或纠纷,以此为据便于化解;其二,官方强立市券,是保证税收的重要措施,将市券作为纳税的依据;其三,也是出于保护人身权的考虑,预防拐卖良民为奴的犯罪行为。③ 因而,对于奴婢的买卖唐朝作了特别规定,"旧格:买卖奴婢,皆须两市署出公券,仍经本县长吏,引检正身,谓之过贱,及问父母见(现)在处,分明立文券,并关牒太府寺"。④

敦煌吐鲁番出土的相关文书证实了"市券"制的认真执行。为见其格式、内容,征引两件如下:

《唐天宝年代敦煌郡行客王修智卖胡奴市券公验》:

---

① 《唐律疏议·杂律》,"卖买奴婢牛马不立市券"。

② 《吐鲁番出土文书》第7册第389页。同书第6册第180页,[唐]赵荫子博牛契(残件)也有"保集日别立市劝(券)"的字句。

③ 张晋藩总主编:《中国法制通史》第4卷(本卷主编:陈鹏生),法律出版社1999年版,第395页。

④ 《唐大诏令集》卷5,第33页。

［前缺］

□□□□□□①行客王修智牒称，今将胡奴多宝载拾叁

□□□□□张惠温得大生绢贰拾壹疋，请给买人市券者，依

□□□□安神庆等款保，前件人奴是贱不虚，又问奴多宝甘心……

□□□修智其价领足者，行客王修智出卖胡奴多宝与

□□□绢贰拾壹疋，堪责状同，据保给券，仍请郡印，

□□□罪。

　　　　　绢主

□□□郡印　奴主　行客　王修智　载陆拾壹

　　　　　胡奴　多宝　载壹拾叁

　　　　　保人□□□百姓　安神庆　载伍拾玖

　　　　　保人　行客　张思禄　载肆拾捌

　　　　　保人　敦煌郡百姓　左怀节　载伍拾陆

　　　　　保人　健儿　王奉祥　载叁拾陆

　　　　　保人　健儿　高千丈　载叁拾叁

市令　李昂　给券　　　　　史

　　　　　　　　　　　　　　　　　［后缺］②

《唐开元十九年（731 年）唐荣买婢市券》：

［前略］

开元拾玖年贰月□日，得兴胡米禄山辞：今将婢失满儿，年拾壹，於

西州市出卖与京兆府金城县人唐荣，得练肆拾疋。其婢及练，即日分付了，请给买人市券者。准状堪责，问口承贱不虚。又责得保人石曹主等伍人款，保不是寒良诖诱等色者。堪责状同，依给买人市券。

　　　　　练主

　　用西州都督府印　婢主　兴胡　米禄山

---

① 注："□"与下文中"……"为简中残缺部分，下同。

② 唐耕耦、陆宏基编：《敦煌社会经济文书真迹释录》（二），第 279 页，敦煌文物研究所发表号 0298、0299 号。

<table>
<tr><td>　</td><td>婢</td><td>失满儿</td><td>年拾贰</td></tr>
<tr><td>　</td><td>保人</td><td>高昌县</td><td>石曹主</td><td>年四十六</td></tr>
<tr><td>　</td><td>保人</td><td>同县</td><td>曹娑堪</td><td>年四十八</td></tr>
<tr><td>　</td><td>保人</td><td>同县</td><td>康薄鼻</td><td>年五十五</td></tr>
<tr><td>同元</td><td>保人</td><td>寄住</td><td>康萨登</td><td>年五十九</td></tr>
<tr><td>　</td><td>保人</td><td>高昌县</td><td>罗易没</td><td>年五十九</td></tr>
</table>

史

丞上柱国玄亮

券

史竹无冬①

从中可以看出，市券上要注明交易的时间、地点、被买卖奴婢的姓名、年龄、买主与卖主的姓名、身份以及担保被买卖奴婢合法身份的五个保人的姓名、年龄、身份等，并署明承办"市券"市吏的姓名、官名，再钤盖政府官印，才能成立，足见其谨慎严密。

2. 户籍登记簿

户籍等级制度在唐代得以进一步完善。从传世文献与出土文献中的记载可以看到，定期登记，造册上报，登记项目相当详细。户籍簿中细致地记录了每一户的人口、性别、年龄、身份地位、形貌特点、服徭役人数、土地和财产状况。一般情况下，官府掌握了户籍，实际上就掌握了各户的具体情况，便于其实现行政管理。同时，户籍又是民事权利主体地位的法律凭证，是民众享受民事权利的重要依据。

唐代法律中规定了严格的户籍登记制度。"武德六年三月，令每岁一造账，三年一造籍……"开元十八年十一月敕："诸户籍三年一造，起正月上旬，县司责手实计账，赴州依式勘造……其每户以造籍年预定为九等，便注籍脚，有析生新附者，于旧户后，以次编附。"②"天下户为九等。三年一造户籍，凡三本，一留县，一送州，一送户部。"③

敦煌出土的文献中有关于户籍的残卷，列举两例：

（1）唐天宝六载（747 年）敦煌郡敦煌县龙勒乡都乡里户籍残卷＊伯三三五四

---

① 《吐鲁番出土文书》第 9 册，文物出版社 1990 年版，第 26—28 页。
② 《唐会要》卷 85《籍账》。
③ 《通典》卷 3《食货三·乡党》。

户主刘智新　载二十九岁　白丁下下户，空，课户，见输。

　祖母王　载六十九岁　老寡空

　母　索　载四十九岁　寡空

　妻　王　载二十一岁　丁妻天宝三载籍后漏，附，空。

敦煌郡　敦煌县　龙勒乡　都乡里　天宝六载籍

弟　知古　载十七岁　小男空。

妹　仙云　载二十九岁　中女空。

妹　王王　载七岁　小女空。

合应受一顷陆拾叁亩陆拾捌亩已受，廿亩永业，卅七亩口分，

一亩居住园宅，九十五亩未受。

一段十亩口分　城西七里平渠　东舍　西渠　南渠　北刘

善政

一段三十亩口分　城西七里平渠　东渠　西墓　南史胜明

北路

一段六亩口分　城西十里平渠　东渠　西佛图　南渠　北

李怀忠

一段一亩口分　城西十里平渠　东阜思亮　西渠　南渠

北张思恭

一段一亩居住园宅。①

（2）大唐历四年（769年）沙州敦煌县悬泉乡宜禾里手实＊斯〇五一四

户主索思礼　年六十五　老男昭武校尉前行左金

吴卫灵州武略府别将上柱国官天宝十三年十一月廿七日授甲头张

思点勋，开元十九年四月十八日授甲头王游仙，曾贵，祖满，父运。

下中户，不课户。

　母　氾　年八十九岁　寡上元二年账后死。

　妻　氾　年五十九岁　老男妻

　男　游鸾　年三十七岁　丹州通化府折冲上柱国大历元年□月

□日授甲头李季扎

鸾妻　张　年三十八　职资妻

鸾男齐岳　年一十二岁　小男大历二年账后漏，附。

奴　罗汉　年四十六岁　丁

---

① 《敦煌资料》第1辑，第42—43页。

奴　富奴　年二十九岁　丁

沙州　敦煌县　悬泉乡　宜禾里　大历四年手续

奴　安安　年五十三岁　丁乾元三年籍后死

婢　宝子　年二十九岁　丁

合应受田六十一顷五十三亩二顷四十三亩已受，卅亩永业，

一十九亩勋田，一十四亩买田。一顷六十七亩口分。三亩居住园

宅，五十九顷一十亩未受。

一段一顷十九亩　卅亩永业一十九亩勋田，一十四亩买

田。城东十五里瓜渠　东安璟　西泽　南宋章　北坑

一段二十六亩口分　城东十五里瓜渠　东渠　西渠　南渠

北坑

一段十一亩口分　城东十五里瓜渠　东仁亮　西渠　南渠

北泽

一段三十三亩口分　城东十五里瓜渠　东安璟　西路　南

渠　北路

一段九亩口分　城东十五里瓜渠　东渠　西渠　南路　北

渠

一段九亩口分　城东十五里瓜渠　东杨绚　西渠　南渠

北泽

一段八亩口分　城东十五里瓜渠　东渠　西荒　南索楚

北渠

一段十五亩口分　城东一里孟授渠　东张奉□　西路　南

和雅　北路

一段十亩口分　城东十五里瓜渠　东李方　西渠　南渠

北安寿

□□□亩居住园宅①

3. 土地买卖"官司申牒"

对于土地的买卖，唐朝法律规定了严格的程序。百姓若要出卖土地，进行土地交易，必须向官府申请文牒，请求得到批准方能为之。即获得官府批准的文牒，是土地合法买卖的依据，所以申请文牒也是唐朝公证文书的一种。

《唐律疏议·户婚律》"妄认公私田"律疏引唐《田令》："田无文牒辄卖

_____

① 《敦煌资料》第 1 辑，第 64—65 页。

买者，财没不追，苗子及买地之财并入地主。"《通典食货二田制下》引开元二十五年《田令》再强调这一制度："凡卖买（田地）皆须经所部官司申牒，年终彼此除附。若无文牒辄卖买，财没不追，地还本主。"这也就是说，在购买土地时，一定要向当地的主管机关申报，到年终时将双方的权利义务转移，这里所说的义务是指向官府交纳的赋税。如果双方不向官府申报，尤其是买主不获得政府颁发的文牒，其所有权就得不到法律的保护，官府会将买主新购买的土地无条件没收，将土地返还原主。

试举吐鲁番出土文书《唐总章元年（668 年）西州高昌县左憧憙申请公验文书》为例：

> 总章元年七月 日高昌县左憧憙□（辞）
> 　　张渠蒲桃（葡萄）一所旧主赵迥□
> 　　县司：憧憙先租佃上□桃，今□□□
> 　　恐□桃人并比邻不委，谨以辞□（陈），□□□
> 　　公验，谨辞。①

该份文书中，似乎是先租后买者左憧憙向县司提出申请。这种公验应当属于唐代律令中提到的文牒之一。

4. 税契

中国传统民间不动产买卖典当，在契约成立后，新业主需持白契向官署缴纳税契钱。一经纳税，白契即可换成红契，并办理过户手续。"税契之役，原以上供国赋，下杜分争。"② 税契作为纳税凭证，是一种重要的公证文书，具有民事证据效力。

唐末，规定土地买卖契书必须经过官府加盖官印并缴纳税契钱的程序。唐建中四年（783 年）朝廷开征"除陌钱"，"除陌法"规定："市牙各给印纸，人有买卖，随自署记，翌日合算之。有自贸易不用市牙者，验其私簿，无私簿者，投状自集。"③

此外，唐代颁布的有关调整民事活动的法令，记载民事活动的文簿是官方法律文件，也是民事诉讼的公证文书，具有最强的民事证据效力。六部之户部是主管民事活动的核心部门，"尚书、侍郎之职，掌天下田户、均输、钱谷之政令"。其下属度支部"掌判天下租赋多少之数……"金部"掌判天下库藏钱

---

① 《吐鲁番出土文书》（第 6 册），文物出版社 1985 年版，第 257 页。
② 张雪慧：《土地典卖税契制度考略》，《平准学刊》第 4 辑上册，1989 年出版。
③ 《旧唐书》卷 49《食货下》。

帛出纳之事，颁其节制，而司其簿领……"① 即户部主管田宅、户籍、运输及钱粮等民事活动，其管理活动中"颁其节制"、"司其簿领"是决断民事案件的官方依据，证据效力最强。

（二）宋朝公证文书类别

1. 官田出租与出卖中的竞争契约

两宋时期，随着土地私有制的确立，允许私人自由买卖土地。同时，对部分官有土地，一方面采取私有化的措施而大量出卖；另一方面也通过出租收取租课的方式来经营官田。

为了避免投机，两宋政府采取"实封投状"的方法选择承租人或买受人，使有意承租或购买者在同一标准下，同等机会竞争。通过竞争最终获得承租权或所有权者，与官府订立租赁或买卖官田的契约。由于这类契约的成立不仅严格受国家法令的规制，而且订约一方为官府，故将其归入公证契约文书之类。

宋徽宗宣和元年（1119 年）八月，依农田所奏请，规定浙西州县积水减退后露出的田土"除出人户已业外，其余远年逃田、天荒田、草葑、茭荡及湖泺退滩、沙涂等地，并打量步亩，立四至坐落、着望乡村，每围以千字文为号，置簿拘籍，以田邻见纳租课比扑，量减分数出榜，限一百日召人实封投状，添租请佃。限满拆封，给租多之人。每户给户帖一纸，开具所佃田色步亩、四至着望、应纳租课。如将来典卖，听依系籍田法，请买印契，'书填交易'"。② 此项诏令详细规定了官田出租的竞争缔约程序。即先由官府确定并公布所要出租田的情况及最低租课数额，然后由愿意承租者"实封投状"，相互竞争，最后由出价最高者获得承租权。而且规定，获得官田的承租权后，将来还可以"典卖"。此后，关于官田出租的规定不断完善。宣和七年（1125 年）八月，"温、台、处、婺等州各有逃绝户抛下田土，贼平之后，皆为有力之家请射"。为避免此类土地垄断情形，规定缩短投标期限，加快流转速度，"令百姓实封投状请射，限一月开拆，给与租课最多之人，于公实利便"。③ 南宋高宗绍兴三年（1133 年）二月，为了活跃官田的出租活动，以增加官府税收，进一步规定："所是召人承佃荒田，亦不须限定顷亩，听人户量力投状请射。"④ 即不限制标的数额，凡参加竞争者各自量力自由决定。

① 《旧唐书》卷 43《职官二》。

② （清）徐松：《宋会要辑稿》食货，中华书局 1957 年版，63 之 195。

③ 《宋会要辑稿》食货 63 之 192。

④ 《宋会要辑稿》食货 63 之 91—92。

此外，若原佃户不能依约按时按量缴纳租课，或者原来约定的租课太低而原佃户又不愿增添时，也依"实封投状"法，将该官田重新出租而将原佃户逐出，称为"划佃"。绍兴十二年（1142 年）令常平司将尚未卖掉的官田仍交由原佃户租种时规定：原佃户必须在半月之内"添租三分"，"如出限不原添租，即勒令离业，其积年拖欠合催理租课，并限一月纳足。乃别召人再限一月实封投状，添租划佃，限满拆封，给添租最高之人"①。

相对于出租，两宋官田的私有化（出卖）则是主流。大量官田或应为官田的荒田、无主田都以出卖的方式转化为私有。官田出卖所采用的主要方式依然是竞争缔约的"实封投状"法。神宗熙宁七年（1074 年）三月三十日下诏：

> 户绝庄产委开封府界提点及诸路提点刑狱司提辖，限两月召人充佃及诸色人实封投状承买，逐司季具所卖，关提举司封椿，听司农寺移用，增助诸路常平本钱。②

由此可见，明确规定以"实封投状"的方式出卖官田。由各地提刑司负责，收入归常平司掌管。至南宋，官田的交易以"实封投状"出卖为主、出租为辅。如建炎四年（1130 年）二月即令将官田"量立日限，召人实封投状请买，限半月拆封，给最高之人"③。绍兴以后则规定："未有人承买"之田，再出榜召人竞争承租。"尽行召人实封投状出卖……如内有卖未售之田，合行权给租课。"④

通过以上论证可以看出，竞争缔约法是宋代官田出租与出卖的法定方式。故有南宋士大夫称："祖宗出卖官田旧法，止令人户实封投状，限满拆封，给予价高之人。"⑤

2. 官有工商业经营权转让中的竞争契约

随着商品经济的发展，传统的官府专产专卖制度的弊病日益显露，转由私家经营的趋势已经开始。进入两宋之后，"买扑"⑥ 法开始普遍运用，逐渐推广到各个官营工商业领域。仁宗至和二年（1055 年）十一月诏"同州铁冶自

---

① 《宋会要辑稿》食货 5 之 26。

② 《宋会要辑稿》食货 61 之 60—61。

③ 《宋会要辑稿》食货 60 之 2。

④ 《宋会要辑稿》食货 60 之 16。

⑤ 《宋会要辑稿》食货 61 之 25。

⑥ "买扑"，指宋、元时期的一种包税制度。宋初对酒、醋、陂塘、墟市、渡口等的税收，由官府核计应征数额，招商承包。包商（即买扑人）缴保证金于官，取得征税之权。后由承包商自行申报税额，以出价最高者取得包税权。

今召人承买之"①。嘉祐三年（1058 年）袁州贵山官营铁冶务也改由私人买扑。② 官营的盐井、盐场中，小者也"容其扑买"③。神宗以后推广于金、银等矿场坑冶，如哲宗元祐五年（1090 年）湖南转运司上言："应金、银、铜、铅、锡，兴发不堪置场官监，依条立年额课利，召人承买"。④

在官营酒、醋坊场中的私人竞争承包经营法最为详尽。太宗时已经开始将诸州酒务承包给私人掌管，淳化五年（994 年）四月特意下诏减免常课，使承买者易办，以鼓励人们买扑。⑤ 大中详符元年（1008 年）春则将"实封投状"法与"买扑"法相结合，并出现相互"划夺"、"划扑"之制。如七年二月，陕西诸州军县镇酒务，"衙前及百姓诸色人等已增添课利买扑"，转运司"更招人添钱划夺"⑥。至神宗时，不仅将实封投状法推广至全国，并且将坊场的生产与销售均承包给竞争者："天下州县酒务，不以课额高下，并以祖（租）额纽算净利钱数，许有家业人召保买扑，与免支移、折变。"⑦

买扑的具体办法是熙宁四年（1071 年）二月出司农寺起草立法的：

> 相度京西差役条目内，酒税等诸般坊店场务之类，候今界满拘收入官，于半年前依自来私卖价例，要闹处出榜，召人承买，限两月内，并令实封投状，置历拘管。限满，据所投状开验，著价最高者方得承买，如著价同，并与先下状人，其钱听作三限，每年作一限送纳。⑧

这是两宋时期有关官营工商业招标、投标的最为详细的立法，由此确立了招标与投标的具体程序和原则。

3. 官府信贷契约

王安石实施新政之后，宋代官府的信贷活动获得长足发展。朝廷通过立法的形式对相关金融活动进行调控。"青苗法"与"市易法"是熙宁新政所推行的新法中关乎政府信贷业的法律。

青苗法是一种助农信贷，立法初衷一是为了放贷取利以资国用，二是为避

① （宋）李焘：《续资治通鉴长编》，中华书局1985年版，卷181。
② 《宋会要辑稿》食货33之4。
③ 《续资治迪鉴长编》卷97。
④ 《续资治通鉴长编》卷441。
⑤ 《燕翼贻谋录》卷3。
⑥ 《宋会要辑稿》食货20之5—7。
⑦ 《续资治通鉴长编》卷230。
⑧ 《续资治通鉴长编》卷220。

免农村高利贷对农业发展的不利影响。所谓"务在优民，不使兼并之家乘其急以邀倍息"。① 在青黄不接之时，官府为农民提供相应的农资、农具以及贷款，相应本息要随夏秋二税一起予以返还。市易法主要是为了垄断城市的金融市场而制定的，其内容包括官营信贷、工商业以及政府采购和买等方面的内容。宋代设置了主要针对城市工商业者的信贷机构及抵当所，这种信贷需要提供担保，原来担保主要包括田产担保和人保两种，如"市易旧法，听人赊钱，以田宅或金银为抵当。无抵当者，三个相保则给之，皆出息十分之二，过期不输息，外每月更罚息钱百分之二"。由于保人担保仍不能保证还贷的可靠性和便于操作性，因而废止了人保转而采纳动产抵当，"凡以田宅、金帛抵当者，减其息；无抵当徒相保者，不复给"。② 经过减让利息，利息水平达到百分之二，如"收息勿过一分二厘"。③

另外，为了恢复战乱抛荒田土的生产，官方借贷还包括实物形式。绍兴二年四月十九日权发池州王进言："贼盗宁息，六县流离农民皆愿归业。缘例多贫乏，已委县官多方晓谕，将来布种日，官为借贷种粮、牛具，候收热，拘元价归还。其合用钱物，乞给降。"④

4. 官府预约买卖契约

预约买卖是买方先支付一定比例的定金或价款，卖方延期交货的信用买卖契约。两宋官府在购买所需货物时，也经常采取向生产者或商人预付货款的方法，先行订购。官府预订买卖的物品主要是粮草、茶盐、纺织品、矿冶品、军备物资等。例如两宋的青苗钱，即对粮草的预买，庄家未收获时官府即已预付款买之。《宋史·食货志》中记载："陕西籴谷，又岁预给青苗钱。"另据吕惠卿所言：

> 本路太原、汾等十三州军正税外，别有和籴。体问得始据田亩，视其苗稼等第科籴。米每斗钱三十文，粟十六文，大豆二十二文，草每束十文。虽估价颇贱，而民于登稔之际先期得钱，未以为病。⑤

对于茶、盐等禁榷物资的采购也是如此，《宋史·食货志》有载："其售于官者，皆先受钱而后入茶，谓之本钱。"预付给产盐"亭户"的货款则称为"盐本钱"："祖宗旧法：支盐本钱，分上下次，县以上下次五分发下催煎场，

---

① 《韩魏公集》卷 17 家传。
② 《宋会要辑稿》食货 27 之 64。
③ 《宋会要辑稿》食货 27 之 65。
④ 《宋会要辑稿》食货 69 之 49。
⑤ 《续资治通鉴长编》卷 400。

呼名支散，贫民下户均占本柄。下次五分，留买纳场，候发盐到秤见实数，却行贴支。"① 军事物资的采购往往也采用这种方法，"朝廷出度支使钱俵民间，预买箭杆雕翎弓弩之才"。②

《庆元条法事类》列有专门针对官府预付买卖的法律规定：官府收购"诸供官之物"，应当在产地设立固定场所现钱收购。但如果民户"愿先一年召保请钱认数中卖者，听"。③

这种官府预约买卖契约，官方将货款作为定钱预先交给卖方，在买卖双方之间建立起了一种信用关系，一方面缓解了卖方的生产资金压力，减少了其对高利贷的依赖；另一方面也为官府各项物资的供给提供了保障，公私兼顾两利双赢。

二、私证文书及其证明效力

私证文书主要是为了保证债权的实现而订立的各类民事契约。唐宋时期，随着商品经济的不断发展，债的关系也日益复杂，为避免纠纷，保障民事活动的顺利进行，法律要求各种债的关系均要订立契约。这些契约是私证文书的核心组成部分，作为最关键的证据形式，在民事诉讼中扮演着至关重要的角色。

（一）唐朝私证文书类别

1. 买卖契约

买卖是民事法律关系中最普遍的行为，因而，买卖契约也是中国古代最普遍的民事契约。随着经济的发展与法制的进步，唐代的买卖契约也愈加规范化。其律令将买卖行为按照动产与不动产分别加以规范。

（1）动产买卖契约

唐代民间的动产买卖契约已相当复杂，既有先交付买卖标的、后给付价金的赊买卖契约，又有先给付价金、后交付标的的预约买卖契约。前者较为典型的如敦煌出土的唐大中五年（851年）僧光镜买钏契：

> 大中五年二月十二日，当寺僧光镜，缘阙车小头钏壹交停事，遂于僧神□边买钏壹枚，断作价直布壹百尺，其布限十月已后于襕司恒纳。如过十月已后至十二月勾填，更加贰拾尺。立契后，不许休悔，如先悔，罚布壹匹入不悔人。恐后无凭，答项印为验。

---

① 《宋会要辑稿》食货27之18、19。
② （宋）魏泰：《东轩笔录》卷8。
③ 《庆元条法事类》卷48。

负裨布人　僧光镜（画押并盖私印）

见人　　　僧龙心（画押）

见人　　　僧智旽（画押并盖私）

见人　　　僧智恒达（画押）①

　　这份买卖契约于二月立契，价金则约定于十月交付，是古代普遍流通的赊买契约。卖方神□之所以在没有得到价金的情况下，敢于把自己的钏一枚转移给光镜所有，是因光镜的信用因素。契约中虽未提到这一点，但买卖双方同处一寺，彼此之间应该是相互了解和信任的。不仅如此，契尾处签名画押的三位见证人，也当为契约的履行提供了各自的信用担保。

　　先给付价金、后交付标的的预约买卖契约，较为典型的如吐鲁番出土的唐总章元年（668 年）左憧憙买草契。

　　　总章元年六月三日，崇化乡人左憧憙交用银钱四拾，顺义乡张潘
　　边取草九拾束。如到高昌之日不得草玖（疑漏一拾字）束者，还银
　　钱陆拾文。如身东西不到高昌者，仰收后者别还。若草好恶之中，任
　　为左意。如身东西不在者，一仰妻儿及保人知当。
　　　两和立契，获指为信。如草□高昌□。

　　　　　　　　　　　　　钱主　　　　左
　　　　　　　　　　　　　取草人　　　张潘（画指）
　　　　　　　　　　　　　保人　　　　竹阿阇利（画指）
　　　　　　　　　　　　　保人　　　　樊曾□（画指）
　　　　　　　　　　　　　同伴人　　　和广护②

　　这件契约中，买方先交付了全部价金，而卖方则在指定地点后交付标的物，是一份预约买卖契约。在交易中，草本来不是什么贵重物品，但由于数量较大，价值较高，所以双方就订立了契约。在契约中，大都要对买卖的事由、买卖的过程、卖方的保证义务、卖方的违约责任等作出描述和约定。

　　（2）不动产买卖契约

　　不动产买卖契约指土地、房屋、邸店、碾磑等交易中所立契约。土地交易是不动产买卖契约的核心部分，在上述公证文书中已作阐释。在唐代，对于土地及房屋之类的不动产买卖，除了上文中述及的法定程序——"官司申牒"之外，民间习惯对之也有规范作用。

_____

① 《敦煌资料》第 1 辑，第 285 页。

② 《吐鲁番出土文书》（第 6 册），文物出版社 1985 年版，第 424—425 页。

　　双方应当订立书面契约，在书面契约中一般要写明以下几个方面的内容：契约签订的时间、买卖双方的姓名、土地的四至和亩数、土地买卖的担保人和见证人（担保人要承担连带责任，见证人只起契约订立的见证作用而无须承担连带责任）、买卖双方在契约成立后的保证。从现存史料来看，对契约订立后当事人的悔约行为，往往有明确的违约责任的约定，如《未年安环清卖地契》对违约责任有这样的约定："一卖口如若先翻悔，罚麦伍硕，入不悔人。已后若恩敕，安清罚金伍两纳入官，官有政法，人从私契两共平章，书指为记。"[12]（第 293—294 页）《唐大中六年（852 年）僧张月光易地契》也有类似的约定："一定已后，不许休悔；如先悔者，罚麦贰拾驮入军粮，仍决杖卅。"[12]（第 287 页）我们选一契约为例，体会当时契约的主要内容和必备要件。如《元和九年乔进臣买地契》[13]（第二编第一章第二节）载：

　　　　元和九年九月二七日，乔进臣买得地一段。东至东海，西至山，
　　南至釰各，北至长城，用钱九十九千九百九文。其钱交付讫，其得更
　　不得忏吝。如有忏吝，打你九千，使你作奴婢。

　　　　上至天，下至皇（黄）泉。

保人　张坚

保人　管公明

保人　东方朔

见人　李定度

涿州范阳县向阳乡永乐村郭义理

南二里人　　乔进臣牒

　　唐代民间土地房屋买卖契约的格式虽不完全相同，但基本上大同小异。有时还会写明土地或房屋中"伏藏"之物也随买卖一并转移，如"舍内上至青天、下至黄泉，舍中伏藏役使，即日尽随舍行"。① 树木往往附着于土地，在买卖土地房屋时一般随之转移，唐代民间有"树当随宅"的谚语，即契约如未特意指明则树木不另计价，随房屋一并转移。土地房屋的地役权如通行权往往也会记载于契约，唐代的土地房屋买卖契约中往往有"车行水道依旧通"之类的惯语②。敦煌出土的契约——"唐坤宁四年（897 年）张义全卖宅舍

---

　　① 上引惯语可见于《吐鲁番出土文书》第 3 册，第 71 页、第 363 页；第 4 册，第 37 页；第 5 册，第 53 页等。后者可见《吐鲁番出土文书》第 4 册，第 145 页。

　　② 上引惯语可见于《吐鲁番出土文书》第 3 册，第 71 页、第 363 页；第 4 册，第 37 页、第 145 页；第 5 册，第 53 页等。也可见于《敦煌资料》第 1 辑，第 312 页。

契"是较为典型的房屋买卖契约文书：

> 永宁坊巷东壁上舍内东房子壹□并屋木，东西一丈三尺五寸基，南北贰丈二尺五寸并基（东至张加闰，西至张全义，南至氾文君，北至吴支）。又房门外院落地并檐□柱，东西四尺，南北一丈一尺三寸。又门道地南北二尺，东西三［丈］六尺五寸。其大门道三家共合出入。从乾宁四年丁巳岁正月二十九日，平康乡百姓张义全，为阙少粮用，遂将上件祖父舍兼屋木出卖与洪润乡百姓令狐信通兄弟，都断作价值五十硕，内斛斗干货各半。其上件舍价立契，当日交相分付讫，一无悬欠。其舍一买已后，中间若有姻亲兄弟兼及别人称为主己者，一仰旧舍主张义全及男粉子、支子祗当还替，不干买舍人之事。或有恩敕书行下，亦不在论理之限。一定已后，两不休悔；如有先悔者，罚麦叁拾驮，充入不悔人。恐人无信，两共对面平章，故勒此契，各愿自押署，用后凭验"（后缺）①

该则契约较为典型地反映了唐代不动产买卖契约的形式与内容。契约中详细地注明了出卖房舍的"四至"——"东至张加闰，西至张全义，南至氾文君，北至吴支"；院落的"四至"——"东西四尺，南北一丈一尺三寸。又门道地南北二尺，东西三［丈］六尺五寸"；还注明了所涉的地役权——"大门道三家共合出入"。

2. 借贷契约②

借贷契约也是唐朝重要的一种契约形式，律令对其多有规制。当时的借贷契约指出借人将金钱或一定种类物交付借用人所有，借用人到期应当返还出借人同数量、同种类的物品，若约定利息的，则应附加利息的约定。唐律中的借贷契约分有息、无息两种。

（1）计息之债

有息契约称"出举"；无息契约称"负债"。唐代民间放贷取息的现象非常普遍，提供放款的渠道较为广泛，有商人、富室、官吏、权贵，甚至官府。商人放款，既有本国商人放款，也有外国商人放款。《全唐文》卷72载："顷者京城内，衣冠子弟诸军使并商人百姓等，多举诸蕃客本钱。"反映的就是外

---

① 《敦煌资料》第1辑，第288—289页。

② 唐代借与贷都具有特定含义。借，一般指"使用借贷"，如《职制律》规定的"以官奴婢及畜产私自借"；贷，一般指"消费借贷"，如《职制律》中规定的"贷所监临财物"，"以官物私自贷"。使用借贷与消费借贷的区别在于前者借是特定物，不可以他物替代；后者则属于非特定物，即种类物。

国商人放款之事。官府放款，有专人管理。"武德元年十二月置公廨本钱，以诸州令史主之，号捉钱令史，每司九人，补于吏部。所主才五万钱以下，市肆贩易，月纳息钱四千文，岁满授官。"① 法律规定，民间放贷"只宜四分取利，官本五分取利"②，最高不得超过百分之十。但现实中，放贷者皆追求高利息，百分之九十取利，甚或超过百分之百的利率也存在。例如吐鲁番出土的《唐乾封元年（666年）郑海石举银钱契》：

> 乾封元年四月廿六日，崇化乡郑海石于左憧熹边举取银钱拾文，月别生利壹文半。到左须钱之日，索即须还。若郑延引不还左钱，任左牵掣郑家资杂物，口分田园，用充钱子本直。取索掣之物，壹不生庸。公私债负停征，此物不在停限。若郑身东西不在，一仰妻儿及收后保人替偿。官有政法，人从私契。两和立契，画指为信。
>
> 　　　　　　　　钱主　　　左
> 　　　　　　　　举钱　　　郑海石（画指）
> 　　　　　　　　保人　　　宁大乡 张海欢（画指）
> 　　　　　　　　保人　　　崇化乡 张欢相（画指）
> 　　　　　　　　知见人　　张欢德（画指）③

此则契约约定的利息高达月利15%，而且所约定的债务担保方式一应俱全，说明当时债权的实现主要依靠私力救济，契约的内容都比较详细。契约债务的担保方式也有采用罚息方式的。如敦煌出土的唐建中七年（786年）苏门悌举钱契：

> 建中七年七月廿□□□□苏六梯，为切要钱用，今……举钱壹拾伍仟文。曼钱主…限八月内壹拾陆仟文。如违限不付，每月头分生利。过月如上不付，即任掣夺家资，用充本利直。如东西不在，一仰同取保人代还。官有政法，人从誓契。两共平章，画指为记。
>
> 　　　　　　　　钱主　　　（画指）
> 　　　　　　　　举钱人　　苏门悌年卅九
> 　　　　　　　　保人　　　安索年卅④

这是由于德宗贞元年间发生了通货紧缩现象。因为通货贬值后，市面铜钱

---

① 《唐会要》卷93《诸司诸色本钱》上。
② 《唐会要》卷88《杂录》。
③ 《吐鲁番出土文书》（录文本）第6册，文物出版社1985年版，第417—418页。
④ 《敦煌资料》第1辑，第460页。

的购买力低于币材价格，于是发生了大量私销钱币铸物的情况。这件举契在七月生效，预订的归还期为八月，仅一月的利息就为一千文，即月利为 6.7%。同时又约定若到期不尝，即要"头分生利"①。

（2）不计利息之债

不计利息借贷称为"负债"。《唐律疏议·杂律》专设"负债违契不偿"的罪名，债务额"一匹以上、违二十日，笞二十；二十日加一等，罪止杖六十。三十匹加二等，百匹，又加三等。各令备（赔）偿"。律疏所谓："负债者，谓非出举之物，依令合理者。"按照律令的规定，只有"负债"而非"出举"受法律保护，即中有不计利息的债权才可以受到法律的保护，可以向官府起诉，请求强制执行以实现债权。

对于不计利息之债的担保方式，唐律令规定了下列顺序：首先，"牵掣"债务人家资；其次，"家资尽者，役身折酬"；最后，"如负债者逃，保人代还"。②从出土的唐代契约文书来看，当时民间往往结合使用上述债务担保方式，但一般没有"役身折酬"的约定，即以财产而非人身为债务担保的原则。同时，原本不计息的债务，若债务人不能按时清偿债务，就需要还本付息。较为典型的如吐鲁番出土的唐麟德二年（665 年）赵丑胡贷练契：

> 麟德二年八月十五日，西域道征人赵丑胡，于同行人左憧憙边贷取帛练叁匹。其练回还到西州拾日内，还练使了，到过其月不还，月别依乡法酬生利。延引不还，听拽家财杂物平为本练直。若身东西不在，一仰妻儿还偿本练。其练到安西得赐物，只还练两匹；若不得赐，始还练叁匹。两和立契，获指为验。

钱主	左
贷练人	赵丑胡（画指）
保人	白秃子（画指）
知见人	张轨端（画指）
知见人	竹秃子（画指）

又如同年的张海欢贷银钱契：

> 麟德二年十一月廿四日，前庭府卫士张海欢于左憧憙边贷取银钱

---

① 按照当时民间习惯，"头分生利"即为 10%，如敦煌出土的唐建中三年健儿马令痣举钱契中，本钱一千文"每月头分生利百文"。

② 张晋藩主编：《中国法制通史》第 4 卷（本卷主编：陈鹏生），法律出版社 1999 年版，第 477 页。

肆拾捌文，限至西州十日内还本钱使了如违限不偿钱，月别拾钱后生利钱壹文入左。若延引注托不还钱，任左牵掣张家资、杂物、口分田桃（萄），用充钱直取。若张身东西没洛（落）者，一仰妻儿及收后保人替偿。两和立契，画指为信。

　　同日，白怀洛取银钱贰拾肆文，还日，别部依上券同。

钱主　　　　左

贷钱人　　张海欢（画指）

贷钱人　　白怀洛（画指）

保人　　　张欢相（画指）

保人　　　张欢德（画指）

　　海欢母替男酬练，若不上，依月生利。

大女　　　李台明（画指）

保人　　海欢妻　郭如莲（画指）

保人　　阴海欢（画指）①

　　以上两件契约中，均未约定利息，属不计利息契约。文中约定以财物作为债权担保方式，若期时不还本钱，则需"依月生利"。最后，列明了几位保人。较为典型地反映了唐代民间无息借贷的情况。

　　3. 租赁契约②

　　唐代租赁契约形式多样，主要分为耕地租赁；土地以外的房屋及法律上视为与土地房屋同性质的碾硙、邸店、舟船、车辆等的租赁；牛马等畜力租赁契约。此外，还有一种以租赁为名的"贴赁"。

　　（1）耕地租赁契约

　　土地租赁即为租佃③。唐朝前期，立契租佃制已经相当盛行。唐朝中叶，土地兼并愈演愈烈，大土地所有制迅速发展，均田制终于破坏，多数自耕小农丧失土地，沦为封建地主的佃农。租佃制在社会经济生活中的比例遂迅速扩大，并进而占据主导地位。唐玄宗天宝十一载的诏书就能印证这一点，"致令

---

　　① 《吐鲁番出土文书》（录文本）第6册，文物出版社1985年版，第214页、第414页。

　　② 《唐律疏议·名例律》律疏对"赁"的解释是："赁，谓碾硙、邸店、舟船之类，统计赁价为坐。"即赁是指租赁该类财物的行为。

　　③ "佃"在中国古代原意为"耕作"，《史记·苏秦列传》："民虽不佃作而足于枣粟矣！"《汉书·韩安国传》："佃，治田也。"史书记载上，租佃契约中的承租人一般被称为"佃人"、"佃客"、"客户"等。

百姓无处安置，乃别停客户，使其佃作。"①土地耕种关系到国家根本利益，因而唐律对租佃予以规制，"令其借而不耕，经二年者，任有力者借之。即不自加功，转分与人者，其地即回借见佃之人。若佃人虽经熟讫，三年之外不能种耕，依式追收改给也"。②

较为典型的租佃契约如吐鲁番出土的《唐贞观十七年（643 年）赵怀满夏田契》：

> 贞观十七年正月三日，赵怀满从张欢步……张菌富贰亩，田壹亩与夏价小麦贰斛……依高昌斛斗中取，使干净好，若不好，听向风常取。赀……仰耕田人了。若风破水旱，随大比例。到六上麦使毕。若过六月不壹月壹斛上生壹兜（斗）。若前却不上，听拽家财……麦直。若身东西无。仰收后者上。三人……
>
> （中缺）
>
> 　　　　　田主　　　张欢仁（画指）
> 　　　　　田主　　　张菌富（画指）
> 　　　　　耕田人　　赵怀满（画指）
> 　　　　　倩书　　　范延守（画指）③

此件租佃契约残破程度较大，另一件《唐贞观二十二年（648 年）索善奴田契》亦较典型：

> 贞观廿二年十月卅日，索善奴……夏孔进渠常田肆亩，要径（经）……年。别田壹亩，与夏价大麦五斛；与……到五月内，偿麦使毕；到十月内，偿……毕。若不毕，壹月麦秋壹斛上生麦秋壹……若延引不偿，得拽家资，平为麦秋直。若身……西无者，一仰妻儿及收后者偿了。取麦秋之日，依高昌旧故，平袁（圆）斛中取。使净好，若不好，听向风常取。田中租课，仰田主。若有渠破水滴，仰佃……指为信。
>
> 　　　　　田主　　　赵
> 　　　　　佃田主　　索善奴（画指）
> 　　　　　知见人　　冯怀勗（画指）
> 　　　　　知见人　　刘海愿（画指）④

---

① 《册府元龟》卷 495。
② 《唐令拾遗》第 571 页《田令》，其引据日本《令集解·田令》。
③ 《吐鲁番出土文书》第 4 册，第 142 页。
④ 《吐鲁番出土文书》第 5 册，第 18 页。

根据这两件租佃契约，能够较为清晰地了解到唐代租佃契约的基本内容及基本条款。地主即出租人在契约中居主导地位，而承租人则处于不利位置，要向地主保证按时交租，"若延引不偿，得搜家资，平为麦值"。佃种人的家人也用来作担保，"若身东西无者，一仰妻儿及收后者偿"。佃农要保证地租的质量，"使净好，若不好，听向风常取"。还需负责耕地的水利设施，"租输百役，仰田主了。渠破水滴，仰耕田人了"。这些均为唐代租佃契约中常见的惯语①。

（2）房屋及其他不动产租赁契约

唐代民间租赁是常见的民事活动，租赁对象复杂多样。其中房屋租赁最为常见。吐鲁番出土的《尼高参等赁舍契》较为典型，录文如下：

> 卯岁五月十二日，女……尼高参二人，从索寺主……赁，二人各赁舍屋壹坚（间）……赁价钱贰文，高参……赁价钱三文。二人约径（经）壹年……遮余人。不得病死，若病死者，罚钱……与钱壹文。高参交与钱二文……二主合同立券，券成之后，各不得反悔……约行三主，各自署名为信。
>
> （后缺）②

契约中"不得病死"条款当属迷信方面的禁忌。再以《杜定欢赁舍契》为例：

> ……元年六月廿日，高昌县崇化乡人杜定欢，从证圣寺三纲僧练伯边，赁取舍中、上、下房伍口……有门一具。其舍中并得……钱叁拾文……钱拾五文……到二年二月卅日与钱拾伍文。其舍……年用坐。立契已后，不得悔，若……钱肆拾文入不悔人。两私……画指为验。
>
> 　　　　舍主　　僧
> 　　　　赁舍人　杜定欢
> 　　　　知见人　索宝悦③

树木附着于土地，因此树木视同不动产，吐鲁番出土的《高昌延寿二年（625年）田婆吉夏树券》较为典型，录文如下：

---

① 上引惯语可见于《吐鲁番出土文书》第2册，第326页；第3册，第177页；第4册，第142页；第5册，第18页、第20页、第240页等。
② 《吐鲁番出土文书》第3册，第199页。
③ 《吐鲁番出土文书》第6册，第587页。

二年乙酉岁三月二日，田婆吉从赵明儿边夏株，到六月十五日，上夏树偿银钱捌文。不得斤府（斧）上株。若月，拾钱上生钱壹文。若前却不上（偿），听拽家财，平为钱直。身东券，券成之后，各不得反悔，悔者罚二入不悔者。民右（有）私要（约），行二主。各自署名为信。

　　　　　　　　　　　倩书人　　　赵愿伯

　　　　　　　　　　　时见　　　　张屯富①

　　唐代民间还存在碾磑、邸店、舟船、车辆等的租赁契约，吐鲁番出土的《唐龙朔四年（664年）运海等六人赁车牛契》中有一些该类契约的残件，例如：

龙朔四年正月廿五日，武城乡……运海、范欢进、张……六人赁……具到……一道……文，更依乡价输送……具有失脱，一仰知当。若车牛到赤亭……依价仰……依乡价上。两和立契。获指为……

　　　　　　　　　　　车牛主　　　张贵儿

　　　　　　　　　　　赁车牛人　范……

　　　　　　　　　　　赁车牛人　翟……②

（3）牲畜租赁契约

　　唐律将人力与畜力的租赁都统称为"庸"，《唐律疏议·名例律》律疏："庸，谓私役使所监临及借车马之类，计庸一日为绢三尺。"而民间则普遍将这些契约称为"雇"。《集韵·莫韵》："雇，庸也。"《正字通》："雇，雇役于人受直也。"敦煌文书中多有租赁牲畜的契约，《壬辰年雇牛契约》较为典型：

壬辰年十月生六日，洪池乡佰百山乙阙少牛畜，遂雇同乡百姓雷粉□黄自牛一头，年八岁，十月至九月末。断作雇价每月一石，春□被四月叁日，若是自牛并（病）死者，不关雇人之是（事）；若驮□走煞（杀），不关牛主诸事。两共对面平障（章），不许休悔。如先悔者，一驮□

　　（后缺）③

────────────

① 《吐鲁番出土文书》第5册，第132页。

② 《吐鲁番出土文书》第5册，第145页。

③ 《敦煌资料》第1辑，第343页。

从此契约可见，租赁牲畜的风险由双方分别承担。若牲畜自行病死，由出租人承担损失；若使用不当造成牲畜倒毙的，则由承租人承担赔偿。这样的约定较为含糊，敦煌出土的《癸未年张修造雇驼契》约定则更为明确：

> 癸未年四月十五日，张修造遂于西州充使，欠阙驼弃（乘），遂于押衙王通通面上雇五岁父驼壹硕（头），断作驼价官布十六匹，长柒捌。到日归还。驼若路贼打病死，一仰要同行见，或若非里（理）押损走却，不（关）驼主知（之）事，一仰修造□（后缺）①

契约中约定，租赁的牲畜若意外死亡，要有同行人的证明；若使用不当致死，则由租赁人负责赔偿。

还有一种耕牛租赁形式，是与田地租佃结合在一起的，即地主既出租土地，又附带牛畜、牛车等用具，地主并规定租佃人要保护耕牛、定规赔偿。兹先引《唐某人夏田契》的资料如下：

> □□寺百升兜（解斗）中取。禾并（耕）田人自承了。若租殊（输）仰耕田承了，若水出处稿（橐）一车。若过期月不偿，听拙虫贼破，随大匕列。种大与大，种小边得车牛一乘并囊，二主和同返（反）悔悔者一罚二，入不悔者。
>
> （后缺）

4. 寄存契约

寄存行为是起源很早的民事活动，至唐朝从事寄存委托保管活动的行业已经相当兴盛。现存最早的关于寄存的法律见于《唐律疏议·杂律》的"受寄财物辄费用"条，"诸受寄财物而辄费用者，坐赃论减一等；诈言死守者，以诈欺取财论减一等"。《唐律疏议·名例》律疏："生产蕃息者，谓婢生子、马生驹之类，"但"若是兴生出举而得利润，皆用后人之功，本无财主之力，既非滋生之物，不同蕃息之限，所得利物，合入后人"。据此，凡"生产蕃息"（自然孳息）都必须随原物归还原主，而寄存于邸店、柜坊等营利机构的财物经出举盈利则不算是孳息，不必归还本主，属于经营者的利润。

唐代笔记《朝野佥载》卷五记载了一则著名的寄存纠纷案例：

> 卫州新乡县百姓王敬从军戍边。出发前将家里的六头母牛寄存在舅舅李琏家。五年后当王敬退役回家时，那些母牛已产下卅头小牛。可是李琏只还给他四头老母牛，说另两头已经病死。王敬就此到县衙

---

① 《敦煌资料》第 1 辑，第 338 页。

告状。新乡县令裴子云下令将李璡抓来。裴子云说，有盗牛贼招供说与其一起偷了卅头牛，藏在家中，现在当堂对质。狱卒蒙上王敬的头。伪装成盗牛犯。李璡辩解称，那卅头小牛是外甥寄养的母牛所产，不是偷来的。裴子云拉掉王敬头上的蒙布说："即当还牛，更欲何言？"并又判曰："五年养牛辛苦，与牛五头。余并还敬。"①

5. 雇佣契约

唐朝政府在法定徭役之外，若需民力，或有大工程项目，往往临时募工，按日付酬，称为"和雇"。从出土的唐朝法律文书来看，当时民间雇佣契约比较普遍。劳作方面的雇佣契约一般为期一年，或在一年中的农忙时期。契约上一般写作"用岁作"、"造作一年"，雇价以月计算。契约中一般有雇价、劳作条件、风险等较为详细具体的约定条款。

敦煌出土的《后梁龙德四年（924 年）张厶甲雇工契》是较为典型的劳作雇佣契约：

> 龙德肆年甲申岁二月一日，敦煌郡乡百姓张厶甲，为家用阙少人力，遂雇同乡百姓阴厶甲。断作雇价，从正（当为二之误）月至九月末造作，逐月壹馱。见分付多少已讫，更残到秋物……之时。收领春衣一对，长袖并裈。皮鞋一量（两，即双），余外欠阙，仰自排。入作之后，比至月满，便须就心，勿……二意，时向不离。城内城外一般或时造作，不得……抛滚工夫。忽忙时不就田畔蹭蹬闲行，左右直北。抛工一日，克勿贰斗。应有沿身使用农具兼及畜乘，非理失脱损伤者，陪（赔）在厶甲身上。忽若偷盗他人麦粟牛羊鞍马逃走，一仰厶甲亲眷……当，或若浇溉之时，不慎睡卧，水落在……处，官中书罚，仰自祗当。亦不得侵损他……田亩，针草须守本分。大例贼打输身却者，无亲表论说之分。两共对面平章为定，准法不许翻（反）悔如先悔者，罚上羊壹口，充入不悔人。恐人无信，故立明文，用为后验。
>
>   雇身厶甲   口丞人厶甲
>   甲厶人见   甲厶人见②

此件雇佣契约中所约定的劳动条件是恶劣的，尤其是在劳作期间的风险几

---

① （唐）张鷟：《朝野佥载》卷五。

② 《敦煌资料》第 1 辑，第 333 页。本件文书当事人都称厶甲，当为一件雇佣契约文书的样文。

乎都由受雇人承担。如农具、牲畜的丢失损坏都要由受雇人赔偿；受雇人有犯罪行为时，其后果也全部由受雇人的亲属承担；劳作时导致水利设施的损坏也要受雇人受罚；受雇人若发生意外则完全与雇用人无关。

出土最多的唐代短期雇佣契约是雇人上烽①契。据《唐令拾遗·军防令》引日本《令集解》："《唐令》烽条云，取中男配烽子者，无杂徭故也。"可见"烽子"是征发当地中男（15—20岁的男子）充当的，因为中男不承担朝廷的正式的徭役，也不承担地方官府征发的杂役。很多农民都雇人上烽，如吐鲁番出土的《唐西州高昌县武城乡张玉追雇人上烽契》：

> ……正月廿八日，武城乡……银钱八文，雇同乡人解知德当 柳中县……壹次，十五日。其钱即日交付……若烽上有逋留、官罪，壹仰解知德当，张玉追悉不知……有先悔者，一罚贰入不悔人……指为记。

钱主　　张玉追
受雇人　解知德（画指）
保人　　张板德（画指）
知见人　张仁丰（画指）②

由这件文书可以看到，上烽的雇价很低，但受到官府责备惩罚的风险都由受雇人承担。

唐律也对官府雇佣进行了规制，《唐律疏议·职制律》规定："营公廨借使者，计庸、赁、坐脏论减二等。即因市易剩利及悬欠者，亦如之。""借使所监临奴婢、牛马、车船、碾硙、邸店之类，为营公廨使者，各计庸、赁、坐脏论减二等。即为公廨市易剩利及悬欠其价不还者，亦计所剩及悬欠，坐脏论减二等，故云'亦如之'。"③唐代准许公廨经商营利，而官府经商雇佣奴婢、车船、牛马等，要支付佣金，同时违律也要受到处罚。

6. 放书与分家契

（1）放书④

放书与分家契都是有关身份的契约。放书主要包含"放良书"和"放妻书"。放书主要有解除户籍和供再婚之用，在放奴婢为良的场合则是免贱为

---

① 上烽，指至边境烽火台服役守望。唐朝在边境线上每隔三十里设烽候（烽火台）一座，以报边警。烽候的守望人员则征发当地百姓充当，称为烽子。

② 《吐鲁番出土文书》第5册，第164页。

③ 《唐律疏议》卷11《职制律》。

④ "放"，意为解脱约束或使之脱离。敦煌地区的放书中，有离婚文书，统称为"放妻书"。

良。作为唐代的解除婚姻协议，持放妻书的离婚妇女就有了再嫁的合法依据。敦煌出土的 8 世纪初期至 10 世纪末期的离婚文书多称为"放妻书"。《敦煌契约文书辑校》一书中共收录了十七件放妻书，兹择录两件为例：

《某专甲谨立放妻手书》①

> 盖说夫妻之缘，恩深义重，论谈共被之因，结誓悠远。凡为夫妇之因，前世三年结缘，始配今生夫妇，若结缘不合，比是怨家，故来相对。妻则一言十口，夫则反目生嫌，似猫鼠相憎，如狼羊一处。既以二心不同，难归一意，快会及亲，各还本道，愿妻娘子相离之后，重梳蝉鬓，美扫娥眉，巧逞窈窕之姿，选娉高官之主。解怨释结，更莫相憎。一别两宽，各生欢喜。于时年月日，谨立手书。

《某乡百姓某专用放妻书一道》②

> 今已不合，相想是前世怨家，贩板目生嫌，作为后代憎嫉。缘业不遂，见此分离。聚会二亲，夫与妻物色具名书之。已归一别，相隔之后，更选重官双职之夫，弄影庭前，美逞琴瑟，合韵之态，解怨拾结，更莫相谈，三年衣粮，便畜献柔仪……时次某年么月日。

以上两件契约体现出了唐朝婚姻制度的特点，允许和离，即协议离婚。《唐律疏议》规定："若夫妻不相安谐而和离者，不坐。"《疏议》对其解释曰："若夫妻不相安谐，谓彼此情不相得，两愿离者，不坐。"即若夫妻双方情意不合，双方可以商议自愿离婚，法律不予以追究。这也表明唐朝女性的社会地位有所提高，在婚姻关系中不再是完全处于被动状态，在离婚方面具有一定的主动性。

唐朝允许畜养奴婢，"僮"是对奴婢的别称。"放僮书"即是免贱为良，解除主仆关系，使奴婢脱离贱籍，获得平民身份。唐代《户令》规定：放奴婢为良及部曲、客女者，并听之。皆由家长给手书，长子以下联署，仍经本属申牒除附③。例如：

《家童再宜放书》④

> 家童再宜放良书一道，夫人者，禀父母而生，贵贱不等者，是因

---

① 《敦煌契约文书辑校》，江苏古籍出版社 1998 年版，第 475 页。
② 唐耕耦、陆宏基：《敦煌社会经济文献真迹释录》第 2 辑，全国图书馆文献缩微复制中心 1990 年版，第 3730 页。
③ 《唐律疏议》卷 12 "诸放部曲为良"条《疏议》引户令文。
④ 沙知：《敦煌契约文书辑校》，江苏古籍出版社 1998 年版，第 496 页。

中修广乐善行，慈果中获，得自在之身，随心受报，贱者是襄世积业，不辨尊卑，不信佛僧，侵凌人物，今身缘会，感得贱中，不是无理躯□，横加非狂，所修不等，细思合之。下品之中，亦有两种，一般躬勤孝顺，长报曹主恩，一类更增深僭（？），长作后生恶业，耳闻眼见，不是虚传。向且再宜自从归管五十余年，长有鞠养之心，不生懈怠之意，执作无有停暇，放牧则不避饥寒。念兹孝道之心，放汝出缠黑网。从今已往，任意宽阔（？），选择高官，充为公子，将次放良福分，先资亡遏，不厝（？）三途，次及现存，无诸灾障。愿后代子孙，更莫改易，请山河作誓，日辰证知，日月倾移，誓言莫改。

从此件"放僮书"不难发现，唐代官府对奴婢的放良是持鼓励态度的。《唐律》规定："诸放部曲为良，已给放书，而压为贱者，徒二年；若压为部曲及放奴婢为良，而压为贱者，各减一等；若压为部曲及放为部曲，而压为贱者，又各减一等。各还正之。"[①] 可见，官府对表面予以"放书"而实际压良为贱的行为加以治罪，用法律的强制方式保证放书措施的贯彻执行。

（2）分家契

为了保持家族的稳定，以便维护统治秩序的稳定。唐朝从法律上增强了对分家析产的干预力度。分家析产主要包括父母健在时的出分、生分方式、预分方式和父母去世后的继分方式。父母去世后，分家契约以兄弟均分为原则，通常要请族内至尊长辈主持或作见证人。例如：

《唐天复九年（909年）敦煌董加盈兄弟分家文书》[②]

天复九年己巳岁闰八月十二日，神沙乡百姓董加盈、弟怀子、怀盈兄弟三人，伏缘小失父母，无主作活，家受贫寒，诸道客作。兄弟三人久久不谧。今对姻亲行巷，所有些些贫资，田水家业，各自别居，分割如后：兄加盈兼分进例与堂壹口，橡梁具全，并门；城外地取索底渠地叁畦，共陆亩半；园舍三人亭支；葱同渠地取景家园边地壹畦，共四亩；又玖岁樱锌壹头，共弟怀子合。又葱同上口渠地贰亩半，加盈加和出买（卖）与集，断作直卖粟拾硕、布一疋、羊一口；领物人董加和、董加盈、白留子。地怀子取索底渠地大地壹半，肆亩

---

① 《唐律疏议》卷12《户婚律》，"放部曲奴婢还压"条，中华书局1983年版，第239页。

② 张传玺主编：《中国历代契约会编考释》（上册），北京大学出版社1995年版，第461页。

半；葱同渠地中心长地两畦，五亩；城内舍堂南边舍一口，并院落地壹条，共弟怀盈二亭分；除却兄加盈门道园舍，三人支亭；又玖岁樱桲壹头，共兄加盈合；白羊（杨）树、（李）子树一，怀子、怀盈二人为主，不关加盈、加和之助。弟怀盈取索底渠大地一半，肆亩半；（葱?）同渠地东头方地兼下头，共两畦，伍亩；园舍三人亭支。城内舍，堂南边舌壹口，并院落壹条，除却兄门道。共兄怀子二人亭分。又叁岁黄草马壹头。右件家业，苦无什物。今对诸亲一一具实分割，更不许争论。如若无大没小，决杖十五下，罚黄金一两，充官入用。便要后验。闰八月十二日立分书

　　　兄董加盈（押）

　　　弟董怀子（押）

　　　弟董怀盈（押）

　　　见人阿舅石神神（押）

　　　见人兵马使石福顺

　　　见人耆寿康常清（押）

这是一份典型的兄弟分配家产的契约。内容包括分家的原因，家产如何分割，对分家人的嘱托，最后是签订文书的日期和主持人、分家人、见证人的签名。可见分家契主要受宗族习惯法的制约。唐代以法律的形式确立了诸予均分的析产原则，《唐律疏议·户婚》云："诸居应分不均平者，计所侵，坐赃论减三等。准户令，应分田宅及财物者，兄弟均分。妻家所得之财，不在分限；兄弟亡者，子承父份。违此令文者，是为不均平。"还规定："诸应分田宅及财物者，兄弟均分。"

（二）宋朝私证文书类别

1. 民间买卖契约①

（1）田宅买卖契约

宋代法律规定，买卖田宅契约订立后必须到官府缴税印契，宋初规定：

----

① 宋代，典当关系盛行，典是"活卖"，未转移所有权，出典人到期可以赎回出典物；卖则是"绝卖"，买卖关系已经完成，所有权即转移。但是，敦煌出土的土地买卖契约显示，北宋初期"典"与"卖"常混同，卖主将土地出卖后仍可以赎回。至南宋，从相关法律文书来看，典与卖则严格区分开来，卖称为"永卖"、"绝卖"或"断骨卖"，表明所有权彻底转移，不可赎回了。

"民典卖田土者，输钱印契。"① 经过官府验契纳税的称为"税契"。税契后加盖官印，称为"红契"，不加盖官印的称为"白契"。后来又规定："迎民间交易，并令先次过割，而后契税。"② 即必须经过缴税印契手续，契约才算合法有效。法律还对契约的书面格式作出了规定："人户典卖田产，若契不开顷亩、间架、四邻所至、租税役钱、立契业主、邻人牙保、写契人书安，并依违法典卖田宅断罪。""不依格式，并无牙保、写契人书字，并作违法断罪，不许执用"。同时，对契约的形式要件也进行了修改："今后除契要不如式系违法外，若无牙保，写契人亲书押字，而不曾经官司投钱者，并作违法不许执用。"③ 例如，太平兴国七年（982 年）《敦煌吕住盈兄弟卖地契》：

> （前缺）
>
> 清城北宋渠中（上）界有地壹畦，北头壹□，共计四亩，东至……南至地田。于时，太平兴国七年，壬午岁，二月廿日立契，赤心（乡百姓吕住盈及弟）阿鸾二人家内欠少，负债深广，无业填还，今……与都头令狐崇清，断作地价每亩壹拾贰硕，通……当日交相分付讫，无升合玄（悬）欠。自卖余后，任……有住盈、阿鸾二人能辩（办）修（收）渎（赎）此地来，便容许……兄弟及别人修渎此地来者，便不容许修渎……便入户。思敕流行上，亦不在论理。不许休悔者，□壹匹，充入不悔人。恐后无信，故立此契，用□□□（后缺）④

宋代法律对房屋买卖契约合理性的规定也逐步完善。例如，仁宗时，有坊州民马国壮典得马诞顺田计钱六千，后添栽三百棵树木。原契书中约定，每棵树木回赎时值三十钱。后来马国壮赎田时，值三十钱。后来马国壮赎田时，价值几乎翻了一倍。两家纠纷诉于官府，知州杨及审理时，认为这是豪强以栽树为手段，有意侵夺平民田宅，于是上奏，要求禁绝此类现象。朝廷从其请求，规定："自今后元典地栽木年满收赎之时，两家商量，要即交还价值，不要，取便斫伐，业主不得占吝。"⑤ 官府对买卖契约内容的合法与否进行干预，使契约关系更为公平合理。

至宋代，田宅买卖的法律程序趋于成熟。田宅买卖自北魏实行"先问亲

---

① 《续资治通鉴长编》卷 6。
② （明）张四维辑：《名公书判清明集》卷 9《亲邻之法》。
③ 《宋会要辑稿》食货 61 之 65、66。
④ 张传玺：《中国历代契约会编考释》（上），北京大学出版社 1995 年版，第 519 页。
⑤ 《宋会要辑稿》食货 1 之 25。

邻"之后，唐代则以法律形式确定了亲邻的先买权。郑克说："卖田问邻，成
券会邻，古法也。"① 对此，宋初立法亦有明确规定，凡"典卖、倚当物业，
先问房亲，房亲不要，次问四邻，四邻不要，他人并得交易。房亲着价不尽，
亦任就得价高处交易。如业主、牙人等欺罔邻亲，契贴内虚抬价钱，及邻亲妄
有遮者，并据所欺钱数与情况轻重，酌量科断"。② 开宝二年（969 年）义规
定了会问亲邻的顺序："凡典卖物业，先问房亲，不买，次问四邻。其邻以
东、南为上，西、北次之，上邻不买，递问次邻。四邻俱不售，乃外召钱
主。"③ 但到宋哲宗时，亲邻的这一法定先买权发生了变化。哲宗绍圣元年
（1094）规定："应问邻，止问本宗有服亲，及墓田相去百步内与所断田宅接
者。"④ 这项规定一直沿用到南宋。《庆元重修田令》中对四邻作出了限制性
规定："诸典卖田宅，四邻所至有本宗缌麻以上亲及墓田相去百步内者，以账
取问，有别户田隔问者，并其间隔古耒沟河及众户往来道路之类者，不为
邻。"胡颖在谈《亲邻之法》时亦讲："所谓应问亲邻者，止是问本宗有服纪
亲之有邻至者。如有亲而无邻，与有邻而无亲，皆不在问限。"⑤《庆元重修田
令》又规定："诸典卖田宅满三年而诉以应问邻而不问者，不得受理。"即
"凡有亲而无邻，有邻而无亲，有亲有邻而在三年之外者，皆不可引用亲邻之
法执赎"。⑥ 宋代关于亲邻法的这些规定，削弱了亲邻关于田宅买卖的先买权，
而提高了原业主对物权的行使，使得亲邻权更加合理与成熟。

（2）民间预约买卖契约

随着商品经济的发展，两宋民间预约买卖成为普遍的民事活动，这是一种
信用买卖契约。两宋的民间预约买卖契约具体划分为以下类别：

第一类是买卖双方在预约时，由买方先行支付定钱，约定采购卖方的物
品。意味着在契约签订双方之间确立了信用关系。一般来讲，这种预约买卖契
约多发生于购买自然生长而尚不能确定其价值的商品中。例如，订购洛阳牡丹
的约定，"姚黄一接头直钱五千，秋时立券买之，至春见花乃归其直"。⑦ 即约
定一支五千钱，秋天"立券买之"，"至春见花"时支付价金。福州的荔枝买
卖，也以这种预约方式采购"初著花时，（商人）计林断之，以立券，若后丰

---

① 《文献通考》卷 9。
② 《宋会要辑稿》食货 61 之 67。
③ 《宋会要辑稿》食货 61 之 67。
④ 《文献通考》卷 9。
⑤ 《名公书判清明集》卷 9。
⑥ 《名公书判清明集》卷 9。
⑦ 《洛阳牡丹记》。

寡，商人知之，不计美恶，悉为红盐者（原注：民间用盐梅佛桑花成为红浆，投荔枝浸之，曝干，色红而甘酸，不三四年不虫，称为红盐花）"。① 茶叶的买卖与此类似。如四川彭州导江等地，"茶园人户，多者岁出三五万斤，少者只及一二百斤。自来隔年留下客放定钱。或指当茶苗，举借债负，准备粮米，雇召夫工。自上春以后，接续采取，乘时高下，相度货卖，中等每斤之利，可得二十文以来。累世相承，恃以为业"。② 文中"客放定钱"即茶商支付定钱以购买来年新茶。可见，两宋时期预约买卖契约已经是较为盛行的民事活动了。

第二类是买卖双方约定，由买方支付预买物品的全部价款，卖方则按约定期交付标的物。一般来讲，这种契约多发生在标的物在预约时已经确定的交易当中。而且，卖方往往要依靠买方的预付款生产商品。例如南宋中期，黄坤在审理一起预约买卖纠纷案件的判词中说：

> 窑户十七人经县陈词，论谢知府宅非理吊缚抑勒，白要砖瓦事。本县追到干人邹彦、王明供对，两词各不从实供招，遂各散禁。今以两词供答参详，据干人贵到文约，并称所买砖瓦，皆是大砖、大瓦，则所供价例，乃窑户之说为是。干人初供以为小砖、小瓦，则与元立文约不同，此乃是低价抑勒之验，窑户所以不得已而哀号于县庭也。小民以烧砖瓦为业，不过日求升合，以活其妻孥，惟恐人之不售也，所售愈多，则得利愈厚，岂有甘心饥饿，而不求售者哉？寄居之家所还价直，与民户等，彼亦何苦而不求售。今至于合为朋曹，经官论诉，必是有甚不能平而后至此也。今观其所议收买砖瓦，窑户不肯卖，便至于经官陈词，差弓手邹全、保正温彦追出。寄居之与民户，初无统属，交关市易，当取其情愿，岂有挟官司之号令，逼勒而使之贱卖之理。至于立约，又不与之较物之厚薄小大与价之多寡，则异日结算，以何为据？是不复照平常人户交易之例，而自有一种门庭，庶几支还多寡，惟吾之命是听也。又先支每人钱米共约八贯，而欲使之入纳砖瓦万三千片，所纳未足，更不支钱。一万三千砖瓦，所直十七千，今乃只得钱八贯，而欲其纳足，窑户安得余钱，可以先为烧造砖瓦，纳足而后请钱耶？小民之贫，朝不谋夕，今其立约乃如此，是但知吾之形势可以抑勒，而不知理有不可，则必不能免人户之论诉也。今又以为元约一万三千，今只入五、六千，便作了足，即是现买现

---

① 蔡襄：《荔枝谱》（百川学海本）。
② 《净德集》卷1"奏具置场买茶旋行出卖远方不便事"。

卖，本宅何不前期将钱借与各人。世间交易，未有不前期借钱，以为定者。况所烧砖瓦非一人之力所能办，非一日之期所能成，必须作泥造坯，必须候干燥，必须入窑烧变，必经隔旬月而后成。今六月半得钱，七月半之后，逐旋交纳……①

从此案例可以看到，民间预约买卖契约是受法律保护的。该案例反映出：首先，由于生产需要较大的资金投入，而卖方资金短缺，没有买方提供的预付款，卖方无法完成标的物的生产；其次，若买方未按惯例预付全部货款，或者只预付一部分，卖方可以向官府状告以求救济。本案中作为买方的谢知府，仗势强迫卖方窑户纳足砖瓦后再支付全部价金，窑户联名将其状告官府。

这类契约在纺织品买卖中也经常发生。例如，"抚州民陈泰，以贩布起家。每岁辄出捐本钱，贷崇仁、乐安、金溪诸绩户，达于告之属邑，各有驵主其事。至六月自往敛索……"② 这是关于布匹买卖的预约契约，布商陈泰包买"绩户"的布匹贩卖到各地赚钱，其包买的方式就是先预付布匹的价款，再延期收取布匹。

第三类是卖方预付实物，以行预付款或定金的功效。这类预付买卖契约多发生于收购农产品的贩运商与乡村贫民之间。例如，南宋夏州一带，"富商岁首以蹉茗贷民，秋取民米，大艑扁捆载而去"。③ 淮南西路民户贫困，"岁收才能自给。而巨商率先以他货来售，禾始登场，厚取其赢"。④

（3）民间赊买赊卖契约

宋代商业贸易非常发达，但通货偏于紧缩，故赊买赊卖行为也很普及，在消费领域、流通领域和生产领域都存在赊买赊卖的民事或这种信用交易的方式，能够加快商品的流通，促进经济的发展。所谓"赊"，即买卖双方约定，买方先提取货物，然后根据约定期限再支付价钱的买卖活动。为了防范赊买人不按期付钱，宋代对赊卖立法比一般现钱交易规定的更严格。宋真宗乾兴元年（1022 年）八月诏："如有大段行货须至赊卖与人者，即买主量行货多少，召有家活物力人户三五人以上递相委保，写立期限文字交还。"⑤宋徽宗宣和时，由于"诸路州县奸猾之人赊买客人茶盐，并不依约归还，致

---

① 《名公书判清明集》卷 14《窑户杨三十四等论谢知府宅强买砖瓦》，第 586 页。
② 《夷坚志·支癸》卷 5《陈泰冤梦》。
③ 楼钥：《攻愧集》卷 104《知复州张公墓志铭》。
④ 楼钥：《攻愧集》卷 100《朝请大夫致仕王君墓志铭》。
⑤ 《宋会要辑稿》食货 37 之 9。

客人经官理索"。因而降诏："今后有犯，并具案申尚节省，当议重行编配。"①南宋孝宗淳熙十一年（1184 年）七月亦诏："今后应赊买客人茶，其人见有父母兄长，并要同共书押文契，即仰监勒牙保均摊偿还，其余买盐货之人，亦一体施行。"② 可见宋代对于赊买卖契约，从法律上作了较为严格的规制。要求订立契约的同时，要以财产作抵押，并要有物力的三五人乃至父母兄长共同"书押文契"。

以当时杭州粮食销售为例：

> 杭州人烟稠密，城内外不下数十万户，百十万口。每日街市食米，除府第、官舍、宅舍、富室，及诸司有该俸人外，细民所食，每日城内外不下一二千余石，皆需之铺家。然本州所赖苏、湖、常、秀、淮、广等处客米……俱是米行接客出粜……米有数等……城内外诸铺户，每户专凭行头于米市作价，径发米到铺出粜，铺家约定日子支大米钱。③

从文中可以看到，外地客商将大米运到杭州后，由专门的米行批发给各家米铺，米铺并不立即付钱，而是"约定日子支大米钱"。

2. 民间借贷契约

借贷行为在我国古代民事法律关系中占据重要地位，借贷契约也是中国古代最重要的契约种类之一。宋代商品经济的发达，进一步推动了借贷关系的发展，借贷关系复杂化、普遍化，借贷活动遍及城乡、官民之间，非常活跃。④宋代出现了专门经营借贷业务的私营机构，称为"长生库"。其最初是寺庙道观收集进纳立库生息的，后来社会资本注入增多，致规模逐渐扩大，经常性地向民间放贷收取利息。例如，嘉泰元年（1201 年）有官僚进谏："寺观多设质库，称为'长生库'。始因缁流创为度僧之名，立库规利，相继进纳，固亦不同。今则不同，鸠集富豪，合力合则，名曰斗纽者，在在皆是。常以其则例言之，结十人为局，高下资本，自五十万以至十万，大约以十年为期，每岁之穷，轮流出局，所得之利，不啻倍徙，而本则仍在。"⑤

宋代对于民间借贷契约的成立，采取"诸公私以财物出举者，任依私契、

① 《文献通考》卷 5。
② 《宋会要辑稿》食货 37 之 9。
③ 《梦粱录》卷 16 米铺。
④ 郭东旭：《宋代法制研究》，河北大学出版社 2000 年版，第 527 页。
⑤ 《宋会要辑稿》食货 70 之 22。

官不为理"① 的不干涉原则。此条法律规定反映出，国家对民间订立借贷契约采取宽松的态度，对于借贷的期限、财物的范围、借贷物品的类型及额度多少遵从民间习惯或依从当事人的约定。但是，对于有息借贷（出举），两宋允许民间大量的盈利行为在一定范围内存在的同时，从法律上作了诸多限制性规定。

《宋刑统》中明确对借贷利率作了限制规定："每月取利不得过六分，积日虽多，不得过一倍"②；南宋《庆元条法事类·杂门·出举债负》所载《关市令》云："诸以财物出举者，每月取利不得过四厘，积日虽多，不得过一倍。即元借米谷者，止还本色。每岁取利不得过五分（谓每斗不得过五升之类），仍不得准折价钱。"③ 以此防范高利贷者对贫民百姓的盘剥。两宋还从法律上对借贷时效进行规制，防止借贷双方发生争端。《宋刑统》规定："契不分明，争端斯起，况年岁浸远，案验无由，莫能变明，祗取烦弊。百姓所经台、府、州、县论理远年债负，事，在三十年以前，而主保经逃亡无证据，空有契书者，一切不须为理。"④ 法律对债权的保护，从时间作了限定，最长的时效为三十年。过了法定的时间，就失去了官府的强制保护。

宋代为了保证债权的实现，还确立了担保制度。《宋刑统》引《杂令》规定："诸公私财物出举，如负债者逃，保人代偿。"⑤ 南宋对担保作了更为细致的规定，《庆元条法事类·杂门·出举债负》规定："诸负债违契不偿，官为理索，欠者逃亡，保人代偿，各不得留禁。"⑥ 又引《理欠令》："诸欠官物有欺弊者，尽估财产偿纳；不足，以保人财产均偿。"⑦

3. 居间契约

居间契约是委托人与居间人订立契约，居间人为委托人提供同第三人订约的机会或充当订约中介人，居间人或中介人依约抽取报酬一种契约。中国古代将这类居间商人称为"牙人"、"牙侩"、牙郎"或是"驵侩"等。⑧ 两宋时期，随着商业的兴盛，居间商人的队伍迅速壮大起来，进一步促进了商品交易

---

① 《宋刑统》卷 26《杂律》，"受寄财物辄费用"。

② 《宋刑统》卷 26《杂律》，"受寄财物辄费用"。

③ 《庆元条法事类·杂门·出举债负》。

④ 《宋刑统》卷 26《杂律》，"受寄财物辄费用"。

⑤ 《宋刑统》卷 26《杂律》，"受寄财物辄费用"。

⑥ 《庆元条法事类·杂门·出举债负》。

⑦ 《庆元条法事类·杂门·出举债负》。

⑧ 张晋藩总主编：《中国法制通史》第 5 卷（本卷主编：张晋藩、郭成伟），法律出版社 1999 年版，第 248 页。

的发展。

依据在商品流通中扮演的居间角色不同，两宋牙人细化为庄宅牙人、牛马牙人等不同类别。北宋后期李元弼所撰《作邑自箴》当中，有关于庄宅牙人的记载："应镇耆、庄宅牙人，根括置籍，各给手把历，遇有典卖田产，即时抄上立契月日钱数，逐旬具典卖数申县乞催印契。"即镇耆、庄宅牙人均为民间田宅交易的居间人。牛马等牲畜交易时，则由牛马牙人充当居间人：

> 买卖牛马之类，所在乡仪，过却定钱，便付买主牛畜，约试水草三两日，方立契券，若有疾病，已过所约日限，卖主不伏（服），却烦官方与夺；人有已交价钱，未立契券，盖不知律有正条，须录全条晓示牛马牙人并诸乡村知委，免兴词讼。①

两宋时期，已经开始对牙人进行规范化管理。只有登记注册之后方可获得牙人资格。登记注册时，需要提供担保人，"须召壮保三两名，及递相结保，籍定姓名，各给木牌子随身别之。年七十以上者，不得充"。② 即充当牙人要提供担保人之外，还要符合年龄条件。

作为居间人，牙人应当忠实于委托人，严格维护委托人的利益，不得与他方串通损害委托人的合法利益，宋律规定"严行决配"。③

4. 合伙契约

两宋期间，随着规模交易的不断扩大和远距离商业贩运活动的频繁，合伙契约获得了进一步发展。在诸多交易活动中都存在合伙关系，其中较为典型的是合伙贩运货物与合伙承包经营。以下对这两种合伙契约进行介绍。

（1）合伙贩运

两宋时期，商人合伙从事贩运的活动比较普遍。现存宋代资料中保存了不少相关事例。宋高宗绍兴十二年（1142年）八月下了一道禁令：

> 禁客旅私贩茶货，私渡淮河，与北客私相博易。若纠合伙伴、连财合本；或非连财合本，而纠集同行之人，数内自相告发者，与免本罪，其物货给告人。若同伴客人令本家人告发者，亦与免罪，减半给赏……④

即禁止茶贩走私与越境贸易，禁令中提到了茶贩"连财合本"与"纠集

---

① 《作邑自箴》卷3。
② 《作邑自箴》卷2。
③ 《宋会要辑稿》食货37之9。
④ 《宋会要辑稿》食货2之107。

同行"的经营方式，前者便是合伙关系。由于远距离贩卖商品，经营成本高，风险大，因而两宋商人经常采用合伙的方式联营。如北宋时"吴兴士子六人入京师（临安）赴省试，共买纱一百匹，一仆负之"。① 南宋时，"众商张世显、何仲立、仲济十余辈议云：'福清东墙莫少俞治船，欲以四月往浙江，可共买布同发。' 如期而行"。②

（2）合伙承包

宋代常常将矿冶、酒务等中小型官有工商业承包给私人经营。由于需要的资金额度较大，经营风险较高，商人往往相邀联合出资参与竞价承包。成功后合伙经营，共享利润、共担风险。如天禧二年十一月十七日诏曰："乃眷南京肇基王业分宅式均于神壤推恩直异于庶邦，其南京酒曲课利原是百姓五户买扑，最高年额三分，余贯赴办，不前已两户破竭家产只勒三户管认，累诉三司，恐减年额未有于夺，特许以东西京例，招召众户取便买曲造酒沽卖，所有合行条贯事件，仍仰三司擘画以闻。"③

在合伙经营过程中，合伙人共同承担经营的风险。如真宗天禧三年（1019 年）知应天府王曾言："府民五户共扑买酒场，岁课三万余缗，逋欠积久，而两户已破产，三户累尝披诉。"④

5. 委托契约

宋代商品经营活动的兴盛也推动了委托契约关系的发展。这种民事契约关系主要在民间私营商业领域流行。一般表现为：钱财所有者（委托人）委托自己所信任的有才能的他人（受托人）替自己经商赢利。所以，这种契约关系实际上是经营能力与资本的结合，推动了两宋商品经济的进一步繁荣。⑤

民间委托契约主要是委托他人从事商业经营。如《夷坚志》记载："乐平明口人许德和，闻城下米麦价高，令干仆董德押一船出粜。既至，而价复增，德用沙砾拌和以与人，每一石又赢五升。不数日货尽，载钱回。"⑥ 即许德和委托干仆董德销售货物。

委托他人从事商业经营活动，往往是由于委托人自己不便也无能力经营而为之的。如浙江一大商贾。

---

① 《夷坚志·丁志》卷 11《霍将军》。

② 《夷坚志·支戌志》卷 1《陈公任》。

③ 《宋会要辑稿》食货 20 之 6。

④ 《续资治通鉴长编》卷 94。

⑤ 张晋藩总主编：《中国法制通史》第 5 卷（本卷主编：张晋藩、郭成伟），第 258 页。

⑥ 《夷坚志·丁志》卷 19《许德和麦》。

　　贾且十年，累钜万，因不贾，计曰：吾固贾也，今弃其业而忘
贾，殆不可。虽然吾老矣，当坐于家，纵不能贾，盍使吾子代贾哉！
已而其子弱不任贾，召仆者一人诲之贾事。贾视仆出入益信，尽
付之。①

　　此例即商贾年老，自己无力继续经营，而"召仆者一人诲之贾事"。
　　中国传统观念至宋代已发生了变化，由"轻利重义"过渡到"义利并
重"。为了获取利益，一些官僚士大夫往往也委任他人从事商业经营，北宋宣
和五年（1123年）十二月十四日，提举榷货务魏伯刍上言："所有得解举人若
使令家人或干当人以用钱本一面兴贩，亦乞听许。其举人本身即依原降指挥不
得干预。"②

　　此外，一些豪民也委托贫民出面经营，而自己在背后掌控，以规避官府的
制约。如宋高宗绍兴元年五月，临安府节度推官史棋孙言：

　　州县人户买扑坊场，岁入至厚。近时贼马蹂践之余，十无七八。
今豪民欲买扑，往往以有官碍格，旧例多是百姓出名产，豪民出财本
相合。自宣和年诏旨：并止于出名产之家，而豪民有官者不许相合买
扑。缘出产入率无财本，自此败阙者多。③

　　总言之，唐宋时期，商品交易的兴盛促成了民事契约关系的发达。反过
来，发达的民事契约制度，也保障着商业运营的健康与稳定。可以这样讲，唐
宋社会在很大程度上就是一个由契约规则支撑的社会。正是由于契约规则的普
遍化，才使得唐宋社会的经济在制度上有了牢固的支撑点，其农工商各行业因
而才获得不断进步。

第三节　唐宋时期民事证据在司法中的应用

　　唐宋时期伴随封建政治、经济、法律、文化的发展，法制文明程度的提
高，对民事证据制度重要性的认识不断升华，运用民事证据处理司法问题的水
平不断提升，从而促进了民事证据制度重大发展，较之秦汉时期出现了许多重
要的变化。

---

①　（南宋）韩元吉：《南涧甲乙稿》卷17"贾说"。
②　《宋会要辑稿》食货25之21。
③　《宋会要辑稿》食货21之12。

一、证据在物权争讼中的运用

（一）唐代证据在物权争讼中的运用

1. 公证文书在买卖田地争讼中的运用

在中国封建时代，土地权属的争讼是当时物权争讼的核心内容，占有非常重要的地位。

唐朝法律规定："诸买地者，不得过本制。虽居狭乡，亦听依宽制。其卖者不得更请。凡买卖，皆须经所部官司申牒，年终彼此除附。若无文牒辄买卖，财没不追，地还本主。"① 唐代为规范土地买卖的交易行为，在法律上明确规定所有土地交易者均须向所在官府申请，获得批准文牒，并到年底前将该田的赋税、劳役交割完毕，才能发生效力。这里所说的"文牒"，就是官方出具的允许土地交易的公证文件，也是发生土地权属争讼中具有重要证明效力的官方出具的证据文书。倘若违犯规定，不向官府申请批准文牒私自买卖土地者，要受到没收财产，土地退还卖家的处罚。

2. 私证文书在买卖田地争讼中的运用

唐代有关土地权属交易须申请官方批准，并由官方出具公证文书之外，也出现了私证文书，并在实践中起着重要作用。吐鲁番出土的唐代契约文书残卷中得到体现。据《敦煌资料》第一辑载：

僧张月光与僧吕智通等，原本合同共有"园舍及车道、井水共计，并田地贰拾伍亩。大中年（六年，852 年）壬申十月廿七日，官有处分，许回博（转）田地，各取稳（便）。僧张月光子父将上件宜秋年都南枝渠园舍地道池井水计贰拾伍亩，博僧吕智通、孟授芬同渠地伍畦，共拾壹亩两段，东至阎家及麻黄，西至张文秀。南至荒，北至阎家。壹博已后，各自收地，入官措案为定，永为主己。又月光园内有大小树子少多，园墙壁及井水开道功直角午出买（卖）与僧吕智通。断作角午直，青草驴壹头，陆岁；麦壹硕壹，斗；布叁丈叁尺。当日郊（交）相分付，一无玄（悬）欠。立契，或有人干怪园林舍宅田地等，称为主记者，一仰僧张光月子父知□，并畔觅上好地充替入官措案。上件角午直斛斗驴布等当日却分付智通。一定已后，不许休悔；如先悔者，罚麦贰拾驮入军粮，仍决丈（杖）卅。如身、东西不在，一仰口承人知当。恐人不信，故以此契，用作后凭。

园舍田地主僧张月光，保人男坚坚　保人男手坚　保人弟张日兴　男儒奴

① 杜佑：《通典》卷 2《食货二·田制下》。

佺力力　　见（证）人僧张法原（签名）　　见（证）人于佛奴　见（证）人张
达子　　见（证）人王和子　　见（证）人杨千荣　　见（证）人僧客惠。"①

　　在这起物权交易中，共采取了两种证据形式来固定证据：第一种是官府出
具的文牒，即公证文书，确认张家与吕家合伙经营关系的结束，以及两家依次
分得田地十四亩与十一亩的产权，以及麦、布、牲畜不等。在完成缴纳契税与
交割赋税和劳役手续后，正式生效。官府的公证文书起到了法律的保证作用。
同时官府还将该公证文书"入官措案为定，永为主己"。即将该公证书要永久
保存于官府，用来确立分割的土地产权与其他物权永归本人所有。

　　第二种是私证文书。即证明张、吕两家作为交易双方当事人对所有物权交
易达成一致后，应传之承继者，不论是生前或身后，不论物权是否转变，都应
继续履行知晓与认可的义务。还要在三组保人的保证下，六组见证人的见证之
下，承担违约责任（罚麦贰拾驮入军粮，决杖三十）。才正式生效。这一私证
文书（土地分割契书）与公证文书有所不同。公证文书带有法律确认与官府
备案的性质。而私证文书（土地分割契书）则带有生效以及履行的意义。私
证文书通过多年的交易经验的积累，构成了完整契约内容，除双方意思表示一
致外，确立了保人保证、见证人见证，以及违约责任的追究制，用以保证契约
的履行。此外，从防范争讼的角度出发，预先设计了"如身、东西不在，一
仰口承人知当"的办法。即要求当事人双方都应履行告之后人的义务，不论
物权是否转移，或者当事人是否故去，都应予以知晓与认可，谨防欺诈田产行
为的发生。上述两种证明形式的并用，达到相互补充，相互为用的目的。同时
又有所分工，发挥不同的功能作用。这同秦汉时期相比，民事证据制度确有明
显的发展，也取得了很大的进步。

（二）宋代证据在物权争讼中的运用

　　宋朝民事证据制度与唐朝相比又有所发展，其中，比较突出的表现，是证
据在解决典卖与租佃土地纠纷中发挥了重要作用。

　　1. 证据在典卖田宅争讼中的应用

　　（1）公证文书的形成

　　典卖土地源于唐末五代，到北宋时期进一步法律化、制度化。所谓典卖土
地是指出让土地使用权获取相应收益而保留回赎权利的土地用益权交易的行
为。由于宋朝实行"不抑兼并"的土地政策，导致土地流转速度加快，包括

---

　　①　唐大中六年（852年）僧张月光易地契伯3394《敦煌资料》第1辑，第286—287
页。

典卖土地行为在内的各种土地权益的交易行为，都有明显增加。而由此而引发的争讼也日趋增加。宋代政府为有效控制与监管土地权益的交易行为，制定了一系列法律加以约束，并逐渐实行制度化管理。从北宋建隆年间（960—962年）开始，到开宝二年（969年）宋朝统治者规定典卖田宅，要到官府登记，缴纳交易税，并颁发加盖官府红印的印契。即确立典卖田宅必须缴纳契税实行公证制度。据《文献通考》卷十九，《征榷考六》载："宋太祖开宝二年，始收民印契钱，令民典卖田宅输钱印契，税契限两周月。"又据《宋会要辑稿》，食货三十七之一载："（太祖）开宝二年九月，开封司吏参军孙屿言，每奉中书及本府令勘责京畿并诸道州府，论事人等内论讼典卖物业者，或四邻争买以何邻为先，或一邻数家以孰家为上？格文无例，致此争端累集。左右军庄宅牙人议定称：'凡典卖物业，先问房亲；不买，次问四邻。其邻以东、南为上，西、北次之。上邻不买，递问次邻。四邻俱不售，乃外召钱主。或一邻至著两家已上，东、西两邻则以南为上，南北二邻则东为上。'"根据开封府司吏参军孙屿的奏文，人们可以大致了解公证田宅典卖的程序：即在格令文本没有明确规定的前提下，确定典卖田宅先询问本房亲属。亲属不买，再询问四围邻居。而邻居以东、南邻居为上，西、北邻居为下。东、南邻居不买，西、北邻居才可以买。若有东西两邻，以位南之邻为上；若有南北二邻，则位东之邻为上。周围四邻都不买时，才能由外边买主买之。宋代确立公证的程序，是为了避免或者减少典卖田宅可能引起的争讼。即使发生争讼，也可以依据公证程序的先后，初步辨明是非。

（2）私证文书的形成

宋朝政府出于社会与市场管理的需要，严格规定缴纳契钱制度，并把它作为规范典卖田宅交易的必要条件与前提。据《建炎以来朝野杂记》卷十五·《田税钱》载：

"田契钱者，亦隶经总制司。旧民间典卖田宅，则输之为州用。嘉禾（疑为仁宗嘉祐年间即1056—1062年）末，始定令，每千输四十钱。〔五年（1060年）十一月〕。宣和（1119—1124年）经制，增为六十。〔四年（1123年）六月〕。靖康（1126年）初，罢。〔建炎三年（1129年）〕，复之。绍兴（1131—1161年）总制，遂增为百钱。五年（1135年）四月后以其三十五钱，为经制窠名；三十二钱半，为总制窠名；三十二钱半，为州用。〔十七年（1147年）四月〕。乾道（1165—1173年）末，曾怀在户部，又奏取州用之半，入总制焉。〔七年（1171年）七月〕。先已诏牙税外，每千收勘合钱十文。〔绍兴五年（1135年）三月〕。后又增三文，并充总制窠名。〔十七年（1147年）四月〕。而牙税勘合以外，每千又收五十六文，分隶诸司。大率民间市田百千，则输于官者，十千七百有奇。而请买契纸，贿赂胥吏之费不与。由是，人多惮费，隐不告官，谓之白契。绍兴三十一年（1160年），军兴，王瞻为四川总领，乃括民间白契税钱，以赡军。十一月丁酉，报可。"

由上条史料中可以看到，截止到南宋绍兴十七年典卖田宅者的费用有了大幅增加，缴纳契钱每十千增为七百钱。又政府征收牙人税钱每千十三文，最终又转嫁到典主身上。加之到官府购买官颁契纸与贿赂胥吏的费用，使典买双方已经不堪重负，被迫转入私下签订契约。这种不加盖官府红印的白契的出现，表明宋代私证文书的形成。同时它对当事人典卖田宅的交易行为起到民间范围的证明作用。到绍兴三十一年，因四川军事行动的需要，交易费用增加，当地官府开始向民间白契持有者征收税钱，又形成私立典卖田宅契约合法化的趋势。其前提是向官府缴纳契税，从而获得国家的认可。从而使民间订立的典卖田宅契约，进入了法律认可的阶段。这样就出现了红契这种公证文书与白契这类民间私证文书交互使用的现象。这种现象的出现，无疑活跃了当时的典卖田宅的交易活动。同时因不同典卖形式的交插，也为典卖田宅纠纷的司法解决，增加了复杂性与难度。

（3）证据在典卖田宅争讼中的运用

根据《名公书判清明集》卷《户婚门·争业下》的记载，南宋时期发生兄长私自盗典卖亡弟田地的案例，它反映出建阳县佐官运用证据解决盗典卖田地案的实情，其判案如下：

"照得在法：交易诸盗及重叠之类，钱主知情者，钱没官。自首及不知情者，理还。犯人偿不足，知情牙保均备。又在法：盗典卖田业者，杖一百，赃重者准盗论，牙保知情同罪。丘庄即丘六四者，丘萱之从兄也。丘萱身死无子，阿刘单弱孀居，丘庄包藏祸心，垂涎于从弟之方死，染指于丘新之立继。觊觎不获，奸巧横生，竟将丘萱三瞿里已分男五十种，自立两契，为牙卖与朱府。县司当来追到一行人究问，据丘庄已自招伏，盗卖得赃来历分明，引上丁千七、丘德广与之证对，情节无异。律之三人，罪安所逃。丘庄一出，寻便反覆，且称县狱所供尽抑勒，唯有到县初款及后来本厅供责，方为本情。下厅既无刑禁，朱府之契累索不出，台府有限，岂可久违，何缘可得其实？但以意明本称理密察之，且如朱县尉一位交易，丘庄在县，初供称在干人丁千七家立契，及到本厅供，则又称本府四孀人来本里龙隐庵醮坟，与之立契。而朱县尉宅干人范寅状，又称丘庄领丘萱到府宅交关。朱总领一位交易，丘庄在县，初供就总领位干人刘广边言议立契，及到本厅供，则又称是淳祐元年十二月总领回任，在本县双溪阁交易，蒙总领台判，送库司陈提辖商议，而总领位干人王传陈状，又称丘庄领丘萱就府宅投卖。言语异同，其伪可知。况立契，为牙，领钱，只出丘庄一手，岂有交易之地尚前后如此差互无据耶？朱府名贤之阀，举动悉循理法，此等交易，断不可为，未必不为丘庄与干佃辈所误耳？丘庄未欲尽情根究，欲且照条勘下杖一百，枷监丘庄，自就朱府请出元契，赴官比对，若果是丘萱亲笔，官司当别与施行。若是无契可凭，或是踪迹可疑，即是盗卖，官司司却与定断监赃。丘庄自当备领过钱，交与朱府，其田合还阿刘，仍旧照契佃，却不许非理典卖。丁千七、丘德广、丘元三欲照减降免科，余人且着家听候。案具定断因依申县，更取自详酌施行，乃回申台府照会。"

从上述史料中可以看到，第一，建阳县佐官是位比较清廉且守法有为之官吏。他首先具引宋朝相关法律，作为审理盗典卖田地案的依据。第二，他断案表现出同情弱者孀居阿刘的倾向，依法维护她的田主权益。第三，他对丘庄的供词的前后矛盾的情况对照比较，作出深刻分析，认为丘庄供词出尔反尔，反复多变，"言语异同，其伪可知"。第四，举证揭露丘庄对犯罪事实拒不如实交代的重要情节。指出"立契、为牙、领钱"，皆出丘庄一手。但交代交易地点变换四次，同买家朱府下人所述均不相同，揭示其狡诈无常，有意掩饰盗卖典田的真相。第五，重点进行的对证工作，使证据链条固定化。即"据丘庄已自招状，盗卖得赃，来历分明"；同时，当堂呼唤参与交易的下人丁千七、丘德广"与之证对，情节无异，律之三人，罪安所逃"。第六，其认为即使朱府保存契约不愿交出，根据现有证据，并不妨碍作出判决，申报县令与府台批准执行。可以判决丘庄犯有盗典卖田地罪，据赃定罪，杖一百，先行监禁。另外，丘庄所收取的交易费用，退还朱府。原田的物权仍归阿刘所有，其可以依契租佃，以赡养家人，但不得典卖田地，以绝后路。第七，由于朱府也有交付契约的可能性，建阳县的这位佐官，也做了预先准备。当验过元契，是已故田主丘萱亲笔所签，同意典卖自己田地，则"当别与施行"。也就是另行改判的意思。由于朱府迟迟不愿交出元契，则又表明其由于受了丘庄的欺骗，而购买盗典卖田地，已自认违法，最终收回交易费用了结争讼。对于这起盗典卖田地的复杂案件的处理；表明南宋时期运用民事证据审理案件，已经相当纯熟，同时也表现比较高明的审判技巧。即以法律为根据，以证据作为定案的标准，固定证据内容，使之环环紧扣，形成牢固的证据链条，并使案情大白，得出公正客观理性的审判意见。

2. 证据在租佃田地争讼中的运用

租佃土地，起自唐末五代，但盛行于两宋。究其原因，是唐末发生黄巢农民起义，动摇了唐朝统治的社会基础，冲击了依附于大地主阶级的部曲（半农奴）制度，造成了部曲向个体农民转化的前提条件。而唐末五代战乱频发，造成大量农田的荒抚。于是社会产生多余土地与剩余劳力结合创造劳动价值的需求，唐朝由此产生了最初的租佃制度。到了宋代封建国家恢复发展生产之时，就从发挥劳动力的使用价值出发，确认部曲制的衰亡，将挣脱部曲枷锁的农民编入国家户籍，使他们成为跻身国家编户且具有一定的人身自由权的个体劳动者。而土地的大量荒芜与无人耕种，则严重影响国家的税收与财政的来源。由此产生劳动力与作为主要生产资料的土地相结合，产生劳动价值的历史必然性。而宋朝政府顺应了这一历史发展趋势，采用租佃契约的形式，固定租佃双方权利义务关系，以及发生租佃纠纷所采取的法律解决方式。另一方面，在租佃法律关系中，时常发生因不能履行租佃协议，造成对方利益上的损害，引发大量的租佃土地的纠纷，而解决这类纠纷，则成为各级官府亟须处理的问题。

（1）唐代租佃契约的形成

租佃契约作为租佃法律关系的书面证据材料，它发挥证明作用，最早见诸记载的是敦煌、吐鲁番文书残卷。其中，有唐龙朔三年（663 年）西州高昌县张海隆夏田契记述了该租佃法律关系：

"龙朔三年九月十二日，武城乡人张海隆于同乡人赵阿欢仁边夏取叁肆年中，五、六年中，武城北渠口分常田贰亩。海隆、阿欢仁二人舍佃食。其耒、牛、麦子，仰海隆边出。其秋，麦，二人庭分。若海隆肆年、五年、六年中不得田佃食者，别钱伍拾文入张；若到头不佃田者，别钱伍拾文入赵。与阿欢仁草玖围。契有两本，各捉一本。两主合同立契，获指□记。

田主　赵阿欢仁　　川

舍佃人　张海隆　　川

知见人　赵武隆　　川

知见人　赵石人　　川"①

上述证据文书是比较完整的一份，也是比较珍贵的一份。是赵阿欢仁与张海隆在相互约定的前提下达成的租佃契约。武城北渠贰亩田，为国家分给赵阿欢仁拥有法定使用权的土地。因赵阿欢仁虽有土地，但无种粮与耕具、耕牛，无法耕种。于是张海隆出具耒、牛、麦子和劳动力，作为一方；赵阿欢仁出具土地为另一方，约定 5∶5 分成制。附加条件是：张海隆耕作三年不得约定租粮，由赵阿欢仁给付伍拾文钱，作为对张海隆的补偿。如果，张海隆三年中不去佃耕田地，同样给付赵阿欢仁伍拾文钱作为补偿。从中可见，这份租佃契约是一件私证文书，和公证文书没有任何关联。此外，这份租佃契约一式两份，双方各执一份，除去有租佃双方所捺手印与签字为证外，又强调要有两名见证

---

① 《吐鲁番出土文书》第 5 册，第 117—118 页。

人的当场见证，才承认该租佃契约的合法与发生效力。唐代租佃契约从形式到内容，虽显得有些简陋，但毕竟开辟了土地使用权与所有权相对分离，并结合生产者创造出劳动价值的新型契约证据形式。这是难能可贵的。

（2）宋代租佃契约的发展

①永佃权制度的出现

宋代不但沿袭了唐代租佃私证文书的形式，而且把租佃契约发展到公、私证文书并存的历史阶段，从而引起了租佃契约从形式到内容上的重大变化。引发这些变化的根源，是宋朝初期土地生产经营方式的变化。早在北宋太平兴国七年（982 年）二月太宗曾下诏说："东畿近年已来，蝗旱相继，流民甚众，旷土颇多。盖为吏者，失于抚绥，使至于是，天灾所及，隐匿而不以闻，岁调既与循常而不得免，编户虽成转徙，大田乃至于污莱。深用疚怀，不惶宁处，俾伸侧隐，别示招携。宜令本府设法招诱，并令复业，只计每岁所垦田亩桑枣输税，至五年复旧，旧所逋欠，悉从除免。限诏到百日，许令归复，违者弃土，许他人承佃为永业，岁输税调，亦如复业之制。仍于要害处粉壁揭诏书而示之。"① 由上可见，北宋初期虽然建立了中央集权的专制统治，但唐末五代的战乱影响依然存在，加之天灾人祸频发，全国的中心——开封府所辖的京畿之地，也出现众多农户迁徙，大片田地荒芜的严重景况。这使宋太宗感到必须改变土地生产经营形式，确立具有永佃权性质的租佃土地制度，才有可能调动流民回归旧田佃耕的积极性。为此他规定回归旧田佃耕者，只征收当年的赋税。以五年为限，免除其所欠的旧税。同时明确宣布对于佃农实行"承佃为永业"的方针，进而确立了永佃权制度。

继之，太宗淳化五年（994 年）又一次下诏说："凡州县旷土，许民请佃为永业，蠲三岁租，三岁外，输三分之一。"② 宋太宗相距上次颁诏十二年后，再次诏令巩固永佃权制度，除免去三年积欠的陈赋外，佃耕荒地的农户还可减免当年的三分之二的税赋。这些连续下发的诏令对租佃土地制度，以及它的法律形式——租佃契约产生了重要的影响。

至天圣（1023—1031 年）初年仍然坚持贯彻永佃权方针，仁宗曾下诏令："民流积十年者，其田听人耕，三年而后收赋，减旧额之半；后又诏流民能自复者，赋亦如之。既而又与流民限，百日复业，蠲赋役，五年减旧赋十之八；期尽不至，听他人得耕。"③

---

① 《宋会要辑稿》·食货 1 之 16。
② 《宋史》卷 173《食货上一》。
③ 《宋史》卷 173《食货上一》。

另据《宋史》卷三百五十三《蒲卣传》载：到徽宗崇宁年间（1102—1106年），在推行均田时，因费用不足，准备增税，有可能动摇永佃权制度时，朝臣蒲卣（音右 you）力谏得止，说明终北宋之世，永佃权制依然保持下来。"转运使以用不足，将度费以定税，（蒲）卣曰：'诏旨所以嘉惠元元尔，初不在增赋也。'宛、穰地广沃，国初募民垦田，得为世业，令人毋辄诉，盖百年矣。好诉者稍以易田法摇之，卣一切禁止。有持献于权贵而降中旨给赐者，卣言：'地盈千顷，户且数百，传子至孙久，一旦改隶，众将不安。先朝明诏具在，不可易也。'朝廷是其议。"

蒲卣为今四川阆中人，其母有深厚文化功底，幼年得蒙家训，"以开敏闻，中进士第，累官中大夫"。因其深知佃农获得永佃权，努力耕作对宋朝社会经济的重大经济价值，故坚持永佃权制度，反对旨在动摇这一制度任何做法。从而使永佃权制不但在北宋坚持下来，而且影响南宋，乃至明清仍坚持不废。但同时还要指出，包括永佃在内的租佃制度，由于社会政治、经济、法律关系的变化，而不断出现变化。例如，宋仁宗天圣五年（1027年）十一月曾"诏江淮、两浙、荆湖、福建、广南州军，旧条：私下分田客，非时不得起移，如主人发遣给与凭由，方许别住，多被主人折（抑）勒，不放起移。自今后，客户起移，更不取主人凭由，须每田收田毕日，商量去住，各取隐便，即不得非时衷私起移。如是主人非理拦占，许经县论详。"[1] 在宋仁宗看来，佃户已经编入国家户籍，当属国家管理。而江南各地规定佃户迁移，听凭业主出具证明，而业主往往从中阻挠，不能成行。这不仅影响了国家的治理，也影响了佃农的积极性。为此，改变以往规定，只要每年秋收后，租税缴纳完毕，佃户就可以与业主商量，改换佃耕人家，双方各取方便，不需原业主出具证明，便可以改换。

但实际上，业主与佃户在法律上仍处于一种不平等的状态。宋哲宗元祐五年（1090年）曾规定："佃客犯主，加凡人一等。主犯之，杖以下勿论，徒以上减凡一等"；"因殴致死者，不刺面，配邻州"[2] 高宗绍兴四年（1134年）又有臣下上报朝廷："伏见主殴佃户致死"，"由此人命寝轻，富人敢于专杀，死者有知，沈冤何所赴愬。"[3] 业主凭借自己拥有的土地所有权，不仅随意役使佃户，甚至将其殴打致死。这明显表现出封建租佃制的剥削与压迫的性质。

②租佃证据文书在实际中的运用

宋朝包括永佃在内的租佃制度，起初是不成文的，多发生在业主与佃农双

---

① 《宋会要辑稿》·食货 5 之 26。

② 《宋史·刑法志》。

③ 《建炎以来系年要录》卷 75。

方的口头约定上。只要双方互谅，则可实现田底（实指土地的所有权）与田面（指土地的耕种权）的两项权利的分离。田底或为土地所有权归属业主不变，而将田面或为土地耕种权租给佃农，并要求佃农按约定或交纳分成租，或缴纳定额租。但业主不能改变佃农永佃的权利。以后，为了保障业主与佃农双方的权益，以及应尽的义务，口头约定的形式逐渐转化为书面的契约。这种契约起先表现为白契形式，即不向官府缴纳契税，不申请官府批准，也不于契约上加盖官印。故而形成私证制度，但因租佃纠纷增多，宋朝政府加强了永佃制度的管理。要求租佃双方在签订契约时履行缴纳契税，并加盖官印，履行国家法律义务。进而又形成公证制度。而私证制度与公证制度相结合的形式出现后，租佃双方的权利与义务关系才能得到比较可靠的保障。这就是说业主有权买卖田底土地，让渡给他人土地所有权。但是无权更改佃户对地面的永久租佃权。同时，因佃户取得了永佃权，他们也可以让渡给他人以土地耕种权，而业主则不得干预。由此可见，田底有其自身的价值，田面也有其自身的价值。宋人最聪明之处则在于，用公、私证文书结合的形式保证了田底权与田面权的相对分离，发挥了各自的价值，取得良好的经济效益。① 而永佃制度的长期行用，正因为有了永佃契约的保障，有了各种相关法律文件的强力规范，才使宋朝农业生产得到可持续发展，产生了重大的经济效益。这一点给后人以重要的启示与借鉴。

二、证据在债权争讼中的运用

（一）证据文书在买卖交易中的运用

1. 唐代公证文书在买卖交易中的运用

《唐律》规定："诸买奴婢、马牛驼骡驴，已过价，不立市券，过三日笞三十；卖者，减一等。立券之后，有旧病者三日内听悔，无病欺者市如法，违者笞四十。"疏议曰："买奴婢，马牛驼骡驴者，依令并立市券。两和市卖，已过价讫，若不立券，过三日，买者笞三十，卖者减一等。若立券之后，有旧病，而买时不知，立券后始知者，三日内听悔。三日外无疾病，故相欺罔而欲悔者，市如法，违者笞四十，若有病欺，不受悔者，亦笞四十。令无私契之文，不准私券之限。"②

另外，《唐律》还规定："即买卖已讫，而市司不时过券者，一日笞三十，

---

① 《东方杂志》卷25，第八号唐启宇《租佃制度的背景与中国租佃制度》。
② 《唐律疏议》卷26《杂律》。

一日加一等，罪止杖一百。"疏议曰："买卖奴婢及牛马之类，过价已讫，市司当时不即出券者，一日笞三十。所由官事依公坐，节级得罪；其挟私者，以首从论。一日加一等，罪止杖一百。"①

此外，据《唐大诏令集》载："旧格，买卖奴婢，皆须两市署出公券，仍经本县长吏，引检正身，谓之'过贱'，及问父母见在处分，明立文契，并关牒太府寺。"②

从上述唐律规定看，唐朝买卖交易有严格的公证制度。不论是奴婢，还是马牛驼骡驴的买卖，都必须先到所在官府办理手续，交付交易税金，领取公证文书——官颁市券，有的还要上报太府寺备案，用以证明这一交易是合法有效。如果违背规定，已经付钱，而不申请办理市券者其交易属非法无效，买卖双方都要受到不同程度的处罚。

同样，如果已经付钱，而买方发现有旧病者，可以凭官颁市券，在三日内退换。相反，凡是在三日以外，没有病症而想诈欺者；或者明知有病，而不准买方退换者，都要受到笞四十的处罚。同时还规定：法律不承认私证文书（私契）的效力，也不保护由此而产生的权益之争。

此外，《唐律》还严格规定了官府主管人员的责任制度。凡买卖成交，主管官员不及时收取契税，颁布市券的，都受到相应的处罚，与此相关人员还要连带受到相应的处罚。

2. 公证文书与私证文书在买卖交易中的并用

除去上述有关公证文书的规定外，由敦煌出土的唐代买卖契约文书残卷，曾存有案例可作为其变化的佐证，据《敦煌资料》第一辑载：

"赤心乡百姓王再盈妻阿吴，为缘夫主早亡，男女碎小，无人救急，济供衣食，债负深圹。今将福生儿庆德，柒岁，时丙子年正月廿五日，立契出卖与洪润乡百姓令狐信通，断作时价干湿共叁拾石。当日交相分付讫，一无玄（悬）欠。其儿庆德自出卖与否，永世一任令狐进（信）通家□□家□，不许别人论理。其物所买儿斟斗，亦□□，或有思敕□行，亦不在论理之限。官有政法，人从此契。恐后无凭，故立此契，用为后验（后缺）。"③

上述材料证明，唐代虽然社会发展，但法律依然准许买卖奴婢，并且加以保护。而上述材料表明仅凭一纸买卖奴契，就将七岁王庆德变成令狐家的终身家奴。而换来的叁拾石食粮，除去还债，也所剩无多。封建社会把自由人变为

---

① 《唐律疏议》卷26《杂律》。
② 《唐大诏令集》第5卷，第23页。
③ 《敦煌资料》第1辑，丙子年阿吴卖儿契斯3877，第286—297页。

终生奴的惨景，跃然现于契约纸上。与此同时，依该条契约的文字，可以看出，唐初法律不承认买卖奴婢私契的效力，也不予保护，在中唐以后却发生了明显的变化。所谓"官有政法，人从此契"。即反映出当时买卖奴婢，必须缴纳契钱，申请官府文牒——公证文书，才能合法有效。但是买卖奴婢的具体内容，由当事双方私契（私证文书）约定。这表明伴随社会经济的变化，买卖关系也发生了相应的变化，唐朝法律为规范买卖交易，采取了公证与私证文书并用的方式，来加以调整，这不能不说是一个重要变化。

3. 宋代公证文书在买卖交易中的运用

宋代买卖契约关系较之唐代有明显发展，特别到了南宋时期，其法律文书已将典与卖作了严格区分。"典"，被称为"活卖"，因为物的所有权并没有出卖，而转移的是物的使用权，但保留回赎的权利。"卖"，则被称为"绝卖"、"永卖"、"断骨卖"，表明物的所有权的出卖，故不存在回赎的问题。本文所讲的买卖契约文书，是专指"绝卖"之类的契约文书。亦即出卖物的所有权，不带回赎的意味的证明文件。

据《敦煌资料》第一辑载：

"淳化二年（991年）辛卯岁十一月十三日立契押衙韩愿定，伏缘家中用度不蔑，欠阙疋帛。今有家妮子花名土监胜，年可贰拾捌岁，出卖与常住百姓朱愿松妻男等，断偿人女价生熟绢五疋。当日现还生绢叁疋，熟绢两疋限至来年五月尽填还。其人及价更相付。自卖已后，任承朱家男女世代为主。中间有亲情眷表识人认此人来者，一仰韩愿定及妻七娘子面上觅好人充替。或遇恩赦流行，亦不在再来论理之限。两共面对商仪（议）为定，准格不许翻悔，如若先悔者罚楼绫一疋，仍罚大羯羊两口，充入不悔人。恐人无信故勒此契，用为后凭。其人在患比至十日已后不用休悔者（押）

买身女人土监胜（押）

出卖女人娘主七娘子（押）

出卖女人郎主韩愿定（押）

同商量人袁富深（押）

知见报恩寺僧丑达（押）

知见龙兴寺乐善安法律（押）

内熟绢一疋，断出褐陆段，白褐陆段，计拾贰段，各丈（长）一丈二。比至五日尽还也（押）。"①

以上宋代史料，与唐相比，同是出卖孩子为奴婢的契约证明文书，但有明

---

① 《敦煌资料》·宋淳化二年（991年）韩愿定卖妮子契斯1946。

显的不同。第一，宋朝的私证文书更多强调"立契押衙"，以及"准格不许翻悔"这样的字句。即买卖奴婢契约虽然是私证文件，但必须申报府衙缴纳契税，登记入官册，取得公证文牒，才能视为合法有效，并受法律保护。同时要求双方严格遵守格令的规定，已签订卖女契约，即实行"契卖"，不得翻悔；第二，明显增加了违约条款。凡"先悔者罚楼绫壹疋，仍罚大羝羊两口，充入不悔人"以此惩罚违约者，保证协议的正常履行；第三，在契约的签押处，增加"同商量人袁富深"的签押，知见人签押，以示与邻人商量，取得邻人的证明；与见证人商量，取得见证人的同意；第四，对契约中未完善的内容，加以补充，如"内熟绢壹疋，断出褐陆段，白褐陆段，计拾贰段，各丈（长）一丈二。比至五日尽还也"；第五，在公证与私证文书并行的前提下，增加了法律监督条款，惩罚翻悔者。这充分表明宋朝对买卖交易的政府干预有进一步的加强。

（二）证据文书在借贷争讼中的运用

1. 唐代证据文书在借贷争讼中的运用

根据唐律的规定，当时的借贷契约（作为证据文书）是用来证明以下事实：①出借人将金钱或者一定种类物交付借用人使用；②借用人须于到期后返还出借人同数量、同种类的物品；③凡协议规定出贷有附加利息的称"出举"，即租用人偿还给出借人所规定的利息。凡出贷无附加利息的，称"负债"，借用人只负责偿还所借钱、物，没有偿还利息的义务。同时，唐代的借贷契约又有几重证明意义：

第一，证明官员借贷所监管的官物的非法性；第二，证明民间借贷合法性；第三，证明官、民借贷之违法及其处罚措施。

《唐律》卷二十六《杂律》曰："诸贷所监临财物者，坐赃论；（授讫未上，亦同。余条取受及相犯，准此）若百日不还，以受所监临财物论。强者，各加二等。（余条强者准此）注云："'授讫未上'者，若五品以上据制出日，六品以下据画讫，并同已上之法。""'余条取受及相犯'，谓'受所监临'及'殴詈'之类，故言'准此'。若百日不还，为其淹日不偿，以受所监临财物论。若以威力而强贷者，'各加二等'，谓百日内坐赃论加二等，满百日外从受所监临财物上加二等。注云："'余条强者准此'，谓如下条'私役使及借驼骡驴马'之类，强者各加二等。但一部律内，本条无强取罪名，并加二等，故于此立例。所贷之物，元非拟将入己，虽经恩免，罪物尚征还。纵不经恩，偿讫事发，亦不合罪。为贷时本许酬偿，不同'悔过还主'故也。若取受之赃，悔过还主，仍减三等。恩前费用，准法不征贷者，赦后仍征偿讫，故听免罪。"

上述律文规定与疏注解释表明：唐朝对官员用契约形式借贷自己监管的财物的，一律认为无效。无论五品以上或六品以下官员，只要他们签约，并且借贷自己监管财物的，都属于非法，并以坐赃论处。如果百日不偿还所借贷官物，以受贿罪论处。如果威胁恐吓强借不偿，百日内按坐赃加二等处罚；百日外按受贿罪加二等处罚。如果私自强行征用官驼骡驴马者，加二等处罚。此外，官员所借贷之物，仍须如数偿还。如果已经偿还而后被揭发者，不应定罪。它不同于虽已许诺，而未偿还者。后者减本罪三等处罚。官员借贷官物，如遇皇旨恩赦，在赦令之前花费完的，赦令到达不加征偿，但赦令执行后，再行征偿。但该官员可以免罪，不予刑事处罚。

与此同时，唐律对于不附带利息的一般的借贷关系是予以承认和保护的。其前提是双方签订的借贷契约必须"依令合理"。《唐律疏议》、《杂律》规定："负债违契不偿，一疋以上，违二十日笞二十，二十日加一等，罪止杖六十；三十疋，加二等；百疋，又加三等。各令备偿。"① 疏议曰："负债者，罚非出举之物，依令合理者，或欠负公私财物，乃违约乖期不偿者，一疋以上，违二十日笞二十，二十日加一等，罪止杖六十。'三十疋加二等'，谓负三十疋物，违二十日，笞四十；百日不偿，合杖八十。'百疋又加三等'，谓负百疋之物，违契满二十日，杖七十；百日不偿，合徒一年。各令备偿。若更延日，及经恩不偿者，皆依判断及恩后之日，科罪如初。"

由上可见，唐律对违背契约规定，逾期不偿还的公、私债务（不附带利息），分别情节，采取笞、杖、徒等不同的刑事处罚，同时强令其赔偿，即使逢遇皇恩当时不罚，过后仍令赔偿。从而凸显书面证据材料的证明效力。

但唐律把处罚违契不偿还公、私债务（不附带利息）的权力仅限制在国家机关的范围，严禁债权人擅自执行。对此，《唐律疏议·杂律》规定："诸负债不告官司，而强牵财物，过本契者，坐赃论。"疏议曰："谓公私债负，违契不偿，应牵掣者，皆告官司听断。若不告官司而强牵掣财物，若奴婢、畜产，过本契者，坐赃论。若监临官共所部交关，强牵过本契者，计过剩之物，准'于所部强市有剩利之法'。"② 即不通过官府，而债权人擅自执行公、私债务，凡超过契约数额规定的行为，以坐赃论处。而监管财物的官员擅自执行债务，超过契约规定的，照强迫交易有剩利不偿还，计剩利坐赃论减二等处

① 《唐律疏议》卷26《杂律》。
② 《唐律疏议》卷26《杂律》。

罚。① 以此避免私自执行公、私债务对社会秩序的冲击。

与此同时，统治者对附带利息的借贷契约关系，则采取严格限制的态度。

武周长安元年（701年）十一月十三日敕："负债出举，不得回利作本，并法外生利，仍令卅县，严加禁断。"

唐朝开元十六年（728年）二月十六日诏："比来公私举放，取利颇深，有损贫下，事须厘革。自今已后，天下负举，只宜四分收利，官本五分取利。"

不论是大周武则天当政，还是唐玄宗李隆基当政，统治者都认识到高利贷的借贷契约关系，损害贫困百姓利益，具有严重的社会危害，都主张禁止利滚利的做法，并把利息最高限额规定为：民间四分取利，官方五分取利，不得逾越。但在唐朝的附息借贷的实际运作中，和法律规定之间，存在很大差距。据《吐鲁番出土文书》载：

（大周）长安三年（703年）曹保保举钱契有如下内容：

"长安三年二月廿七日，顺义乡曹保保并母目，于史玄政边举取铜钱叁佰贰拾文，月别依乡法生利入史，月满依数送利；如史须钱之日，利本即须具还。如延引不还，及无本利钱可还，将来年辰岁石宕渠口分常田贰亩，折充钱直。如身东西不在，一仰收后保人当代知。两和立契，画指为信。

钱主

举钱人曹保保——曹宝宝

母阿目十金——

保人女师子——

知见人杜孝忠

知见人吴申感"②

从上述史料的记叙中可以看到：第一，在国家法与习惯法的取舍上，该借贷契约作为书面证据，依据习惯法，证明更有利于出贷方；第二，该契约作为证据缺乏确定性，只要史玄政需用钱，曹保保即须连本带利一起归还；第三，如果曹保保逾期不偿还本与利，史玄政不必报官，即可依据契约规定，收要曹家二亩口分田，曹家人不在场，可由保人代为通知；第四，在该契约的签押处，增列了曹保保之母阿目十金及曹宝宝之名，表明该协议除经曹母同意外，还增加了曹宝宝的还债义务。从而反映出有息借贷的实际状况远远超出法律的规定，成为突出的社会问题。

---

① 《唐律疏议》卷11，《职制律》。

② 《吐鲁番出土文书》第7册，第453—454页。

2. 宋代证据文书在借贷争讼中的运用

宋初沿袭唐律，制定《宋刑统》，在借贷争讼时，也适用于相同内容的法律。但伴随社会经济关系的变化，也增加了一些新的规定。例如《宋刑统》卷二十六《杂律》准唐《杂令》规定："每月取利不得过六分，积日虽多，不得过一倍。"而南宋《庆元条法事类》卷八十《杂门·出举债负》引《关市令》规定："诸以财物出举者，每月取利不得过四厘，积日虽多，不得过一倍。"① 即是说官方批准的借贷利息的最高限额从私贷四厘，官贷的五厘，放松至高"不得过一倍"。与此同时，取消了唐代"役身折酬"的制度，而规定"保人代偿"的制度。同时还规定债务人可以以财产抵当（倚当）债务的方式。但同样禁止债权人擅自扣押债务人财产抵债的不法方式。

例如《庆元条法事类》规定："诸欠官物有欺弊者，尽估财产偿纳，不足，以保人财产均偿。又不足，关理欠司（抵保不足，而差主持官物者，元差干系人与保人均备。又不足，保奏除放。即是说，借贷官物（不附利息）的，到期由债务人偿还。不足部分，由保人平均偿还。再不足部分，由主官与办事人员和保人平均偿还。以免国家财产受损。实在赔还不足的部分，上奏皇帝免除债务偿还，人员放归不在监禁。

但在司法实践中，宋朝官吏在运用证据文书处理借贷争讼时，又表现出相当的灵活性。据《名公书判清明集》载：

"罗友诚节次领周子遵钱二百七十贯，开张质库，且有文约可凭，今已越八年矣。因主家诉其欠负，乃称所领之钱元不及数，所谓开库，系是柜坊，与文约所书大相矛盾，意在诬赖，不言可知。但小人得钱到手，既是妄用，官司虽有理索，岂能一一如约。幸而周子遵前后已取去钱二百一十六贯，若通本息计之，则所偿仅及息钱之半，若只以本钱论，则所少仅五十四贯而已。事既至此，得本已为幸甚，何暇更计息哉！委任非人，只得认错。若必欲究竟到底，便着追保识人、追檐钱人，岂不扰害邻里。文移来往，动是旬月，淹留城市，出入官府，纵是尽如所欲，亦恐得不偿失。况罗友诚一贫如此，断是无所从出。今只得酌情处断。罗友诚勘下杖一百，锢身押下县，监还未尽本钱五十四贯外，更监纳息钱一百贯足。如一月不纳，押上照断监还。"②。

从上可见，在证据的运用上，宋代司法官吏拥有较大的自由裁量权。本着

---

① 《宋刑统·杂律》，及《庆元条法事类·杂门》，规定不一。《宋刑统》称"分"是沿袭隋唐时期的旧称。而《庆元条法事类》所称的"厘"，是月利息的确切表示，仍以称厘为准确的表达方式。

② 《名公书判清明集》卷 9《户婚门·库本钱类》。

伦理道德与法律的规定，胡石壁在审理中，作出几项裁定：①确认罗友诚违契不偿周子遵贷钱，为责任主要方面。②以罗友诚所欠本息总计，其偿还者仅有利息之半；若以偿还本金计算，尚欠五十四贯钱。③罗友诚现状一贫如洗，偿还能力有限。④追加保人、见证人均偿，不仅劳民伤财，而且手续繁杂，拖延日久，故以"酌情处断"为上策。⑤周子遵作为借贷方，自身也有"委任非人"的过错。对此，胡石壁作出裁决，第一，对罗友诚给予杖一百的处罚并收监入县狱；第二，在监禁期间罗友诚偿还周子遵未尽本钱五十四贯，另偿还利息一百贯钱；第三，限期一个月，如罗友诚不偿还，即按裁决强制执行，用以偿还周子遵的贷款本息。

（三）证据文书在雇佣争讼中的运用

1. 唐代证据文书在雇佣争讼中的运用

唐律没有雇佣契约的专门规定，但在《唐律疏议·名例律》以赃入罪条疏议中，对"庸"作过解释："庸，谓私役使所监临及借车马之属，计庸一日为绢三尺。"即把官吏租用监管车马的行为，称为"庸"。而政府或民间临时募工，按日付酬交易行为，称为"和雇"。有关于唐朝政府"和雇"的情况，史书多有记载。《旧唐书》卷四《高宗纪》说："永徽五年（654年）冬十一月癸酉，筑京师罗郭，和雇京兆百姓四万一千人，极筑三十日而罢。"

另外，唐宣宗大中九年（855年），在下达《禁岭南货卖男女敕》中规定："如有贫穷不能存济者，欲以男女庸雇与人，贵分口食，任于行业，当立年限为约，不得将出外界，还同交关。各委本道长吏，专加纠察。"①

上述规定说明，唐朝承认并保护正当的雇佣契约关系，虽然称谓与现今不同，但证明内容与证明效力有相似之处。首先，雇佣以签订契约为前提，契约中必须明确规定雇佣的年限，与相应报酬。同时也要求被雇佣者按照出工，不得无故抛工（息工）。

据《敦煌资料》第一辑记载：

"甲戌年正月一日立契，慈惠百姓窦跛蹄。伏缘家中欠少人力，龙勒乡邓纳儿钵面上雇男延受，造作□□。从正月至九月末，断作雇价，每月壹馱，春衣一对，汗衫壹领，曼裆一腰，皮鞋壹两。自雇如后。使须就就造作，不得抛工壹月（日）。忙时抛工壹日，剋物贰斗；闲时抛工壹日，剋物一斗。若作儿手上使用笼具镰刀铧钩锹镬袋器什等，畔上抛扶打损，裴在作儿身□，不关主人之事。若收到家中，不关作儿之事。若作儿偷他瓜果菜如羊牛等，忽如足得

---

① 《唐大诏令集》卷109·唐宣宗大中9年《禁岭南货卖男女敕》。

者，仰在作儿身上。若作儿病者，算日勒价。作儿贼打将去壹看大个别。两共面对平章，准格不许番（翻）悔者已已；若先悔者，罚青麦拾驮，充入不悔人。恐人无信，故立私契，用为凭。

押字为定延受□（后缺）"

由上述材料可以看出，与官定雇佣契约文书不同的是，私定雇佣契约文书对双方权利义务的规定更加明确细致。但是，由于当事人双方私下签约，既没有申报官府，也没有办理相关登记手续，所以发生争讼，就很难得到官府与法律的支持。如审视该协议的内容，可以看出唐朝雇佣是有期限规定的，一般从正月到九月，共九个月，并要按月付给佣金。其余时间不在雇佣之列。但同时严格限定被雇佣的"作儿"，不得损坏工具，不得抛工（怠工），违者或赔偿，或扣除粮食（佣金），作为惩罚。

2. 宋代证据文书在雇佣争讼中的运用

宋代法律沿袭唐朝，对雇佣契约关系有相同的规定。所不同的是，伴随宋代商品经济的发展，城市的繁荣，产生了雇佣劳动力的大量需求，用以满足手工业，商业以及服务业大量增长的要求。加之，当时赋税繁重，土地兼并现象十分突出，造成大批农民破产，破产者或在当时为地主做佣工，或到城市为官府、商家服务，形成较比以往更为普遍的雇佣契约关系与雇佣争讼。而契约证据文书在解决这类争讼中起到重要的证明作用。

正如《梦梁录》卷十九《顾觅人力》载：

"凡预倩人力及干当人，如解库掌事，贴窗铺席，主管酒肆食店博士，铛头、行菜、过卖、外出醫儿，酒家人师公、大伯等人，又有府第宅舍内诸司都知，太尉直殿御药、御带，内监寺厅分，顾觅大夫、书表、司厅子、虞侯、押番、门子、直头、轿番小厮、厨子、火头、直香灯道人、园丁等人，更有六房院府判提点，五房院承直太尉，诸内司殿管判司幕士，六部朝奉预倩私身轿番安童等人，或药铺要当铺郎中，前后作、药生作，下及门面铺席要当里主管后作，上门下番当值安童，俱各有行老引领，如有逃闪，将带东西，有原地脚保让人前去跟寻。如府宅官员，豪富人家，欲买宠妾、歌童、舞女、厨娘、针线供过、粗细婢妮，亦有官司牙嫂，及引置等人，但指挥便行踏逐下来。或官员士夫等人，欲出路、还乡、上官、赴任、游学，亦有出陆行老，顾倩脚夫脚从，承揽在途服役，无有失节。"

由上不难看出，宋代雇佣契约关系涉及范围相当广泛，上至官府雇佣各班人员，中至官宦出行雇佣人员，下至商铺、牙行、酒肆、药铺雇佣杂役，都须签订契约，并于官府备案。同时各行都有"行老"从中协调、管理。如有被雇佣者中途逃亡或有其他不法行为，则有"原地脚保"让人，并前往追寻。

宋代对于雇佣契约关系采取法律保护的方针，同时对雇佣期限、佣工价钱等方面实行严格管理，用以限制雇主过度残剥，化解因雇佣争讼所引发的社会矛盾。

宋太宗太平兴国八年（983年）九月四日，"先是岁漕江浙熟米四百万硕赴京，以备军食，皆和雇百姓驾船。虽有和雇之名，其实扰人。太宗闻之，时令给每船所用人数雇召之直，委主网者取便雇人，不得更差扰百姓"。①

从上述史料的记载中可以看出，北宋初期官府在从江浙漕运四百万硕军粮时，虽有双方签订的雇佣契约，但只是一种形式，官方扰民现象仍然比较严重，所付佣工的工钱也不符契约上的规定。以致宋太宗不得不下达诏令，在保护雇佣契约关系的前提下，要求官府给足雇工工钱，用合理方式雇佣工人，不许骚扰当地百姓。

到南宋绍兴二十六年（1156年）十二月三日，"工部言：据文思院界中，本院逐时造作诸官司应奉生活，最为重害，即日对工除豁，所支工钱低小，其手高人匠，往往不肯前来就雇，缘上界已免对工除豁，其下界亦合一体，今欲依已降指挥，立定工限，作分钱数，与免对工除豁，支破工钱，庶得易为和雇手高人匠造作生活。从之"。②

由上可知，到南宋高宗绍兴年间，在构建文思院时，由于支付佣工价金太少，雇佣不到高明工匠，以致工程延期不能完成。工部不得不请示皇帝，要求定立佣工期限，打破原定工资界限，给足佣金，用以化解雇佣争讼，促进文思院的早日完工。该建议最后得到皇帝的批准，并下发有关部门执行。

（四）证据文书在租赁争讼中的运用

1. 唐代证据文书在租赁争讼中的运用

唐朝的租赁契约关系普遍存在，当时的法律不但承认此种法律关系，而且采取法律手段加以规范，使之纳入规范化的运用轨道，并发挥了重要的证明效力。

《唐律疏议》卷四·《名例律》"以赃入罪"条疏议就解释说："赁，谓砚砲，邸店，舟船之类，须计赁价为坐。"即是说签订契约后，可以通过交付租赁价钱，在一定的期限内，使用租赁者的碾盘，邸店，车，船等各项，到期予以归还。

另外，据《通典》卷二《食货二·田制下》载：

---

① 《宋会要辑稿》食货42之1，太平天国8年9月4日条。
② 《宋会要辑稿》职制29之3。

"大唐开元二十五年（737年）令：诸用不得贴赁及质，违者，财没不追，地还本主。若从远役、外任，无人守业者，听帖赁及质。其官人永业田及赐田，欲卖及帖凭者，皆不在严限。"在上述开元二十五年令中，再次表明唐朝法律肯定租赁法律关系，以及由此而产生的租赁协议的证明作用。但租赁只限于借用与使用，而不能违背租赁契约规定，将借用或使用的土地或物品用作抵押品，从中渔利。如果违犯，国家没收财产，原物（或土地）归还本主。只有流配远地、为官到外地赴任、家败无人看守家业等情况出现，才准许补够价款，把租赁之物进行抵押。但是，官员受赐之田、永业之田，想出卖或租赁不受严限。

与上述法律规定相对应，租赁活动在实际生活中也有反映。根据《吐鲁番出土文书》第六册载：唐永徽元年（650年）严慈仁牒为转租（赁）田亩请给公事：

"常田肆亩 东渠

牒　慈仁家贫，先来乏短，一身独立，更无兄弟，惟租上件田，得子已供喉命。今春三月，粮食交无，逐（遂）将此田租与安横延。立卷（券）六年，作练八疋。田既出赁，前人从索公文，既无力自禾并（耕），不可停田受饿。仅以牒陈，请裁。谨口

永徽元年九月廿日　日云骑尉严慈仁"①

据上可知，本是骑尉的严慈仁原租田地四亩，因家贫缺少劳力，春天无法缴纳税粮。故此申牒官府，请求将租田四亩转租赁给安横延，为契六年，作价入疋，以期田地能耕，免于受饿。这份请求裁决的牒文，表明严慈仁是依据唐律规定，跟安横延签订租赁契约，履行了私证的过程。为实现租赁协议的国家认可与法律上的保护，必须上缴契税申牒，请求官府批准，进而完成公证的过程。当私证与公证两种形式的结合，该协议才能算作合法与有效。

2. 宋代证据在租赁争讼中的运用

宋代建立后在立法上袭用唐律，在租赁交易的法律规定上，与唐大体相同。但也有新的变化。据《宋会要辑稿·食货》载：

"（大中祥符三年）十二月诏店宅务，据赁官地，已系浮造舍屋者，令且掠地课钱入官。仍于帐内别项收数。其已盖造。如愿移赁货卖，并申卖入官，无得袭私转赁货卖，违者科罪，舍屋没官。"②

---

① 《吐鲁番出土文书》第6册，第223页，唐永徽元年严慈仁牒为转租田亩给公文事。

② 《宋会要辑稿》食货55之1。

宋真宗以诏令形式下发各地官府，严禁借租赁官地之名，非法营建馆舍，以图赢利。有鉴于此，真宗下令收回租赁的官地，罚款入官。如房屋已建成，或者转赁均应向当地官府申请批准，并卖给国家。如有私自转赁，本人科罪，房舍没官。这表明宋朝对租赁官地营建馆舍的租赁契约持反对态度，不承认其合法性。

另据《宋会要辑稿》载：大中祥符五年（1012 年）又有臣下起请的记述：

"又帐营空地，元许指射承赁，先准赁地浮造，如欲转赁货卖，并申卖入官，及应系官地，并不得出赁修盖浮造，自来须中卖入官，每令住宅行人相度，多有材植不堪，却令收拆退地，除落课利。又不许再赁与人，以此荒闲侵占退落课利不少。今请欲起移赁卖，即依前条贯，委店宅务相度，如堪入官，即估定实直，保明申三司给价收买，附帐出卖。如不堪，即任从私卖，则不致荒闲，又获地课。况现管空地不少，若于紧处起居出赁，必增年课。其慢处地不堪盖造，即许令指射承赁，止纳地课。"①

这段臣下起请条，也反映了相似的问题。即军营有许多空地，不让租赁，则国家无法收取租金。一放开租赁，则承租者盖房种树，影响管理秩序。所以臣僚在肯定租赁契约关系的前提下，提出依法据证化解租赁争讼的方策：第一，依据法律规定，委托相关人员评估，如果合适入官的，估定真实价值，申请三司给价金收买，挂账后，又可以出卖；第二，如不合适入官的，允许私卖，这样不致荒田，又使国家在交易中收取租赁土地的营业税。现今空闲地多，急需出赁，用以增加每年收入。如果有些地段不宜建造，则公开招人承赁耕田，但只征收地税。这个起请条反映出宋代官员尊重租赁契约的证明作用，保护正当的租赁交易。但同时又通过官买、私卖、招赁等方式，化解租赁争讼，以期达到富国与便民的目的。

另外，与法律规定相对应，在司法实践中，也有许多需要利用租赁证据文书解决争讼的问题。其中，《名公书判清明集》卷九有载：

"李茂森赁人店舍，不待文约之立，不取主人之命，而遽行撤旧造新，固不无专擅之罪。但自去年十月初兴工，至今年三月未讫事，历时如此之久，蒋邦先岂不知之？若以为不可，则当不俟终日而讼之于官矣，何为及今而始有词？况当其告成之后，又尝有笔帖，令其以起造费用之数见谕。以此观之，则是必已有前定之言矣，不然，则李茂森非甚愚无知之人，岂肯冒然捐金糜粟，为他人作事哉！词讼之兴，要不为此，必是见李茂森具数太多，其间必不能一

---

① 《宋会要辑稿》食货 55 之 617。

一皆实，所以兴讼以邀之，其意不过欲勒其减钱数耳，非果欲除毁其屋也。小
人奸状，有何难见，两家既是亲戚，岂宜为小失大，押下本箱，唤邻里从公劝
和，务要两平，不得偏党。五日。"①

上述内容记载了县官胡石壁用调处的方式，化解租赁争讼的典型事例。李
茂林与蒋邦先原本亲戚，有亲情之谊。但在李赁地拆旧房，建新房的过程中，
与蒋发生争议。在前后一年多的折旧建新的过程中，蒋是知情与同意的，不然
李不会贸然修新拆旧。蒋之所以起诉李，并不是为拆掉新房，而是借提起租赁
诉讼，逼李少要价金。对此，胡石壁这位"名公"判断准确，裁定方法适当。
即押下二人反省。时间为五天，请邻里中德高望重的人士秉公调处，以求化解
争讼。如此解决争讼，实际上融会天理，国法，民情为一体，成功司法的
一例。

（五）唐代证据在损害赔偿争讼中的运用

所谓损害赔偿之债，原由侵权行为所造成，对人身或财物造成损害，负有
侵权赔偿责任。唐律则对侵权造成的人身损害视为犯罪追究刑事责任。而对侵
权造成的财物损害，则要求赔偿应有损失，或恢复原状。但由不可抗力所造成
的损害，可以免责。

其中，《唐律疏议·厩库律》曾规定：

"诸畜产及噬犬有抵踏啮人，而标识羁绊不如法，若狂犬不杀者，笞四
十；以故杀伤人者，以过失论。若故放令杀伤人者，减斗杀伤一等。"疏议
说："依《杂令》：'畜产抵人者，截两角；踏人者，绊足；啮人者，截两耳。'
此为标识羁绊之法。若不如法，并狂犬本主不杀之者，各笞四十。以不绝标识
羁绊及狂犬不杀之故，致杀伤人者，以过失论。过失者，各依其罪从赎法。律
无异文，总依凡法，不限尊贵，其赎一也。若本从轻者，听从本。其'故放
令杀伤人者'，谓知犬及杂畜性能抵踏及噬啮，而故放者，减斗杀伤一等。其
犯贵贱、尊卑、长幼、亲属等，各依本犯应加减为罪。其畜产杀伤人者，仍作
他物伤人，保辜二十日，辜内死者，减斗杀一等。辜外及他故死者，自依以他
物伤人法。假令故放杂畜产，抵踏及啮杀子孙，于徒一年半上减一等，合徒一
年；余亲卑幼，各依本服，于斗杀伤上减一等。即被雇疗畜产及无故触之，而
被杀伤者，畜主不坐。"②

从上述唐律规定与疏议解释中可以看到，唐朝确认因侵权行为所产生的债

---

① 《名公书判清明集》卷9《户婚门·赁屋》。

② 《唐律疏议》卷15《厩库律》。

权与债务关系，并通过法律的手段解决因此而产生的民事争讼。在此过程中证据则发挥了重要的作用。首先，唐律从先期预防角度出发，确立标识羁绊之法，凡牲畜抵人的截去双角，踩踏人的绊脚，咬人的砍断双耳。使之形成明显标志，而加强防范避免其伤人。而检验主人是否承担侵权责任，对伤人牲畜截角、绊足、截双耳，执行标识羁绊之法与否，便成为重要根据之一，发挥重要的证明作用。凡不执行该法而致牲畜伤人者，以过失论，罪从赎法。凡故意放纵牲畜伤人者，则按斗杀伤罪减一等处罚。其次，如果主人故意放纵牲畜伤人，则应区别贵贱与尊长卑幼的亲等，分别加减用刑。最后，为调动侵权责任人的救护积极性，唐朝又规定了保辜制度。凡在保辜的二十日内积极护理杀伤者，没有产生死亡后果的，只负他物伤人的罪责；只果不采取积极措施，在保辜二十日内出现死亡后果的，则按斗杀人罪减一等处罚。

（六）宋代证据文书在承揽争讼中的运用

宋朝商品经济的发展，城市生活的繁荣，促进了社会对承揽业务的需要，由此而产生了承揽契约法律关系，宋朝法律对此是采取确认与保护相结合的方针。据《东京梦华录》卷四载：

"凡民间吉凶筵会，椅桌陈设，器皿合盘，酒檐动使之类，自有茶酒司管赁。吃食下酒，自有厨司（管赁）。以至托盘，下请书，安排坐次，尊前执事歌说劝酒，谓之'白席人'。总谓之'四司人'（管赁）。欲就园馆亭榭寺院游赏命客之类，举意便办，亦各有地分，承揽排备，自有则例，亦不敢过越取钱。虽百十分，厅馆整肃，主人只出钱而已，不用费力。"①

即说宋代承揽业务已比较发达，共有"四司人"承担。凡承揽宴会的，由茶酒司负责，签订协议，预付款项，就可以安心就餐喝酒饮茶，而不必费力张罗。另外，凡有游赏园馆、亭榭、寺院各处者，都可以由其他"三司人"承揽，签订协议，先付款金，就会安排妥当得体，主人则不必操心。

此外，《宋会要辑稿》·职官二九之五载：南宋淳熙九年（1182年）七月十三日，"文思院上界打造金银器皿，自来止凭人选家和雇百姓作匠承揽，掌管金银等，拘辖人匠造作，以致作弊。今乞将合用打作作头等，令本院召募有家业及五百贯以上人充，仍召临安府元籍定有物力金银铺户二名委保，如有作过人，令保人均陪。若召募未足，即令籍定前项铺户，权行隔别承揽掌管。从之"。②

上述文思院上奏，内容经过南宋宁宗皇帝的首肯，便成为规范全国承揽金

---

① 《东京梦华录》卷4《筵会假赁》。

② 《宋会要辑稿》·职官29之5。

银器皿打造工作的法律文件。这个文件的突出特点：第一，强调了规范承揽契约的内容，要求在协议中确立负有监督责任的打作作头，由文思院从有家业及有五百贯文以上者中招募；第二，在协议中增加保人设置，使之承担连带责任。同时要由临安府选择在当地入户籍的有物力的金银铺户二人充任。如在承揽业务中发现有作弊的情况，保人和作弊人均赔；第三，如果一时招募工匠不足，也可以指定已前入籍铺户，分别承揽，但对承揽人要加强监管。

（七）宋代证据在无因管理争论中的运用

宋代开始对遗失物品、阑遗牲畜的无因管理作出规定，并主张依法据证，对上述物品及牲畜的归属以及争讼作出解决。

（1）证据在遗失物与漂流物归属与争讼中的运用

伴随宋朝社会经济的发展，以及政府管理职能的细化，开始对遗失物品的归属与争讼作出解决的规定。据《宋刑统·杂律》·地内得宿藏物门："准《捕亡令》：诸得阑遗物，皆送附近县，在市得者送市司，其金吾各在两京巡察，得者送金吾卫。所得之物，皆悬于门外，有主识认者，检验记责保还之。虽未有案记，但证据灼然可验者，亦准此。其经三十日，无主识认者，收掌，仍录物色目，榜村坊门，经一周年无人认者，没官录账，申省听处分。没入之后，物犹见在，主来识认，证据分明者还之。"

即是说，凡是遗失物发生无因管理时，均先交送县府或市司，以及京城的金吾卫收管。对遗失物品，要悬挂在所在机构的门外，有主前来认领，应当检验该物品的遗记，证明无误的，责成保长交付。如没有遗记，而主人出示证据明显可以验证者，只要检验证据真实，就可以责成保人交付。凡经过三十日，没有人认领，由无因管理部门收存，登存入账，并在村中坊间的榜上书写明白。经过一年后，仍无人认领收存于官府，申报尚书省等待处理。没入官府后，主人来认领，检验其证据真实可靠的，归还其遗失物品。

此外，《宋刑统·杂律》·地内得宿藏物门曾对漂流物的无因管理作出规定："准《杂令》，诸公私竹木为暴水漂失，有能接得者，并积于岸上，明立标榜，于随近官司申牒，有主识认者，江河五分赏二分，余者五分赏一分，限三十日，无主认者，入所得人。"

即是说，对暴雨暴水冲下的公私竹木，能截获者，负有无因管理的责任。先积竹木在岸上晾晒，书明为漂流物，并向随行官府申报。有主据证认领的，凡江河冲下的奖赏无因管理者竹木的五分之二，其他水冲的奖赏其五分之一。如三十日无主认领的，其漂流公私竹木归截获者所有。因其尽了无因管理的责任，其权利受到法律的保护。

（2）证据在阑遗牲畜的归属与争讼中的运用

《宋刑统·杂律》·地内得宿藏物门·准《杂令》规定："诸官私阑遗马驼骡牛驴羊等，直有官印，更无私记者，送官牧。若无官印，及虽有官印，复有私记者，经一周年无主识认，即印入官，勿破本印，并送随近牧，别群牧放。若有失杂畜者，令赴牧识认，检实印作还字付主。其诸州镇等所得阑遗畜，亦仰当界内访主，若经二季无主识认者，并当处出卖。先卖充传驿，得价入官。后有主识认，勘当知实，还其价。"

即是说，遗失的公、私牲畜，凡烙有官印的，没有私人记号的，移送官营牧场放牧。如果没有官印，或虽有官印又有私人记号的，经过一周年无主识领的，即打上官印收入官府，不能破除本来印记，并送随近官营牧场，另群放牧。如有失杂畜者，可以让他赴牧场认识，检验印记后打上"还"字，交付主人。其余州镇府衙截获遗失牧畜的，应当在辖区内访求失主，如经两个季度无人识认者，在当地出卖。但应先卖驿站作为传译的工具，卖价归于国库。后有主人认领，据证勘察属实，将卖出的价钱给付其主人。

三、证据文书在婚姻争讼中的运用

1. 唐代证据文书在婚姻争讼中的运用

唐代用法律的形式确认"婚书"与"私约"在证明婚姻合法有效上的证据能力与证据作用。其中，《唐律疏议》卷十三《户婚律》规定：

"诸许嫁女，已报婚书及有私约，（约，谓先知夫身老、幼、疾、残、养、庶之类）而辄悔者，杖六十。男家自悔者，不坐，不追聘财。"疏议曰："许嫁女已报婚书者，谓男家致书礼请，女氏答书许讫"。"及有私约"，汪云："约，谓先知夫身老、幼、疾、残、养、庶之类。""老幼，谓违本约相校倍年者；疾残，谓状当三疾，支体不完；养，谓非己所生；庶，谓非嫡子及庶孽之类。以其色目非一，故云之类"，"皆谓宿相谙委，两情具惬，私有契约，或报婚书，如此之流，不得辄悔，悔者杖六十，婚乃如约。若男家自悔者，无罪，聘财不追"。

唐朝用婚书或私约作为男女婚姻缔结的证明文书，具有法律效力与证明作用。即如果男方送交礼状与"通婚书"、女方向男方送还"答婚书"，用文字形式书面表达同意结婚的意向，就视为男女双方婚姻关系的确立。或者女方已经预先通过男方知道其有年龄、残疾、养庶子等缺陷而又有文字约定的，同样视为男女双方婚姻关系的确立，女方收下财礼，而悔婚、悔约者，杖六十，不许改更，婚姻如约举办。男方自己悔婚、悔约者，不再追究责任，送交女方的财礼不得追讨。

　　与此同时，唐朝又将聘财作为物证。凡女方接受男方聘财的，即使是接受酒食为聘财的，就证明男女双方婚姻表达的意向一致，标志着婚姻关系确立。正如《唐律疏议》卷十三《户婚律》所规定："虽无婚书，但受聘财，亦是。（娉财无多少之限，酒食非。以财物为酒食者，亦同聘财）疏议注曰：'婚礼先以聘财为信，故'礼'去：'娉财为妻。'虽无许婚之书，但受聘财亦是。'"

　　唐朝上述法律规定，敦煌出土的唐朝《通婚书》样件上也有所反映：

　　"某顿首顿首。触叙既久，倾瞩良深，如未相识即云：久藉徽猷，未由展规，倾慕之至，难以名言。时候伏惟，某位动止万福，愿馆舍清休，（如前人无妻，即不用此语）即此某蒙稚免，屡拜未由，但单翘称重，谨奉状，不宣。某郡姓名顿首顿首

　　别纸 某自第几男，（或弟或侄，任言之）年已成立，未有婚媾。承贤第某女，（或妹、侄女）。令淑有闻，四德兼备，愿结高援。谨媒人某氏某乙，敢以礼请月正。若不遗。伫听嘉命。某自

　　另外，在敦煌出土的《答婚书》样件中也有所表现：

　　"某顿首顿首。久仰德风，竟阙披展，（如先相识，即云：求展既久，倾暮良深）勿辱荣问，慰沃逾增。时候伏惟某动止万福，愿馆舍清休，（前人无妻，不要此语）即此某蒙稚免。高言未由，但增企深，谨奉状不宣。某郡姓名顿首顿首。"①

　　别纸 某自第几某女，（如妹，侄、孙女，任言之）年尚初笄，未闲礼，则承贤第某男（或弟、侄、孙），未有伉俪，顾存姻好，愿托高援，谨回媒人某氏，敢不敬从。某自"②

　　从上述祥件中，可以反映出在唐朝"通婚书"与"答婚书"在证明婚姻有效性上的重要作用，以及媒人在男女双方牵线以及婚姻见证人的重要功能。

　　2. 宋代证据在婚姻争讼中的运用

　　宋代沿袭隋唐五代，注重证据在化解婚姻纠纷中的作用。

　　（1）宋代由幼小约订婚制向年长订婚制转化

　　宋代与以往朝代不同，在逐渐认识到指腹为婚与襁褓订婚的弊病后，加以调整。而主张年长之后订立婚书，取得缔结婚姻的证明，方使夫妻双方减少不必要的争端。如《司马氏书仪》卷三《婚仪上注》说：

　　"世俗好于襁褓童幼之时轻许为婚，亦有指腹为婚者，及其长，或不肖无赖，或家贫冻馁，或丧服相仍，或从宦远方，遂至弃信负约，速狱致讼者多

────────────

　　① 《中国身份法史》，第625页。
　　② 《中国身份法史》，第625页。

矣。是以先祖太尉尝曰：'吾之男女，必俟既长，然后议婚，婚既通书，不数月必成婚。故终身无此恨，乃子孙所当法也。'"

另外，《袁氏世范》卷一《男女不可幼议婚》也有同样的表述：

"人之男女，不可于幼小之时便议婚姻，大抵女欲得托，男欲得偶。若论目前，悔必在后。盖富贵盛衰，更迭不常，男女之贤否，须年长乃可见。若早议婚姻，事无变易，固为甚善。或昔富而今贫，或昔贵而今贱，或所议之婿流荡不肖，或所议之女很戾不检。从其前约，则难保家，背其前约，则为薄义。而争讼由之以兴，可不戒哉！"

由上不难看出，宋代官宦或有识之士都认识到指腹为婚或襁褓为婚这类口头约定的议婚制是不可取的，会引起日后争讼的。而可行办法，则在男女双方长成之后，订立婚书，取得婚姻关系的合法有效才是长久的。因为，订立婚书的制度，既能够有证据可凭，而且在年代之后进行，可以减少争讼，在当时应是比较好的一种选择。

（2）证据在婚姻争讼中的运用

宋代在据证订婚上，虽承袭唐制，但也有所发展。据《东京梦华录》卷五《娶妇》中记载：

"婚娶之礼，先凭媒氏，以草帖子通于男家。男家以草帖问卜，成祷签，得吉无克，方回草帖。亦卜吉媒氏通者，然后过细帖，又谓'定帖'，"女家回定帖，亦如前开写，及议亲第几位娘子。"此后，"伐柯人两家通报，择日过帖，各以色彩衬盘，安定帖送过，方为定论"。"次后，择日则送聘，预令媒氏以鹅、酒，重则羊、酒，道日方行送聘之礼。"

由上可知，宋代在据证订婚方面比唐代更加细致复杂。凡婚娶，先是由媒人将女方草帖通知男方，男方问卜获得吉兆，通媒人返回女方。然后，双方再通过媒人交换"细帖"，又称"定帖"。"定帖"是以文字为表达方式的书面证据，它成为男女双方婚姻关系确立的关键书证，具有法律认可的证明效力，如有悔婚者，官府即可凭借定帖（婚书），来处理悔婚一方，维护婚姻的有效性。此外，男方送交女方的娉财，则被视为婚姻关系缔结的物证。女方收受男方娉财而后悔婚者，杖六十，婚姻仪式如婚姻约定照旧履行。男方自悔者，不再追究刑责，但交给女方的聘财，不许追偿，作为对女方的补偿。

四、证据文书在继承争讼中的运用

1. 唐代证据在继承争讼中的运用

（1）证据在爵位与官位继承上的运用

唐代的继承同以往朝代相同，既存在权位、爵位继承问题，也存在亲生子与收养子的继承问题。其中，《唐律疏议》卷二十五《诈伪律》中就规定了权位继承中证据适用的问题：

"诸非正嫡，不应袭爵，而诈袭者，徒二年；非子孙而诈承袭者，从诈假官法。若无官荫，诈称他荫而得官者，徒三年。非流内及求赎，杖罪以下，各杖一百；徒罪以上，各加一等。"疏议曰："依《封爵令》：'王、公、侯、伯、子、男，皆子孙承嫡者传袭。'以次承袭，具在令文。其有不合袭爵而诈承袭者，合徒二年。'非子孙'，谓子孙之外，诈云是嫡而妄承袭者，从'诈假官法'，合流二千里。若无官荫，诈妄承取他人官荫而得官者，徒三年。'非流内'，谓假荫得学生及七品邑，若勋品以下，及求赎杖罪以下，本罪之外，各合杖一百；徒罪以上，加一等，谓百杖上加一等，合徒一年。此是'犯罪已发而更为者，重其事'。从'诈承袭'以下，求而未得，各减二等。"

这就是说，在唐朝不论是承袭爵位与权位，都是法律规定的，都是依据身份证明文件进行的。其中，公、侯、伯、子、男爵等贵族爵位的承袭，由《封爵令》规定的程序，依次进行。同时，要验证皇帝钦颁的"封爵书"（书面证据）才能确认这种继承爵位关系的合法性。如果经过验证或通过纠举的方法，查明不是嫡长子而为其他子男欺诈承袭的，判处两年徒刑。不是该家之子，冒充该家嫡长子而欺诈承袭的，判处流刑二千里。同时对为官者因恩荫而由子孙承袭的，要求依据"官荫法"规定的程序，依次进行。同时要验证朝廷下发的"委任状"（书面证据），最终确认该权位继承的合法性。如没有官员恩荫身份证明而通过诈欺恩荫而做官者，判处三年徒刑。如没有官员身份证明，而假冒官荫诈取贡生、举人资格及七品官职的；或假冒官荫诈取官职企求赎刑杖罪或杖罪以下的，各杖一百下；企求赎刑徒罪以上的，加一等，判处徒刑一年。这些规定都表明唐朝依法运用证据处理爵位与权位继承中的各类案件，进而使该承袭关系的纳入法律化与制度化的轨道。

（2）证据在亲生子与收养子继承上的运用

有关亲生子的据证继承问题，《唐律疏议》卷十二《户婚律》规定：

"诸立嫡违法者，徒一年。即嫡妻年五十以上无子者，得立嫡以长，不以长者亦如之。"疏议曰："立嫡者，本拟承袭。嫡妻之长子为嫡子，不依此立，是名'违法'，合徒一年。'即嫡妻年五十以上无子者'，谓妇人年五十以上，不复乳育，故许立庶子为嫡。皆先立长，不立长者，亦徒一年。故云'亦如之'。依令：'无嫡子及有罪疾，立嫡孙；无嫡孙，以次立嫡子同母弟；无母弟，立庶子；无庶子，立嫡孙同母弟；无母弟，立庶孙。曾、玄以下准此。'无后者，为户绝。"

即是说，唐朝注重家长的嫡长继承制度。唐朝明确规定：只有嫡长子或嫡长孙才有权承继家长之业与家长的身份。无嫡长子或嫡长孙，立庶，立庶按长幼之序来继承。违法立后者，判处徒刑不等。嫡长子或嫡长孙，乃至庶长子取得承继家长制的身份后，必须报送官府备案，取得官方的认可或批准，方有效力；家长过世后，新立家长根据户籍上的登录与官府备案与批准，取得家长应得的支配家庭的权力，同时也要按照户籍登记的人口与田亩，担负起纳税与服徭役的义务。如果"脱户，家长徒三年；无课役者，减二等；女户，又减三等"。（谓一户俱不附籍。若不由家长，罪其所由。即见在役任者，虽脱户及计口多者，各从漏口法）疏议曰："率土黔庶，皆有籍书。若一户之内，尽脱漏不附籍者，所由家长合徒三年。身及户内无课役者，减二等，徒二年。若户内并无男夫，直以女人为户而脱者，又减三等，合杖一百。"注云："谓一户俱不附籍，此文不计人数，惟据脱户。纵一身亦为一户，不附，即依脱户，合徒三年；纵有百口，但一口附户，自外不附，止从漏口之法。"即是说，只要有一口人登记入户籍，就按漏口之法处理，而不按脱户之法处理。

由上可知，在唐朝每户都有户籍书簿，它成为家长承继者承继关系确立的证明文书，也是他行使家长权的证据。他既是新任家长，就应申报户口。如果脱户，造成国家税收损失的，就要承担脱户的罪责，被判处三年徒刑。家长如脱漏户下人口众多，则按脱漏口之法处罚。即"脱口及增减年状，（谓疾、老、中、小之类）以免课役者，一口徒一年，二口加一等，罪止徒三年"。[①]即对家长通过各种方法脱漏家庭人口，减少国家税收的，实行惩罚，最多要判处三年徒刑。

有关据证确立收养子男继承问题，《唐律疏议》卷十二《户婚律》规定：

"诸养子，所养父母无子而舍去者，徒二年。若自生子及本生无子，欲还者，听之。"疏议曰："依《户令》'无子者，听养同宗于昭穆相当者'。既蒙收养，而辄舍去，徒二年。若所养父母自生子及本生父母无子，欲还本主者，并听。即两家并皆无子，去住亦任其情。若养处自生子及虽无子，不愿留养，欲遣还本生者，任其所养父母。"

这就是说，唐朝法律确认无子家庭收养同族年龄与品貌相当的子弟为养子，是合法的。如果养子被收养并据证确认了继承关系的，就应负责养父母的养护工作。如拒绝养护而脱离家庭的，应判处两年徒刑。只有在养父母生育有子，或养子家中再无了的，愿意返自家的，听凭养子。如果养子除外两家均无子的，根据情况决定去留。如养父母不愿留养子，想遣还本家的，由养父母决定。但去留都应有证据为凭。而敦煌出土收养文书残卷可以说明收养子须立文

---

① 《唐律疏议》卷12《户婚律》。

书（书面证据）的情况。内中有：

> 壬戌年胡再成养男契伯三四四三
>
> 壬戌年三月三日，龙勒乡百姓胡再成，今则遂养同母弟王保住男
>
> 清朵作为腹子，共弟男□□□二人同父儿子。自养已后，便须孝养
>
> 二亲，尽终之日不发逆心。所有城内屋舍，城外地水，家〔资〕□□□
>
> 并共永长会子停之亭支一般各取一分。若有蹭蹬往□□□□空身
>
> 逐出门外，不许横说道理。或有相争，再出□□□□□□
>
> 山河为誓，日月证明。故立此契，用为后验。
>
> 养男　清朵
>
> 报人　父王王保住
>
> 知见人　胡万升（押）
>
> 知见人　房侄胡再成（押）。①

由上可见，唐朝在收养子男继承上，规定必须签订收养契约文书，作为书面证据。在契约中还要规定双方的权利与义务，以及发生争执的解决方法。同时要收养双方的签字，见证人的签字，才能合法而有效。

2. 宋代证据在继承争讼中的运用

（1）据证解决收养子继承的问题

宋代在唐代的基础上，对收养子的继承问题，作出更加细致明确的规定。例如，在对户绝之家，规定了收养子以继绝的制度。继绝制度又分立继与命继两种。立继是指"夫亡而妻在，其绝则其立也，当从妻命"。而命继，则指"夫妻俱亡，则其命，也当惟近亲尊长"。宋代凡是养子的"立继"，还是"命继"发生争讼的，官府都依法据证加以解决。据《名公书判清明集》卷八·《命继与立继不同》载：

"汪瑞（养子）之立，当以命继论，不当以立继论。……谓案祖宗之法；立继者，谓夫亡而妻在，其绝则其立也，当从其妻；命继者，谓夫妻俱亡，则其命，也当惟近亲尊长。立继者与子承父分法同，当尽举其产以与之。命继者于诸无子在室，归宗诸女，止得家产三分之一。又准《户令》：诸已绝之家立继绝子孙（谓近亲尊长命继者），于绝宝财产者，若止有在室诸女，即以全户四分之一给之，若又有归宗诸女，给五分之一。止有归宗诸女，依《户绝法》给外，

---

① 壬戌年胡再成养男契伯3443，《敦煌资料》第1辑，第411页。

即以其余减半给之，余没官。止有出嫁诸女者，即以全户三分为率，以二分与出嫁诸女均给，余一分没官。法令昭然，有如日星，此州县之所当奉行者。今欲照上条帖县，委官将江齐戴见在应干田地、屋业、浮财等物，从公检校抄割，作三分均分：将一分命江瑞以继齐戴后，奉承祭祀，官司再为检校，置立簿历，择族长主其出入，官为稽考，候出幼日给，汪渊不得干预；将一分附与诸女法，拨为义庄，以瞻宗族之孤寡贫困者，仍择族长主其收支，官为考核；余一分没官。庶几觊觎之望塞，争竞之心息，人情、法理两得其平，而词诉亦可绝矣。区区愚见如此，判府大卿台判施行。帖委建阳县尉从公检校申，限十日。察推再拟。照得上件事争诉日久，今若委县尉检校，或有差出，恐致拖延，又若词诉。欲就府委官一员前去，唤上江宅干人，取索砧基祖簿，集本族尊长，从公点对，从条检校，径行均分三分，就县厅同所委官及房长□□帖开具供申，照限十一日。其余浮财什物一并检校均分，毋令偏曲，奉判府台判委合同。"①

由上可见，宋代依法据证解决继承争讼，首先区别命继与立继的区别。命继指夫妻死亡，户绝之家为解决香火延续问题，由近亲尊长亲属从同宗昭穆相当的子弟中选立。命继者在继承遗产时，家中没有在室女，只有归宗女时，归宗女继承遗产三分之一。命继者继承遗产三分之一，余下三分之一收归官府，作为救济。而立继则是丈夫死亡，由妻子在同宗昭穆相当的子弟中选立继承者，其立继养子应当承继全部遗产。在命继之家的收养子如只有在室女，则其继承遗产的四分之一。又有归宗女，则其继承遗产五分之一。如只有归宗女，依《户绝法》给付归宗女遗产三分之一。剩下三分之二，其中，三分之一，由命继者继承。余下的三分之一，再给归宗女一半，余下的收归官府作为救济。如只有出嫁女，则以全部遗产分为三份，一份给命继者汪瑞，制作书面证据簿书，以示证明，一份给出嫁女继承，同样制作簿书，以示证明；余下一份收归官府，留作救济。这表明宋代在运用证据解决继承争讼方面，积累了丰富的经验，考虑的细致周全，同时表明在证据使用上已趋于成熟。

另据《敦煌材料》第一辑，宋乾德二年（964年）史氾三立嗣文书文录（沙州文录）也反映出相似的情况：

"乾德二年甲子岁九月廿七日弟史氾三前因不备，今无亲生之子，请屈叔侄亲枝姊妹兄弟团座商量，□□欲议养兄史粉土追亲男愿寿，便作氾三覆（疑为［腹］）生亲子。自今巳后，其叔氾三切不得三心二意，好须勾当，收新妇荣聘。所有□资地水活□什物等，便共氾三子，息（媳）并及阿朵，准

---

① 《敦煌资料》第1辑，宋乾德二年史氾三立嗣文书文录（沙洲文录）第472—473页。

亭、愿寿各取壹分，不令偏并。若或汜三后有男女，并及阿朵长成人，欺屈愿寿，倚大猥情作私，别荣小□□故非理打棒，押良为贱者。见在地水活业□□壹分，前件兄弟例，愿寿所得麦粟债伍拾硕，便任叔汜三自折升合，不得论算。其□□分愿寿自收，任便荣活。其男愿寿后收□妇，渐渐长大，或不孝顺父娘，并及姊妹兄弟□，且娶妻亲之言，不肯作于治之计，猥情是他愿寿亲生阿耶，并及兄弟姊妹招换，不□上下，贪酒看肉，结般盗贼，他人更乃作□者，空身趁去，家中针草，一无□数，其□债麦粟伍拾硕，升合不得欠少。当便□付。汜三将此文书呈告官中，倍加五逆之□。今对亲枝众座，再三商议，世世代代子孙□女，同为一活，押字证见为凭，天转地回，不（下缺）。"

　　上述立嗣文书原件，与宋代继承法律规定相比，有一致之处，也有民间私下交易超出规定的方面。在收养继承上，①强调书面证据的重要性。尽管史汜三收养哥哥之子——愿寿为养子，依然要以文书为凭。②作为养子的愿寿，有权继承家产。③他还应当享受家庭成员的应有权利与承担相应的义务。④由史汜三出面呈报官府收养立嗣文书，以为官府审查之用。⑤史汜三还在文件中确立了违约条款，如有违约，要承担违约责任，这些内容与宋朝法律规定是一致的。但是，史汜三有妻又有二女，收养愿寿后，愿寿依法本应继承三分之一家产，但文书约定只能继承四分之一。另外，按照宋朝法律规定，绝户之妻，丈夫死亡，妻子立继。夫妻死亡，近亲尊长命继，但史汜三夫妻健在便可收养子立嗣，这是法规所没有的。也是收养继承上的重要突破。此外，上交官府文契，也没有缴纳契钱的反映。这些都与宋代法律规定有不相符之处。可见，在实际生活中，继承争讼是非常复杂的，证据的制定与运用也必须适应这一变化，规定得更加细密，才能更好地发挥效力。

第九章　明清民事证据制度

　　法律史学界对明清时期法律制度的研究投入了很大的精力，研究成果蔚然可观，许多有分量的作品陆续问世，如《明清法制初探》、《明代监察制度研究》、《明代民事判牍研究》、《清律研究》、《清代司法制度研究》、《清代习惯法》、《清代民法综论》等。但对明清时期证据制度的专门研究仍然处于空白状态，明清时期的民事证据制度似乎已成为法制史学者遗忘的角落。不仅如此，证据法学者在研究证据制度时为考察证据法的源流，也会附带介绍与评价古代的证据制度。但令人遗憾的是，他们选择的对象却都是西方古代及近代的证据制度，如论自由心证则必称古罗马的诉讼制度，论法定证据则必称日耳曼法。很少有人会论及中国古代的证据制度，只是在批评现行诉讼中存在的刑讯逼供现象时才会将其与中国古代诉讼中倚重刑讯的做法联系起来，似乎中国古代的证据制度中除了刑讯制度还在对现行法律制度产生着消极影响之外，已无善可陈。每当看到这些内容时，笔者就会思考：中国古代的证据制度真的就那样一无是处，真的就应该与中华法系一道被历史永远尘封吗？为了展现中国古代证据制度的真实图景，笔者开始投入较多的精力关注中国古代的证据立法与证据制度的实践。由于研究能力与时间的限制，笔者没有将中国古代证据法的全体作为考察对象，而是选择了明清时期民事证据制度作为研究对象。笔者之所以选择明清时期的证据制度为研究对象，是因为明清时期与中国古代其他时期相比，距离现今社会最近。由于法律制度与实践存在继承性，明清时期的证据法律制度及司法实践中的收集、运用证据的做法对现代司法实践仍然存在一定的影响。对其进行研究，既有利于吸取传统证据制度中合理的内容，为丰富我国现行证据立法提供资料及为司法实践提供参考素材，亦有助于克服现行证据法中存在的不足，做到古为今用。还是由于明清时期距离现今社会最近，笔者能够收集到较为丰富的证据法制与实践的资料，从而能够保证研究结论的可靠性与全面性；资料的丰富还能够减轻研究工作的难度，符合从事学术研究工作先易后难的通行做法。再从个人角度来看，本人前期的研究对象是中国近代证据制度，明清时期证据制度是中国近代证据制度重要源头之一。对其研究将会与本人现有的研究成果构成一个相对完整的体系，有助于我们把握中国证据制度近五百年来的发展脉络，有助于我们正确认识与评价中国传统证据制度近代化的进程。

　　明清时期证据制度包含民事证据制度与刑事证据制度，以刑事证据制度为研究对象的成果已较为丰富，而同刑事证据制度相比，民事证据制度的研究还相当薄弱，因而也更具研究价值。吸引笔者研究民事证据制度而不是刑事证据制度的另一个理由是明清民事证据制度的独特性与实践性。从独特性角度看，与古代其他时期的证据制度相比，明清时期的刑事证据变化不大；而民事证据制度的内容则更加丰富。原因是明清时期同其他时期相比，民事纠纷的数量及种类大大增加，因而民事诉讼也相应增加，从而导致民事诉讼实践中的对于证据运用的规则较前代也有较大不同。从实践性角度来看，在传统证据制度近代化的过程中，刑事证据制度变化较大，传统的"罪从供定"的做法在近代被"罪从证定"取代，刑讯在近代被废止。明清刑事证据制度对现代社会的影响已大大降低，因而研究这一时期刑事证据制度的实践价值不大；而民事证据制度的内容在清末民初的法律变革中并未受到根本挑战，民事证据制度对现行证据制度的影响要比刑事证据制度大得多，因此，研究明清时期的民事证据制度还具有较大的实践价值。

第一节　民事证据制度的形式、原则与特点

一、民事证据制度的形式

（一）明清民事证据制度形式的特点

　　现代证据法在立法上较为发达，一个重要表现就是立法中关于证据制度的内容非常详细。因此现代证据法的内容主要表现在立法之中。当然，在英美法系中判例亦是重要的法律渊源之一。在明清时期，证据法立法的内容非常简单。由于明清时期的立法形式基本上还是采取诸法合体的模式，而重视实体法轻视程序法又是中国古代立法的一个重要特征之一，因此，作为程序法的证据制度，在立法中的内容就显得非常稀少，具体到民事证据制度而言，就更是少得可怜。为此，我们研究明清时期的民事证据制度，就不能像研究现代证据制度一样，主要以立法条文为主，而应扩大研究范围，不仅要将立法资料作为证据制度的形式加以考察，还应考察那些所有可能影响证据制度的资料；当然，笔者这样界定明清民事证据法的形式是有一定的理由的。虽说明清时期民事证据的立法非常简单，但在司法实践中证据的运用并非不需要规则。司法实践中的证据运用需要规则，而立法上又缺少相应的规则，这就使得司法实践中形成

的规则能够起到实际的规范作用。从某种意义上说，明清时期证据制度的形式与英美法系国家的法律形式很相似，判例法是相当重要的法律渊源；除判例以外，明清时期的司法官员对于实践中证据运用作出的理论总结也可视为民事证据法的渊源。这与罗马法也有较多的相似之处，法学家的问答也可以作为法律的形式。总的来看，明清时期的民事证据制度形式不限于立法形式，还包括其他多种形式。因此，形式多样化是明清时期证据法形式的一个主要特点。另外，在这些多样的形式中，作为国家机关正式立法的律、例等并不占有重要地位，其作用甚至还不如判例及司法官员的理论总结更重要。国家立法不是最主要的证据法渊源，这是明清时期民事证据立法的另一个重要特征。

（二）民事证据法的具体形式

笔者认为，明清时期的民事证据法在形式有以下几种，一是律文，即大明律和大清律。二是令，即大明令，清代已无令这一系统的法律形式。三是例，在明代有问刑条例，迨至清代，例的地位更加重要，已与律文一同编纂，统称《大清律例》。四是朝廷诏令，主要指明清两代没有被收入令与例的诏令，这些诏令被整理编入《皇明条法事类纂》，有《明会典》、《大清会典》、《大清会典事例》、《明会要》等文献汇编。五是州县官与刑名幕友笔记，这一方面最典型的当数清代州县笔记汇编《牧令书》。六是地方诉讼规则。七是前代法学著作，如《折狱龟鉴》、《洗冤集录》等。八是判例。九是民事习惯。

1. 律文。律文虽不是明清时期最重要的民事证据法形式，却是明清时期民事证据法中形式最正规，效力最高的法律形式。明清时期的律在明代有《大明律》，清代有与例文合编《大清律例》。明代的《大明律》自洪武三十年编定后再也不许删改，有明一代一直作为基本法典。《大清律》自顺治年间制定，到乾隆年间屡有删改，后来也开始固定。《大清律》中与民事证据法有关的条文与明律相比并无改变，内容主要分为两个方面，一是笼统规定刑事与民事证据制度的条文，如关于亲亲相隐可免予作证的规定及对于某些特殊的诉讼人员不得刑讯的规定。这些规定虽主要是针对刑事诉讼中的，如法律规定只有对于重罪犯人方可以适用夹棍与拶指之刑，但对民事诉讼也可以适用，如由上面的规定可以推导出在民事诉讼中不得适用上述酷刑刑讯的结论。二是规定本身不是民事证据制度内容，而是实体法规范，但这些规范的存在会对民事诉讼的证据运用产生影响。如明律和清律的户律都规定，买卖田宅应当就契纳税，若违反，则会受到杖刑处罚。这一条文的立法意图当然是为了保证国家税收收入，但它在客观上能够促使当事人为田宅买卖立契并且由官府收税验契，从而保证交易的真实性，这就使得司法官员在审理田宅买卖纠纷时较为注重印契（已纳税契）的证明力。

2. 令。令是明代的法律形式，到了清代令已不再作为法律形式存在。《大明令》中也有关于证据制度的规定。"其犯重罪，赃证明白，抗拒不招者，众官圆坐，明立案验，方许拷讯。"① 即只有重罪案件才可以实施刑讯，依这一规定，对于民间细故，不得对当事人进行拷讯，亦即民事诉讼依法是不得实施拷讯的。同律文一样，令文中也有些规范在制定之初时并无为证据立法的意图，但就其效果而言，对于证据规则的形成却有作用。如关于婚姻缔结的禁止性条件规定："凡男女婚姻，各有其时，或有指腹割衫襟为亲者，并行禁止。"② 这一条文就使得在诉讼中，若当事人以曾经指腹割衫襟为证据主张其婚姻存在，对这样的主张官府一般是不认可的。可见这一规定能够为某些事实确定证据排除规则。

3. 例。例是明清时期都存在的一种立法形式，此处的例不同于普通的判例，而是经立法机关认可并加以公布的例。例存在的理由是因为律文不可轻动。明清时期，律文一般是由开国君主或地位非常崇高的君主主持制定的，在祖制不可违观念的支配下，律文具有超稳定性。但社会现实是不断发展的，律文内容过时乃是不可避免的，为了能够应付新的形势，明清时期的政府便通过制定例的方式来弥补律的缺陷。明代时期的例是单独颁行的，而清代的例文则与律文同时颁布实施。与律令一样，例文中与民事证据制度相关的内容也往往都是间接规定，如明代《问刑条例·人户以籍为定条例》规定，军户子孙另立户籍，俱问罪。③ 这一规定本是刑法规定，但若发生当事人之间身份关系的诉讼，那么，户籍资料将会是重要的证据方法。

4. 朝廷诏令。明清时期由皇帝颁布的诏令有一部分编入例文中，但大部分并没有编入例文。这些诏令中有的很快就失去了价值，但也有些条文作用较大，为此会有人将这些诏令进行汇编整理，形成条法事类，会典，会典事例，会要等著作。明代戴金编纂了《皇明条法事类纂》，另外，清人分别撰有《明会典》与《明会要》，清人自己也撰写了《清会典》及《清会典事例》。上述文本并非一种独立的法律形式。条法事类、会要、会典，会典事例的编纂类似于现代的法规汇编，里面的条文并不是因为被收录进来才有效力，而是本来就有效力。但明清两代，朝廷公布的诏令多如牛毛，普通的官员是不可能记住的，而上述制度汇编的编纂显然有利于被选录条文对司法实践的指导作用。当

---

① 怀效锋点校：《大明律·大明令·刑令》，法律出版社 1999 年版，第 260 页。
② 怀效锋点校：《大明律·大明令·户令》，法律出版社 1999 年版，第 244 页。
③ 怀效锋点校：《大明律·问刑条例·户律》，法律出版社 1999 年版，第 368 页。

然，清人编纂的《明会典》、《明会要》不可能在明朝起作用，不过却可对清朝的司法实践产生影响。正是从这个意义上来说，笔者将上述制度汇编也视为是明清民事证据法的形式。

5. 司法者的笔记。司法者笔记纯属个人观点，不具有任何官方色彩。但它们作为司法官员办案的理论与经验总结，对于其他司法官员还是能够起到较大的影响。因为国家法律关于民事证据规则过于简单，这样就为这些经验总结提供了发挥影响力的广阔空间。由于这些经验规则来源于司法实践，因此具有很强的可操作性，可以为其他司法官员直接适用。

6. 地方诉讼规则。这是由明清时期地方官府制定的适用于本地的诉讼规则。其主要表现是讼状格式，即在官府印制的诉讼状纸的背面列出在本地兴讼的条件。这些讼状格式虽然无国家正式的立法机关予以确认，有的甚至还与国家法律相冲突，但明清时期地民事诉讼属州县自理案件，国家对其控制并不严厉。因此，地方诉讼规则的作用有很强的发挥余地。当然，这些诉讼规则中与民事证据规则相关的部分的主要内容并不是规定案件审理过程中证据的作用及运行规则，而是证据在案件受理过程中的作用。

7. 前代含有证据内容的著作。在明清时期的刑事诉讼中，前代法学著作如宋代宋慈的《洗冤录》就是被明清时期的官方明确认可的检验尸伤的标准，可以说是法定的证据法形式。在民事证据制度中，虽不存在这样有明确法律地位的证据法形式。但在司法实践中，很多司法官员在办理案件时对证据规则的认识及运用受前代法学著作用的影响。如《周礼》强调"民讼以地比证之，地讼以图证之"即使是普通民事诉讼与田土诉讼的证据方法要求，这一主张显然对于明清时期的司法官员起到很大的影响。从这一意义上说，类似于《周礼》之类著作中关于证据的观点在明清时期可以起到证据法渊源的作用。

8. 判例。明清时期的法律明文规定对于实体法的引用不得援引未编入法典的判例。但在证据制度领域，因为不涉及最终的法律适用，因此，某些典型案件的证据运用过程显然可能对其他司法官员产生影响。

9. 民事习惯。民事习惯对于证据制度的影响主要表现为对于国家法的补充适用。因为明清时期的法律并未明文排除明事习惯的适用。因此它能够在司法实践中发挥其认定事实的特殊功能。如明清时期的司法官员普遍以中人为民事交易真实性的证明方法，就是对中人参与到民事交易成立过程这一习惯的肯定。当然，民事习惯对于证据规则的制约不是强制性的，但大部分司法官员会适用理性的民事习惯。从这个意义上说，将民事习惯视为是民事证据制度的形式也是可以成立的。

二、民事证据制度的原则

民事证据法制度的原则是指民事诉讼活动中证据的收集、审查判断及依证据认定事实等方面应遵循的准则。证据法的原则对证据立法与司法而言具有重要的指引作用，尤其是在法律没有具体规定的情况下，证据法原则可以指引司法人员应当如何收集、运用证据及依证据认定事实。就成熟的部门法而言，立法是通过原则而确立，再具体化为规则，并凝固为某些制度和连续化为程序的过程。① 由此看来，在成熟的法律中，原则的产生应先于规则，且原则应当是在立法上予以明确的。明清时期的法律不具有这一特征，尤其是证据法，尚未从其他法律中独立出来。因此，明清时期立法没有明确规定民事证据法原则的内容。但这并不意味着这一时期的证据法就没有原则。透过相关的立法规定及对民事证据的理论与司法实践的考察，我们可以提炼出明清时期民事证据法的原则。这些原则对我们今天即将制定的证据法仍然有一定的借鉴作用。明清时期民事证据法的原则可以概括为情证兼用原则、关联性原则、直接言词原则、遵循伦理原则、尊重民事习惯原则。

（一）情证兼用原则

1. 情证兼用原则的含义

与刑事诉讼中的口供与证据裁判原则不同的是，民事诉讼遵循情证兼用原则。所谓情证兼用，其含义为在对于诉讼中争议事实的认定，除了要求应当有证据证明之外，当事人主张的事实还应符合情理。宋代的郑克在《折狱龟鉴·证慝》为"韩亿引乳医为证"一篇中所作的按语中说："尝云推事有两：一察情，一据证，固当兼用之也，然证有难凭者，则不若察情，可以中其肺腑之隐，情有难见者，则不若据证，可以屈其口舌之争。两者叠用，各适所宜也，彼诬其子为他姓，所引之证，想亦非一，独未尝引乳医，则其情可见矣，以乳医示之，既有以中其肺腑之隐，又有以屈其口舌之争，则从无以为辞，而冤遂辨，不亦宜乎。"② 在按语中，郑克认为李甲未尝引乳医，则其情可见矣。

---

① 陈卫东：《论刑事证据法的基本原则》，载《中外法学》2004 年第 4 期，第 411 页。

② 刘俊文：《折狱龟鉴译注·卷六·证慝》，上海古籍出版社 1988 年版，第 376 页。"韩亿引乳医为证"一案的内容是这样的：韩亿知洋州，土豪李甲，兄死，迫嫁其嫂，因诬其子为他姓，以专其赀。嫂诉于官，甲则赂吏使掠服之，积十余年，其诉不已，亿视旧牍，未尝引乳医为证。一日，尽招其党，以乳医示之，众无以为辞，冤遂辨。

作者认为李甲既然主张其嫂之子为他姓，就应当找当初的乳医为证，而李甲找了很多证人，唯独没有乳医，则可表明李甲主张的事实可信程度低。由此看来，此处的"情"应当指当事人主张事实的可信程度。而"察情"则是考察当事人的主张在多大程度上可信，但这一考察不是依据证据，而是经验法则，察情就是用经验法则来判断当事人主张事实的可信度。当然若仅凭察情就对争议事实作出认定还尚显武断，应当有其他的材料佐证。在本案中最终认定李甲主张的不成立乃是依据乳医为证，即是情证兼用模式。

2. 情证兼用模式的表现

明清时期的民事诉讼中，以情证兼用认定事实案件比比皆是。通过对大量的情证折狱的案件进行分析，笔者认为情证兼用的模式有以下几种表现：

（1）当事人的主张如有证据支持，且主张无不合情理之处，则应当依证据来认定事实。此类案件在证据与情理相结合认定事实的案件中占有大多数。

（2）当事人的主张有证据支持，但主张的事实不合情理，官府不会轻易支持其主张，而会对当事人主张的事实重新调查。清人顾麟趾在《山右谳狱记》记载了这样一则案例：

张以仁控许绳仁券借其银一千五百两，无息，限三月清，券据分明，贡生许佩兰作中，许绳仁欠逾十年不偿。后许绳仁、张以仁私和，以许绳仁付张以仁二百金了事，但许绳仁仍未偿还，致张以仁控官。窃思许绳仁家资十倍于张以仁，何以反贷于张以仁，许绳仁又何以坚不偿还，约期三月，何逾十年，千金之欠，何张以仁愿以二百金私和，殊非情理。

从证据上看，此案人证物证俱全，且许绳仁也没有否定借条的真实性。若依证据裁判，完全可以认定借款事实成立。但鉴于此案事实不合情理，审理者没有简单相信借据与中人证言这两份证据，而是对案件进一步调查，最后查明借贷事实并不存在。①

（3）当事人的主张虽无证据，甚至只有相反的证据，但情理上可信，普通官员也许会驳回当事人的主张，但尽职的官员会去查明事实。《折狱龟鉴

---

① （清）顾麟趾著：《山右谳狱记》，见沈云龙主编：《近代中国史料丛刊》第94辑，台北文海出版社1966年版，第13—18页。案件的审理过程是这样的：谳者传原告、中人，皆称借贷属实，原告还称兑银系借李姓之天平，指李姓为证，质之李姓，亦供属实，至此，书证，人证，物证俱全，案件似乎铁证如山。谳者遂将原告证人等隔别研讯，问银之成色，安置天平之处所，其掌兑者为谁，其包封者为谁，一一令其招供，旋令各画天平样式，发现所供所画竟不符合，乃不敢隐而实情吐矣。原来许有兄亡，其妾乔氏与邻人通，许不能禁，求诸张，张乃接妾于家，邻人以许霸产逐嫂鸣之官，中人许佩兰乃设计让张娶乔，张不愿，许承诺出一千五百银两于张，但无现银，遂立契券。后许不践诺，张乃讼于官。

补》记载了这样一则案例：

> 绍兴某翁，有三子，而并取妇，先后皆死。女赘婿于家。翁复纳一妾，未逾年生子，翁遂弃世。家无男丁，丧事惟婿指挥。举殡日，适与邻村丧家同，鼓吹仪仗各争道，至于交斗，停丧路侧。斗罢而葬，其俗然也。
>
> 既葬，女控于官，谓抱中儿非翁出。长妇闻之怒，诣官自诉谓实系翁子，如不信，请启棺滴血。官责状，长妇甘诬抵罪。验之不入，长妇系狱，次妇、三妇相继控宪控京，皆系狱。适某公在浙按事，就便查办，调集卷宗，熟思无策，谓非翁子，而儿妇三人凿凿指认，且甘罪迭控，自系真情；谓是翁子，而屡次滴血不入。不解所由。闻某幕以折狱名，卑礼厚币聘之来，幕思之数日，忽拍案曰："得之矣。"因请某公先滴女为验。某公顿悟，召女谓曰："尔弟非翁出，尔非翁出乎，盍先试汝？"女色变，滴之亦不入。公怒，严鞫之，女不能禁，泣曰："此事悉由婿。"逮婿，一讯而服。
>
> 盖于举殡时，故与邻村同日而路旁争斗，乘乱易棺。老谋深算，人情所不能及也，为按律治罪，而释妇。①

上述案件中，被告的主张被证据否定，在当时可谓铁证如山，因而长妇、次妇、三妇皆系狱，但某公正是从三妇系狱而不悔的行为中判断其主张应当为真，这是典型的以情理折狱。但单纯的情理不能否定证据，某公后来还是通过幕友的提醒，才对原告的证据进行证伪。不过某公在情理上认定被告等人主张为真是案件最终水落石出必不可少的前提。

（4）当事人双方的主张都没有证据支持，依据情理认定事实；即哪一方当事人的主张更合情理，便认定该方的主张成立。《兰苕馆外史》记载了这样一则案例：

> 张静山擢新安太守，有两姓争坟互控，俱无契据，公乃传谕五日后登山验决。五日后，公及两造俱至。一系郡丞候选，一系老诸生。公称已求神指示明白，是非已决，此后是其子孙方得登山展祭，非其子孙不得过问，汝两分行，皆当别祖，过此后不能并至此陇矣。两人皆遵命，老诸生走伏墓前，草草三叩首毕，起身干哭，颜色扭怩。郡丞伏拜墓前，大哭曰："子孙为祖宗兴讼多年，不辞劳苦，今郡伯祷神得梦，一言判断，究不明是非真假，可否不谬，倘所梦不实，为子孙者今后不能致祭矣，言令及此，能勿悲乎。"痛哭卧地。公乃谓老诸生曰："汝别墓情形，众目共见，尚有何说？"老诸生自言知罪。②

---

① （清）胡文炳：《折狱龟鉴补·卷1·易尸滴血》，北京大学出版社2005年版，第133页。

② （清）许奉恩：《兰苕馆外史》，黄山书社1996年版，第299—300页。

　　本案中，老诸生草草三叩首毕，起身干哭，颜色忸怩等情状并不能作为墓非其祖的证据，只能是从情理上判断其主张的事实可能性较小。但舍此别无他证，司法官员便以此认定老诸生主张不实。

　　（5）无证据亦不合情理的主张不予支持。《卢乡公牍》记载了这样一份判词：

　　郭正东契买郭玉管父之田，未及过割，郭玉管之父病故，郭正东称其价已交足，但田未交付，欲占郭玉管之田，郭玉管遂控官。卑职认为田既未足，郭正东如何肯将价交清，此一定之理。若价早已交清，而地不够数，郭正东早已呈控，不待今日。①

　　原告郭玉管控郭正东占其田，郭正东则辩称其价已付，但郭玉管田未交，这一主张明显不合常理，且无证据支持，因此司法官没有支持其主张。

　　（6）当事人双方在证据上没有一方占有优势，在情理上也难分对错，则对案件事实不予认定。纪昀在《阅微草堂笔记》中记载了这样的案例：

　　折遇兰官安定日，有两家争一坟山，讼四五十年，阅两世矣。其地广阔不盈亩，中有二冢。两家各以为祖茔。问邻证，则万山之中，裹粮挈水乃能至，四无居人。问契券，则皆称前明兵燹已不存，问地粮串票，则两造具在。其词皆曰此地方不足耕，无锱铢之利，而有地丁之额。所以百控不已者，徒以祖宗丘陇，不欲为他人占耳。又皆曰苟非先人之体魄，谁肯涉讼数十年，认他人为祖宗者。或疑为谋占吉地。则又皆曰秦陇素不讲此事，实无此心，亦彼此不疑有此心。且四周皆石，不能再容一棺。如得地之后，掘而别葬，是反授不得者以间，谁敢为之。竟无以折服。又无均分理，无入官理，亦莫能判定。大抵每祭必斗，每斗必讼。官惟就斗论斗，更不问其所因矣。后蔡西斋为甘肃蕃司，闻之，曰：此争祭非争产也，盍以理谕之，曰：尔既自以为祖墓，应听尔祭。其来争祭者，既愿以尔祖为祖，于尔祖亦无损，于尔亦无损矣。听其享荐亦大佳，何必拒乎？亦不得已之权词，然迄不知其遵否也。②

　　本案中，两家的主张从情理上看不出谁更合理，证据也不能证明谁的主张更可信，这使得察情、验证皆无效果，司法官员对争议事实没有作出认定。

　　从上面的案例看来，情证兼用模式总的特点是强调二者不可偏废。但"证"与"情"在实践中的功能还是有所区别的。这一区别在案件受理方面与事实认定方面皆有体现。在案件受理方面，若原告起诉时若没有证据，官府在

---

　　①　（清）庄纶裔：《卢乡公牍》，引自《官箴书集成》第9册，黄山书社1997年影印本，第622页。

　　②　（清）纪昀：《阅微草堂笔记》，中国华侨出版社1994年版，第1006页。

大部分情况下会不予受理；相反若原告有证据，纵无情理支持，官府一般也不能驳回。① 在事实认定方面，若最终依情理认定事实，一定是无证据或证据难凭；但依证据认定事实，只要证据经审查为真，事实不合情理亦可置之不问。即在情理与证据不一致时，如不能查明证据为伪，则不能置证据于不顾，而径以情理认定事实。情理可信的事实可以被充足的证据所推翻，而证据认定的事实则不仅能为证据推翻。

3. 与口供裁判主义的关系

民事诉讼并不排除口供的作用，只不过对口供的追求不如刑事诉讼那样极端。明清时期的刑事诉讼强调"据供以定案"，没有口供就不能对事实作出认定，民事诉讼的事实认定一般也要求有当事人口供，但如口供确实难求，事实可以依证据与情理认定。两者的区别主要是由民事诉讼与刑事诉讼不同的证明标准决定的，而证明标准的不同则与官府对于刑事诉讼与民事诉讼重视的程度不同有关。刑事案件强调认定被告人犯罪成立的事实绝对正确，不可更改，因此，必须取得被告人的口供，只有这样，官府才会相信认定其犯罪成立是不会错的；民事诉讼虽然也以认定事实绝对正确为理想目标，但这只是理想而已，在大部分民事诉讼中，认定事实采用优势的证明标准是可以为当事人接受的，而将证据与情理结合来认定事实往往能够达到优势的证明标准，因此，证据与情理相结合的原则成了民事诉讼事实认定的原则就能够为民事诉讼的实践所认同。

(二) 关联性原则

所谓关联性原则是指在民事诉讼中，官府在选择证据时总是尽可能选择与争议事实有密切联系的证据，若证据与诉讼事实关系不大，则难以采为认定事实的依据。前引郑克在《折狱龟鉴·证慝》载"韩亿引乳医为证"一案中，乳医的证词即是与当事人主张的事实关系最密切的证据。明清时期，关联性原则在立法、司法与理论上都有体现。

1. 立法上的体现

明清时期的立法没有关于证据应当具有关联性及关联性程度不同的证据对

① 清代的司法官员明确表示对当事人起诉时无证据的案件不予受理。曾于康熙年间任县令的黄六鸿总结了诉讼中不应受理的几种案件，其中就有无证据而不予受理的情形，如告婚姻而无媒妁者；田土无地邻，债负无中保及不黏连契据者。但却未将不合理情理作为不受理的理由。见黄六鸿：《福惠全书》，引自《官箴书集成》第 3 册，黄山书社 1997 年影印本，第 327 页。

事实认定的作用应当不同的一般性规定，而是对于某些具体诉讼类型中某种证据形式的证明作用作出个别的规定，从而间接体现立法对于证据关联性的要求。明代《问刑条例·典卖田宅条例》规定："告争家财田产，但系五年之上，并虽未及五年，验有亲族写立分书已定，出卖文约是实者，断令照旧管业，不许重分再赎，告词立案不行。"① 这表明在审查亲属之间的田产纠纷时，亲族写立的分书及出卖文约应当是关联性最强的证据，这一证据只要属实，可以用来直接认定事实，而对其他证据可以不予考虑。清代条例也规定：凡民人告坟山，近年者以印契为凭；如系远年，须将山地、字号、亩数及库贮鳞册并完粮印串，逐一丈勘查对，果相符合，则断令归己。如勘查不符，又无完粮印串，则所执远年旧契、不得为凭。② 这一条例明确规定在审理坟山纠纷中，印契是关联性最强的证据，如缺少这一证据，则应将山地、字号、亩数及库贮鳞册并完粮印串，逐一丈勘查对，这表明库贮鳞册及完粮印串等作为证明坟山所有权纠纷的书证，不能单独证明纠纷事实，必须将其与现场勘查结合才可以认定事实；而远年旧契则不得作为证据。很显然，在立法者看来，上述证据的关联性越来越弱，因此司法官员在运用时的做法也应有所不同。

2. 司法实践中的做法

明清时期的民事诉讼实践中，司法官员对于某些证据的采信也能体现出他们在观念上对于证据的关联性强弱已有区分，并对于关联性不同的证据在证明力的认定方面应给予相应的区分。明代判牍《盟水斋存牍》记载了这样一则案例：

> 陈杰之屋买自曹懋德，懋德买自钟应鸣，明中正契，管住二十九年无异，今杰以家业日落，不能有其业，转卖生员陈贻王，其谁得而禁之，钟继志、继祖突称屋为赡军之产，当日赁与陈杰，杰久假不归。问其屋契，则曰已失；问其赁契，则曰已失。亦何所据乎，印照一纸，未尝开有四至坐向，亦难臆断陈杰之屋即是印照之屋也。陈杰之契，凿凿可据，而继志、继祖徒为捕风捉影之说。③

本案中，继志，继祖称屋当日赁与陈杰，无屋契，无赁契，仅提供印照一纸，但未开有四至坐向，因此司法官员认为"亦难臆断陈杰之屋即是印照之

---

① 怀效锋点校：《大明律·问刑条例·户律》，法律出版社1999年版，第372页。此条为清例全文所引。

② （清）吴芸撰，马建石、杨育裳校注：《大清律例通考校注·户律·田宅·盗卖田宅》，中国政法大学出版社1992年版，第433页。

③ （明）颜俊彦：《盟水斋存牍》，中国政法大学出版社2002年版，第185页。

屋也"，否定这一证据的关联性，进而否定了其证明力。

3. 理论上的总结

明清时期的司法官员在民事案件审理实践过程中，积累了许多关于证据关联性判断的经验，并将这些经验写进自己的著作中，在理论上对于证据关联性问题进行总结。清人黄六鸿认为：债负必以券约为凭，往来之手札不足据也，安知其曾否见贷与既偿而无证乎。又必以亲借亲偿为信，否则子孙兄弟之属为代索也，又安知其物偿而券未交与别立收约而今已无存乎。① 表明在黄六鸿的意识里，在审理债负案件中，确定债务关系是否成立，券约的关联性要高于当事人往来之手札；而在审查债务是否履行时，又以当事人亲自履行的证据关联性最强。

（三）直接言词原则

1. 直接言词原则的含义及成立理由

以情证兼用来认定事实，必然催生直接言词原则。所谓直接原则，乃是要求对于认定事实的证据，作出最终裁判的司法官员应当亲自调查。而言词原则表现为证人必须到庭以言词作证，而不允许他人代为陈述，也不允许宣读书面证词。

强调直接原则的理由是证据若非由审判官员直接调查，则在传输过程中难免会发生变化，导致司法官员最后接触的证据与原始证据不同，从而影响事实认定的正确性。清代名幕汪辉祖在《学治臆说》中记载了这样一则案例：

> 向馆嘉湖时，吏多宿蠹，闻有绝产告赎者，业主呈契请验，蠹吏挖去"绝"字，仍以"绝"字补之，问官照见"绝"字补痕，以为业主挖改，竟作活字断赎，致业主负冤莫白。②

本案中，业主提供的书面证据在到达问官之前已为蠹吏掌控，正是这一传输环节使得证据被变造，从而造成司法官员认定事实错误。至于言词原则的强调乃是与明清时期诉讼中极具特色的"五听制度"分不开的。③ "五听制度"要求言词证据的提供者亲自到庭，因为只有如此，司法官员才可以通过察言观

---

① （清）黄六鸿：《福惠全书》，引自《官箴书集成》第 3 册，黄山书社 1997 年影印本，第 439 页。

② （清）汪辉祖：《学治臆说·据笔迹断讼者宜加意》，见《入幕须知五种》，沈云龙主编：《近代中国史料丛刊》第 269 辑，台北文海出版社 1966 年版，第 282 页。

③ 《周礼·小司寇》记载的"五听"包括"辞听、色听、气听、耳听、目听"。郑玄注"辞听谓观其出言，不直则烦"，"色听谓观其颜色，不真则赧然"，"气听谓观其气息，不直则喘"，"耳听谓观其听聆，不直则惑"，"目听谓观其眸子，不直则眊然"。

色的方法来判断言词证据的真伪。

2. 直接言词原则的表现

直接言词原则在证据调查过程中主要表现在三个方面：对人证要求证人本人到庭接受讯问；对勘验要求司法官员亲自实施；对书证要求当事人提供证书的原本或底本。

（1）证人应当亲自到庭接受讯问。证人只有到庭才可以实施隔别讯问或进行对质，从而发现证词的真伪。证人如具备法定免予出庭的理由，可以免予到庭，但其证言也不得采信。这与现代诉讼中允许其他人代为陈述或递交书面证词的做法迥异。在明清时期的司法实践中，通过对证人进行隔别讯问或对质发现证言为伪的现象比比皆是。如前引《山右谳狱记》所载的案件审理，谳者通过隔别讯问，发现几名证人证言不一致，从而迫使证人说出真相。相反，若关键证人不能到庭，司法官员不会接受其代人作出的证言，而是对事实不予认定。清人吴宏在审理苏搏先告苏振鹏析产一案中，两造各执一词，需要证人到庭作证。但见分之查若钱，苏可章远在芜湖，年皆八十以上，屡关不至。① 本案中关键证人都已年过八旬，且住所据案件审理地点非常遥远，但司法官员仍然多次发出通知要求其出庭，只是因为客观情况所限，二人最终没有到庭，但司法官员也没有上通知的人代为传递证言，最后事实没有作出认定。本案的证据调查过程可以体现出来明清时期的诉讼实践对于直接言词原则的强调。

在明清时期的一些笔记作品中，可以看出司法官员对于直接原则的强调，这种强调一般表现为对于司法官员私访的慎重。明清时期的地方官员中，有些恃信之官，喜以私人为耳目访察公事，私访对于案件审理的最大弊端就在于违背直接言词原则，因为私访一般由官员的耳目为之，其访到的内容在传到问官之时可以已经变异；再则，对私访人员作出陈述的人因没有一定的约束，再加之私访人员亦无法核对其陈述之真伪，因此私访所获得信息的正确性难有保证。一些有见识的官员对于私访的反对正是对直接言词原则的强调。

（2）勘丈由州县官亲自实施。勘验与丈量是民事诉讼证据调查的重要手段之一。直接原则在这一领域的要求是田地有应勘丈者，即行勘丈，毋委佐贰。② 因为佐贰作为州县官的属官，具有官方身份，勘丈的结论州县官往往直接采用，若佐贰勘丈不公，则会对事实认定带来消极影响，但佐贰官又不和对

---

① 郭成伟、田涛点校：《明清公牍秘本五种》，中国政法大学出版社1999年版，第174页。

② （清）田文镜：《钦颁州县事宜·听断》，引自《官箴书集成》第3册，黄山书社1997年影印本，第673页。

案件审理的错误承担责任，这种有权无责的状态很难保证佐贰官会秉公认真实施勘丈。清代诏令明确反对佐贰实施勘丈，以保证勘丈对查明事实真相的积极作用。

（3）书证要求审查证书的原本或底本，在明清时期的民事诉讼中，书证有原本与抄本之分及底本与正本之分。所谓原本是指当事人据以证明争议事实的书面证据，但在向官府起诉过程中，因为担心本方提供的证书在案件正式审理之前灭失或被篡改，当事人一般都只先呈交其抄本。而所谓正本与底本是指在民事交易中，交易双方先写好契约内容并签名画押，但在向官府投税时，官府并不是仅仅在当事人写就的契约上加盖印章，而是让官府指定的人员将当事人订立的契约内容再抄到官颁的契纸上，这样，当事人先前写就的契约即为底本，而由官府指定人员抄写的契约即为正本。在审理契约纠纷过程中，如果司法官员只审查抄本或正本，不审查原本或底本，甚至也不讯问在契约上署名之人，这样的审查方式难以发现案件真实，并且会受到上司的批评。曾于清代任安庆知府的徐士林在复审一起上诉案件时称原审官员谢县令"不论底契，不讯代笔之人，只泥印纸贴改二字，反以一笔挥成之议约，疑其字密墨重，断为捏改，何其固也"。① 因为古代没有复印件，只有缮本和抄本，更易伪造。而司法官员在审查书证时，若该书证有原本或底本，却没有调阅原本或底本，就很容易判断失误。

（四）诉讼效率原则

明清时期的民事诉讼中，证据制度的价值不仅在于查明案件事实，也考虑到了对于诉讼效率的追求。就刑事案件与民事案件的差异而言，刑事诉讼更强调案件事实的发现，因此对于诉讼成本的投入考虑不多，而民事诉讼中案件事实真相的发现不像刑事诉讼那样不可忽略。官府视民事案件为细故本身就表明了对这一诉讼收益的轻视，因此在诉讼过程降低诉讼成本就是自然的选择。明代广东司法官员金州同在审理一起案件时的表述能够体现司法官员强调办案效率的心态。一天大雨，乡民罗进贤擎伞探友，至后亭巷路遇当地无赖丘一所请求帮忙，要求共用一伞。罗以伞小不容二人拒绝。丘一所花言巧语，称伞为朋友所借，自己有急事欲归。罗便许他同伞相伴而行。走至十字路口时，丘将伞一把夺走，罗进贤气恼至极，赶来骂丘。丘反脸一变，诬赖罗进贤冒认己伞。罗忍气不过，二人扭打到官衙。县令金州同问伞有记号否，二人均称无；又问

---

① （清）徐士林撰，陈全伦、毕可娟、吕晓东主编：《徐公谳词》，齐鲁书社 2001 年版，第 305 页。

有证人否。罗称无，丘称有二人为证，但不晓其名。金州同又问伞值钱多少，罗称值五分。金州同假作怒言："五分银物亦来打搅衙门。"命左右将伞劈开，每人分一半去，将二人赶出。私下里嘱门子看二人出去后说些什么。门子回报罗进贤出门就骂。金州向令将二人一同抓回，以詈骂官长罪，打罗二十板。罗进贤再三辩解，丘一所从旁一再作证是罗骂人。金州同明辨真相，说罗进贤詈骂是因丘一所白占己伞，官长不辨真伪将伞扯破而生愤怒，可见伞确系罗的。丘一所还在狡辩诬赖，金州同呵斥曰："你这光棍何敢欺心，尚且坚执他骂官以陷人于罪。是我故意扯破此伞，以灼你二人之情伪。不然哪有工夫拘干证以审此小事乎。"将丘一所判打十板。追银一钱偿给罗进贤。① 本案的审理过程体现了明清时期司法官员在办理民事案件时对诉讼效率的重视。此处所谓重视诉讼效率主要表现为对民事证据的收集尽可能减少成本。司法官金州同所说的哪有工夫拘干证以审此小事，即表明了这一态度。当然，此处的效率也只表现为官府时办案期间成本的减少，而对于当事人的成本支出则不予考虑。实际上当事人为本案的解决所支付的成本远高于案件的收益。本案标的是一把只值五分银的伞，而胜诉者支付的成本是受责二十板，远高于案件收益。司法官员的这一做法正好体现了明清时期诉讼中诉讼主体民事权利意识的缺失。不仅司法官员缺乏对民众权利的保护意识，即使是民众自己也缺少权利意识，他们可能有的权利意识主要是财产权利的意识，对于人身权利基本还处于无意识状态，尤其是当此种权利受到来自于官府的侵害时更是麻木。因此，对于此种得不偿失的诉讼结果，古代社会并没有给予批评，反而视其为司法官员能够运用智慧来取得证据从而查明事实真相的榜样。事实上这种智慧之所以能够起到作用正是以牺牲民众的利益为代价的。

（五）遵循伦常原则

遵循伦常原则主要表现在证据的收集及疑难事实的认定过程应当考虑到伦常规范的存在，不得出现破坏伦常的结果。

1. 取证行为不得破坏伦常

取证行为中的维护伦常原则在立法上的表现主要是亲亲相隐原则。所谓亲亲相隐原则，是指在诉讼中与当事人有法律上容隐关系的人可以免除作证义务。这样可以维护相为容隐者之间的和睦。司法惯例中对于妇女作证资格的限制也体现了要求妇女不得抛头露面的伦理。另外，明清时期民事诉讼中一些个

---

① 郭成伟、肖金泉主编：《中华法案大辞典》，中国国际广播出版社 1992 年版，第654 页。

案的证据实践亦体现了对传统伦理的维护。明颜俊彦所著的《盟水斋存牍》记载了这样一则案例的审理态度就能反映司法官员在取证时的顾虑：

> 梁大伦（梁坚之侄）与梁大奇争产，梁大伦称梁大奇不是已故梁坚的亲生子，因为不应占有梁坚财产。司法官认为，梁大奇果为（梁）坚嫡嗣乎，特为坚死矣，葬矣，必欲起枯骸而质之以定其真伪，不为大奇不忍，即谳者亦不忍也。①

滴血认亲虽不完全科学，但在当时却是极具权威性的证据，在刑事诉讼中常常采用，但在民事诉讼中由于司法官员的不忍之心而弃之不用。这种不忍之心的实质是对传统孝道伦理的维护。

2. 对疑难案件的处理应遵循有利维护伦常原则

一般案件应当按照事实来处理，但并非所有审判都可以查清事实，对于事实难以查清的案件，明清时期的司法官员在处理时较多地考虑了有利于维护伦常的需要。明代著名清官海瑞认为：

> 窃谓凡讼之可疑者，与其屈兄，宁屈其弟；与其屈叔伯，宁屈其侄，与其屈贫民，宁屈富民；与其屈愚直，宁屈刁顽。事在争产业，与其屈小民，宁屈乡宦，以救弊也。（乡宦计夺小民田产债轴，假契侵界威逼，无所不为。为富不仁，比比有之，故曰救弊）事在争言貌，与其屈乡宦，宁屈小民，以存体也（乡宦与小民有贵贱之别，故曰存体。若乡宦与小民擅作威福，打缚小民，又不可以存体论）②

上述处理模式中，与其屈兄，宁屈其弟；与其屈叔伯，宁屈其侄等做法的主要价值就在于维护传统社会中尊卑有别的伦理秩序。

当然，传统伦理还有很多内容，其中禁止近亲结婚就是其表现之一。明清时期的诉讼实践在处理疑难案件时也体现出了对这一伦理的维护。清代纪昀在《阅微草堂笔记》记载：

> 吴冠贤为安定令时，有幼男幼女，皆十六七岁，并呼冤于舆前。幼男曰：此我童养之妇。父母亡，欲弃我别嫁。幼女曰：我故其胞妹。父母亡，欲占我为妻。问其姓，犹能记，问其乡里，则父母皆流丐，朝朝传徙，已不记为何处人也。问同丐者，是到此甫数日，即父母并亡，未知其始末，但闻其以兄妹相称。然小家童养媳，与夫亦例称兄妹，无以别也。有老吏请曰：是事如捕风捉影，杳无实证，又不可刑求。断合断离，皆难保不误。然断离而误，不过误破婚姻，其失小；断合而误，则误乱人伦，其失大矣。盍断离乎？推研再四，无

---

① （明）颜俊彦：《盟水斋存牍》，中国政法大学出版社 2002 年版，第 176 页。

② 陈义钟编校：《兴格条例》，《海瑞集》上册，中华书局 1962 年版，第 117 页。

可处分，竟从老吏之言。①

本案的结果是将两人断离，其断离依据就是老吏所称的"断离而误，不过误破婚姻，其失小；断合而误，则误乱人伦，其失大矣"的传统伦理要求。本案因缺少证据，当事人之间的关系难以确认，这一案件，若按清代的诉讼证据规则，当事人告婚姻而无媒妁者，应不予受理，但吴县令并未简单驳回。尽管吴县令最终没有支持幼男的主张，但其理由并不是出于其举证不能，而是在权衡误判后果严重程度的不同之后作出的一种选择，而判断误判后果严重与否的标准则是传统伦理。

（六）尊重民事习惯原则

明清时期的民事习惯对于民事诉讼实践的影响除了作为案件审理的适用依据，还对证据规则产生较大的影响，这一影响主要表现为两个方面，一是影响证据方式的选择，二是影响事实认定。

1. 民事习惯对证据方式的影响

在明清时期的民事诉讼中，因为某些习惯的存在，使得官府在选择审理案件的证据时体现出时代的特色。如在明清时期的民事交易中，代笔、中人所起的作用日益突出，绝大部分民事交易的成立都有代笔、中人的参与。这直接影响到民事纠纷解决时司法官员对于证据方式的选择。既然中人参与到民事交易的成立过程一个重要的目的就是防止将来交易双方在履行契约时若发生争议可以帮助查明事实，因此，当后来纠纷发生时，司法官员会很自然地想到应该讯问代笔或中人以查明事实真相。清代的司法官员在总结审理民间田产纠纷的经验时说："惟查民间买卖田产，首重代笔中人，继凭红契……"代笔与中人在民事活动中出现即为民事习惯，并非法律的要求，因为当时的法律只要求当事人进行田土交易时应当立契，并且应将所立之契报官投税。投税之契称为红契，否则称为白契。从清代这位司法官员的经验总结来看，依法制作的红契的证明作用还不如依据习惯而参与到民事交易中来的代笔与中人更加重要。可见明清时期民事交易习惯对于证据方式的选择的影响甚巨。而这位司法官员之所以将代笔与中人视为比红契还重要，是由民事交易的现实决定的。在田产交易中，代笔与中人的参与率很高，而当事人将契约投税的情形却并不普遍，为了逃避契税，交易双方往往不将契约投税。这样在交易纠纷发生时如司法官员拘泥法律规定，必欲以红契为证，则很可能导致许多交易事实无法查清。这就要求司法官员在认定契约证明力时不能就契论契，而应重视代

---

① （清）纪昀：《阅微草堂笔记》，中国华侨出版社 1994 年版，第 510 页。

笔与中人的作用。

2. 对事实认定的影响

民事习惯对事实认定的影响主要体现为以下两个方面：

（1）当习惯体现的事实与证据证明的事实不一致时，若证据没有对习惯予以特别排除，则可以依证据与习惯相结合来认定事实。如明末广东地区的田土钱债交易有双倍虚写价格的习惯，即实际交易额只是书面交易额的一半。诉讼中对于此种交易中实际交易数额的认定，一般须将书面交易额减半作为实际交易数额。《盟水斋存牍》记载了这样一则案例：

霍洪练父霍日门借向尔贞前后本银伍百伍拾金，据契写明，完过二百金，则尚欠三百金，此皆经县细核，照粤东例折半而定也，尔贞苦称合同之三百金分毫皆实，无半折之理。职以负心如洪练父子，即如县断，追完亦可已矣。①

本案中，尽管当事人一方坚持认为契约上的数字并非半折，但因缺乏有力的证据，官府还是按照习惯与证据的结合来认定事实。这表明习惯在事实认定中的强力影响。

（2）不合习惯之主张很难得到支持。对当事人主张的事实，若与当地的风俗习惯不一致，除非当事人有非常有力的证据证明，否则司法官员可径自认定其主张不能成立。如清代名吏徐士林作出这样一份谳词：

皖人坚信风水，（在祖坟的选址方面，如有其他的坟墓位置）斩罡塞阳，惊死刑生之谈，奉为金玉，牢不可破，老坟果王祖也，（王）华士肯自塞阳，自切祖脚乎。即此断之，其为冒祖占葬无疑。②

本案中，因王华士主张的老坟为其祖坟的事实与当地的坟墓选址习惯明显冲突，因此，司法官直接认定其主张为假。

以上六条即为本人依据明清时期的诉讼实践总结出来的民事证据法的原则。需要说明的是，因为这些原则是实践中总结出来的，并非是立法的预先规定，因此对于司法实践的约束力与现代证据法的原则难以相提并论的，亦即这些原则被违反的现象并不鲜见。如以直接原则为例，清代的很多司法官员都主张勘丈应由州县官亲自实施，但由于司法实践中存在的实际困难（主要是司法官员人数有限），因此，佐贰官员代勘的情况经常出现。据笔者对《徐公谳词》中勘丈案件的统计，可以实施勘丈的主体有臬台、道台、知府、同知、州县官、县丞、巡检、典史、驿丞、捕衙、教谕、经历、照磨、署县、署县

① （明）颜俊彦：《盟水斋存牍》，中国政法大学出版社2002年版，第170页。
② （清）徐士林撰，陈全伦、毕可娟、吕晓东主编：《徐公谳词》，齐鲁书社2001年版，第582页。

丞、署典史等，在上述官员中，只有臬台、道台、知府、州县官、署县属于正印官，其他皆属佐贰官。很显然，这与勘丈实施的直接性要求相距甚远。管中窥豹，可见此种非法定化原则对于司法实践的约束力仍有较大不足。

三、民事证据制度的特点

与现代证据制度相比，明清民事证据制度有以下几个方面特点。

（一）民事证据立法不发达

在立法上，法典中与证据法相关的内容大都是关于刑事证据法的规定，民事证据法的内容很少在正式的条文中出现，而较多体现在司法判例中。尽管明清时期的民事诉讼较刑事诉讼而言已相对独立，官方表述中的州县自理词讼基本上可以对应民事诉讼。① 但明清时期的民事证据法依然处于不发达状态。民事证据法的落后与传统观念对民事诉讼的不重视有关。明清时期的士大夫之所以不愿意深入研究民事诉讼问题，原因是他们并不赞同民众因为民事纠纷而对簿公堂，认为这是民风浇薄的表现，要求民众对于户婚田土等小事，各宜含忍，不得辄兴词讼，否则会丧身亡家，后悔何及。② 受这种观念的支配，民事证据法的理论长期都处于停滞状态。自《周礼》提出"民讼，以地比证之，地讼，以图证之。"强调民事诉讼应当重视人证与书证的作用，一直到了明代，丘浚在总结民事诉讼证据运用时仍然称："盖民之讼，争是非者也，地之讼，争疆界者也，是非必有证佐之人，疆界必有图本之旧，以此证之。则讼平而民心服矣。"这一认识与《周礼》的观点相比，了无新意，只不过将地比换成了证佐之人。可以看出明清时期关注司法问题的士人无意于认真研究实际问题，只会照搬经典，言之无物。缺少先进理论的支持，民事证据的立法也就不可能取得多大的进展。

刑事证据法的相对发达是因为刑事诉讼受到司法人员的重视。司法人员对于刑事诉讼中查明案件真相的需求催生了刑事证据法学理论的发展，这又进而导致了立法的成熟。以刑事诉讼中的勘验为例，宋代出现了第一部法医学著作

---

① 学术界的主流观点认为早在西周时期已存在民事诉讼民刑事诉讼的分立。如郑定教授认为："西周时期，人们将刑事案件称为'狱'，将民事案称为'讼'，已经采用不同的审理方式。"曾宪义主编：《中国法制史》，北京大学出版社、高等教育出版社2000年版，第59页。

② 《王文成公全书》卷31，引自张晋藩：《中国法律的传统与近代转型》，法律出版社1997版，第296页。

《洗冤集录》，在宋元以后的法律中也就有了关于刑事勘验的规范。《大清律·检验尸伤不以实》规定："检验尸伤，托故拖延，不亲临监视，不为用心检验，致使死因不明者，首领官杖七十，吏典杖八十。"① 这些内容正对应《洗冤集录》中对检验官的要求。而民事诉讼中的田宅纠纷，也是需要勘丈才能查明案件的，但法律中却并无此规定，这同样是与民事证据法理论不发达的状况是一致的。

（二）在证据方法上重视人证及书证

在明清时期的民事诉讼中，现代证据法中出现的各种证据方法，除视听资料以外，当事人陈述、人证、书证、勘验、鉴定都已在诉讼中出现。在上述各种证据方法中，人证和书证在诉讼中受到司法官员的特别重视。

1. 人证与书证在民事诉讼中的重要作用

在民事案件的审理过程中，证人证言所起的作用非常重要，有时关键证人的一句证言便成为认定事实的根本依据。汪辉祖在《病榻梦痕录》中记载了一则案例：

民人谢子纯的弟弟死亡六月后，弟媳刘氏生子。三年后，谢子纯贿赂刘氏佣妇董某，控官称刘氏子为董妇之子，以董妇为证。汪辉祖在审理中发现刘的证人都是喜宴时亲友，证词证明力不强，董某不服。汪辉祖秘密调查当初刘氏生子时的稳婆钱氏，钱氏证明子为刘氏所生，与刘氏主张相符。董妇、谢子纯伏罪。②

本案中，汪辉祖的办案思路即体现了对关键证人的证明作用的重视。证人证言的作用由此可见一般。

书证在民事诉讼中的作用亦不可忽视。明清时期民事诉讼中的书证大体有以下几类：表明买卖、借贷、租赁、典当关系的契约；证明房屋、土地、坟山所有权关系的房契、地契和官册；反映婚姻家庭关系的婚书、庚帖、族谱、遗嘱等。它们在确定民事法律关系方面往往比当事人的陈述更有说服力。司法官员审理民事案件很重视书证的作用。首先，在某些案件中，书证是官府受理案件的依据。清同治年间黄岩县王令在"梁文厚告梁文通霸继案"的批词中称：呈词含混，又无宗图呈核，未便率准。③ 很显然，这一起案件之所以没有被受

---

① 郭成伟、田涛点校：《大清律例·断狱》，法律出版社2000年版，第591页。

② 《病榻梦痕录》卷下，转引自（清）胡文炳辑：《折狱龟鉴补》，北京大学出版社2006年版，第110页。

③ 田涛、许传玺、王宏治主编：《黄岩石诉讼档案及调查报告》，法律出版社2004年版，第258页。

理，与当事人没有呈交宗图这类的书证有很大关系。其次，书证是许多民事案件审判的重要依据。中国古代早有重视书证的传统，《周礼》称："凡地讼，以图证之"。① "以财狱讼者，正之以傅别、约剂。"② 此处的"傅别"、"约剂"即是当事人之间经济往来的书面凭证，类似现在的合同。在以后历代的民事诉讼中，书证都颇受青睐。《折狱龟鉴》对此总结说："争田之讼，税籍可以为证；分财之讼，丁籍可以为证。"③ 明清时期的很多诉讼中，争议事实的查明也是依据书证来作出的。明代六合县民伍春生因身贫无配赘。当地豪强党俊九将奴婢嫁与伍为妻，并就嫁娶立下字据。该奴婢与党有奸，故又回到党家，使伍春生婚姻不成。伍春生状告党俊九。在案件审理过程中，尽管党俊九与其奴婢都否认与伍春生有婚姻关系。但当伍春生提供了党俊九所立的愿将奴婢配与伍春生的字据后，司法官喻侯判决伍春生胜诉，责令党将该婢女交还伍春生完婚。④ 这一案件的审理结果表明，书证的证明力在一般情况下高于其他证据。在审理坟山诉讼中，清代司法官员认为："夫争控山场，其有契界者，断以契界，其无契界而历来掌管有据者，即断以历掌之界，如既无契界，又无历掌确据，屡争不止，即就现在之形势酌断，使两不相碍，彼此平情，庶为妥协。"⑤ 这一观点即表明在审理坟界纠纷的案件中，载有坟山界限的契约是证明力最高的证据。

2. 民事诉讼重视人证与书证的理由

民事诉讼之所以重视人证与书证，是由民事诉讼的特点决定的。民事案件是平等主体间的纠纷，纠纷发生前双方一般都有一个意思表示一致的阶段，通常会留下书面凭证或请人见证。而刑事诉讼则不然，犯罪行为一般由一方单独实施，且常事起突然，自然少有书面证据，更不可能主动找他人见证。故而书证及人证在刑事诉讼中很难起到像民事诉讼中一样的证明作用。人证与书证对查明民事案件真相所起的重要作用早在西周时期就已为人们所认识，前文所述的儒家经典《周礼》中指出："凡民讼，以地比证之；地讼，以图证之。"表

① 《周礼·地官·小司徒》，见陈戌国点校：《周礼·仪礼·礼记》，岳麓书社1989年版，第31页。
② 《周礼·秋官·士师》，见陈戌国点校：《周礼·仪礼·礼记》，岳麓书社1989年版，第99页。
③ 刘俊文：《折狱龟鉴译注·卷6·证慝》，上海古籍出版社1988年版，第374页。
④ 郭成伟、肖金泉主编：《中华法案大辞典》，中国国际广播出版社1992年版，第658页。
⑤ （清）徐士林撰，陈全伦、毕可娟、吕晓东主编：《徐公谳词》，齐鲁书社2001年版，第350页。

明民事诉讼中应以人证书证为重。虽然《周礼》不是正式法典，但由于历代司法官员多是儒家知识分子，《周礼》关于民事证据的观点对他们的影响是不容忽视的，民事诉讼中的人证及书证对查明事实真相方面所起的重要作用自然为司法官员们所认同。在民事诉讼中，证人作证的限制较刑事诉讼少。因为在刑事诉讼中，证人若与被告人有相为容隐的亲属关系，可以免予作证，若证人放弃这一权利出庭作证，并进而导致与其有亲缘关系的尊亲属受到刑事追究，证人本人也要受到刑事处罚；再则，若证人为老幼病残之人，因其作伪证后不能被追究伪证责任，故而官府也剥夺了此类证人的作证资格。但在民事诉讼中，上述两点限制证人作证的理由皆不存在，故而民事诉讼中证人的作用较刑事诉讼中证人要重要得多。

3. 民事诉讼中的口供与物证

民事诉讼中当事人口供之所以不似刑事诉讼那样不可缺少，原因有二：一是民事诉讼中口供获得较为困难。在司法实践中，一般民事案件的被告人都不被拷讯。由于民事案件多发生在邻里亲友之间，当事人为钱粮细故争一时之气而上公堂，审判的目的在于让双方消除争端，重归于好，而对当事人进行拷讯则会加剧双方的仇隙，与其宗旨相悖。因此，民事诉讼中拷讯较少采用，而这又导致民事诉讼中被告人口供不易获得。二是民事诉讼对口供的需求不若刑事诉讼强烈。刑事诉讼中之所以强调当事人口供，一个重要的目的是应付上级官员对案件的复查，没有口供，案件便难以成为铁案；而民事诉讼一般是一审终审，故而只要司法官员相信事实如此，便可怡然定案。

民事诉讼对物证的强调也不若刑事诉讼。刑事诉讼之所以强调物证，主要是因为刑事诉讼的结论主要是依据被告人的口供得出，为了防止因被告人被刑讯而自诬有罪的情况出现，需要物证来保证口供的真实性；而民事诉讼中被告被拷讯的情形出现较少，依据书证和人证得出的结论已较可信，因而对物证的需要并不迫切，再则由于物证不能直接证明当事人纠纷关系的真实情形，因而证明作用不大。

（三）民事诉讼中的证明责任分配模式及疑难案件的处理模式多样

现代民事证据法理论认为证明责任有两层含义，一是决定谁应当对争议事实承担举证责任；二是当争议事实真伪不明时，谁应当承担败诉风险。明清时期的民事证据理论虽未出现证明责任这一概念，但证据应当由谁提供及事实不清时应由谁承担败诉结果这两个问题毕竟是司法实践中无法回避的。

1. 举证责任分配的一般做法及例外

在举证责任的分配问题上，虽然立法上没有明确规定，但司法惯例还是强调当事人应对自己的主张提供证据，否则会面临败诉的结果。《棠阴比事补编》记载了明代的一则案例：

合州有兄弟二人，兄官别省，其资每托弟携归，置产契券，俱弟收掌。兄卒于官，嫂扶榇归。弟绝无所与。又无籍可稽。嫂诉于州，讯不复。①

这一案例中嫂诉弟吞产，之所以没有获胜，是因为无籍可稽，即不能提供弟携归兄资的证据。这一结果表明当事人应当对自己主张的事实提供证据。但亦有例外情形。还以前案为例，嫂子对败诉结果并不接受，乃越境诉于合州之邻州眉州，据称眉州知州郭彭祥问刑明决，郭彭祥受理了这一本不该属于他管辖的案件后，采取了特殊的审判方式。

（郭）即隐告者，取狱中贼扳其弟为同伙。乃移文本州械致，诘曰："汝与某人为盗致富。"其弟泣曰："吾兄仕宦所得，未尝盗也。"固诘之，词甚详，一一录记，乃速致其嫂语之，弟遂款服，还资产。②

本案原告向郭彭祥起诉时，既无证据，也不符合当时案件管辖的规定，但郭彭祥还是受理了案件，受理的理由史料虽未记载，估计也是郭彭祥认为从情理上看原告的主张应为真，否则不至于在本地败诉后走到外地起诉。郭彭祥不但受理了本该不应受理的案件，而且也采取了非常特殊的取证手段，最终查明了案件事实真相。这构成了谁主张、谁举证原则的例外。

2. 疑难案件的处理模式多样化

对于最终无法查明事实的案件，现代民事证据法是按照证明责任的分配来处理的，即本应对某一事实承担证明责任的一方当事人若不能提供证据使司法官员相信他的主张比对方更可信时，便应判决该方当事人败诉。但明清时期的民事诉讼中并无证明责任的概念，虽然从审理案件的常识而言，一般的司法官员也会让那些主张没有证据的当事人一方败诉。但这一做法并无法定效力。正如本文前面所论述的那样。明清时期的证据制度一个重要的原则就是情证折狱原则，认定一方主张的可信与否并不仅仅看证据，还要看情理。一方的主张虽在证据上没有充分支持，但却可能在情理上可信，因此，司法官员不会简单否定其主张。依证明责任解决疑难案件的做法其前提是证据裁判主义，而明清时期的民事诉讼并未实行严格的证据裁判主义，因此，其解决疑难案件的方式也就显得较为复杂。据笔者统计，明清时期的民事疑难案件处理模式有不予受

---

① 陈霞村主编：《文白对照断案智谋全书》，山西古籍出版社1995年版，第488页。
② 陈霞村主编：《文白对照断案智谋全书》，山西古籍出版社1995年版，第488页。

理，退回由中保邻证处理，以事实不予认定，调处解决，各支持一半诉讼请求，依伦理处理，依经义处理等七种方式。

（四）主要审查证据的关联性及客观性

现代证据法要求证据应当具有合法性、关联性、客观性（真实性）三个特征。明清时期的民事诉讼对于证据的合法性要求不多，因此，对证据的审查主要针对证据的关联性及客观性。

1. 审查证据的关联性

对证据关联性的判断并无一定之规，主要依据经验法则。只要司法官员认为当事人提供的证据不能证明其主张，即可否定其证明力。《盟水斋存牍》记载了明代一则代借贷纠纷的审理过程。吴廷隆借唐廷范银不还，唐廷范诉至官府，吴廷隆则提出有收票，谓已完过，而收票非廷范手笔，是一个原告不认识的许伯蓍代收。司法官员认为其为驾空抵赖不待其词之毕也。[①] 很显然司法官员之所以否定这一证据，是因为其与当事人主张的事实关联性不强。因为吴廷隆既主张已向唐廷范还过银，就应当出具由唐廷范出具有收票，而实际上吴廷隆出具的是由另外一个不相干的人出具的收票，故有不问这份收票是否为伪造，他肯定不能证明吴廷隆主张的事实。

2. 审查证据的真实性

在肯定证据与待证事实有关联性的基础上，证据为真，其证明力自然较高。在长期的司法实践中，司法官员积累了许多判断证据真伪的经验，主要有以下几种：

（1）将当事人所提供的证据与其他证据相互印证。《徐公谳词》记载了这样一则案例：

漳州人廖绍告妻兄刘临将妻刘氏骗卖于叶胜为妻，刘临则辩称是廖绍请张待代书休妻文书，并于文书打上廖绍手印；廖绍否认手印是其本人所打。审判官徐士林便让廖绍将手与文书上的手印比对，发现廖绍手大，而手印小。刘临辩称当初廖绍打手印时人瘦，手印小，而现在廖绍人胖，手大，但司法官员又问手印大小或因肥瘦所致，而骨节何以长短互异。刘临乃始语塞。[②]

本案的被告刘临等人以伪造原告廖绍的休妻文书作为证明其嫁妹是合法的，伪造证据的关键部分就是廖绍的手印。司法官员通过验手印的方法查出该

---

① （明）颜俊彦：《盟水斋存牍》，中国政法大学出版社 2002 年版，第 714 页。

② （清）徐士林撰，陈全伦、毕可娟、吕晓东主编：《徐公谳词》，齐鲁书社 2001 年版，第 463 页。

证据系伪造，从而否认其效力。

（2）对证据材料认真研习，依据事理来判断。《志异续编》记载的一则案例的证据认定过程能够反映出事理在查明证据真伪方面的作用。

清嘉庆年间，广东嘉应李姓为当地大族，李姓某人迁到江西，几十年后其孙子李甲回故乡祭祖，李乙不允，称李甲非李姓。两家讼官。双方皆以族谱为证，两家证据相对照，某一世祖母都是邱氏，只是族谱上记载的邱氏所生子不同。李乙提供的族谱上说邱氏只生了一个儿子李松，李乙称自己为李松子孙；李甲的族谱则称邱氏生两子，长为松，次为柏，李甲称己为李柏子孙。两家都互责对方家谱为伪造。调集其他族谱相验，则支持李甲的人族谱与甲谱相同，支持乙的人族谱与乙相同。族谱都是从明万历二年（1574）修定，从纸色墨迹来看也不像是伪造的。审判者仔细研读数份族谱，发现各份族谱中关于邱氏的书写有的写作邱，有的写作丘。但主张邱氏只生一子的则写作邱，主张丘氏生两子则写作丘。审判者认为，雍正元年为了避孔子名讳，下诏将丘改为邱，而李氏族谱修于明万历年间，李乙提供的家谱居然是按雍正年间的要求来书写，显然系伪造之谱。李乙不得不承认自己的伪造证据行为。①

（3）对证据材料进行鉴定。《徐公谳词》记载，监生林联魁与人争地，司法官员怀疑其契约上部分内容是自己擅自添加的，便将该契约传示汀、漳两府教授，进行比较，都认为该部分内容是后添之笔，因此认定其主张不成立。上述案例中，对契约的鉴定就是由全行书铺完成的，而非由享有法定资格的鉴定人员实施。

（4）从证据的来源来判断。若证据的来源导致其与待证事实关联性不强，司法官员也会否定此种证据的证明力。清代康熙年间，徽州人胡宁武与叶春桃争婚，皆称徐氏之女与己有婚约，诉讼时徐氏之女已嫁春桃，胡宁武提供徐氏之女的庚帖作为本方证据。司法官吴宏认为徐氏之女乃胡宁武表妹，生辰八字宁武素所熟知，庚帖正不难于伪造矣，否定了历宁武的证据。再因中表为婚，律有明禁，因此判胡宁武败诉。②

上述方法是古代司法官员判断证据真伪的经验总结。总的说来，对证据真伪的判断没有明确法律条文可依。不过有一点是可以肯定的，即司法官员对证据必须认真详查，方可查明其真伪。清人袁守定称："然则决讼者将何所据

---

① （清）青城子：《志异续编·卷2·家谱》，转引自陆林主编：《清代笔记小说类编·案狱卷》，黄山书社1994年版，第166页。

② （清）吴宏：《纸上经论》，见郭成伟、田涛点校：《明清公牍秘本五种》，中国政法大学出版社1999年版，第207页。

乎，唯有准情酌理，详细推鞫，但能详细，民不自冤。"① 清人王植在论述审理坟山之讼时亦称："问其户税，有官有私；阅其图形，相近相远；质之山邻，何时殡葬，经祭何人；就供问证，以图核词。勘其形势，以地核图。"② 都表明了对当事人提供的证据应当详细查究的主张。

3. 对真伪不明的证据证明力的判断方式

判断证据真伪是查明证据证明力的主要方式，问题是并非所有证据都能够被查明真伪，在证据真伪不明的情况下，司法官员依据经验法对证据的证明力做出判断。明清时期的司法官员在长期的诉讼实践中总结出了这样一些证据证明力判断规则。

（1）在证人证言证明力的判断方面，遵循这样一些规则：一是与案件关联性强的证人证言所起的证明作用较大。明清时期的民事诉讼中，证人多有中人代笔提任，正是因为他们对涉争事实比普通证人更加了解之故。二是证人的中立程度越高，则其证言的可信度也越高，证人中立性的判断标准主要是看证人同当事人利害关系的程度。利害关系越近，则其中立性越小，证词的可信度也越低。民事审判中，由于证佐俱为两造所延请，中立性不高，此时如果官方来指定证人，其证言被采信的可能性也较大。前文所引汪辉祖引稳婆为证，就体现了相信官府主动发现的证人证言的态度。三是多数证人作出相同的证言，则该证言的证明力较高。明清时期的刑事诉讼有众证定罪的要求，即当被告人无口供时，需要三人以上证明被告人犯罪成立，方可对被告定罪。③ 民事诉讼虽没有这样的明确规定，但在没有关键证人情况下，倘若多名证人对事实作出相同的证词，则该证词被采信有可能性自然较高。下面这一案例能表明这一规则在司法实践中的作用。

明永乐年间，漳州人周允文无子，过继侄儿为养子。后其妾生子，周允文只好分部分家产给其侄，余产留给妾子。周允文死后，其侄称妾子并非叔父亲生子，将妾子逐出家门，尽夺其财。妾诉至官府，鲁穆受案后，"召县父老及周宗族，密置妾子群儿中，咸指儿类允文，遂归其产"。④ 上述案例，因多数证人皆认为儿似允文，故而官府依据这一证据认定妾子乃允文亲生。

---

① 袁守定：《牧令书·听讼》卷 17，引自《官箴书集成》第 7 册，黄山书社 1997 年影印本，第 382 页。

② 王植：《牧令书·听讼》卷 18，引自《官箴书集成》第 7 册，黄山书社 1997 年影印本，第 390 页。

③ 《唐律·断狱·老幼废病不合拷讯》规定："诸应议、请、减、若年七十以上，十五以下及废疾者，并不合拷讯，皆据众证定罪。"

④ 《明史·鲁穆传》，浙江古籍出版社 1998 年版，第 410 页。

（2）书证证明力的判断。书证证明力的判断与证人证言证明力有所不同。证人证言因是言词证据，判断其真伪存在较大难度。但司法人员又必须对这些真伪不明证言的证明力作出判断，由此形成了较为完备的证言证明力判断规则。而书证是一种实物证据，其真伪在大部分情形下是可以查明的，无法判断真伪的书证在司法实践中出现的情形不多。因此，对于书证证明力判断规则也就相对简单。在宋元以后的房地典卖关系中，经过官府加盖红印，表示已纳契税的典卖契约（俗称红契）比未经官府盖印的契约（俗称白契）的效力要高。清代的司法官员在总结审理民间田产纠纷的经验时说："惟查民间买卖田产，首重代笔中人，继凭红契……（此案证据）系五十年前白契，谓为价实契真，其谁信耶。"① 笔者认为，明清时期司法实践中视红契的证明力高于白契是颇为合理的做法。普通契约加盖官府印章，其意义不仅在于多了官府这一见证人，真实性较未盖印章的白契更有保障，且官府加盖印章的行为还可保证契约的合法性。现代证据法强调证据应当具有合法性、关联性、客观性，印契比白契在客观性及合法性方面都更有保障，因此对其证明力作出较高认定是合理的。

（3）不同证据方法证明力的判断。在民事纠纷的审理过程中，若同时存在几种证据，则相关证据对于查明事实所起作用亦不同。上文中清代官员主张民间田产买卖中首重代笔、中人，继凭红契的观点就是司法实践中对于不同证据证明力大小的一种判断规则。文中所指的中人是明清时期民事关系中的重要角色，属于证人的一种，但又不同于一般的证人。一是一般证人对争议事实的了解往往是于不经意之中获得，而中人是有意参与到争议事实成立的过程，因此中人对争议事实的了解较一般证人更细致；二是一般证人往往为一方当事人所延请，其立场常常会有偏袒，而中人是争议事实形成时双方当事人有意请去作见证的，因而中人的立场较为公正，故而当事人双方对其证词容易接受。而代笔、中人则较普通中人更加重要，因为代笔、中人同时又是当事人之间发生争议的法律关系的书面证据制作者，由代笔、中人作证还可查清书证真伪。这样看来，对代笔、中人证词的证明力作出高于书证及普通证人证词证明力的判断是符合经验法则的。

（五）证据裁判主义程度不足

明清时期民事诉讼中，事实的认定与刑事案件事实的认定相比，体现出证

---

① （清）张自堂：《未能信录》卷1，引自《中国古代办案百例》，中国社会科学院法学所法制史研究室编，中国社会科学出版社1980年版，第222页。

据受到重视程度不足的特点。司法官员认定事实的裁量权过大，很少有限制。明清时期的刑事诉讼中，强调司法官应查清争议事实，为此司法官员非常重视证据，没有证据便难以结案。因此，刑事诉讼虽总体上实行自由心证，但必须是以证据和口供为基础的自由心证，既无证据亦无口供是不能定案的。法典中强调赃状露验、众证明白，司法实践中要求"铁证如山"都是刑事诉讼对证据要求的表现。在民事诉讼中，司法官员在大部分情形下也是依证据来认定事实的；但证据对司法官员的约束力没有刑事证据对他们的约束力强。

民事诉讼中的证据之所以不若刑事案件中受到重视，是因为民事诉讼中查清事实本身就没有刑事诉讼查清事实受到重视。民事诉讼多发生于邻里家庭亲友之间，发生诉讼本身就与官府的牧民宗旨相悖，即使能够查明事实，作出正确判决，当事人之间也会一次官司十年仇。为此官府非常注重对诉讼的当事人进行调解，而调解依据的是伦理观念，并不特别强调查明事实，有时，司法官员面对疑难案件，根本不考虑去查明事实，而是直接通过特殊的方法来予以息讼。明朝时期，德兴县冯柯告陈戟争占山地，冯柯称自家有祖山一座，有原来买山时的契卷及在官府登记纳税的记录为证。只因山离家远。陈戟恃势强占，肆砍柴木。冯柯前去拦时。陈反称山是他家祖业。还让手下人将冯柯乱殴一顿。冯柯恳求官府做主。陈戟则说冯柯所告是用心险恶。借两家山界相连，企图影占。陈戟坚持自己手中也有契书，上有四至为证。金候判云："荒山一局值价几何。冯柯陈戟两家累争不已，此徒敝精神而虚耗钱谷者也，兹以其山入官。庶使两家讼息。"① 司法官员对于当事人诉讼标的价值的轻视，导致作为查明事实的证据也就自然难以受到特别重视。

当然，并非所有民事诉讼中的证据都不受重视，若司法官员发现案件真相的查明对于案件的审理非常重要，也会认真收集证据，依证据来对事实作出认定。

第二节　民事证据方法研究

一、民事人证制度

研究明清时期的民事证据制度，人证制度应当是关注的重点。按照现代证据法学界的观点，人类的证据制度发展经历了三个阶段，即早期的以神示证据

---

① 郭成伟、肖金泉主编：《中华法案大辞典》，中国国际广播出版社 1992 年版，第652 页。

为主的阶段，后来的以人证为主的阶段，现代的以物证为主的阶段。以这一标准来看，明清时期的证据制度主要是人证为主的制度。当然，此处所指的人证是广义的人证，是相对于物证而言的，它不仅包括与案件无关的第三人所提供的证词，也包括当事人本人陈述。本文所要讨论的是严格意义上的人证制度，仅指非案件当事人向案件审理人员提供证言的制度。明清时期人证制度的内容主要体现在证人的资格、证人的地位与待遇、证言的判断、证人的风险与伪证责任等方面。

（一）证人的资格

我国现行法律对于证人资格的要求非常简明，除因生理上或精神上有缺陷或者年幼、不能辨别是非、不能正确表达的人不能做证人以外，凡是知道案件情况的人，都有作证的义务。① 明清时期法律对这一问题的规定则要复杂得多。法律除免除一部分人的作证义务之外，还剥夺一部分人的作证资格。

1. 与当事人有法律上容隐关系之人免除作证义务

《大明律》规定，相为容隐的对象是："凡同居，若大功以上亲及外祖父母、外孙、外孙妇、夫之兄弟及兄弟妻，有罪相为容隐；奴婢、雇工人为家长隐者，皆勿论；若露泄其事，及通报消息，至令罪人隐匿逃避者，亦不坐。其小功以下容隐，及露泄其事者，减凡人三等，无服之亲减一等。若犯谋叛以上者，不用此律。"② 由于民事诉讼不可能存在谋叛以上的违法行为，因此，相容隐之人具有的拒绝作证权是不受限制的。如果司法官强迫上述相为容隐的人作证，处罚是笞五十。③ 清律的规定与明律同。

对于依律相为容隐者，法律在免除其作证义务的时候，却并不剥夺他们作证的权利。特别是他们欲提供对自己亲属有利的证词，并不违背亲属应相容隐的意旨。但当证人欲提供对自己亲属不利的证词时，情况则较为复杂。若是在刑事诉讼中，有相隐义务的卑亲属作出对尊亲属不利的证词，法官会依相关法律规定对证人加以处罚，但对其提供的证词，则会予以采信，因为这样的证词在理论上具有更高的可信度；而在民事诉讼中，由于不利的证词不会导致当事人受到刑事处罚，因此，证人也不会受到法律制裁。可见相与容隐对于民事诉讼中的证人而言更具有权力的性质。

---

① 《中华人民共和国刑事诉讼法》第 48 条。

② 怀效锋点校：《大明律·名例·亲属相为容隐》，法律出版社 1999 年版，第 18 页。

③ 怀效锋点校：《大明律·断狱·老幼不合拷讯》，法律出版社 1999 年版，第 215 页。

2. 老幼笃疾剥夺作证资格

《大明律》规定："年八十以上，十岁以下及笃疾，皆不得令其为证，违者笞五十。"① 清律与明律同，但增加了律后注"以其免罪有所恃"，律后注的理由有二：一是名例律中的"老小废疾收赎条"规定：年七十以上，十五岁以下，犯流罪以下，收赎。② 二是断狱律中的"狱囚诬指平人条"规定：证佐之人不言情，故行诬证，致罪有出入，证佐人减罪人罪二等。③ 结合上述两条，老幼笃疾之人犯证不言情罪，显然属于收赎之类。由于法律不能对老幼笃疾者不负责任的作证乃至作伪证的行为进行制裁，因而很难保证这一类证人证言的可靠性。为了避免这些真实性没有保障的证言给司法审判带来消极影响，法律干脆剥夺他们的作证资格。

但在民事司法实践中，老幼疾之人作证的情况又经常出现。清人蓝鼎元在《鹿州公案》中记载了这样一则案例：县民杜宗成之妾郭氏落水死亡，仵作勘验时发现郭氏身有伤痕，但并非致命。蓝鼎元怀疑郭氏是遭杜妻林氏殴打而投水身亡。讯问林氏，林氏坚决不承认。蓝鼎元找来林氏幼女阿端，带到身边仔细询问。阿端说出案件真相，原来是林氏见瓮中所藏之糖不见，怀疑是郭氏偷窃，遂用木棍殴打，郭氏当夜投河身亡。事实与蓝鼎元预测的大体一致。④ 本案中证人阿端年龄只有四五岁，而清律规定十岁以下即可免予作证，阿端显然属于无作证资格之人。至于以老人作证的案件，司法实践中也存在。中国第一历史档案馆收藏了一份明代民事判牍资料：在谢玉澄、谢道本告争山木的案件中，官府拘到年七十九岁且身有眼瞎、疯疾的谢祖谋到堂作证。明律规定，年八十以上或笃疾者不得令其为证。谢祖谋虽年不足八十，但同时患有眼瞎、疯疾两样缺陷，可以算是笃疾。官府依然可以拘其为证。这样看来，法律禁止老幼笃疾之人作证的规范在实践中并没有得到严格的遵守。⑤

---

① 怀效锋点校：《大明律·断狱·老幼不合拷讯》，法律出版社 1999 年版，第 215 页。

② 田涛、郑秦点校：《大清律例·名例·老小废疾收赎》，法律出版社 1999 年版，第 106 页。

③ 田涛、郑秦点校：《大清律例·断狱·狱囚诬指平人》，法律出版社 1999 年版，第 577 页。

④ （清）蓝鼎元著，刘鹏云、陈方明译：《鹿州公案·尺五棍》，群众出版社 1985 年版，第 230 页。

⑤ 中国第一历史档案馆藏《强占山土印阻木植等·直隶微州府祁门县谢玉澄状告谢道本强占山土之案件》卷宗。转引自童光政：《明代民事判牍研究》，广西师范大学出版社 1999 年版，第 47 页。

3. 官员作证资格的剥夺

官员作证资格的剥夺并没有在法典中正式规定，而是通过相关的条文体现出来。这一做法的理由有二：一是由于司法实践中证人地位极低，证人不仅像被告一样被拘押到堂，而且需下跪回答司法官员的问话。若证人具有官员身份，则拘其作证及跪答皆不符合社会优礼官员这一风尚，因而官员一般不作证。二是如果作证官员位高权重，其意见可能会左右主审官员的态度，造成审判不公正。封建朝廷也认识到了出庭诉讼的这一弊端。明清时期法律规定："凡官吏有争论婚姻、钱债、田土等事，听令家人告官对理，不许公文行移。"① 上述婚姻、钱债、田土等事主要属于民事诉讼，在此类案件中，官吏不得作为原被告在法庭呈词。同理可推，官吏亦不可以证人的身份在法庭作证，因为那些阻却官吏成为当事人的理由在官吏作为证人时同样存在。

4. 妇女与生监作证资格的相对剥夺

这一做法亦主要体现在司法实践中。限制妇女作证的理由主要由两个，一是维护社会人伦常纲纪。明清时期，宋明理学占据了伦理学的统治地位，妇女的社会地位降到了历史的最低点，她们甚至不被视为法律关系主体。此时妇女若被官府通知去法庭作证，妇女的家人会觉得有辱门庭；第二个理由是保护应作证妇女及其家人的利益。正是因为妇女出庭作证，其家会觉耻辱，因此，有些原告在起诉讼时对于被告甚至无涉之家，偶有宿憾，辄指其妇女为证，意谓未辨是非，且得追乎一扰，费耗其钱物，凌辱其妇女。为了防止原告的不正当目的达成，审判官须察其时势轻重，只将紧要人点追一两名，若妇女，未可遽行追呼也。② 有鉴于此，限制乃至禁止妇女出庭作证就为司法实践普遍认同。清代司法官员主张：凡牵连妇女者，于吏呈票内将其除名，勿勾到案，有不待呼而即至者，不许上堂，大案只唤到一次。③ 即不管妇王是主动要求作还是被动地被牵扯进来，都应禁止其出庭作证。生监是生员与监生的合称。生监作为知识分子，是官吏的后备人员，因此社会对于官员的优礼同样适用于生监。不过相比于官员而言，妇女与生监作证的负面影响要小得多，他们参与作证一般不会影响案件的公正审理，司法实践对于他们作证资格的剥夺也就不是很坚决。清代州县自定的状式条例规定：告诉内以生监妇女作证，并已经结案复行

① 田涛、郑秦点校《大清律例·诉讼·官吏词讼家人诉》，法律出版社 1999 年版，第 493 页。

② （清）杨景仁：《式敬编》，上海古籍出版社 2003 年版，第 584 页。

③ （清）徐栋：《牧令书·卷17·刑名上》，引自《官箴书集成》第 7 册，黄山书社 1997 年影印本，第 383 页。

翻控者，不准。① 这一规定表明当事人初次起诉时以生监妇女作为证人应该是可以的，但若结案后又去起诉，此时再以生监妇女作证，诉讼就应驳回。倘若证人非常关键，二审中即使以生员作证，也未必会被驳回。清代怀宁县黎宰衡与汪琦争坟，县断黎宰衡胜诉，至二审时，知府徐士林为查清案情，将黎宰衡提供的契约当堂谕令宰衡首证生员邵傅对阅，邵傅亦称卷印实不相符，从而否定了宰衡的证据，二审改判汪琦胜诉。本案的审理过程，司法官员不仅没有因为有生员作证而驳回诉讼，反而特别传谕令生员作证。② 由此看来，司法实践中对于生监妇女作证采取的是限制而非禁止的态度。

（二）证人的提供与地位

1. 证人的提供

证人向官府提供证词，主要有两种方式。一是官府根据案情主动选取证人，二是当事方各自呈供能够证明自己一方主张的证人。在大部分案件中，这两种方法都是结合使用的。不过在民事案件中，由于官府采被动立场，民不告官不理，不主张动辄启讼公堂，因此一般不愿主动去收集证据，证人主要依靠当事各方提供。但倘若证人是争议事实查明的不可缺少之人，官府也会主动通知证人到庭。清人吴宏在审理苏搏先告苏振鹏析产一案中，两造各执一词，需要证人到庭作证。而关键证人查若篯、苏可章却远在芜湖。吴宏便派人到芜湖传两人到庭，但两人年皆八十以上，且住所距案件审理地点非常遥远，司法官员多次发出通知要求其出庭，因为客观情况所限，二人最终没有到庭。③ 上述两名证人乃见证人，对于争议事实的查明起到非常关键的作用，因此，官府才会多次通知其到庭作证。

明清时期的证人制度还有一颇具特色之处，即官府总是尽可能将出庭证人压缩到最小限度。无论是官府主动挑选证人，还是由当事人提供证人，都由官府最终确定证人人数及人选。司法实践中限制出庭证人人数的理由有二：一是避免更多的人被牵扯到官司中去，导致一些证人的生计受到不利影响。由于证人的地位不高，同原被告一起被关押、候审。因而证人一旦涉讼，其家庭事务

---

① 田涛、许传玺、王宏治主编：《黄岩石诉讼档案及调查报告》，法律出版社 2004 年版，第 234 页。

② （清）徐士林撰，陈全伦、毕可娟、吕晓东主编：《徐公谳词》，齐鲁书社 2001 年版。第 185 页。

③ 郭成伟、田涛：《明清公牍秘本五种·纸上经纶》，中国政法大学出版社 1999 年版，第 174 页。

（在农村主要是农活）将会被耽搁，而农田事务季节性很强，一旦误了农时，损失往往无法弥补。再如前文所述，因妇女、老幼一般不作证，作证的主要是成年男子，而他们大都是农田事务的主要承担者。这样一来，证人出庭作证与给农村生计造成严重影响这二者之间就有了必然的因果关系。这正如清人汪辉祖所指出的那样，办案时"何妨摘唤干证，分列自可摘唤，少唤一人，即少累一人，谚云：'堂上一点朱，民间千点血。'"① 二是为了提高办案速度。明清地方政制中，司法行政合一，州县长官能用来办理诉讼的时间极为有限，因此迅速结案就不仅是法律对他们的要求，也是他们自身的追求。很显然，若一桩案件牵涉证人太多，必然会延长办案时间，而且证言过多也会给司法官员判断其真伪带来较大困难。因此他们更倾向于挑选关联性很强的证人出庭，听取其证词，而较少听取乃至拒绝听取关联性较弱的证词。在他们看来，这样既可以减少办案时间，又可以提高办案准确性。这一特点在民事诉讼中尤其明显。清代地方状式条例规定：户婚田土细事，干证不得过三名，违者不准。② 清代司法实践表明限制证人人数的做法确实受到相当的重视。《樊山集》记载了这样一份批词：

批曹生银呈词，查张兴禄等六人，偷砍柳树，尔仅一人，何以能夺其绳担，并将其六人一齐指交社长。既已量罚油，何以油未送来，将绳担送之了事，况油仅六斤，所值不过数百文，何至被证牵扯十人之多，似尔之无事生非，实堪痛恨，着记重责一顿，所控不准。③

上述案件中，原告指控的被告有六人，但被告与证人总数达十人之多，可见证人超过了三人，成为审判官员驳回起诉的理由之一。

当然，对证人数量的限制只是司法惯例，并非立法的强行规定，如司法官员认为有必要，也可以传唤多名以上证人。清道光十一年，四川巴县审理的谭来悦上控周国中等串霸揩阻一案中，到庭证人多达七名，并且都在供词上具结。④ 由此可见，干证不得过三名的惯例只对当事人有约束力，对司法官员并无约束力。

---

① （清）汪辉祖：《入幕须知·佐治药言》，见沈云龙主编《近代中国史料丛刊》第269辑，台北文海出版社1966年版，第185页。
② 田涛、许传玺、王宏治主编：《黄岩诉讼档案及调查报告》，法律出版社2004年版，第234页。
③ （清）樊增祥：《樊山集》，见沈云龙主编《近代中国史料丛刊》第610辑，台北文海出版社1966年版，第3549—3550页。
④ 四川大学历史系编：《清代乾嘉道巴县档案选编·上》，四川大学出版社1989年版，第61页。

2. 证人的地位及待遇

明清时期的证人地位普遍较低。法律对于证人只有义务性的要求，而无权利性的规定。作为证人应当享有的两个主要权利：获得报酬及人身安全权，法律都没有规定。当然这与明清时期法律以义务为本位的价值选择是一致的。证人地位的低下还表现在诉讼中他们同原、被告一样，被一齐拘押，跪着听审。官府将证人一起拘押的理由有二，一是证人普遍厌证，如不拘押，开庭时单凭通知，证人很难到庭；二是古代中国交通极为落后，普通证人到达公堂并无其他代步工具，只能步行前往，这样官府若定于某日某时开庭，届时原、被告虽然到场，证人却难准时出庭。因此保险的办法就是将他们同原、被告一起关押，以保证顺利开庭。若案件长时期间不得审结，证人一般会被长期关押。只有在案件事实已基本清楚，已无须证人再作证时才会将证人释放，而且还须有释放的正当理由。清代宿松地区妇女田氏被亡夫兄迫嫁不允，其夫兄遂串通他人抢夺田氏，田氏拼力挣扎，目击者余善林、余加、余贵后向官府叙述案情。案件基本审结后，司法官批示因正值农忙时节，将证人一并先予摘释回家。① 本案事实已基本查清，而且正值农忙季节，证人才被释放，官府而称此为先予释放，可见证人被长期关押乃是常态。

既然证人出庭作证于其自身有害无利，那么不愿出庭作证就很自然地成为他们的选择。普遍的厌证肯定会影响到正常的司法活动。官府虽可以通过强制手段，拘集证人，迫其作证，但证人不可避免地会产生抵触情绪，这同样不利于证人尽吐实情。为了在一定程度上鼓励证人出庭作证，官府默认了由当事人支付给本方证人差旅费用的做法。在民事诉讼领域里，由于证人主要是由原被告各自提供，这一做法极为普遍。不过我们不应高估这种由当事方供给证人费用做法的实际效果。在明清时期，打官司是既费力又费钱之事，不到万不得已，普通人不愿轻涉公堂。不论官司结果如何，单就诉讼成本而言，已会让许多家庭大破其财。而所请证人与本方当事人往往非亲即友，很难忍心去索足费用，让当事人雪上加霜。因此，当事人供给证人费用这一做法并不能从根本上改变人们普遍厌证的心态，而只能在一定程度上缓减这一状况。②

---

① （清）徐士林撰，陈全伦、毕可娟、吕晓东主编：《徐公谳词》，齐鲁书社 2001 年版，第 122 页。

② 我们还要考虑到由当事人支付给证人差旅费用的弊端，即导致证人的中立性难有保障，证人在作证过程中会倾向于提供对本方当事人有利的证言。诚如清人袁守定在其《牧令书·听讼》卷十七中指出的那样："如证佐可凭也，而多贿托。"我国现行的诉讼法律没有关于证人费用的规定，事实上，由当事人邀请的证人亦多提供对本方有利的证词，这一现象应当在将来的证据立法时予以考虑。

（三）证词证明力的判断

明清时期的法律采事实上的自由心证原则，没有在立法上规定应当如何判断证人证词的证明力。司法实践遵循了以下四条规则：一是关联性强的证人证言高于关联性弱的证人证言。二是公正性强的证人证言高于公正性较弱的证人证言。三是多数人的证词证明力高于少数人证词的证明力。四是对有见识的证人证词优先采用，而对于无知识的证人证言可以不予考虑。

1. 判断证言的关联性

这一规则要求证人具备了解案情真相的充分条件，这种条件越充分，其证言可信度便越高。前引汪辉祖审理零陵县民谢子纯讼弟妇刘氏幼子一案中，汪辉祖找来当初刘氏产子的稳婆钱氏，钱氏所供与刘氏所供相符。汪辉祖遂认定幼子为刘氏子。① 上述案例中，稳婆显然是关联性最强的证人，故而其证词被采纳。

2. 判断证人的公正性

适用这一条规则，首先要确定何种证人才是公正的。由于证人的公正性并无一个能为各方接受的统一标准，因而证人的公正性主要是通过证人的中立性体现出来，而证人中立性的程度主要是看证人同当事人利害关系的程度。利害关系越近，其中立性越小，证词的可信度也越低。对于与案情有明显利害关系的证人，司法实践中一般会对其证明力作出较低认定。民事审判中，由于证佐俱为两造所请，中立性一般都不高。但有以下两种例外情况：一是为两造都愿意接受的证人，二是官方指定的证人。民事交易中起见证作用的中人即属两造都愿意接受的证人；前述汪辉祖所寻证人稳婆则属于第二种证人。另外，证人为一方当事人所延请，意图在于证明该方主张，但最终证人如果未作出对本方当事人不利的证词，这种证词的公正性一般不应被怀疑。下面这两则案例的证言采信便体现了这一规则的影响。明代判牍《盟水斋存牍》记载了一则案例：梁清以截劫为讼由状告邓亚芳，以侯秉彝作为本方证人，但侯秉彝没有作出对梁清有利的证词，主审官颜俊彦没有支持梁清的主张。② 清代诉讼实践中司法官员对于人证的采信也体现了此种思路。蔡方来与蔡永告争祖坟，蔡方来以刘时建为本方证人，在案件审理时大部分证人都不支持蔡方来的主张，司法官让刘时建作证，刘时建在陈述争议事实时慷慨直吐，与众供无异。为此，司法官

---

① （清）胡文炳辑：《折狱龟鉴补·卷1·稳婆为证》，陈重业点校，北京大学出版社2005年版，第110页。

② （明）颜俊彦：《盟水斋存牍》，中国政法大学出版社2002年版，第148页。

徐士林认为蔡方来冒认强葬无疑。①

3. 多数证人证词相同则较易采信

这一规则适用的前提是在没有关键证人的情况下，若多数人对争议事实作出同一证明，法官一般会采信多数人的意见。前引明代鲁穆审理福建漳州人周允文妾子身份案中，以县父老及周宗族于群儿中咸指妾子类允文，遂归其产。② 本案中，因多数证人皆认为儿似允文，故而官府依据这一证据认定妾子乃允文亲生。

4. 对于有见识的证人证词优先采用

优先采用有知识者的证词，而对于没有文化知识的证人证言可以不予考虑。清代司法官员认为：凡讯词证，只讯其中有知者，有知者之言既合，其无知者虽有异词，不必泥也，大抵乡井愚民，见理不真，是非之辨本不足据，加以推鞫之间，游词无定，往往口之所言，非心之所命，若以其言为信，鲜不误也。③ 现代证据法理论认为证人证词的证明力不仅与证人的品性相关，也与证人的记忆力、认知与判断能力相关。上述清代官员的观点虽然不够客观且有蔑视下层民众之嫌，但验诸现代证据法理论，还是有一定可取之处的。

（四）证人的作证风险

明清时期司法活动中，证人地位低下。以如前文所述，证人被拘押而失去人身自由，家中事务受到影响，是每一个作证者都会遭遇的不利后果，在此不将它们列入证人的风险。笔者对作证风险所下的定义是指证人在作证过程中可能遭到的非因证人自身有过错行为而引起的不确定的不利后果；而伪证责任则是在证人作证结束后，被查明作伪证而受到法律的否定评价。

证人的作证风险来自于两个方面，一是因为作了对某一方当事人不利的证词，而受到该当事人的报复；也可能是作了对一方当事人有利的证词，而受到另一方当事人的报复。这一风险当事人在作证时虽可以预见，但难以防范，这样的风险古今并无区别，只不过古代社会缺少保障证人身安全的制度性安排，

---

① （清）徐士林撰，陈全伦、毕可娟、吕晓东主编：《徐公谳词》，齐鲁书社 2001 年版，第 50 页。

② 《明会要·卷 65·刑二·详谳》，上海古籍出版社 2003 年版，第 574 页。

③ （清）徐栋：《牧令书·卷 19·刑名下》，引自《官箴书集成》第 7 册，黄山书社 1997 年影印本，第 381 页。

证人的风险要远远高于现代的证人。① 证人风险的第二个来源是司法机关，具体表现是司法官员以证言不实为由对其进行拷讯。司法官员拷讯证人的动机不一而足，有的是出于司法官员认识上的原因，认为证人未如实作证；还有的则是出于故意出入人罪的意图，要求证人按照其意图作证，证人或者是不明其真实意图，或者是不愿意按照其意图作伪证，这都会导致司法官员对其进行拷讯。证人在刑事审讯中被拷讯，不仅于法有据，在司法实践中亦屡见不鲜。在民事诉讼中，由于当事人的诉讼标的在官府看来不过是民间细故，从理论让说应该很少出现刑讯，但司法实践的情况与理论状况显然有很大距离。《牧令书》记载了清代司法官员讯问证人的特殊意图。面对讯问时证佐不言实情的情况，司法官员认为"证佐不言者，非不言也，不敢言也，言则情见者必出而与之为难，是则代人受祸也，故不敢言，然则如之何而可，曰：'再三鞫之，摔而下之，将杖而不的决焉，或者犹敢言乎，何者，很有彼有词于情见者。'曰：'吾固不言'，而杖及之，固不得不言，如是情见者其谅之乎"。② 司法官员以将欲刑讯迫使证人陈述实情，同时这一做法还能成为证人对抗本当事人的借口，有保护证人的目的在内，应当说是善意之举，但倘若证人真的不知情或就是不肯得罪当事人，那么司法官员本来只打算用来威胁的刑讯也可能弄假成真。证人会成为司法官员审判策略的牺牲品。

（五）特殊证人——中人

第三人参与到民事交易中的现象在明清时期早已存在，到了明代中叶以后，第三人在民事交易及民事诉讼中所起的作用越来越明显。概明代中叶以后，民间民事交易日渐增多，交易范围也已经超出亲友范围，传统的以人格来保证契约履行的做法已不能保证民事交易的安全，邀请第三方参与契约订立的做法遂迅速普及。明清时期契约第三方参加者的称谓一般多为见人、见中人、凭中人、同中人、中证人、中见人、保人、中保人、居间、中间人、见立契人、见立合同人、中人等，其中尤以中人最为常见。民事判牍中也十三大都称此种身份的为中人，不过通常简称为中。

1. 充当中人的资格

中人一般为双方当事人的亲友。中人与两造的关系应比两造之间的关系要

---

① 我国现行《刑事诉讼法》第 49 条规定：人民法院、人民检察院和公安机关应当保障证人及其亲属的安全。而古代法律没有相应规定，这是中国古代法律不重视证人权利的表现。

② （清）徐栋：《牧令书·卷 17·刑名上·听讼》，引自《官箴书集成》第 7 册，黄山书社 1997 年影印本，第 382 页。

密切，但不可明显偏向一方当事人。如中人与当事人一方的关系明显比其与另一方关系密切，则此种身份不宜作中人。明代颜俊彦在审一起田产纠纷时指出，陈洪道买余叔良之田，而凭其仆谭尚忠作中，已非体矣。① 本案中司法官之所以认为陈洪道以其仆谭尚中作中，是不合体统之举，原因之一就是谭尚的身份不够中立，这种身份很难保证在将契约双方发生争议时，中人能够如实公正陈述。另外，中人还应有一定的经济地位。概中人的作用并非仅限于见证，有时还有担保功能。如一方当事人确属无力履行契约，官府可能会要求由中人来承担偿还责任，因此某人如无独立财产甚至无独立人格，是不应该被邀请做中人的。上述陈洪道以其仆作中，不合体的另一个原因就是谭尚身份为一方当事人的仆人，若其主人违约，他根本无力代其主人发生契约；若是对方违约，他同样无力代对方向其主人承担责任。因为在明清时期仆人与家庭卑幼一样，根本无独立的私财，难以代他人承担民事责任。

因为中人兼具两造契约的见证人与担保人，因此，若两造关系非常密切，他们之间的民事行为在理论上可以没有中人参与。但明清时期的中人制度已然深入人心，很多非常亲近的人之间的契约关系也都有中人参与。如有一寡妇王高氏夫死无子，以妹妹之子成会为继子，后为王氏族人反对，遂立其夫之侄王正新为继子。成会向王高氏借钱三百串，立有借约仍在，以王高氏之弟为中人。上述民事关系中，成会与王高氏关系为姨甥，非常密切，但借债不仅立有借给，而且有中人参与，中人为一方当事人之弟，另一方当事人之舅，也符合与双方当事人都保持一定距离的要求。不过中人与当事人关系毕竟过于密切，若真发生纠纷时，中人会感到左右为难。事情后来的变化是王高氏死后，其继子王正新以此借约要求成会还债，成会否认欠债。中人王高氏的兄弟也已死亡。但中人之子不愿作证。本案中中人虽已死亡。但中人之子肯定是知道案件真相，他不愿作证，显然是想得罪双方当事人，设想若中人仍健在，他一样会觉得非常为难。

中人身份的特殊要求还表现为若当事人一方是妇女，普通人则不可以单独作中。司法者的观念认为，妇女较男子在智力与能力方面都有不足。妇女若与他人订立合同，可能会受到对方欺诈，因此要求有妇女的本宗或夫家亲戚参与到合同订立过程，以保护妇女的利益。此时的中人不但有促成合同成立的功能，还应有对作为合同一方的妇女的保护功能。因此，中人通常由妇女的亲属担任。外人若要任中人也必须在有妇女的亲属在契约上见证的前提下方合情理。否则，中人对于案件事实的证明作用不会得到官府的承认，合同的效力也难以受到承认。清

---

① （明）颜俊彦：《盟水斋存牍》，中国政法大学出版社 2002 年版，第 190 页。

人徐士林在一宗案件的谳词中就表达了这样的观点。龙溪县人吴陶若控告称他买了其族姐吴氏之屋，但屋为陈国所占。司法官员在审查吴氏卖契时，发现原业主及家长人等，并无一人与名，止一异性郭逊玉为中，且据吴陶若控称，交吴氏屋价银十九两，系吴氏之婿李文经手，而李文又何以不名列契中，据此，徐士林认为种种疑窦，显有情弊，对此契约的真实性表达了强烈的怀疑。①

2. 中人的证明功能

在民事行为成立过程，中人起到促成双方达成意思一致的作用，这是中人作用的最初体现。在其最初功能即促进交易成功后，其功能便转化为对于交易事实的见证功能。而中人的这一功能对于民事纠纷事实的查明起到无可替代的作用。在民事诉讼中，中人往往会被作为最重要的证人来查明案件真相。明代司法官颜俊案在审理民事契约纠纷时，若肯定某方当事人的主张可信，常用"明中正契"这样的表述。表明在司法官员的心目中一位合格的中人加上可以检验属实的契约文本是争议事实的最有效证明，且中人的作用而置于契约的前面。因为古代社会当事人不亲写契约及不在契约上亲笔署名的做法普遍存在，因此在契约上署名的中人往往会成为契约真伪的重要证明手段，有时甚至是唯一的依据。清代的司法官员在总结审理民间田产纠纷的经验时说："惟查民间买卖田产，首重代笔中人，继凭红契……（此案证据）系五十年前白契，谓为价实契真，其谁信耶？"② 清代很多地方州县制定的诉讼格式中都将民事案件是否有中人作为案件是否予受理的依据，债券案件若当事人不能提供中人，则案件会被官府拒绝受理。由此可见中人的证明作用已成为司法官员的共识。

前文已述，中人除了有证明功能以外，还具有一定的债务担保功能，但此功能一般来说并不明显。正常身份的中人若参与到合情合理的民事活动中，是不用承担担保功能的，相反若中人参与的民事行为不合理甚至不合法，中人会被视为有过错，可能会对契约一方承担法律责任。《盟水斋存牍》记载了这要一份案例：

何扩衷将田二十五亩卖于钟启遇，以萧贞复、叶元密为中人，得银七十两。此事未得何扩衷之祖何仕和同意。因此司法官员认为"天下岂有其尊长现在，曾不相问，而诱其卑幼私相授受，此可谓明中正契否？"否认了这一行为的效力。购买者钟启遇不得田，本应由卖者何扩衷退银，但因何扩衷隐匿不

---

① （清）徐士林撰，陈全伦、毕可娟、吕晓东主编：《徐公谳词》，齐鲁书社 2001 年版，第 469 页。

② （清）张自堂：《未能信录》卷 1，引自《中国古代办案百例》，中国社会科学院法学所法制史研究室编，中国社会科学出版社 1980 年版，第 222 页。

出，司法官员竟断钟启遇所借之银自向原中萧贞复、叶元密问讨……元密、贞复、启遇并杖拟。①

本案中，因一方主体不具有独产的财产处分权，而中人诱其处分财产，因此司法官判其对受引损失一方的损失承担责任。

将中人的证明功能与担保功能结合起来，明清时期的司法官员又赋予了中人新的功能，即民事纠纷的解决功能。司法官员认为中人比司法官员更了解案件真相，一是，当事人即使敢在官府面前撒谎，也不会在中人面前撒谎。二是中人与两造关系距离大体相同，因此中人具有较高的公正性。三是中人因为承担担保的风险，因此中人会认真地处理好两造的纠纷。客观地说，中人参与案件的处理较明初的里老人理讼更具有合理性。因为里老人的优点只在于其威信较高，并无中人的其他优势。《徐公谳词》记载了一起由中人处理案例的情形。前引吴陶若控陈国一案，原、被告在一审时各执己见，县令无法判是非，遂令原中保邻清理。② 不过中人处理诉讼效果也是不容乐观的，因为中人缺少了处理纠纷的一个最基本要求，即权威性。中人只是普通人，与当事人相比没有身份上的优势，作出的裁决即使是公正的，当事人也未必会遵从。前述案件后来的处理结果是要求一方让出房屋，但该方不理会，案件只得再诉至上一级官府。

官府对于中人证明作用的保证措施。中人在诉讼中的最主要功能是证明功能。尽管中人具备查明事实真相的客观条件。但其证明作用的发挥还有待于中人主观上是否愿意公正作证。有一点可以肯定的是，中人的道德水准并不比普通人高，因此不能排除中人受到一方当事人贿赂而作伪证的行为，而且由于中人的特殊证人身份，当事人贿赂中人的可能性远大于贿赂普通证人。中人若是不能抵御一方的贿赂，也会作出虚假陈述，从而误导案件事实认定。为此对于中人的伪证行为，官府会给予比普通证人更加严厉的制裁。《盟水斋存牍》记载的一案件里，中人就因伪证而受到了这一制裁。沈子国将已卖于孔氏的田又卖于蒲伯龄，以其表兄杜悦存为中人，事发后中人杜悦存在府一级审判中被判杖责，按察司又批示说中人串谋左祖，杖不尽辜，各加责二十板。③ 这一处罚显然较一般的证人作伪处罚更严厉。

---

① （明）颜俊彦：《盟水斋存牍》，中国政法大学出版社 2002 年版，第 531 页。

② （清）徐士林撰，陈全伦、毕可娟、吕晓东主编：《徐公谳词》，齐鲁书社 2001 年版，第 469 页。

③ （明）颜俊彦：《盟水斋存牍》，中国政法大学出版社 2002 年版，第 201 页。

二、民事物证的实践

所谓物证，是指以自己的客观属性、物征和存在状况证明案件事实的实物和痕迹。①物证是查明争议事实的重要证据方法之一。在明清时期的刑事诉讼中，物证所起的作用很大。盗窃罪的赃物或赃款，伤害罪的血衣及凶器都是不可缺少的物证。所谓赃状露验的法律规定、捉贼拿赃的民间俗语及盗从赃定的司法原则都是刑事案件的审判非常依赖物证的体现。相比较而言，明清时期的民事诉讼中，人证与书证则占有非常重要的地位。物证所起作用较低，但也并非是可有可无的。在非合同性质的民事纠纷中，物证是重要的证明方法，特别是证物本身就是当事人争议的对象时，物证的作用更不容忽视。在合同性质的民事纠纷中，虽然合同本身一般表现为书证，但判断书证的真伪却往往依靠对物证的检验。如司法官员往往通过对证书的字迹、画押、手印、印章等真伪的鉴定来确认书证的真伪。虽说物证在诉讼起到一定的作用，但明清时期的法律对物证在诉讼中的运行过程及作用皆没有作出规定，只是在强调断案应当有证据时包含有对物证作用的肯定。因此，本文关于明清时期民事诉讼中物证的研究主要以司法实践中物证的运行过程为主。需要说明的是，明清时期的民事诉讼中，田土房屋坟山是重要的争议标的，也是重要的物证。但此类证据不可能在诉讼时带到官府由官员检验，因此，官员若欲对此类物证进行审查判断，只有亲自到现场勘丈或委员履勘，与普通物证的取得及审查过程迥异。关于官员实施勘丈的相关制度及实践，本书另有专节，此处不再赘述。因此，本文所讨论的明清时期诉讼中物证主要指的是可以带到官府中的实物证据。

（一）民事司法实践中的物证

1. 明代案例

（1）孟主簿明断争鹅案：明朝南昌府进贤县有一秀才周仲进，家财殷富，却霸道乡里。仗势欺人，一日东乡的鹅贩子前来卖鹅，周秀才有心将自家小鹅换贩子的大鹅，便与贩子讨价还价，借机以小换大。贩子要周秀才还四只大鹅，周秀才便让家僮将贩子毒打一顿后锁住，自己来见孟主簿，恶人先告状。主簿派人将贩子带到。二人在公堂上各自都说大鹅是自家所养，指责对方欺瞒事实。孟主簿心生一计，问周秀才家以何喂鹅，秀才称以饭；又问贩子，贩子言以草。孟主簿令将两只鹅分别放在两边，不一会儿，见两只鹅都在拉屎。孟主簿起身下堂，见大鹅屎青，小鹅屎白，便是非全清，斥责秀才不该不顾廉

---

① 江伟主编：《证据法学》，法律出版社1999年版，第310页。

耻，昏赖人家大鹅。①

（2）卫县丞打枛辩争案：此案发生在明朝福建延平府龙溪县。当地百姓蒋佑五与沈启良因争一枛而兴讼。卫县丞受理此案，先问二人所争之枛是什么记号，二人都称无记号。又问有何人可以作证、枛在何处，为什么争执。沈启良说是头天自己在马路晒稻，蒋佑五的鸡吃了我的稻，我骂了他，二人便结了言怨，今天起身收稻时，枛还放在马路，是蒋佑五冒认我枛。蒋佑五则称是自己在马路上晾枛仔。收起时偶尔丢落了一斤，今天想起再去收时，沈启良冒认枛。卫县丞厉声道："你这奴才，既然没有记号。又无人为证，就是打死你们。你们不从实招来，也是查不清相真相。不如就将此枛为证据，弄清分晓。"于是命皂隶用荆条打枛，众人皆不解县丞之意。只见卫县丞大声说：此枛分明是蒋佑五的，因为打破的枛中，掉出来的都是枛屑，并无稻屑，沈启良输情服罪。②

（3）武署印判柴刀案：此案发生在明朝临江府新金县。乡民邹敬以砍柴为生，一日将所砍之柴卖给了秀才卢日乾家，得银二分。邹将柴刀插在柴内，遗忘在卢家，午后想起时再上门索要，卢日乾隐瞒不还，邹敬取索甚急，便口出秽语。卢修书信告邹敬，官府将其责罚五板发落。邹敬被责后犹有不服，再次到卢日乾府上大骂不止。卢亲自拜见武署印，要求严厉惩治。武署印只觉一小小村民敢如此大骂秀才，一定事出有因。于是一面私下命快手李节到卢家察其真实，一面稳住卢日乾，锁住邹敬。李节匆匆来到卢家，声称县上已将邹敬再责十板，卢相公令将柴刀还回。卢娘子信以为真，将柴刀取出。从而查明案件真相。③

（4）孙知县断瓦盆案：此案发生在明朝湖广典州府黄梅县。乡民康思泰一日在山中捡回一只瓦盆，回来养猪，所养之猪不仅长得快，而且从不害瘟疫。二年之后，康思泰家致殷富。邻人管志高家中猪常害瘟疫，管志高要以一石槽换瓦盆。思泰坚决不借，二人相争，将盆打碎，二人遂至县衙。孙知县升堂审案。二人各言瓦盆系己有。孙知县又问瓦盆有无记号、康思泰称没有；管志高在争执中见瓦盆有留记两字，便说有字，盆是窑陶炉烧的，有人为证、孙知县见瓦盆下确有二字、便判定是康思泰偷盗，责打其三十板，赔罚银三钱，

---

① 郭成伟、肖金泉主编：《中华法案大辞典》，中国国际广播出版社 1992 年版，第 654 页。

② 郭成伟、肖金泉主编：《中华法案大辞典》，中国国际广播出版社 1992 年版，第 656 页。

③ 郭成伟、肖金泉主编：《中华法案大辞典》，中国国际广播出版社 1992 年版，第 655 页。

从而制造一起错案。①

（5）叶二十争继案：叶释乃已故叶文炌之子，同宗叶二十，窥文炌夫妇偕亡，翼其弟培城争继。二十供称，文炌无子，乃取之外舍，携之昏夜而呱呱者，曾得于厕上之耳闻。县令认为究竟真膺两字，安从辨之，滴血既所以不忍，当合族议与县断两存之，割三分之一以予赔城，聊以止戈耳。②

（6）光棍争妇案：金华府金华县潘贵一与妻郑月往贺郑父寿辰。过河渡船时，八月之子饥哭，郑解怀喂乳。有船光棍洪昂，见其左乳下方一黑痣，遂起不良之意。下船后，潘、洪同时扯郑，均言己妻，众人将其扭送府衙。知府丘世爵问郑是谁妻，郑答是潘妻。洪称郑、潘私通，设圈套骗人。丘问洪，你说郑是你妻有何凭证，洪言左乳下有一黑痣。命郑解怀，查凿是真。丘大怒，责潘二十，发洪领妻还。三人出遇知县苏万民，苏见潘、郑相哭，询问因由，禀明丘后带问本县复审。单独讯问三人，郑、潘二人就对方年龄、家况所答一致；洪起初语塞，后又乱答。苏断出真情，判洪发配塞外边远充军。③

（7）因茄相讼案：鄞县有一名以种菜为业的农户。菜园茄子新熟，便遭邻居盗摘并偷拿到集市上出卖。菜农追赶邻居欲夺回茄子，邻居反诬菜农抢夺其物。二者争讼于县衙。县令李亨下令将茄子全倒在堂前，亲自察看。然后指着邻人说："你是真盗，如果是你家茄子，怎肯在其初熟时摘取小茄子叫卖？"邻人无言以答，只得认罪。④

2. 清代案例

（1）廖绍卖妻案：漳州人廖绍告妻兄刘临将妻刘氏骗卖于叶胜为妻，刘临则称是廖绍请张待代书休妻文书，并于文书打上廖绍手印。廖绍否认手印是其本人所打。徐士林认为弃妻而用手印，此诚乡俗相沿陋习，然其物不可伪为。验手印时发现廖绍手大，而手印小，司法官徐士林据此认为是刘临伪造证据。⑤

（2）郑裕国审银案：郑裕国令归安，一日，乡人某入城购食物，过一点

①　郭成伟、肖金泉主编：《中华法案大辞典》，中国国际广播出版社1992年版，第654页。

②　（明）李清：《折狱新语》，中央书店1935年版，第28页。

③　郭成伟、肖金泉主编：《中华法案大辞典》，中国国际广播出版社1992年版，第638页。

④　郭成伟、肖金泉主编：《中华法案大辞典》，中国国际广播出版社1992年版，第641页。

⑤　（清）徐士林撰，陈全伦、毕可娟、吕晓东主编：《徐公谳词》，齐鲁书社2001年版，第462页。

心店，食汤圆而无铜钱，乃以银币一元为质而去，事竣则持铜钱以赎银，店主不认，曰："汤圆值数十文，焉用银。"乡人诉之令。即签传店主，坚不承，乃暗使役向店主妇取赃，绐之曰："尔夫已供认矣，速交可免责。"妇曰："我原劝其不可昧良，今何如？"遂以原银币给役持归。郑获赃，谓乡人曰："汝银当于他处遗失，彼不承，我不能滥刑徇私，不如我偿汝，免枉屈良民。"乡人不受，郑佯怒曰："偿当不领，欲何为焉？"掷争二饼，中杂以原物一，听自择。乡人见而讶之，指其一曰："此为小人故物，何得在此？"郑问何所记，曰："此银乃小女聘金，上有双喜朱字，故知为原物也。"以示店主，店主不语，乃俯首伏罪，薄责而释之。①

（3）婆告媳忤逆案：徐次舟为陆丰令，有妪告其子媳忤逆，称值我生日，以恶草具进，而自于房中啖酒肉。讯媳，则涕不作一语，徐疑之，语妪曰："媳不孝，可恶，今为汝上寿，和尔姑媳，何如？"妪叩谢，乃令人设案于堂，使姑媳就坐，各予面一碗，面中有他物也，食毕，徐故问他案，不即发落，俄而姑媳皆大吐，众视之，妪所吐皆鱼肉，媳所吐为青菜也。徐乃责妪曰："今何如，汝敢于公庭为谰言，则平日可知，姑去，幸勿谓本官易欺也。"妪大惭而去。②

（4）两店争笆斗案：忠若虚治余姚，有互扭而来控者，则米店人控面店人吞没其笆斗也，面店人曰："是固我物，彼强来诬我者。"米店人曰："彼初来借用，讵久假不归，意图吞没耳。"忠笑曰："是笆斗之罪也。"命伏笆斗阶下，呼役扑之，躬自离座监视，扑至数百，忽升座，叱面店人曰："是米店物，何得吞没之？"面店人呼冤，则指覆斗处令自视，曰："初扑之，取出者面麸，麸至再三，则糠秕见矣，是非初为米店物而为汝借用者呼，复为乎赖。"两造皆服。③

（5）伪票诈财案：徽州有质库，地棍欲诈其财，乃作伪票，作珠一颗，典五百金，值十当五，须偿千金。典主亦健者，取此月号簿呈送。棍乃转讼其伙，谓主人艳珠，令伙没入也。幕友吴墨谦视票曰："易剖也，各典店规，例以年长一小郎为写票，大典柜伙四，次三，又次二，扣授票百，以木杆贯而授之，否则落纸如飞，散同秋叶矣，请明府各典票验之，可见此票无孔，非典中物也。"棍乃语塞。④

（6）赵清献折狱：有盲者与屠者善，一日入屠者室，虚无人，筐有钱五百文，怀之走，屠者觉而追于途，遂讼于官。赵命吏取水，投钱其中，浮脂荧

① 徐珂：《清稗类钞》第3册，中华书局1984年版，第1133页。
② 徐珂：《清稗类钞》第3册，中华书局1984年版，第1160页。
③ 徐珂：《清稗类钞·狱讼》，中华书局1984年版，第1172页。
④ 徐珂：《清稗类钞·狱讼》，中华书局1984年版，第1047页。

炭，乃断归屠者。①

（二）明清时期物证的种类

按照现代证据法理论，依据不同的标准可将物证分为不同的种类。以物证的外观形态为标准，可将物证分为有体物证和无体物证。有体物证是指具备一定形态的物证，如固体或液体或者气体形态的物证；而无体物证则是没有固定形状的物证，如声音、光线等。以发现物证的感官标准来看，可将物证分为视觉物证、触觉物证、嗅觉物证和听觉物证常态物证。从物证的功能来看，民事诉讼中的物证可以分为三种，一是作为争议标的物的物证；二是可以说明标的特征的物证；三是当事人在交易过程中形成的物证。从物证的来源来看，可将物证分为实物和痕迹。实物是原始的物证，而痕迹则是原始物证的复制。实物物证可以单独证明事实，而痕迹必须与其原物印证一致，才可以证明事实。

上述物证种类中，从物证的外观形态来看，明清时期的诉讼中只出现有体物证，没有出现无体物证，而且有体物证中没有看到过气体物证在诉讼中起过作用，液体物证也很少出现，仅上述清代案例 6 中的物证可算是液体物证。从审查物证的感观标准来看，明清时期的物证基本上都是视觉物证，而无听觉物证、触觉物证及嗅觉物证。这表明明清时期的民事诉讼中对于物证的审查方法还非常简单，仍然只停留在凭肉眼观察这一层次；运用人身的其他感官来识别物证很少发生，更不用说凭借仪器设备对物证进行检测了。这也是明清时期的民事诉讼中不可能出现气体物证甚至是无体物证的原因。从物证的功能来看，三种物证形态则都已产生。第一种是作为争议标的之物证。明代案例 3 中的柴刀，案例 4 中的瓦盆，案例 7 中的茄子；清代案例 2 中的聘银，案例 3 中的呕吐物都是这类物证。第二种是可以说明标的特征的物证。明代案例 1 中的鹅屎，案例 2 中枰屑，案例 6 中的郑某身体上的痣，清代案例 4 中的面麸、糠秕，案例 5 中的无孔典票，案例 6 中的油脂都可说明争议标的鹅、枥、郑某、芭斗、典票、铜钱的特征，而这些特征的确认又可以证明当事人主张。第三种物证是在民事行为成立过程中形成的物证。清代案例 1 中的手模脚印等即属于此类证据，它是当事人从事民事交易（卖妻）的证据。以物证来源划分的实物和痕迹两种物证形态在明清时期的民事诉讼也都存在，其中以当事人争议的标的物为证据时，这一物证显然属于实物。明清时期诉讼中的大部分物证都属实物证据；而明代案例 4 中瓦盆上的字、清代案例 1 中的当事人在文书的手印、案例 6 铜钱在水中的浮油脂即属于痕迹物证。

----

① 徐珂：《清稗类钞·狱讼》，中华书局 1984 年版，第 998 页。

（三）民事物证的收集

1. 物证收集的主体

明清时期的司法实践中，物证的收集方式有两种：一是法官主动收集；二是由当事人提供。

（1）法官主动收集证据是明清时期民事诉讼中物证收集的主要方式。与民事诉讼中的书证主要是由当事人呈供收集方式不同的是，物证的收集主要是由法官完成的。从上述案例来看，明代案例 1 中的鹅屎，案例 2 中枪屑，案例 3 中的柴刀与案例 7 中的茄子，清代案例 2 中的聘银，案例 3 中的呕吐物，案例 4 中的面麸、糠秕，案例 6 中的浮油脂都是由法官主动收集的，占物证的绝大多数。之所以出现物证与书证在收集方式上的这一差别，是由物证与书证本身不同的特点决定的。书证在制作之初，其目的就是很明显的，一般证书都有"恐空口无凭，立此为据"的文字。对于书证的证明作用，当事人是非常清楚的，因而与书证记载内容相关的诉讼一旦发生，当事人会主动向司法官员呈交证据以证明自己的主张。明清时期的司法实践中，也经常能够看到当事人请求法官验证的记载。但物证则不同，一般诉讼当事人并不知道争议事实应当如何证明，或者即使知道应当有何种证据来证明，也会因为某种原因而致使本人并不占有证据，因此主动向官府提供物证的现象非常罕见。故而证据主要由审案经验丰富的法官来收集。

（2）当事人提供物证。明清时期的民事诉讼中物证也可以由当事人提供。虽然法律并未规定当事人有申请法官审查证据的权利，但也没有法律禁止这样做。因此，当事人若是认为某种证据能够证明自己的主张，也可以向法官申明某的证据的存在。上述案件中，明代案例 4 中的瓦盆上的留记二字，案例 6 中的郑某身体上的痣；清代案例 1 中的手印，案例 5 中的无孔典票，都是由当事人主动提供的。不过此类由当事人提供的物证有这样的特点，一是具有书证的性质，如清代案例 1 中的手模脚印，本身就是一份弃妻的契约，只不过因为当事人不会书写，请人代写文书，为了证明自己参与契约的订立，因而采用此种方式。手印因无文字内容，故而归入到物证，但究其本质而言乃是当事人意思表示的凭证，因而具备书证的性质。案例 5 中的无孔典票就是书证的一种。而明清时期书证收集制度一个很大的特点就是当事人主动向法官提供书证，因此此类证据由当事人提供是很正常的。二是物证虽由当事人提供，但前提都是官府先询问当事人是否有物证，然后当事人再向官府提供，这一举证方式带有强烈的职权主义色彩，与当事人主动呈证还是有区别的。可见，明清时期的民事诉讼中，当事人主动提供能够证明自己主张的物证还是较为少见。原因主要就是当事人因为法律知识或实践知识缺乏，不知道应当以何种物证来证明己方主张，因而主动供证的可能性自然不大。

2. 物证收集的其他特色

（1）收集证据手段的多样性。明清时期的证据法相当简单，除了刑讯的使用受到法律一定程度的规范以外，其他任何方式都可以使用。刑讯在收集物证过程所起的作用较小，这是明清时期民事物证收集方式的一个特色。而在刑事诉讼中，以刑讯方式逼取物证的做法非常普遍。原因在于刑事诉讼中强调赃状露验，作为犯罪对象和犯罪工具的物证都是不可缺少的证据，若缺少这些证据，即使是当事人承认犯罪指控，也无法结案，因此司法官员为了获得这些证据而施以刑讯就是可以理解的。但民事诉讼并不强调证据的作用，因为证明标准较低，只要当事人承认了司法官员认定的事实，就可以结案。若当事人不承认相关事实，也没有相关证据，案件就成为疑案。关于疑案，明清时期的司法官员自会有一系列处理方式，犯不着在没有证据的情况下刑讯当事人从而背上贪酷之恶名。上述明代案例2中的卫县丞及清代案例2中的郑裕国都认为没有证据不应刑讯当事人的观点。倘若有证据，当事人仍然不肯承认不利事实。司法官员有两种途径可以选择，一是直接对作出事实认定。二是可以通过刑讯迫使其承认不利事实。因此，在民事诉讼，以刑讯获取口供的现象虽然不多，但也还存在；而以刑讯获得物证的做法，到目前为止，尚未发现。除了刑讯一般不得使用外，物证的收集方式很少有限制。尤其是在案件的证据为一方所掌握时，另一方处于无证据的状态，此时司法官员会采取欺诈的手段来获取证据。如明代案件中的武署印审柴刀一案，清代案例中的郑裕国审银一案都体现了证据收集过程中的欺诈行为。这些方法在现代的诉讼法中也许是不正当的，但在当时是应当值得肯定的行为。与刑讯取证方式不同的，以欺诈方式收集物证，很少会出现收集到假证的情形，因而当事人对于这样的取证结果也并无不服。

（2）物证收集的及时性要求。与书证可以较长时期保持不同的是，物证存在的时间往往很短暂。原因是因为书证制作的时候当事人就准备将它作为将来交易发生争议时的凭证，因此会有意对其进行有效的保管，因而书证可以在较长的一段时间内存在。但物证则不然，因为当事人并不知道何种物证可以证明他的主张，因此，他也很难知道该保护哪一种物证；除此以外，书证的形式一般都是纸面材料，因而保存较为容易；而物证的材料则种类多样，有些物证自然存在的时间不会很长。为了能够发挥物证的证明作用，收集物证就应当及时。上述明清时期的案例中，明代案例1的审鹅案，清代案例3的审饮食案都体现了司法官员及时收集物证的思路。

（3）收集物证应当具备丰富的生活经验。上述案件中证据的收集还体现了司法官员具有非常丰富的生活经验。收集证据的前提是发现证据，即当事人主张的事实应当用何种证据来证明，这是法律没有规定也无法规定的。在当事人主义下，当事人谁主张，谁举证，司法官员不用去思考应当去收集何种证据。但明清时期的民事诉讼并未确立严格的谁主张、谁举证的原则，司法官员为了查明案件也经常主动去收集证据。问题是应当收集什么样的证据，这就需要法官的智慧与丰富的生活经验。上述明代案件中对于以鹅屎作为证明鹅归属的证据，以枨屑作为栅的归属的证据，清代案件中以面麸、糠秕作为芭斗归属的证据，以呕吐物作为所食何物的证据，以浮脂作为证明钱是屠者的证据都体现了司法官员对于生活经验的熟知。可见明清时期的司法官员在发现证据关联性方面确实有自己的过人之处。

（四）物证的审查判断与事实认定

1. 物证真伪的审查

物证与人证及书证相比最大的特点就是客观实在性，不易伪造。虽然如此，民事活动中的当事人伪造证据的做法也还是存在的。对此司法官员也积累了一些判断物证真伪的方法。这些方法主要有比对法及辨认法。比对法主要适用于痕迹物证的审查。对于疑为当事人伪造痕迹物证，将其与产生它的实物进行比对，看能否印证一致，如能印证一致，即为真实物证，反之则为伪证。前述清代案例 1 中，刘临伪造廖绍手模一案，即属当事人伪造物证。徐士林审查廖绍手印最简单的办法就是将手印与手比对，发现两者很不一致，因而认定证据为伪；清代案例 5 中司法官员将原告提供的典票与质库提供的典票进行比较，发现原告提供的典票无孔，从而认定其为伪造证据，用的同样是比对法。辨认法是对实物证据的审查方式，将实物证据置于相似的实物之中，若当事人能够将其辨认出来，则可认定其为真，反之为伪。前述清代案例 2 中郑裕国审银，将银元与另外一枚银元共同放置，让当事人一方进行辨认，后当事人辨认成功，并且说明了理由，证据可以认定为真。上述两种方法，属于同一认定或同质认定方法。而同一或同质认定法是审查物证真伪最常见的方法。① 即使在

---

① 同一认定方法是指将痕迹物证与产生它的实物进行验证，若两者一致，可以证明证据为真；同质认定是指将实物证据与其同类的实物相比，若属同一类，不一定能证明证据为真，但如不属同一类，则可认定其为伪。辨认法是对证据同一认定的方法，而比对法既可以是同一认定，也可以是同质认定。所引案中的廖绍手模即是同一认定，而对典票真伪的判断则是同质认定。该案中原告提供的典票即使有孔也不能证明为真，但无孔却可证明为伪。采用的就是证伪思路。

今天的诉讼中也是主要的证据审查方式。明清时期的民事诉讼中采用这样的方式审查证据真伪，取得了良好的效果。上述清代案件中，案例 1 中的手印被查出伪造，案例 2 中银元被查明确属乡民所有。且这两起案件事实认定的结果都获得了对方当事人的认可。需要说明的是，从上述明清时期的诉讼实践来看，对于物证真伪的查明并不很难。以痕迹而言，徐士林就认为弃妻而用手印，此诚乡俗相沿陋习，然其物不可伪为。可见对于物证真伪的判断，当时的司法官员也并不认为是非常棘手之事。

2. 审查物证的关联性

既然物证的真伪并不难以查明，因此，运用物证来证明事实，最主要的考虑应是物证的关联性。从上述案例来看，大部分物证与证明事实都有非常密切的关系，将物证与诉讼中的其他事实结合起来，基本可以认定事实。也有的物证虽然为真，但因为是当事人有意而为之，故而其关联性并不高。司法官员简单地运用这些物证来证明争议事实，就会造成了错案。上述明代案例 4 中孙知县断瓦盆案，案例 6 中邱知府断光棍争妇案中的做法即是对物证的关联性作出过高估计的后果。当然，从两起案件来看，该物证本身应当是有关联性的。但物证关联性不强，再加上这两个证据是由当事人提供的，因此其证明力更是打了折扣。司法官员不审查证据的来源，因而对证据的证明力作出了错误判断。上述两案的审判结果表明如果司法官员对案件不加以全面审查，仅凭物证断案，难免出现失误。案例 4 的正常做法是应调查周围人证。康思泰家使用瓦盆已达两年，邻里不可能全不知道。但是因为是案件标的较小，县令也不愿投入更多的诉讼成本，结果造成一桩冤案。案例 6 中郑称自己为潘妻的陈述本身已极具证明力，但因为知府偏信了洪昂陈述的郑与潘私通的谎言，轻易地否决这一非常有力的证据，而只相信洪昂通过不正当途径得来的证据，并且将其证明力不适当地扩大，从而作出错误的判断。这两则案件的审理中司法官员犯了简单相信物证的过错，而他们相信的这些物证本身并不是很有说服力，没有排他性。从这两起案件审理的错误我们可以看出，对于以物证来查明事实的案件，应当保证物证对待证事实具有很强的证明力。同时为了使物证的证明力为当事人了解并接受，司法官员应向当事人展示自己收集来的物证材料，并阐述物证与待证事实之间的关系。这样做不仅可以让当事人检验自己的判断以保证自己判断的正确性，而且为了让当事人对于自己的判断能够心悦诚服，从而能够具结结案。上述明代案例 2 中的柃屑、清代案例 4 中的面麸、糠秕作为物证，是由司法官员主动收集到的，由于物证体积细微，与争议标的所有权的关系也并非一目了然，故而司法官员不仅令当事人自己察看物证，而且向其解释了这一物证与争议标的归属的关系。这种做法可将以物证认定事实的消极方面降低许多。

（五）影响物证实践中的其他要素

从上述案例可以看出，明清时期的司法实践中，还有两个要素也对物证实践产生不可忽视的影响：

一是情理；二是伦理。

1. 情理。所谓情理，指对争议事实发生与否可能产生影响的相关事实，既包括客观事实，也包括能够体现心为人心理状态的行为表情。情理对于物证实践产生的影响主要表现在两个方面：

一是在物证收集过程中起到较大作用。明清时期的民事诉讼中，有很多案件当事人不能提供证明自己的主张的证据。在这些案件中，又可分为两类，第一种案件双方互控，双方主张的事实相同。虽然双方都无证据，但也不能轻易否定一方的主张而支持另一方的主张。在此情况下，官府会主动收集证据查明事实。如明代案例中的"孟主簿明断争鹅案"，清代案例中"两店争芭斗案"就是此种案件，在此种案件中，若司法官员在无证据的情况下判断任何一方败诉，都会让人觉得不公平。因此，司法官员必须主动去查清事实。第二种案件为一方指控另一方侵犯其权利，另一方仅仅是予以否定，并未提出与其诉讼标的相同的主张。如明代案件中的"武署印判柴刀案"，清代案例中的"郑裕国审银案"就是如此。这种案件依据诉讼惯例，在原告不能证明自己诉讼请求的时候，应当判决原告败诉，现代的证明责任方式即是如此。在明清时期的民事诉讼中，面对此类案件司法官员一般也是不支持原告主张的。在"武署印判柴刀案"中，邹敬指控卢秀才占其柴刀，因无证据，司法官员直接对其判责五板。只是后来原告的表现使得审判者认为其主张较为可信，然后才设局收集到对原告有利的证据，从而查明事实。可以这样认为，司法官员在审理此类无证据的案件中，他主观上觉得某一方当事人的主张较为可信是其依职权收集证据的前提。这可见情理在收集物证过程中起到不可忽视的作用。

二是在事实认定中的作用。如果物证的关联性不足，司法官员运用物证查明事实还要将物证与情理结合起来，这样认定案件的事实才具有较大的可信度。明代案例 7 的审理较为集中体现情理与物证相结合的思路。在该案中，茄子虽是证据，但这一证据本身与当事人谁是其主人关联性并不大。将这一证据与当事人主张的事实相结合，即菜农主张邻居盗摘，而邻居称自己摘的是自家茄子。但依据情理，常人是舍不得摘自家未成熟的茄子出卖的，因此，司法官员认定邻居的主张不真实。但这一事实认定并不是无可怀疑的，因为邻居因为特殊用途并不能排除其出卖小茄子的可能。不过案件事实已经证明到对邻人不利的程度，若邻居不能举出新的证据来否定司法官员的这一事实认定，那么在优势证明标准可以在民事诉讼中适用的情况下，邻人被判败诉是合情合理的。后来的结果是邻居无法提供新的证据，俯首认罪，也表明这一案件的事实认定是正确的。

2. 伦理。所谓伦理是指人与人相处的各种道德或行为的规范准则。传统社会中，家族成员之间的伦理规范在调查家族成员之间的关系方面起到重要的作用。家族伦理中，对于先人坟墓的敬畏是重要的表现之一。因此对于普通人而言，挖掘祖坟是大逆不道之事。这一观念也影响到明清时期民事诉讼中物证的收集。上述案例中明代案例5的审理就能体现物证收集过程对传统伦理的维护。案例5是本文引用的明清案例中唯一没有证据查明事实的案例。本案的争点是叶释是否为已故叶文炌之子，如果是，则叶二十没有继承权；反之叶释没有继承权。要查明这一事实，在当时最有效办法即是通过滴血认亲之法，即将叶释之血与叶文炌之血放到一起，如能融为一体，则二人有血缘关系，反之则无。但叶文炌已死，只能通过滴骨辨认。即将叶释之血滴入叶文炌尸骨，如能渗透进去，则证明有血缘关系，反之则无。不过这样一来，就不得不发冢见尸，而这一做法对于敬畏祖先的传统伦理而言无疑是极大的破坏。因此，司法官员认为滴血所以不忍。故而容忍了案件真相不明，最终采取各打五十大板的解决办法。这一案件的审理过程表明，司法官员对于取证过程中破坏传统伦理的做法非常忌惮，为了维护伦理，甚至可以放弃对于真相的追求。

三、民事书证制度

在明清时期的民事诉讼中，书证的作用非常突出，这是民事诉讼与刑事诉讼的一个重要区别。明清时期，由于民事交易数量的日益增长，人们的法律意识也有了很大提高，其中一个重要表现就是人们开始为大量的民事交易制作书面凭证，当将来民事行为在履行过程中发生争议时，这些书面凭证便成为查明事实真相的重要方式。四川巴县保存的清代乾嘉道年间的诉讼档案中，有许多民事契约。这一现象可说明两个问题，一是这些民事交易行为中大量使用书面契约，二是在民事纠纷的解决过程中，这些契约起到了很重要的作用。因为清代普通的民事交易并不需要至官府备案（当然，田土交易除外），官府通常也不会保存普通民事契约，这些契约在官方档案里大量存在肯定在诉讼中作为证据而存入案卷材料的。此外，立法上的一些规定及当时一部分人的观点也表明民事诉讼对于书证的重视。明代条例规定："告争田产，验有亲族写立分书已定，出卖文契是实者，断令照旧管业，不许重分再赎，告词立案不行。"① 明代学者丘浚在总结民事诉讼的证据运用时称："盖民之讼，争是非者也，地之讼，争疆界者也，是非必有证佐之人，疆界必有图本之旧，以此证之。则讼平而民心服矣。"由此可见书证的证明作用。明颜俊彦在审理黎聪、李佐朝告争税屋一案的判词中提出司法官审理的依据，即官凭文断。② 意即司法官员认定事实并不是看当事人说了什么，而是看他是否有书面的证据。这一观点已与传统的五听听讼的理论大不相同，与西方国家的近代社会强调的书证为最佳证据的规则在精神是一致的。清人王植也认为在户田之讼即户口与田产的诉讼应唯查节册，因为对于田产丈量有册，垦报有册，过户有册，实证有同。既然现实经济活动中文书普遍存在，而这些文书对于事实的证明作用又得到了官府的认可，因此，在诉讼中大量使用书证就是一个自然的结果。清人徐士林在总结坟册纠纷时的经验说："夫争控山场，其有契界者，断以契界，其无契界而历来掌管有据者，即断以历掌之界，如既无契界，又无历掌确据，屡争不止，即就现在之形势酌断，使两不相碍，彼此平情，庶为妥协。"③ 同样表明了书证的重要性。

（一）明清时期民事诉讼中书证的种类

明清时期的民事诉讼中，作为案件主要证据方法的书证多种多样，依据不同的标准，可将书证分为以下几类：

1. 从公信力上分，可分为官方制作的文书，民间制作经官方确认的文书及民间制作的文书。官方制作的文书如官府发给的当事人完粮印串；民间制作的经官府确认的文书如官府在当事人进行田土交易的田契加盖印信后的红契。民间制作的书如民间婚书，族谱及未加盖官府印信的田契即白契。

2. 从记载内容上看，可分为证明婚姻关系成立或终止的婚书、庚帖、休书等；证明田土交易的契约，包括白契与红契，还有证明田土房屋所有权或使用权的完粮纳税凭证；说明田土坟山或房屋面积与范围的图形书证。证明当事人身份关系的户籍文书及族谱等；证明当事人之间存在债权与债务关系的普通契约。

---

① 怀效锋点校：《大明律·户律二·典卖田宅条例》，法律出版社 1999 年版，第 372 页。

② （明）颜俊彦：《盟水斋存牍》，中国政法大学出版社 2002 年版，第 416 页。

③ （清）徐士林撰，陈全伦、毕可娟、吕晓东主编：《徐公谳词》，齐鲁书社 2001 年版，第 350 页。

3. 从书证的制作者身份来看，可分为本方制作的证书与他方制作的证书。所谓本方制作的文书，是指当事人向官府提交的为了能够证明本方观点的文是由本方制作完成的。如明清时期的田土坟山界址争端诉讼中，当事人为了表明所争之地在本方界址内，往往通过向官府提供地图地来证明自己的观点，而这些图纸往往由双方各自提供。他方制作的书证又可分为两种，一种是由对方当事人制作的由本方保管的书证，如在契约履行诉讼中，一方出具的文书往往是由对方提供的，如债权人提供的由债务人出具的欠债文书；他方制作的书证另外一种是由第三人出具的，如在田界诉讼中，一方当事人为了证明自己田界的范围，向官府提交记载了田土四至的田契，而田契约的制作方即为该田土的前一所有者。

4. 以是否有见证人为标准，可分为有见证人的书证与无见证人的书证。明清时期的民事活动中，不仅制作书证普遍存在，邀请中人见证民事交易行为的做法也普遍存在。不过邀人见证往往是要花费一笔钱财的，至少也得一饭之费。另外，中人也是有身份要求的，至少应与交易当事人应当都较为熟悉，且在当地应具有一定的声望，因此也存在着当事人不请中人的情况。不过无见证人的书证其证明力较低，在将来诉讼发生时官府可能会不予认可，因此，大部分书证都有见证人；没有见证人的书证只占很小比例。

5. 从制作依据来看，书证可分为原本与抄本。所谓原本是指当事人据以证明争议事实的正式书面证据。但在向官府起诉过程中，因为担心本方提供的证书在案件正式审理之前灭失或被篡改，当事人一般都只先呈交其抄本。而在开庭时递交原本。

6. 从制作程序来看，书证有底本与正本之分。所谓正本与底本是指在民事交易中，交易双方先写好契约内容并签名画押，但在向官府投税时，官府并不是仅仅在当事人写就的契约上加盖印章，而是让官府指定的人员将当事人订立的契约内容再抄到官颁的契纸上，这样，当事人先前写就的契约即为底本，而后来由官府指定的人员抄写的契约即为正本。

（二）书证的提出

明清时期的立法没有规定书证提交的程序，从司法实践的情形来看，书证一般应由主张书证存在者提供，尚无要求对方提供书证之法。之所以一般不存在要求对主提供书证的做法，这是由明清时期的契约习惯决定的，明清时期的民事契约虽说是双方当事人意思一致的表现，但一般不存在契约一式几份的做法，通常情况是以一方向一另方出具书面的授权或义务的承诺形式出现。如买卖契约一般是由卖主出具交于买主作为为买主对交易物享有所有权的文书，而卖主则无相关的契约，再如债权债务契约则是由债务方向债权方出具借贷凭证。如此一来，在民事交易的实践中，对当事人一方有利的书证在情理上也只由其一方持有，而他方一般不持有。这样，当事人若主张对其有利的事实，倘若这一事实有书证证明，则书证应由本方提供，而不得要求对方提供。田土交易中，由卖主向买方交付地契，此契约也就成为买方的产权凭证。以巴县诉讼档案为例，在所有当事人声明有书证的案件中，都是由当事人主动向官府提交书证，请求官府赏阅。当然，也有一方当事人申明有契约时并不向官府递交契约，而是称契约为本方证人持有。面对这种情况，官府往往会主动向该证人收集书证，若该证人否定当事人主张，则官府会不认可当事人主张的书证存在的申明。徐公谳词记载了这样一分谳词：

　　乐俊禀府词内称，黄朝立继，议给封贮黄天祥之手。质诸天祥，并无其事。隔讯黄香，又称亲支立继，不用议约。①

此外，有些书证是由官府持有的，对于此类书证的提供，常规的做法是应当由当事人向官府申请调出。但在清代法律中，也曾明文规定某些书证应当由受理案件的官府依职权提出。《户部则例》规定：旗人典于旗人房地，契载系康熙年间者，不准控赎。其余在屯旗人，虽初次呈控，准该厅县接收，查覆契档，就近审理详报。② 当然这一做法是与明清时期司法行政合一的体制是不可分的。若是在今天，就很难实行。

依据清代诉讼的惯例，当事人在起诉时若提出相应的主张并声明有书证支持，则应当同时将书证呈验，很少会出现当事人故意隐瞒证据，等待开庭时给对方突然袭击的可能，因为当事人若不提供相关证据，可能导致两个不利后果，一是官府认为证据不足不予受理；二是官府认为当事人有书证却不在起诉时提出，而在开庭时提出，会认为这一书证可能是伪造的。因为古代社会强调依情理断案，当事人有证据却不予声明，不合情理，因此可以认定其为伪证。清代漳平县郭文燕与陈振争屋涉讼。郭文燕称陈振的住房屋是郭正台盗卖的郭文燕所有的房屋。一审判决屋归郭文燕，陈振不服，诉至道衙。在二审中郭文燕为证明屋系己有，向官府提供一份康熙四十九年修房的材料单据。但该证据在一审时郭文燕从未向官府申明存在。道台徐士林认为"前之所无，后之所有"，显属荒唐。首先从心理上怀疑这一证据为假。然后再审理时发现材料单

---

　　① （清）徐士林撰，陈全伦、毕可娟、吕晓东主编：《徐公谳词》，齐鲁书社 2001 年版，第 172 页。

　　② 《户部则例·卷 100·通例 4》，见张友渔、高潮主编：《中华律令集成·清卷》，吉林人民出版社 1991 年版，第 163 页。

据纸旧墨新，显属假证。本案中，虽然没有单纯依据当事人提交证据时机的不合理就定其为假证，但倘若没有这种怀疑在先，司法官员仅凭书证的外观特征也未必会断定证据为假。①

（三）书证证明价值的判断

1. 判断书证的关联性

明清时期的司法实践对于书证的证明价值的判断，首先是判断书证的关联性，接着是判断书证的真伪。关于书证与待证事实关联性的判断，法律上并无一定规，完全凭借生活经验和逻辑推理。笔者在论述明清民事证据原则中已经提出了司法官员强调证据关联性的原则。而对于书证关联性的判断，明清时期的司法实践表明司法官员大都会按照生活经验与理论逻辑作出判断。明代司法官员颜俊彦认为在确认田土的所有权时，应凭该县之粮册，凭本司之给帖，志岂可以为券？田岂有不载之册，不征之帖，而独信之志者乎？数行志书正于茫茫大海中凭空下要柱，以为争讼张本耳。官方确认的证书与未经官方确认的证书。官方制作的文书，出有本县给帖，而诸人无之，因以给帖为券而归其管业。② 而清人黄六鸿认为债负必以券约为凭，往来之手札不足据。③ 这些都是对书证关联性判断的指南。

2. 判断书证的真伪

书证的真伪有两层含义，一是书证形式的真伪，即书证是为确为在书证的署名的当事人书写或其意思表示。即书证本身的真伪。二是书证的所反映的内容是否确实存在。形式上真实的书证在实质上不一定就真实。如当事人被对方威逼而写下的欠条。就是形真而实伪的书证。对于民事诉讼中的书证，要让其发挥真正的证明作用，除了要确认书证形式为真之外，还应确定书证实质上为真。对于书证形式与实质上的真伪，明清时期的法律同样没有规定应当如何判书证，不过从一些案件的审理实践及司法官员的态度来看，对于书证真伪的审查，可分为内容与形式两个方面。一般来说先审查书证的内容，如能够从书证的内容能够发现矛盾之处，判断其为伪，则无须对书证的形式进行审查，只有当书证在内容上有矛盾时才会通过书证的形式如字迹、纸张等方面来查明书证

---

① （清）徐士林撰，陈全伦、毕可娟、吕晓东主编：《徐公谳词》，齐鲁书社 2001 年版，第 386 页。

② （明）颜俊彦：《盟水斋存牍》，中国政法大学出版社 2002 年版，第 430 页。

③ （清）黄六鸿：《福惠全书·卷 20·杂犯》，引自《官箴书集成》第 3 册，黄山书社 1997 年影印本，第 439 页。

的真相。

（1）通过书证内容来判断书证真伪。清代徐士林审理的蔡方来假谱争坟案中，当事人蔡方来主张系争坟墓系自己的伯曾祖母吴氏坟墓，并在家谱中记载了这一内容，以作为己方的证据。徐士林在审查蔡方来提供的家谱上发现在家谱卷二的世系中伯曾祖父仅取妻李氏，并无吴氏其人，而在卷三茔墓中却有吴氏记载。徐士林认为家谱世系中少一妣，而坟茔多一妣，显系伪造。① 另外，在子霞诬拐一案中，万子霞之子万二为程周勋仆役，娶程周勋婢女为妇，万二称其娶的乃是程周勋之女，并出具程周勋书写的婚书一份，但婚书中署名的程、周、勋三字错了两个，误程为陈，误勋为顺。审判官根本没有通知程周勋来验笔迹，径自认定这一份婚书为伪造。② 上述两案的审理过程表明，对于书证真伪的判断，司法官员首选的办法是通过审查其中的内容的逻辑性来判断其真伪，若就此可以确定其真伪，则无须再验对笔迹或纸张。以减少诉讼成本。这是检验书证真伪的第一步。

（2）通过讯问书证的书写者，包括当事人本人或者代笔之人及检查书证外观来判断书证的真伪。若书证内容合理，无法定其真伪，则要讯问书证上的代笔或中人来判断。若中人、代笔等否定书证或供认书证为伪，则可认定为伪。这类似于人证制度中一方提供的本欲作出对其有利的证词的证人若是做了对本方不利的证据，则这样的证据官府一般会容易采信。在徐士林审理的林远庵告李允标一案中，原告林允庵出具其上手苏作惠的卖契，以证明本方对系争土地拥有所有权。在审理过程中，苏作惠将林远庵于雍正九年造成假契，携钱三千，求伊代父画押等情事直言不讳。司法官员据此认为远庵之契为假契。③ 书证上署名之人证明书证为假，大体可以认定书证为假，但书证上署名之人证明书证为真，书证却不一定就为真，这一点司法官员也是认识到的，因此会采取其他的措施来判断书证的真伪。对于书证上署名之人已经亡故，该如何认定书证真伪。司法官员认为不应再以中证人为依据来查明事实，而应考虑其他办法，即不认为中证人是查明书证真伪的唯一依据。清代徽州地区人郑光借李一凤银四十两，订有议约，以田租收入还利。后议约上中人亡故，光遂称本钱已

---

① （清）徐士林，陈全伦、毕可娟、吕晓东主编：《徐公谳词》，齐鲁书社 2001 年版，第 49 页。

② （清）徐士林撰，陈全伦、毕可娟、吕晓东主编：《徐公谳词》，齐鲁书社 2001 年版，第 115 页。

③ （清）徐士林撰，陈全伦、毕可娟、吕晓东主编：《徐公谳词》，齐鲁书社 2001 年版，第 430 页。

还，李一凤诉至官府，郑光否认议约内容的效力。司法官吴宏在审理中认为虽中人已死，岂可以中人之存殁，定议墨之真伪，认定郑光与李一凤契约有效，郑光应当履行。①

（3）将书证的与其原本或底本比照。当事人提交到官府的书证如果是正本，那么还应将正本与底本进行比较。如果是抄本，则应同原本相比照。清代桐城地区王西士与张联芳互争棉地。王西士提供印契，一审时谢县令认为契约中的"棉地"二字系加纸浮贴，认定契约内容属伪造。二审司法官徐士林不限于就契论契，而是查阅双方原立底契、议约，发现"棉地"等字毫无洗补痕迹，且底契、议约皆出自方敦益之笔，两者一字。据此，徐士林认为，司颁印纸，率将经承照底契摘写，盖底契为主，誊写不必俱全，各处皆然。此契先写俱全，改贴棉地，不过书房一时舛错。谢令不论底契，不讯代笔之人，只泥印纸贴改二字，反以一笔挥成之议约，疑其字密墨重，断为捏改，何其固也。② 本案的审理对于印契真伪的判正是通过将印契即书证正本与底契及议约即书证原本相比照而得出的结论。如不考虑原本，而只就正本论其真伪，则此种判证据真伪之法是不当的。

（4）通过书证的纸张新旧、文字的墨迹、字体、格式进行辨认，判断书证真伪。判断书证真伪首先判书证的纸张新旧，古代诉讼中民间契约的保存往往达几十年甚至上百年，此种书证纸张应当非常破旧，表现为三个方面，一是纸张的色彩，老契纸张暗黄；二是纸张的平整，老契褶皱较多，而新造之书证纸张则较为平整；三是书证上的蛀孔。新契没有蛀孔，老契一般都有。从文字来判断，新的契约墨色较浓，而老契则墨色较淡。从纸体上看，原契一般字体同一，字形流畅，而变造之契一般字体不一，书写生硬。当然，伪造假契者也知道官府判断书证真伪的依据，也会力求造假如真，造旧如旧，这样的书证会给官府判书证的真伪带来很大的难度。清代龙岩县人林远庵与李允标讼争田地，林姓捏造契约作为本方依据。为使契约可以以假乱真，伪造者在假契上凿孔无数，假装虫蛀。一审县令不辨真伪，断林姓据契管业。李远标不服，诉到道台。徐士林认真查阅林姓契纸，发现蛀孔虽多，但折叠起来看，竟无一孔相

① （清）吴宏：《纸上经纶》，见郭成伟、田涛点校：《明清公牍秘本五种》，中国政法大学出版社1999年版，第206页。

② （清）徐士林，陈全伦、毕可娟、吕晓东主编：《徐公谳词》，齐鲁书社2001年版，第305页。

对。遂认定契约为伪造。① 文书格式一般也是判断其真伪的一个重要依据。何时产生的文书应当符合当时的格式。如果当事人提供一份远年的文书，意在证明自己的某一权利很早以前就获得了，但文书格式却是向官府呈递文书是流行的格式。此种文书自为伪造无疑。民怀券讼田宅，士元叱曰："伪也，券今式，而听讼乃二十年事。"民惊服，讼为衰止。②

　　上述四种方式是判断书证真伪的主要方式，但这些方式也是有缺陷的，即只能查明书证形式上的真伪，而不能查出其实质的真伪。换言之，只能查明书证本身是不是真实的，如书证确是某人所立，但不能查明书证记载的事实是否确实存在。明清时期的民间活动中，当事人订立了契约，但契约实际并未履行，这样的书证在形式为真，但并不能证明案件事实。此种做法相当普遍，在文艺作品中都有所反映。据《儒林外史》第四回记载：黄梦统状告严贡生一案，原告呈词称：曾因交钱粮一时短少，央中向严乡绅借二十两银子。每月三分利息，写立借约，送往严府，小的却不曾拿他的银子，走上街来，遇着个乡里的亲眷，说他有几两银子借与小的，交个几分数，再下乡设法，劝小的不要借严家的银子。小的过了大半年，想起这事，向严家要取回借约，严乡绅向小的要回这几个月的利钱，小的说不曾借本，何得有利，严乡绅说若小的当时拿回借约，他好将银子借与别人生利，因不曾取约，他将二十两银子动也不能动，误了大半年的利钱，该是小的出。小的自知不是，情愿买蹄酒上门取约，严疑绅不依，将小的驴、米稍袋都教人短（抢）了去。③ 上述民事纠纷中，原告立与严贡生的契约就不能反映案件事实，本案中，严贡生没有主张原告确实向他借了银子，估计是因为除了契约，还有中人可以证明事实。倘若严贡生主张钱已借出，事实形成争议，司法官员审查契约，此契约在形式是确实为真，因为契约确为原告所立，但该契约显然不能反映案件事实。明清时期的司法官员在审查案件事实是特别注重实体正义，他们并不满足于证明事实的证据为真即可，还要确认事实是否为真伪。用今天的话来讲，当时的司法官员强调的是客观真实，而不仅是法律真实。对于书证实质真伪的判方式，也有以下几种：

　　一是依习惯来判断。《盟水斋存牍》记载一则案例：

----

① （清）徐士林撰，陈全伦、毕可娟、吕晓东主编：《徐公谳词》，齐鲁书社2001年版，第428页。徐士林之所以断定契约为伪造，是因为当时民间保存契约一般都是折叠存放，若被虫蛀，大部分蛀孔应是重叠的，而林姓契约上蛀孔却没有重叠，显然是造假者在平铺的契纸上后挖之孔。

② 《明史·张赞传附谢士元传》，浙江古籍出版社1998年版，第441页。

③ （清）吴敬梓：《儒林外史》，黄山书社1994年版，第26页。

　　黄荣芳无子，以黄观辛承继。黄荣芳死后遗产有田塘十一亩，此时黄荣芳的妹夫刘时昭称黄荣芳在世时曾嘱拨查田八亩，并提供由黄荣芳出具的嘱书。司法官将嘱书交由族长黄太华辨认，但黄太华不认。司法官员据此认为其为伪造无疑也，且十一亩遗产，外戚据其八，所称有几。①

　　本案中刘时昭出示之嘱书应为黄荣芳在世所书，本案中黄荣芳是否写过这样的嘱书，因黄荣芳已死，较难查清。不过也并非就查不清，可以调集黄荣芳生前书写的文字进行比对，但司法官并没有如此去调查证据，而是将此书证交族长黄太华辨认，黄太华不认，司法官员即认为该证据为假。事实上，当初黄荣芳书写嘱书时，未必会请黄太华作证，因此，黄太华并不能证明这份嘱书的形式真伪。但司法官员以黄太华的是否承认为标准显然考虑的是书证的实质真伪。在司法官员看来，即是黄荣芳当初书写了这份嘱书，如黄太华不认，也是无效的行为，这样的书证，其形式真伪根本就不用调查。

　　二是以情理诱供再以威吓的手段迫使当事人陈述实情。

　　清代汪辉祖在道州任职时，有别县民匡学义者为匡诚乞养。迨诚生子学礼，令归宗。后学礼病不起，嘱学义以家事。学礼遗田二百亩，历十七年，增至田百余亩。一日，李氏令子检契，则载李氏与学义同买，各契皆然。间之学义，坚称产原公置，租亦公分，详记租籍。李氏诉县、诉府直至本道，发汪公提讯。汪公麾李氏去，而奖学义善经理。问其家产，问其丁口，问其生业，曰："据汝言，食尚不给，何外人皆言汝有钱耶？"遂拍案大怒曰："然则汝与李氏同买田之资必由盗窃来矣！"命吏捡报窃旧案曰："某盗赃银甚多，尚未就获。殆其汝乎？"学义大窘，遂道实。"以学义为李氏治家，田皆学义交易，李氏执契而不识字，契载自不可凭。但舍契以断，不足关学义之口。且分租有籍，李氏不能以口舌争。"②

　　本案中匡学义提供的买田契在形式都是真实的，但并不符合客观事实。司法官员没有就契论契，而是通过审判技艺来迫使学义陈述事实真相。从而作出公正合理的判决。

　　3. 书证证明力判断的其他规则

　　书证是民事诉讼中相当重要的证据，当事人对此也是非常清楚的。审理一起案件，当事人可能会提供多份书证，若欲对每一份书证都去查明真伪，可能会花费大量的人力与财力。因此，除审查书证真伪之外，司法官员还应对真伪不明的书证证明力作出判断。据笔者对大量案件审理实践的考察，司法官员对

---

①　（明）颜俊彦：《盟水斋存牍》，中国政法大学出版社2002年版，第724页。

②　（清）胡文炳：《折狱龟鉴补·卷1》，北京大学出版社2006年版，第108页。

于证据证明力的判大体遵循了以下几条规则:

（1）官方制作的书证其证明力一般高于私文书。由于官文书乃官方制作，其制作程序较为严格，且制作人与实际利害关系较远，因此能够以较为公正的态度来制作书证，故官文书的公正性较私文书高。明清时期一些案件中对证据证明力的判断能够体现司法官员的此种认识。《盟水斋存牍》记载了这样一则案例:

> 杜仲文卖田于杜敬纯，杜敬纯又转卖于蒲伯龄，以杜仪亭为中人。杜仲文又将田重复卖于杜湛卿。案件审理杜仲文拒不出庭。司法官员在审查证据时发现系争之田已经杜敬纯管业纳粮，认为粮票较文契更有据耳。①

在本案的事实认定中，司法官员认为对于一块土地所有权的认定，一方当事人对于该系争土地所提供的交纳税粮的票据在证明力上较另一方当事人提供的土地购买契约的更高。这样对于证明同一事实的两种书证，粮票与文契，司法官员作出了证明力高低不同的判断。此种判断纯粹涉及的是证据证明力问题，与证据的关联性无关。按照常理，文契的关联性似乎还应高于粮票，因为文契是证明土地所有权的通常证书。本案之所以作出证明力与关联性不一致的判断，其理由是粮票乃属官方颁布的书面证据，而文契通常乃是私人制作的证据，因此其可靠性方面较粮票有所不足。另外，清代条例规定的坟山诉讼，近年以印契为凭也体现了对于官方参与制作的文书证明力的重视。

（2）有中人见证的文书其证明力高于无人见证的文书。由于明清时期的民事活动中人参与到契约的订立已成立的普遍习惯。因此官府已在观念上将中人与契约一起视为是查明民事纠纷的重要证据，为此对于由当事人提供的书证，官府都会调查在书证署名的中人和代笔。相反若契约上没有中人见证，或者上面署名的见证人已死，则这样的书证其证明力会受到官府的怀疑，甚至是不予认可。《盟水斋存牍》记载的两则明代案例就表明了司法官员对此种书证的态度。

> 乡民霍彦雍声称购买寡妇何氏田十一亩，提出的证据是何氏已故次子伯显与其订立的卖在契约一份。司法官当堂验看其契，仅为一空头白纸，无金无证。不仅何氏母子在契上不着一字，即彦雍所拥为见证，何氏所告为羽翼，俱无一人肯证此契之真者，伪契涂抹附卷。② 本案中的契约属白契，白契在明清时期的民事诉讼中的证明力一般低于红契，但本案司法官员否定其证明力，更重的原因是契约没有中人见证，因为这种做法明显不符合当时的订约习惯。普通百姓为了免交一点税收，订立契约不纳税是可以理解的，但涉及田产买卖这

---

① （明）颜俊彦:《盟水斋存牍》，中国政法大学出版社 2002 年版，第 722 页。

② （明）颜俊彦:《盟水斋存牍》，中国政法大学出版社 2002 年版，第 173 页。

样的大事，居然无人作中是不合情理的。

不仅白契如此，即使是红契，若无中人见证，司法官员亦会对其证明力作出不利评价。李积德卖田于李贵略，众证明白。黄成龙则主张系争田乃是其父黄文学买自李积德，以印契为凭。司法官认为两份契约中李贵略所持契更可靠，断令田归贵略管业。不过也没有完全否定黄契的效力，断令李积德另利补田于黄成龙。① 本案的处理结果与前案有相同之处，亦有不同之处。相同之处是都对无众证之契作出了证明力较低的判断。不同之处则是没有完全否定红契的证明力。而这一规则又与前述官方文书证证明力高于私文书的证明力规则一致。司法官员的这种认识并非个别现象，清代的一起案件也能表明司法官员具有同样的观点。

濮州知州郅某与监生范某父子交好。开州有田数顷，范诱郅同买，而契上只署范名。后郅罢官，回山右，不能有田，亦不敢言，范据其田。郅向范索价，延不与，止立一借数百金之券，郅归后，屡命其子来索，不遂，其子死，无人过范氏问者。后郅孙徙河南，贫，检旧箧，见范借券，不知为田价，持券来索，范不理，遂具控。司法官阅其券属真，但怀疑可能是已还失缴废纸，斥郅刁赖。又考虑郅英年举人，且为前牧孙。况县久闻范无良，因问手下，范曾与人有讼案否。吏以二十年前叔侄争产案呈，查范生弟死，侄幼，生主家事，比析箸，有田二十顷，止以数顷与侄，前牧问生，何以多十余顷，生粘开一单曰："某处系妻奁田，某处系媳奁田，某处几顷系前任郅太爷田。"族长众证，单亦同，盖生即诬郅田，又独专其利如此。遂唤生至，初犹强辩，及从其亲笔单示之，生乃无词。以年远，且范家亦落，酌断二百金与郅。②

本案中，司法官对于郅孙提供的范监生出具的借条，首先就怀疑其可能不是真实债权的反映，理由除了认为这一借条年久以外，更重要的原因还是范监生出具的借条上没有中人见证。我们可以设想，范监生出具欠条时根本就没准备将来履行这笔债务，只不过是为了将讨债者暂时搪塞过去。他是不可能找人见证的，事实上，若非范在以前的官司留下对自己不利的证据，官府是不可能仅凭一张无人见证的借条就认定范监生借贷事实成立的。

（3）对方制作的书证证明力高于本方制作的书证。揆诸人之常情，当事人本人制作的证明己方权利的书证应有很强的利己倾向，因此公正性不高。明代颜俊彦在谳词中称：看得此中之争山争坦者，十词而九各持一说，各绘一

---

① （明）颜俊彦：《盟水斋存牍》，中国政法大学出版社 2002 年版，第 174 页。
② （清）胡文炳：《折狱龟鉴补·卷6》，北京大学出版社 2006 年版，第 883 页。

图，其山邻坦畔又各左右其祖。① 他方制作的书证从理论上讲应当具有较高的
证明力。

（四）书证的保管与处理

1. 案件受理后书证的保管

书证是民事诉讼中相当重要的证据，为此司法官员非常重视对书证的保
管，以防止文书灭失或被篡改。案件受理后，书证一般是由衙门一般是由书吏
保管的。但这样做可能会被书吏有机会做手脚，从而使案件真相难以查清。清
代名幕汪辉祖在《学治臆说》中记载了这样一则案例：

向馆嘉湖时，吏多宿蠹，闻有绝产告赎者，业主呈契请验，蠹吏挖去
"绝"字，仍以"绝"字补之，问官照见"绝"字补痕，以为业主挖改，竟
作活字断赎，致业主负冤莫白。②

面对此种情形，从当事人的角度考虑，他们的解决办法是在起诉时将契约
的抄本呈递。而在正式开庭时再将原本呈上。但此种做法也有其弊端。即有些
案件不属细微小案，通常情况下司法官是不会受理的。但当事人在诉状中夸大
其词，在书证的抄本中也虚构事实，以骗取司法官员受理案件，等到正式开庭
时验看证据，与最初提供的抄本大不相同。司法官员会有上当受骗之感，为此
司法官员并不赞同当事人呈递抄本。出于对案件负责的态度，有的司法官员会
强调自己保管书证以保证书证的真实性。清代任县令的王植记述自己在受理案
件后，每事先详细阅卷，诸所有契卷册籍，应查应算者，俱为当堂逐一办理，
不委胥吏。③ 这一做法能够有效地防止奸吏变造书证。但这一做法需要司法官
员付出更大的工作，因此没有成为书证保管的一般模式。

2. 结案后书证的处理

（1）有效书证的处理。有效书证可分为两种，一种是对案件事实的认定
起作用，也对当事人有用的书证，如当事人呈交的证明自己权利的书证，如家
谱、契约、婚书等书证，此种书证应由司法官员发还给书证的原持有人，因为
当事人还须依据这一书证来行使权利。但同时这一书证又使案件事实认定的关
键证据。官府若不保留此种证据，就很难证明自己作出判决的合法性。因此，

---

① （明）颜俊彦：《盟水斋存牍》，中国政法大学出版社 2002 年版，第 432 页。
② （清）汪辉祖：《学治臆说·据笔记断讼者宜加意》，见《入幕须知五种》，沈云龙
主编：《近代中国史料丛刊》第 269 辑，台北文海出版社 1966 年版，第 282 页。
③ （清）徐栋：《牧令书·卷18·刑名中·听断》，引自《官箴书集成》第 7 册，黄
山书社 1997 年影印本，第 398 页。

通常的做法是将书证的原件发还，而将其抄本附在卷宗。另外一种有效书证是只对案件事实的查明起作用，但对当事人无用的书证，如由当事人或其他相关人员书写的供比对笔迹的文字；由当事人一方绘制的关于田界的图表。这样书证可以用来确定争议契约的真伪或有助于司法官了解争议事实详情。但其本身却没有独立的证明价值，不是实体权利义务的反映。对于此类证据，处理的结果是直接附于案卷内。

（2）无效书证的处理。无效书证主要指的是与案件事实不符合的书面证据。无效书证亦有两种情况，一种是书证本身就是假的，如伪造的契约，变造的家谱等；另一种是书证本身不假，但不能反映客观事实。如当事人甲向乙借银若干，出具借条与乙收藏。但后来甲还银时乙却诡称借条已灭失。甲没有认真考虑这一问题，就将银还与乙。后来乙以此为证据起诉至官府要求甲还债。此时其提供的书证就属于本身为真但不能反映事实的书证。这两种书面证据，即不能发还当事人，因为这样会引起新的诉讼。也不宜完整地存放于案件卷宗内。因为万一管理不慎或为奸吏非法取得，同样会引起新的争端。但若将其完全销毁，又会使案卷材料不完整。倘若上司调阅卷宗，则很难说清案情。因此，当时通行的做法是将其涂销附卷，做到即可备案，又能防止将来的风险。

（五）书证的缺陷及司法官员的应对措施

1. 书证作伪的普遍性

在明清时期的民事诉讼中，由于书证对于查明案件事实所起的特殊作用无可替代，因此，许多当事人为了获得胜诉，会大量伪造书证。明代邱浚在《大学衍义补》中称民事诉讼中以地讼为多，而推其原因，皆由疆界不明，质约不真之故。[①] 即书证做假是民事诉讼多的重要原因之一。清人袁守定在《详细则民不冤》一文中也指出官府官案时应当依据证据，但如证佐可凭也，而多贿托；契约可凭也，而多伪赝。[②] 可以这样认为，明清时期民事诉讼中的书证作伪现象已是司空见惯之事。这种伪证泛滥之势给民事案件审理中的事实认定带来了消极的影响。笔者近日阅读了一则清代笔记，标题为《折狱须慎》。笔记的作者陈其元是清末的一位地方官，曾于同治六年至七年署南汇知县。笔记的内容是作者本人在南汇县任上审理一桩民事案件的过程与心得，因此较其他道听途说的笔记更加可信。其中就有证人作伪和证书作伪的情形，笔记的前

---

① 《大学衍义补·卷106》，上海古籍出版社2003年版，第232页。
② （清）徐栋：《牧令书·卷17·刑名上·听讼》，引自《官箴书集成》第7册，黄山书社1997年影印本，第382页。

半部分内容是这样的:

余摄南汇时,有棉花行主姚某控王某欠伊花价洋银一百有六圆,有券、有中证,有代笔,去索之不还,反被凶殴等事。

余提讯,先问原告及中证、代笔者,所供与呈词相符。继提被告,诉曰:"实不曾欠钱。"余曰:"不欠,何以控汝?"则曰:"我纵欠钱,何必请开烟馆者作中?"余曰:"汝非贵人,开烟馆者何不可作中?"又曰:"我自能写字,何用代笔?"余叱曰:"汝蓄意不良,是以不肯亲书,为图赖地步耳!"王即伏地叩首愿还,而涕下如雨。①

从笔记记载的内容来看,这是一桩债务纠纷。原告提供证明其债权的证据有中证、被告人借条(券)、借条的书写者(代笔)。由于作者没有提供更详细的记载,因此,我们无法看到借条的具体格式与内容。但我们考察了清代民间借贷的书面文书,发现有很多借贷文书是通过代笔来书写的。我们来看这样一份借贷文书:

立借银人李万得,有乏银生理。托中向李长利记借出佛银壹佰大圆整。银即日同中交收足讫,言约至冬至前清还,三面议定愿贴利息银伍元,共母利银壹佰零伍元,不得推诿。此系仁义交关,并无抑勒。恐空口无凭,笔乃有据,立借银字一纸付执为照。

即日仝中亲收过借字内佛银壹佰大号完足照。

代书人　　郭向荣(押)
为中人堂兄　　万福(押)

光绪二十年柒月　　日　　　立借银字人　　李万得(押)②

这是一份典型的清代民间借贷文书,这种借贷文书与现代借契约贷除了在内容上有很大的不同之外,在形式上也有明显区别。上述借贷文书若是订立于现今社会,其形式与内容应当是这样的:

借贷合同

甲方:李万得

乙方:李长利

第一条:甲方有乏银生理,托中向乙方记借出佛银壹佰大圆整。

第二条:甲方言约至冬至前清还,三面议定愿贴利息银伍元,共母利银壹佰零伍元,不得推诿。

第三条:乙方于本合同成立时向甲方放贷一百圆整。

---

① (清)陈其元:《庸闲斋笔记·折狱须慎》,中华书局1989年版,第56—58页。

② 陈支平:《民间文书与台湾社会经济史》,岳麓书社2004年版,第51页。

第四条：本合同一式四份，甲方、乙方、中证、代笔各执一份。

甲方签字：李万得（亲笔）

乙方签字：李长利（亲笔）

代书人　　郭向荣（亲笔）

为中人（万得）堂兄　　万福（亲笔）

光绪二十年柒月　日

将清代的借贷文书与现代的借贷合同相比，我们发现清代的契约中没有债权人的署名，而且债务人、中人在契尾的署名都是由代笔（代书人）书写的，他们只是在契尾画押而已。所谓画押，是指在契约中署名的人因不会书写自己的名字而在别人代书本人的名字后面画一个符号的行为，通常的做法是在本人的名字后面画一个"十"字，但也有只画"一"字或涂一点墨等做法；① 还有的干脆不画押。② 但画押对于契约真实性的保证作用并不大，因为若将来发生契约真伪之争时，司法官员很难依据一个非常简单的符号就能判断出署名人是否真正参与了契约的订立。前引笔记中的审判者陈其元在审查契约时并没有让债务人比对画押来确认契约真伪。原因可能有两种：一是契约上无债务人画押；二是陈其元认为不能依据画押来认定契约真假。不管出于哪种原因，都可以表明画押在认定契约真伪时不起关键作用。事实上，债务人本人也没有以自己的名字后没有画押或符号不是自己所画而否认契约的真实性。

这样一来，我们就发现了此类契约存在着两个巨大的漏洞，一是与债务人利益密切相关的借贷文书居然没有可以证明债务人参与订约的有力证据，因而这样的文书完全可以在债务人不在场时制作成功。此种文书若作为证据，其证明力在实质上只能等同于人证，因为一方当事人只要收买到一定的人员，就可以伪造对方欠债的证据，不具备普通诉讼中书证相对于人证而言所具有的特殊的证明力。而这种借贷文书的效力在当时又是被普遍认可的，这对债务人的利益构成极大的风险。面对这种证据，若债务人予以否认，司法官员并不会以文书不是债务人亲自出具的就否定其证明力。上述笔记表明，陈其元在案件审理之初也认为这样的证据是可以相信的。当被告人以"自己会书写，何须用代笔"作为申辩理由时，陈其元不但不认为此种申辩理由充分，反而认为被告

---

① 如奉天锦县民间的契约多是如此。见前南京国民政府司法行政编，胡旭晟、夏新华、李交发点校：《民事习惯调查报告录》，中国政法大学出版社 2000 年版，第 442 页。

② 山东平度县民间仅书立约人名字，而无签押，要证则为代字人。如奉天锦县民间的契约多是如此。见前南京国民政府司法行政编，胡旭晟、夏新华、李交发点校：《民事习惯调查报告录》，中国政法大学出版社 2000 年版，第 466 页。

人当初就可能心存图赖之意。

　　清代的契约文书在形式上还存在单方性的缺陷，这更加剧了此种契约作为证据的不可靠性。清代契约单方性表现为两个方面，一是当事人契约义务的单方性。即清代的契约一般不表现为双方都享有权利或承担义务的形式，而往往表现为契约中主要义务的履行一方对他方作出的承诺，这种承诺用书面形式表现出来以后，将契约直接交给对方，对方凭借此契约享有权利，而本方则不占有内容相同的契约。以买卖、租佃、借贷契约为例，现代社会中上述三类合同都是双务合同，双方依据合同都享有一定的权利并承担相应的义务，合同书成立后也是一式数份，双方或多方在每份合同书上签字后互换保存，这样就有效地避免了一方擅自改动合同而损害对方的做法。但在清代民事交易中，情况完全不一样，这三种合同不是成立于双方意思表示一致的时候，而是成立于一方已经履行义务之后。买卖合同成立于买方已付清价款之后，借贷合同则成立于出借方已将借款交付后，租赁合同成立于出租方已经交付租赁物后。这样一来，这三种本应是诺成性的合同就都变成了实践性合同，原本是双方都有义务的合同也都变成了单务合同。买卖合同表现为卖方对所有物权利的让渡，租赁合同表现为承租方对支付租金的承诺，借贷合同表现为借入方对于还本付息的承诺。而买方、出租方、借出方都变成了只有权利而无义务的合同当事人。清代契约中义务的单方性直接体现为契约形式的单方性，即契约只有义务方的签字而无权利方的签字。原因是当事人认为再将契约一式数份、各方都予以保存已无必要，因为这样做会增加契约订立的成本，毕竟多抄写几份契约是既费力又费财之举。因此只须卖方将物的所有权凭证（出卖契约）交付买方，承租方向出租方交付租金请求权（承租契约），借入方交付还款请求权（借贷契约）即可。这一做法从契约订立的成本来看要降低许多，但同时也增加了契约被篡改的风险。由于债务人一方并不占有内容相同的契约，因此占有契约的债权人一方可以较为容易地将契约朝着对本方有利的方向改变，而契约义务方往往缺乏制衡手段。如果说无债务人亲笔签名就可以成立契约的做法的主要风险就是方便不法之徒伪造他人承担债务的契约；那么，双务契约单务化的主要后果就是给契约保存方改变契约带来较大的便利。

　　对于此种有明显缺陷的契约证据，当时的司法官员难道就没有认识到其内在缺陷吗？为什么这样一种证据方式能够为司法官员普遍认可？进而言之，为何这样一种契约能够在民间活动中广泛存在？其理由值得考察。

　　2. 书证作伪的条件

　　有没有方法可以消除清代契约文书在证明力上的缺陷。笔者认为，在清代特定的社会环境下很难找到有效的方法克服民事契约的缺陷。

（1）我们首先来看是否可以消除债务人不在契约上亲笔签名的缺陷。能否避免主债务人不在契约上亲笔签名，有以下几种办法可以考虑。

第一种最简单的办法就是如果将来发生诉讼，对此种证据的证明力一律不予认可。这样一来，就会导致两种后果出现：一是近期后果，即一部分健讼之徒利用他人代书的契约图赖老诚之人的财产，如前引笔记中陈其元所指责的那种情形；二是远期后果，随着越来越多的人认识到此种契约的证明力已不为官方所认可，因此在交易中不接受代书契约，而只接受债务人亲笔书写或至少有其亲笔签名的契约。由于当时中国的民间百姓文化程度普遍很低，有很多人不会书写自己的名字，更不用说书写一份完整的契约了。如果禁止他人代书，则会导致大量民事行为无法成立。这显然是背离社会现实之举。这种做法看似简便，但在实践中却难以行通。

第二种稍微复杂一点的做法是在诉讼中只认可债务人不会书写时请人代笔的契约，而对本人会书写却请人代笔的契约不予认可，理由正如前引笔记中陈其元所指责的那样，自己会写却不写，显有图赖之意。如此会导致会书写的行为人在作出权利让于或义务承担的承诺时只有亲自书写契约才能够为对方接受，这样做能够有效地防止义务承诺人否认义务。对于不会书写的人允许其请人代笔，又可以保证民事交易能够顺利进行。但这一做法也有其难以克服的缺陷，它无法应对这样一种情况：即一个人是否会书写不是一望便知的。如果有人明明会书写，但在与他人订立契约时诡称不会书写，请人代书契约且为对方接受，在获取了对方给付的利益之后，违反契约，拒不履行自己的义务。如对方诉至官府，他便主张契约乃系伪造，非自己亲笔书写，并表明自己会书写，要求司法官员不认可代书契约的效力。这同样会导致事实真相难以被发现。

第三种办法是让权利让于人或义务承担人在别人代书的契约上按手掌印或手指印，就像人们非常熟悉的歌剧《白毛女》中杨白劳被强迫在喜儿的卖身契上按手印一样，如果将来发生纠纷，以契约是否有当事人的手掌印或指印作为认定契约证明力的依据。这一做法有一定的合理性，它保证了与责任人有利害关系的契约上能有责任人留下的印记，且按手印对于任何一个人来说都是非常容易做到的。因此，这一民事习惯在一定范围内存在。不过这一习惯终究没有能够普及，因为我们所能看到的清代诉讼材料中很少见到附手掌印或手指印的契约；这一订立契约的方式基本上也没有被官方认可，因为清代的民事判牍中也很少有比对契约当事人指纹或手模的记载。由此看来这种方法肯定有其自身的不足。

笔者认为，这一契约模式的不足主要体现在两个方面：首先是当时的科学技术水平还很落后，指纹与掌纹鉴定技术非常落后，对于假冒他人在契约上按手印难以鉴别真伪。这就导致制造伪证者敢于在手印方面作伪。以清代判牍资料《徐公谳词》为例，在全书共 102 篇谳词中，只有一篇提到验证被告人手印的事实，该案的情节是这样的：

漳州人廖绍告妻兄刘临将妻刘氏骗卖于叶胜为妻，刘临则称是廖绍请张待代书休妻文书，并于文书打上廖绍手印，廖绍否认手印是其本人所打。验手印时发现廖绍手大，而手印小，刘临辩称当初廖绍打手印时人瘦，手印小，而现在廖绍人胖，手印大，但司法官员又问手印大小或因肥瘦所致，而骨节何以长短互异。刘临乃始语塞。①

本案的被告刘临等人以伪造原告廖绍的休妻文书作为证明其嫁妹是合法的，伪造的关键部分就是廖绍的手印。尽管司法官员最终查出了手印系伪造，从而否认其证据的有效性。但本案查明手印的真伪显然只具有偶然性，因为造假者刘临的手段过于拙劣，用小孩之手冒充成人之手，才使其诡计暴露。由于司法官员查明手印真伪只是靠其日常生活经验而非科学的鉴定手段，因此能否查明手印真伪并无一定的把握。官府既然没有把握确认手印的真伪，也就不会将是否有手印作为契约真伪的判断依据。

其次是明清时期民事诉讼的特点也决定了难以将是否有手印作为契约有效的依据。在清代，民事诉讼没有时效制度，财产债务也不以当事人死亡为终止条件。经常会出现诉讼当事人并非当初的民事交易参加人的情形。如甲欠乙债，但甲在世时乙并未向甲主张，后甲辞世，乙向甲之子丙主张债权，并提供甲出具的由他人代笔但按有甲手印的借券，丙否认借券是甲出具，此时本应传甲到庭比对手印，但甲已死，无法印证，因此事实难以查清。相反，如果契约上不是由甲按手印而是甲亲笔签名，则此时纵然甲已辞世，至少还可能找到甲生前遗留的字迹进行验证。由此可见，诉讼无时效限制及父债子还乃至祖债孙还等实体法习惯的存在是手印难以作为民事契约成立要件的原因。② 其实代笔中证等作为契约要件的存在正是这种债无时效观念的要求，他们在权利人或官府的眼中正是为防止因债务人死亡而其继承认不承认债务的主要证明手段。

第四种可能的方法是要求契约当事人将其契约交由官府公证，若当事人之

_____

① （清）徐士林撰，陈全伦、毕可娟、吕晓东主编：《徐公谳词》，齐鲁书社 2001 年版，第 463 页。

② 其实，清代契约中契约订立人在契约上的画押之所以没有成为较为有力的证明方法，是因为画押与按手印存在同样的不足，即画押的个别性特征不明显，契约上画押人辞世后难以找到相应的验证资料，因此，通常情况下只在民事活动中没有中证或代笔参加的情况下才作为判断契约真伪的依据。

间发生纠纷时，官府在审理时以契约是否经过公证作为认定其效力的依据。但明清时期的官府以省事为行政原则，一般不愿过多介入民众的民间活动。清代的律令只规定民间的大宗买卖行为要交税，当然，交税并不具有公证的目的，但在客观中增强了契约的真实性，因为对于交过税的交易，官府要在书面契约上加盖印章，被称为印契，也称为红契。在诉讼中其证明力高于当事人没有交税的白契。但很多当事人为了逃避税收，往往不去申报民事交易。中国人虽不缺乏风险防范意识，但若要他们为将来可能的发生概率很低的风险去支付一笔风险防范费用，显然是为大部分人所不愿接受的。他们找中证为契约见证，已经有了防范对方违约风险的意识，再让他们去找专门机构来公证，交纳一笔不菲的公证费用，既加重了当事人的负担，也显得叠床架屋。况且由当事人双方都不很了解甚至根本就不认识的公证人员来承担契约真实性的担保责任，在中国这样一个有着严格区分生人与熟人观念的传统社会中，很难为双方所接受。

（2）合同难以双务化。我们再来考察一下清代社会中双务合同单务化的做法，在当时是否可以避免，回答也是否定的。

我们先来考察清代社会的双务合同单务化的原因，笔者以为其原因可以这样解释：即在正常的民事交易中，虽然从法律上来说双方的地位是平等的，但在实际民事交易中，双方当事人会存在一个不平等的地位。以买卖行为为例，如是大宗财产的买卖，卖方一般都觉得自己是无奈之下才变卖财产，尤其是当出卖的是土地或房屋等财产时，这种感觉更强烈。如是小的财产交易，都是即时结清的，也无必要以契约的形式来确认。至于借贷行为，因借入方一般都要以财产做抵押或支付高额利息，因此一般人不遇到非常困难的处境是不会举债的。清代的借贷契约中，一般都有借方因某种原因而借贷，虽说是当时此类契约的习惯用词，但也确实反映了借入方无奈的心态。至于租赁契约，也是出租方具有强势地位，而承租方处于弱势地位。因为在清代租赁以土地使用权的租赁为主，即租佃，如田主招不到佃户，大不了地租收入减少；而佃户若租不到田耕种，生计就成了问题。鉴于契约中当事人认为地位不平等，因此自以为处于弱势的一方在同他人进行订约谈判时，往往会要求对方先履行契约义务而不是同时履行或后履行，这样实际上就把强势一方的先履行当成了契约成立的要件，这样看来，双务契约的单务化并不是人们法律知识或理论水平的不足，而是有着坚实的社会基础。

在社会现实及人们的观念没有改变的情况下，想改变双务合同单务化的现象显然是不切实际的。既然契约单务化的特征无法改变，那么契约当事人出于节省契约订立成本的考虑，自然不会将契约制作成一式数份。因此契约单方署名与保存的习惯同样不会改变。

　　3. 司法官员的对策

　　契约的权利让于人或义务承担人不在契约上签字再加上义务承担一方往往不保存契约文本，这两种情况交织起来，就给了不法之徒诈取他人财物以可乘之机。有的伪造他人卖契而夺人田产，也有的伪造或变造他人借约来诈取他人钱财。对于清代民间契约存在的这一漏洞，司法人员不可能不知道。因此对于此类契约的证明力也就不可能笃信不疑。袁守定的一番话能够表明清代司法官员对于民事契约在查明纠纷事实的作用所持的态度。他说：

　　听民买卖之讼，舍契券固无可依据，然乡曲愚民目不识字……其中可尽信乎，不得一概以契券为凭而不详加推鞫也。①

　　这段话表明，清代的司法人员对于此种有缺陷的契约证据，态度是不能轻信。但诚如笔者在前文分析的那样，在社会现实没有改变的情况下，这一做法依然有很大的市场。那么，司法人员面对此类契约引起的纠纷究竟是如何应对的呢？

　　鉴于契约的真实性主要不体现在文本本身而体现在中证和代笔的见证，因此清代司法官员在调查契约事实时首先关注的不是契约内容及其真伪，而是中证或代笔之人的品行是否可靠。以清代民事交易中最具代表性的田产交易为例：清代的律令规定民间田产交易行为应纳契税，对于交过税的交易，官府要在书面契约上加盖印章，被称为印契，也称为红契。契约有了官府见证，应当具有较高的可信度，但司法实践中并未将红契作为认定交易事实的最可靠证据。清人张自堂在总结审理民间田产纠纷的经验时说："惟查民间买卖田产，首重代笔中人，继凭红契……"② 应当说张自堂的这一说法还是颇为合理的，除了因为认识到清代民事契约存在的缺陷以外，对于官府见证过的红契，也认识到其关联性不足的缺陷，因为面对前来投税的人员，官府的动机在于收税而不在于验证，况且为了能够征到税，官府总是倾向于认定契约为真，因而一般难以发现契约真伪。这样看来，清代民事诉讼中的对于契约文书的审查实际上演变为对于证人的调查。那么在清代的民事诉讼中，司法官员是如何审查证人与证书的。让我们回过头再来看一看前引笔记的后半部分内容：

　　余疑之，因令带下，复呼原告之前问曰："尔之券，何以不令伊亲书?"曰："伊自托人代笔，某不与知。"曰："此券是伊带来乎，抑在尔家所写乎?"

---

　　① （清）徐栋：《牧令书·卷17·刑名上·听讼》，引自《官箴书集成》第7册，黄山书社1997年影印本，第382页。

　　② （清）张自堂：《未能信录》卷1，引自《中国古代办案百例》，中国社会科学院法学所法制史研究室编，中国社会科学出版社1980年版，第222页。

姚踌躇：“是在我家所写。”曰：“代笔是伊同来耶？”曰：“否，某甲向在村口居住。是日因在茶店相劝，遂偕归，代为写券。”余大声曰：“是在茶店偕来乎？”曰：“然。”

时某甲已在堂下矣。遂令带原告至宅门外，而呼某甲前，讯曰：“尔代王某书，是王某邀尔耶？”曰：“是王某所邀。”予知某甲已闻茶店二字，因曰：“书券何不在姚某家中，乃在茶店？”曰：“是日相劝在茶店，故就彼处书之。”曰：“尔本拟作代笔，故纸笔皆事业来乎？”曰：“否，是从茶店借来之笔，而纸则买之也。”曰：“信乎？”曰：“信。”

遂令将甲带入后堂，而传作中之人某乙入，则拍案曰：“王某并不欠钱，尔与姚某骗到尔家，逼令出券，乃尔硬行书中，此何理耶？”乙惶惧曰：“某不过为好相劝。”予曰：“先在茶店已经言明，何以又至尔家？”乃曰：“某开烟馆，是以家有余地，是以王某随姚某来；而某甲又欲吸烟，故就某家写据，因将某书作中，并无勒逼事。”

余大笑，令将原告、被、代笔三人皆来前，谕被告曰：“此案多已讯明，尔所欠不止一百六元，乃三百十八元。”王大惊，哭曰：“天乎，冤哉！”姚亦从旁代白曰：“实止一百六元。”余曰：“固也。票共有三，一在尔家写者，一在茶店写者，一在某乙烟馆写者，岂非三百十八元耶？今一票已呈，尚有二票可速交出！”皆相顾骇愕，饬将三人重惩枷示，而释王某去。

本案的审判具有一定的戏剧性，案件真相最终虽得以水落石出，但审理过程却不容乐观。本案的真相最终得以查明，有两个前提不可忽视，一是被告人王某“伏地叩首愿还，且涕下如雨”的表现使得陈其元认为其可能是冤枉的；二是造假者的事先谋划不周，没有就伪契的书写时间与地点统一口径。从本案的审理可以看出清代官员查明契约真伪主要靠情理，技巧及运气。其中情理是前提，若不是司法官员发现案件在情理上可疑，就会直接依契约内容对案件事实作出认定，技巧及运气也就难以发挥作用。下面这则案例同样能够体现出情理在案件事实认定中的作用。清人顾麟趾的《山右谳狱记》载：

张以仁控许绳仁券借其银一千五百两，无息，限三月清，券据分明，贡生许佩兰作中，许绳仁欠逾十年不偿。后许绳仁、张以仁私和，以许绳仁付张以仁二百金了事，但许绳仁仍未偿还，致张以仁控官。窃思许绳仁家资十倍于张以仁，何以反贷于张以仁，许绳仁又何以坚不偿还，约期三月，何逾十年，千金之欠，何张以仁愿以二百金私和，殊非情理。①

---

① （清）顾麟趾：《山右谳狱记》，见沈云龙主编《近代中国史料丛刊》第94辑，台北文海出版社1966年版，第13—18页。

正是在认为案件事实不合情理的前提下，司法官员才试图查明事实的真相，该案的审理过程是这样的：

谦者传原告、中人，皆称借贷属实，原告还称兑银系借李姓之天平，指李姓为证，质之李姓，亦供属实，至此，书证、人证、物证俱全，案件似乎铁证如山。但谦者对案件仍然未能释疑，遂将原告证人等隔别严讯，问银之成色，安置天平之处所，其掌兑者为谁，其包封者为谁，一一令其招供，旋令各画天平样式，发现所供所画竟不符合，乃不敢隐而实情吐矣。原来许有兄亡，兄妾乔氏与邻人通，许不能禁，求诸张，张乃接妾于家，邻人以许霸产逐嫂鸣之官，中人许佩兰乃设计让张娶乔，张不愿，许承诺出一千五百银两于张，但无现银，遂立契券。后许不践诺，张乃讼于官。

本案事实的查明过程与前案有相似之处，即都是利用原告与其证人事先未统一口径，通过隔别讯问，发现漏洞，从而查明案件真相。但在情理上与前案有所不同。前案的情理源于被告否认原告主张事实时的表现，而本案的情理则是在被告并未否定原告主张的前提下，司法官员自己主动发现的。由此看来，通过发现诉讼中契约内容在情理上的不合理之处，再施以审判技巧来发现契约内容的内在矛盾认定契约真伪是清代司法官员努力消除民事契约的缺陷给诉讼事实认定带来不利影响的主要手段。这可以看出清代司法官员在调查事实时不能舍弃这种契约时所作出的选择。

清代民事契约存在着当事人不在契约上亲笔签名及权利让与人或义务承担人不保存契约两个缺陷。这两个缺陷的出现是由于清代民众的文化水平低下、民事诉讼无时效限制、民事活动双方地位的不平等及当事人为减少交易成本等要素导致的。在社会现实没有发生大的变化之前，要根本消除民事契约的这些缺陷是不现实的。民事契约的缺陷给诉讼时认定契约主张事实带来了一定的困惑。清代的司法官员认识到了此种有缺陷的契约在查明事实方面的不可靠性，但又不能对其一概否定；为了抵消契约缺陷给事实认定带来的不利影响，清代的司法官员在审查契约所载事实没有按照常规思路进行，即没有首先假定契约内容为真，若立约人辩称契约为伪，则通过比对笔迹来确认契约真伪；而是首先通过情理来对契约的真伪作出一个可能性的判断，再从契约中署名的中证或代笔入手来审查契约的真伪。这样做可以有效地消除伪证带来的不利影响，而且由于司法官员没有对契约证据的证明力存有一个预定其为真的判断，因此在实践中不法之徒也不会相信伪造契约可以轻易成功，从而减少了伪造契约的概率。不过这样一来，契约文书所起的证明功能就被降低到与人证相同的地位。

还需说明的是，清代司法官员在实践中采取的这种补救措施也是有局限性的。因为契约文书的内容并非总有不合情理之处，造假者也并非总是能够留下漏洞；更重要的是，司法官员并非总是如此明于事理，精通并且能够灵活地运用审判技巧。更严重的是，若造假者水平高超，那么司法官员依据情理认定事实的做法很可能为造假者利用以售其奸。清代名幕汪辉祖在《学治臆说》中记载了这样一则案例：

向馆嘉湖时，吏多宿蠹，闻有绝产告赎者，业主呈契请验，蠹吏挖去"绝"字，仍以"绝"字补之，问官照见"绝"字补痕，以为业主挖改，竟作活字断赎，致业主负冤莫白。①

本案中，正是司法官员以情理断狱的做法使得奸吏的诡计得逞。其实本案的主要问题不是出在奸吏身上，而是清代契约制度的缺陷所致。正因为当时的买卖契约只由买主保存，因此司法官员有理由相信买主可能变造契约，当发现契约确实有挖补痕迹时，便想当然地认为是买家在变造契约，而不怀疑其他因素在起作用。此案若放在现在审理，司法官员面对这样一份契约，首先可能会想到当时契约抄写时就存在挖补，至少他也应该给予契约呈交人以申辩的机会，而不是武断地认为契约是单方变造的。司法官员若具有这种思维，那么奸吏也就不会选择变造契约来实现其不可告人的目的。

四、民事勘验制度

明清时期的民事诉讼中，与田土相关的案件，占有相当大的比重。这些诉讼从讼由上可分为田土契约之诉及田土侵权之诉，从诉讼标的上可分为田产之诉和坟山之诉。在经济不发达的明清时期，田产是大部分人最重要的财产，而坟山在重视祖先祭祀的时代亦是人们特别看重的诉讼标的。为此，官府在审理民间诉讼时，对于此类案件会较其他诉讼更加重视。田土案件的审理中，勘丈是查明争议事实的手段之一。所谓勘丈即勘验与丈量的合称。勘验即对实物证据进行辨认的行为，在以田土为争议标的诉讼中，对田土勘验通常要进行丈量，因此习惯上将田土诉讼中的勘验称为勘丈，有时也称为丈勘。本文拟对明清时期勘丈的制度、理论与实践进行考察，以期对这一时期田土诉讼中勘丈所起的作用能够有一个较为全面的认识。本文研究的资料包括三大类：一是律例中关于勘丈的规范，这可视为明清时期勘丈的制度层面。二是州县官笔记中关于勘丈的论述，这可视为明清时期勘丈的理论层面。之所以选择州县笔记作为理论层面的资料，是因为在明清时期田土诉讼属于州县自理诉讼，大部分勘丈都是在州县一级实施的。三是司法实践中勘丈实施的记录，这可视为明清时期

① （清）汪辉祖：《学治臆说·据笔记断讼者宜加意》，见《入幕须知五种》，沈云龙主编：《近代中国史料丛刊》第 269 辑，台北文海出版社 1966 年版，第 282 页。

勘丈的实践层面。第一类资料相当有限，笔者能够收集到的资料都已作为研究对象；第二类资料较为丰富，本人选择明清时期具有代表性的州县官笔记汇编《牧令书》为主，再辅以《福惠全书》、《佐治药言》等资料；第三类资料在数量上可谓汗牛充栋，选择颇为不易，笔者经过慎重考虑，决定以《徐公谳词》为主要研究资料，再辅以其他资料，希图能够较为全面地考察明清时期勘丈的司法实践。本文将从勘丈的启动、勘丈实施的主体及参加人、勘丈实施的时间及频率、勘丈实施程序、勘丈结果的作用五个方面来对明清时期诉讼中的勘丈进行全面考察与分析。

（一）勘丈的启动

在田土诉讼中，勘丈是成本很大的取证行为，因此，勘丈的启动理应非常慎重。对于勘丈应在何种情形下启动，明清时期条例并没有具体的规定。明代《皇明条法事类》规定，民诘告田土者，着落府卫委官拘集都见人等踏勘。① 按照明代的法律的要求，似乎只要是田土案件就应勘丈。清代《户部则例》规定：部审旗民互控事件……有地址不清，必须指丈者，将旗人押发州县，令会同理事同知查丈审结。② 这一规定表明勘丈实施的条件是作为争议标的地址不清，但这一条例说服力不强，因为它指的部审旗民互控案件；而明清时期大部分田土案件都由州县自理，部审田土案件所占比例很小。案件能达于部审，肯定较为重要，从诉讼当事人的身份即可见其特殊性。至于寻常的州县自理田土案件，应当在何种条件下才可以实施勘丈，乾隆年间条例规定：凡民人告坟山，近年以印契为凭，如系远年，须将山地、字号、亩数及库贮鳞册并完粮印串，逐一丈勘查对，果相符合，即断令归己。③ 这表明在民人告坟山的案件中，勘丈启动的条件是远年无印契。这一规定虽是针对坟山而言，但对普通的田土案件也适用。雍正年间的《钦颁州县事宜》要求"田地有应勘丈者，即行勘丈"，④ 则是针对所有田土案件的。这一要求属于那种听来永远正确，实际却无一用的表达。依据这一要求，州县官们并不能知晓何种情形下田土案件

---

① （明）戴金编：《皇明条法事类纂下·卷38》，台北文海出版有限公司1985年影印本，第324页。

② 《户部则例·卷100·通例4》，引自张友渔、高潮主编：《中华律令集成·清卷》，吉林人民出版社，1991年版，第162页。

③ （清）吴芸撰，马建石、杨育裳校注：《大清律例通考校注》，中国政法大学出版社1992年版，第433页。

④ （清）田文镜：《钦颁州县事宜·听断》，引自《官箴书集成》第3册，黄山书社1997年影印本，第673页。

可以实施勘验。当然，这一规定也并非毫无意义，它至少表明了在清代州县自理的田土案件中，是否应当实施勘丈，应以州县官的认识为准。只要州县官认为需要勘丈，就不应刻意避而不用；认为不需要勘丈，也不应因为其他原因如应付当事人纠缠而实施勘丈。由此可见，《钦颁州县事宜》对于勘丈的态度是比较客观的，既没有鼓励州县官积极采用，也没有要求州县官应当慎于采用。很显然，这一要求较明代法律规定的只要是田土案件就要勘丈的说法要科学得多。那么，州县官的态度是否与此一致呢？康熙年间的黄六鸿认为"田坂未明，不宜轻勘，骚扰地方"；[①] 乾隆年间的汪辉祖认为"侵占勿轻查勘，事关田房坟墓，类须勘结者，官事甚殷，安能日履山泽"；[②] 王凤生也说：未可轻易勘丈，夫田房水利尚可勘丈即明，若风水则易于影谢，牵混山场，则本无弓口，丈亦难施，或因公无暇亲往，累月经时，必致又酿他故。[③] 上述三名州县官生活在不同时代，在不同地区任职，但对于勘丈的态度却出奇地相同，都主张慎于勘丈。州县官们主张慎于勘丈的理由有以下几个方面：一是勘丈会骚扰地方；二是影响官府公务；三是勘丈未必有效。这三条理由听起来颇为在理，但经不起推敲。第一个理由尚可成立，因为勘丈确比其他取证方式对当事人影响更大；第二个理由难以成立，因为勘丈本身也是官府的公务之一；第三个理由更不能成立，对田土案件，若需要勘丈时，则表明依靠其他证据已经难以查明事实，况且在未实施勘丈之前即认为勘丈难以查明事实，显然失之武断。民事诉讼中，依据任何一种证据，都难以保证查明案件，但对于其他证据的取证，并未如此谨慎，而独对勘丈如此，理由显然牵强。

那么司法实践中勘丈的实施是否像州县官希望的一样谨慎。笔者考察了《徐公谳词》所记载的田土诉讼审理实践，发现勘丈的实施并非像州县官笔记要求的那样慎于采用。《徐公谳词》共记载了102宗案件，田土案件52起，其中有32起案件的审理中实施了勘丈，比例高达63%。可见司法实践中勘丈的实施比例是相当高的。

关于勘丈的启动还有一个问题值得研究，即勘丈应由当事人提起还是由司法官员提起，司法官员实施勘丈是否应以当事人的申请为前提。《钦颁州县事

①　（清）黄六鸿：《福惠全书·卷20·杂犯》，引自《官箴书集成》第3册，黄山书社1997年影印本，第438页。

②　（清）汪辉祖：《续佐治约言》，见（清）张廷骧：《入幕须知五种》，见沈云龙主编：《近代中国史料丛刊》第269辑，台北文海出版社1966年版，第189页。

③　（清）徐栋：《牧令书·卷19·刑名下》，引自《官箴书集成》第7册，黄山书社1997年影印本，第453页。

宜》既然将是否应当实施勘丈交由州县官判断，则州县官自然可以依职权来实施勘丈，与当事人的态度应当没有关系。但在州县官笔记中，我们则看到另外一种表述，即勘丈的实施往往是当事人强烈要求的结果，前文提到的王凤生认为："未可轻易勘丈……倘持之甚坚，不得已示勘"；①黄六鸿则认为审理田土纠纷"宜令中证，亲族地邻人等公勘四至界至，从公处明回报。如不输服，然后单骑简从，秉公踏勘"。②按照他们的观点，勘丈只有在当事人持之甚坚或对事实认定不服时才可以实施，即州县官并不是根据自己的认识来决定是否实施勘丈，而是主要考虑当事人要求，这显然也与《钦颁州县事宜》的要求不一致。从勘丈实施的实践来看，《徐公谳词》记载的32起实施勘丈的案件中，当事人申请勘丈的情形出现较少，且即使当事人具结要求勘验，官府也并不一定采纳。大部分案件皆未提及当事人的影响。另有一些案件中，勘丈的实施完全是司法官员自己决定的。在"胡效伦越葬诬告案"中，胡效伦不服县审判决，上诉到府，知府徐士林已饬县察勘，在结论尚未出来之前，又"恐有屈抑，随提县卷契约，委员细勘绘图"。③在另一起案件中，司法官员仅因为提阅前后县卷，尚有疑窦，即饬县勘审。司法实践表明，司法官员对勘丈的采用起到决定性的作用。这一作用还表现在对坟山诉讼中挖冢开棺勘验的实施程序上。对于发冢勘验，州县笔记要求："掘墓以验其铭石，起棺以验其殉葬之宝物为证，此断断不可轻举，铭石犹在棺外，宝物实附其身，岂有别无剖断而自犯开棺见尸之咎乎。"④对于此类勘验，按州县笔记的主张，州县官是不会主动实施的。司法实践对于发冢勘验也是非常慎重的。《徐公谳词》记载的"葛行德冒祖争山案"中，原告葛行德与被告程正迪皆称同一块田上的两冢为自家祖冢，被告称两冢葬夫妇二人，原告则称葬母女三人，这一争端事实仅凭地面勘丈是难以查清的，因此县令不能委决，遂令两造具结，详请挖验。后来知府没有批准申请，挖验遂未实施。⑤从这一案件可以看出，对于发冢勘验，

①（清）徐栋：《牧令书·卷19·刑名下》，引自《官箴书集成》第7册，黄山书社1997年影印本，第453页。
②（清）黄六鸿：《福惠全书·卷20·杂犯》，引自《官箴书集成》第3册，黄山书社1997年影印本，第438页。
③（清）徐士林撰，陈全伦、毕可娟、吕晓东主编：《徐公谳词》，齐鲁书社2001年版，第199页。
④（清）黄六鸿：《福惠全书·卷20·杂犯》，引自《官箴书集成》第3册，黄山书社1997年影印本，第438页。
⑤（清）徐士林撰，陈全伦、毕可娟、吕晓东主编：《徐公谳词》，齐鲁书社2001年版，第205页。

司法实践与州县笔记在慎重程度方面是相当的；但司法实践中决定发冢勘验时并不以当事人的申请为前提，事实上，当事人一般也不会提出这样的申请。由此，笔者的结论是：在决定勘丈应否实施方面，司法官员的态度起决定性作用。尽管如此，在勘丈的启动程序上，我们仍然常会看到两造具结请验的表述。明明是司法官员主动实施的勘丈，在表面一定要给我们这样一种印象，即勘丈实施是当事人请求的结果。司法官员这样做的理由主要有二：一是由于勘丈本身存在的风险，在勘丈坟墓时尤其如此，要求当事人具结可以转嫁这一风险；二是从提高诉讼效率的角度出发，因为勘丈的成本很大，若当事人对勘丈的结果又不服，则会导致已经实施的勘丈不起作用，要求当事人具结，可以保证当事人服从依据勘丈结论作出的判决，从而使勘丈起到应有的作用。司法官员的这一要求是很容易实现的，因为司法官员之所以觉得有必要勘丈，正是因当事人对争议事实持不同主张，如当事人不愿具结，司法官员可径直对不愿具结的一方当事人作出不利判决。

（二）勘丈实施的主体及参加人

关于勘丈实施的主体，明清时期有较大的差异。在明代初期，由于国家提供民间诉讼先由里老人先行审理。因此，勘丈由里老人实施的现象较为普遍。法律史学者韩秀桃收集了明代初年到明末的三十八件记载民事纠纷的文书，共有三起涉及田土踏勘，虽说这三起踏勘都是由里老人实施的。但三起案件中，由当事人控到官府，再由知县指令里老人踏勘的有两起，分别发生地天顺和成化年间，而第三起案件是由当事人申请里老人踏勘的案件，发生在嘉靖年间。这表明在明代中叶以后，在正式的诉讼程序中，里老人踏勘的现象已经很少见了。事实上，明中叶以后，当事人对于里老人理讼已经很不满意了。官府让里老人踏勘往往会成为当事人上诉的借口。催告：明白具情告县，未蒙查勘，竟发老人取供，岂料被豪贿积年主文金英，计将别号遗家扯混，县主偏听，屈打成招，差委清正人员，排年，知识，眼同勘验，为此来告。徽州府下发帖文：亲诣告争山所，集地方排年，里老，山邻等并带卖人吴士贵，黄成宗子孙到官眼同经官逐一踏勘。① 因此关于官员亲自勘丈的记载渐渐增多。成化元年十二月内，本卫委指挥郭胜、千户李聚、百户李义踏勘屯地，② 到明末，田土诉讼中里老人踏勘现象几已绝迹，据笔者对《盟水斋存牍》的统计，尚未发现有

---

① 《茗洲吴氏家记》，转引自韩秀桃：《明清徽州的民间纠纷及其解决》，安徽大学出版社 2004 年版，第 192 页。

② （明）王概：《王恭毅公驳稿》，上海古籍出版社 2003 年版，第 322 页。

里老踏勘之做法。而当事人对于踏勘不平的指责也极为罕见。

清代关于勘丈主体的做法与明代有明显差别，基本没有民间参与勘丈的做法。清代条例规定：民间词讼细事，如田亩之界址沟池、亲属之远近亲疏，许令乡保查明呈报①；另一则条例规定：州县审理词讼，遇有两造俱属农民，关系丈量踏勘……即令各州县亲赴该处，审断速结。②《钦颁州县事宜》也规定：田地有应勘丈者，即行勘丈，勿委佐贰。③ 前面三种规定中，第一条规定允许乡保实施勘丈，后两条要求只有州县官可以勘丈，佐贰不得实施勘丈。该怎样看待这两种规定的不同之处。笔者以为，这两种规定并不冲突：因为乡保勘丈只是一种民间行为，乡保虽可以实施勘丈，却没有依勘丈结果处理案件的权力，案件仍应由该州县官亲加剖断，不得批令乡、地处理完结。④ 因此，若当事人对乡保的勘丈结论不服，这一结论不会对当事人产生不利影响；但佐贰则不同，他们作为州县官的属官，具有官方身份，勘丈的结论州县官往往直接采用，若佐贰勘丈不公，则会给当事人带来不利影响。因此明清时期条例反对佐贰实施勘丈，以保证勘丈对查明事实真相的积极作用。反对佐贰勘丈的立场得到了许多州县官员拥护。王凤生认为，不可转委佐杂代勘，即使公正亦不足服人心；⑤ 黄六鸿也主张田土争讼宜令中证，亲族地邻人等公勘四至界至，从公处明回报。如不输服，然后单骑简从，秉公踏勘。⑥ 也表明了勘丈应由州县官亲自实施的立场。那么在司法实践中，是否也只有州县官才可以实施勘丈呢。台湾学者那思陆认为，明清时期田土案件之勘丈，通常有州县官、县丞、巡检、典史等官为之。⑦ 依据那思陆的研究，佐贰显然是可以实施勘丈的。据笔者对《徐公谳词》中勘丈案件的统计，可以实施勘丈的主体有臬台、道台、

---

① （清）吴芸撰，马建石、杨育裳校注：《大清律例通考校注》，中国政法大学出版社 1992 年版，第 881 页。

② （清）吴芸撰，马建石、杨育裳校注：《大清律例通考校注》，中国政法大学出版社 1992 年版，第 880 页。

③ （清）田文镜：《钦颁州县事宜·听断》，引自《官箴书集成·第 3 册》，黄山书社 1997 年影印本，第 673 页。

④ （清）吴芸撰，马建石、杨育裳校注：《大清律例通考校注》，中国政法大学出版社 1992 年版，第 881 页。

⑤ （清）徐栋：《牧令书·卷 19·刑名下》，引自《官箴书集成·第 7 册》，黄山书社 1997 年影印本，第 453 页。

⑥ （清）黄六鸿：《福惠全书·卷 20·杂犯》，引自《官箴书集成·第 3 册》，黄山书社 1997 年影印本，第 438 页。

⑦ 那思陆：《清代州县衙门审判制度研究》，文史哲出版社 1982 年版，第 252 页。

知府、同知、州县官、县丞、巡检、典史、驿丞、捕衙、教谕、经历、照磨等官员。此外，署县、署县丞、署典史也可以成为勘丈实施主体。还有一种主体身份不明确，《徐公谳词》中多次出现"委员确勘"的表述，这里的"员"既可能是上述主体之一，也可能是上述主体以外的官员。在上述官员中，只有臬台、道台、知府、州县官、署县属于正印官，其他皆属佐贰官。很显然，这与条例对勘丈主体的要求及州县官的自我要求相距甚远。产生这一差别的原因是州县官对勘丈的理想图景与实践存在差异造成的。上文已经指出，对于勘丈的态度，州县笔记主张慎于实施，按照他们的想法，对勘丈慎于实施，自然会将勘丈的数量控制在一定的范围之内，若勘丈次数较少，州县官当然可以亲自实施。因此不委佐贰是可以做到的。问题在于这只是州县官的一厢情愿。在司法实践中，由于田土争议案件的数量难以控制，州县官如欲对每一件需要勘丈的田土案件都亲自实施，常会穷于应付；如不勘丈，又无法说服当事人及向上司交代。因此只得放弃自己的立场，让佐贰官实施勘丈。

关于明清时期田土案件的勘丈主体，还有两种情形应予说明：一是会勘，前述《户部则例》即有关于会勘的规定。通常情况下，勘丈都是由州县官单独实施，但若系争田土跨越两个行政区域，则这两个行政区域共同的上级便会要求两地的州县官乃至道府官员联合勘丈，以在形式上保持公正。《徐公谳词》记载的"计汝懋等互争洲地案"中，先后有两次会勘，前一次会勘的参加者有安徽省按察使、江西省饶九道道台；后一次会勘的参与者有安徽安庆知府、江西饶州府同知，安徽望江县令、江西彭泽县令二人。① 还有一种形式我们可以称之为代勘，即当某一州县官员在实施勘丈时被当事人指为不公或该州县的上司认为有必要，则该州县的上司可能会委派其下属的另外一名州县官来实施勘丈，类似于现在的异地审理制。这种代勘制在明清时期条例中虽无规定，在州县笔记中亦无记载，但司法实践中还是存在的。明代早期的里老人踏勘实际上就是代勘，因为这一工作本应由县令完成的。本卫委指挥郭胜、千户李聚、百户李义踏勘屯地。清代案件中如"张玑冒认祖妣案"中，太湖县张玑与梅春先争坟山，知府先批饬太湖县令勘报，又恐未明确，复委宿松县令亲勘绘图讯供。② 明清时期司法实践中会勘与代勘制，具有程序正义的性质，这两种做法的出现表明明清时期的勘丈已经较为成熟。

---

① （清）徐士林撰，陈全伦、毕可娟、吕晓东主编：《徐公谳词》，齐鲁书社2001年版，第79页。

② （清）徐士林撰，陈全伦、毕可娟、吕晓东主编：《徐公谳词》，齐鲁书社2001年版，第528页。

　　勘丈实施时除勘丈实施主体以外，可否允许当事人及证人参加，即勘丈的实施是应当公开进行还是秘密进行。对此，明清时期的条例没有规定，但明代的许多勘丈都要求拘集地方排年，里老，山邻等并带卖人吴士贵，黄成宗子孙到官眼同经官逐一踏勘。州县笔记总的态度是主张公开实施。汪辉祖认为，勘丈必须为之速结，必多人守候，尤万不可临期更改。① 表明他认可勘丈的公开进行。在司法实践中，大部分勘丈是公开实施的。《徐公谳词》中常有这样的表述：该县官吏带同犯证，亲赴告争处所，确勘查明，饬令两造指实地界，查对各契，严加确讯……给县坟图，详悉填注。但在司法实践中也有官府实施勘丈，两造不得参与的情形。在《徐公谳词》中，常见"本府密勘山坟、本府密勘山脊"等记载。至于公开勘丈与秘密勘丈的实施条件有何不同。笔者以为，选择是否公开勘丈完全由司法官员自己决定，其考虑的因素主要是所是否有利于查明事实真相。通常情况下，应当公开勘丈，因为这样做有利于给当事人以形式上的公正，避免不必要的被动；倘若州县官认为一方当事人可能会于勘丈之前设置圈套，如买通四邻作伪证或在田土中做手脚，则可能不宣而勘，这样反而能得实情。另外，由于公开勘丈应服同两造，且应当场向两造剖明是非。因此在决定勘丈时，如州县官对即将实施的勘丈能否当场查明争议事实毫无把握，为避免在勘验当场无法向当事人剖明事实的尴尬，也常常不公开勘丈。因此，密勘不仅是不允许当事人及证人参加，而且是否决定勘丈或何时实施勘丈也不告知当事人。

（三）勘验实施的时间要求及次数

　　关于勘丈实施的时间要求，明代的法律尚未发现相关规定。清代条例是这样规定的：州县审理词讼，遇有两造俱属农民，关系丈量踏勘，如在农忙期内，准其详明上司，照例展限，至八月再行审断，若查勘水利界址等事，现涉争讼，清理稍迟，必致有妨农务者，即令各州县亲赴该处，审断速结。总不得票拘至城，或至守候病农，其余一切呈现诉无妨农业之事，照常办理，不准停止。仍令该管巡道严加督察，查核申报，如州县将应行审结之事，借称停讼稽延者，照例据实参处，经管道府如不实力查报，该督抚一并严参例处。② 上述条例表明，除了农忙止讼期间，可能影响农务的勘丈不应实施外，其他勘丈都

　　① （清）徐栋：《牧令书·卷19·刑名下》，引自《官箴书集成》第7册，黄山书社1997年影印本，第453页。
　　② （清）吴芸撰，马建石、杨育裳校注：《大清律例通考校注》，中国政法大学出版社1992年版，第880页。

应即时实施。《钦颁州县事宜》规定的"田地有应勘丈者，即行勘丈"。① 也表明了勘丈应当从速的要求。在州县官笔记中，对于勘丈是否应即时实施没有记载。这与州县笔记不主张轻启勘丈是一致的。在司法实践中，勘丈实施的即时性要求也被强调。《徐公谳词》中记载一起勘丈实施不及时，勘丈官员受到批评的案件，在"许准告谢芳恩争水利案中"，两造互争，在天旱之时，该县履勘，在得雨之后。勘丈未能降时实施，上司认为更当悉心权衡，不可草率了局。最后的处理结果是要求该县官吏立即亲诣告争处所，详细勘度明白。② 这一案件表明在司法实践中，负责的官员也主张勘丈应即时实施。

另外，关于公开勘丈的日期确定之后是否可以更改，也是州县官们重视的一个问题。总的来看，明清时期的州县官大都主张勘丈日期确定后不可更改。汪辉祖认为勘丈时必多人守候，尤万不可临期更改；③ 黄六鸿也主张"踏勘定期某日，尤不可临时更改，使两造多人难以伺候"。④ 州县官们主张勘丈定期不可更改的理由是一样的，即因为已有两造及证佐多人等候，若临期更改，势必劳民伤财，有违牧民之意。但秘密勘丈不会影响当事人的利益，因此更改定期是可以的。

关于勘丈实施的次数。在州县官们看来，勘丈是不得已而为之的劳民之举，因此对于勘丈实施的次数应尽可能加以控制。即对于同一田土争端，不应反复勘丈。但由于司法实践中的勘丈在很多情况下多由佐贰官员实施，因而当事人常对勘丈结果不服，怀疑勘丈官员受到对方当事人贿买，并向上级官府上诉；而上级官府原本就反对由佐贰官员实施勘丈，因此会对当事人以这种理由上诉给予较大的同情，故而会满足当事人的要求而重新实施勘丈。退而言之，即使是州县官亲自实行勘丈，由于州县官本人并不都懂得应如何勘丈，因而难免为勘丈的经手之人弓手与画手所蒙骗，勘丈仍可能会出现不公的情形，从而引起当事人的不服并进而导致新的勘丈。据笔者对《徐公谳词》统计，在实施勘丈的32起案件中，有16起案件实施了两次以上勘丈，其中实施三次勘丈的有4起。这些案件中因为当事人上诉或州县官换任而致勘丈重新实

① （清）田文镜：《钦颁州县事宜·听断》，引自《官箴书集成》第3册，黄山书社1997年影印本，第673页。

② （清）徐士林撰，陈全伦、毕可娟、吕晓东主编：《徐公谳词》，齐鲁书社2001年版，第326页。

③ （清）徐栋：《牧令书·卷19·刑名下》，引自《官箴书集成》第7册，黄山书社1997年影印本，第453页。

④ （清）黄六鸿：《福惠全书·卷20·杂犯》，引自《官箴书集成》第3册，黄山书社1997年影印本，第438页。

施的情形占据很高的比例，而由上级官员发现原勘有错而主动提起的勘丈数量不多。

（四）勘验实施的程序

勘丈应如何实施，明清时期条例及《钦颁州县事宜》皆未规定。在清代的州县官笔记中，我们看到了较为详尽的记载。王凤生认为：批勘后则先令地保于两家管业四至处所插签标记，并密吊访业之四邻，令其勘日，当面呈阅，然后履勘，就两造绘图测以南针，证正方向，凡所争界址疑似及出入路径，均须一一亲历，再以所争契内四至，核对其四邻契载是否相符，阅后抄呈备案，然勘场唯以镇静为主，是非曲直切勿急于剖断，严谕两造，如有喧哗滋事者，查系何党之人，定向原具呈人根交严究，勘毕令自投案。将两造所绘图与新勘情形，孰是孰非，逐层指示，并明白开导，而亲勘图说尤必核事实上附卷，便永息争端。① 黄六鸿认为勘丈应单骑简从，即从彼处究明以定界址，免其后争，一干人等俱就便取供，免其往返多费。走马之先，须发一牌晓谕，所有本州县饮食俱系自备，并不费两造一文，跟役人等亦不许索盘缠酒钱，如有不遵，许本人即刻扭禀重究不贷。② 明清时期州县故事记载，官下乡踏勘务要分随带画工前去画图，若有丈量之处，带有丈手。③ 依据上述记载，再结合勘丈的实践，明清时期的勘丈大致遵循这样的程序：

1. 在决定勘丈时，要求双方当事人具结。当然，要求当事人具结只会发生在公开实施的勘丈之中，对于秘密勘丈，没有必要也不可能要求当事人具结，另外，对于司法官员临时决定的勘丈，如司法官员原无对某一争端进行勘丈的计划，但因其他原因来到了争端处所，也会便道踏勘，此时一般也不会要求当事人具结。

2. 决定勘丈后，令地保在两家田土四至处所插签标记，同时秘密调查系争田土的四邻。

3. 在出发前先告知当事人及跟役人员，勘丈费用由州县自理，跟役人员不许勒索当事人；这一点在司法实践中很难得到有效的遵行，特别是当勘丈是

---

① （清）徐栋：《牧令书·卷19·刑名下》，引自《官箴书集成》第7册，黄山书社1997年影印本，第453页。

② （清）黄六鸿：《福惠全书·卷20·杂犯》，引自《官箴书集成》第3册，黄山书社1997年影印本，第438页。

③ 蔡申之：《清代州县故事》，转引自那思陆：《清代州县衙门审判制度研究》，文史哲出版社1982年版，第252页。

由佐杂官员实施时尤其如此。

4. 勘丈时带上画工丈手，在勘丈现场，州县官应亲历系争地段路径，勘丈完毕后将所勘结果绘制成图，图中应标明相关数据。

5. 将勘丈所绘图与当事人所绘之图比对，指出系争事实应如何认定。

6. 在勘丈过程中应保持秩序安定；对于违反秩序的人员应当予以申斥。

7. 在谳词或看语内分析勘丈结论，将所勘之图附在卷宗之内，以备查考。

司法实践中，州县如在勘丈时没有遵循上述程序或是缺少了某一程序，则可能会引起当事人对勘丈结论的不服，如果当事人上诉，州县官勘丈上的不当之处会受到上司的申斥。《徐公谳词》记载了这样一则案例：邱嵩告黄聪听争祖坟，但邱嵩之祖坟，历年既久，契书无存，则坟之四至边界，原难定执。据邱嵩所绘坟图，与黄聪听坟图大异，苏令既经亲勘，而两造坟图互异之处，并不详加比对，相度坟山形势，是虽勘犹弗勘也。[1] 这一事实表明勘丈实践中那种不合要求的勘丈确实存在，但这样的勘丈会受到上司的批评，因而，此种勘丈不是勘丈的常态。

（五）勘丈结论的作用

田土勘丈结论对于司法官员解决田土纠纷究竟起到什么样的作用，已故学者郑秦教授认为：民间细故的勘验大都流于形式。因为清代和历代一样，将口供视为定罪量刑的主要证据，而不是勘验取得的其他物证或书证。[2] 对郑秦的观点，笔者认为尚有商榷的余地。笔者认为在明清时期的田土诉讼中，口供并不是主要证据。由于田土纠纷多发生在邻里亲友之间，司法官员审判的目的在于让双方消除争端，重归于好，而对当事人进行拷讯则会加剧双方的仇隙，与其宗旨相悖。因此，民间田土诉讼中拷讯较少采用，而这又导致民事诉讼中被告人口供不易获得。因此口供不是田土诉讼中的主要证据，考察据明清时期的条例及州县官笔记，笔者认为在明清时期田土诉讼中，司法官员首选的证据是书证，即田契和其他完粮凭证，然后是四邻的证词。前引乾隆年间条例规定：凡民人告坟山，近年以印契为凭，如系远年，须将山地、字号、亩数及库贮鳞册并完粮印串，逐一丈勘相对，果相符合，即断令归己。[3] 条例的精神得到了

---

① （清）徐士林撰，陈全伦、毕可娟、吕晓东主编：《徐公谳词》，齐鲁书社2001年版，第376页。

② 郑秦：《清代法律制度研究》，中国政法大学出版社2000年版，第116—117页。

③ （清）吴芸撰，马建石、杨育棠校注：《大清律例通考校注》，中国政法大学出版社1992年版，第433页。

州县官的广泛认同。王又槐指出：民人控争坟山界址及盗葬者，异姓以印契粮串为凭；同姓以谱碟议约为据。① 徐士林提及当时处理争控山场的原则是：其有契界者，断以契界，其无契界而历来掌管有据者，即断以历掌之界，如既无契界，又无历掌确据，屡争不止，即就现在之形势酌断，使两不相碍，彼此平情，庶为妥协。② 用现在的证据法理论来考察，明清时期州县官们慎于勘丈主要是为了提高诉讼效率，因为勘丈实施的成本较高，故而州县官们审理田土案件时不以勘丈为首选证据，他们更倚重书证及人证，一般不轻易实施勘丈。但州县官们的这一愿望未必能实现。因为民间与田土有关的行为常常与官方要求并不一致。如上述条例规定的民人控坟山以印契为凭，印契即加盖官府印章表明已经交纳交易税的契约，但民间为了逃税，很少将契约呈至官府盖印。这样一来，当纠纷出现时，就使得例文主张的以印契为凭很难适用。至于完粮印串，通常也只能证明田土的所有权，可以用于解决田土契约纠纷，但不能解决田邻侵界的问题。对此，州县官为查明事实，也只得实施勘丈，而一旦州县官决定实施勘丈，则表明凭借前列证据已经难以查明事实，因此，勘丈的结论就成为查明事实的主要证据。如此一来，州县官在理论上自然是重视勘丈的，郑秦认为勘丈流于形式的观点难以成立。当然，也还存在这样的情形，即州县官在未实施勘丈之前已经对案件的事实形成了"谁是谁非"的判断，但当事人对此不服，强烈要求州县官实施勘丈，在此情形下，州县官实施勘丈只是为了应付当事人之举，勘丈可能会流于形式。但这种情形毕竟是少数。司法实践中的大部分情况下，勘丈是认真进行的，勘丈的结论也在事实认定中起到重要的证明作用，这从本文第一部分引用的《徐公谳词》所显示如此高的勘丈比例及勘丈的反复实施可以看出。

当然，具体到某一份勘丈结论来说，它所起的证明作用在不同的主体之间有所不同。如审判官员亲自实行勘丈，他在认定事实时自然会更多地依靠勘丈结论，因为他没有理由怀疑勘丈结论的可靠性；倘若勘丈实施主体与事实认定主体不一致时，这主要表现为由乡保及佐贰官实施勘丈的情形，因明清时期法律严禁非正印官实施审判，故而案件事实只能由正印官认定，若乡保或佐贰官实施勘丈的行为是受认定事实官员的委派完成，则这样的勘丈结论若当事人没有强烈不服，大都也会作为定案证据，因为这种委派关系是建立在信任的基础

① （清）王又槐：《办案要略·论杂案》，华东政法学院语文教研室注译，群众出版社1987年版，第55页。

② （清）徐士林撰，陈全伦、毕可娟、吕晓东主编：《徐公谳词》，齐鲁书社2001年版，第350页。

上的。如勘丈既非最终事实认定官员亲自实施，也非他委托之人实施，[①] 则对这样的勘丈结论，事实认定官员一般会进行审查，视其是否有不足之处，如有不足，则不作为认定事实的依据。

结　语

考察明清时期勘丈的制度、理论与实践，笔者发现这三者之间存在较大的距离。就勘丈启动而言，制度与实践都表现出当勘则勘的态度，而理论上则是能不勘丈就不勘丈。就勘丈实施主体而言，制度与理论都要求州县官应当亲自实施勘丈，不得委之佐贰官；而实践中佐贰官实施勘丈的情形屡见不鲜，而且也未受到禁止。在勘丈结论的作用方面，制度与理论皆认为勘丈应是第二位次的证据，但在司法实践中，勘丈所起的作用远较制度与理论上的要大得多。这种制度、理论与现实背离的原因主要是立法者与司法者不所愿承认民间秩序所致。上述制度、理论与现实在三方面的背离可以归结为一点，即对勘丈在田土诉讼中重要性的认识不同。制度与理论不认为勘丈能起多大的作用，起主要作用的应是书证，而书证的检验成本比之勘丈要小得多。但制度与理论上的这种认识与现实状况是不符合的。这一认识是基于这两个前提之上的，一是当事人的大多数民事行为是按照官府的要求来进行的，二是当事人之间的田土纠纷是可以通过调处的方式来解决的。但这两个前提其实是立法者和州县官想象出来的幻景，并非现实。前文已经指出，由于民间民事行为的非规范性，官府所期望的查明民事纠纷的证据未必总能发现。如由于民众逃税行为的普遍存在，使得作为证明田土权属的印契很少存在，更多情况下是未盖印章的白契，而法律又不认可白契的证明力，因此往往需要实地勘丈来查明纠纷事实。就第二个前提而言，官府既低估了当事人将官司进行到底的决心，又高估了乡保邻证解决纠纷的能力。官府一厢情愿地认为当事人的田土诉讼是民间细故，是一时冲动的行为，只要官府晓之以理，当事人就会撤诉。即使当事人不会息讼，官府审理案件，也不必亲自查明争议事实，乡保邻证即可完成。正是在这种认识下，法律和州县笔记才主张由乡保邻证查明纠纷，正是相信乡保邻证的公正性和在当事人心目中的权威性。而这显然是不符合事实的，甚至也是不符合逻辑的。从现有的资料来看，明清时期的州县自理词中，当事人控府、控道的比例相当高，既然州县正式的司法判决都不能令当事人信服，更何况是乡邻的处理。从《徐公谳词》记载的案例来看，由州县官批由乡保邻证处理的案件没有一起达到息讼目的。从逻辑上看，明清时期民事纠纷的解决一般都先经乡保邻证调

[①]　如上诉案件中的审理人员对原审人员实施的勘丈，即属此种情形。

处，只有在乡里调处失败时，才会起诉到官府，而此时官府却又将案件发回乡保邻证处理，显然不符合行为逻辑。由此可见，乡保邻证在解决民间田土纠纷发挥不了法律和州县官期望他们能够发挥的作用。因此，田土案件的解决大部分情况下还得依靠官府。由于上述两个可以省用勘丈的前提其实并不存在，因此实践中勘丈的实施当然会较制度与理论上更加频繁。而勘丈实施数量的增加自然会导致州县官难以承受，再加上大部分州县官并不像州县笔记所期望的那样勤政，同时由于法律对于州县官未亲自实施勘丈并任何处罚措施，这样一来，实践中佐杂代勘的做法屡屡出现也就不足为奇了。

五、民事鉴定实践

（一）鉴定意见的地位

明清时期的民事诉讼中，作为取证或查证方式的鉴定在立法中并没有规定，这自然就导致了鉴定意见没有成为一种法定的证据方法。现代的证据法中，鉴定意见与证人证言一样都是法定的证据方法。在英美法系中，鉴定人被称为专家证人，因此鉴定意见也是与证言一样成为一种合法的言词证据。但是明清时期的法律中对此居然无只言片语的规定。明清时期的刑事法律中有关于人命案件中尸体检验的规定，法律规定由州县官员带领仵作进行。但在尸体检验程序中，仵作只是司法官员的助手，并不是独立的诉讼主体，因此，尸体勘验只能算是勘验，而不能算是鉴定。而民事诉讼从制度来看根本就不存在人的尸体勘验的情形。明清时期的诉讼中之所以不存在法定的鉴定规定，笔者认为是由这两方面的原因决定的。一是科学技术的落后；二是明清时期的官本位主义。科学技术的落后导致的一个后果是社会上专业技术人员很少。现代社会社会分工细致，这导致许多知识只为专业人员掌握，作为法官案件审理者的司法人员虽然也相当优秀，但也不可能穷尽各门知识，因此在司法实践中若遇到自己不掌握的知识仍须向专业人员学习。随着社会分工越来越细，司法官员在实践中遇到的难题也会越来越多，因此他们会更多地向专业人员请教，当这种情况经常出现以后，立法就有必要对专业人员参与诉讼作出规范。相反，在古代社会，社会分工非常粗放，社会知识的专门性不强，司法官员在实践中遇到难以认识的问题的情形较为少见，通常只以属于偶然现象，因此，立法也不认为有必要对专业人员参与诉讼作出规范。可以这样认为，在科学技术落后的古代社会，专业人员与非专业人员的知识差距非常小，因此专业人员在诉讼中的也就难有发挥作用的空间。当然，这种专业与非专业人员的距离只是较小，并非就不存在，但何以在古代的立法中关于鉴定的规定竟会是一字也不出现。这还要联系到明清时期的官本位思想。明清时期自唐代的科举制度确立以后，国家唯一的专业考试就是关于官员任职资格的科举考试。这样一来，整个社会就形成了对官员的崇拜观念，认为官员是无所不能的，其他所谓的专业知识在他们面前根本就不算是知识。如果司法官员在司法过程中遇到了他难以解决的问题，也很难会有专门知识的人员能够解决这样的问题。在这两种观念因素的支配下，明清时期的立法不确立鉴定制度就显得顺理成章。

（二）司法实践中的鉴定

既然立法没有关于鉴定的规定，因此笔者只能以司法实践中鉴定的实施的实践作为研究对象来控讨明清时期民事诉讼中鉴定实践的一般规律。但令人遗憾的是，司法实践中鉴定出现的概率非常低，笔者查阅了大量的资料，只收集到两例可以视为是鉴定人参与诉讼中的案件。下面笔者将以这两件案件的审理程序为对象，再结合其他一些案件来考察鉴定实践的特征。

1. 清代龙岩县监生林联魁与翁希谦争房产一案。蔡姓祖传房屋一所，分为两处。顺治年间，蔡祗斋卖一处屋与翁平兆，翁平兆子翁玉山于康熙五十七年卖于林瑶木，为林瑶木与其子林联魁居住。康熙二十五年，蔡倚去卖另一处房屋给翁若贡，为其子翁瑛与翁瑛之侄翁希谦居住。两处房屋之间，有一大坪，双方争执不休。林联魁提供的翁玉山的卖房契约尾部有"大坪照上手契书，不得隔断"的补充字样。而同样由林联魁提供方便的蔡祗斋卖房于翁平兆的老契上果真亦有"大坪公共晒谷。不得隔断"字样。两者相比，验证一致，似乎无可怀疑。但审理者认为新契的内容非常详细，为何单遗漏大坪字样，而须在契尾补充呢？另外，新契尾部所添字样与契内笔迹，在形体丰神判然不同。而老契的字迹又与林联魁呈词字迹相同。因此，司法官员认为老契可能是林联魁伪造的，其中增加了关于大坪的内容，而真正的老契则为林联魁隐藏起来。据此，司法官员怀疑新契约尾部的内容是林联魁擅自添加的，便将该老契，新契尾添注之字及林联魁的呈词传示龙溪、南靖二县及并漳府教授，当堂各加细看，俱称覆呈与老契字出一手，新契后添注之字，实与契内不符。① 林联魁的证据虽被否定。上述案例中，对契约上部分文字真相的鉴定就是由教授完成的，而非由享有法定资格的鉴定人员实施。

2. 卢上达与陈传甲、陈宗泽争溜庄钱案。溜庄钱系指佃户在租种田主田地时除向田主交纳租金外，而要向以前一直耕种该田地的前一佃户支付的金

---

① （清）徐士林撰，陈全伦、毕可娟、吕晓东主编：《徐公谳词》，齐鲁书社 2001 年版，第 364 页。

钱。前佃收到此溜庄钱后应当向后一佃户开具证明收取的文书。当田主解除租约时，佃户就会要求田主支付溜庄钱，其数量佃户主张以上一佃户开具有数字为准，但因为田主并没有收到这笔溜庄钱，因此，常常会不愿意承认这笔钱，或者即使承认这种钱的存在，也会对其数额表示怀疑，此时案件的审理人员便会调集熟知当时习惯的人员来问讯关于溜庄钱的习惯数量，而这些接受官府的讯问的人员并不是就个案事实是否存在发表意见，因此其身份接近于今天的鉴定人，而非是证人，他们作出的陈述可以视为是鉴定人的意见。清代的判词中就有这方面的记载。据卢上达供，陈传甲、陈宗泽伙种生田，实只押租钱二十二串文，质之陈传甲，陈宗泽，另外去有溜庄钱一百余串，查此田仅只九石四斗。诘讯杨着轩，蔡琴仙等，此处土风，若九石四斗，究有溜庄钱若干，至多亦不过七八十串文。断令卢上达出溜庄钱八十串，外给押钱二十三串。本案中审判人员对于当事人主张的溜庄钱数量存在怀疑，因此让鉴定人表达意见，并最终采纳的鉴定人的意见作用判断。①

3. 吕永龙与阿汪争继案。清代太湖县民吕永龙弟永章病故无子，吕永龙强欲以己子入继为永章后，时永章妻阿汪已有身孕，心有不甘，诉至官府。吕永龙称阿汪遗腹为诈捏。乃据次日阿汪之弟报禀，氏于三月初五日，旋寓生子。知府徐士林即饬怀宁县密传稳婆往验是实，取具甘结，并将稳婆房东取供在卷。②

（三）从司法实践中的鉴定看明清时期鉴定的特征

从上述三起出现鉴定人员参与诉讼中的案件，我们可以发现明清时期的鉴定实践存在以下特点：

1. 关于鉴定的提起。主要由司法官员提起。第一起案件中是由道员徐士林将有疑问的文书内容传示鉴定人员，让他们发表看法，而不是由当事人一方申请鉴定。第二起案件中两名专家证人参与诉讼的过程虽无记载，但可以肯定不是由当事人一方申请到府作证的。因为案件两造当事人对于事实的争端是溜庄钱是否存在，而还钱书目的多少。两造当事人一方主张没有这一笔钱，而另一方则主张存在溜庄钱一百文左右。而证人的证词并非是针对两造的主张而言，他只是客观地叙述了当地的一种习惯，且他的证词对两造而言都是不利

---

① 《三邑治略·卷5》，转引自兹贺秀三：《清代诉讼制度之民事法源的考察》，见王亚新编：《明清时期的民事审判与民间契约》，法律出版社1998年版，第59页。

② （清）徐士林撰，陈全伦、毕可娟、吕晓东主编：《徐公谳词》，齐鲁书社2001年版，第168页。

的。可见这两名专家证人的出府乃是应官府的要求。第三起案件的鉴定人则是审判者令下级司法官员邀请参加鉴定的。

之所以不存在很少出现当事人申请鉴定的现象。还是用前述的官本位主义即可解释。在这种意识支配下，当事人对官员的知识一般不敢有怀疑态度，而官员自身更是不会怀疑自己的见识能力，倘若当事人对官府表示对某一问题应当向某些专业人员请教，在很大程度会惹得官员不高兴，认为当事人是小瞧他，从而影响案件的公正裁决，可见在当时的诉讼实践中，当事人即使对官府认定的案件事实可能会不满，一般也不会提起鉴定申请，以免触怒案件审理官员。当然解决措施也是有的，这就是提起进一步的救济措施，向上一级司法机构提出上诉。而这并不违背官本位意识，因为认为上级官员比下级官员能力更强正是官本位意识的组成部分。

2. 鉴定人的身份问题。现代诉讼中鉴定人有两种，一种是法定鉴定人，如法医，另外一种是非法定鉴定人。从明清时期的诉讼实践来看，当时的立法既然未对鉴定作出规范，也就自然不存在法定鉴定人员的问题。因此，鉴定人都应是任意鉴定人。上述案件中鉴定书证真伪两县并漳府教授，对溜庄钱数目提供意见的两位诉讼地乡民，对妇人是否确实生子进行鉴定的接生婆都不是专业鉴定人员。虽然不存在专职的鉴定人，但鉴定人应当具有专业的能力这一要求还是受到重视的。上述三起案件的鉴定人员都不是任意挑选的，而是都从对某一知识较为具有专业能力的人中产生的。由此看来，强调鉴定人员的专业性与现代的鉴定要求基本相同。鉴定人无法定身份，自然也无回避的说法。

3. 鉴定意见的作用。从上述三起案件的处理结果来看，鉴定意见的作用是非常明显的。即司法官员都按照鉴定意见来对案件作出处理。不过，鉴定意见的作用与现代民事诉讼鉴定意见的作用还是有区别的，现代的诉讼中，法官如需要依职权提起鉴定，一般都是他对争议事实没有专门知识，因而无法作出判断。而在上述三宗案件中，司法官员并非是完全因为无所知才安排鉴定的。第一起案件中，司法官员对于伪造的书证在真伪已有自己的判断，只不过为了确保没有失误，才安排鉴定，可见鉴定不是为了认识事实，只是为了确信事实，是司法官员慎重办案的表现。第二起案件中的鉴定可算是为了解决认知问题而进行鉴定的，与现代鉴定在旨趣上是相同。第三起鉴定固然也有保证判正确的考虑，实际上还有一个原因，即司法官员本人不可能亲自到现场去调查案件事实。在妇女不轻传唤的司法惯例占据主导地位的时代，司法官员不便亲自调查也是让人鉴定的原因。可见鉴定提起原因的多样化是鉴定意见作用发挥不大的原因之一。鉴定意见作用不大还有另外一个原因，即本来应该提起鉴定的事实，因为被司法官员忽略而没有进行调查。因此鉴定也就难以实施。

在谢玉澄、谢道本告争山木的案件中，官府拘到年七十九岁且身有眼瞎、疯疾的谢祖谋到堂作证。来考察及鉴定意见对于认定事实所起的作用据笔者统计，在民事诉讼中，需要鉴定的对象主要有物证和书证两种，对于被害人伤情的鉴定虽也属鉴定范围，但所占比重较小。

六、当事人陈述

在明清时期的民事诉讼中，当事人的陈述在事实认定中占有相当重要的地位。当事人陈述是笔者为了研究与表述方便而采用的名称，在当时被称为"招草"或"供"。明清律《吏典代写招草》条规定："凡诸衙门鞠问刑名等项，必据犯者招草以定其罪"；① 而《清会典事例》称"如法以决罚，据供以定案"，② 将据供定案与依法判决置于相同的地位，可见据供定案在立法者心目中的地位。在司法实践中，当事人陈述作为认定案件事实的一种重要证据，同样受到司法官员的重视。

（一）当事人陈述的分类

1. 判前陈述及判后陈述

当事人陈述据其作出陈述的时间与内容不同可分为判前陈述及判后陈述。所谓判前陈述是指当事人在司法官员作出案件的审判之前的陈述，其内容主要指对于案件事实的陈述；而判后陈述主要指当事人在司法官员作出事实认定及处理决定后所作的陈述。这一陈述主要内容是对案件事实认定及处理结果的态度。若当事人对司法官员的事实认定及处理结果表示同意，这样的陈述称为"服"，否则当事人作出的陈述称为"辩"。"服"的要求是对司法官员的事实认定及处理结果都同意接受。而"辩"则可能是对两者都不同意或只对其中的处理结果不同意。

2. 案情陈述、承认陈述及反驳陈述

从陈述的内容及对象来分，可将当事人的陈述分为案情陈述，承认陈述及反驳陈述。所谓案情陈述是指当事人面对司法官员的讯问，问答讯问的问题。在明清时期的司法审判实践中，司法官员认为对于当事人的讯问应以个别讯问为主，这样可防止当事人之间相互串供。在个别讯时，当事人对司法官员作出的陈述就属于案情陈述。所谓承认陈述及反驳陈述是指当事人对于对方当事人或证人的陈述表示认可或驳斥的陈述。尽管讯问当事人以个别讯问为主，但并

---

① 田涛、郑秦点校：《大清律例·断狱》，法律出版社1999年版，第602页。
② （清）昆冈修：《钦定大清会典·卷55》，上海古籍出版社2003年版，第531页。

不排除让双方当事人进行对质的讯问方式。在个别讯问期间，司法若发现当事人之间的陈述不一致，特别是一方当事人之间或当事人与本方证人之间的陈述不一致，司法官员就会通过对质的方式来讯问，从而发现案件事实真相。因此承认陈述和反驳陈述在认定案件事实都占有相当重要的地位。

（二）当事人陈述的取得与保管

1. 当事人陈述取得的主要方式

当事人的陈述的主要取得方式一般只有一种，即通过庭讯当事人而获得。在明清时期的民事诉讼中，不存在严格的诉讼代理制度，也不存在缺席审理的做法。因此在司法官员坐堂问案时，若原、被告有一方不到，案件是不会继续审理的。那种通过代理人代为陈述当一只主张或提交书面陈述的做法是不存在的。因此，只要司法官员决定实施庭审后，就会传讯当事人到庭讯问。讯问的地点一般是在官府的公堂之上。不过若案件的审理需要官府到现场勘验，则司法官员也不排除在勘验现场进行讯问。

当事人陈述是案件事实认定的重要依据，同时还是案件结案的重要依据。司法官员对于当事人陈述的重视可能会导致在讯问过程采用刑讯手段。需要说明的是，当事人陈述有很多种，司法官员会采用刑讯方式取得的陈述应当时当事人对案情真相的承认，当然这种真相未必就是客观真相，很可能只是司法官员心目的真相。刑讯实施的地点只会在公堂之上，现场讯供时是不可能实施刑讯的。

2. 当事人陈述取得的其他方式

当事人陈述取得的其他方式主要有两种，一种是上级司法官员在复审下级司法官员报送的案件卷宗时，通过阅读卷内当事人供述的记录来取得当事人陈述。以此种方式获得当事人陈述较直接讯问当事人的方式多了一层隔膜，因此效果也就自然稍逊一筹。不过也并非就没有进一步发现案件真实的机会。从笔者接触的明清时期的许多谳词来看，二审的司法官员就是通过研习一审的当事人陈述记录来发现案件的疑点，从而查明事实真相的。清代潜山人葛行德冒祖争山，县审无法查明事实，知府徐士林提核卷宗。首先就审查葛行德的供词葛行德在供词中称，顺治十三年，他的祖母依傍他的太外祖母安葬。他的太外祖母的墓碑原题"故显妣程氏保、杨氏纪女府君之墓"，保、纪昱两位太外祖母乳名，墓为其继舅汪思宗所立。司法官徐士林认为这一说法很不可信。因为既然立墓者为两外太外祖母的继子，怎么可能在墓碑上直呼其继母的乳名。更有甚者，既然说是太外祖母之墓，墓碑上又如何能称府君。因为古往今来，尚无墓碑上称妇人为府君之说。葛行德供词又称他的祖母汪氏是其太外祖母程氏亲生，因此傍母安葬。但葛行德提供的族谱载汪氏生于万历癸卯年，而墓碑建在万历甲戌年，癸卯年在甲戌年后二十九年。徐士林认为葛行德的供词表明其太外祖母程氏在死后二十九年才生育其祖母汪氏。显然太过荒唐。根据对葛行德供词的分析，徐士林没有亲自讯问葛行德，就对其供词的真伪作出判断。[1] 由此看来，审查当事人的书面供词，也不失为判断证据的有效方法。

当事人陈述取得的其他方式还有司法官员委托他人代为取供的做法。明清时期的司法官员在审理民事案件时，若发现事实难以查明，或者查明事实需要很长时间，这样一来会导致当事人长期被关押，影响当事人的生计，也会考虑将案件批令乡保邻证处理，并要求将处理结果的理由汇报。这样一来，乡邻在处理案件时也会录下当事人的口供。还有一种情况理，案件虽由官府处理，但证据却委托乡保邻证调查或委托佐贰官员调查。这样一来，这些代为调查证据者同样会记录当事人口供。此种口供的取得方式从司法官员的角度是节省了办案成本，这些乡保邻证及佐贰官员的公正性没有保障，且违背了证据收集的直接性原则，因此为很多官员有识之士反对。《刑幕要略》称：踏勘非并临，犯证非亲鞫，终是隔膜一层。[2] 在司法实践中，此种以他人代为取供的做法常常导致司法案件审理不公，引起当事人的强烈不满。吴兴吴高向徽州府催告：明白具情告县，未蒙查勘，竟发老人取供，岂料被豪贿积年主文金英，计将别号遗家扯混，县主偏听，屈打成招，差委清正人员，排年，知识，眼同勘验，为此来告。徽州府下发帖文：亲诣告争山所，拘集地方排年，里老，山邻等并带卖人吴士贵，黄成宗子孙到官眼同经官逐一踏勘。

3. 当事人陈述的保管

当事人陈述是案件审理的重要依据，如何保证当事人陈述的真实性，明清时期的法律对此作出了规定。无论是在公堂刑讯获得当事人陈述，还是在勘验现场获得的当事人陈述，只要是由司法官员讯问的，都应由书吏作出记录，并经受讯问者本人阅后并画押，表明记录属实。清律《吏典代写招草》规定：若吏典等人为人改写及代写招草，增减其正实情节，到四有出入者，以故出入人罪论。若犯人果不识字，许令在官不干碍之人依其亲具招情代写，若吏典代写，即罪无出入，亦以违制论。该条附例规定："各有司谳狱时，令招房书吏照供录写，当堂读于两造共听，果与所供无异，方令该犯画供，该有司亲自定

---

① （清）徐士林撰，陈全伦、毕可娟、吕晓东主编：《徐公谳词》，齐鲁书社2001年版，第206页。

② （清）张廷骧：《刑幕要略》，见沈云龙主编：《近代中国史料丛刊》第269辑，台北文海出版社1966年版，第640页。

稿，不得假手胥吏，致兹出入情弊。"如有司将供词辄交经承，致有增删改易者，许被害人首告，督抚察实题参，将有司官照失出入律议处，经承书吏照故出入罪治罪。应当说律文关于当事人陈述的记录与制的规定并不一致。在律文中，当事人的陈述只有一种表现形式，即当事人自己书写的供词，若当事人不能书写，应有在官不干碍之人代写。这一形式是司法官员据以定案的依据。但这一方式有弊端，即当事人不识字的比例可能会很高，而在官不干碍之人又非常难以确定，吏典依律不能代写，不知官府可还有不干碍之人。也许是认识到了这一做法存在的问题，例文改变了律文的做法，将当事人陈述分为两种形式，一种是原始形式，即由招房书吏录供，读于当事人共听，当事人再画押。实际上此时书吏只相当于当事人的工具而已，但这一初供不是定案的证据材料。初供需要经前司定稿。定稿才是附入卷宗、供上级审查的定案材料。明清时期的司法实践中，通过改动供词来作出不公正判决的做法应当说很严重。对此，立法的防范措施是要求对初供的定稿必须由审理官员自己进行，不得假手胥吏。这一做法显然是将胥吏看成是舞文弄法的祸端。倘若有司本人徇私枉法，又当如何。这应当视为是明清时期当事从陈述的保管制度在设计上的缺陷。

（三）　当事人承认

当事人承认是当事人陈述的一种，也是最重要的一种。民事诉讼中的当事人承认可分为六种情形。一是对对方当事人主张的承认；二是对方当事人提供的证据的承认；三是承认本方主张的事实不存在；四是承认本方主张的事实的没有证据支持；五是对司法官员认定事实的自认；六是对司法官员作出的判决的承认。

1. 承认对方主张的事实

这种自认与现代诉讼法的自认含义完全相同，现代证据法认定事实的一个重要特征就是对自认的事实可以免除主张一方的举证责任。明清时期的司法官员是如何处理这样的自认的笔者考察了司法实践中的一些做法。《盟水斋存牍》记载：李帝英控告伦俊，称欠其银三两，今据伦俊止认尚欠（李帝英）英银一两二钱。司法颜俊彦的做法是"折中其数，断伦俊名下还英二两"。[1]现代证据法理论将自认分为全部自认与部分自认，全部自认系指自认承认对方主张的全部事实。而部分自认系指自认方仅承认对方主张的部分事实。对于部分自认，现代的证据法理论主张仅就自认的部分免除举证责任，而其他的主张

---

① （明）颜俊彦：《盟水斋存牍》，中国政法大学出版社 2002 年版，第 396 页。

仍然应主张事实存在一方举证。本案若按现在自认规则，则应仅对伦俊自认的欠李帝英一两二钱银予以认定，但因李帝英坚称对方欠三两，若作如此认定，则不能让李帝英息讼，因此作出折中之法，其目的在于息讼。

2. 承认对方提供的证据

承认对方主张的证据，在现代诉讼程序中属于质证行为。不属于现代诉讼中的自认。现代诉讼法中，即使一方承认另一方主张的证据，该证据也未就能够起到证明作用，如果该证据取得过程违反法律强制性规定或伤害他人的合法权益，该证据仍然将会被排除出诉讼程序之外。但在明清时期，没有严格的证据排除规则，一方当事人提供的证据，若为对方当事人承认或对方证人承认，一般可认定其证明力。下面这则案件的处理结果可以看出明清时期司法官员的此种思路。清代康熙三十一年，太湖监生李又白卖田于李孔彩。契约上定有不拘远近年月，原价取赎的内容。康熙三十五年，李又白又与徐孔彩订立准约即补充合同，约定："准与徐人兴作开力，日后李人永不找取，徐人永远管业。"后来田地由瘠变肥。李又白之子李廷桂眼热，遂执原约取赎，徐孔彩不允。李廷桂诉至官府。知府徐士林受理案件。堂讯中，徐孔彩提出两份契约，徐士林先将原约让李廷桂辨认，李廷桂承认系李又白笔迹。又将补充合约交与李廷桂质证，李廷桂则称似乎不像。再让李廷桂的证人张斯皇对阅两份契约，张称难说不像。徐士林认为李廷桂所说的似乎不像解读为未必不像；而对张斯皇的难说不像解读为真像矣。认为徐孔彩提供的书证已为对方承认。① 本案中对于一方承认对方证据的判断是在一方没有以非常肯定的语调承认的情况下作出的判断。虽说表面看来似显牵强，实质上却是非常合理的。因为诉讼双方当事人本来就是针锋相对的，让一方以非常肯定的语调承认他方的证据显然不太符合人之常情。其实在此种对抗性很强的诉讼中，一方当事人若对他方的证据稍一点怀疑，也会以非常强硬的态度来表明本方的不同意见。在事实一方对他方证据本应表现出非常明确的态度，实际却表现为模棱两可，正表明他对这一证据的认可。若司法官员必欲在一方非常肯定的条件下才能认可证据的证明力，将会使很多证据难以认定，从而极大地降低诉讼效率。

3. 承认本方主张事实不存在

现代民事诉讼强调的双方的利益与观点的对抗，因此，凡到法庭，双方都会激烈对抗，以证明本方主张事实的存在。但在明清时期的民事诉讼中，有一个现象很奇怪。即很多当事人在开庭时司法官员刚开始讯问的时候，就会承认

---

① （清）徐士林撰，陈全伦、毕可娟、吕晓东主编：《徐公谳词》，齐鲁书社 2001 年版，第 271 页。

本方主张的某一事实并不存在，还并不需要对方举证以驳本方的主张。巴县档案记载了这样一份详册：魏兴贵控告骆瑞等人勒索钱财，呈词内有砌骆瑞串通门丁婪约的内容。及到庭审开始后，魏兴贵在供词中即称承认这一内容是无中生有的。① 笔者对此现象颇费一番思考，再结合相关案件的判决，才得出了当事人为何会此举。首先是当事人为何要捏造事实。这与明清时期的官府对民事案件的受理态度有关。明清时期的司法官员视民事争议为细故，对于当事人的起诉，能不受理就不予受理。当事人要想使其案件获得官府的受理，一般会夸大案件的严重性，以赚得官府对于案件的受理。正如魏兴贵在供词中的称的那样，这是小的们因恐不准，添砌在内的。而案件一旦受理后，于首次开庭时承认其某些事实为夸大，这样可以获得司法官员的好感，避免被以诬告罪追求责任。事实上，当事人的目的大部分都能实现。即以本案而言，虽然最终的处理结果没有记录，但巴县县衙在向川督作出的案件详文中已对处理结果提出建议，即魏兴贵等捏砌之处，委系希图怂准，到案即据实供明，并非始终执诬，应请从宽免议。相反，若当事人坚持己方错误观点，则会引起司法官员的强烈不满，从而导致处理结果不利。太湖县贡生朱维彤与章钟陛争占坟地。案件受理后，当事人亲友曾经到衙门请求和息，称屋后告朱人亲葬之坟，稍越契界，凭众量议地价钱八千文与章人。至朱人新厝之柩，实在屋后古冢之中。是屋后之冢，不但亲邻皆知为古，即维彤亦不敢认为祖矣。本来从和息词已可看出朱姓主张不能成立，但等到再次对簿公堂，朱维彤又反口不认，坚称所争坟为祖冢。审理者徐士林认为乃以黉门之人，贪人荒山，竟指无祖之孤冢，冒为己祖，是可忍，孰不可忍也。② 案件后来的处理结果是对朱维彤等人均应究治。通过比较上面两种处理结果，当事人在甫一开庭就承认无据事实就不失为一种有益的诉讼策略。

4. 承认本方主张的事实的没有证据支持

明清时期的民事诉讼中，当事人并无现代民事诉讼中的谁主张、谁举证的举证责任意识。他们可能会认为官府理应查明事实。因此没有证据的主张照样会向官府提出。为此在司法实践中，当事人承认己方的主张无证据支持也就成为一种常态。很显然，承认本方事实无证据与承认本方事实不存在是有本质的区别的，承认本方主张的事实不存在，司法官员就可以对此事实不予认定，但

① 四川大学历史系编：《清代乾嘉道巴县档案选编》，四川大学出版社 1989 年版，第 249 页。

② （清）徐士林撰，陈全伦、毕可娟、吕晓东主编：《徐公谳词》，齐鲁书社 2001 年版，第 216 页。

承认事实无证据，司法官员一般却不能简单得出事实不存在的结论。实践中是这样处理的。如当事人提出的主张在情理是否可信，若不可信，则不予认定。明末广州人梁光斗控告廖典史，称廖典史鱼为非作歹，鱼肉乡里。但主张的事实没有人证，亦无其他证据。而梁光斗亦自认无据。司法官分析，若廖典史果播恶于众，何无本地方一人鸣冤，而必待其乡人发难也。认定光斗罪应反坐。① 相反，若当事人提出的事实在情理上可信，也会予以认定，不可不会作用实体上的处理。毕竟这一事实无证据证明，若再对不利方作出处理，恐会引起更大的矛盾。清代安庆府民妇江氏控告其故夫张眉之兄张言万及张含万吞其粮食。并称言万子张管音有殴婶行为，虽在审理时没有提供被殴实据。但司法官员徐士林认为张管音倚父逞强，事所必有。不过却并没有给予处罚，而是念其骨肉之情，予以宽免。② 这一做法非常值得思考。明清时期，以卑犯尊是很严重的行为，较之普通人相殴处罚更严厉。而审判官居然称是为了维护骨肉之情就不予处罚，显然违背立法精神与传统伦理。因此，这一理由只是表面上的，真正的理由是因为主张的事实没有证据支持，因而不可以给予处罚。

5. 承认司法官员对于案件事实的认定

明清时期的刑事诉讼中，法律规定对于当案件事实的认定，若没有当事人的承认，即使作出判决，也不能结案。明律与清律的《狱囚取服辩》规定：凡狱囚，有犯徒流死罪，各唤囚及其家属，具告所断罪名，仍取囚服辩文状，若不服者，听其自理，更为详审。在明清时期，犯人若应受到徒以上刑罚，属于州县无审决权的案件。民事案件的被告人若败诉一般也会受到刑罚处罚，不过处罚是笞杖之刑罚。对于民事案件，法律没有规定若当事人对于司法官员认定的事实不予承认时应当如何。不过明清法律既然将笞杖刑案件视为州县自理案件，亦即意味着州县有审决权。司法官是可以在没有当事人承认的情况下作出对某一事实的认定并以此作出判决的。但是对事实的认定而不能获得当事人认可，司法官员自己会觉得不有让当事人心服口服。因此，即使司法官员本人已认为案件肯定如此，仍然会努力去追求当事人的认可。清人张自堂在笔记中记载了他本人审理的一则案例。一个僧人控告乡民占其坟地，提出的证据是证人的师父在世时从他人手中购买系争土地的白契一纸。张自堂认为他的契约是

---

① （明）颜俊彦：《盟水斋存牍》，中国政法大学出版社 2002 年版，第 168 页。

② （清）徐士林撰，陈全伦、毕可娟、吕晓东主编：《徐公谳词》，齐鲁书社 2001 年版，第 163 页。

伪造的，随令招出造契之人，僧不招，即令掌责。① 本案中，司法官员已经认定僧人提供人白契是假证，但因为没有获得当事人的认可，自觉难以结案，遂刑讯当事人要求其承认司法官员的判断。

6. 承认司法官员对案件作出的判决

所谓承认司法官员对案件作出的判决，其表现是当事人表示愿意遵从司法官员作出的判决。笔者查阅了大量的巴县司法档案，发现在当事人供词里面都复述了司法官员判的内容，然后再表示自己对判决的服从。清代道光年间，巴县章洪发控告陈三一案，巴县判词及两造的供词是这样的。巴县判词记载：陈三立约投章洪发铺内学徒，约内注明三年满师。陈三私行外出游玩不归，回铺后被章洪发训斥，陈三遂欲还字约，章洪发控县。讯明属实，着令将约呈缴涂销附卷，将陈三当予责罚，着取保去外，另寻生业，各结完案。此判。而章洪发的供词除叙述案情外，结尾还有今蒙审讯，断令小的呈交字据，沐将陈三责惩，谕令取保去外，另寻生业，遵断就是。陈三的供词也将判词内容重叙述，然后有遵断就是的表述，不过加了一句求施恩，意即能否减免责罚。② 这份诉讼档案表明了民事判决的作出都附了当事人态度，这已经成为惯例。因为巴县判词中就有各结完案的表述。此处的各结意即双方具结，具结的内容就是供词中的遵断二字。这样的态度从司法官员的角度看来，可以防止当事人再行起诉。当然也并非所有民事判决都能获得当事人的认同。若当事人具结，案件的结果会如何。清代诏安县李天告叶丑房屋回赎一案，县断："李天赎屋，仍于典价外，断出修葺银八两，共银二十八两缴库饬领。"但叶丑对此判决不服，没有具结。因此案件处于未结状态。③

从上述两案可以看出，当事人承认判决是结案的重要条件。但并不意味着所有的判决都需要当事人承认才能生效。民事案件的判决往往包含两方面内容，一是对实体权利作出处理；二是对有不当诉讼行为者的制裁。对于前者，如没有一方当事人同意，官府很难强制实施。如上引判决，司法官员很难强迫叶丑去领承典房屋的赎金。但对于后者，官府有强制惩罚当事人的能力。据笔者接触到的明清判例，那些单纯对当事人惩罚的判决是可以在受罚人不服的情

---

① （清）张自堂：《未能信录》，引自中国社会科学院法学所法制史研究室编：《中国古代办案百例》，中国社会科学出版社1980年版，第222页。

② 四川大学历史系编：《清代乾嘉道巴县档案选编·下》，四川大学出版社1989年版，第90页。

③ （清）徐士林撰，陈全伦、毕可娟、吕晓东主编：《徐公谳词》，齐鲁书社2001年版，第354页。

况下作出。清代判例记载了一则案件的审理结果。绍兴府城南有一石牌坊，为故相国吕文安遗迹，在兵火之后，两柱摧崩，危及行人。众人议毁坊以图安。事后，吕氏后人控官，官府认为居民之罪不在毁坊，而在不闻于吕氏。不咎居民，终无以平吕氏之气。然同事多人，罪难过及，询其首先者，咸曰张三，姑杖十以儆其余。[①] 本案的事实认定并没有得到张三的承认，但官府很轻易地就作出了对张三杖十的处罚。因为这一判决的执行不涉及当事人的履行问题，因而实施相对容易。

第三节　证据运行

一、起诉与受理阶段的证据

明清时期，民间的健讼现象较前代更加强烈，与此形成鲜明对比的是，司法官员对民事案件持有的弥讼态度也更加坚决。这一现象引起了学界的很大关注，关于明清时期司法官员对于民事案件起诉与受理的研究，已经有了不小的研究成果。本文仍然以民事案件的起诉与受理的制度与实践为研究对象。与以往研究不同的是，本文将立足于清代民事案件受理过程的证据因素来考察案件的起诉与受理实践，探讨证据在这一过程中的作用并进一步探寻隐藏于此种实践背后的民众与官员的心理。

（一）明清法律对案件受理的规定与司法官员的心理

1. 法律关于民事案件受理的规范

明清时期的诉讼模式从立法上看尚未形成民事诉讼与刑事诉讼的严格分立。但在实践中，这种区分至迟应在汉代已出现。汉儒在解释《周礼》狱讼之别时认为"争财曰讼，争罪曰狱"，表明他们在观念上已形成了争财之讼与争罪之讼之别，基本上可以视为民事诉讼与刑事诉讼之别。到了明清时期，此种争财与争罪之别演变为徒刑以下（不含徒刑）词讼与徒刑以上词讼的区别。州县官只可以对徒刑以下的案件作出判决，对于当事人可能被判处徒刑以上的案件，州县官员只有拟判权，而无实判权。徒刑以下的案件主要包括户婚、田土、钱债及斗殴等案件。用今天的标准来看既包括民事案件也包括轻微刑事案件。清代的律典对于司法官员受理诉讼有很严格的要求，法律都有告状不受理

---

① 未了、文菡编：《明清法官断案实录·下》，光明日报出版社 1999 年版，第 247 页。

的条文。从内容来看，无论是对于反逆、恶逆强盗等重罪案件，还是对于斗殴、户婚、田土钱债案件，无故不受理诉讼的司法官员都应给予刑事处罚，只不过处罚程度不同。对重罪不受理，可能的处罚是徒刑三年；而对于户婚、田土钱债案件不受理，其处罚最重是杖八十。但不管差别如何，清律对于不受理案件的处罚精神是一致的。但在清代例文中，对于严重刑事案件与州县自理词讼的规定有所不同。对重大刑事案件，其受理不受时间限制；对州县自理词讼中的户婚、田土细事，自每年四月一日至七月一日一概不得受理，否则应由该管督抚指名题参。此即为"农忙止讼"的规定，其立法目的主要在于保证农业生产不因诉讼而受到严重影响。

2. 明清时期基层司法官员对于民事案件受理的心态

（1）古代司法官员的无讼追求。无讼是中国历代司法官员的主要追求之一。这一理想产生的原因大体有二：一是儒家经典认为无讼是社会的理想状态。孔子在《论语》中所主张的"必也使无讼"成为历代出生于儒家知识分子官吏的主要信条。二是历代政府都将诉讼案件少作为考察官吏的标准。尽管明清时期官吏考察时一般会将善于审案作为判断官吏能力的一个重要标准，许多善于折狱的官吏也得到了晋升，但这并非最高标准。最高的标准是没有诉讼，尽管这在实际上不可能做到。因而诉讼发生率低即讼简刑清就是退而求其次的标准。如果说善于折狱是司法官员能力突出的体现，那么讼简刑清就是官员德行高尚的体现。因为上级官员有理由认为正是因为父母官的品德高尚才能够感化他的子民放弃诉讼，从而达到少讼乃至无讼的境界。而对于官员德行的考核显然是置于能力考察之上的。这样一来，司法官员内在的无讼观念就与上级考核的外在标准统一起来，无讼就成为古代司法官员的主要牧民理想。

（2）明清时期司法官员的弥讼渴望。到了明清时期，官员的这种无讼理想更加强烈。原因同样有两个方面：一是明清时期诉讼数量的大大增加。明清时期，随着社会经济的发展，人口急剧增长，但传统社会的产业结构并未发生根本的变革。人多地少的矛盾凸显出来，社会矛盾也变得尖锐起来。另外，明清时期江南一带的资本主义萌芽开始出现，民众的观念也发生了变化，传统社会中赖以维护的"礼"的秩序开始受到空前挑战。人们开始不再耻于言利，而是对自己的利益斤斤计较。很多人不以涉讼为耻。因此，官府受理案件的数量空前增加。这就使得州县案件审理的压力也极大地增加。二是明清时期案件审理制度的变化。也许为了保证诉讼的公正与质量。明清时期的法律开始规定对于州县自理词讼，要求官非正印者，不得受理民词，户婚田土之案，皆令正印官理焉（大清会典卷55）即只有正印官才可以审理诉讼案件。这两个因素交织到一起，就使得州县官自理词讼案件审理的压力也空前加大。可以这样认为；明清时期的基层司法官员比以前任何一个朝代的基层官员都更渴望减少诉讼数量。

（3）弥讼主要针对民事诉讼。明清时期的司法官员比前代的司法官员更渴望减少和消弭诉讼，这一现象将是我们考察清代司法官员受理案件态度的一个前提。这是司法官员对诉讼的一般态度，并非仅针对民事诉讼。但司法官员在思考如何减少诉讼受理的时候，却主要会考虑如何减少民事案件的受理。原因有以下四个方面：一是民事案件标的较小，案件不予受理的社会影响小。若是一桩刑事案件无法侦破，被害人沉冤难雪，凶手逍遥法外。民众不仅人心惶惶，而且会怨声载道。而民事纠纷因为只是当事人之间的矛盾，对社会不会产生较大影响，因此司法官员即使没有解决这一纠纷，其对于社会不利影响也不能与刑事案件没有侦破同日而语。二是法律对于不受理刑事案件与不受理民事案件的处罚不一样。前文已说明，对刑事案件不受理，最高可判三年徒刑；而对民事案件的不予受理，清律关于民事案件告状不受理是这样规定的：对斗殴、婚姻、田宅等事不受理者，各减犯人罪二等，并罪止杖八十。① 由于民事案件的当事人一般都不作为犯人对待，因此，不受理案件官员的减犯人之罪二等的处罚也就形同具文。其处罚最多不过杖八十。两害相权取其轻，司法官员自然会趋利避害，选择以民事案件减少受理。三是由于民事案件都是州县一审终审的民间细故纠纷，基层司法官员在审理民事案件的表现并不易为上级司法官员所知晓，即基层司法官员很难通过审理民事案件来向上司展示自己的折狱才能，这样司法官员很难培育起努力审好民事案件的心态。因此减少自理案件的受理数量就成为州县官们的共识。四是民事案件的数量远远大于刑事案件的数量，以民事案件作为减轻诉讼数量的立足点能够有效地控制诉讼数量。事实上乃是每个州县最重要的活动。方大湜在其所著笔记《平平言》中专门有一条"勿忽细故"写道："户婚田土钱债偷窃等案，自衙门内视之，皆细故也。自百姓视之，则利害切己，故并不细，即是细故，而一州一县之中，重案少，细故多，必待命盗重案，开始经心，一年能有几起耶？"

（二）明清时期民事案件受理程序中证据的作用

1. 当事人起诉时没有证据的案件不予受理

清代的司法官员对于民事案件少受理或不受理已成为他们的共识，但由于法律条文明确规定对民事案件应当受理。因此，他们需要找到一个不受理案件

① 田涛、郑秦点校：《大清律例·刑律·诉讼·告状不受理》，法律出版社 1999 年版，第 478 页。

的借口。他们当然不能公然声称因为户婚田土钱债纠纷是细故就不予受理，因为这样做很可能会被上司责以漠视民瘼。经过一番寻觅，他们找到了不受理民事案件的理由——证据不足。从现有的资料来看，以证据不足作为不予受理民事案件的理由已成为清代州县司法官员的共识。当然，这一想法并非是清代司法官员的发明。如果我们考察一下明清时期其他朝代的诉讼法规，无证据即不受理民事案件的规则依稀可辨。明清时期的法律最早在何时规定无证据的案件不得受理，已经无史可考了。《周礼》称：凡有责者，有判书以治则听。① 意即当事人要打钱债官司，有能够证明钱债的书证则应予受理。这表明当事人有证据，官府就应受理案件。但是否可以推断若当事人没有证据，案件就可以不受理或者不得受理呢，恐怕很难说。但至迟在唐代，法律已开始对无证据案件是否应当受理的问题进行调整。《宋刑统·户婚》记载了唐代两则敕文：

唐天宝六载五月二十四日敕节文：百官、百姓身亡殁后，称是别宅异居男女及妻妾等，府县多有前件诉讼，身在从不同居，亦合收编本籍，既别居无籍，即明非子息，及加推案，皆有端由。或其母因先奸私，或素是出妻弃妾，苟祈侥幸，利比资财，遂使真伪难分，官吏惑听。其百官、百姓身亡之后，称是在外别生男女及妻妾，先不入户籍者一切禁断。辄经府县陈诉，不须为理，仍量事科决。勒还本居。

应田土、屋舍有连接交加者，当时不曾论理，伺候家长及见证亡，子孙幼弱之际，便将难明契书扰乱别县，空烦刑狱，证验终难者，请准唐长庆二年八月十五日敕："经二十年以上不论。"即不在论理之限②

上述法律规定对于要求归宗分产及田土买卖之人，若没有证明自己身份或田产交易存在的证据，案件不许受理，属一般调整。但尚未统一规定只要当事人没有证据的民间细故，皆不予受理。到了明代，不受理无证据的案件做法已相当普遍，但尚未发现有统一的的讼状格式确认无证据不予受理的规则，但到了清代，这一不成文的规则已开始形成。司法实践中逐渐形成了对当事人起诉时没有证据不予受理的惯例，这一惯例的影响逐渐扩展，终于成为在全面范围内都起作用的潜规则。下面笔者将以清代州县自定的证据规则为例考察清代以证据不足不受理民事案件的状况。曾于清康熙年间任县令的黄六鸿总结了民事诉讼中不应受理的几种案件，其中就有无证据而不予受理的情形：

告婚姻必以媒妁聘定为据，告田土必以契卷地邻为据，告债负以中保及契

① 《周礼·秋官·朝士》，见陈戍国点校：《周礼·仪礼·礼记》，岳麓书社1989年版，第101页。
② 薛梅卿点校：《宋刑统》，法律出版社1999年版，第322、332页。

据为据。①

当然，以无证据为由不予受理的并不是黄六鸿个人的观点。雍正四年间徽州黟县的讼状后面也印有当地官府开列的告状不准事项，与证据不足或无证据有关的有以下几条：告诈赃无过付见证者，告婚姻不开明媒妁财礼若干者，告土豪地混不详明恶迹确证者，告田土坟山不开载年月原中及有无贴绝者。② 还是在徽州地区，雍正十年的讼状格式内容是这样的：

告娶赃无过付见证及婚姻无媒妁日期，田土债负无地邻中保及不粘契券印串，无的实年月日期。③

同治年间，台州府黄岩县通行的讼状条例有这样的要求：

告婚姻，无媒妁、聘书；田土无粮号、印串、契券；钱债无票约、中证者，不准。④

上述对无证据民事案件不予受理的做法显然已成为大部分司法官员遵守的惯例。以《黄岩诉讼档案》记载的案件批词为例，我们会发现有许多批词，官府都以当事人的证据不足批示案件不予受理。

在"梁文厚告梁文通霸继案"的批词中称：呈词含混，又无宗图呈核，未便率准。

在"张汝龙呈为奸夫串逃乞恩提究事"中，县令批称：（原告）所称被捲衣物，毫无证据，凭何究追，不准。

在"陶兴旺呈为恃势贪噬求提追究事"的批词中称：控情支离，又无证据，不准。

在"叶珍呈为霸噬肆蛮求提追究事"批道：契不呈验，难以取信，碍难率准提讯，姑作检呈契据，核夺粮串附。⑤

本案虽没有直接批示不准，但也未批示准理，而是要求原告先呈交相关证据，视证据是否可信来决定批准与否。从其他的诉讼材料也可以看出司法官员对无证据案件不愿受理的态度。《折狱龟鉴补》记载：

---

① （清）黄六鸿：《福惠全书·卷11·刑名》，见《官箴书集成》第3册，黄山书社1997年影印本，第327页。

② 王钰欣、周绍泉主编：《徽州千年契约文书》，花山文艺出版社1991年版，第262页。

③ 王钰欣、周绍泉主编：《徽州千年契约文书》，花山文艺出版社1991年版，第255页。

④ 田涛、许传玺、王宏治主编：《黄岩石诉讼档案及调查报告》，法律出版社2004年版，第234页。

⑤ 上述四份批词分别见《黄岩石诉讼档案及调查报告》第234、235、249、256页。

有以讨欠被殴喊禀者，司法官员登堂，验之无伤，索其券弗得，遂批曰："告债无据，告殴无伤，不准，杖之"。①

这一做法与黄岩县令的做法可以说没有区别。

当然，对于当事人无证据的案件不予受理的案件大都发生于州县受理的民间细故案件，倘若案件比较重大，涉及的当事人地位特殊且受理案件的司法机关层次较高，此类诉讼即使无证据，司法机关也会受理。古典名著《红楼梦》第六十回记载了尤二姐指腹为婚之夫张华状告荣国府贾琏仗财倚势，强逼退亲一案，张华将状纸递呈都察院。都察院即予受理并差人传贾府之人问话。② 本案依清代民事案件的受理规则是不应予以受理的，原告主张与尤二姐有婚姻关系，并未提供有效的证明，按清代诉讼规则应提供媒妁聘书，而是声称与尤二姐有指腹为婚的关系。这一关系一则无法证明，二则乃是法律禁止的婚姻成立模式。但因为案件涉及被告人一方势力很大，因此都察院也只得予以受理。不过这一做法毕竟不具有普遍性，寻常婚姻案件都察院是根本不会受理的。

2. 被告人、证人过多或具有特殊身份的案件不予受理

（1）被证过多的诉讼不准。所谓被证过多是指案件牵连被告或证人过多的情况出现时，司法官员亦可以此为理由不受理案件。究竟被告与证人多少为过多，各地的诉讼规则并不完全相同。

以被告干证过多而不予受理民事案件的理由主要是为避免更多的人被牵扯到官司中去，导致他们的生计受到不利影响。由于被告证人的地位不高，案件一旦受理便会被关押、候审，并非如现在民事诉讼只在开庭时才到庭③，因而被告证人一旦涉讼，则其家庭事务（在农村主要是农活）将会被耽搁，而农田事务季节性很强，一旦误了农时，损失往往无法弥补。再如前文所述，因妇女、老人一般不出庭应诉，出庭的主要是成年男子，而他们大都是农田事务的主要承担者。这样一来，被告与证人出庭与给农村生计造成不利影响这二者之间就有了必然的因果关系。限制出庭被告与证人人数的另一个理由是为了提高办案速度。古代地方司法体制中，司法行政合一，地方上州县长官能用来办理民刑案件的时间极为有限，因此迅速结案就不仅是法律对他们的要求，也是他们自身的追求。很显然，若一桩案件牵涉被告证人太多，必然会延长办案时

---

① （清）胡文炳：《折狱龟鉴补》，北京大学出版社 2006 年版，第 884 页。

② （清）曹雪芹：《红楼梦》，岳麓书社 1992 年版，第 545 页。

③ 现代的诉讼程序中，证人不出庭的情况非常普遍，同古代的证人相比，证人的自由虽然增加了，但证人不出庭会导致证人证言的可靠性无法审查，其弊端亦是显而易见的。如何保障对证人权利与证言审查两者兼顾是我国将来进行证据立法所要解决的问题之一。

间，而且供词证言过多也会给司法官员判断其真伪带来较大困难。因此他们希望限制被告与证人人数，这样既可以减少办案时间，又可以提高办案准确性。

至于原告人数众多也会导致其生计受到影响，但诉讼规则却并未将原告人数众多作为案件不予受理的理由。原因是因为原告是主动启动诉讼程序，即使其生计受到影响，也是责任自负，而被告与证人是被动地牵扯到诉讼中的，他们的生计受到影响显得较为无辜，因此才需要特别保护。批曹生银呈词，查张兴禄等六人，偷砍柳树，尔仅一人，何以能夺其绳担，并将其六人一齐指交社长。既已量罚油，何以油未送来，将绳担送之了事，况油仅六斤，所值不过数百文，何至被证牵扯十人之多，似尔之无事生非，实堪痛恨，着记重责一顿，所控不准。①

本案的诉讼有事实，也有证人，但因为被告证人共达十人之多，因此被官府驳回。

（2）被告证人具有特殊身份的案件不予受理。黄六鸿认为非现获奸犯，词内牵连妇女者不准，生员作证并牵连幼女稚童者不准。雍正四年的讼状格式也规定：牵告妇女者不准，干证绅衿生监者不准；雍正十年的讼状格式则规定：细事牵连妇女不准。同治间黄岩讼状格式规定：告诉内以生监妇女作证，并已经结案复行翻控者，不准。

限制牵扯具有特殊身份的被告人与证人案件的受理，其意图在于控制特殊身份者在法庭的出现。明清时期，官方观念认为涉讼是耻辱之事，而特殊身份者或应受到保护，或应受到尊重，或是出于维护伦理，他们都不适合在公堂候审。

3. 对当事人起诉时证据充足的案件亦可以不予受理

上述案例的批语表明，清代的司法实践中，官府对于当事人起诉的民事纠纷，若没有证据则不予受理，已是一种相当普遍的现象。问题是我们能否由此得出这样的结论，即当事人起诉时若有证据，则官府应当受理。经过笔者对于清代诉讼受理时批词的考察，认为这一结论并不成立。当事人即使有证据，也不能保证案件得到受理，有时当事人的证据充足反而成为官府不予受理的理由。黄岩诉讼档案记载的两份批词就体现了这一情况。

汪贤铨告其胞弟占其应得之屋，词状上粘有着分家笔据。但县令王某批称：着邀房族理处毋讼，粘据发还。

监生胡凤山告族人胡恩松赊物不还，县令欧阳批：进出货洋既有账簿可

---

① （清）樊增祥：《樊山集》，见沈云龙主编：《近代中国史料丛刊》第610辑，台北文海出版社1966年版，第3549—3550页。

凭，又有王汝春等理算可证，着再自行清理，毋庸肇讼。①

　　上述案例的控词中，当事人拥有充分的证据，但案件仍然没有获得受理。更令人觉得奇怪的是，当事人能够提供证据有时反而也成为官府拒绝受理案件的理由。这一现象令人深思。笔者以为，关于证据在案件受理过程中所起的作用，其实并无一定的原则。表面看来，没有证据或证据充分都可以成为案件不予受理的理由，似乎是冲突的。但实际上我们如果联系当时司法官对于案件受理的立场来看，这种做法又是顺理成章的。由于对于民事案件抱着一种能不受理就不受理的态度，因而，对于证据不足或没有证据的案件，在受理后难以查明事实，故而不予受理。其理由可以这样对原告表述，因为没有证据，我无法审理你的案件；而对于证据充足的案件，司法官员认为凭乡保邻证即可处理，因此认为没有受理的必要，理由可以这样对原告表述：这种案件，事实清楚，不容对方不认，因此无须本官审理。总而言之，对于官府而言，证据的有无都可成为其不受理民间细故的理由。这样面对官府的不予受理，原告无任何法定理由主张自己的权利。需要说明的是，证据的有无虽然都可以作为案件不予受理的理由，但这两种理由的充分程度是不一样的。以证据不充分或无证据作为不受理的理由，官府会觉得理直气壮，不仅写在公开的文书上，如讼状格式。在具体适用时，也往往直接表明这一态度，且语气非常强硬，直接表述为因缺少证据，所控不准；而以证据充分作为不受理的理由，官府的底气往往不足，因此不会采用生硬的语言，很少直接宣称不准，而会以劝诱的方式要求当事人不要兴讼，并且还会建议当事人应当如何寻求纠纷的解决途径。

（三）民众的策略

1. 对证据语焉不详

　　对于司法官员的这种心理，普通民众也许不太了解。但明清时期的诉讼中并非只有普通当事人在启动诉讼程序。讼师、书吏、差役都可能成为诉讼启动的支持者。笔者在查阅《黄岩诉讼档案》、《巴县档案》时发现，每一诉状左下方均有"歇家某处"字样。歇家即旅食店，也是代书、讼师的主要活动场所或者办事处。讼师与代书、州县衙门书吏、差役都结合在一起，歇家之主即为讼师、吏、役。因为州县书吏、差役都以词讼案件为谋利，无词讼案件的呈递，则无谋利之机会。一方面官府希望讼息无争，而另一方面衙门里的书吏、差役又与讼师、代书结合在一起，希望乡民都来打官司。与普通百姓相比，这些人懂得官府内幕，也知道如何让官府受理案件。在这些诉讼专业人员的帮助

① 上述两份批词分别见《黄岩石诉讼档案及调查报告》第259、277页。

下，当事人的诉讼状会体现出这样的特点。即当事人在起诉时虽然也会提出自己的证据，但并不会特别强调，一般都采取一带而过的策略，以图避免司法官从证据全无或证据充足两个方面驳回起诉。《巴县档案》记载了周志德告林子珍诉状：

> 恶将蚁积贮冬水田一冲，悉行挖放伊田，害蚁田业枯涸，无水种秧，举家失望，不胜伤惨。投经地邻郑应龙等，看明挖放水情形，从剖砌坎平沟，免讼法存，奈恶硬霸占挖不遵，蚁田遭此恶棍谋业，霸挖田枯，春作既失，秋成何靠，不叩拘纠，命难活生。

本案是一起乡邻排水纠纷，原告并没有正面申明自己的主张有某某为证，但他称纠纷已经投经地邻看明，即表明地邻可以为证。这显然是为了防止官府以词讼无证人而驳回起诉。但是当事人也知道倘若证据非常充分，官府同样会以批令证人处理的方式来驳回起诉。因此，诉状中对于证人往往是一带而过，而不会特别强调。

另外，当事人往往表明纠纷已经乡保邻处理，以防止官府将案件批令乡保邻证处理。还是《巴县档案》记载：

> 封文光告穆云升诉状称：荷蒙刘主给生朱照，注明云升与生均分堰道之水字样，钤印炳据，临审呈阅……岂恶等将生界内所生之水，仍行占去，生投约邻王魁元、张文明、牟高佐等勘理，岂云生弟兄，虎坐不采，众莫恶何。为此叩恩做主。[1]

本案的起诉状中即表明原告已经投告约邻王魁元等人处理，但被告拒不接受处理结果。这样一来就有很充分的理由请求官府来受理案件。需要说明的是，由于清代民间调解纠纷的机制已相当完善。因此，当事人在诉讼状中表明自己的纠纷已经邻证处理，并不仅仅是一种诉讼技巧，在很大程度上就是客观事实的表述。"巴县档案"就多处记载了邻里解决纠纷的情形。道光十三年正月周书范等复状称：

> 范世兴、郭定凤等案批委蚁解，蚁等到郭定凤家清理，惟冀伊等息讼，无如定凤父子躲匿不见，支其妻称墙已修就，不许堰水流过，任凭具控，不能讲理等语，蚁等均系近邻，查明范世兴历来由伊大伯、二伯之田接溉堰水，二伯将田卖于郭定凤，乃属古堰，理应照前，二伯虽故，伊子范世觉可讯。为此据

① 两份诉状见四川大学历史系编：《清代乾嘉道巴县档案选编·上》，四川大学出版社1989年版，第4、9页。

实复电，赏究免祸。①

2. 夸大纠纷的严重性

当然，当事人也深知官府不受理案件的真正原因是司法官员认为民间细故不值得涉讼，因此，他们在起诉时所做的文章主要不是突出证据方面的情形，而是将纠纷的严重性夸大，将普通的民事纠纷描述为事关伦理的纠纷，甚至将民事纠纷夸大为刑事案件，以求得到官府的受理。②对于当事人在诉讼状夸大事实这一现象与清代证据规则的关系，邓建鹏博士认为是清代健讼社会导致限制当事人起诉的证据规则的形成，其中还特别提及健讼的一个表现即是当事人虚张案情。笔者赞同邓建鹏博士关于清代健讼与民事证据规则关系的总体论述，即认为清代民事证据规则的产生与民间健讼有很大关系。但笔者与邓建鹏论文观点不同的是，笔者并不认为当事人虚张案情是清代州县制定证据规则以限制诉讼的原因之一，而恰恰相反，是因为官府制定的证据规则限制了诉讼的受理，才导致当事人夸大案件情节。明清时期的民事起诉状中，当事人夸大案情的现象相当普遍。当时有的学者评价此种现象时说：词讼到官，增撰事理，妄以重罪诬人，被殴必曰杀伤，索财必曰劫夺，入其家必诬以作窃，侵坟界必诬以发墓，假此以觊司之追治者。③　在许多的状词中，状词的案由与内容往往相差甚大。如明代人吴徽之与生员黄之采争一块田，田为吴氏耕种纳粮，册籍可据；而黄之采无官司给帖，但执志书为券。本来只是普通田产纠纷案，但吴徽之为引起司法官员重视，控官称黄实施抢劫。司法官也认为这样的诉讼状甚不情矣。尽管在民事上吴获得胜诉，但受到一杖之罚。④　当事人夸大案情，有两种办法，一种方法是虚构事实，但这样做有一定的风险。因为明清时期的法律规定诬告是严重的犯罪行为。为此公然在诉讼中虚构不存在的事实，这一做法并不普遍。另一种办法是用模棱两可的语言来描述诉讼事实，这种语言技巧的运用会产生这样的效果，即受理案件的法官初看之下会认为是一起很严重的刑事案件，决定予以受理。等到案件受理后发现诉讼事实根本不是一回事，但却很难认定当事人诬告，因为若严格按照诉状中的语言，对案件作出另外一种解释也是可以的。《申报》曾记载了这样一则呈词，标题为"白昼鸣锣连毙二命事"，官见状大惊，急传告者讯问，才知其所言不过卖糖者手敲小锣，践

---

① 　两份诉状见四川大学历史系编：《清代乾嘉道巴县档案选编·上》，四川大学出版社1989年版，第9页。

② 　对此现象，徐忠明在《小事化大与大事化小》论文中已有精彩论述。

③ 　（清）杨景仁：《式敬编》，上海古籍出版社2003年版，第584页。

④ 　（明）颜俊彦：《盟水斋存牍》，中国政法大学出版社2002年版，第191页。

毙小鸡二只。① 这一记载虽非确有其事，但可以看出当时兴讼者为求官府受理案件在词状上所做的文章。

民众采取的这一策略官府也是知道的，因此对于当事人呈送的状词，总是先分析其中内在的逻辑是否合理。一般而言，没有如实陈述的案件都会有漏洞，司法官员如能发现这一漏洞，然后指明其荒谬之处，再批不准，一般会收到良好的效果。因此，清代司法官员对于诉讼的批词非常重视，因为他们认为恰到好处的批词可以将诉讼消除于未发状态。《折狱龟鉴补》记载了这样一则案例：

> 有人以被他人砍伤控官，司法官下堂亲验之，曰："是自划伤也，人见有刃来，必避让，则顶上伤痕必错落，焉有平列如川字哉？且自刃伤，下手处重，而其末轻。而尔伤轻重乃适相肖也，杖之。"②

寥寥数语，就断完了一起案件，司法官员正是凭借丰富的生活经验发现当事人主张的矛盾之处从而使一场诉讼消于无形。

二、明清民事诉讼中的刑讯

刑讯是明清时期诉讼中的取证手段之一。在明清时期的民事诉讼中，刑讯作为一种取证方式在一定的范围内存在。由于民事诉讼的特殊性，刑讯也与刑事诉讼中的刑讯存在一定的差异。本节将从立法中关于刑讯制度的规定，司法实践中刑讯的使用状况等方面全面考察民事诉讼中刑讯的特点及成因。

（一）立法关于刑讯的规定

明清时期的立法体制中，民事诉讼与刑事诉讼并没有严格的分野。清代法律以诉讼管辖为标准将诉讼分为普通词讼与州县自理词讼，所谓州县自理词讼即户婚田土诉讼及结果在笞杖刑以下的诉讼，这些案件州县可直接作用生效判决。范围包括民事诉讼与较轻的刑事诉讼。关于刑讯制度的立法也并无刑事刑讯制度与民事刑讯制度之别。明清法律中关于刑讯的规定大部分内容都是既适用于刑事诉讼又适用于民事诉讼。立法上关于刑讯的内容主要有以下几个方面：一是刑讯适用的条件；二是刑讯适用的程度；三是刑讯适用的后果。

---

① 见《申报》，1882 年 11 月 21 日。转引自赵晓华：《晚清狱讼制度的社会考察》，中国人民大学出版社 2001 年版，第 198 页。

② （清）胡文炳编，陈重业点校：《折狱龟鉴补·杂犯》，北京大学出版社 2006 年版，第 884 页。

1. 刑讯适用的条件

刑讯适用的条件可以分为三个方面：一是案件种类要件；二是案件审理程度要件；三是诉讼的主体条件。关于这三个方面条件，明清时的法律皆无专文直接规定应在何种情形下实施刑讯，但有间接规定。

（1）何种案件可以实施刑讯。这一点明代的法律规定与清律有所不同。《大明令》规定："其犯重罪，赃证明白，抗拒不招者，众官圆坐，明立案验，方许拷讯。"① 即只有重罪案件才可以实施刑讯，依这一规定，对于民间细故，不得对当事人进行拷讯，亦即民事诉讼依法是不得实施拷讯的。但这一要求并未始终得到遵循。明代中叶后，司法实践中即使是民事诉讼也经常出现刑讯，而且还非常严厉。据《明会要》记载，成化年间，国子祭酒周洪谟曾奏言："天下有司听讼，辄用夹棍等刑具，百姓不胜苦楚，请敕法司禁约：除人命，强盗、窃盗、奸犯死罪，准用严刑，余止用鞭扑。诏可"。② 这一诏令的后果从积极意义上看是在民间细故的审理中不得适用严厉的刑讯，对民事司法实践中的严厉刑讯是一种限制。但与《大明令》的相关规定相比，这一诏旨承认了民事诉讼中刑讯的合法性，实际上是一种倒退。到了清代，法律已不再争执于民事诉讼是否可以适用刑讯，而只关心民事诉讼是否可以适用像夹棍、拶指等重刑等问题。清代条例规定：重大案件正犯，及干连有罪人犯，或证据已明，再三详究，不吐实情，或先已招认明白，后竟改供者，准夹讯外，其别项小事，概不许滥用夹棍。若将案内不应夹讯之人，滥用夹棍，及虽系应夹之人，因夹致死，并恣意叠夹致死者，将问刑官题参治罪。③ 这表明在民事诉讼中使用一般刑讯已经是无须讨论的问题。从这一规定可以看出明清时期人们对于民事诉讼中的刑讯存在着一个不断接受的过程。

（2）案件审理程度的要求。案件审理到何种程度，可以对行为人实施刑讯。这一点与明清律在立法上的规定基本相同。前引《大明令》规定，被告人赃证明白，抗拒不招者，可以实施刑讯。但后来这一要求也有所放松。《明会典》载讯问的顺序是先审原告，词因明白，再审被告，如被告不服，则审干证人，如干证人与原告同词，却问被告。如各执一词，则唤原告被告干证人一同对问，观后颜色，察听情词，其词语抗厉、颜色不动者，事理必真，若转

---

① 怀效锋点校：《大明律·大明令》，法律出版社1999年版，第260页。

② 《明会要·卷64》，上海古籍出版社2003年版，572页。

③ 田涛、郑秦点校：《大清律例·断狱·故禁故勘平人条例》，法律出版社1999年版，第562页。

换支吾，则必理亏，略见真伪，然后用笞决勘，如又不服，然后用杖决勘。①
很显然，通过五听方式获得对被告人理亏的印象与赃证明白还是有较大差距
的，透过这两条规定在内容上的变化，明显可以看出立法对于刑讯适用条件的
从宽走向。这种变化的直接后果就是导致清代的法律对于刑讯的适用条件更加
宽松。关于普通刑讯的使用条件：法律规定应在案件赃证明白，被告人拒不招
供时方可使用；对于像夹棍这样的严厉刑讯，则要求已经审查到人犯证据已
明，再三详究，不吐实情，或先已招认明白，后竟改供者。条件似乎较普通刑
讯使用的条件更加严格一些。

（3）刑讯适用的主体条件。刑讯适用的主体包括两个方面：一是刑讯决
定人；二是刑讯的对象。

刑讯实施的决定者。何种审判主体才可以决定实施刑讯。《大明令》规
定：众官圆坐，明立案验，方许拷讯。这一规定表明司法官员若是单独审理案
件，还不可以决定对被告人实施刑讯，必须是在多名审理官员在场且都同意的
情况下才可以实施刑讯。依据这一条件，刑讯启动应该较为不易，从理论上讲
这一程序能够保证刑讯的慎重适用。到了清代法律中，关于刑讯的适用主体同
样发生了变化。法律已不再规定普通刑讯的适用主体，而只规定严厉刑讯的适
用主体。即内而法司、外而督抚、按察使、正印官，许酌用夹棍外，其余大小
衙门，概不许擅用；佐杂审案，呈请批准，方许用刑。若不呈请，而擅用夹
棍、拶指、掌嘴等刑，及佐贰等擅设夹棍等刑具者，交部议处，正印官照失察
例处分。② 当然对于普通刑讯，只规定佐杂审案，呈请批准，方许用刑。此处
的刑讯种类虽没有提及常用的笞杖刑讯，但对于掌嘴等刑讯也包括在内，而掌
嘴刑讯是轻于笞杖刑讯的，因此，可以这样认为，佐杂审案无论采用何种刑
讯，都应当申请，而不可以擅用。其中对于掌嘴刑讯之所以特别指明，是因为
掌嘴刑讯适用时特别容易，较难控制，故而专门申明。

刑讯的对象。被告人是主要的刑讯对象，这一点与明清律规定相同。而对
于证人，明清律也都规定若确属干连证人，也可以依法拷讯。且清律还规定，
对于干连犯人还可以实施夹讯。对于不得实施刑讯的对象，《大明律·老幼不
拷讯》规定：凡应八议之人，及年七十以上，十五以下，若废疾者，如有犯罪，
并不合拷讯，皆据众证定罪。违者，以故失入人罪论。③ 清律规定完全相同，

①　《明会典·刑部 19·问拟刑名》，上海古籍出版社 2003 年版，第 155 页。
②　田涛、郑秦点校：《大清律例·断狱·故禁故勘平人条例》，法律出版社 1999 年
版，第 562 页。
③　怀效锋点校：《大明律·断狱》，法律出版社 1999 年版，第 215 页。

只不过在律后注中加入不得刑讯的理由。

2. 刑讯的严厉程度

（1）明代刑讯的严厉程度。依《大明令》的规定，民事诉讼中使用刑讯并无依据，刑事诉讼中可以使用笞杖进行刑讯，刑讯的部位是腿臀分受。在刑讯过程中，应先使用笞进行刑讯，只有当被告人不承认犯罪时才可以使用杖。依据《大明令》和《明会典》的规定，只有笞杖刑讯才是合法的，其余刑讯方式皆非法。但明代中叶以后，夹棍等刑具开始广泛使用，朝廷不能禁止，遂使得夹棍等方法合法化。朝廷诏令允许在重案可以用夹棍，而轻罪则应用笞杖方式刑讯。由此可见，在明代的民事诉讼中，笞杖是民事诉讼中允许的刑讯方式。

（2）清代刑讯的严厉程度。清代法律将明代后期的做法合法化。夹棍成为合法的刑讯方式，与此同时，专用于妇女的拶指方式也开始合法。当然，由于夹棍及拶指等方式依法不得在民间细故案件中适用，因此民事诉讼中最主要的刑讯方式还是用笞杖刑讯。关于笞的标准，《大清会典事例》规定，笞以"竹篦为之，大头径二寸，小头径一寸五分，长五尺五寸，重不过二斤"。[①]此外，掌嘴、拧耳、跪链、压膝等刑讯措施也是合法的刑讯方式，在民事诉讼与刑事诉讼中都可使用。其中掌嘴、拧耳由于对受刑讯人伤害较小，因此在民事诉讼中的适用更加广泛。

3. 刑讯适用的后果

（1）对受刑讯人的后果。在明清时期的诉讼中，刑讯适用的目的是很明确的。虽然明清的法律从未明确宣布刑讯使用的目的，但从法律给出的刑讯条件我们是可以推导出刑讯目的的。前文已经指出，刑讯实施的案件审理条件是证据明白，既然证据已经明白，司法官员对于案件事实应当没有怀疑，此时还要对行为人实施刑讯，那就只有一个解释，就是为了获得行为人对于司法官员判断的案件事实的承认，即刑讯就是为了获得行为人的口供。《清会典》称据供以定案，无供不录案。这样一来，就会出现一个问题，即行为人倘若坚决不承认自己有罪，那该如何处理。事实上，明清法律对于刑讯总的数量都没有给出规定，只是清代诉讼惯例强调每日笞杖不可以过三十，但对于其他刑讯方式如掌责、跪链等则无限制。这表明可以无限制地实施刑讯。只要刑讯实施符合条件，那么受刑讯人就无任何救济措施，即使致死，也是勿论。可见对于受刑讯人而言，面对合法的刑讯无任何保障措施。

---

① 赵晓华：《晚清狱讼制度的社会考察》，中国人民大学出版社 2001 年版，第 226 页。

（2）对于司法官员的后果。对于司法官员而言，实施刑讯只要符合法定条件，就不用承担任何责任。只有违法刑讯，才会承担相应的责任。《大明令》规定：凡鞫问罪囚，必须依法详情推理，毋得非法苦楚，锻炼成狱，违者，究治。此处对于违法刑讯的表现及处罚都是采用概括性规定，缺乏操作性。明律的规定相对具体，《大明律·老幼不拷讯》规定：凡应八议之人，及年七十以上，十五以下，若废疾者，如有犯罪，并不合拷讯，皆据众证定罪。违者，以故失入人罪论。其于律得相容隐之人，及年八十以上，十岁以上，若笃疾，皆不得令其为证，违者，笞五十。《大明律·故勘平人》规定：故勘平人者，杖八十，折伤以上，依凡斗伤论，致死者斩，知情共勘者，与同罪，致死者减一等。① 清代法律除继承了明律中关于对官员非法刑讯的惩罚措施以外，还较多地规定了司法官员的行政责任。《大清律例·故禁故勘平人》附例规定：若佐杂不呈请，而擅用夹棍、拶指、掌嘴等刑，及佐贰等擅设夹棍等刑具者，交部议处，正印官照失察例处分。② 即是对司法官员的行政处分。

（二）司法实践中的刑讯

明清时期的民事司法中，刑讯适用的状况与立法的规定有很大的距离。主要表现为以下两个方面。

一是刑讯方法与法律的规定有别。依《大明令》的规定，民间细故案件不可以适用刑讯。但明代中叶，天下有司审案，辄用夹棍。此处虽未直接表明在民事诉讼中使用夹棍，但"辄用"一词表明其使用相当广泛；而周洪谟建议下旨禁止在普通诉讼中使用夹棍，可知当时的民事诉讼中有使用夹棍的现象，而且还不是偶然现象，否则也不至于达于圣听。事实上，明代民事司法实践中的刑讯使用不仅存在，而且也并不限于一些贪渎之官才使用。即使是非常优秀的官员也不以为非。明姚凤子为衢州府同知，民余十三者与邻争山场，系狱累年不决，凤子曰："官拷掠尔无完肤，山场孰与身重，十三叩头，谢让所争与邻。"③ 本案中的姚凤子身为同知，应当知道在争山场这样的民事争议中是不应当使用刑讯的，尤其是不应使用严刑。但姚凤子对余十三被拷掠无完肤的后果，并没有处罚滥用刑讯的官员，反而以此为理由，要求余十三息讼。这表明大部分司法官员是认同民事诉讼中的刑讯行为的，这是刑讯在民事诉讼中

---

① 怀效锋点校：《大明律·断狱》，法律出版社 1999 年版，212 页。

② 田涛、郑秦点校：《大清律例·断狱·故禁故勘平人条例》，法律出版社 1999 年版，第 562 页。

③ （明）余学懋等撰：《仁狱类编》，上海古籍出版社 2003 年版，第 604 页。

存在的基础。

　　清代时期，民事诉讼使用刑讯已完全合法，只不过夹棍、拶指及其他非刑依法不得在民事诉讼中适用。法律对此三令五申，但实践中的状况显然不容乐观。嘉庆二十三年，陕西道监察御史程伯銮在其奏折中批评四川省司法实践中非刑的使用状况：十余年来，如绷杆、钓杆、站笼等非刑，各州县大半有之，除以惩治盗贼外，甚至田土斗殴等案一切用之，臣思田土等案不宜妄用非刑。① 其实不仅是四川如此，也不仅是嘉庆朝如此。同治年间的江苏各属审案，不论情节轻重，动辄上架子，鞭脊背，敲脚踝，种种非刑，备极惨毒，即笞则每以千计。② 不仅非刑广泛存在，即使是合法的笞刑，按清代法律规定，也只应凡讯囚用杖，每日不得过三十。③ 而此处的刑讯居然可以多达千计，自然是典型的非刑。

　　二是刑讯的条件并不限于案件审理到证据明白的程度。明代法律对于刑讯适用的案件审理条件是证据明白，但《明会典》的规定与《大明令》的规定不完全相同，以"略见真伪"为前提，主观色彩较重。不过这一要求在实践中也很少得到遵守，有些案件在事实并未明白的情况下，司法官员为了某种目的就可以擅用刑讯。《皇明条法事类纂》记载：刁民假证争产，贪赂无为者不辨真假，一概准受，往往提人问理，暗受财嘱，非法拷打，朦胧逼退，增追价银。④ 这些贪官在受财后即对对方当事人非法拷打，姑且不问他是否采用非法刑讯的方式进行拷讯，只看他并没有在证据明白时就对当事人施刑，已可见其非法。徽州地区诉讼档案记载的吴姓控告朱姓侵占坟山案中，因休宁县知县受了被告贿赂，便对原告吴姓进行拷打，强迫原告承认诬告。这一做法与本处

---

　　① 四川大学历史系编：《清代乾嘉道巴县档案选编·下》，四川大学出版社1989年版，第220页。当然，巴县档案中关于御史的奏折内容是否属实，当时就存在争议。同样是巴县档案记载的四川总督蒋攸铦的奏折就称：如该御史所称寻常讼案亦用非刑之处，可以信其必无。当然，对这两份内容截然相反的奏折，笔者倾向于相信程伯銮的奏折。因为他作为朝廷御史，本就有监督各地政风之责，而川督的隐瞒与反驳乃是人之常情。不过可能的情况应当是这样的，即程伯銮肯定是发现了田土案件中非刑的使用，但实际上没有像他说的那样田土斗殴一切用之。为了使自己的奏折内容为朝廷重视，有夸大之嫌。而蒋攸铦的奏折否定则如此彻底，似有文过饰非之嫌。

　　② 江苏省例同治十年十月。引自赵晓华：《晚清狱讼制度的社会考察》，中国人民大学出版社2001年版，第228页。

　　③ 《清史稿·刑法》，浙江古籍出版社1998年版，第1054页。

　　④ （明）戴金编次：《皇明条法事类纂下·卷13》，台北文海出版有限公司1985年影印本，第324页。

记载非常一致，两相互证，可见明代司法官员因受贿赂而擅用刑讯的做法确实在一定范围内存在。①

清律继承了《大明令》的这一规定，也要求刑讯应当在案件赃证明白、被告人拒不招供时使用。清代的州县官笔记《牧令须知》主张听讼讯供，总使其理穷词服，倘理穷而词不服，然后加刑。② 但在司法实践中，刑讯的使用未必总能满足证据明白这一条件。《徐公谳词》记载的刘隐贤自缢身死案中，证人查尔顺提供证词称刘家扛尸图赖，司法官员怀疑其作伪证，对其刑讯，该犯始则恃其筋力强壮，茹刑狡展，及加严讯，则以昏迷夜错看为词，游移混供。③ 此案中司法官员对证人刑讯，且刑讯未满足证据已明的要求，而只是陈述不合情理。当然，本案审理者并非州县官员，因而可能享有较大的刑讯适用权。

清人张自堂在笔记中记载了他本人审理的一则案例。一僧人控告乡民占其坟地，提出的证据是僧人师父在世时从他人手中购买系争土地的白契一纸。张自堂怀疑其契约可能是伪造的，随令招出造契之人。僧不招，即令掌责，唤审别件，完一件，问一回，仍不招，又掌责一回，一连问完四宗，共计掌责五十，始则混认自造，令其照写不对，复谕动刑，急呼曰："情愿退还不要！"④ 本案中，司法官员对僧人施以掌责及动刑的理由并不充分，因为他并没有查明僧人提供白契是假证，甚至还没有收集代书人的其他书面文字与其比对，仅因为证据是白契且年远就臆断为伪，并且迫使僧人承认。在僧人不承认的情况下，就对僧人施刑，显然也不符合清律关于刑讯实施的条件。需要说明的是，本案的审判官张自堂还是清代的一位廉能之吏，倘若是贪渎昏愦之官，刑讯的使用恐怕会更普遍。

关于明清时期司法实践中刑讯使用的状况问题，学界有不同的观点。黄宗智在考察了清代宝坻、巴县、淡新诉讼档案后得出结论，认为清代诉讼中很少用刑。针对这一观点，已经有学者表明了不同的观点。笔者认为，对明清时期民事诉讼刑讯的使用是很常见还是很少见不能一概而论，而应一分为二地分析。如是笞杖这样正式的刑讯，确实比较少见，也很少有使用的记载，至于夹

---

① 《茗洲吴氏家记》，转引自韩秀桃：《明清徽州的民间纠纷及其解决》，安徽大学出版社 2004 年版，第 192 页。

② （清）刚毅：《牧令须知·卷 1·听讼》，光绪 18 年刊本。

③ （清）徐士林撰，陈全伦、毕可娟、吕晓东：《徐公谳词》，齐鲁书社 2001 年版，第 95 页。

④ （清）张自堂：《未能信录》，引自中国社会科学院法学所法制史研究室编：《中国古代办案百例》，中国社会科学出版社 1980 年版，第 222 页。

棍、拶指不仅为法律所禁止，而且到目前为止尚未发现民间细故审理中有此种方式使用的记载。但是像掌责这样的刑讯，在民事诉讼中使用较为常见。前述张自堂在审案中掌责原告的做法并非个案，在清代山东孔府的诉讼档案中，有一起是孔府与周围农民的土地纠纷案。在案件审理过程中，司法官员曾四次对属于原告一方的不同当事人实行掌责，且并不是因为证据确实但当事人不肯承认而掌责，而是仅仅因为司法官认为当事人在法庭上出言不逊就对其实施掌责。值得注意的是，本案是上司发下来的案件，审判官一开始就表明他本人审案从来就没有这么宽的，因为是宪案，所以不便上来就施打骂。可见在一般案件中，类似于掌嘴这类刑讯的适用应当是比较普遍的。黄宗智以官方档案为依据，得出刑讯使用较少的结论，① 是因为清代的法律只强调适用正式的刑讯如笞杖刑及夹棍、拶指应当予以登记，而民事诉讼中的刑讯多表现为跪链、掌嘴等方式，这些方式可以非常简便地予以适用，并且可以不进行登记。从档案记载刑讯使用较少并不能得出刑讯极少使用的结论，因此他的观点受到了学者的质疑。②

（三）民事诉讼中刑讯的特点及其成因

1. 明清时期民事诉讼中刑讯的特点

（1）与刑事诉讼中的刑讯相比，民事诉讼中的刑讯严厉程度较轻，适用较少。从刑讯的严厉程度来看，明代的诉讼中笞杖刑讯都可以适用，但明代中叶的诏令规定，夹棍只能用于人命、强盗、窃盗、奸犯死罪等案件中，而普通的案件（当然包括民事案件）只能使用鞭扑之刑。而清代的法律则明确规定重大案件正犯，及干连有罪人犯，或证据已明，再三详究，不吐实情，或先已招认明白，后竟改供者，准夹讯外，其别项小事，概不许滥用夹棍。顺治年间的诏书则明确规定户婚田土不事，概不许擅用夹讯。③ 可见清律同明律一样都禁止在民事诉讼中实施夹棍这样的刑讯措施。由此可见，在明清时期的立法中，民事诉讼中的刑讯应当轻于刑事诉讼中的刑讯。尽管在司法实践中违法使用刑讯的情形较为普遍，但因民间细故的审理而对犯证进行夹讯或拶指的资料，笔者还没有发现。虽说笔者没有见到此类资料不能说明这种重刑就没有发

---

① 黄宗智：《清代的法律、社会与文化——民法的表达与实践》，上海书店出版社2001年版，181页。

② 徐忠明等人就表达了不同的观点，认为若是严格的刑讯可能不常用，但类似于掌责之类轻刑的使用应当很普遍。

③ 《清朝通典·卷88·刑9》。

生，但至少可以说明其发生的概率很低。从刑讯使用的范围来看，民事诉讼中刑讯使用的概率也较刑事诉讼中要少得多。依据笔者掌握的明清时期判牍资料及州县笔记来看，也少有刑讯的使用。这固然不排除这些官员对自己使用刑讯没有如实记录的原因，但同时我们可以看到刑事诉讼中有很多刑讯使用的记载。因此可以得出这样的结论，民事诉讼中刑讯的使用较刑事诉讼中刑讯的使用要少得多。

（2）民事诉讼与刑事诉讼中刑讯适用目的不完全相同。在刑事诉讼中，刑讯手段不仅用来逼取口供，也用来逼取证据，既可以是物证，也可以是人证。但在民事诉讼中，刑讯主要是为了获取口供，而且这种口供的内容是司法官员已经预知的口供，即民事诉讼中的事实发现是通过证据与情理完成的，获得口供只是对这一事实的确认。当然民事诉讼中也会出现拷讯证人的现象，但其目的与刑事诉讼不同，司法官并不是认为证人不愿意作证才拷讯证人以逼取证词，而是因为考虑到案件中证人害怕得罪当事人而不敢作证，因此，司法官员声称要刑讯证人只不过是给证人一个台阶而已。清人袁守定指出，民事诉讼中证佐不言者，非不言也，不敢言也，言则情见者必出而与之为难，是则代人受祸也，故不敢言，然则如之何而可，曰："再三鞠之，摔而下之，将杖而不的决焉，或者犹敢言乎，何者，彼有词于情见者，曰：'吾固不言，而杖及之，固不得不言'，如是情见者其谅之乎"。① 当然如果遇到证人不明事理或者司法官员判断错误，也会出现拷讯证人的做法，但因为司法官员本来无拷讯证人的动机，虽因某种原因而不得不拷讯证人，这一拷讯也不会很严厉。

2. 民事诉讼中刑讯适用较少、程度较轻的原因

笔者认为，民事诉讼重慎用刑讯尤其是慎用重刑的原因有以下几个方面。一是出于提高诉讼效率的角度考虑。我们若将诉讼比作一桩交易，那么发现真相，解决纠纷是其收益，而花费在诉讼过程中的人力与物力支出就是其成本，而实施刑讯对当事人而言是很大的成本。因为民事诉讼中当事人争议标的较小，亦即诉讼收益较低，若经常采用刑讯或者采用重刑，显然会加大诉讼成本。这会导致诉讼成本高于诉讼收益，出现诉讼效率得不偿失的后果。在此情况下，司法官员就会认为这样的诉讼不值。前文引述的姚凤子劝谕余十三的理由是"山场孰与身重"，此处的山场即为诉讼收益，而身体受拷讯则为诉讼成本，司法官员以诉讼成本高于诉讼收益来劝说当事人息讼，收到了很好的效果。但我们换个角度，既然山场不重要而身体重要，那么为了保障重要的利

---

① （清）徐栋：《牧令书·卷 17·刑名上》，引自《官箴书集成》第 7 册，黄山书社 1997 年影印本，第 382 页。

益，诉讼中的刑讯也应当尽量不使用，这样才是符合诉讼效率的做法。

二是为了维护伦理纲常及当事人之间的和谐关系。民事诉讼多发生在亲朋好友及邻里之间，他们之间存在的伦常秩序及睦邻友好关系对于维护传统社会的和谐非常重要，而刑讯的使用则可能会破坏此种和谐关系。明代吕新吾的《刑戒》认为对于尊长该打的诉讼中，若是与卑幼讼则不打，因为这会给人以因卑幼而刑尊长的印象，与伦理世教非常有害。① 清人袁守定主张凡骨肉兴讼，最关风化，宜先感之，感而不动，然后为判曲直，切勿加刑。② 汪辉祖在《学治臆说》中也认为婚姻互诘案件勿轻笞挞，③ 其意图同样是维护亲友邻里之间的和谐。

刑讯适用的严厉程度及范围的不同还与刑事诉讼和民事诉讼不同的证明标准有关。在明清时期的刑事诉讼中，对于刑事案件强调有罪认定要办成铁案如山。用现代的概念来表述可以说就是客观真实的标准了。刑事诉讼中有罪证明的这一标准是由两个方面的因素决定的。一方面是明清时期的案件审理体制。由于案件不是在基层审理就能生效，对于一审判决，要经过上级司法机关复查，这样若无被告人对指控其犯罪事实的自认，则一审的事实认定很可能被上级机关驳回，因此刑事诉讼中广泛采用刑讯以获得被告人对指控其犯罪行为的承认，以应对上级的复审。第二个因素是刑事案件本身就比民事案件重要得多，若对被告人认定罪行错误，在刑罚相当严厉的情况下，引起的社会负面影响也相当严重。法官不仅可能面临法律制裁，更要面对良心的谴责。这两个因素的存在导致了刑事诉讼中有罪证明标准非常高，在侦查手段有限的情况下，司法官员只能将希望寄予被告人的自我认罪上。而质诸人之常情，被告不管是否有罪，都是不会轻易认罪的，因为承认犯罪就意味着将会受到严厉的惩罚，甚至是死路，这样一来，即使是证据确凿也未必会承认指控，而法律又特别强调口供，这样一来，刑讯自然就有用武之地了。而民事诉讼则不然，一方面因为案件在州县一审即可生效，若当事人不上诉，并不会引起二审。况且在当时的诉讼环境下，司法官员以不予受理案件作为重要的弥讼之术，因此，当事人即使提起二审，也不似现在的诉讼体制下必然能引起二审程序的启动。因此司

---

① （明）吕新吾：《刑戒》，见（清）胡文炳辑：《折狱龟鉴补》，北京大学出版社2005年版，第14页。

② （清）徐栋：《牧令书·卷17·刑名上》，引自《官箴书集成》第7册，黄山书社1997年影印本，第383页。

③ （清）汪辉祖：《学治臆说》，见沈云龙主编：《近代中国史料丛刊》第269辑，台北文海出版社1966年版，第275页。

法官员不会为了应付上级司法机关的二审刻意提高证明标准。另一方面是民事诉讼中为了获取口供而刑讯当事人的现象也不常见。民事诉讼中不是不需要口供，《清会典事例》称"据供以定案"并没有说民间细故的审理就可以例外，从我们现在掌握的明清时期的判牍资料来看，大部分案件的事实认定最终是得到当事人的认可的。同样是需要获得口供，民事诉讼中刑讯的使用就较少，理由是因为民事诉讼中当事人拒不招认的较少。而民事诉讼当事人之所以在事实清楚面前很少拒不招认，原因正是由于民事诉讼争议标的价值较小，因此当事人在证据确实时一般会承认司法官员对事实的认定。因为当事人非常清楚，既然已经证据确实明白，若本人还不招认，司法官员对其刑讯就是合法的，这种刑讯可以严厉到邂逅致死勿论的地步，那么，为了保护本价值就不大的又是不合法的利益而受到非常严厉的刑讯显然颇为不值，故而还不如爽快承认指控为宜。

结　　语

明清时期的民事诉讼中，刑讯的适用与刑事诉讼的适用存在一定的区别。这些区别表现为民事诉讼中刑讯的适用较少、严厉程度较轻以及拷讯证人的现象较为少见。导致这些差异的原因是民事诉讼与刑事诉讼争议标的不同、民事诉讼当事人之间关系的特殊性以及民事诉讼与刑事诉讼不同。

明清时期的诉讼中，刑讯仍然是取证的重要手段之一，不过相对于刑事诉讼中的刑讯而言，民事诉讼中的刑讯的使用有自己的特点。一是刑讯的残酷程度低，作为法定刑讯手段的夹棍及拶指按法律规定都只能适用于命盗重案之中，而明清时期的民间细故案件中，不可能有命盗之案，因此在法定情况下，民事案件的审理不允许使用严酷的刑讯。二是在刑事诉讼中，刑讯手段不仅用来逼取口供，也用来逼取证据，既可以是物证，也可以是人证，但在民事诉讼中，刑讯主要是为了获取口供，而且这种口供的内容是司法官员已经预知的，即民事诉讼中的事实发现是通过证据与情理完成的，获得口供只是对判断的确认。当然，从法定条件来看，刑事诉讼的刑讯也应有这一条件，但在实践当中，这一条件经常被突破，因此，民事诉讼中对于刑讯条件的严格法定化就与刑事诉讼中刑讯的使用形成对比。刑事诉讼中的刑讯与民事诉讼中的刑讯的使用目的不完全相同。民事诉讼对于事实的认定，司法官员有较大的自由，在事实已经确信的情况下，还通过刑讯迫使败诉一方当事人承认不利事实，其主要目的在于教育被告人认识到自己的错误，从而也让败诉一方当事人认识到无理诉讼是有风险的，从而有利于减少不必要的诉讼。而刑事诉讼则不然，由于案件不是在基层审理就能生效，对于一审判决，要经过上级司法机关复查，这样若无被告人对指控其犯罪事实的自认，则一审的事实认定很可能被上级机关驳回，因此刑事诉讼中的刑讯还有应对上级复审的功能。

三、证据收集的其他方式

刑讯是民事诉讼中证据取得的方式之一，但并不是最主要的方式。由于人们观念上对于民事诉讼中实施刑讯的反对，因此刑讯的使用不会很常见。笔者考察了明清时期的民事司法实践，发现司法实践中还有以下几种证据收集方式。

（一）公堂讯问

讯问是取得言词证据的直接方式，并且还可以通过讯问的方式发现其他证据。言词证据是明清时期的民事诉讼中最重要的证据之一，当事人陈述与证人证言都是言词证据。刑讯也是讯问的一种特殊方式。除了刑讯的使用法律有规定外，普通讯问应当如何进行，法律没有规定。但明清时期的司法官员总结了许多有价值的经验，有些经验还获得了广泛的认可，成为民事审判中具有普遍约束力的规范。总的来看，明清时期的普通讯问程序主要关注以下几个方面的问题。一是讯问的顺序，二是讯问时的参加者，三是讯问的其他要求。

1. 讯问的顺序

明清时期民事审判，两造都须到庭，双方又可能各自延请证人，面对原、被证多人，究竟应当先讯何人，这是讯问者应予考虑的问题。《明会典》记载的讯问顺序是："先审原告，词因明白，再审被告，如被告不服，则审干证人，如干证人与原告同词，却问被告。如各执一词，则唤原告被告干证人一同对问。"① 立法上的这一取供顺序在实践中得到了司法者的认同。清代名吏包世臣在《按吴四种》一书中记载了他审理案件的讯供顺序：即先看明卷宗，让带全案人证上堂，问后令其下堂，独问原告，让其慢慢想明，说错了可以改正，如此三次原告乃称定无别情，原告下乃传被告，如前，次传要证，招房呈

---

① 笔者一直在思考《明会典》记载的这一讯问顺序源于何处，多方思索不得其解。后来偶尔翻阅《唐律疏议》，在"讯囚察辞理"条的疏文中引用《狱官令》规定：察狱之官，先备五听，义验诸证信，事状疑似，犹不首实者，然后拷掠。这其中的先备五听就是通过五听的方式来听取原、被告的陈述。而验诸证信则是指讯问证人及验看证物或书证。表明了唐代审判中就已经按照先问当事人，后问证人的顺序进行。不过《狱官令》没有规定应当先讯原告而是被告。笔者推测，唐《狱官令》的内容可能是《明会典》记载做法的源头之一，但中间可能还经历了其他发展阶段，不过笔者没有收集到足够的证据，故录此存疑。

供有不符处，朱笔核定。俟其毕词，乃各摘其罅隙而切讦之，无不承者。① 从司法档案的记录来看，似乎也都是按照这一顺序来进行的。依笔者对手头占有的巴县司法档案的统计，几乎所有的案件审理顺序都是按照先审原告，后审被告，最后审证人的顺序进行的。但笔者认为这样的档案恐怕并不能反映当时公堂讯问的真实次序。因为这些记录只有当事人回答的内容，而无司法官员讯问的内容。清律允许司法官员对于由招房书吏如实录写问与供的内容进行整理。因此，笔者在司法档案中看到的其实是整理后的讯问内容与讯问顺序，实际情形可能并非如此。所幸的是，笔者看到了一份公堂审案的最原始记载。这是一份尼山祭学两田土地纠纷案件的审讯笔录。内容是有问必录，有供必录，甚至审问时问者、供者及听者的表情都如实记录。案件原告是鲁元刘姓等众多民众，被告是孔府，但应诉者是孔府的宋掌书。案由是因为孔府封山使周围百姓觉得生计困难，从而引起诉讼。从这份笔录来看，讯问虽是首先问原告，后问被告，但并非是对原告完全讯问终止后才问被告，而是按照原告，被告，再原告，再被告的次序轮流进行。② 当然，孔府的案件因为当事人地位特殊，可能会有一些特殊性，未必表明当时的案件审理都是如此问供。不过"管中窥豹"，可以据此认为明清时期的讯问实践并非像司法官员宣扬的那样依据严格的顺序进行。那种严格的顺序应当视为是一种理想化的状态，是作为讯问的样板供司法官员努力实现的标准。

2. 讯问时的参加者

讯问是由审判官进行的。现代诉讼中由诉讼代理人讯问当事人或证人的做法在当时尚不存在。问题是接受讯问者每案总有多人，司法官员不可能同时讯问，那么当司法官员讯问某人的时候，其他人是否可以在场，法律没有规定。从司法档案的记载也看不出其他人可否到场。前引包世臣的家书中介绍了他讯问当事人及证人的状况，即先是在全案当事人、证人都在场的情况下讯问当事人或证人，这可视为公开讯问。公开讯问结束后，让其他人下堂，独问原告，原告下乃传被告，次传要证，这是单独讯问。如在单独讯问过程中发现问题，乃各摘其罅隙而切讦之，即进行对质讯问。这一讯问模式的核心是隔别讯问，被视为明清民事审判中具有样板性质的模式。许多司法官员都在自己的谳词或笔记中对隔别讯问不吝溢词。因为隔别讯问能够防止当事人一方与其证佐互应，从而在回答讯问的过程出现矛盾之处，这样便于司法官员发现事实真相。

---

① （清）包世臣：《按吴四种》，见沈云龙主编：《近代中国史料丛刊》第 294 辑，台北文海出版社 1966 年版，第 2240 页。

② 蒲坚编著：《中国古代法制丛抄·卷 4》，光明日报出版社 2001 年版，第 478 页。

清人王植记述了他通过隔别讯问而发现事实真相的审判经历。广东新会县有人重复出卖田地，并且伪造了文契。王植隔别讯两造证人，问契约在何地所书，银在何地所交，银为何人所秤，银为何颜色，用何物包裹，定件有多少，每问一人，亲自录供。供既毕，随唤告者证者俱前，前供既不能变，又不当互异，皆变色相怒矣。① 其实，通过隔别研讯发现事实真相的并非个别现象。即以本书"书证"一节所引的陈其元审债负案也都体现了隔别研讯的效果。但诚如笔者指出的那样。这一做法的成功带有一定的或然性，在司法实践中并不占主导地位。据笔者对巴县司法档案的考察，通过讯问发现漏洞再查明案件的做法并不常见，大部分情况下当事人的主张是被证人证实的。而前引孔府档案中的审判记录则表明并未实行隔别讯问，自始至终都在进行轮流讯问。实行隔别讯，一般都有一个前提，即通过阅读案卷书面材料，司法官员已察觉到当事人与证人可能串通作伪，这样通过讯问才能发现疑问。而在实际诉讼中，证人作伪的比例并非多到无案不在的程度。虽说当事人在状词中虚捏事实的做法很普遍，但这些做法未必都有证人证明。因此，隔别讯问也未必总有用武之地，可以这样评价明清时期的隔别讯问的做法：它是司法官员追求的理想方式，却并非在实践中普遍使用的方式。

3. 讯问的其他要求

讯问的其他要求包括讯问时司法官员的态度、公堂的秩序及供词的记录三个方面。

（1）讯问时司法官员的态度。讯问时司法官员应当心平气和，故慎用刑讯是第一要求，前文已有论述。包世臣认为问官不可先说话，不可多说话，不可动气性，正是司法官员态度应当从容的表现。袁守定也认为审词讼，以去弥释躁、从容详细为本。因为只有从容，受讯者才能敢说真话；只有详细，才能发现尽可能多的事实与证据。详细应当没有例外，从容却并非一成不变，有时也会因案件审理的需要，而改变讯问态度。否则有些做虚假供述的人以为问官软弱可欺，扯谎会变本加厉。因此，在某些特定的审判中，从容与严厉相结合可能会收到很好的效果。本书"书证"一节引述的清代汪辉祖审匡学义谋产一案，汪辉祖即是先与学义从容叙话，而奖学义善经理。问出其家庭经济情况一般，然后拍案大怒曰："然则汝与李氏同买田之资必由盗窃来矣！"命吏捡报窃旧案曰："某盗赃银甚多，尚未就获。殆其汝乎？"学义大窘，遂道

---

① （清）徐栋：《牧令书·卷18·刑名中》，引自《官箴书集成》第7册，黄山书社1997年影印本，第399页。

实"。① 本案中匡学义提供的买田之契在形式都是真实的。司法官员先是通过从容讯问的方式获得了受讯问者的家庭状况，然后以严厉的讯问让受讯问者猝不及防，从而不得不道出真相。可见严厉的讯问如果运用得当，也会产生良好的审判效果。

（2）公堂的秩序。讯问是在公堂进行的，保持公堂秩序是让受讯者自愿陈述的前提。良好的公堂秩序要求公堂上应当安静，不该说话的人不可说话。清代包世臣在家书中批评了江西公堂的陋习，即签押刑招房站堂差役莫不插嘴问话，这显然会影响到受讯者的陈述。为此他要求在堂人役皆莫开口，堂讯两日，已得真情，效果明显。当然，公堂秩序的不安定因素并非仅来自于公堂的差役人员。有时当事人与证人亦会影响到公堂秩序，在当事人一方人数众多，且公开讯问的情况下，公堂秩序尤其容易受到破坏。为此司法官员在讯问之前或讯问之中都要做维持秩序的工作。前引孔府档案中祭田案件的审判记载，因为原告人数众多，在公堂上喊声惊天，厉声动地，齐言乱语。县令先是从中喝斥，但收效甚微，后不得不站立指挥，厉声高叫，以对原告收监及罢审为威胁才将秩序平定下来。

（3）供词的记录。笔者在"当事人供述"一节已经介绍了明清时期的口供整理与保管制度。清代例文允许书吏录供，但要求供词的整理必须由司法官员本人完成。实践中司法官员也特别强调保证供词的真实性。包世臣的做法是由招房书吏录供，然后本人再亲自审定，如招房呈供有不符处，朱笔核定，以保证所录供词与当事人陈述的一致性。而王植的做法就更加保险。他讯问时是每问一人，亲自录供，为了保证供词真实，可谓用心良苦。

（二）诈欺取证

1. 诈欺取证的实践

现代诉讼法要求讯问当事人不得采用诈欺及诱导手段，除了为保证受讯问者陈述的真实性外，更大的价值还是为保护受讯问者的权利。但明清时期的司法审判中，尊重受讯问者的观念远没有形成，因此是否采用某种讯问方式唯一的标准就是看是否有利于案件真实的发现。通过的方式取证，不但不会像刑讯那样会造成众多冤案，有时还可能带来出人意料的效果，因此被视为司法官员富于取证智慧的象征。司法实践中诈欺取证的方式经常成为实施者引以为豪之处，也成为其他文学爱好者青睐的题材，常出现于笔记作品中。下面这几则案例的审判反映了诈欺方法在取证方面的效果。

---

① （清）胡文炳：《折狱龟鉴补·卷1》，北京大学出版社2006年版，第108页。

（1）明万历间，有一家有一女未嫁。某少年向女家求亲，其父不许。该少年遂诬告称已娶而女家更嫁，提供了完整的证据如婚书，媒聘等。开庭审理时，司法官王临亨呼女近前，与其耳语一翻。然后问少年曰："汝妻手中有疤记，左手，右手？"少年愕然，遂败。①

本案中，通过诈欺取证之所以能够成功，是因为司法官员相信原告肯定没有与某家女结过婚，因此不可能知道其左手还是右手有疤记。实际上该女是两手都无疤记，因而这一讯问对于受讯问者而言当属诈欺，不过这一诈欺对于案件真相的发现应当是有益无害的，是值得肯定的诈欺。当然，本案中的诈欺还仅仅是言词上的诈欺。在明清时期的司法实践中还有程度更深的诈欺取证方式。

（2）明代吉安州有富家娶妇。有盗潜入妇室，伺夜行窃。不料这家三天三夜没熄灯。盗饥极出逃被执。盗称自己非盗是医，因女有病，使其相随，常为用药。县令欲传新妇作证，富家不从。县令与老吏商量。老吏认为该女刚出嫁，若出庭作证，无论是胜是败，都是耻辱。盗潜入潜出，必定不识女。若以他女出对，盗若执之，可见其诬。遂选一妓盛妆舆至。盗呼妓曰："汝邀我治病，乃执我为盗耶？"县令大笑，案虽明。②

与前案相比，本案的诈欺做得更充分，可谓以假乱真。不仅假在语言方面，而且连出庭的证人也是假的。

（3）端氏丈夫早逝，其兄端君赤欲嫁之于赵某，端氏不从。君赤与赵某遂以端氏姑倪氏出面讼媳忤逆，以图迫嫁端氏。主审官刘沛引乃反其局以试之，不罪媳而罪姑，欲以刑加倪氏以试为媳之心，如果忤逆思嫁，则神色泰然，是诚于中者形于外矣。不意才说加刑倪氏，端氏即抱姑狂叫，其声彻天，涕泗滂沱，求以身代。③ 司法官员据此认为端氏乃是孝媳，不可能生忤逆之心。

本案的审理中的欲刑倪氏的做法也是诈欺，但同样收到了良好的效果。

2. 诈欺取证实施的条件与意义

（1）诈欺取证的条件。分析上述案例，我们发现诈欺取证要想取得效果，大体上应当有这样的一个前提，即司法官员已经对案件形成一个基本的判断，

①　《寄园寄所寄》，引自《明清案狱故事选》，群众出版社1983年版，第37页。

②　（明）孙能：《益智编》，引自中国社会科学院法学所法制史研究室编：《中国古代办案百例》，中国社会科学出版社1980年版，第182页。

③　未了、文菡编：《明清法官断案实录·下》，光明日报出版社1999年版，第214页。

而诈欺取证只是为印证这一判断。案例 1 中司法官员已相信少年是伪造婚约，案例 2 司法官员相信被告的陈述为假，案例 3 司法官员虽不敢肯定端氏是守节孝顺之妇，但基本相信如此。否则如端氏为人无法判断，司法官下令刑讯倪氏，端氏无动于衷，司法官员就难以找到台阶下了。

（2）诈欺取证的意义。诈欺取证的基本优势在于能够发现案件真相。此外还表现为以下两个方面的优点：一是能够提高诉讼效率，节省司法活动的成本。以案例 1 为例。司法官员可以通过讯问媒证及验对婚书的方法来判断少年主张的真伪，但会花费很长时间。而通过诈欺取证方式，案情真伪立判，显然快捷得多。二是可以解决通常取证方式难以克服的弊端。案例 2 的审判中，如按正常审理思维，自然应传新妇到庭作证，因为盗自称是新妇的医生，因此夫家的人都不是适格的证人，但问题是妇女到庭作证在明清时期为正统观念不允。因而夫家不从，如强制其出庭，虽然可能查清案情，但显然会造成不良的社会影响，而通过诈欺取证这些问题都迎刃而解了。

（三）私访及反对私访

1. 私访取证的理由及实践

公堂讯问是取证的主要手段。但也有司法官员认为当事人及证人在司法官员面前所作的陈述可能是有意而为之，不排除当事人贿赂证人作伪证的可能。有些司法官员认为，若受讯者不知道讯问者是司法官员，不知道自己的陈述可能会被用来证明案件事实，在无意识的情况下作出的关于案件陈述更可能是正确的。另外，由于受讯问的人不是经当事人选择的，因此其陈述的客观性及公正性较强。正因为私访有此优点，明清时期有很多司法官员以私访来收集证据。刑事诉讼中私访成功的案例较多，① 民事诉讼中也有私访的记载。清人胡秋潮记载了他审理的一则案例。

有章氏女许配李二为妻。未过门，李二得疯病。章家要求退婚。李家以图赖婚姻控官。审理者胡秋潮已访问得实，开庭时李二经数十人拥来，疯疯癫癫

---

① 清代吴炽昌的《续客窗闲话》中记载了一则案例：粤东某生聘某氏女，入赘女家。完姻当日，众见新郎散发复曲，狂奔里许投水而死。女家讼之官，责宾客未拦其婿。官受案，未寻得婚尸之所在。遂为疑狱。后易一令，见有陈案，恍然曰："婿投河而诬客，非为诬客也，欲证新郎之死以实之也，必有故。"遂变为星卜之流，访诸其邻，邻人曰："有某富室，素与妇、女无亲故，忽往来甚密，我侪亦疑有故。"令遂入女室，见床下有男子屣，新妇失色。移床发现地道，穿地道而见一少年，执之。推门见土有新挖状，启之，生尸在。案遂破。

连生父都不识。司法官员又再次一一讯问证人，所述与访闻吻合，遂认定李二为真疯。据此提出息讼建议，即章家给李家三年时间，如李二可治好，可以成婚，如治不好，听章氏女别嫁。后不到一年李二病死。①

本案中司法官员亲自私访只是个案，民事诉讼中的私访一般都由司法官员的下属实施。笔者以为，可能的原因是私访需要司法官员走乡串户，是很辛苦的事，对于刑事案件，由于有不破案无法交代的压力，因此为了查案，辛苦一下也是可以忍受的。而民事诉讼因被视为细故，故而司法官员认为不值得如此辛苦。因此很少亲自私访。

2. 明清司法官员对私访的反对

与小说中渲染的私访具有神奇的办案效果不同的是，明清时期的司法官员对于私访多持反对态度。笔者考察了明清时期司法官员及刑名幕友的著述，发现他们反对私访取证的理由有以下几个方面。

一是访案未必能得到真实情况。清人赵恒夫说："审案恃访即弊生，访及原告之人，必祖原告，访及被告亦然，访及原被证见俱然，大足乱吾是非之真，庭训原有真情，但愁问官不听耳，吾虚心勘审，原被与证见必无不尽之词，然后斟酌其中，自无遁形，有两造所不能知者，止问官独知耳。"②赵恒夫认为访案中遇到的案情陈述者态度未必中立，也可能会偏袒一方当事人，因此提供的证词自然也不可靠。

二是访案的人未必可靠。前文已指出，访案是辛苦之事，因此民事案件中的访案，司法官员大都不亲自进行，而是委托手下人进行。诚如汪辉祖指出的那样：有些恃信之官，喜以私人为耳目访察公事。所倚任之人或摇于利，或蔽于识，未必俱可深信。信之鲜不偾事，故访案慎勿轻办。③ 袁守定也认为：凡词讼，只当堂细审，其情自得，切不可差人探访。盖所差之人未必可信。即可信，未必有刺事之才也。大抵道路，悠悠之口，言人人殊，最不可据，有先入之言以为主，而所主又不真，转兹误矣，此风一播，奸胥市棍皆得采事为名以愚弄乡曲，实足开作弊之门，谁适其咎。④

---

① （清）胡秋潮：《问心一隅》，引自中国社会科学院法学所法制史研究室编：《中国古代办案百例》，中国社会科学出版社 1980 年版，第 240 页。

② （清）楊景仁：《式敬编》，上海古籍出版社 2003 年版，第 584 页。

③ （清）张廷骧编：《入幕须知五种》，见沈云龙主编：《近代中国史料丛刊》第 269 辑，台北文海出版社 1966 年版，第 591 页。

④ （清）徐栋：《牧令书·卷 17·刑名上》，引自《官箴书集成》第 7 册，黄山书社 1997 年影印本，第 382 页。

三是当事人知道司法官员会私访，已经作出安排。《阅微草堂笔记》记载：

> 明公恕斋官太平府时，有疑狱，易服自访察之。偶憩小庵，僧年八十，见公，合掌肃立，呼其徒具茶，徒遥应曰："太守且至，可引客权坐别室。"僧应曰："太守已至，可速来献。"公大骇曰："尔何以知我来？"曰："公一郡之主也，一举一动，通国皆知之"又问："何以识我？"曰："一郡之人，孰不识太守。"问曰："尔知我何事出？"曰："某案之事，两造皆谴其党，布散道路间久矣，佯不识公。"又曰："公好访，此不特神奸巨蠹，即乡里小民，孰无亲党。访甲之党，则甲直而乙曲，访乙之党，则甲曲而乙直。至于妇人孺子，见闻不真，又何可据为信谳乎。公亲访犹如此，再寄耳目于他人，庸有幸乎。"①

这一则笔记表明，当事人通过有意安排影响司法官员私访的做法普遍存在，而这自然成为有见识司法官员反对私访的又一理由。

四、证据的审查与判断

明清时期的民事诉讼中，证据对于事实认定起到不可替代的作用。对于收集来的证据应当如何进行审查并确认其与待证事实的关系是司法者必须面对的问题。西方大陆法系国家近代证据法确立了自由心证的原则。即证据的证明力悉由法官自由判断，法律不对法官判断证据证明力进行任何程序规定，只要求法官凭借自己良心真诚地判断证据。英美法系国家虽因陪审制的发展而形成了法定证据制度，但此法定证据制度已与中世纪大陆法系的法定证据制度不可同日而语。中世纪的法定证据制度是指证据证明力的法定，如一个僧侣证词的证明力等于两个世俗之人证词的证明力。而近代英美法系国家的法定证据制度指的是证据能力的法定化，即哪些证据可以采用，哪些证据不能采用应由法律来规定，也可以说是证据资格的法定化。在证明力判断方面英美法系与大陆法系是一致的，实行的都是自由心证。明清时期的法律对于证据资格没有规定，任何证据在制度上都可以进入证明领域。因此，对于证据资格也可以说实行自由心证，甚至可以说自由心证也不存在。因为这方面内容根本就无须判断，需要判断的只是证据的证明力。笔者将从明清时期的证据审查与判断的一般要求、对言词证据的判断及对实物证据的判断三个方面来论述证据审查判断的理论与实践。

---

① （清）纪昀：《阅微草堂笔记·槐西杂志》，中国华侨出版社1994年版，第784页。

（一）证据审查判断的一般要求

审查判断证据，立法没有规定应当如何进行。但在司法实践中，司法官员们总结出一些经验。这些经验包括两个方面：一是司法官员的态度，二是具体的做法。

1. 司法官员审查判证据的态度要求

明清时期司法官员认为审判者应有的态度主要包括四个方面：一是无偏见，二是态度平和，三是应当详细，四是应当有主见。

首要的态度是无偏见。司法官员对这一要求论述最多。清人袁守定主张听讼应虚中：凡审词讼，必胸中打扫洁净，空空洞洞，不预立一见，不预著一物，只细问其详，求其情，若先有依傍之道，预存是非之心，先入为主，率尔劈断，自矜其明，转致误也。① 清人田文镜也主张审理词讼，事无大小，必虚衷详慎，勿任一偏之性，勿执一己之见。② 不仅司法官员有如此主张，在清代司法实践中具有不可替代地位的刑名幕友也主张听讼时不可存有偏见。张廷骧在《幕学举要》中称"事件初到不可先有成心。"③ 而清人张运清则在其著作《治镜录集解》列出听讼官员的错误表现，其中"听断如有成见及执拗自是"即是过错之一。④

态度平和也是司法官员审查证据时应当有的态度。清代的很多司法官员都强调在审理案件时应当从容。从容不仅是取证时的态度要求，同样也是审查与判断证据时的态度要求。听讼时不从容的司法官员必然容易态度急躁，而一旦急躁则很难对证据作出客观的判断。清人袁守定主张审词讼以去弥释躁、从容详细为本。作为态度从容的表现之一就是在案件审理陷入僵局时能够不急不躁，重新再审。袁守定认为案件若审而不得，当缓之，令且散去再推鞫，切勿遽断，遽断则误矣。吕文清也认为凡事怕待，待者详处之谓，盖详处之则思虑

---

① （清）徐栋：《牧令书·卷17·刑名上》，引自《官箴书集成》第7册，黄山书社1997年影印本，第380页。

② （清）田文镜：《钦颁州县事宜》，引自《官箴书集成》第3册，黄山书社1997年影印本，第673页。

③ （清）张廷骧编：《入幕须知五种》，见沈云龙主编《近代中国史料丛刊》第269辑，台北文海出版社1966年版，第12页。

④ （清）张运青：《治镜录集解》，引自《官箴书集成》第3册，黄山书社1997年影印本，第732页。

出必无不中也。①

详细是审查判证据的另一要求，也为司法官员特别强调。前引袁守定的观点就强调审案应当细问其详，以从容详细为本。对于案件情多疑窦者，不敢遽断，令两造公举其乡正直衿耆数人，用刺招之，告以详慎之意，莫不输情。张廷骧主张审讯时应逐层研究，勿惮烦而多略，勿恃智而多疏。② 王植还在笔记中记载了自己如何详慎的表现：每事先详悉阅卷，诸所有契卷册籍，应查应算者俱为当堂逐一办理，然后详细讯问当事人及证人，认真审查物证书证，往往能够发现案件真相。③ 相反，若是司法官员在证据审查过程中过于马虎，则可能得出很可笑的判断。《徐公谳词》记载了一则案件的初审结果。龙岩县审李国贤等与林应鸾等案，李姓所执三契，一系苏允彩卖溪西坑口房屋地基，并龙脉一仑；一系苏昭及等卖溪西山场后龙左右二仑；一系等卖溪西金山，其所开四至，南至桥木拜龙山，北至夹底坑，西至岐，东至田。而林姓所执一契，亦系西至岐，东至田，南至拜龙山，北至夹底坑，与李契坐落界址无异，两造构讼，周令谳称，同是一山，界限各自攸分。同一块地，县令居然得出界限清楚的结论，很显然是该县令根本就没看清两家提供的书证关于土地四至的内容。难怪二审官员批评他这种结论胡为乎来？④

应当有主见也是审查判断证据时的要求。有主见与有偏见两者的区分在于主见是以证据为基础的，强调的是让事实说话，而偏见则没有事实根据，是根据感觉说话。听讼时强调不可有偏见，但不可无主见。对于当事人提供的有矛盾的证据，甚至是证明意义相反的证据，不可模棱两可，而应作出合理的判断。对于主见的强调也是明清时期司法官员的重要审判态度之一。清人田文镜就强调司法官员在听讼时"勿因证佐串通一气而摇或是非，勿因原被告各执一词而依违两可，勿过于浮躁而使懦者不能尽言无隐，勿因前官断定而勿为平

---

① （清）徐栋：《牧令书·卷17·刑名上》，引自《官箴书集成》第7册，黄山书社1997年影印本，第382页。

② （清）张廷骧编：《入幕须知五种》，见沈云龙主编《近代中国史料丛刊》第269辑，台北文海出版社1966年版，第640页。

③ （清）徐栋：《牧令书·卷18·刑名上》，引自《官箴书集成》第7册，黄山书社1997年影印本，第399页。王植以详细破案的记载详见上一节"证据收集的其他方式"中的记载。

④ （清）徐士林，陈全伦、毕可娟、吕晓东主编：《徐公谳词》，齐鲁书社2001年版，第427页。

反。"① 另外，一些司法官员对于某些特定证据证明力的判断亦是对证据审查判断中主见的强调。袁守定强调听讼讯证时只讯有知者，有知者之言既合，其无知者虽有异词，不必泥也。即不应受无知者证言的左右，显然也是对主见的强调。而审理买卖诉讼中对于契券，因为存在买者授稿，卖者书写的习惯，因此也不可一概以契券为凭，同样强调司法官员的独立判断。

总而言之，明清时期的司法理论强调司法官员对案件证据与事实的判断应当具有无成见、详细慎重、从容有主见的要求。笔者将这些要求与近代西方社会的自由心证相比较，虽然明清时期的司法理论界没有提出自由心证的概念，但其精神实质是相通的，都强调不预先设定规则、不受其他因素的干扰、自由而不拘泥、慎重且确信。可以这样认为，明清时期司法理论界对于司法官员审案时的态度要求就是没有自由心证之名的自由心证。

2. 证据审查判断的一般做法

明清时期的司法官员对于审查判断证据的态度论述较多，而对于具体的做法则论述较少。据笔者收集到的资料，这些论述基本上都涉及一种主要方法，即通过比对各种不同的诉讼资料，发现疑问之处，再对当事人或证人进行诘问来发现事实真相。张廷骧认为凡案情游离疑窦之处甚多者，必须用诘问以破其疑，出供后必须查笔录，处处抉摘，步步挑剔，然后据供疏解，再加众证以实之。② 即是先努力发现疑问之处，再通过诘问及比对证据的方法来发现真相。实践中通过综合运用多种证据来查明事实的做法也相当普遍。清代徽州府休宁人汪文选死而无子，族人汪启光等议举汪高寿入继。但文选之母阿金诉称高寿非其本支，不当入继。司法官员吴宏遂查阅卷内所列宗支世系，合之庭讯各供，发现高寿于文选为疏远无服之侄，论应继不符同父周亲之条件，而高寿年未满周岁，论择继则不符贤能亲爱之条件。根据这一事实认定，撤销了汪启光等人的立继动议。③ 本案的审理即是通过文选之母与汪启光等人陈述的不同发现疑问，又通过查阅家谱及讯问众证的方式发现事实真相，与司法理论主张的做法大体一致。

① （清）田文镜：《钦颁州县事宜》，引自《官箴书集成》第 3 册，黄山书社 1997 年影印本，第 673 页。
② （清）张廷骧编：《入幕须知五种》，见沈云龙主编：《近代中国史料丛刊》第 269 辑，台北文海出版社 1966 年版，第 547 页。
③ （清）吴宏：《纸上经纶》，见郭成伟、田涛点校：《明清公牍秘本五种》，中国政法大学出版社 1999 年版，第 215 页。

（二）对于言词证据证明力的判断

对于言词证据的判断，明清时期大体存在五听制度与对质之法两种模式。

1. 五听的适用及受到的批评

五听制度最初载于《周礼·秋官·小司寇》中。① 原文是这样的：以五声听狱讼，求民情。一曰辞听，二曰色听，三曰气听，四曰耳听，五曰目听。但具体含义《周礼》没有交代。汉儒郑玄在为《周礼》作注时认为辞听为观其出言，不直则烦；色听为观其颜色，不直则赤然；气听为观其气息，不直则喘；耳听为观其听聆，不直则惑；目听为观其眸子，不直则眊然。五听制度自形成以来，长期受到历代立法者与司法者的重视。唐代《狱官令》更是将五听制度写入了法典。作为司法官员问案的法定手段。明清时期的民事司法审判中，五听制度的地位已大不如前，一个重要表现是立法已不再规定司法官员必须五听审案。② 而司法理论与实践中既有支持五听的做法，亦有反对五听的观点。

（1）五听的适用。《明会典》主张讯问当事人及证人时应当："观看颜色，察听情词，其词语抗厉、颜色不动者，事理必真，若转换支吾，则必理亏，略见真伪，然后用笞决勘，如又不服，然后用杖决勘。"③ 将五听制度作为刑讯实施的前提条件，是对唐律做法的继承。但民事诉讼中刑讯的使用毕竟不常见，因此五听的作用也就不主要表现为对于刑讯使用的限制，而是作为司法官员发现疑点并形成初步判断的手段。清代名幕汪辉祖在《学治臆说》中强调对色听的重视：五听以色听为先，两造当前，先定气凝神，注目以熟察之，情

---

① 有学者认为《尚书·吕刑》中的"两造俱备，师听五辞"的说法是"五听"最早的记载。笔者不同意这一观点。因为尚书中记载的五辞乃是关于五刑之辞之意，而非五听之意。见奚玮、吴小军：《中国古代"五听"制度述评》，载《中国刑事法杂志》2005 年第 2 期。

② 笔者以为，明清时期五听制度在在立法上衰退与明清时期的刑讯制度分不开的。唐律强调慎重刑讯，故而要求实刑讯前先要实行五听，然后验诸证信，事实上唐《狱官令》中关于五听的内容就是律条《讯囚察词理》条中作为疏议的引文出现的。而明清时期的律文放纵刑讯的实施，几乎无条件限制。因此作为限制刑讯的五听自然也就地位不稳。《明会典》记载的限制刑讯的条件中虽然还是出现了五听制度，但已无唐律的规定显得正式。

③ 《明会典·177·刑 19·问拟刑名》，上海古籍出版社 2003 年版，第 155 页。

虚者良久即眉动目颊，肉颤不已，出其不意，发一语诘之，其真立露。① 司法实践中亦有适用五听之法的案例。清代博平县人朱元义控杨中元，称其伐自家树木却被杨中元认为是他家树强行搬去。县令胡秋潮亲往争点查勘两家地界。两家皆无文契，但按杨中元所言丈量，所伐树确在界内，而朱元义则指点不清，满口支吾。司法官员由此怀疑朱元义所言为假。后再查所伐树木，发现与杨中元园内之树一气连排，不分段落，遂断朱元义败诉。② 本案的审理过程中虽有五听因素，但最终查明案情却是依靠勘验。由此看来，在明清时期的民事诉讼中，五听虽未退出历史舞台，但已难独立发挥作用。本案即使没有对于朱元义陈述的辞听，案情也是可以查清的。

（2）对五听的批评。随着五听制度在实践中所起的作用越来越小，司法理论中对五听的批评也日渐增多。只是因为五听制度出于儒家经典，因此，出身于儒家知识分子的官吏不宜公开否定而已。不过前文所引的司法理论界要求听讼应不存成见，应有主见，都是与五听精神相异的。因为成见往往来源于对当事人外在表情的感觉，而无主见即观点易变同样与当事人及证人的表情变化分不开。批评五听制度以王文成为代表，他的观点几乎就是明确反对五听制度。他要求司法官员"如问词讼，不可因其应对不来，而生个怒心，不可因其言词圆转，而生个喜心。不可恶其嘱托，加以治之，不可因其请求，屈意从之。不可因自己事务烦冗，随意苟且断之，不可因旁人潜毁罗织随人意思处之，致许多意思皆私。"③ 上述可能影响司法官员作出正确判断的当事人表现如"应对不来、言词圆转"等就是五听辞听要关注的内容。而王文成要求这些表现都不应影响司法官员的判断，很显然是对辞听的否定。明清时期的人们对于五听的否定主要集中在辞听方面，而对其他四听否定较少，原因并非是司法官员们认为其他四听较辞听更科学，而是到了明清时期的诉讼中，其他四听已经很少发挥作用，因此也就很少有人去关注这一现象。

2. 对质之法

对于言词证据真伪的判断，除了五听之法外，对质也是常用的方法，尤其是对当事人陈述，司法官员会经常通过对质的方法来验证其真伪。蒯德模《吴中判牍》记载：

---

① （清）汪辉祖：《学治臆说》，见《入幕须知》，沈云龙主编：《近代中国史料丛刊》第 269 辑，台北文海出版社 1966 年版，第 277 页。

② （清）胡秋潮：《问心一隅》，引自中国社会科学院法学所法制史研究室编：《中国古代办案百例》，中国社会科学出版社 1980 年版，第 246 页。

③ （清）杨景仁：《式敬编》，上海古籍出版社 2003 年版，第 584 页。

陆金祜之子陆仁甫为高子美之婿，子美死，窃其分书。子美之母高江氏控其占田产。金祜乃称子美之田产均经押出，系其赎回。蒯德模问产从何人处赎回，金祜称是金伟生；又问赎价多少，答曰八百两。司法官传金伟生对质，金则称赎价止三百两，系子美妻高陆氏兑交也。遂将金祜褫革，而以田归高氏。①

本案中，被告陆金祜的陈述没有得到证人金伟生的支持，且证人系由本方提供，因此，司法官员认定其主张不成立，这是对质之法在证据判断过程中所起作用的体现。

（三）对实物证据的判断

对实物证据的判断，五听制度无用武之地。在明清时期的民事诉讼中，当事人提供的实物证据主要有物证及书证。对于物证及书证真伪与证明力的判断，主要有以下两种方式：一是比对法或（验证法），二是辨认法。

1. 比对法或（验证法）

所谓比对法是将当事人提供的能够证明本方主张的证据与其他证据相比较，以判断证据的真伪。如当事人提供的是书证，声称为某人所书，则会让某人另写一份文书与其相比对，若两者笔迹一致，则该文书为真，如不一致，则证据为假。而验证法则是为当事人提供的证据另外再找一份证据，若另外一份证据能证明当事人提供的证据的来源，则该证据为真。前引清人张自堂审理的僧俗争地案中，审理者怀疑僧人提供的契约是伪造的，但在契约上署名的代笔已经死亡，便让代笔的后人找来代笔生前为他人书写的契约与僧人提供的契约比较，发现两者完全一致，此法即为比对法。但司法官员并没有满足于此，又让代笔的后人提供了一份当初代笔为代写契约而收费的记录即收记谢资簿。内载某月某日连收三家，第二家即僧祖法名，验证了僧人所称的某人为其师祖代笔买契的说法不虚，此法即为验证法。两法相结合，认定事实的正确性更高。②

2. 辨认法

所谓辨认法是将某一关键证据置于相似证据之中，若当事人能够辨认出来，则该证据便可证明当事人的主张。在本书"物证"一节郑裕国审银案的审理中，郑裕国即运用了辨认法查明事实。

乡人某食汤圆而无铜钱，以银币一元为质而去，后持铜钱赎银，店主不

---

① （清）蒯德模：《吴中判牍》，引自陆林主编：《清代笔记小说类编·案狱卷》，黄山书社1994年版，第422页。

② （清）张自堂：《未能信录》，引自中国社会科学院法学所法制史研究室编：《中国古代办案百例》，中国社会科学出版社1980年版，第223页。

认。乡人诉之令，即签传店主，坚不承。乃暗使役向店主妇取赃，绐之曰：
"尔夫已供认矣，速交可免责。"妇曰："我原劝其不可昧良，今何如？"遂以
原银币给役持归。郑获赃，谓乡人曰："汝银当于他处遗失，彼不承，我不能
滥刑徇私，不如我偿汝，免枉屈良民。"乡人不受，郑佯怒曰："偿当不领，
欲何为焉？"掷二饼，中杂以原物一，听自择。乡人见而讶之，指其一曰：
"此为小人故物，何得在此？"郑问何所记，曰："此银乃小女聘金，上有双喜
朱字，故知为原物也。"，以示店主，店主不语，乃俯首伏罪，薄责而释之。

上述案件，郑裕国已经从原告的呈词及被告妇人的言行中知道该枚银币可
能就是乡民之物，不过为了确认事实，还是采取了辨认之法，即将争议物与另
一枚银币置于一起，在没有告知让乡民辨认的情况下，乡民作出了判断，足可
印证乡民先前的陈述及司法官员的判断。

五、民事诉讼的证明标准

（一）证据标准的双重性

中国古代立法关于证明标准的规定都是与刑事诉讼有关的，对于民事诉讼
的胜诉判决究竟应当达到何种证明标准，法律并无规定，笔者只能依据一些案
例来加以考察。为了使笔者选取的案例具有代表性，笔者尽可能将选择的范围
扩大，不限于一时一地的案件。

尹洙知河南府伊阳县，有女幼孤而冒贺氏产者，邻人证其非是而没之官，
后邻人死，女复诉，且请所没产，乏不能决。洙问："汝年几何？"曰："三十
二。"乃检咸平年籍，二年而贺死而妻为户，诘之曰：若五年始生，安得贺姓
耶，女遂服。①

程颢为京兆府鄠县主簿，民有借兄宅以居者，发地中藏钱，兄之子诉曰：
父所藏也，令言：无佐证，何以决之。颢曰：此易辨也耳，问兄之子曰：尔父
藏钱几年矣，曰：二十年，遣吏取千钱，视之，谓曰：今官所著钱，不五六年
则遍天下，此钱皆尔父未藏钱前数十年所铸，何也，其人遂服，令大奇之。②

以上两则案件，可以表明在作者心目中对于民事案件事实认定的证明标
准，即情证供相结合的标准，具体说即情理可信、证据有力、败诉当事人承认
不利事实。但这一标准是否是司法实践中的主流标准，笔者认为不是。这只是
一种理想标准，因为作者选择案例本身带有倾向性，不会将那些认定事实有疑

① 刘俊文：《折狱龟鉴译注·卷6·证慝》，上海古籍出版社1988年版，第376页。
② 刘俊文：《折狱龟鉴译注·卷6·证慝》，上海古籍出版社1988年版，第377页。

问的案件选录。事实上中国古代民事诉讼中其他证明标准也是存在的。以下几则案件可以看出实践中的证明标准。

前引明代颜俊彦审理的陈杰与之钟继志，钟继祖争屋一案。陈杰的证据属明中正契，且管住二十九年无异；而钟继志，钟继祖等人既无屋契，亦无赁契，只提供印照一纸，又未开有四至坐向，亦难臆断陈杰之屋即是印照之屋也。陈杰之契，凿凿可据，而继志、继祖徒为捕风捉影之说。① 本案中，司法官员认为当事人陈杰提供的证据买屋之契，为明中正契，凿凿可据，因此可以证明其管住二十九年无异，证据对待证事实的证明程度可以说是达到了排除合理怀疑的程度。这是明清时期司法官员对于大部分民事诉讼争议事实的证明标准。但若案情特殊，证明标准也是可以打折扣的。

清代人魏祖训控称其曾交于许金门洋银七十元，以为坝工费用，但许金门则称只收到洋银四十元，魏祖训亦未能提供收据证明，证人周殿友证词与许金门的供词相符。司法官员据此认为许金门收到的乃是四十元。② 本案中的事实认定显然没有达到确实可信的程度，因为不能排除证人偏袒许金门的可能，但司法官员认为既然证人证词的内容与许金门的主张一致，可见许的主张更可信，这表明在明清时期的民事诉讼中，采用优势证明标准的做法是存在的。不过诉讼实践也表明司法官员适用优势证明标准乃是不得已之举。

清代人李氏兄李春成控王生强娶李氏，李氏后夫王生主张明媒正娶，并提供李氏之兄李春成的手模脚印为据，司法官员认为李氏果经尔媒说，再醮王生为婚，其母李催氏并兄李春成自必写立字据，今王生止呈出手模脚印，何足为证，从中显有别情。后查明手模脚印乃是李春成在受到威吓之下被迫按下的。③ 本案王生已呈交出由李氏之兄李春成所打的手模脚印，又有媒妁为人证，只是官府对于李春成为何没有亲自写立字据，认为较为可疑，因此没有认定其主张成立，这表明在官府心目中，除非万不得已，盖然性优势的证明标准并不被认同，而是尽可能达到排除合理怀疑的标准。

（二）民事诉讼双重证明标准的成因

与刑事犯罪成立以客观真实为证明标准不同的是，民事诉讼中存在两种不同的证明标准：一方面，司法官员以案件事实认定的绝对正确为理想标准；另一方面，又在客观上承认优势证明标准的存在。这种二元证明标准的存在有其

① （明）颜俊彦：《盟水斋存牍》，中国政法大学出版社2002年版，第185页。
② （清）许文濬：《塔景亭判牍》，北京大学出版社2007年版，第89页。
③ 《顺天府档案》，转引自郭松义、定宜庄：《清代民间婚书研究》，人民出版社2005年版，第230页。

特殊的理由。我们首先考察民事诉讼理想的证明标准，这一标准与刑事诉讼的证明标准是相同的。两者之所以没有区别是由明清时期的诉讼制度决定的。明清时期的法律与现代法律相比，存在很大的差异。其中影响民事诉讼与刑事诉讼证明标准的制度有两方面：一是刑民不分，即不存在严格的民事案件，所有案件从理论上说都可以以刑罚来处理；二是无公诉与私诉概念之别，所有诉讼都是由一方当事人以控告另一方当事人模式。

1. 现代的证据法理论普遍认为刑事诉讼应该与民事诉讼采用不同的标准。在西方，刑事诉讼的证明标准被称为排除合理怀疑的标准，而民事诉讼则被称为是盖然性占优势的证明标准。这两种标准不同有其理由，因为刑事诉讼有罪认定因为关系到被告人重大权益，必须保证尽可能不办错案，因此，国家投入力量来对刑事案件进行侦查，在这两个因素的影响下，刑事案件采取排除合理怀疑标准也就是可以理解的。而民事诉讼因是当事人保护自己权益的行为，故而应由当事人自己担当，正因为民事诉讼表现为当事人间的对抗，因此要求一方当事人对自己的主张事实必须证明到无可怀疑的程度，显然是不合理的，因此，只要一方的主张在证据上比对方更可信，就应当对其作出有利判决。明清时期，民法刑法基本不分，因而民事责任与刑事责任也无严格分立，在概念上不存在公权维护与私权保护的区别，进而在诉讼体制上也不存在由官府侦查案件及当事人自己举证的区别。因此，从理论上讲，明清时期的民事诉讼与刑事诉讼应当不存在不同的证明标准。事实上，从明清时期的立法也确实看不出对重大案件与民间细故的审理应当采用不同的证明标准的说法。

2. 明清时期的民事诉讼与刑事诉讼还是存在区别的，尽管这种区别不像今天的区别那样泾渭分明，但毕竟客观存在。这些区别主要表现为民事案件被称为民间细故，例由州县自理；而刑事案件州县只有拟判权，这可以算是制度上的区别，至于事实上的区别，肯定是存在的。因为民事案件主要是财产纠纷，在重义轻利的儒家知识分子眼中，这些利益是不足挂齿的，因此对这样的争端是否有必要查清事实都是值得怀疑的。

对民间细故的轻视及民事纠纷的特殊性使得司法官员认为，争议事实并非必须查清不可。有时案件事实只要大致明白，并且当事人不会太激烈反对官府的事实认定，司法官员也就可以恬然定案，毕竟这不像刑事案件那样关系当事人的根本利益。

（三）双重证明标准的功与过

1. 双重证明标准的积极影响

一是可以有助于案件的审结。明清时期的民事诉讼中，许多案件因为当事人证据意识不强，或年代久远，司法官员很难查清事实。此时如果司法官员纠缠于必须查清事实，则会使案件长期无法审结，而长期的诉讼会使当事人受到很严重的损失。而优势证明标准的存在使得案件的结案要变得相对容易，毕竟，事实查到大致明白远比水落石出要容易得多。因此优势证明标准的好处在于能使案件尽早审结，减轻讼累。尽管选择较低的证明标准对于司法官员来说似为不得已而为之的选择，不过这一选择是理智的，否则会使案件陷入难以裁判的尴尬境地。

二是有助于保护其他价值。优势证明标准的采用还有另外的效果，即能够保护其他社会价值，如使当事人免受刑讯。前面的研究已经表明，民事诉讼的刑讯较刑事诉讼中的刑讯轻得多。一个重要的原因就是民事诉讼采用较低的证明标准，司法官员只要相信事实大致如此，即使当事人不认可，他也会作出这样的认定。因而不需要通过刑讯迫使当事人承认司法官员的认定以提高证明标准。另外，许多案件的事实如欲彻底查清，必须采用某些特殊的证明手段。如为了确认坟墓属哪一方当事人所有，最有力的证据是发冢，这样才能完全查清事实。但笔者在考察明清时期的坟山纠纷中，发冢的做法相当罕见，大都是通过族谱、契约、邻证、完粮印串等书证证明。我们知道明清时期的书证作伪现象相当普遍，因此这些证据并非坟山纠纷的最佳证据，但司法官员之所以不愿发冢以获得更高的证明标准，理由正是由于这样的做会破坏家族伦理，因此降低证明标准，就可以使得这些伦理价值得到保护。

三是有利于司法正义。明清时期的民事诉讼中，较高的证明标准还派生出这样一些要求，即司法官员在事实认定往往会综合运用多种方式来查明事实，如将证据与情理相结合，将证据与自认、司法认知、推定相结合，而且在选择证据时强调众证一致，人证与书证一致，在证据选择上排除关联性较弱的证据。亦为了有助于案件事实的查明，司法官员并不简单满足于证据或情理认定的事实，这些做法显然有利于实现司法正义。

2. 双重证明标准的消极影响

双重证明标准的存在也有其消极影响。如司法官员不能够认识到双重标准的存在，对于明明只能达到优势证明标准的案件，误认为已达到排除合理怀疑的标准，在事实认定时便会主观臆断，不给当事人充分的申辩机会，从而导致事实认定的错误。另外，认可民事诉讼中较低的证明标准，会使得某些案件的结案条件与法律要求不一。如清代要求据供以定案，但在司法实践中，没有当事人的口供，司法官员也可以认定事实，只要他认为是正确的。司法官员的此种以低为高的态度会影响案件真相的查明。

笔者在"物证"一节所引的金华府知府丘世爵审理潘贵一与洪昂争妻一

案中，知府认为洪能提指出郑月左乳下方一黑痣，可以认定郑月为洪妻，而完全不考虑当事人对事实认定是否接受。事实上，这一证据对事实的认定并无排他性，知府理应知道一个哺乳期的妇女，其隐私是可能被他人窥见的。以此认定事实，连优势证明标准都没有达到，但司法官员先入为主，认为自己的认识不容怀疑，因此酿成错案。①

还是在"物证"一节引述的孙知县断瓦盆案中，孙知县以管志高能够说出盆案的特征，而康思泰不能说出，遂认定管志高胜诉。并判定是康思泰偷盗，责打其三十板，赔罚银三钱，从而制造一起错案。②

上述两案中，对案件事实的认定肯定没有获得双方的认可，但司法官员有理由相信自己的判断是正确的，因而直接作出事实认定，并没有追求当事人的口供，这一做法的消极影响在于可能导致案件的事实认定有误，如上述两案中的事实认定都有错误，积极表现可能是案件中很少适用刑讯，因为司法官员认为他对事实的认定是正确的，并不需要当事人的口供来加以补强。案例6中虽有责罚二十板的处罚，但那是刑罚，而不是刑讯，因为二十板的刑讯很难让当事人潘某承认自己的妻子为别人之妻。不过需要说明的是，上述案件中司法官员本人并不认为他们对于案件事实的认定只达到盖然性优势的证明标准，他们认为他们对事实的认定是无可怀疑的，否则司法官员也不敢对当事人予以责打。他们的错误在于将本来只达到盖然性优势的标准误认为达到了无可怀疑的标准。由此看来，民事诉讼中采用盖然性占优势的证明标准本身并没有问题，问题在于有些司法官员没有意识到这种标准的存在，将只达到盖然性占优势的标准误认为已经达到排除合理怀疑的标准，从而不给当事人申辩的机会，放弃了进一步查明案件的努力。运用盖然性占优势的证明标准，应当是在用尽证明手段之后，才可以适用的，不可以偏听偏信，这对于查明事实显然是于事无补的。

六、事实认定

民事裁判是民事诉讼程序终结的标志之一，而民事诉讼事实认定则是民事裁判的基础。明清时期的民事诉讼事实是如何获得的，这是研究明清民事证据法必须要关注的问题。笔者在考察明清时期的立法规定与司法实践的基础后，认为明清时期民事裁判事实的获得路径主要有证据、情理、司法认知、自认四

---

① 郭成伟、肖金泉主编：《中华法案大辞典》，中国国际广播出版社1992年版，第638页。

② 郭成伟、肖金泉主编：《中华法案大辞典》，中国国际广播出版社1992年版，第654页。

种模式。①

（一）以证据认定事实

1. 立法中的要求

以证据认定事实，在明清时期立法中有较多的体现。明代条例规定："告争家财田产，但系五年之上，并虽未及五年，验有亲族写立分书已定，出卖文约是实者，断令照旧管业，不许重分再赎，告词立案不行。"② 上述条例表明对于争家财田产的案件，争议事实的认定应当以亲族写立的分书为依据，即以书证为依据。清代条例也规定：凡民人告坟山，近年者以印契为凭；如系远年，须将山地、字号、亩数及库贮鳞册并完粮印串，逐一丈勘查对，果相符合，则断令归己。如勘查不符，又无完粮印串，则所执远年旧契、不得为凭。③ 这一规定不仅强调了印契这一公文书在事实认定中的证明作用，而否定了远年白契这一证据的证据资格。④ 对于婚姻纠纷，明清立法都规定：如许嫁女已报婚书，及有私约（谓已知夫身残迹，老幼，）而辄悔者，笞五十，虽无婚书，但曾受聘财者，亦是，⑤ 表明在确认婚姻是否成立时应发婚书或聘财作为证据。

上述立法规定有一个显著的特点，即都是对诉讼证据的特别规定，而没有对于诉讼事实应当有证据证明提出普遍性的要求。而同时法律对于刑事案件的事实认定与此有明显差异。清代例文规定：草率定案，证据无凭，枉坐人罪者，亦革职，若承问官增减原供，希图结案，按察使依样转详，严察题参。这一规定表明，对刑事案件的事实认定必须有证据，否则司法官应当受到处罚。强调了证据对于犯罪事实认定的必要性。⑥ 律文则规定，对八议老幼之人，不

---

① 关于自认在事实认定中的作用，笔者已经在当事人陈述一节中做出介绍与分析。因此，本节只介绍证据、情理与司法认知三种方式。

② 怀效锋点校：《大明律·户律二·典卖田宅条例》，法律出版社 1999 年版，第 372 页。

③ （清）吴芸撰，马建石、杨育棠校注：《大清律例通考校注·户律·田宅·盗卖田宅》，中国政法大学出版社 1992 年版，第 433 页。

④ 这一规定已同现代证据法中的证据排除规则相类，但两者仍有不同，现代的证据排除规则排除的是不合法的证据，不管其是否真实，而此处的远年白契必须是与勘丈不符才可以排除，其排除理由主要还是其不可信。

⑤ 田涛、郑秦点校：《大清律例·户律·婚姻》，法律出版社 1999 年版，第 203 页。

⑥ 田涛、郑秦点校：《大清律例·刑律·断狱》，法律出版社 1999 年版，第 586 页。

合拷讯，皆据众证定罪。① 此种情况下可以在无被告人口供的情况下认定其犯罪成立，强调了证据对于犯罪事实认定的充分性。民事诉讼之所以对于证据在事实认定过程的作用没有提出一般性要求，并非是立法者放任司法官员对于民事案件可以无证据定案，而是因为民事诉讼与刑事诉讼在法律上并没有制度性的差别，民事案件也可以追究被告人的刑事责任。因此此处关于定案需要证据的要求也可以解释为是对于民事案件审理的要求。②

2. 司法理论的观点

明代学者丘浚在总结民事诉讼的证据运用时称："盖民之讼，争是非者也，地之讼，争疆界者也，是非必有证佐之人，疆界必有图本之旧，以此证之。则讼平而民心服矣。"③强调了证据的作用。丘浚还强调民事诉讼之所以有条件强调以证据定案，是因为民事纠纷多起于财，而财之彼此取予分数多少，其初也必有书契期约，以相质证。意即民事诉讼一般都有证据，故应以证据为证。只有在无证的情况下，才应正之以公理。丘浚主张的民事审判先重证据后重公理还有别的意图，即民知上之所以正实伪者在此，则其有所授受取予，不敢苟简于其始，则讼由而省矣。即官府审判重视证据的做法可培育民众的证据意识，从而减少因证据不足而引起的不必要纠纷。这一观点具有一定的理论高度。

清人黄六鸿认为：债负必以券约为凭。④ 清人王植在论述审理坟山之讼时亦称："问其户税，有官有私；阅其图形，相近相远；质之山邻，何时殡葬，经祭何人；就供问证，以图核词。勘其形势，以地核图。"⑤ 清代张自堂在总结审理民间田产纠纷的经验时说："惟查民间买卖田产，首重代笔中人，继凭红契。"⑥

上述观点都是明清时期司法官员对于司法实践中应当如何运用证据的理论

---

① 田涛、郑秦点校：《大清律例·刑律·断狱》，法律出版社 1999 年版，第 573 页。

② 刑事案件与民事案件的事实认定在制度上虽无根本差异，但在事实上的差异是存在的。民间细故的审理中司法官员在没有证据的情况下认定事实只要符合情理也是可以接受的。见下文关于情理对认定事实作用的论述。

③ （明）邱浚：《大学衍义补》卷 106，上海古籍出版社 2003 年版，第 232 页。

④ （清）黄六鸿：《福惠全书·卷 20·杂犯》，引自《官箴书集成》第 3 册，黄山书社 1997 年影印本，第 439 页。

⑤ （清）徐栋：《牧令书·卷 18·刑名中》，引自《官箴书集成》第 7 册，黄山书社 1997 年影印本，第 399 页。

⑥ （清）张自堂：《未能信录》卷 1，引自中国社会科学院法学所法制史研究室编：《中国古代办案百例》，中国社会科学出版社 1980 年版，第 222 页。

总结。这些观点除了与立法规定一样强调认定事实应当有证据外，还有两个方面的变化，一是提出了立法所没有规定的对某些特殊民事纠纷的事实认定要求，如对于债务纠纷强调以券约为凭。二是对于证据方法的强调亦与立法不同，立法的规定以强调书证与实物证据为准，其中特别强调书证。① 但理论总结强调了人证的作用，甚至这种强调与立法规定还有不一致之处。如立法认为审理民间坟山之讼，强调印契为凭；而司法理论则认为应首重代笔中人，充分表明对于人证的重视。立法强调书证是出于两方面的考虑：一是通过书证认定事实比较确定；二是通过对书证的强调，来提高当事人的证据意识，培育他们以证据打官司的理念。而司法理论强调对人证的重视，则是对诉讼实践的一种迁就，因为书证并非很普及，而且当事人也难以长久保存书证。若书证难凭，事实仍须查明，自然应当调查人证。

3. 司法实践中的做法

司法实践中的一些案例能够表明证据在事实认定中的作用。

(1) 黎聪、李佐朝告争税屋，李佐朝执有税契印帖，并递年纳粮油票，一一可凭。黎聪称屋买自伊云卿，上手钟应壁，已历三姓，向帖税于李氏仆手。司法官认为黎聪的主张也可能存在，然官凭文断，在朝既有印帖粮票，而聪契虽存，已无显证，安得起九原而问之也？照印帖付李佐朝管业。②

(2) 王和俭无子，以王五儿承嗣，王五儿生子王全儿。王五儿死后，王荣廷控称其子王贞儿为王和俭继子。王贞儿称有立继文书，但在讯问时即承认系伪造。王全儿亦不能提供王五儿当年的承继文书。司法官员认为王五儿在王和俭家中十余年，经伊（王和俭）为之娶亲，生有一子，此乃早经承嗣之证，王和俭家产应归王全儿承受。③

上述两则案例，司法官员都是依据证据来证明事实。第一则案件双方都有证据，但一方证据证明力强于另一方的证据；第二则案件则是双方都无直接证据，司法官员凭借间接证据对事实作出认定。这两则案件的事实认定折射出明清时期的司法官员运用证据的能力已经达到一定的高度。他们不仅能够在不能否定一方证据为伪的情况下以判断证明力大小的方式来对事实作出更为合理的认定，而且能在直接证据缺乏的情况下以间接证据认定事实，从而避免了事实

---

① 如婚姻成立要件强调婚书，但若无婚书，虽受聘财亦是，聘财似乎是物证，但对于聘财的证明恐怕还得靠礼单，而这同样是书证。

② （明）颜俊彦：《盟水斋存牍》，中国政法大学出版社 2002 年版，第 416 页。

③ （清）庄纶裔：《卢乡公牍》，引自《官箴书集成》第 9 册，黄山书社 1997 年影印本，第 621 页。

无法认定的局面。

（二）以情理认定事实①

1. 理论依据

情理在认定事实中的作用，很早就已为人们所认识。《隋书·裴政传》载：

右庶子刘荣，性甚专固。时武职交番，通事舍人赵元恺作辞见帐，未及成。太子有旨，再三催促，荣语元恺云："但尔口奏，无须造帐。"及奏，太子问曰："名帐安在？"元恺曰："禀承刘荣，不听造帐。"太子即以诘荣，荣便拒讳，云无此语。太子付政推问。未及奏状，有附荣者先言于太子曰："政欲陷荣，推事不实。"太子召责之，政奏曰："凡推事有两，一察情，一据证，审其曲直，以定是非。臣察刘荣，位高任重，纵令实语元恺，盖是纤介之愆。计理而论，无须隐讳。又察元恺受制于荣，岂敢以无端之言妄相玷累。二人之情理正相似。元恺引左卫率崔茜等为证，茜等款状恭与元恺符同。察情既敌，须以证定。臣谓荣语元恺，事必非虚。"太子亦不罪荣，而称政平直。②

宋代郑克则进一步强调了情理与证据在审理案件中的作用。他在《折狱龟鉴·证慝》为"韩亿引乳医为证"一篇所作按语中说：

尝云推事有两：一察情，一据证，固当兼用之也，然证有难凭者，则不若察情，可以中其肺腑之隐；情有难见者，则不若据证，可以屈其口舌之争。两者迭用，各适所宜也③

这表明，情理与证据一样成为认定事实的方式获得了人们的认可。

---

① 本节所讨论的情理在诉讼事实认定的作用类似于今天诉讼法中的推定。即以一个基础事实来认定待证事实。如本章引用的裴政审刘荣与元恺一案中，裴政以刘荣位高任重，纵令实语元恺，盖是纤介之愆。推定出刘荣没有实语元恺这一事实，又以元恺受制于荣，推定出恺敢以无端之言妄相玷累。在这两种察情过程，刘荣位高权重，即为基础事实，而实语元恺无须隐讳即为推定事实，再以推定事实作为前提，推定出刘荣没有对元恺作出这样的陈述。另元恺受制于荣，是一个基础事实，而"因此也不可能妄言相玷"则是推定事实。可以说察情的思路与推定的思路基本是一致的。

② 《隋书·裴政传》，浙江古籍出版社1998年版，第1125页。目前虽无证据表明裴政是第一个主张情证并用的人，但笔者尚未发现此前曾有人作过这种表述。而且裴政作出这一论述除了在《隋书·裴政传》中有记载外，在明人窦子偁著的《敬由编》及余懋学撰的《仁狱编》中均有记载，从而可表明裴政应当是有史可考的最早提出情证并用的人。

③ 刘俊文点校：《折狱龟鉴译注·卷6·证慝》，上海古籍出版社1988年版，第376页。

2. 情理认定事实模式的实践

明清时期的民事诉讼中，以情理认定事实有两种情形：一是事实有证据证明；二是事实无证据证明。事实有证据证明，情理可以用来指引证据证明的方向或检验证据的可靠程度，事实无证据证明时，情理可以用来认定事实。①

（1）有证据证明事实中情理的作用。清方大湜《平平言》记载：原告谷正立控称，其岳父尉道用他的名义向一家票号借钱三十四万文，尉死后，其遗孀将六十亩族田作为此笔债的抵押，其子尉秉恭对此债拒不认账。方大湜从情理角度分析了这桩讼案，秉恭的父亲家道殷实，这笔借贷据称是二十四年前发生的，当时谷正立才十四岁，方推测此事几乎不可能。为什么一个有钱人要凭借一个年幼女婿的名义借钱，再者那张据称是孀妇立下的抵押契据并无尉家任何亲属作中或作保，仅有一外姓保人，方认为这也不大可能，尉氏的族亲理应介入这么一大笔交易中。方称原告在其有力分析之下，不得不承认自己的诬告行为。② 本案的事实并非无据可证，原告谷正立已提供了被告之母（原告岳母）出具的抵押契据。但司法官员并没有按照正常办案思路去传被告之母及在契上见证的外姓保人来验对笔迹以确认契据之真伪，而是直接通过情理分析认定证据为伪，这一判断获得了原告的认同。

（2）无证据证明时情理的作用。情理在事实认定方面发挥作用往往是因为案件事实无证据可证明，下面几则案例体现了这样的特点。在明朝巢县，乡民吴陛状告伯父霸占家产。吴陛父与伯父长期共同生活，伯父在外料理生意，父亲在家耕田养家。不料父亲死后，伯父趁吴陛年幼，即行分家，将银两、产业一并吞占。当日伯父欺父为文盲，买田全以伯父之名。如今又逼母改嫁，将吴陛逐出家门，吴陛恳求官府为之做主。主审此案的苏侯将吴陛伯父吴炽传来。吴炽称侄儿所控"概为捏造，自己与弟分居生活所置产业均是自己的，是侄儿有争占之心。并发誓若有逼占之事，情愿受斩首之刑。"苏侯认为吴炽弟刚死便分家，不无影占田地之嫌，出嫁弟媳也不无瓜分财礼之事，此事当有一二，不然侄儿不敢以幼犯尊，登堂告状。遂断："今以犹子比儿，伯之田产。合判与三分之一。"③

---

① 需要说明的是，在明清时期的民事诉讼中，许多案件事实的认定都是在结合证据与情理的基础上完成的。这一特征已被笔者视为明清民事证据法的第一原则。因此此处论述情理的作用主要以情理为中心，以与情证折狱的论述在侧重点上有所不同。

② 方大湜：《平平言》，转引自黄宗智：《清代的法律、社会与文化——民法的表达与实践》，上海书店出版社 2001 年版，第 199 页。

③ 郭成伟、肖金泉主编：《中华法案大辞典》，中国国际广播出版社 1992 年版，第652 页。

《蒲阳谳牍》记载：林惟秋借林西波银十七两，立有欠票，后以田陆亩五分抵还，林西波将欠票缴还林惟秋。后林西波控官称尚有私债未了，司法官祁彪佳认为假使当时有银未还，（林西波）何以肯交欠票乎？遂认定林西波主张不成立。[①] 本案对于林惟秋是否还欠林西波私债的认定，就是通过林西波将欠票缴还这一事实，认为林西波的主张在情理上不可信，从而否定了其主张。

上述两则案例中，司法官员对争议事实的查明都是依据情理，原因是这些事实的主张者没有能够提供证明其主张的证据。

3. 以情理认定事实的局限性

以情理认定事实，与证据认定事实不同。以证据认定事实，只要证据确实充分，任何争议事实都可以认定。但以情理认定事实，因为其可靠性不足，因此在事实的认定方面有一定的局限性。据笔者对明清时期民事诉讼中情理认定事实案例考察分析，认为以情理认定事实存在以下特点。

一是认定的事实不太重要。在诉讼中特别重要的事实一般都应以证据来认定，而通过情理认定的事实则不太重要，即不是当事人争议的主要事实，不是关系到当事人权利责任的事实。有些事实虽然认定，但它与不认定该事实对于当事人而言不会产生任何影响。这就保证了即使事实认定错误也不会产生多大的负面影响。下面这则案例中依情理认定事实就属于此种情形。张言万吞占其亡弟张眉之妻江氏之产，江氏控官，并称言万之子张管音殴己，司法官员认为张管音等虽无殴婶实据，而倚父逞强，事所必有。[②] 本案的事实之所以不重要，是因为两造争论的焦点并非是张管音是否殴婶，而是财产问题。而对殴婶事实的认定也不是为了惩罚张管音，只是为了宽慰其婶之心。实际上张管音后来没受任何惩罚，因此这一事实认定在法律上几乎没有意义。

二是情理不是事实认定的有力根据。有时候，依情理认定的事实虽然很重要，但认定的程度也不是很强的，即仅依情理就认定重要事实的可能性不大。前引谷正立告岳父家一案，虽说司法官员依据情理就否定了原告的证据，对原告的权利影响很大。但这一事实的认定是得到原告认同的，即原告的承认才是事实认定的最有力证据。我们设想，假若原告不承认司法官的分析，恐怕司法官员还得调集其他证人来指证，从而查明争议事实。

三是一方当事人的主张在情理上有违背常理之处或合乎情理之处。以情理

---

① （明）祁彪佳：《蒲阳谳牍》，转引自童光政著：《明代民事判牍研究》，广西师范大学出版社 1999 年版，第 120 页。

② （清）徐士林撰，陈全伦、毕可娟、吕晓东主编：《徐公谳词》，齐鲁书社 2001 年版，第 163 页。

认定事实，一定是当事人的主张在事实或在情理上非常可信或非常不可信，这是情理认定事实的基础。前述案例中，吴陛状告伯父霸占家产一案的事实就非常可信，因为孤儿寡母又没文化，与伯父同住，财产被吞是人之常情。更何况侄贫伯富，更可表明财产被吞。而谷正立一案则是因为谷正立主张的事实不合理之处颇多。相反若案件双方当事人主张的事实在情理无一方更合理或更不合理，情理自然是难以发挥事实认定的作用。因此，普通人之间的田产钱债纠纷很少通过情理来认定事实，原因就在于此。

4. 情理认定事实的意义及其与现代推定的关系

（1）以情理认定事实的意义。以情理认定事实最重要的意义是可以解决因无证据而带来的案件难以判决的困难。既然情理认定的事实大部分都是无证据或证据上难分伯仲的案件。这些案件若不依情理认定，事实便无法认定，司法官员便会面临无法裁判的尴尬局面。因此情理认定事实可以摆脱这一局面，哪怕认定的事实不一定正确，但司法官员可以暂时走出困境。况且就是依证据认定的事实也不一定就正确。以情理认定事实的第二个意义是提高诉讼效率。以前引谷正立案为例，司法官员正常的审法是通过讯问证人的方法来查明契约真伪，但那样做无疑会增加诉讼成本。而通过情理分析迫使当事人自认，显然要快捷得多。

（2）情理与现代推定的关系。明清时期的情理与现代诉讼中的推定既有相同点，也有不同点。相同点主要表现为情理认定事实的思路与推定是一致的，即都有一个基础事实和推定事实。如前引案件中张管音殴婶一案的情理认定过程中，张管音倚父逞强是基础事实，而殴婶则是推定事实。两者的不同有两点：一是明清时期的情理基本都是事实上的，法定推定虽有，但相当少。如清代条例规定，卖产之契未载"绝卖"字样，并听回赎。① 在清代的田产买卖

---

① 田涛、郑秦点校：《大清律例·户律》，法律出版社1999年版，第199页。法律虽有此推定，但清代有些地区的习惯却与此推定冲突。如吉林全省向来买卖不动产仅书卖于某人，而不书绝卖字样，然一般习惯均视为与绝卖同，事后无一主张回赎者。这一习惯的原因是因为民间避讳绝字含有家产尽绝的不祥之意，故而不书。当然，吉林省的这一习惯与法律规定虽不一致，但也不会引起纠纷，可算是善良习惯。（《民事习惯调查报告录·上》，中国政法大学出版社2000年版，第38页）。浙江省亦有此积习，民间契纸不载明回赎与绝卖字样者十居六七，卖者有的主张回赎，有的则不主张。若将大部分卖契推定为典契，对于买者的权利显然保障不足。因此乾隆四十三年浙江布政使上奏建议对于此种契约规定自立契之日起三十年准赎，过三十年则视为绝卖。这一规定包含了双重推定之意，即对于典卖不清之契，三十年内推定为典契，三十年外则推定为卖契（见王又槐撰：《刑钱必览·卷七》，嘉庆十九年刻本）。

中，有典与绝卖两种，一般来说，典契应当写明回赎之意，绝卖则应写有绝卖字样。问题是有的契约只写出卖字样，既无绝卖字样，也无回赎之字样，究竟视为典还是卖，实践中的解释很不一致。为了克服此种不一致的现象，条例将此解释为是典而非绝卖。这可算是法律推定。二是明清时期的情理中可以依据的基础事实与推定事实关系不强。如以无本宗之中人参与就推定妇女订立的契约无效。这种思路有一定的合理性，但两种事实之间的联系不强，因而推定的事实不够可靠。也许是认识到了这种不可靠性，因此，明清时期的民事诉讼中，司法官员很少以推定作为认定事实的唯一方式。

（三）司法认知

司法认知是现代证据法律及证据法理论中明确列出作为当事人免证事实的情形之一。在明清时期的立法中，没有司法认知的概念，更没有提及司法认知具有免除当事人举证责任的效果。但明清时期的司法实践中确实存在司法官员凭借自己掌握的知识认定争议事实的做法，因此，明清时期的司法实践中，司法认知的做法是存在的。

1. 明清时期司法认知的实践

（1）风吹女子案。城中韩姓女，为风吹至铜井村，离城九十里。村民次日送女还家，女已嫁城东李秀才子，李疑无风吹人九十里之理，必有奸约，控官退婚。袁（枚）晓之曰："古有风吹人至六千里者，汝知之乎？"李不信，取元郝文忠公《陵川集》示之，曰："郝公，一代忠臣，岂肯作诳语者。"[1]

（2）曹炳如强卖林恒星洲柴一案。林恒星控曹炳如强卖其洲柴，双方当事人对于卖出价柴确数，都无证据。今恒星坚供三年共收柴两万五千余束，因水浅船贵，全堆在洲，尽被抢卖。司法官员认为柴客营贩，将本图利，三年以来，水亦不浅，船亦不贵，断无久堆荒洲，任其腐烂之理，两万五千之说，固不足信。然曹炳如所供之说，更属狡饰，认少避多，不尽不实，狡称水漂，五年以后，未闻泛涨之洪水。忽称火焚，县审各供，并无失火之供词。[2]

（3）林盛祥控李霖海霸占官塘。林在诉状中称：前控县曾主，讯察添改碑文属实，断结有案；五十六年按控吴主，断令官塘之水，许蚁等祖（阻）

---

① （清）胡文炳：《折狱龟鉴补·卷1》，陈重业点校，北京大学出版社2006年版，第139页。

② （清）徐士林撰，陈全伦、毕可娟、吕晓东主编：《徐公谳词》，齐鲁书社2001年版，第244页。

挖坎车放，将案详府立案，……蚁等投邻邹鹏、赵文等，畏恶不理，是以抄粘曾、吴两主朱判。叩恩仁恩赏准拘究。①

（4）前引濮州牧查档取证一案，濮州前牧郅与监生范父子好，范诱郅同买田，而契止范名，后范据其田。郅索价，延不与，止立一借数百金之券，郅归后，屡嘱其子来索，不遂，其子死，无人过范氏问者。数年后郅孙徙河南，检旧箧，见范借券，不知为田价，持券来索，范不理，遂具控，司法官员阅其券属真，但不肯定其证明价值，问范曾与人有讼案否。吏以二十年前叔侄争产案呈，查范生家析箸，有田二十顷，止以数顷与侄。前牧问生，何以多十余顷，生粘开一单曰："某处几顷系前任郅太爷田。"族长众证，单亦同，遂唤生至，从其亲笔单示之。生无词，以年远，且范家亦落，酌断二百金与郅。②

（5）民人毁坊案。绍兴府城惨遭回禄，居民岁暮流离，此本府所目击者。城南石牌坊，为故相国吕文安遗迹，煨烬之后，两柱摧崩。危及行人。众人议毁坊以图安。事后，吕氏后人控官，官府认为居民之罪不在毁坊，而在不闻于吕氏。③

2. 司法认知的依据

现代司法认知的标准是该知识为当地民众普遍知晓，而非仅是司法官员个人知晓。④ 但从上述司法认知的实践来看，这一标准在明清时期没有被特别强调。司法官员依据自己的知识来认定事实，有时完全不考虑当事人是否也知道这一事实。案例1中司法官员以某书的记载作为认定案件的依据，该书的内容普通民众无法知晓。虽说他为了增强说服力，向当事人出示了该书，意图将个人知识转化为相对公开的知识，但这只能向当事人表明有这样的一本书记载过某一事实。至于记载的这一事实是否存在，书的作者是否是一代名臣，是否会如实记述，这都是当事人无法确认的，因此从本质上说，这一案件中司法官员认知的仍然只是专业知识。案例2中的司法认知系官府对于当事人主张的自然及气象知识的认知，是以否定当事人主张的形式出现的，与现行的司法认知在性质上无异。但上述事实能否达到认知的标准还是值得怀疑的，毕竟上述事实

---

① 四川大学历史系编：《清代乾嘉道巴县档案选编》，四川大学出版社1989年版，第5页。

② （清）胡文炳辑：《折狱龟鉴补·卷6》，北京大学出版社2006年版，第883页。

③ 未了、文菌编著：《明清法官断案实录·下》，光明日报出版社1999年版，第247页。

④ 当然，司法官员若以本法院曾经审理的案件结论作为认知对象，则不需要达到公知的标准。不过这样做恐怕要向相关当事人出示这一司法材料。从这一意义说，这是提供新的证据，而不是司法认知。只不过对事人而言是免除了举证责任。

并非众所周知的事实，尤其是船贵水浅这样的事实。但好在司法官员并不仅仅依据司法认知来认定事实，而只依据它来考察当事人陈述的可信性。案例 3 与案例 4 要认知的对象都是前任司法官员的判决。这一知识无须达到人们普遍共知，只要达到司法官员及当事人专知即可。案例 3 是当事人抄粘前任官员判词，只要司法官员在司法档案中能够查到相关内容即可免除对判决书记载事实的举证。案例 4 则是司法官员自己找到前任判决资料，然后向当事人一方出示，可免除另一方当事人的举证责任。案例 5 中的司法认知则是以司法官员目睹之事为认知依据。

3. 司法认知的对象

从上述几例采用司法认知的案例来看，明清时期司法实践的司法认知对象较为广泛，既包括气候、水文、历史事实等自然社会现象知识，也包括文章内容等学术知识，还包括司法档案等专门信息。但我们注意到，司法认知的知识没有一条是与当事人实体权利相关的法律事实，而往往是能够证明当事人主张事实成立与否的证据事实。如案例 1 中当事人争议的事实是韩姓女是不是为风吹至铜井村。如是，则原告主张得不到司法官员支持；若不是，则司法官员可以支持原告主张。但司法官员向被告出示的司法认知材料只是古代是否有人被吹到千里之外。从性质上说是一则证据材料，但严格地讲，作为证据材料也不合格。因为古代有没有人被吹到千里之外，与韩姓女是否被吹至铜井村没有必然联系。即使古代确有人被吹到千里之外，也不能排除韩姓女是走到铜井村的。案例 2 中争议的对象是卖出洲柴的数量，而自然状况如何也只能是争议事实的推定条件。案例 3 与案例 4 中司法判决内容也都是当事人争议事实的证据材料。案例 5 中的"绍兴府城惨遭回禄，居民岁暮流离，"这一事实同样不是当事人争议的事实，但他对于认定民众不是故意毁坏牌坊是有证明作用的。笔者以为，司法认知的对象不是当事人争议的基本事实这一现象很正常，毕竟当事人不可能也没有必要就一个公知的事实是否存在发生争议。这在现代民事诉讼中也是如此。

七、疑难案件的处理

证明责任是现代民事诉讼中处理真伪不明案件事实的模式，但证明责任理论是现代社会才由西方传入中国的，而争议事实真伪不明这一现象却早已出现。在证明责任理论尚未形成的明清时期社会，面对难以查清的案件事实，司法官员是如何处理的。对这一问题进行研究有助于我们了解古代民事案件审理的经验教训，能够为现行的民事审判提供借鉴作用。笔者拟以明清时期民事疑难案件处理的实践为考察对象，来探讨明清时期民事疑难案件解决机制的特质。笔者的研究进路是这样的，首先考察民事诉讼中疑难案件产生的原因，其次阐述民事疑难案件处理的惯例与实践，最后分析此种处理方式产生的根源。

（一）民事疑难案件的成因

民事疑难案件的成因很多，但疑难案件产生的一般原因不属本书研究范围，在此笔者只探讨明清时期民事疑难案件产生的特有原因，一是制度上的原因；二是社会现实方面的原因。

1. 制度上的原因。中国传统民事法律中对民事疑难案件形成有重要影响的制度有二。一是民事诉讼由当事人举证的制度；二是民事诉讼时效制度的缺失。

由于官府对民事案件与刑事案件重视的程度不同，从而导致民事诉讼与刑事诉讼的举证责任分担不同。刑事诉讼的原告只须证明犯罪事实存在即可，而不必提供谁是犯罪行为实施者的证据，官府有责任去查明犯罪嫌疑人。而民事诉讼中当事人应当为本方的主张提供证据，官府通常只充当消极的证据审查及事实认定者的角色。这一做法与现代民事诉讼的举证责任分担原则不谋而合。当然，两者的理论基础并不一样。现代民事诉讼理论认为民事诉讼是维护当事人私权的行为，所以当事人应当为自己的主张举证；而刑事诉讼是为了维护国家秩序的行为，因此国家应当主动介入。但在古代中国，没有公共秩序与私权概念的区分，只有重大案件与民间细故的划分，民事案件属于民间细故。既然民间细故对社会危害性较刑事案件小得多，因此，官府在审理此类案件中投入的精力自然较少。民事案件要求由当事人举证，就是为了减少官府的办案成本。因此，若诉讼当事人没有足够的证据证明自己的主张，而官府又不会轻易去收集证据，就会导致案件难以查清。再则，由于官府认为民事案件属民间细故，因而在民事诉讼取证方式的选择方面亦与刑事诉讼不同。刑事诉讼案情真相的查明是司法官员不可推卸的责任，因此为查明案件，收集证据的方式很少有限制。① 但民事诉讼对案件真相的查明并没有刑事诉讼那样势在必得，官府在选择取证方式时常有所保留，对于那些可能给当事人带来较大伤害的取证方式，一般不予采用。因为这样做即使能查明真相，对当事人而言也是得不偿失。司法官员的这种价值判断经常影响他们审理民事案件时取证方式的采用。明代判例《折狱新语》记载了这样一则案例：

叶释乃已故叶文炬之子，同宗叶二十，窥文炬夫妇偕亡，翼其弟培城争继。二十供称，文炬无子，乃取之外舍，携之昏夜而呱呱者，曾得于厕上之耳

闻。究竟真赝两字，安从辨之，滴血既所以不忍，当合族议与县断两存之，割三分之一以予培城，聊以戈耳。

以现代的科技水平判断,[1] 滴血认亲虽非科学的鉴定方式，但在当时却是很有权威的鉴定结论，在刑事诉讼中常常采用，但在民事诉讼中由于司法官员的不忍之心而弃之不用。此外，在刑事诉讼中经常采用的刑讯在民事诉讼中亦很少采用。清代纪昀在《阅微草堂笔记》记载：

> 吴冠贤为安定令时，有幼男幼女，皆十六七岁，并呼冤于舆前。幼男曰：此我童养之妇。父母亡，欲弃我别嫁。幼女曰：我故其胞妹。父母亡，欲占我为妻。问其姓，犹能记，问其乡里，则父母皆流丐，朝朝传徙，已不记为何处人也。问同丐者，是到此甫数日，即父母并亡，未知其始末，但闻其以兄妹相称。然小家童养媳，与夫亦例称兄妹，无以别也。有老吏请曰：是事如捕风捉影，杳无实证，又不可刑求。断合断离，皆难保不误。然断离而误，不过误破婚姻，其失小；断合而误，则误乱人伦，其失大矣。盍断离乎？推研再四，无可处分，竟从老吏之言。[2]

本案中老吏的观点很值得推敲，他称"是事杳无实证，不可刑求"，表明官府认同民间细故审理中不宜采用刑讯的做法。很显然取证方式的限制会导致很多民事纠纷难以查清。

疑难案件形成的制度原因还表现为古代的民事行为没有时效制度，当事人之间的纠纷无论已经过了多久，若一方起诉，司法官员都不能借口历时太久而不予受理。由于没有时效制度的限制，许多人会为数十年前的纠纷进行诉讼，诉讼当事人往往是当初纠纷当事人的子孙辈。随着时过境迁，证据自然也容易湮灭。这一状况在明清时期的民事诉讼中相当普遍，清代名吏徐士林在谳词中称：

> 查邱嵩之祖坟，历年既久，契书无存，则坟之四至边界，原难定执。[3]

古代法律没有时效制度，是法律理性程度不高的表现，它的存在既造成了诉讼的泛滥，也造成了诉讼证据的不足，从而产生疑难案件。

2. 社会现实方面的原因。明清时期民事诉讼疑难案件的形成还有社会现实方面的原因。主要有四个方面：

一是民事诉讼多发生在亲友邻里之间，在民事行为发生时一方往往因碍于情面，不会明确要求另一方制作证据。如当事人将钱财借与他人，却不会要求

---

①　（明）李清：《折狱新语·卷2》，中央书店1935年印，第28页。

②　（清）纪昀：《阅微草堂笔记》，中国华侨出版社1994年版，第510页。

③　陈全伦等主编：《徐公谳词—明清时期名吏徐士林判案手记》，齐鲁书社2001年版，第376页。

对方出具收据。如对方不承认这一事实，本方就会无法证明自己的主张，从而导致事实难以查清。

二是民众的法律意识淡薄，法律知识不足。法律意识的淡薄导致当事人想不到为民事行为留下证据；而法律知识的不足则会使当事人即使想到为法律行为留下证据，但这样的证据并不能很好地解决争议，反而会引发争议。

三是科学技术方面的原因。一些依据现代科学技术很容易查明的事实，在当时由于科学技术的落后，也很难查明。如前述吴冠贤在安定时审理幼男幼女婚姻纠纷中，对当事人之间是否为兄妹这一争议事实就难以认定，若是依据现代科技，查明这一事实应当不难。

四是明清时期州县司法官员的非专业化因素。明清时期的民事案件属州县自理词讼，但负责审理案件的州县正印官大都是通过八股考试成为牧民之官的，对于审理民事案件既无技能，也无兴趣。遇到稍微复杂一点的民事纠纷，便无法查清事实，从而形成疑难案件。

（二）民事疑难案件的处理

在明清时期民事诉讼实践中，司法官员对于疑难案件的处理方式主要有以下六种：一是不予受理；二是发回由当事人的邻里或中证处理；三是对当事人进行调处，说服当事人撤诉；四是对当事人双方的主张都予以一定程度的支持；五是依据伦理规范做出判决；六是依据经义做出判决。

1. 对疑难案件不予受理。对疑难案件不予受理是司法官员常用的一种手段，但这只限于当事人起诉时没有证据的案件。这一做法在明代以前并未制度化，但至迟在唐代，法律已开始对无证据案件是否应当受理的问题进行调整。《宋刑统·户婚》记载了唐代两则敕文：

> 唐天宝六载五月二十四日敕节文：百官、百姓身亡殁后，称是别宅异居男女及妻妾等，府县多有前件诉讼，身在从不同居，亦合收编本籍，既别居无籍，即明非子息，及加推案，皆有端由。或其母因先奸私，或素是出妻弃妾，苟祈侥幸，利比资财，遂使真伪难分，官吏惑听。其百官、百姓身亡之后，称是在外别生男女及妻妾，先不入户籍者一切禁断。辄经府县陈诉，不须为理，仍量事科决。勒还本居。

> 应田土、屋舍有连接交加者，当时不曾论理，伺侯家长及见证亡，子孙幼弱之际，便将难明契书扰乱别县，空烦刑狱，证验终难者，请准唐长庆二年八月十五日敕："经二十年以上不论。"即不在论理之限①

---

① 薛梅卿点校：《宋刑统》，法律出版社 1999 年版，第 322、332 页。

上述法律规定对于要求归宗分产及田土买卖之人，若没有证明自己身份或田产交易存在的证据，案件不许受理。但这还只是个案调整的规定，尚未统一规定只要当事人没有证据的民间细故，皆不予受理。到了明清时期，司法实践中逐渐形成了对当事人起诉时没有证据不予受理的惯例。《皇明条法事类纂》载：

> 如是户口籍册无存，婚姻媒证亡故，田土界至混淆，斗殴强弱不辨，私授昧，例该里老乡邻人等保勘，立限完报。①

明代的条例规定将没有证据的案件交由里老乡邻人等保勘，是不予受理的间接表达。到了清代，这种表达开始直言不讳。曾于清康熙年间任县令的黄六鸿总结了民事诉讼中不应受理的几种案件，其中就有无证据而不予受理的情形：

> 告婚姻而无媒妁者；田土无地邻，债负无中保及不黏连契据者；②

同治年间黄岩县通行的讼状条例有这样的要求：

> 告婚姻，无媒妁、聘书；田土无粮号、印串、契券；钱债无票约、中证者，不准。③

上述民事告状不受理的规定并非是全国范围内普遍有效的法律，只是明清时期各州县自定的规则。但这样的规则显然已为大部分司法官员遵守，成为一种惯例。如清代黄岩王县令在"梁文厚告梁文通霸继案"的批词中称：

> 呈词含混，又无宗图呈核，未便率准。④

当然，对当事人起诉时没有证据的案件，并非所有的司法官员都不予受理，也有的官员受前代案例书籍的影响，能够主动收集证据，最终查明事实，解决当事人之间的纠纷。⑤　但这已不是疑难案件的处理方式，因而不属本文研究

---

①　（明）戴金编次：《皇明条法事类纂下·卷38》，台北文海出版有限公司1985年影印本，第143页。

②　（清）黄六鸿撰：《福惠全书·卷20·杂犯》，引自《官箴书集成》第3册，黄山书社1997年影印本，第438页。

③　田涛、许传玺、王宏治主编：《黄岩诉讼档案及调查报告》，法律出版社2004年版，第234页。

④　田涛、许传玺、王宏治主编：《黄岩诉讼档案及调查报告》，法律出版社2004年版，第258页

⑤　《清稗类钞·狱讼》记载：凤阳富人秦某病革时，子尚幼，托其赀于妇翁蔡某。秦卒，子依蔡而居。及长而婚，蔡无返璧意。子讼之官，以无佐证而不受理，子诉于邻邑许某，许怜之，乃密嘱盗指蔡为主赃，拘蔡至，以蔡骤富，欲刑之，蔡乃具言秦某托资始末，案遂明。本案中许某的做法显然是受到了《折狱龟鉴·钩慝》中所记载的张允济审牛一案的影响。但这种做法违反了法律上案件管辖的规定，只可视为特例。

范围。

2. 对当事人起诉时有证据的案件，司法官员不能不予受理，但若发现事实难以查清，可以将案件发回交由当事人的邻里或中证处理。《徐公谳词》载：

> 吴陶若控词称买吴氏一屋，执有吴氏卖契并上手买契为据。吴氏诉称雍正八年契买夫侄陈侯公厝，九年租与族弟吴陶若居住。抗租三年，控讨成仇，乘氏往南靖，扯锁开房，将陈侯契纸盗去，突造假契，踞屋诬控。经刘令审讯，各执其词，刘令饬令原中保邻清理。①

前述两种方式中，司法官员有时也会结合使用，即将案件批示不准的同时，要求乡里中证予以处理。

3. 调处解决。对于疑难案件，司法官员若认为事实难以查清，会采取调处的方法来解决纠纷。《松窗梦语》记载了明代的这样一则案例：

> 大名有兄弟搆讼财产，继而各讦阴私，争胜不已，县令不能决，申解至郡，余鞫之曰："两人同父母所生耶？"曰："然。"余曰："同气不相念，乃尔相攻，何异同乳之犬而争一骨也！"各重笞之，取一枷各械一手，罪狱不问。久之，亲识数十人入告曰："两人已悔罪矣，愿姑宽宥。"唤出，各潸然泪下，曰："自相搆以来，情暌者十余年，今月余共起居，同饮食，隔绝之情既通，积宿之怨尽释。"乃指天而誓，余笑曰："知过能改，良民也。"遂释之。②

无独有偶，清代蓝鼎元在《鹿州公案》也中记载了一则案例：

> 故民陈智有二子，长阿明，次阿定。父殁，有余田七亩。兄弟互争，亲族不能解，互相争讼。阿明曰："父与我也"，呈阄书阅之，内有'老人百年后，此田付于长孙'之语。阿定亦曰："父与我也，有临终批嘱为凭"，余曰："皆是也，曲在汝父，当取其棺斲之"。阿明阿定兄弟皆无言。余曰："田土细故也，兄弟争讼大恶也。我不能断，汝两人各伸一足合而夹之，能忍耐不言痛者，则田归之也，但不知汝等左足痛乎，右足痛乎，左右惟汝自择，我不相强，汝两人各伸一不痛之足来。"阿明阿定答曰："皆痛也。"余曰："噫，奇哉，汝两足无一不痛也，汝之身犹汝父也，汝身之视左足，犹汝父之视明也，汝身之视右足，犹汝父之视定也，汝两足不忍舍其一，汝父两子肯舍其一乎……汝父不合有二子，是以今日至此，汝兄弟不幸有二子，他日相争相夺，深为汝等忧之，汝两人各留一子足矣，余赏于丐首为亲男，丐家无田可争，他

---

① 陈全伦等主编：《徐公谳词——明清时期名吏徐士林判案手记》，齐鲁书社2001年版，第469页。

② （明）张瀚：《松窗梦语》，中华书局1985年版，第12页。

日可免于祸患。"阿明阿定皆叩头号哭曰："今不敢矣。"余曰："今以汝田判为汝门祭产，汝兄弟轮年收租。"兄弟致谢而去。①

上述案例中，前一则案例是当事人没有明显的证据，后一则案例则是阿明阿定争田皆有证据，但两条证据相互矛盾，无助于查清事实。对于此类案件，由于当初留下证据之人已经死亡，事实无法查清。司法官员采取了调处的方式，让当事人息讼，在此基础上再做出对双方主张者予以一定支持的判决，能够为当事人接受。但对疑难案件调处结案并非总是良方，上述两案中的双方当事人是亲兄弟，所争又是财产，因而晓之大义，可使两人放弃诉讼请求；相反若当事人之间不具备这种关系，司法官员强行调处，则未必能奏效。纪昀的《阅微草堂笔记》中记载了这样的案例：

门人折生遇兰，官安定日，有两家争一坟山，讼四五十年，阅两世矣。其地广阔不盈亩，中有二冢。两家各以为祖茔。问邻证，则万山之中，裹粮挈水乃能至，四无居人。问契券，则皆称前明兵燹已不存，问地粮串票，则两造具在。其词皆曰此地万不足耕，无锱铢之利，而有地丁之额。所以百控不已者，徒以祖宗丘陇，不欲为他人占耳。又皆曰苟非先人之体魄，谁肯涉讼数十年，认他人为祖宗者。或疑为谋占吉地。则又皆曰秦陇素不讲此事，实无此心，亦彼此不疑有此心。且四周皆石，不能再容一棺。如得地之后，掘而别葬，是反授不得者以间，谁敢为之。竟无以折服。又无均分理，无入官理，亦莫能判定。大抵每祭必斗，每斗必讼。官惟就斗论斗，更不问其所因矣。后蔡西斋为甘肃藩司，闻之，曰："此争祭非争产也，盍以理谕之"，曰：尔既自以为祖墓，应听尔祭。其来争祭者，既愿以尔祖为祖，于尔祖亦无损，于尔亦无损矣。听其享荐亦大佳，何必拒乎？亦不得已之权词，然迄不知其遵否也。②

本案与前案不同，两造既非亲友，所争亦非财产，而是祭祖这一在传统社会极其重要的事项，当事人的请求一般是难以放弃的，因而调处并非适宜之法。不过就本案而言，司法官员实在难以查明事实，调处乃不得已而为之。这样的调处结果不可能如前案中的调处获得当事人的高度认同。作者对这样调处的结果也是持怀疑态度的。

4. 判决对当事人双方的主张均予以一定程度的支持。这一做法与前述调处处理疑难案件的方式在结果上有相同之处，但过程上不同，即司法官员并不对当事人进行说服教育，而是直接依据司法官员对当事人主张的相信程度，来

---

① （清）蓝鼎元：《鹿州公案·兄弟讼田》，浙江图书馆古籍部藏清刻本，无出版单位及出版年代，第51—52 页。

② （清）纪昀：《阅微草堂笔记》，中国华侨出版社 1994 年版，第 1006 页。

对案件当事人诉讼请求做出予以一定支持的判决。《折狱新语》记载了这样一则案例：

> 一个叫叶茂的人，有女无男，曾典徐矮子妻胡氏为妾，因令妻汪氏妒，遂赁外宅以处，胡氏以万历四十二年典，子叶礼以天启元年生，为真为赝，虽未可定，亦难遽语于非种之锄也。叶茂死后，其侄叶超告叶礼不是茂子，定海县断两股均分……其贪婪无厌之叶超，并杖以惩其后。家产仍照县断。①

上述案例中，叶茂之侄叶超告叶礼非叶茂子，这一事实因叶茂已死而无法查清，所以定海县采取各支持部分诉讼请求的做法。将叶茂之产断为叶超与叶礼均分。这一做法并无法律依据，因为若叶礼可认定为叶茂之子，则财产应全归叶礼，叶超无分；若叶礼非叶茂所生，则叶礼无权分得叶茂的任何财产。县断均分显然是考虑到叶礼的身份无法确定而作出的判决。这是典型的各打五十大板的做法。明代的另一则案件的审理也能体现司法官员的此种各打五十大板的思路。

> 又一纸一百六十八两，系瑞之与二明共受，非瑞之亲笔，（应系二明之笔），今二明已化为异物，故断其半瑞之与二明之子天禄共偿之，其二明自领之九十五两，亦责其半天禄偿之。②

本案的事实认定可以反映出司法官员的各打五十板的思路。实际司法官员并没有真正查清瑞之与二明究竟各应承担多少。况且这一事实因为二明已死实际上再也查不清的。对于司法官员只能按照各打五十大板的做法。虽说不一定完全与客观事实相符，但在事实无法进一步查清的情况下，应当说是最优的选择。

5. 当某些争端因为具有特殊性而无法调处时，则会依据伦理规范来对案件做出判决。前述《阅微草堂笔记》记载的吴冠贤在审理幼男幼女婚姻案中"推研再四，无可处分"，最后听从老吏之言，将两人断离，其断离依据就是老吏所称的"断离而误，不过误破婚姻，其失小；断合而误，则误乱人伦，其失大矣"的传统伦理要求。本案因缺少证据，当事人之间的关系难以确认，但本案具有特殊性，即不适宜调处解决，因为案件的调处需要当事人双方都做出让步。但本案的处理结果只能是支持一方的诉讼请求，不能对双方的诉讼请求分别予以部分支持。因此，必须对案件事实做出有利于一方的认定。这一案件，若按清代的诉讼惯例，当事人告婚姻而无媒妁者，应不予受理，但吴县令并未简单驳回；若依现行民事诉讼的举证责任原则，幼男既主张其婚姻关系存

---

① （明）李清：《折狱新语·卷2》，中央书店1935年印，第26页。

② （明）颜俊彦：《盟水斋存牍》，中国政法大学出版社2002年版，第172页。

在，应当就这一主张提出证据，如婚帖或聘书等。但幼男并无证据，应认定其主张不成立。尽管吴县令最终没有支持幼男的主张，但其理由并不是出于其举证不能，而是在权衡误判后果严重程度的不同之后做出的一种选择，而判断误判后果严重与否的标准则是传统伦理。

6. 以经义决狱。清代袁枚任江宁县令时曾断过这样一则疑难案件：

> 方山谿洞外两氓争地，无契券，讼久莫能断。袁视案牍如山，笑曰："此左氏所云晋郑之间有隙地，玉畅、顿丘是也，讼久则破家，吾当为汝了之。"乃尽去旧牍，别给符验，使各开垦升科。①

经义决狱是汉代出现的一种案件处理模式。它主要解决律文适用上与礼不一致的问题。随着唐律一准乎礼，依律断案也就是依礼断案。这样经义决狱在法律适用领域便失去了价值。本案中袁枚依经义断案，并非解决法律适用的问题，而是解决事实难以查清的案件处理问题，与传统的经义决狱有别。

（三）疑难案件处理方式的原因分析

上述六种疑难案件的解决方式中，前四种方式较为普遍，后两种则属于特例。不予受理之所以能够成为一种重要的方式，是因为明清时期法律对民事案件审理的程序缺乏详细规定，司法官员在审理民事案件时有很大的自由。虽然法律对于司法官员受理诉讼有很严格的要求，对无故不受理诉讼的司法官员给予刑事处罚。对于普通刑事案件，其受理时期不受限制；对州县自理词讼主要指民事案件和轻微刑事案件，也只有农忙止讼的规定，并没有规定对当事人无证据的案件就可以不受理。但就在这一时期，对于当事人起诉时无证据的民事案件不予受理却成为一种惯例。其原因在很大程度上是因为明清时期对于州县自理词讼要求正印官亲自审理，不得委之属官。这样一来，州县官自理词讼案件审理的压力也空前加大，而原告起诉时无证据的案件一般情况下都会难以查明，受理这样的案件肯定会占用司法官员很大的精力与时间。因此减少自理案件的受理数量就成为州县官们的共识。由于立法本身的缺陷，法律对于州县官不受理民间细故的处罚实际很难落实。② 这样州县衙门不受理无证据民事案件的想法很容易变成事实。

---

① 徐珂编撰：《清稗类钞·狱讼》，中华书局 1984 年版，第 1058 页。

② 清律关于民事案件告状不受理是这样规定的：对斗殴、婚姻、田宅等事不受理者，各减犯人罪二等，并罪止杖八十。（《大清律例·刑律·诉讼·告状不受理》）由于民事案件的当事人一般都不作为犯人对待，因此，不受理案件官员的减犯人之罪二等的处罚也就形同具文。

　　将疑难案件发回乡里处理，亦是司法官员常用的方式之一。司法官员这一做法的心理依据有二，一是认为乡里中保更了解案情真相；二是相信当事人看在中保等人的情面上，会放弃部分诉讼请求，从而放弃诉讼。但这一做法显然是有疑问的，因为明清时期民事纠纷的解决一般是乡里先行，口角细事，亲邻可以调处，些微债负，原中要可以清算者，不得遒告，其有户婚田土不明，必待告理者，据实陈诉。① 可见官府之所以受理民间细故，正是因为争议事实不明，乡里无法解决。此时官府再将案件发还乡里，显然是一个悖论。因而此种方式往往很难解决纠纷。前引《徐公谳词》中记载的吴陶若诉吴氏一案发回乡里后，乡里的解决方式是差押陶若出屋，但陶若抗踞不遵，复赴道控。② 最后经道审结案。

　　通过调处方式解决民事疑难案件是明清时期官员心中的理想方式。明清时期的司法官员同前代的司法官员一样，也认为当事人兴讼是一种不智之举，不利于维护乡土社会关系的和谐。倘若当事人之间原来关系密切，诉讼可能破坏这种关系。因此，以教化民众为己任的官员便会采取调处方式，特别是当争议事实查不清时，若能说服当事人息讼，则既可以结案，又可消除当事人之间对立情绪，从而减少了当事人提起进一步诉讼的可能性，可谓一举两得。

　　分别支持部分诉讼请求是审理疑难案件最常用的方式。尽管调处解决民事疑难纠纷是司法官员最理想的方式，但调处解决疑难案件是有条件的，若不具备条件，调处难有效果。况且，调处需要司法官员投入很大的精力去说服当事人，这也让大部分司法官员望而却步。因此，更多的疑难案件审理采取了分别支持部分诉讼请求的做法。司法官员选择这种方式，是出于这样的考虑：既然案件查不清，若判决一方当事人败诉，这一判决既可能反映案件真实，也可能与案件事实正好相反。若属前一种情形，那是最佳结果；但若属后一种情形，结果则会难以控制。由于明清时期的当事人并未普遍形成证据决定诉讼成败的理念，那些认为自己应当胜诉的当事人遭到了败诉结果，自然会提起进一步的诉讼甚至采取非常过激的行为。相反，若司法官员对疑难案件的当事人各支持部分诉讼请求，原应败诉的当事人固然非常满足，即使是原该胜诉的当事人也不会过于激烈抵制这样的判决。司法官员做出这种判决就是为了消除当事人采取过激行为的可能。这一做法在明清时期非常普遍，已经成了大部分司法官员

---

　　① （清）吴宏：《纸上经纶·卷五·词讼条约》，见郭成伟、田涛点校：《明清公牍秘本五种》，中国政法大学出版社 1999 年版，第 320 页。

　　② （清）徐士林撰，陈全伦、毕可娟、吕晓东主编：《徐公谳词》，齐鲁书社 2001 年版，第 469 页。

的共识。蓝鼎元在《鹿州公案》评述自己所审的兄弟讼田一案中称："此案若寻常断法，弟兄各责三十板，将田均分便可。"① 正是明清时期司法官员审理疑难案件普遍做法的写照。

上述四种方式是明清时期解决民事疑难案件的主要方式，贯穿这四种方式的精神是明清时期司法官员的无讼理想。前文已经指出，视民间争端为细故并力主无讼是明清时期司法官员一贯的追求，明清时期的司法官员也不例外。以官员的无讼理想为出发点来考察明清时期民事疑难案件处理方式的多样性特点，所有问题便都迎刃而解。因为主张无讼，所以对于当事人起诉时无证据的案件不予受理会成为一种司法惯例；还是因为主张无讼，司法官员对受理的案件也尽可能亲自或发回乡里调处解决，以缓和当事人之间的对立，从而消除讼端；仍是因为主张无讼，司法官员对当事人主张的诉讼请求分别予以支持。其价值追求除前文所述之外，尚有这样的考虑，即让本该胜诉的一方分担部分损失，会使他觉得诉讼并非最佳选择，从而暗示当事人不要兴讼，哪怕是确实有理。

依据伦理来对疑难案件事实做出认定，是较少采用的方法。因其适用的条件是案件事实确实难以查清，且诉讼标的具有特殊性，不可以通过调解或判决要求双方当事人都做出让步，对此只有通过伦理来决定该牺牲哪一方当事人的诉讼请求。至于依经义来解决民事疑难案件的做法则更为少见，因为经义的内容大多为实体性规范，其适用须以事实没有争议为前提，而疑难案件因事实存在争议，因而在大部分情况下难以适用。

余　　论

现代诉讼理论主张依证明责任处理民事疑难案件，这一做法在明清时期并没有成为惯例。明清时期的民事诉讼习惯中，虽然强调当事人起诉时应当有证据，但并未将举证责任同败诉风险联系起来。因此，这里的举证责任在很大程度上只有形式意义，即当事人起诉时应当有证据，否则案件可能会不受理；但证据若不能证明当事人的主张，该当事人是否应当败诉，则没有定论；而这正是现代证明责任理论的价值所在。明清时期的民事诉讼之所以没有形成依证明责任来裁判疑难案件的做法，是由其特点决定的。这一特点表现为诉讼主体身份的不明确及诉讼请求的同一性。就诉讼主体来看，依证明责任来处理疑难案件需要案件有明确的原告和被告，通常情况下，若原告不能证明自己的主张，会承担败诉风险；就诉讼请求来看，要求当事人的主张分为积极事实或消极事

---

① （清）蓝鼎元：《鹿州公案·兄弟讼田》，浙江图书馆古籍部藏清刻本，无出版单位及出版年代，第51—52页。

实，主张积极事实的应当举证，而主张消极事实的无须举证。若主张积极事实的当事人不能提供证明己方主张的证据，则会承担败诉风险。但在明清时期的诉讼中，很多案件并不能确定原告与被告，也不能确定一方主张积极事实，另一方主张消极事实。常见的情形是双方当事人同时到官府互讼，且双方主张往往相同。如前《阅微草堂笔记》中记载的折遇兰审理两家争坟山一案，两家都主张坟山为自家所有，也都没有充足的证据证明自己的主张，双方又是互控，并非仅是一方控告另一方。这就很难依证明责任来做出判决。正因如此，在明清的民事诉讼中，很少以证明责任来处理疑难案件。① 明清时期民事疑难案件处理方式多样化的深层次原因在于人们认识论上的原因。明清时期的立法者和司法者都很少相信有最终查不清事实的疑难案件，大多数司法官员都认为只要认真深入调查研究，案件真相总会水落石出。这一信念到了明清时期更加突出，清律同明律一样，取消了唐律中关于疑罪的规定，表明官方的立场已不承认有疑难案件存在。如清代的秋审，初制分情实、缓决、矜、疑，然疑狱不经见。② 这表明在司法实践中亦很少将案件作为疑案处理。刑事案件尚且如此，民事案件自不待言。此时如还有疑难案件，官府会认为不是案件确实难以查清，而是审理人员没有尽心收集证据的缘故。③ 在这种思想的支配下，司法官员在总结案件审理经验时，一般只考虑如何查清案件事实，而很少考虑事实无法查清时应当如何处理的问题。既然没有理论上深入探讨，也就不可能形成统一的以证明责任为处理疑难案件的法定方式。

八、伪证责任

明清时期的民事诉讼中，司法官员已经较多地按照证据来认定事实，这导致了诉讼中当事人伪造证据的现象非常普遍。笔者统计了《徐公谳词》记载

---

① 当然，在明清时期民事诉讼中，我们也可以看到司法官员因一方当事人的主张没有证据而判其败诉的做法，但这与现代民事诉讼中依证明责任判决仍有本质的差别。现代民事诉讼中，若当事人不能证明本方主张，法官不支持其诉讼请求，乃是因为当事人没有能够尽到维护自己权利的义务。其适用条件是争议事实确实处于真伪不明的状态，法官无法相信当事人一方的主张更为可信。而在明清时期民事诉讼中，司法官员以一方没有证据为由而判决其败诉时，内心一般都已形成了不利于败诉一方的判断。

② 《清史稿·刑法三》，浙江古籍出版社 1998 年版，第 563 页。

③ 这从古代的案例汇编中也可以看出这一特点。专业的案例汇编中没有关于事实最终查不清的案件的处理方式，记载的都是司法官员如何查清疑难案件并做出判决的。受此影响，司法官员也不会记录自己的某一判决是在案件没有查清的基础上作出的。这导致笔者在撰写本文时很难收集到这方面的案例。

的 102 宗案件中，有证人作伪或书证作伪的案件就超过 40 起。原因已在前文作出分析，此处不再赘述。面对大量的伪证，司法官员在实践中也不断总结经验提出一些有效的判断证据真伪的手段，但毕竟不能完全消除伪证的危害性。为此立法与司法实践对于伪证行为采取了一些制裁措施，控制伪证行为，以防止其泛滥成灾。

总的看来，明清时期的立法和司法对于伪证行为的控制可分为对于人证作伪的控制与书证作伪的控制两个方面。

（一）对于证人作伪的控制

1. 立法的规定

证人伪证，是指证人在作证过程中，故意作出与自己所知晓的事实不一致的陈述，从而达到出入人罪的目的。这种行为被查明后，证人应当受到法律制裁。中国古代的立法者早有认识，在立法中将伪证规定为犯罪行为。《唐律·诈伪篇》即有"证不言情"一条，专门规定证人作伪的处罚。该条规定："诸证不言情，致罪有出入，证人减二等。"① 律疏对这一条文的解释是，对于属于议、请、减、七十以上，十五以下及废疾，并据众证定罪，证人不吐实情，遂令罪有增减，证人减所出入之罪二等处罚。从条文及疏议的内容来看，在唐代，证人构成伪证罪必须具备以下几方面条件：一是仅限于被告是于法不得拷讯的案件中，因为若被告可以拷讯，则定案依据是被告人的口供，而非证人证言；二是证人的不言实情已在事实上导致被告所判刑罚与实际刑罚有出入，即被告已被司法官员按照证人的不实证词定罪量刑完毕。如果证人作伪证并未影响案件的处理结果，即伪证的目的未达到，则证人不构成伪证罪，仅构成"不应为"罪。我们可以看出唐律关于伪证罪的规定有以下特点：一是限制较多，结果是证人不易构成伪证罪；二是处罚轻，比因其伪证而致出入之罪还要减二等。如被告人本应被处杖四十的处罚，因证人的伪证而致其受到杖八十的处罚，则出入之罪为四等。证人的处罚再减二等，则证人应受到杖二十的处罚。由此可见后人对唐律所作的"得古今之平"的评价所言非虚。到了明清时期，法律对于证人伪证责任的规定与唐律相比有了较大的变化。明律没有在《诈伪》篇中设立独立的"证佐不言实情"这一专条，而是在"狱囚诬指平人"条附加规定："若鞫囚而证佐之人不言实情，故行诬证，到罪有出入者，证佐之人减罪人罪二等。"② 此处对于证不言情的构成要求与唐律既有相同之

① 刘俊文点校：《唐律疏议·诈伪·证不言情》，法律出版社 1999 年版，第 511 页。
② 怀效锋点校：《大明律·断狱》，法律出版社 1999 年版，第 217 页。

处，亦有不同之处。两者的相同之处在于对伪证者的处罚都是一样的，即减所出入之罪二等。不同之处在于伪证罪的构成要件，明律对于伪证罪的构成要件没有唐律关于议请减案件的限制，也无证人作伪已经在实际上引起司法官员误判的要求。当然，明律与唐律的规定相比，也有可取之处。唐律对证人作伪的要求是"不吐实情"，只强调客观方面。而明律增加了"故行诬证"这一主观要求，显得更为合理，它将证人有正当理由及不知实情而作出不实陈述的情况排除出伪证之外。① 即将客观伪证罪变为主观伪证。总的看来，明律与唐律相比，在伪证罪的规定方面，唐律更强调客观恶果，而明律更强调主观恶性，两者各有千秋。沈家本认为明律不如唐律的观点亦是对唐律过于美化之语。② 清律"证不言情"的规定与明律大体相同，但增加了伪证者的主观心理要求，即证佐之人"有所偏徇"。③ 其实证佐的故行诬证肯定是有所偏徇，要么是希望被告人受到更严厉的处罚，要么是希望被告人受到较轻的处罚。那种对当事人毫无偏袒却作伪的现象很难想象，除非是专门为了与官府作对。因此，清律的这一律后注似有蛇足之嫌。另外，清代例文将实非证佐之人挺身硬证的行为规定应以诬告处罚。④ 诬告人的处罚在清代时是加等反坐，这比法律对于普通证人作伪证的处罚要严厉得多。由于作伪证之人究竟是不是证佐之人，非常难以判断。⑤ 因此这一规定在实际上缺少可操作性。同时清代诏令还对特殊证人生员作伪证进行了特别规定：司法实践中对于生员代人扛帮作证，审系虚诬，地方官详请褫革衣顶，照教唆词讼本罪者，以枉法从重论，其讯明事属有因，并非捏词妄证者，亦将该生员严加戒饬，倘罔知悔改，该教馆查明再犯案据，开扫劣行，申详学政黜革。⑥ 这样，依据明清律，证人同样的作伪证行为，受到处罚的严厉程度也可能大大加重，这体现了明清法律对于作伪证行为打击力度的加大。

2. 实践中的处罚

明清司法实践中对于伪证者的处罚与立法规定有一定的差距。大体有以下

---

① 正当理由如证人受到当事人的威胁，因恐惧而不敢陈述实情。

② （清）沈家本：《历代刑法考·四》，中华书局 1985 年版，第 2096 页。

③ 田涛、郑秦点校：《大清律例·断狱》，法律出版社 1999 年版，第 579 页。

④ 田涛、郑秦点校：《大清律例·诉讼》，法律出版社 1999 年版，第 485 页。

⑤ 证佐之人身份的确定在明清时期的司法实践中并无一定之法，若当事人之间是契约纠纷，那么在契约上署名的人员应当具有证佐身份。问题是不在契约上署名的人也不能说就不是证佐之人。在非契约案件纠纷中，或即使是契约纠纷但契约已经灭失的契约纠纷中，证人的身份就没有有效的办法可以认定。

⑥ 《钦定大清会典事例》，上海古籍出版社 2003 年版，第 53 页。

几种情况，一是从宽处罚；二是依法处罚；三是无法判断是否依法进行。

一是对伪证者从宽处罚。清代怀宁县人黎宰衡与汪琦争坟，生员李维思、魏朝为黎宰衡扛邦祖证。司法官员查清事实后，将二人押发该学，徵以夏楚，即交于县学进行鞭责。这与清律中伪证罪的处罚规定不符。因为伪证的处罚如果是笞杖刑，也应在县衙实施，而无到县学实施的道理。很显然，这一做法是考虑到了伪证者的特殊身份，出于维护生员的尊严，才没有当堂予以责惩。也与《会典事例》记载的做法不符，因为《会典事例》的做法是由地方官详请褫革衣顶，照教唆词讼本罪者，以枉法从重论，较律文规定的处罚还要重。不过县学里的鞭责恐怕更多的是精神惩罚，其严厉的程度应当低于官府的杖责。而黎宰衡的首证邵傅虽也作出伪证，但因迫于舅命，且后来能够直言，结果是宽以教之。① 清律中并没有伪证罪可以免予处罚的其他条件，除非当事人是在不知情的情况下作证明或者有正当理由。但本案中，邵傅为黎宰衡作伪证，显然系知情，而且其动机也是为了偏袒一方当事人，与清律注中的"有所偏徇"相符，但居然因为迫于舅命及能够直言而被免除。可见，司法实践中对于当事人伪证的处罚较立法规定要温和得多。事实上，司法官员对于伪证行为的宽大处理并非个别现象，有时甚至没有任何理由也可以不予处罚。清代桐城人范宗高与唐松茂争抢荛草，胡学山、胡克允、周非隘、张彩士、杨泽遐、胡次先等人为范宗高作伪证，司法官员对他们的处理是姑从宽逐释，倘再扛邦生事，定行按名提究。② 由此可见司法官员对于伪证者处理的从宽倾向。

二是对伪证行为基本依法处罚。明代人翟永与人争地，买同邻人扶同作伪证。司法官员对其处罚是依不应为重律，杖八十。③ 明律中只有证人作伪证的处罚，但对于买通他人作伪证的处罚没有规定。若按诬告罪处罚，对诬告者的处罚要以受诬告者被诬罪名而定。因为是民间田土纠纷，受诬告者的罪名也很轻，因此，诬告者的处罚也相应较轻。况且原告是否有诬告行为而不能确定，因此司法者按照不应为重律对其处罚，显示了严厉打击的态度。

清代桐城地区人刘隐贤在蒋又恒门前自缢身死，刘隐贤弟刘隐臣控官要求追究蒋家害命之责。蒋家则反诉刘隐臣扛尸图赖。有县民查尔顺受出证亲见刘隐臣扛尸一事，后事实查清。司法官认为查尔顺以无据之词，贪利插证，以致

① （清）徐士林撰，陈全伦、毕可娟、吕晓东主编：《徐公谳词》，齐鲁书社2001年版，第185页。

② （清）徐士林撰，陈全伦、毕可娟、吕晓东主编：《徐公谳词》，齐鲁书社2001年版，第614页。

③ （明）王概：《王恭毅公驳稿》，上海古籍出版社2003年版，第332页。

蒋姓诸人，误信为实，案牍混淆，法难宽纵，未便照"证佐不言实情律"问拟，应请比照"教唆词讼，与犯人同罪律，亦杖八十，仍请枷号两月以儆"。①应当说司法官员的这一认识还是有一定合理性的，因为伪证罪的当事人参与诉讼是被动的，它的危害在于可能改变案件事实认定的结果。而教唆罪则要严重得多，教唆犯参与到诉讼中是主动的，其危害性在于兴起一场诉讼，因此教唆罪的处罚要重于伪证罪。本案中查尔顺虽无教唆故意，但他作伪证的行为却有兴讼效果。如他不作此伪证，则蒋姓一家也可能就不会提起扛尸图赖之反诉。不过这一罪名的认定多少有点客观归罪之嫌。但司法者明文引用具体法律条文，确实体现了他依法惩治伪证行为的态度。

清代安庆人李廷桂父李又白卖田于徐孔彩，契载可原价取赎，后两人又立准约，称徐人永远管业。李廷桂执原契控县，县批孔彩收钱退田。后案件到府，知府提讯，孔彩始将准约呈府。中证之刘信公，张斯皇，金志三，胡兆贤等人为李廷桂作证。知府认为姑念伊等原未见有准约，概宽逐释。②本案的处理也算是依法进行的。因为明清律对于伪证的要求是诬证，即明知是真，而作出虚假陈述。但本案中中证等人未见准约，只就原约作证，虽与客观事实不符，但与其主观认识相符，依照律意不应追究责任。因此司法官员的做法是合法的。但司法官员还在此卖弄人情，称是从宽逐释，显然也是欺骗民众不懂法之故。

清代徽州地区人郑天宇伪造契约与金华争产，并以王宸任为中。事发后司法官员对郑天宇处罚是重责三十板，而将扛证之中人王宸任重责二十五板。这一做法基本上体现了证人不言情减罪人罪二等的精神，尽管不是严格依律进行。③

三是无法判断是否依法进行惩罚。明末广东人罗心源买麦文伟之田，文伟死后，麦文英、麦文家等人强占其田，罗心源诉到官府。保长麦文贵作伪证证明田应归麦文英等。事实查清后，司法官判令罗心源照契管业，对麦文贵的伪

① （清）徐士林撰，陈全伦、毕可娟、吕晓东主编：《徐公谳词》，齐鲁书社2001年版，第95页。

② （清）徐士林撰，陈全伦、毕可娟、吕晓东主编：《徐公谳词》，齐鲁书社2001年版，第271页。

③ （清）徐士林撰，陈全伦、毕可娟、吕晓东主编：《徐公谳词》，齐鲁书社2001年版，第558页。依律文减二等规定，应处中人杖十的处罚，不过司法者认为该中人并非一般的中人，明系唆讼棍徒，司法官员原想按实非证佐之人挺身硬证的规定将其与诬告人一体同罪，如果是那样，中人也将被处杖三十。但毕竟认定实非证佐之人并不容易，因此司法官员的做法实际是兼有两者的考虑在内。

证行为处以杖刑。① 判决中没有说明应杖多少。依明律规定，麦文贵的行为构成伪证，不过伪证者的处罚是比照犯人罪减二等。但本案的几名被告受到的处罚也是杖，同样没有表明杖多少，因此两者是否有差距无法判别。

清代人汪宗洪听从汪伯訏主使，以汪宗作作为硬证，妄捏衙役诈赃控官。官府对于宗洪，宗作各予杖责。② 汪宗洪属诬告，汪宗作属于硬证，判决书没说杖责多少，无法判断两者的处罚是否相同。而清代的条例规定："如非实系证佐之人挺身硬证者，与诬告人一体治罪"。③这一判决与条例规定是否一致也无法判断。

总的看来，明清时期司法实践中对于证人伪证行为的处罚虽说有依法进行、从宽处理与无法判断三种情形。但无法判断的情形大体可以推定是不会超过法律规定的，因此我们可以得出结论，司法实践中对于伪证行为的处理与立法规定相比总体上是偏轻的，偏轻的理由主要是因为案件属于民间细故的性质决定的。对于民事细故案件，连应当被判败诉当事人都很少受到严格的制裁，如欲对伪证者进行严厉制裁反而显得轻重失当。

（二）对书证伪证的制裁

在明清时期的民事诉讼中，伪造实物证据的行为主要表现为伪造书面证据。至于伪造普通物证，一是因为技术上较为困难；二是因为民事案件很少以物证来证明事实，因而也很少有必要伪造物证。据笔者对明清时期司法实践中伪证现象的考察，也很少发现单纯伪造实物证据的做法。④ 但在伪造书证过程中，为了增加书证的证明力，也会附带伪造书证的附随物，如官府印章，当事人手模脚印等，这可以视为是附带的物证伪造。

1. 立法的规定

伪造官府的印章在明清律中《刑律·诈伪》一节有专门的律条予以调整。而伪造其他证据，却法无明文规定，不过，明清律中的《刑律·杂犯》一节中有不应为罪名，可以用来调整。另外，伪造书证都由当事人完成，而凡是当事人伪造书证来起诉，一般都会与诬告行为不可分割。因此，立法中关于证物

---

① （明）颜俊彦：《盟水斋存牍》，中国政法大学出版社2002年版，第432页。

② （清）徐士林撰，陈全伦、毕可娟、吕晓东主编：《徐公谳词》，齐鲁书社2001年版，第638页。

③ 田涛、郑秦点校：《大清律例·刑律·诉讼》，法律出版社2003年版，第485页。

④ 本章第一章第三节"明清民事证据法的原则"中引用的绍兴某翁的女婿利用邻人尸骨来滴血认亲的做法可以视为是单纯的伪造物证。不过这一做法难度太大，因此实践中造假者也较少采用。

伪证罪的条文主要表现为这三条。

一是伪造官府印章的法律规定。明律规定：伪造诸衙门印信，斩，为从及知情用者，各减一等，若造而未成者，各又减一等。① 清律的规定更详细：伪造诸衙门印信，为首雕刻，斩监候，为从者，减一等，杖一百，流三千里。若造而未成者，各又减一等。除律文外，清代的例也调整这一行为：伪造衙门印信，若非关军机，止图诓骗财物，为数多者，俱照律拟斩监候，为从者同。若诓骗财物，为数无多，银不及十两，为首雕刻者，杖一百，流三千里，为从及知情用者，各减一等。②

二是"不应为"的法律规定，这可视为伪造普通证据的处罚规定。明律规定：凡不应为而为之者，笞四十，事理重者，杖八十。③ 清律与此完全相同。

三是诬告行为的法律规定。诬告行为调整刑事诬告居多。而民事案件的败诉者受笞杖刑以下的处罚。因此，在诬告律中关于严重诬告后果的规定不属于本节考察范围。明律规定，凡诬告人笞罪者，加所诬罪二等，杖徒流罪者，加三等。④ 清律内容相同。

2. 实践中的做法

一是伪造普通证据的处罚。司法实践中对于当事人伪造证据的处理是否依律进行较难判断，主要原因是司法官员很少明确引用条文。

明代沈子国将已卖于沈士胜之田一亩六分另立一空头白契，抬起年月卖于蒲伯龄，蒲知而买之。事实查明后，沈子国严缉不获，司法官认为对蒲伯龄法应重拟，因子国未经对质，故杖惩之。⑤ 本案以沈士胜妻孔氏为原告，因此沈子国等人伪证行为不能适用诬告律文。又因为伪造的乃是白契，因而也不适用伪造官府印章条，而只能适用不应为条文。本案因为事实没有最终查清，故而从轻杖惩蒲伯龄。虽没说是依据何律，估计应该是不应为轻。如果沈子国能够对质，其行为则构成盗卖田宅之罪，而该罪的处罚是"田一亩，笞五十，每田五亩，加一等"。按照明律这一规定，对蒲伯龄的处罚同样不会超过笞五十，而不应为轻是笞四十，两者差别不大。从本案来看，伪证行为的责任追究与立法规定基本吻合。

---

① 怀效锋点校：《大明律·刑律·诈伪》，法律出版社 2003 年版，第 193 页。
② 田涛、郑秦点校：《大清律例·刑律·诈伪》，法律出版社 2003 年版，第 510 页。
③ 怀效锋点校：《大明律·刑律·杂犯》，法律出版社 2003 年版，第 205 页。
④ 怀效锋点校：《大明律·刑律·诉讼》，法律出版社 2003 年版，第 176 页。
⑤ （明）颜俊彦：《盟水斋存牍》，中国政法大学出版社 2002 年版，第 200 页。

清代法律对于普通伪证罪的处罚与明代做法基本没有差异，大体上也是按照不应为条予以处罚。清代漳州人廖绍外出，妻兄刘临捏造廖绍休书，并伪造廖绍手印，计图弊混。司法官员对刘临的处罚一杖以惩。虽没说明杖的数目，大概也是按照不应为轻杖笞四十。①

二是伪造含有官府印章行为的处罚。伪造官府的印章并用于当事人伪造的相关书证上，这一做法因律有明禁，实践中司法官员的处理较为慎重。

清代桐城人李乔造伪造印契与阮心一争山。事发后知府徐士林认为李乔本应详革，置诸重典，姑从宽传谕教官，当堂扑责，儆其顽胆，予以自新。② 本案中李乔伪造印契，自然也就伪造了官府印章。李乔伪造证据这一事实无可怀疑，按律应杖一百，流三千里。按《会典事例》的规定，则应革去生员称号。徐士林说的本应详革，置诸重典，即是此意。但结果是从宽让教官扑责，处罚较普通的伪证行为还轻。

清代桐城人唐松茂与范宗高争菱草，唐本有理，但恐败诉，乃雕一歪斜不堪之木记，假捏前县印照，执为凭据。案件的处理结果是唐松茂在民事上胜诉，却因伪证予以枷号。③ 将本案与前案相比，本案当事人伪造证据目的正当，而前案当事人伪造证据目的不当，但本案当事人受到的处罚却重于前案当事人，原因就是两者的身份不同，因为前者具有生员身份。可见，触犯同样一种伪证行为，若行为主体不同，处罚也大不一样。

清代休宁人王升公捏造假田契四张，又虑白契难以觅售，遂仿照印文请汪奇伟雕刻。而汪奇伟不识一字，遂按王升公书写之字刻写。王升公以假印契三纸，托吴昭如包中，代当程宗孟银四十一两有零。事发后，司法官吴宏在详词中表达了自己的观点：王升公本应照伪造印信为首，造而未成者拟流。但王没有动手，故应比照印信为从，未成减等律，杖徒不枉。而汪奇伟不知自己是在私刻官府印信，应按不应重律杖八十。④

将伪造含有官府印章证据的处理与伪造普通证据的处理相比较，笔者发现前者要慎重得多。尽管司法者也都有从宽的做法或建议，但都先表明了伪证者

---

① （清）徐士林撰，陈全伦、毕可娟、吕晓东主编：《徐公谳词》，齐鲁书社 2001 年版，第 464 页。

② （清）徐士林撰，陈全伦、毕可娟、吕晓东主编：《徐公谳词》，齐鲁书社 2001 年版，第 593 页。

③ （清）徐士林撰，陈全伦、毕可娟、吕晓东主编：《徐公谳词》，齐鲁书社 2001 年版，第 614 页。

④ （清）吴宏：《纸上经纶》，郭成伟、田涛点校：《明清公牍秘本五种》，中国政法大学出版社 1999 年版，第 161 页。

本应受到的处罚，然后再陈述予以减免的理由，还不是像对普通伪证罪一样在处理上有很大的随意性。这表明由于立法上明确规定的存在，司法官员在涉及此类行为的处理时还是有所顾虑的。不过司法官员在此更多地考虑还是如何减轻被告人处罚。因为律条规定过于严厉，而此类行为的实际危害性又并不是很严重。立法规定有情轻法重之嫌，如严格依法实施制裁，则又会有失公正。可见，司法官员努力做出的从宽处罚并非仅仅是为了体现仁政意图，也还有抵消立法过严的负面影响考虑在内。

九、二审中的证据

明清时期的民事诉讼中，当事人之间的争议历经二审、三审甚至数审的现象非常普遍。这一现象出现的一个最重要原因是当时的诉讼制度无终审的概念。现代诉讼法律为了在保证案件正确审理、司法效率及维护司法权威三个价值之间进行平衡，设定了审级制与终审制。各国家的法律在审级数量的规定虽有不一，有二审终审，也有三审终审，但其精神都是一样的，只不过二审终审更强调司法的效率性，而三审终审更强调司法的正确性。明清时期的司法审判制度没有终审的概念，所有案件都经最基层司法机关开始审起，逐级向上，甚至可以在同一级司法机关反复审理。这可以看出，明清时期审判制度的设计更强调保证事实认定的正确性。这一价值追求将会影响其他层次审理中证据的运行。由于明清时期不存在严格二审制度。因此笔者在此使用二审一词，其含义与现今诉讼法中的二审概念在本质上是不同的。此处所指的二审是指某一案件在初审以后的任何一次审判。既包括当时原审的上级机关对同一案件的审判，也包括同一审判机关对于同一案件的再次审判，且次数也不限于第二次，以现代诉讼法而言，即二审、再审、重审、提审都属于二审。而笔者之所以将这些不同重审都视为是二审，是因为这些审级之间并无质的区别，无论是从适用的程序，还是判决的效力都是一样的。本节笔者考察二审证据主要从以下几个方面进行：一是司法官员对原审中证据与事实认定的态度；二是二审中的旧证据；三是二审中的新证据。

（一）司法官员对原审中证据与事实认定的态度

1. 有错必改

（1）明清时期司法官员关于改正错误判决的论述。一起民事纠纷，进入下一次审理后，司法官员对原审的态度将会直接影响到证据在二审中的运行。现代诉讼法特别强调对于原审证据的重视，并不随便改变一审证据在事实认定中的作用，二审中新的证据一般也是由当事人提供的，很少由司法官员重新再去收集证据。明清时期的司法理论强调案件真相的发现，因此不太主张受原审事实认定的过多限制，视勇于改错为值得肯定之举。清代名吏徐士林认为：夫官无毁笔，原属鄙说，如果前事未确，后勘得实，即行改正，坦白虚公，刁民不得藉为口实。①

针对当时司法官员中很流行的两个观点，即当事人上控一般都因民之刁健，而司法官员如改正以前错误判决则会进一步加剧诉讼泛滥的担忧。清代另一司法官员袁守定指出：自理词讼，审后上控，误多在官，不必尽属民之刁健，须再为详鞫，不可据原断详结。强调了当事人上诉的原因主要不在于民之刁健，而是官府审案的错误。同时袁还指出：案件复杂，虽以详慎处之，不能百不失一，但既知其误，当引咎自责，随时改正，并将因何误断，因何改正并引咎之意俱于谳内申明，民自感服，切不可谓既断复改，必滋讼蔓，坚持其令。② 他不仅指出了错案产生的不可避免性，也指出了改正判决的有益无害性。从主观与客观两个方面来鼓励司法官员认真复查案件，敢于改错。

（2）明清时期司法官员改正错误判决的实践。前引明代金华府金华县潘贵一与妻郑月往贺郑父寿辰。过河渡船时，幼子饥哭，郑解怀喂乳。船棍洪昂，见其左乳下方一黑痣，遂起不良之意。下船后，潘、洪同时扯郑，均言己妻。众人将其扭送府衙。知府丘世爵问郑是谁妻，郑答是潘妻。洪称郑、潘私通，设圈套骗人。丘问洪，你说郑是你妻有何凭证，洪言左乳下有一黑痣。命郑解怀，查凿是真。丘怒，责潘二十，发洪领妻还。三人出遇知县苏万民，苏见潘、郑相哭，询问因由，禀明丘后带问本县复审。单独讯问三人，郑、潘二人就对方年龄、家况所答一致；洪起初语塞，后又乱答。苏断出真情，判洪发配塞外边远充军。③ 本案中县令对于知府的判决持有怀疑的态度，因此提出由自己来审。后来通过新的审理方式发现了事实真相。本案的可贵之处在于一审错误者是知府，而改正者是其下属知县，这两人的身份很特殊。知县没有因为案件是知府认定的，就盲目相信其正确，也没有考虑到自己要去翻知府定的案，会不会引起知府的不满。而知府也很坦然地将案件交于下属审理，没有考虑若是案件被下属改判后影响自己的面子问题。其实，明清时期的民事司法实

---

① （清）徐士林撰，陈全伦、毕可娟、吕晓东主编：《徐公谳词》，齐鲁书社2001年版，第350页。

② （清）徐栋：《牧令书》卷17，引自《官箴书集成》第7册，黄山书社1997年影印本，第382页。

③ 郭成伟、肖金泉主编：《中华法案大辞典》，中国国际广播出版社1992年版，第638页。

践中，二审改变一审事实认定的案例俯拾即是，有上级改正下级的，有同级改正同级的，还有自己改正自己的，但下级改正上级的判决，确属不多见，因为从制度上也没有法定路径可行。笔者引用这一案例，旨在表明明清时期的司法官员对于改正错误的态度是积极的。

2. 因循不变

对一审认定事实错误，应当敢于改正，这是明清时期司法官员的基本态度。问题是如何发现错误，如每一起案件进入二审后都要全案仔细审查一次，无疑是将原审的工作视为一文不值。因此，司法官员在二审中对于原审的事实认定一般不是通过仔细审查证据来定其正误，而是对当事人上诉的理由进行情理上的分析，若发现有问题，再来审查证据。反之，则对原事实认定与证据都采用维持态度。尤其是在二审不便重新取证的情况下更是如此。明代颜俊彦在《盟水斋存牍》中记载的案件审理态度就表明了这一观点。在陈万权与何茂成争田一案中，前一审万权不服，二审万权还是不服。案件申详到广州府后，推官颜俊彦认为："田土之事，职又何能舍县所审勘，而臆断之乎。"[1] 笔者以为颜俊彦的观点是合理的，因为田土案件一般都须勘丈方能查明事实，而并无证据表明上级官吏的勘审就比下级官吏的勘丈更高明。况且，一审的勘丈因为实施成本较低，因此常能很从容实施，而上级审理者实施勘丈成本高昂，且非常不便，因而勘丈效果亦没有保障。为此二审官员不主张再次勘丈。事实上，二审中因没有新的证据，二审维护原审结果不变的案例也颇为常见。本书第一章"民事证据法的原则"一节中引用的蔡西斋审理安定两家争坟案、张静山审理的争坟案的前几审，都因为没有新的证据，而没有做出新的事实认定。

当然，二审的因循也有因为司法官员不愿重新审查原审事实及证据所致。在明清时期的司法实践中，二审改判一审判决最难的情况就是由司法官员改变由本人先前作出的事实认定。这有两个原因：一是先入为主，因为先前的事实就是自己认定的，自我发现错误远比他人发现自己的错误要困难得多；二是人的心理因素，一个人否定别人容易，否定自己则相对困难，毕竟自我肯定乃是人之常情。司法官员二审审理的还是自己审理过的案件，一般有两种情形：一是当事人再次起诉讼；二是当事人上诉后上级发回重审。这两种情形中，司法官员改变原事实认定都较其他二审改变认定困难。前引《徐公谳词》记载刘隐贤自缢身死案中。刘隐贤在蒋又恒门前自缢身死，刘隐贤弟刘隐芳控官要求追究蒋家害命之责。蒋家则反诉刘家扛尸图赖。县审时查尔顺出证称亲见刘隐臣扛尸一事，县断刘隐芳徒刑。案件解送到府，知府发现疑问，驳令知县重

---

[1] （明）颜俊彦：《盟水斋存牍》，中国政法大学出版社 2002 年版，第 528 页。

审，但知县仍照原拟招解到府。后来知府亲审此案，查清乃查尔顺作伪证。本案重审之前，上级司法官员已经指出了案件疑问，但重审还是没有新的发现。很可能重审时只是走过场，因此结论自然也就一样。后来上级司法官员亲自审理才发现了事实真相。这有力地证明了二审更换审判人员是保证二审发现一审错误的重要条件。现代诉讼制度中强调案件发回重审应当由新的审判庭来审理，道理正在于此。

（二）二审中的旧证据

二审中对于原审认定事实发生变化大体有两种原因：一是对原审中的证据产生了新的认识；二是二审中出现了新的证据。在通过当事人的呈词发现原审的问题以后，二审官员如打算作出新的事实认定，一般会首先考虑重新审查一审中的证据，看能否得出新的判断，然后才会考虑是否会有新的证据。

1. 认真审查，确认真伪

同一证据，经历不同的审查者可能会得出不同的证明结果。正是认识到这一点，二审司法官员对于原审的证据会重新审阅，从而发现问题。清代太湖县人蔡方来以假谱为证与蔡永争坟。前审正署两官都未能识别假谱，而作出了支持蔡方来的判决。后蔡永控案到府，知府徐士林仔细阅核方来宗谱，发现矛盾之处，从而查明事实。① 本案认定事实的主要证据家谱在前面几审中都已经审查过，但知府在审理时仍然继续审查，从而发现新问题。这表明对于一审中已经审查的证据，二审法官只有不轻信，才会得出新的结论。

2. 旧证新断

前述案件中，二审官员通过审查证据否定了原审的证据，因此得出了不同的结论。也有的二审官员在一审证据没有改变也没有被否定的情况下，依据同一证据得出新的结论。清代诏安县李天告叶丑赎回房屋一案。李天称其房屋曾典于陈姓，后为陈姓转典于叶丑，要求赎回房屋，叶丑则称其屋是买于陈姓，与李天无关。县审中李天呈交了李姓与陈姓约字，司法官员认为李天主张属实。但叶丑抗不具结，案件无法审结。后叶丑又向该司法官员起诉，称李天所执与陈姓议约，没有叶姓列名，司法官员又判令叶丑管业。② 这样的思路显然

---

① （清）徐士林撰，陈全伦、毕可娟、吕晓东主编：《徐公谳词》，齐鲁书社2001年版，第59页。关于徐士林判断蔡方来假谱的详细过程，见本书第二章"书证"一节中书证真伪的判断部分。

② （清）徐士林撰，陈全伦、毕可娟、吕晓东主编：《徐公谳词》，齐鲁书社2001年版，第354页。

是有问题的，面对同一证据得出两份不同的结论，难有说服力。后来的事实表明司法官员的这两个判断都是有缺陷的。这一案件的处理结果说明二审想要得出比一审更正确的结论，必须重视证据的作用。或者是有新的证据，或者否定旧的证据。

（三）二审中的新证据

在二审之时出现新证据，这是案件事实认定发生改变的重要原因之一。新证据的出现有两种途径：一是由当事人提供；二是由司法官员收集。对于这两种不同的新证据，司法官员的态度是不同的。

1. 当事人提供新证据

对于当事人在二审时才提供的证据，官方的立场主张应予以重视，毕竟在重实体轻程序的时代，立法是不可能将新证据排除出证明体系之外的。但也不能将当事人故意隐瞒证据以求得二审的动机排除，而将细故案件故意安排到上级机关审理显然违背州县自理词讼的立法意图，因此在司法实践中司法官员对于当事人在二审时才提交的证据存有一种与一审证据不同的态度，即往往会预存怀疑。若当事人不能就为何一审时不提供该证据做出一个合理的解释，司法官员往往倾向于否定该证据的证明力。清代雍正年间，李乔与阮姓争坟地兴讼，李乔称该地系万历三十年，买苏伦山地葬棺十一冢，并称印契炳据。但司法官员认为康熙五十年李乔与他人争此地时，前后三纸并无印契一语，彼时其弟身受三木，果有印契约，何不呈验，直待雍正五年始出具此证。况契内印色固新，墨迹非旧，事后假捏，情弊显然。[①] 本案中李乔在二审提出的证据并不是一审以后才形成的，按照常理，理应在一审时提出。但一审时非常需要此证据时却未提出，且李乔也未能表明当时不提出证据有正当理由。因此司法官员根据情理认为这一证据不可信，然后再通过书证的真伪审查方式确定书证为伪。虽然从司法实践来看，当事人二审提供的新证据还没有因为仅是由于是新证据就被否定的先例，但司法官员的这种思维还是有益的，因为司法官员若是按照正常态度对待证据，有可能会审查不细致，从而让伪证蒙混过关。明清时期的司法实践中，一审当事人伪证成功的案例数量相当可观；而二审当事人提供的新的假证据能骗过司法官员的案例却很少见。一个重要的原因就是司法官员对此证据已心存防范之意。

当然当事人呈交的证据虽属二审提出，但在一审就已申明存在，则此种证

---

① （清）徐士林撰，陈全伦、毕可娟、吕晓东主编：《徐公谳词》，齐鲁书社2001年版，第591页。

据在二审时就不会受到特别的怀疑。清人李廷桂之父李又白于康熙三十年卖田于徐孔彩，契载不拘远近年月，原价取赎。康熙三十五年又立准约，准与徐人兴作开力，日后李人永不找取，徐人永远管业。李廷桂执原契赎笔为词控县取赎，县批徐孔彩收钱退田。徐孔采止以续立准约禀诉，却并不呈验，致县详府。知府提讯，徐孔彩始将准约呈府。知府认定准约为真，断徐孔彩胜诉。①

2. 司法官员重新收集的新证据

二审中新证据的另外一种情形是由司法官员收集。对于一审案件，若当事人不服，并且有能够说服二审法官的理由，则二审法官也会受理案件，并助其收集证据，这一证据因为是司法官员自己收集的，因此在事实认定方面能起到较大的作用。本书第二章"勘验"一节提及的徽州府休宁县吴氏与朱氏争坟一案。休宁县知县委托里老人踏勘，并在此基础上判吴氏败诉。吴氏以里老人踏勘不公及知县刑讯逼供为由上诉徽州府获准。徽州府指令绩溪县丞亲诣告争山所，拘集地方排年，里老、山邻等并带卖人吴士贵、黄成宗子孙到官眼同经官逐一踏勘。② 踏勘结束后绩溪县丞以勘验的结论对案件作出认定，判决吴姓胜诉。前文引述的明代金华县知县苏万民审理知府邱宏爵已经审理的案件，其审理过程是单独讯问三人，郑、潘二人就对方年龄、家况所答一致；洪起初语塞，后又乱答。苏断出真情。③ 本案二审中的新证据是郑、潘二人所答对方年龄与家庭状况一致，而洪则乱答。这一证据与一审时司法官员认定事实的证据完全不同，而且证明力更高。因此能够查明事实。

第四节　影响证据法的因素

一、传统证据制度与实践

对明清时期的民事证据制度产生影响的要素中，传统的证据制度与实践是不可忽视的要素。传统民事证据制度与实践对明清时期的证据制度的影响是多方面的，不仅影响证据方法的选择，也对特定案件的证据实践产生影响。影响的途径及成因也都体现了中国传统文化的特色。

---

① （清）徐士林撰，陈全伦、毕可娟、吕晓东主编：《徐公谳词》，齐鲁书社2001年版，第271页。

② 《茗洲吴氏家记》，转引自韩秀桃：《明清徽州的民间纠纷及其解决》，安徽大学出版社2004年版，第192页。

③ 郭成伟、肖金泉主编：《中华法案大辞典》，中国国际广播出版社1992年版，第638页。

（一）传统证据制度影响的方面

1. 影响证据方法的选择

明清时期的民事诉讼中，重视人证与书证是证据实践的一个重要特色，除了中人现象普及和当事人的法律意识增强之外，传统司法文化的影响也不可忽视。另外，明清时期的民事诉讼中，普遍将滴血之法作为认定当事人是否有血缘关系的依据一样是受到传统司法实践的影响。

一是对人证的重视。中国古代的诉讼中，刑事诉讼重口供，民事诉讼则更重视人证。而民事诉讼之所以重视人证，是因为民事纠纷的发生一般都有人见证或目击。因此，中国古代的人们很早就强调民事诉讼应以某些特定证人为证据。《周礼》中"凡民讼，以地比证之"，此处的地比即后来的邻居。很显然，普通百姓之间的民事纠纷，邻居是最为熟知的，以他们为证是理性的选择。

二是对书证的重视。在中国古代的民事诉讼中，很早就有重视书面证据的传统。早在先秦时期，《周礼》即主张"凡地讼，以图证之"。① 以财狱讼者，正之以傅别、约剂。② 表明在田产纠纷中应以图册作为查明事实的证据，而在财产诉讼中，则应以傅别、约剂作为查明事实的依据，甚至还规定"凡有责者，有判书以治则听"。③ 将原告是否有书证证明本方的主张作为案件受理的条件之一。在以后历代的民事诉讼中，书证都颇受青睐，正如《折狱龟鉴》所说："争田之讼，税籍可以为证；分财之讼，丁籍可以为证。"④ 尤其是到了宋元以后，民事财产纠纷日趋增多，书证在查明事实方面更受官府倚重。"交易有争，官司定夺，止凭契约。"⑤ 这些主张都表明了司法理论与实践对于书证的强调。

三是滴血辨亲之法成为确认当事人身份的重要依据。滴血辨亲之法在汉代已经出现。载《汝南先贤传》，陈业兄死于非命，陈业为找到兄长尸骸，便不

---

① 《周礼·地官·小司徒》，见陈戍国点校：《周礼·仪礼·礼记》，岳麓书社1989年版，第31页。

② 《周礼·秋官·士师》，《周礼·地官·小司徒》，见陈戍国点校：《周礼·仪礼·礼记》，岳麓书社1989年版，第99页。

③ 《周礼·秋官·朝士》，《周礼·地官·小司徒》，见陈戍国点校：《周礼·仪礼·礼记》，岳麓书社1989年版，第101页。

④ 《折狱龟鉴·证慝》，转引自李交发著：《中国诉讼法史》，中国检察出版社2002年版，第122页。

⑤ 《名公书判清明集》卷五《物业垂尽卖人故作交加》，中华书局1987年点校本，第152页。

停地将自己的血滴入可疑尸体，直到最后发现自己的血渗入到某一具尸体中去。① 这一方法历代相沿。虽说在需验者与供验者都健在时，可以通过其他方式如比照相貌的方式来判断真伪。但这一方法主观性太大，一般司法实践不采用。② 在司法官员心目中更可信的还是滴血之法。明清时期的司法实践中，就有不少滴血辨亲的记载，③ 尽管有些案件中因为没有采用滴血的办法而致事实没有查清，但那并不是因为司法官员不相信滴血的可靠性，而是因为供验者已入土为安，司法者认为这么做不合适，因此不忍启棺滴血而已。

这些观点与做法对明清时期的证据制度产生了很大的影响。以重视人证与书证为例，明代学者丘浚在总结民事诉讼中证据的运用时仍然称："盖民之讼，争是非者也，地之讼，争疆界者也，是非必有证佐之人，疆界必有图本之旧，以此证之。则讼平而民心服矣。"④ 这一认识与《周礼》的观点相比，几乎如出一辙，只不过将地比换成了证佐之人，图换成了图本。而明代推官颜俊彦强调"官凭文断"的观点同样是《周礼》中强调以"傅别约剂"证财狱之讼观点的翻版。对于滴血辨亲，明清的司法界也对其进行了理论上的总结。清人潘月山在《未信编》中记述了滴血之法：需验者与供验者各出血一滴之器内，真则共凝为一，否则不凝也，但生血见醋则无不凝，故有以盐醋先擦器皿作奸之法。⑤ 清代司法界也认为，骨肉滴血必相合，论其常也，或冬月以器置冰雪上，使极冷，或夏月以盐醋擦器，使有酸咸之味，入器即凝，虽至亲亦不合，故滴血不足成信谳。⑥

2. 特定案例的影响

明清时期司法实践有不少案件的审理受到了古代司法实践的影响。下面几

① （清）纪昀：《阅微草堂笔记》，中国华侨出版社1994年版，第542页。
② 唐代的一份拟判词的内容如下：黄门缪贤，先聘毛君女为妇，娶经三载，便诞一男，西邻宋玉，追理其男，云与阿毛私通，遂生此子，验儿酷似缪贤，论妇状似奸宋玉，未知儿合归谁。判曰：缪贤身为宦者，理绝阴阳。妻诞一男，明非己胤，设令酷似，似亦何妨。今若相似者例许为儿，不似者即同行路，便恐家家有父，人人是男，诉父竟儿，此暄何已，儿归宋玉，妇付缪贤。这一判词表明相貌的相似没有成为司法官员认定当事人之间有血缘关系的证据。
③ 本书第一章民事证据法的原则中就有绍兴某翁亲子身份案的滴血记载，并且后来的事实查明的关键证据正是通过滴血来完成的。
④ （明）邱浚：《大学衍义补·卷106》，上海古籍出版社2003年版，第232页。
⑤ （清）潘月山：《未信编》，转引自《官箴书集成》第3册，黄山书社1997年影印本，第116页。
⑥ （清）纪昀：《阅微草堂笔记》，中国华侨出版社1994年版，第542页。

则案件的处理与古代的案件处理方式几乎完全相同，从中可以看出两者的联系。

（1）张允济审牛案。张允济为武阳令，元武县与其邻接，有人以牝牛依其妻家者八九年，牛孳生至十余头。将及异居，妻家不与。县司累政不能决，其人诣武阳质于允济，允济曰："尔自有令，何至此也？"其人垂泣不止，且言所以。允济遂令左右缚牛主，以衫蒙其头，将诣妻家村中，云捕盗牛贼，召村中牛悉集，各问所从来处。妻家不知其故，恐被连接，指其所诉牛曰："此是女婿家牛也，非我所知。"允济遂发蒙，谓妻家人曰："此即女婿，可以归之。"妻家遂服。①

而《清稗类钞·狱讼》也记载了一则审理方式相似的案件。凤阳富人秦某病危时，其子尚幼，托其赀于妇翁蔡某。秦卒，子依蔡而居。及长而婚，蔡无返璧意。子讼之官，以无佐证而不受理。子诉于邻邑许某，许怜之，乃密嘱盗指蔡为主赃，拘蔡至，以蔡骤富，欲刑之，蔡乃具言秦某托资始末，案遂明。②

本案中许某的做法显然是受到了张允济的影响，两者都用了欺诈、恐吓的手段，而且两者的成功都有一个基本前提，即他们违反了法律上案件管辖的规定。这些案件若还由原审法官审理，就不可能获得这样的效果。

（2）宋高定子知夹江县，邻邑有争田十余年不决者，定子察之为伪质剂，其人不服，定子曰："嘉定改元，诏三月始至县，安得有嘉定元年文书耶，两造遂决。"③ 此案与青城子邱字破案有异曲同工之妙，此书被清人收录，虽不能说一定就影响到青城子的思路，但清人对此事的收录本身就表明受到了它的影响。

（3）汉时，颖川有巨室，兄弟同居，其妇俱怀妊。长妇胎伤，匿之。弟妇生男，夺为己子。论争三年不决。颖川守黄霸令人抱儿于庭中，乃令娣姒竞取之。既而长妇持之甚猛。弟妇恐有所伤，情极凄怆。霸乃叱长妇曰："汝贪家财，固欲得儿，宁虑或有所伤乎？此事审矣！"即还弟妇儿，长妇乃服罪。④

明陈详知惠州，州有二女嫁为比邻，姊不孕，一日，妹生子，而姊之妾同时产女，诡言产子，乘乱换儿归。妹索，弗与。讼与官，陈祥佯自语曰："必

---

① 刘俊文：《折狱龟鉴译注·卷7·钩慝》，上海古籍出版社1988年版，第384页。

② 徐珂编：《清稗类钞》第3册，中华书局1984年版，第1094页。

③ （清）徐栋：《牧令书·卷17·刑名上》，转引自《官箴书集成》第7册，黄山书社1997年影印本，第381页。

④ 刘俊文：《折狱龟鉴译注·卷6·证慝》，上海古籍出版社1988年版，第374页。

杀此儿，事即了毕。"乃置瓷水堂下，引二妇出，曰："吾与汝溺此儿，以解汝纷。"密谓一卒谨视儿，而叱左右诈为投儿状，亟逐二妇使出。其妹失声争救，不可得，颠仆堂下；其姊竟去不顾，祥即断儿归妹而杖姊。一郡称服。①

上述两案的审理过程极为相似，不能理解为仅属偶然，可以肯定后者受到了前者的影响。

古代证据制度与实践对于明清时期证据法的影响还不限于以上几个方面。发端于隋、形成于宋的情证折狱原则，形成于周的五听制度以及贯通于整个传统社会的骨肉之讼以和息为主的思路，都对明清时期的司法实践产生了深远的影响。不过上述内容在本书前面部分已经有过介绍分析，此处从略。

（二）影响的途径及成因

1. 影响途径

传统证据法的制度与实践对明清时期民事证据法的影响主要是通过何种途径实现的，迄今为止还没有学者做过系统的研究。笔者认为，在传统社会知识传播媒介相当单一的情况下，恐怕主要是通过司法官员本人所受的教育及后来的学习来实现的。前述传统证据制度中对后世影响巨大的内容主要体现在《周礼》之中。《周礼》强调民事案件以人证和书证为主要证明手段及审判案件应当"以情求之"。明清时期的司法官员基本上都出身于儒家知识分子，而知识分子走上仕途的主要手段就是科举考试。众所周知，明清两代科举考试的出题只限于《大学》、《中庸》、《论语》、《孟子》四书及《诗》、《书》、《礼》、《易》、《春秋》五经。《礼》包括三礼，即《周礼》、《仪礼》、《礼记》。《周礼》作为三礼之首，受到的重视程度可想而知。读书人十年寒窗，就读这九本书。能考中科举者基本可以视为读书人中的佼佼者，对于这几本经典内容应当熟谙于心。这样在他们成为地方官员之后，面临民事案件的审判时，会很自然地想到这些经典的要求。这样一来，考试经典就成了传播传统证据法理论的最初也是影响最深远的传播方式。

司法官员在求取功名的道路中接受的传统证据文化的教育虽然重要，但却远远不够。因为这些内容原则性很强，可操作性不足。单凭这些知识，司法官员还很难应付非常复杂的审判实践。在走上官场后，他们还会不断地学习前人案件审理的经验。这些学习尽管可能不系统，但会很实用。中国古代自唐代开始形成汇编案例的传统，这一传统到五代两宋时期达到高峰。大量的案例审判实践被整理出来，《疑狱集》、《折狱龟鉴》、《棠阴比事》是其中杰出的代表。

---

① （清）胡文炳：《折狱龟鉴补·卷1》，北京大学出版社2006年版，第67页。

这些作品不仅有司法官员审理案件方法的记录，还有作者自己的评论，理论性与实用性都非常强。它们是司法官员平时的案头书，自然会对司法官员审理案件产生积极的影响。

2. 成因

前文已指出，明清时期的司法官员主要是通过准备科考及后来的不断学习来接受传统证据法的精神的。问题是古代社会的证据法实践为什么能够对他们产生影响。笔者认为，主要有两个方面的原因。

一是明清时期没有完善的法律规定与正规的法学教育。中国古代的法律以刑法为主，诉讼法不是很发达，证据法的内容更是非常稀少。法规的不完善使得司法官员在司法实践中很难依据法律的规定来收集证据、审查证据及运用证据认定事实。同时，中国古代的法律教育系统又很不发达。尤其是到了明清时期，无论是那些只有生员才可以进入求学的县学、府学，还是普通读书人学习的私塾，教授的内容都是与科举考试相关的儒家经典，不可能传授系统的法学知识。清代的幕友阶层内部形成了师徒私相授受的知识传播途径，学幕者可以从老幕友那里学到一些办案的经验。但据笔者掌握的资料，新老幕友之间传授的为幕之道中与证据有关的仅是一小部分。由于没有国家立法做支撑，且幕友本人也没有将为人作幕当作自己的终身职业，而是不得已而为之的权宜之计。他们大都身为幕友，心想仕途。因此，这些幕友即使是在传授幕学知识时也不可能进行法学理论总结，尤其是证据理论的总结。为此在明清时期，无论是学校教育还是私相授受的幕学教育都不可能提供给学习者以完整系统的证据法理论教育。

二是司法实践的需要。没有完整的法律规定及正规系统的法律教育，不代表司法实践就可以没有任何规则。实际上，司法要求的正义是不依法律是否有此规定为前提的。而司法欲要实现正义，首要的条件就是能够发现真实，而发现真实恰恰是证据法的首选出目标。在立法没有规定，各种不同形式的教育又没有告知司法官员应当如何发现真实的时候，司法官员所能做的就是从他们最熟悉的经典中去找。而当经典已经很难应付非常复杂的司法实践时，他们就会想到古代的司法实践。需要说明的是，中国古代社会虽然发展了数千年，但社会基本结构及状况并没有质的变化，人们之间纠纷的种类与表现也大体相似，这就使得古代人判断案件的经验与智慧在明清时期能继续发挥作用。即以证据方法而言，西周时期就强调债务纠纷应以质剂为凭，到明清时期这一点没有改变。古代社会发展缓慢，不像今天这样日新月异，因此那些在数千年前人们总结出来的司法经验在数千年后照样起作用。可以这样说，正是古代社会发展的缓慢，立法的简单及法学教育的不发达，使得传统的证据制度与实践能对明清时期民事证据制度产生深远的影响。

二、诉讼人员

明清时期的民事证据制度一个很重的特点就是实践性强于其文字性，即证据制度主要是通过司法实践体现出来的。既然实践是证据制度的主要表现。那么，司法实践的参加者就自然成为影响证据制度的重要因素之一。因此，考察影响民事证据制度特质的成因，诉讼参加者这一人的要素是不可忽视的。笔者将从当事人、证人、助讼者、审判者四个角度来考察诉讼人员对证据制度的影响。

（一）当事人的证据法意识

明清时期的诉讼当事人的法律意识如何，学界已经有不少的研究成果，针对明清时期在全国大范围内存在的诉讼泛滥的现象，学者得出了一个结论，即明清的当事人已有很强的法律意识，他们在自己的权利受到侵害时，会诉至官请求保护。但这一现象只能得出明清时期的当事人比较注重自身权利的保护，而大量的侵权现象和违约现象的存在又表明他们的法律意识很不完善，基本上只表现在对自己权利的肯定和保护，而对他人权利则视为无物。当事人的法律意识的这种特征影响到证据法领域，体现出极富特色的一面。当人们认为自己的权利受到侵害，且有证据证明时，非常强调官府应当依证据来审理案件，查明事实，为本方做主。但这并不意味着当事人在己方没有证据时就会甘愿接受败诉的结果，他们会反复缠讼，直到事实真相大白。还有一种情形是当事人知道本方的主张没有证据，可能会败诉，但他们也同样不甘就此失败。他们会伪造证据，以图蒙混过关。从这个角度看说我们很难评价他们的证据意识。不过这三种现象都对明清时期的证据实践产生巨大影响这是无疑的。下面我们通过几份司法资料来考察当事人证据意识。

1. 重视证据在认定事实中的作用

明清时期的民事诉讼中，当事人大都具备较强的证据意识。当事人的此种意识表现为两个方面。一是注重收集对自己有利的证据；二是在诉讼中要求司法官员调查证据，依证据来认定事实。

（1）当事人为准备起诉而收集证据。明清时期的当事人为了在将来的诉讼中胜诉，除了妥善保管自己占有的证据外，还会通过其他手段来获得本不属于自己占有的证据，甚至与占有证据的第三人订立证据使用合同。笔者就看到了清代一份证据合同。

全立合约字人叔祖石溪，侄孙清楫等，兹因石溪与族亲云龙有圳底水租之关系，特向清楫借出二十年四月间母柯氏立与长男、次男、长房收执之阄书一通，以作凭证。日后得胜，无论获利多寡，除开费而外，宜作四六摊分。石溪应得六分，清楫应得四分。但开费之项，系于圳底水租有关系，方算在内，其他石溪自己费用及从前开销，均不得算额，此乃至亲交涉，各以天良为主，不得存私。中敢存私，应受天谴。口恐无凭，同立合约字一样二纸，各执一纸为照。①

　　本合同一方当事人石溪因为将欲与孙云龙打官司，但证据不足，遂与其侄孙清楫订立借用证据合同，将清楫占有的证据借出，并约定官司胜诉后双方对所得利益的分配。这份合同的出现不仅表明当事人具有很强的合同意识，也表明了当时的人们具有较强的证据意识。而当事人证据意识的良好显然对于案件事实的查清是有益的。

　　（2）当事人证据意识的第二个方面的表现是当事人在诉讼中能够积极地向官府提供证据调查的思路，并暗示官府应当依调查的证据来认定事实。从明代的一份诉讼档案材料可以看出当事人的证据意识。这是一起田土纠纷，原告谢玉澄的状词是这样写的：

　　告状人谢玉澄，年三十四岁，系祁门县十西都民里长谢玉清户丁。状告承祖唐字二千号、二千一号，共山五十三亩一十步，土名东山，经理及契开东至尖，北至坑。与本县谢道本等相共唐字一千九百九十七、八、九等号山连。永乐年间被道本父、伯、叔不依东至尖界，恃强挪占，被彼势压，只得曲凭亲眷汪景韶劝和，画图用红笔立界，付各照业，经今五十余年。先前砍木二次无争，今年九月，本家砍木在山，不期道本、道忠、玉成、仕端、文俞等带领多人，蓦来印阻，惟在搬插别木货卖，不容搬取，挟制阻拦。切思其山先凭亲眷定界，各先后栽拔，本家木植老大，伊共木苗嫩小，两样不同，显然可辨。兼且本家经理山多，今被占狭，伊家经理山小，今反占阔。既不依尖至及原定界业，顾照经理，为此来告。

　　在告词中，原告不仅提出了自己的主张，而且提供了能够证明己方主张的证据，即各先后栽拔，本家木植老大，伊共木苗嫩小，两样不同，显然可辨。兼且本家经理山多，今被占狭，健家经理山小，今反占阔。这一证据虽不能让官府直接感知，但它为官府指明了证据调查的方向。官府可以通过勘丈的方式予以调查。这一诉状表明原告的诉讼意识里已有较强的证据意识。我们再来考察受理案件官府的态度来判断当事人的证据意识对于案件处理进程的影响。微州府批词是这样的：

────────────

　　① 转引自王连茂、叶恩典整理：《泉州·台湾张张士箱家族文件汇编》，福建人民出版社 1999 年版，第 342—343 页。

直隶徽州府为强占山土印阻木植等事，据系祁门县十西都民谢玉澄状告前事，行据该县申解犯人谢道本等到府审，各执异缘，告杉木，未经勘明，难便归结，拟合行县勘理。为此，今抄告词连人帖发前去，仰本县该当官吏并吊查谢道忠，原发批词即使押带原被前诣告争山所，拘集山邻做山人等，昭照依经理四至，从公踏勘，所争杉木原系何人用工栽种，向系何人管业，今该何人为业，有无老嫩林截，及勘二家经理山亩多寡，要见阔狭，立定疆界明白。取具不扶供结连人送府发落，毋得循情违枉致令再词惹罪不便，须至帖者。计抄粘告词一纸，并发去原被人四名。

徽州府的批词表明对于原告呈词中间接的证据调查申请的认可，要求行县使押带原被前诣告争山所，拘集山邻做山人等，昭照依经理四至，从公踏勘，所争山木原系何人用工栽种，向系何人管业，今该何人为业，有无老嫩林截，及勘两家经理山木多寡，要见阔狭，立定疆界明白。表明原告的证据观念与官府的证据意识是一致的。从这份状词与批词的关系可以看出当事人证据意识对于官府证据实践的影响。

2. 只求权利不论证据的法律意识

明清时期的当事人当然是有证据意识的，但这只限于他们有证明自己主张的证据。倘若没有证据，但他们确信自己主张的事实是正确的。也会要求司法官员为自己主持公道，而不会自己认命。前引《清稗类钞·狱讼》也记载的案件中，原告秦某之子讼其外公蔡某，因无佐证而不受理。但原告并未觉得自己没有证据就放弃进一步的诉讼，而是诉于邻邑。正是在秦某之子的不懈诉讼中，最终司法官员才通过特殊手段为其查明事实。其实当事人没有证据而坚持上诉的现象并非个别。本书"物证"一节部分引用的郑裕国审银案中，原告乡民将银元质押于汤圆店，但没索要证据。当被告不认时，原告同样没有自认晦气，而是诉于官府。最后在官府的支持下打赢了官司。这些案件的当事人明知自己没有证据仍然诉讼不止，其积极意义在于能实现个案公平，迫使司法官员能够创造出解决无证据之案的办法。但此类做法的消极影响也是不可忽视的。一个最坏的影响就是它会传递给人们这样的信息，即使没有证据，只要确实有理，也能打赢官司。而普通民众若是有更多的人持有这种意识，他们就很难在后来的民事活动中准备证据，会导致更多的无证据的官司出现。而利用技巧查明案件真相毕竟具有偶然性，长此以往会导致案件事实难以查清，受害的仍然是当事人本人。笔者在前文的事实认定一节中引介明人邱浚的审理案证据为先的观点，邱本人认为以证断案最大的优点在于能够培育人们的民事活动保留证据的意识。而司法官员受理并为无证据的当事人打赢官司的做法在效果恰于违背邱浚追求的价值。可以说是因小失大之举。现代证据法强调的当事人就自己的主张有举证责任其用意也是如此。

3. 伪造证据也能胜诉的意识

这种观点是第一种观点的极端化。有些当事人认为既然案件依证据而定，如果有证据，哪怕是假证据，只要司法官员不能辨别，照样可以用来打赢官司。明清时期的诉讼中，当事人伪造证据的现象非常普遍。笔者思考这一现象的原因，除了不法当事人胆大妄为外，还有其他原因，即大部分司法官员强调依证据断案，但实践中又没能找到有效的技术来辨别伪证。正是这一矛盾导致了当事人的伪证屡屡蒙混过关并且获得胜诉。可以设想，当事人的伪证行为如果成功率极低，当事人也会觉得如此做意义不大。可能就不会对于伪如此趋之若鹜了。另外，还须提及的是当事人在伪证失败后受到的处罚是相当轻的，诚如笔者在《伪证责任》一节中表述的那样，司法官员对于当事人的伪证行为总是尽可能地从轻处罚。司法官员的这一态度当事人是清楚的，即使当事人自己不熟悉，那些唆讼的人也会告知他，更何况很多伪证就是在唆讼者的帮助下完成的。这样一来，当事人觉得制造伪证成功率较高，而且风险又小，这种收益大，而成本小的事实当然是大家乐于实施的。这也是明清时期民事诉讼中伪证现象泛滥的重要原因。

（二）中证人员的证据法意识

中人或普通证人也是诉讼中的重成员，从某种意义上说他们比现代民事诉讼中的证人要重得多，他们除了证明案件事实外，还能挑起诉讼或申请息讼，甚至还能作为纠纷的解决主体来处理诉讼。因此中证人员的法律意识也会对证据制度与实践产生很大的影响。明清时期的中证人员的证据法律意识主要表现两个方面，一是遵守法律规定，如实作证；二是偏袒一方当事人，作出伪证。这两种态度会对案件审理过程证据运用的审判结果产生不同的影响。

1. 如实作证的法律意识

明清时期的司法实践要求证人与当事人一起自己的供词上具结，保证所说属实，并且承诺如作伪证甘愿受罚。对于证人应当如实陈述的义务证人都是知道的。因此很多证人都会如实作证。但证人如实作证人态度并非始终如一的。通常情况是这样的，在此之前，当事人一方请求证人为其不实的主张作伪证，证人或者是予以拒绝，或者依违两可，但此时当事人为了使官司获得受理，只要证人没有明确拒绝的，当事人都会将其列入本方的证人。证人也不会太在意，因为列名于当事人状词，并不表示当事人就会作出支持当事人的陈述，因此证人一般会允许当事人将其列名。等到开庭时，证人在作证前司法官员会告知他作伪证的后果，此时当事人如果良知未泯或者畏惧法律制裁，可能会如实作证，从而导致司法官员很快就查明事实。这就是我们经常看到的明清判词中看到的当事人提出某一主张，但法官在讯问当事人提供的证人时，或称不知，或干脆否定。而司法官员也把当事人本方证人对其作出不利证词作为判断当事人主张为假的主要手段。

2. 偏袒一方作伪证的法律意识

笔者在证人《伪证责任》一节中已经指出，司法官员对于证人的伪证责任的处罚有很明显的从轻倾向。这一点当事人也是清楚的，同样证人也是清楚的。为此若当事人给予证人足以让其心动的利益诱惑，某些不良的证人也可能会受其贿赂而作证。清人袁守定指出的证佐多受贿托就是针对这种现象的有感而发。当然证人作伪证除了受到贿买以外，还可能因为与当事人有亲属关系或者出于其他的原因。不管出于何种原因，证人在公堂作伪证，会对司法官员的案件事实认定带来负面的影响。若司法官员不能正确判断证人证言，则会作出错误判断。也正因为考虑到证人证言不一定可靠的状况，司法官员在实际的案件审理中被逼发明了隔别讯问的制度，而隔别的主要对象就是一方当事人与其证人之间以及同属于一方当事人多个证人之间。从明清时期的一些案例记载来看，这一做法还是有一定的效果的。退而言之，如果证人都不如实作证，案件的审理会简单得多，当堂一对质，案件就明了，根本就不需要隔别讯问。由此可见，证人认为可以作伪证的意识导致伪证的存在，而正是伪证的存在又导致了司法官员讯问证人方式的变化。这应当视为是证人证据法意识对于明清时期证据实践的影响。

（三）司法官员的法律意识

司法官员的观念中能够影响民事诉讼中证据实践的内容较证人及当事人为多。证人与当事人仅仅是他们的证据法律意识能够影响案件中的证据实践。而且由于明清的司法官员对于案件审理的主导权较现代的法官大得多。因此当事人与证人的证据法律意识能否最终对证据实践产生影响还要看司法官员是否为其提供了影响的渠道。以当事人的证据意识而言，当事人纵然主张应以证据认定事实，但司法官员就晃去调查证据，还是有自己的考虑，当事人的主张也得不到实现。如本书《证据法的原则》一节中论及证据法的效率时曾引用一案，两人争夺一伞，一方称自己有证人，但司法官员出于节省办案成本，并没有去调查证人，而是采取了剖伞以考察当事人态度的手段来认定事实。可见司法官员的法律意识的主导作用。影响证据实践的司法官员的因素主要有以下几个方面。

1. 息讼的意识

　　与许多当事人缠讼的态度相比，司法官员普遍偏好自讼，即案件不须审理，当事人之间和解结案，司法官员的息讼态度在民事诉讼领域较刑事诉讼广泛得多，而在邻里宗族之内、亲属之间的诉讼司法官员更主张自讼。主张息讼对司法实践产生的一个重要影响就是司法官员查明案件真相的态度不积极。因为当事人的和息往往并不需要案件事实很清楚，息讼凭借的当事人让步，而当事人之所以愿意让步，往往是因为案件的审理结果难以预知，若案件事实清楚，理直的一方肯定不愿让步，而理亏的一方纵然愿意让步也难有效果。当然，息讼的方式有很多，有不少司法官员在案件受理后劝谕当事人息讼，也有的司法官员主张通过批词案件不予受理的同时要求当事人邀请中人理处息讼，而主张案件一旦准理，就不应准予息讼。持后一种观点的司法者，在案件审理的实践中，自会认真收集证据，查明事实从而作出判决。而持前一种观点的司法者则未必会重视证据的作用，可能草草审理一下，就将案件批交当事人的邻证处理。或者即使自己审理，也未必会通过证据来认定事实，而是依据情理对事实作出判断。本书引用的明代司法官苏候审理吴陛诉伯父吴炽吞产案中司法官员就直接运用情理来对事实作出认定。

　　2. 为民父母的意识

　　明清时期的司法官员大都标榜自己为民之父母。有些官员仅仅是用来作为沽名钓誉的招牌，但也不排除有些正直爱民之官心中确实是这样看待自己的角色的。爱民如子的观念对司法官员在证据法上的影响表现为面对当事人提起的诉讼，法律是如何规定对他来说并不重要，重要的是查清事实真相，真正做到为民做主，对得起民众的信赖才是首要考虑的问题。我们看到在明清时期的民事诉讼中，原告的主张没有证据支持，但显得较为真实，且原告的处境都令人同情，司法官员觉得若或制度依惯例对此类案件不予受理或者虽然受理但以证据不足判其败诉，这会让本已处境可怜的原告更加绝望。因此，他们会不惜违反法律的规定或司法惯例受理此类案件，并通过运用审判技巧来查明案件。司法实践中此类现象并不罕见，前引清代知县许某审邻邑秦某之子控其外公吞产案的审理就体现了司法官员的这种意识在所起的作用。

　　当然，司法官员的其他法律意识如对于家族伦理的维护意识，对于民事习惯的了解与尊重的意识都会影响到司法实践中证据的运行状况，不过这两份内容笔者将在下文予以详细论述。

三、诉讼制度

　　影响明清时期民事证据的另一个重要因素是明清时期的民事诉讼制度。特定的证据制度离不开特定的诉讼制度。在中外法制史上，诉讼制度影响甚至决定证据制度的现象还是较为普遍的。如正是实行陪审制才导致了英国对中世纪证据证明力法定制度的放弃。因为法官的非职业化特征，难以胜任对于证据证明力复杂的计算任务。因此，干脆由法官凭良心进行自由判断；而同样是因为实行陪审制，使得英美法系的国家在放弃的证据证明力的法定之后，又捡起了证据资格的法定，理由是没有专业素质的陪审员非常容易受到影响有经验的律师的误导，而通过证据排除规则将可能误导陪审员的证据排除出诉讼之外。而大陆法系之所以敢于实行较英美法系更为彻底的自由心证制度，理由正在于大陆法系的案件审判是由经验丰富的法定完成的，他们难免辨别哪些证据可以采用，哪些证据不可以采用。明清时期的诉讼制度中，能够影响证据制度与实践的内容主要有以下几个方面。一是审判组织制度；二是讼师制度；三是案件受理与审理时期制度；四是审判监督制度。

（一）审判组织制度

明清时期的民事案件的审判组织在明初到清末并不是一成不变的，总的来说，在明初强调民事案件起诉讼到官府之前，应当由里老人进行一审，这是民间组织被赋予国家司法权的一种特例，在明清时期的司法制度史上也是仅有的现象。到了明中期以后，因为纠纷的加剧及里老组织的退化，案件开始由地方政府的最低一级——州县官受理。这一做法逐渐为法律认可并赋予其强制效力。法律规定，若案件文卷可查，众证明白者不许委之里老，应提人吊卷，躬亲问理。① 这一规定表明由于诉讼案件的情形不同，案件有州县官受理与里老人受理两种做法。但实践中司法官员一般选择案件证据与审理全由官府实施或者将案件的证据调查交付里老人实施，而审判则由司法官员自己完成。第二种做法的缺点是判断证据与收集证据两者分离，违背了证据审查的直接性原则，因此常出现事实认定的错误。清代的法律强调州县正式印官才可以受理案件，里老人审案的做法已经不存在。但司法官员也并非全部亲自调查证据审理案件。他们一般会委派佐杂官员收集证据甚至代审案件。这同样会出现证据的调查与判断分离的问题。大体而言，如是司法官员亲自调查证据并审理案件，其事实认定的正确性较高，相反如证据调查委之他人，则案件事实认定的错误会较高。因此明清时期的很多司法官员都强调证据应由审理者亲自调查，这样才能保证案件的审理结果的正确性。值得一提的是，明清时期的案件的管辖分为

---

① （明）戴金编次：《皇明条法事类纂下·卷38》，台北文海出版有限公司1985年影印本，第143页。

两种,一是级别管辖,除明初以里老人为一审之外,大部分时期不论案件大小,皆以州县为一审;二是地域管辖,即案件由当事人所在地或案件发生地州县官管辖。但当事人因在本管辖区域内不能实现诉讼请求,而向他地司法机关提起诉讼的做法也存在。从制度上看其他地区的法官是不能受理的。不过出于"天下官管天下事"意识,他们也会受理案件,而且恰恰是因为这种管辖出于另一方当事人意料,在案件证据的取得方面往往会有出奇制胜的效果。至于级别管辖制度对于案件审理中证据的影响我们将在案件审理的监督制度部分予以论述。

(二) 讼师制度

现代诉讼中专业法律服务人员律师参与诉讼被视为是司法文明与进步的重要标志之一。但在明清时期,由于国家对于诉讼在本能上的反感,而讼师又可能是诉讼兴起的一个重因素。因此,讼师之产生以来,始终没有成为传统诉讼体系中合法的一员。翻阅明清时期司法官员的文牍资料,发现大多数司法官员下车伊始,即将访拿讼师作为施政要务予以实施。讼师不能在正常的司法活动中出现,只能在幕后影响司法活动。如草拟诉状,安排证人、证物,甚至是亲自出面充当证人。但不管讼师以何种身份影响司法活动,他都不可与现代的律师的作用同日而语。现代律师在法庭上的公开出现不仅能够保护当事人的合法权益,还有司法活动的监督功能。由于律师具备专业的法律素养,因此司法官员面对律师时多少会有点顾忌,认定事实和适用法律都尽可能地按制度来进行,按经验法则进行。但在明清时期的民事诉讼中,具有一定法律素养的讼师不能在公堂出现,因而司法官员面对的都是他认为属于乡野愚民的当事人,司法官员在运用证据或认定事实是心里很少有顾忌,经验法则对他的约束力也少得很。以本书引用过两则案件为例:徐士林审理的案件,林李两姓争田,双方提供的地契在田土的四至描述上完全一致,两者必有一假,但一审官员居然作出两家田界清楚的判词。显得非常荒唐,此案倘若有讼师以一方代理人的身份在公堂出现,是不会置之不理,司法官员也未必有胆量如此胡乱判决的。在另外一起涉及司法认知的案件中,司法官员袁枚仅依据元代人写的一本书中记载的内容与当事人主张的事实有相似之处,就对事实作出符合司法官员愿望的认定。这一认定在逻辑上的缺陷笔者在前文已经论述。而这认定模式之所以能让当事人接受同样与讼师无法到堂参与诉讼有关。①

（三）案件受理与审理时期制度

明清时期的民事诉讼现象在统治者的观念上是不应予以肯定的现象。国家之所以还会受理民事案件，其目的只是为了防止矛盾激化，是迫不得已之举。在这种观念支配下，立法对民事诉讼的受理设定了诸多限制，其中限制案件的受理日期及限定案件审结的期限就是出于这种意图。对于案件受理时期的限制主要表现为农忙止讼的规定。为了不让民事案件的审理影响到当事人正业——农业生产，法律规定每年四月到八月期间不得受理民事案件。否则司法官员应受到一定的制裁。农忙止讼的做法是中国农业社会的特殊现象，其存在有一定的合理性。但这一做法对于民事诉讼而言无疑是有消极作用的。众所周知，现代证据法中有证据保全的做法，而证据保全的前提就是因为证据可能灭失。古代诉讼中的证据一样可能面临灭失的状况，但由于农忙止讼规定的存在，当事人无法通过及时向司法机关起诉的方式来防止证据的灭失。此外，法律对民事案件的审限也进行规定，且期限相当短暂，一般就二十日。这样的审限使得司法官员很难从容地完成取证任务，在伪证泛滥的时代，若没有一个足够长的时间供司法者仔细审查思考证据，误判的比例将会相当高。袁守定在矣令书是指出对于疑难案件不要急于下结论，而应慢慢思考，认为凡事怕待，一"待"则真相出。但问题是司法官员没有过这么长的时期去"待"，案件真相的查明自然就变得困难起来。因为对于民事诉讼持有的否定性态度，立法规定的农忙止讼及限定很短的审限都是为了尽量减少民事诉讼的负面影响。但这种不顾客观规律的做法导致的效果适得其反。因为案件审理的准确性没有保障，当事人为了讨一个满意的说法，反复缠讼。使得立法得止讼不成，反而若来更多的诉讼。可见，不合理的案件受理时限制度导致了诉讼中证据难以发挥正确的作用，这是案件受理时限制度对于证据制度的影响。

（四）审判监督制度

明清时期的司法制度中，审判监督制度也是对证据制度产生重要影响的因素。笔者前文专门论述的一审的证据，其中一部分内容就与审判监督制度有关。与刑事诉讼存在法定的监督不同，民事案件在制度上是州县自理案件，上

---

① 我们不排除讼师以证人的身份出庭。但证人只有如实回答司法官员讯问的义务，而没有对司法官员运用证据认定事实的思路进行批评的权利。讼师以证人身份出庭，唯恐被司法官员知道，因此他即使发现司法官员的认定思路有问题，也未必敢表示反驳。

级司法机关并非必须审查原审案件。但有以下几种情况也会引起二审。一是原审无法审清事实。司法官员自认无法审理，虽将案件详报上级司法机关，此一做法类似于我们今天的案件请示制度。二是当事人不服一审结果，上诉到二审，二审司法官或者自己提审或者要求原审机关重审。三是上级司法机关在例行的案卷材料检查中发现问题，从而引发再审。审判监督制度对于证据制度实践的影响主要表现：通过二审，原来在一审证据审查判断许多问题会在二审中被发现，从而得到纠正。前引明代徽州府的吴朱两家田土纠纷案件，一审官员委托里人取供、勘验，在堂讯中又有逼供行为，这些不当做法被当事人上诉到徽州后，徽州府下令又绩溪县亲自到现场勘验并取得新的证据，从而查明是非，而原审中的证据全部被否定。此案可见审判监督制度对于证据制度与实践经验影响。实际上立法的很多规定都有赖于审判监督制度的作用。设想如民事案件完全由一审决定，二审从不干预，那么一审中仅刑讯逼供这种取证之法就不知会增加多少。

四、民事习惯

对明清时期民事习惯的研究，是法律史学界的一个热点。但以往的研究多以民事习惯对民事行为的调整功能为视角，主要探讨民事习惯的法源功能，这一功能主要表现为民事习惯对于国家法的补充乃至于替代适用。[①] 但据笔者对明清时期民事诉讼实践的考察，发现民事习惯对于认定事实也起着很重要的作用，即民事习惯还具备证据功能。本节拟从民事习惯对证据方式、事实认定的影响及制约民事习惯证据功能的因素来考察明清民事习惯的证据功能。

（一）民事习惯的含义与种类

1. 民事习惯的概念

习惯有两层含义：一是指由于重复或练习而巩固下来的并变成需要的行动方式；二是指经过不断实践，已能适应新情况。[②] 法律意义上的习惯只能是第一种含义上的习惯，即社会惯行的行为规则。民事习惯则是指人们在民事活动中遵循的非由国家制定的行为规则。在国家与法律产生之前，习惯是依靠传统

---

① 如滋贺秀三的《清代诉讼制度之民事法源的考察——作为法源的习惯》，见滋贺秀三等著，王亚新等编：《明清时期的民事审判与民间契约》，法律出版社 1998 年版，第 54—97 页；梁治平：《清代习惯法——社会与国家》；王雪松：《清代民事纠纷与民事诉讼论略》，吉林大学硕士论文，第 38 页。

② 《辞海》，上海辞书出版社 1979 年版，第 218 页。

的力量、人们的内心信念和当地有威望人员的威信来维持的。国家产生以后，若认为某些习惯对于维护其统治秩序有利，便会对该种习惯的约束力予以认可，并用国家的强制力来保证此种习惯得以遵行，此时习惯便演进为习惯法。明清时期的民事习惯种类繁多，各种习惯的影响力在深度与广度上均有不同，但国家很少对民事习惯进行认可并强制保证其实施，因此，明清时期的民事习惯在总体上还没有演进为习惯法。明清时期民事习惯的非制度特征可能会削弱其作为法源的功能，但却并不影响其证据方面的功能。本节研究的对象也主要是民事习惯而非习惯法。

　　2. 民事习惯的种类

　　依据不同的分类标准，可将民事习惯分为不同的种类，明清时期的民事习惯主要有以下几种分类方法。

　　依据民事习惯适用范围的不同，可分为普遍习惯与特殊习惯。普遍习惯是指在相对较大的范围内为人们普遍遵行的习惯，这种范围之大有时可以与国家法的适用范围几乎相等。如在明清时期的民事契约订立过程中，订约人不会书写契约甚至也不会书写自己姓名的现象普遍存在，此时为了表明当事人确实参与了契约的订立，往往由缔约当事人在契约上由他人代书的自己姓名下方画一个"十"字，即画押。画押这一习惯非常普遍，几乎全国通行。而特殊习惯则指在较小的范围内出现的习惯。仍以民事契约的订立为例，画押诚然是大部分不会书写的当事人的通行做法，但亦有当事人不在契约上画押，而是捺上自己的手印。这一做法较画押而言，适用的范围要小得多，因而可以算是特殊习惯。①

　　依据习惯与国家强行法的关系不同，可将习惯分为不违反法律禁止性规定的习惯与违反法律禁止性规定的习惯。明清时期的民事习惯中，虽然很少有国家明确予以认可的习惯，但这些种类繁多的习惯与国家法的关系还是有所区别的，有的习惯不违背国家法律的强制规定，有的则为国家法律禁止。前一种习惯在民事习惯中占主流地位。清代名吏徐士林在其谳词中记载了这样一种田产买卖习惯：

　　凡买卖田产，或先出典于他人，立契成交之时，未能当下取赎，即于买价

---

　　① 习惯适用的范围既包括地域范围，也包括事类范围。适用较广的习惯不仅在全国大部分地方适用，也在多种事类中适用。如画押就是此种习惯，它不仅在全国范围内适用，也在各种契约中适用。而适用范围较小的习惯则既包括在较小地方适用的习惯，如双倍虚写交易价格的习惯只有广东存在，也包括只在某种民事活动中存在的习惯，如在契约上捺手印只在弃妻的契约中采用。

内扣除典价,议令买主措备取赎,价清,则买主执业;价未清,则仍典主执业,两不相碍,此各处买田之通例也。①

这一习惯即是与国家法律不抵触的习惯,因为清代法律并未要求田产在出卖之时卖方必须具有完整的所有权,因此,出典的田产是可以买卖的。买主在扣除典价后实际交付的价格要低于契约价格。由于有此习惯,卖主可以在无力取赎之时将田产出卖,买主亦可以在资金不足时完成田产购买,典主亦可以继续拥有田产的典权。这既有利于田产交易,又能够保持田产使用的稳定性。

第二种习惯虽为国家强行法禁止,但在民间仍有一定的存在空间。如明清时期的法律规定,婚姻成立的要件是有婚书或有聘财,但民间还存在着指腹为婚的做法。指腹为婚时,婚姻当事人的性别尚不清楚,既无法写定文书,亦无法请媒人说合,更不存在男方向女方纳聘的做法,可见指腹为婚的成立要件与婚书及聘财等法定要件是无法兼容的,因此,这一习惯即为国家所禁止。②

依据习惯与传统伦理的关系,可将习惯分为违背伦理的习惯与合乎伦理的习惯。不符合伦理的习惯主要出现在乡村文化不发达之处。徐士林的谳词中提到了一种被他视为是乡愚陋习的习惯——兄妹合葬。在一起诉讼中,当事人双方争夺一座古墓的祭祀权。当事人彭姓一方为证明墓系本方所有,称坟中之人系其父及其姑(即另一方当事人汤姓之母)合葬之墓。汤姓则认为系汤姓夫妇合葬之墓。案中彭姓所称兄妹合葬的习惯即是与传统伦理相违背的习惯。③因为传统的伦理观念中以夫妇合葬为最理想选择,次之也有子女与父母合葬的情形,再次之可能为兄与弟或姐与妹之合葬,至于兄妹合葬违背男女有别之礼,因此为有文化之人所不取。

至于符合传统伦理的习惯,徐士林在其谳词中提到"六皖小户,率有家谱"的习惯,即是与传统伦理相符的习惯。中国人向来重视家族的祖宗祭祀及保证家族血统之纯正,而家谱的存在能够记载祖宗坟墓之所在,从而便于实行祭祀;同时还能够记载同一祖宗衍生出来的世系,从而知道谁有资格去祭祀。因此家谱是传统伦理的一位重要的守护者,故而制作家谱即为维护传统伦理的习惯。

---

① (清)徐士林撰,陈全伦、毕可娟、吕晓东主编:《徐公谳词》,齐鲁书社2001年版,第510页。

② 田涛、郑秦点校:《大清律例·户律·男女婚姻》,法律出版社1999年版,第205页。

③ (清)徐士林撰,陈全伦、毕可娟、吕晓东主编:《徐公谳词》,齐鲁书社2001年版,第555页。

依据习惯是否有利于查明诉讼事实，可将习惯分为理性习惯与非理性习惯。理性习惯有利于当事人之间关系的确定及争议事实的查清，而非理性习惯不利于查明诉讼事实。在明清时期的田土买卖交易中，为了防止一方当事人将他人之田出卖，骗取对方田价，因此在田地交易时，要求田地的实际使用者即佃户必须到场，俗称对佃。这一习惯有利于减少盗卖田地的行为，在将来发生田地交易纠纷时亦可以是否对佃来判断交易的真实性，可以说是理性的习惯。

非理性习惯的存在使得争议事实更加难以查明。明末广东地区的田土交易向有双倍虚写价格的习惯，即契约上的价格是实际成交价格的两倍。在将来契约履行发生纠纷时，已交付田价的一方往往会主张本方交付的就是契约上的价格，而不是契约价格的一半；而已接收价格的一方则会主张他收到的只是契约价格的一半，而非是全部。因为双倍虚写价格只是一种习惯而非法律的强制规定，因此，司法官员亦很难直接依照习惯来认定事实，但倘若不考虑习惯，又可能使事实认定与客观事实不符。很显然，这种双倍虚写价格的习惯应当算是非理性的习惯。

（二）民事习惯对于证据实践的影响

民事习惯对诉讼证据实践的影响主要体现在以下两个方面：一是影响证据方式的选择，二是影响争议事实的认定。

1. 影响证据方式的选择

考察明清时期的民事诉讼实践，我们会发现诉讼中对于证据方式的选择与国家法的要求并不完全一致，其原因之一就是民事习惯在起作用。

（1）明清时期的民事审判对代笔与中人的证明作用特别重视。在明清时期的民事交易中，一个重要的现象是代笔、中人所起的作用日益突出，绝大部分民事交易的成立都有代笔、中人的参与。这直接影响到民事纠纷解决时司法官员对于证据方式的选择。既然中人参与民事交易成立过程的一个重要目的就是为了防止将来交易双方在履行契约时发生争议可以帮助查明事实，因此，当后来纠纷发生时，司法官员会很自然地想到应该讯问代笔或中人以查明事实真相。清代司法官员在总结审理民间田产纠纷的经验时说："惟查民间买卖田产，首重代笔中人，继凭红契……（此案证据）系五十年前白契，谓为价实契真，其谁信耶。"① 代笔与中人参与民事活动是民事习惯，而非法律的要求，因为当时的法律只要求当事人进行田土交易时应当在购买的印有官府印文的契

---

① （清）张自堂撰：《未能信录》，转引自中国社会科学院法学所法制史研究室编：《中国古代办案百例》，中国社会科学出版社 1980 年版，第 222 页。

纸上立约，并且应将所立之契报官投税。这样的契纸称为红契，否则称为白契。从清代这位司法官员的经验总结来看，依法制作的红契的证明作用还不如依据习惯参与到民事交易中的代笔与中人更加重要。可见民事交易习惯对于证据方式选择的影响确实不小。而这位司法官员之所以将代笔与中人的视为比红契还重要，是由民间田产交易的现实决定的。在田产交易中，代笔与中人的参与率很高；而当事人购买契纸并将契约投税的情形却并不很普遍，为了减少交易成本，交易双方往往不购买官颁契纸，且经常逃避投税。这样在交易纠纷发生时司法官员如拘泥法律规定，必欲以红契为证，则很可能导致许多交易事实无证可查。再则，官府加印本身并不能增加契约的真实性程度。因为面对前来投税的人员，官府的动机在于收税而不在于验证，况且为了能够征到税，官府总是倾向于认定契约内容就是交易情况的真实反映，因而一般难以发现契约真伪。① 正因红契有此两样缺陷存在，才使得其证明作用不及代笔与中人重要。

（2）前述代笔与中人作为主要证据方法受到司法官员的重视是明清时期民事习惯影响证据方法较为普遍的现象。此外，在一些特殊区域的特定诉讼中，由于特殊民事习惯的存在，某些证据方式也成为司法官员认定事实不可缺少的证据。以前引徐士林谳词为例：

　　夫六皖小户，率有家谱，江氏宦裔，某祖葬某山，岂无谱记可以质证？托诸空言，其谁信之？②

正因为"六皖小户，率有家谱"这一民事习惯的存在，且祖葬何山又应在谱中记载，当作为大户的江氏称其祖葬某山时却无谱可证，因此其主张不被官府支持。上述诉讼中的家谱在其他地方的坟山诉讼中可能并非不可缺少的证据，因为其他地方未必都如六皖一带有"家家有谱"的习惯。

再以婚姻诉讼为例，明清时期的法律虽规定婚书与聘财是婚姻关系成立的法定要件，司法官员若欲确定当事人之间是否存在婚姻关系，会要求当事人提供婚书或聘财等证据。但在某些特殊性地区，如广东地区的婚姻成立程序，鲜用书启庚帖，所书即云文定。正因为粤地婚媾，有鲜用书启庚帖的习惯，当地的司法官员认为审理这一地方的婚姻案件应当"讯问媒证，爰问其详，隔别

---

① 本节下文引用的郭性岳告黄学伊一案中，郭性岳将他人的空名典契填上自己姓名至官府投税，官府并未审查典契的真实性，就在伪契上盖上印章。这一案例可证明笔者的观点。

② （清）徐士林撰，陈全伦、毕可娟、吕晓东主编：《徐公谳词》，齐鲁书社2001年版，第188页。

研讯，书帖何所，主婚何人，要待何处，送礼何处”。① 而不应以婚书庚帖为证据，尽管这是法定的证据方式。

2. 对事实认定的影响

除了影响证据方式的选择外，明清时期的民事习惯对争议事实的认定也产生一定的影响，主要表现在以下两个方面。

（1）影响证据证明力的判断。当证据证明的事实与习惯反映的事实不一致时，若证据没有特别对习惯予以排斥，可依证据与习惯相结合来认定事实。前文指出，明末广东地区的田土交易有双倍虚写价格的习惯，即书面交易额是实际交易额的两倍。对于此种交易中实际交易数额的认定，一般是将书面交易额的一半作为实际交易数额。《盟水斋存牍》记载了这样一则案件：

霍洪练父霍日门借向尔贞前后本银伍百伍拾金，据契写明，完过二百金，则尚欠三百金，此皆经县细核，照粤东例折半而定也，尔贞苦称合同之三百金分毫皆实，无半折之理。职以负心如洪练父子，即如县断，追完亦可已矣。②

本案中，尽管当事人一方坚持认为契约上的数字无半折之理，但因缺乏其他有力的证据来排除习惯的适用，官府还是按照习惯与证据的结合来认定事实。

当然，民事习惯的这一功能是相对的，倘若证据已经明确排除习惯的适用，则应当依证据来认定事实。还是《盟水斋存牍》记载了这样的案件：

罗彦斐卖给陈冲垣田五十二亩，得银二百二十两，在田未过户前罗彦斐欲回赎田，主审官认为“田价约五两一亩，此系实价，不得引半价之例，复起争端。因为两造中证，当堂质对已明矣”。③

当证据本身是依某种习惯制作时，这一习惯亦会影响司法官员对于该证据证明力的判断。清代司法官员在总结民事诉讼中书证的审查经验时指出：

听民买卖之讼，舍契券固无可依据，然乡曲愚民目不识字，即粗能搦管，断难一一清晰。若买者点则授稿，卖者使依书写，其中界书可尽信乎，不得一概以契券为凭而不详加推鞫也。④

契券是买卖诉讼中的最重要证据，但由于契券“多由买者点则授稿，卖

① （清）徐栋辑：《牧令书·卷17·刑名上》，引自《官箴书集成》第7册，黄山书社1997年版，第399页。

② （明）颜俊彦：《盟水斋存牍》，中国政法大学出版社2002年版，第170页。

③ （明）颜俊彦：《盟水斋存牍》，中国政法大学出版社2002年版，第533页。

④ （清）徐栋辑：《牧令书·卷17·刑名上》，转引自《官箴书集成》第7册，黄山书社1997年影印本，第382页。

者使依书写"这一订约习惯的存在，司法官员不能仅凭契券的内容来认定事实，从而影响了契券对于交易事实的证明力。

（2）不合习惯之主张难以得到司法官员的支持。当事人主张的事实若与当地的风俗习惯不一致，除非当事人能提供有力的证据，否则司法官员可径自认定其主张不能成立。《徐公谳词》记载：

> 龙岩县武生黄学伊将田写立空名典契，托郭问朝郭士节向郭声九出典，因声九银两不凑，学伊托郭士节向杨荣山议典成交，原空契由郭士节存在书馆，练保郭性岳至郭士节催修桥费，士节乃托郭性岳将空名典契带给黄学伊。郭性岳遂将典契的填上自己姓名，并暗中投税，向黄家讨租，称田系自己承典，已面交学伊典价银三十两。学伊不认，郭性岳诉至官府，徐士林认为典卖田地，必须对佃，以防应当虚田骗价。郭性岳又焉肯并不对佃，竟尔轻付典价乎。以此驳诘，性岳不能强辩。①

前文已经表明，典卖田地时应当对佃这一习惯是有利于保证交易安全的理性习惯，本案中原告郭性岳主张的事实与这一习惯不符，因此其主张没有得到官府支持。

（3）某些习惯的存在使得诉讼中争议事实查明的变得更加困难。前引清代纪昀在《阅微草堂笔记》记载的吴冠贤审幼男幼女争婚案中，幼男称女为其童养之妇。

> 父母亡，欲弃我别嫁。女则称为男胞妹。父母亡，欲占我为妻。问其姓，犹能记，问其乡里，已不记为何处人也。问同丐者，是到此甫数日，即父母并亡，未知其始末，但闻其以兄妹相称。然小家童养媳，与夫亦例称兄妹，无以别也。后从老吏之言，断离。②

本案中，司法官员要确认的事实是两造是兄妹还是未婚夫妇。若非民间收童养媳习惯的存在，事实会简单得多，只要审查一下主张婚约存在的当事人能否提供婚书与聘财等相关证据即可。若有证据，则认定婚姻关系存在；若无，则不予认定。但本案情形特殊，当事人争执的不是普通婚姻关系，而是童养夫妇这种特殊的婚约，而这种婚约是没有婚书与聘财等证据可以证明的。这是民间习惯对于查明事实不利影响之一。其次我们再看案件的证据调查过程。同丐证人证明两人以兄妹相称，本来以此为证据，可以证明两人为兄妹，从而否定两人的未婚夫妇关系。但此时又出现了另外一个习惯，即小家童养媳与夫亦例

---

① （清）徐士林撰，陈全伦、毕可娟、吕晓东主编：《徐公谳词》，齐鲁书社2001年版，第445页。

② （清）纪昀：《阅微草堂笔记》，中国华侨出版社1994年版，第510页。

称兄妹。这样看来，两人称兄妹既可能表明两人真是兄妹关系，也可表明两人是童养夫妇，因此这种习惯的存在又使得这一证据不能证明争议事实。

（三）影响民事习惯证据功能的因素

从上文的分析可知，明清时期的民事习惯对于当时的民事证据规则产生了很大的影响。下面笔者将要考察这种影响背后的因素有哪些，即民事习惯证据功能的发挥与哪些要素有关。笔者认为有以下三个要素影响了民事习惯证据功能的发挥。

1. 国家制定法

明清时期，民事交易的数量与前代相比有了显著的增加。与此相适应，民事诉讼的数量也呈激增之势，但是这种变化并没有带来制定法的变化，法律中的证据规则依然如传统法中内容一样粗放，无法对查明诉讼事实起到积极指导作用。人们为规避交易风险及减少交易成本而发展或强化了一些民事习惯，如在民事交易的成立过程广泛地邀请中人参与，就是为了保证将来发生争议时能够有人出面澄清事实。此外，民众文化水平的普遍落后，也催生了一些民事习惯的形成，如很多人不会书写契约甚至自己的姓名，因此，在别人代书的姓名下画押或捺手印也成为订立契约的习惯。由此看来，国家法对于民事习惯的证据功能的影响之一就是因为国家法的缺位导致民事习惯发挥证据功能，尽管其中还掺杂着民众水平低下的因素，但这一因素作用的发挥仍然有赖于国家法相应内容的空白。如对于当事人在契约上捺手印的方式，虽然被官府视为乡愚陋习，但因国家法并没有禁止这一做法，因此人们还是经常适用这一习惯。这导致在案件的审理过程中，舍此习惯则会使很多事实难以查清，因此官府也只得承认这一习惯的效力。

国家法对于民事习惯证据功能的第二个方面影响表现为：若民事习惯与国家强行法相违背，该习惯便很难发挥作用；而国家认可的习惯则能够在诉讼中起到证明作用。前文已经指出，对于婚姻成立的证据要求，国家法已经明确作出规定，即婚书与聘财，又从反面规定禁止性条件，即指腹割襟，律有明禁。此时，民间存在的这一习惯便很难在诉讼中起到证明作用。如当事人主张婚姻关系成立，以曾经指腹割襟为证据，便会被官府否定。丽水县令方亨咸审理的"劫女奇冤案"中，被告罗孚中称其与原告黄世荣之侄女阿绣与婚约，理由是阿绣未生之时，其父世贵在日，曾与孚中之父指腹为婚。审理者认为男女婚娶有时，指腹割襟，律有明禁，一丝全无而谓百年之好，其中情弊不问可知矣。① 本案中对于指腹为婚等行为证明力的否定，并不是个案。清代黄六鸿总结婚姻案件的审理经验时指出：若夫樽俎宴饮之间，片方结好；倾盖投交之时，指腹联姻。或以卮酒之献酬，权为纳采，或以在座之宾客，代为塞休，从此仕宦各天，升沉异路，百年大事，岂可以卮酒席宾而遂为之据也，当吊问其与不愿。② 可见对于违背强行法的民间习惯不认可其证明力乃是一种普遍的做法。这是因为官府在考虑是否承认某一习惯的证据功能时不仅会考虑其是否有利于查清事实，还要考虑判决对于此种习惯的引导作用。对于国家禁止的习惯，不予承认其证据功能，有利于引导人们在今后的民事行为中不依此类习惯行事。

2. 家族伦理

除国家法之外，家族伦理对于民事习惯的证据功能也有很大的影响。主要表现为两个方面。

当民事习惯符合传统伦理观念时，该习惯便能在诉讼中发挥作用。前引徐公谳词记载的"六皖小户，率有家谱"的习惯便是与传统伦理相符合的习惯。在诉讼过程中，当事人提出的证据不能与这一习惯相符，故而其主张得不到司法官员的支持。可见对与传统伦理相符的民间习惯的证据功能，司法官员是予以肯定的。官府这样做的目的在于弘扬这类习惯。

当民事习惯与传统的伦理观念相违背时，便很难在诉讼中发挥证明作用。前引《徐公谳词》提及的彭姓所称兄妹合葬的习惯，因为与传统伦理相背，徐士林认为其"事出不经，折之以理，决不信其鄙俗之词，致滋人伦风化之蛊。则此坟总以汤氏为政，两姓合葬之虚实皆不必深论"。③ 否定违背传统伦理的习惯的证明力，其理由正如《徐公谳词》中说的那样，是为了"避免滋人伦风化之蛊"，即避免破坏人伦，其动机在于遏制此类习惯的适用。

3. 司法官员个人因素

民事习惯与国家法的一个重要的区别就是其为人们知晓的程度不同。对司法官员而言，了解并适用国家法是其法定义务；但对于民事习惯，他们却没有

---

① 未了、文蓝编著：《明清法官断案实录·下》，光明日报出版社 1999 年版，第 212 页。

② （清）黄六鸿：《福惠全书·卷 20·杂犯》，引自《官箴书集成》第 3 册，黄山书社 1997 年影印本，第 439 页。

③ （清）徐士林撰，陈全伦、毕可娟、吕晓东主编：《徐公谳词》，齐鲁书社 2001 年版，第 553 页。

义务去了解和掌握。这样一来，司法官员在适用民事习惯方面便体现出了个性差异。那些对于治内民事习惯非常熟悉的官员有可能会较多适用当地的习惯，而对当地习惯不了解的官员则可能不会适用民事习惯。但民事习惯毕竟对于事实的调查起着不可忽视的作用，因此，明清时期的司法官员一般都主张应主动了解当地习惯。清代名吏汪辉祖曾说：

人情风俗尚各处不同，入国问禁，为吏亦然。初到官时，不可私心判事，盖所判不协于情，即滋议论，持之与后，用力较难，每听一事，须于堂下稠人广众之中，择传老成数人，体问风俗，然后折衷剖断，自然情法兼到。①

相反，如果司法官员不了解某一地方的习惯或不认可某一习惯，该习惯便较难发挥证明作用。下面两则案件在一审与二审中的不同结果便体现了司法官员是否了解并认可某种民事习惯对该习惯证据作用发挥的影响。

（1）邱煌审借贷案。王高氏妹妹之子成会向王高氏借钱三百串，借约仍在。王高氏死后，其继子王正新凭此借约要求成会还债，成会否认欠债。借约并非成会亲笔，县里认定借约不成立。王正新上诉到府，知府邱煌在判语中指出：

"查陕省风俗，借券内只有中见，并无亲笔书字之事。本府于道光二年履任秦中，见民间具控钱债，券非亲笔，颇为骇异。今阅历十八年来，始知风俗历系如斯，不足为异。至成会供，本身识字，何以并不亲书借券。试思王高氏系属女流，本不识字，当其慨然借贷之时，自不暇辨别笔迹，况成会本意，又何乐于亲笔书券，留为异日柄据。是其所供之处，显系巧言支饰。"

但中人王高氏兄弟也已死亡。其子支持成会不愿作证。王正新还提出王凝应当知情，但县卷称王凝并不知情。知府调集王凝讯问，得知道光十五年五月，王凝与中人、王正新、成会在酒馆相会，当时王正新要求成会还钱，成会请求延期，中人也从旁劝王正新同意延期。王正新还称县里的记录恐是胥吏笔误。再查记录，得知成会还有一名亲戚魏统在县里也供称不知情。知府对魏统隔别研讯，并诈他称不仅王凝知情，尚有魏世才、王廷才、刘兆魁三人知情，魏统若不承认，将治其诈骗之罪。魏统遂承认成会曾托其向王正新交涉，请求免去一百串，只还二百串，被王正新拒绝。后来在证据面前，成会认罪。②

（2）徐士林审理李天告叶丑房屋租售案。李天称己方将房屋典与陈和姐，

---

① （清）张廷骧编：《入幕须知五种》，见沈云龙主编：《近代中国史料丛刊》第269辑，台北文海出版社1966年版，第161页。

② 《府判录存·卷1》，转引自滋贺秀三等著，王亚新等编：《明清时期的民事审判与民间契约》，法律出版社1998年版，第67页。

陈又典与叶。叶则称其房屋系从陈手中买来。双方就房屋是典是买发生争议。在县审中，因陈和姐已死，陈的后人称该房系其祖传家业，但该房却带有李天的地税银四钱。县审以此否认为房屋为李天之产，而案件起诉到道以后，道台徐士林则依据民间习惯对此事实提出了自己的看法。当时福建地区的房屋买卖有这样的习惯：如果房屋是一次性绝卖，则契约内必然开列随带地基，即地随房走；而典房则由出典方收取地税。徐士林曾调查过这一习惯产生的原因，是因为典价轻而许赎，故契内不开随带地基，而每年收税。根据这一习惯，徐士林认为陈姓占用的房屋而李姓收税，则很可能该房屋不是李姓绝卖于陈，而是典与陈姓，作出了与原审县令不同的判断。①

上述两案的审理，二审当事人并未提供新的证据，但司法官员还是对案件事实作出了不同的认定。理由正是因为二审司法官员比一审司法官员更了解当地的民间习惯，并在认可这一习惯的基础上对事实作出了自己的判断。

五、家族伦理

伦理是指人与人相处的各种道德或行为的规范，家族则指以血缘关系为基础而形成的社会组织，家族伦理即是在家族中人与人相处的各种道德和行为的规范准则。中国传统社会是一个二元本位的社会，即国本位与家本位并存，因此传统社会调整国与家的规则也是二元的，即国有国法，家有家规。但中国传统社会是一个家国同构的社会，因此国法家规又是相通的。这就导致中国传统法具有强烈的伦理色彩。传统伦理中最重要也是对社会影响最大的部分为家族伦理，因此对于家族伦理的维护是传统法的重要目的之一。传统家族伦理调整的对象有其特殊性，除了调整在世的人与人之间的关系外，还调整活着的人与死去的先人之间的关系，甚至对于死去的人之间的关系也予以调整。关于家法族规对传统法律的影响，学术界许多先贤已做过卓有成效的研究。其中最具代表性的作品当数法制史大家瞿同祖先生的扛鼎之作《中国法律与中国社会》，该著首篇即为家族，次为婚姻。在该书中瞿先生着力探讨了家族伦理对于法律适用的指导作用。笔者认为，传统的家族伦理不仅对于实体法产生影响，对于诉讼实践中的证据法则也有很大的影响。

（一）家族伦理的表现

中国传统家族伦理涉及传统社会与家族生活的方方面面。撮其要者，大致

---

① （清）徐士林撰，陈全伦、毕可娟、吕晓东主编：《徐公谳词》，齐鲁书社2001年版，第355页。

有以下几个方面。

1. 祭祀祖先

这是明清时期家族伦理的重要表现之一。礼记认为"国之大事，在祀与戎"。① 即对于一个国家而言，只有两件事才算得上是大事，即祭祀祖宗与战争。古代社会家国同构，因此，祭祀祖先也自然成了家族中首当其冲的大事之一，并且，由于作为国之大事的戎在家族中不可能存在，因此，祭祀祖宗就成了家族伦理中无与伦比的大事。民间社会祭祀祖宗的伦理规范主要有以下几个方面内容：一是确定谁有资格祭祀，这主要靠族谱的记载；二是靠什么来祭祀，主要靠有祭祀资格的人共享的祭田；三是到何处祭祀，主要指祖先的坟墓所在地。另外，出于对先祖的敬畏，对于祖先坟墓不可轻动也是重要的伦理表现之一。因此，古代中国人对于尊长死后特别强调入土为安，发冢见棺乃至见尸对于子孙而言是严重的不孝行为。这些都是祭祀祖先伦理的表现。

2. 亲亲尊尊

这是家族伦理的另一表现。对于亲亲的强调就是要求维护家族成员之间的和谐，家族成员之间应相互维护对方的利益，尤其是卑亲属应当维护尊亲属的利益。不仅家族成员之间有此义务，即使是其他人也不应做有损于他人家族成员和谐之事。即维护家族内部和谐不仅是家族成员之间的义务，也是整个社会的义务。对于尊尊的强调则要求家族成员之间应尊卑有序。这种尊卑之别不仅在活着的家族成员之间存在，在已经死去的家族成员之间亦同样存在，尊者与卑者之墓在位置上应当有差异，尊卑不同者不可合葬。家族成员之间的尊卑有序不仅在同为家族主人之间应当确认，而且也强调对于家族内部的主仆之间更应有尊卑之别。

3. 婚姻伦理

婚姻伦理有两个方面表现，一是婚姻禁忌，主要表现为限制同姓结婚，禁止本宗成婚，尤其是具有较近血缘关系的本宗男女之间更是不能结婚。二是男方中心主义，由于婚姻是男性传宗接代目的的产物，因此，婚姻的一个重要表现就是女子嫁入夫家，这样的婚姻才是符合家族伦理的，属依礼为婚。但亦有男子因贫无力娶妻，女子因无兄弟而无力赡养父母，这两者的结合也会导致男子入赘女家这种婚姻形式的出现，这算是依礼为婚的例外，也是与家族伦理相悖之事。由于前一种行为属常态行为，因此法律对于其成立的形式要求较为宽松；而后者属非常状态，法律对其成立的要求则要严格得多。当婚姻纠纷发生，这种不同形式的成立要求就变成不同的证明要求。

---

① 《左传·成公十三年》，岳麓书社 2006 年版，第 483 页。

4. 同居共财

传统家族伦理认为家族成员同气连枝，理应视为一体，再加上许多行为需要家庭或家族成员共同完成的，如婚姻举办、子女教育及祭祀祖先等。这样家族利益的一体化就不仅是观念上的要求，也是现实上的要求。小家庭中父母在时，子妇不得有私财，子女处分家庭财产，若无父母同意，这种行为不会产生法律效力。不仅小家庭如此，即使是大家族也强调利益同体，表现为家族成员若对外进行财物交易时应有本族之人见证。明清时期的许多中人都是由当事人特别是债务人一方的亲属担任，若缺少此种身份的中人，交易的效力往往得不到官府的支持。

（二）　对证据法则的影响

1. 影响案件受理过程中的证据功能

明清时期的民事诉讼中，各地方政府为了限制案件的数量，常常会在本辖区内制定民事案件受理规则，其中与证据有关的规则占有很大的比重，这些规则的一个重要表现就是若原告起诉时没有证据或主要证据不足，官府可以不予受理案件。如清代同治年间黄岩地区的讼状格式规定：告婚姻，无媒妁、聘书；田土无粮号、印串、契券；钱债无票约、中证者，不准。① 但在司法实践中，若是案件发生在家族成员之间，即使原告起诉时证据充足，官府也往往不会受理案件，而要求当事人通过调解解决纠纷。我们来看两份档案中记载的知县在当事人的诉状所中作的批词：

汪贤铨呈为背据烹吞叩求提讯事：汪贤铨告其胞弟占其应得之屋，词状上粘有着分家笔据，但县令王某批称：着邀房族理处毋讼，粘据发还。②

胡风山呈为恃强吞噬迄求究追事：监生胡风山告族人胡恩松赊物不还，县令欧阳批：进出货洋既有账簿可凭，又有王汝春等理算可证，着再自行清理，毋庸肇讼。③

上述案件中，当事人提供了一定的证据，按清代地方的证据规则，官府似应受理。但实际上官府并未按规定受理案件，而是要求当事人息讼，请同族处

① 田涛、许传玺、王宏治主编：《黄岩石诉讼档案及调查报告》，法律出版社 2004 年版，第 234 页。
② 田涛、许传玺、王宏治主编：《黄岩石诉讼档案及调查报告》，法律出版社 2004 年版，第 259 页。
③ 田涛、许传玺、王宏治主编：《黄岩石诉讼档案及调查报告》，法律出版社 2004 年版，第 277 页。

理。很显然这样做正是因为当事人是同一家族成员。当事人关系的这一特征在
官府看来正是不应受理案件的理由。因为官府若对当事人的纠纷作出判决，虽
也能解决纠纷，但却无法消除当事人之间的仇隙，而家族成员之间的和谐显然
是官府应予着力维护的。再则正是因为当事人是家族成员，因此他们的关系基
础较好，因此，劝说其为了解决纠纷而作出让步应当具有较大的可能性，而且
还会存在一个对双方而言都很有权威的族长这样的人物，来充当纠纷的解决
者。具备这两个条件使得调解解决纠纷的成功可能性较通过调解解决普通人之
间纠纷的可能性要大得多。因此我们可以认为，正是出于对家族伦理的维护才
导致官府自定案件受理的证据规则没有发挥作用。

　　2. 影响证据方法

　　考察明清时期的民事诉讼立法与实践，我们会发现家族伦理对于诉讼中证
据方法的选择起到很大的作用，有些本可以采用的证据因为可能破坏家族伦
理，因此立法规定官府不得强制取得此种证据；另外，在司法实践中，正是因
为家族伦理的存在，从而导致某些证据成为诉讼中最常用的证据。

　　（1）在明清时期的立法中，因为家族伦理的存在而限制证据使用的规则
主要是亲亲相隐不为证。《大明律·老幼不拷讯》规定：其于律得相容隐之
人，及年八十以上，十岁以上，若笃疾，皆不得令其为证，违者，笞五十。于
律相为容隐的对象是："凡同居，若大功以上亲及外祖父母、外孙、外孙妇、
夫之兄弟及兄弟妻，有罪相为容隐；奴婢、雇工人为家长隐者，皆勿论；若漏
泄其事，及通报消息，至令罪人隐匿逃避者，亦不坐。其小功以下容隐，及漏
泄其事者，减凡人三等，无服之亲减一等。"①

　　人证是明清时期诉讼中重要的证据方式，但因为官府不得强迫与当事人有
亲属关系的人作证，因此使得此类证据的获得在法律上没有保证，这一做法会
在一定程度上给案件事实真相的发现带来不利影响，但它有利于保护家族成员
之间的和谐关系。这一规则的存在显然是发现真实的价值追求向保护家族内部
和谐的价值追求作出了让步。

　　此外，明清时期的立法还有关于某些特定诉讼中对于证据有特殊的要求，
而这些诉讼的特殊性正是由伦理规范决定的。前文已经指出，传统婚姻以女子
嫁入夫家为符合伦理之举，以男子入赘女家为例外。因此法律对于这两种婚姻
形态的证据要求也自然不同。清律规定，如许嫁女已报婚书，及有私约（谓
已知夫身残疾，老幼）而辄悔者，笞五十，虽无婚书，但曾受聘财者亦是。
即表明婚书或聘财都可以作为婚姻成立的充分证据；而入赘的要求是招婿须凭

---

　　①　怀效锋点校：《大明律·名例》，法律出版社 1999 年版，第 18 页。

媒妁，明立婚书，开写养老年及出舍年限。① 除了强调必须有婚书外，还强调须有媒妁，并且婚书须说明男方在女方家生活的年限。其证明要求与依礼成婚的证明要求明显不同。

（2）在明清时期的司法实践中因为家族伦理规范存在而使得某些特定的证据方法成为某些诉讼中常用的证据，这方面最典型的是族谱。明清时期的诉讼中，身份诉讼及坟山诉讼中都常以族谱为证据。前引清代徐士林在其谳词中称：

夫六皖小户，率有家谱，江氏宦裔，某祖葬某山，岂无谱记可以质证？托诸空言，其谁信之？②

正因为依据伦理规范，一般的家族都有族谱存在，且祖葬何山又都应在族谱中记载，当作为大户的江氏称其祖葬某山时却无谱可证，因此其主张不被官府支持。由此可见家族伦理规范对于证据方法的影响。

3. 影响取证手段

明清时期的民事诉讼中，某些证据方法对于当事人之间争议事实的查明非常关键，但因为其取证方法可能破坏家族伦理，司法官员对于此种证据也往往弃之不用。

（1）发冢滴血的限制。在涉及当事人身份的诉讼中，为了确认当事人与死去的亲人之间是否有血缘关系，往往采用滴血认亲之法，即将生者的血液滴入死者的骸骨，如血液能够渗透进去，则证明二人有血缘关系，反之则无。但滴血认亲需要发冢见尸，这对于死者而言是极大的不敬，属破坏伦常之举，因此，司法官员轻易不采用此种取证方法。《折狱新语》记载的一则案件审理思路即表明了司法官员的此种态度。

叶释乃已故叶文炌之子，同宗叶二十，窥文炌夫妇偕亡，翼其弟培城争继。二十供称，文炌无子，乃取之外舍，携之昏夜而呱呱者，曾得于厕上之耳闻。究竟真赝两字，安从辨之，滴血既所以不忍，当合族议与县断两存之，割三分之一以予培城，聊以止戈耳。③

本案的争点是叶释是否为已故叶文炌之子，如果是，则叶二十有继承权；反之叶释没有继承权。要查明这一事实，在当时最有效的办法即是通过滴血认亲法，即将叶释之血与叶文炌之血放到一起，如能融为一体，则二人有血缘关

---

① 田涛、郑秦点校：《大清律例·户律》，法律出版社1999年版，第203页。

② （清）徐士林撰，陈全伦、毕可娟、吕晓东主编：《徐公谳词》，齐鲁书社2001年版，第188页。

③ （明）李清：《折狱新语·卷2》，中央书店1935年刊本，第28页。

系，反之则无。但叶文炌已死，只能通过滴骨辨认。即将叶释之血滴入叶文炌尸骨，如能渗透进去，则证明有血缘关系，反之则无。不过这样一来，就不得不发冢见尸，而这一做法对于敬畏祖先的传统伦理而言无疑是极大的破坏。因此，司法官员认为滴血所以不忍，故而容忍了案件真相不明，最终采取各打五十大板的解决办法。这一案件的审理过程表明，司法官员对于取证过程中破坏传统伦理的做法非常忌惮，为了维护伦理，甚至可以放弃对于真相的追求。

（2）刑讯使用的限制。刑讯是明清时期诉讼中最重要的取证手段之一，民事诉讼多发生在亲朋好友及邻里之间，他们之间存在的伦常秩序及睦邻友好关系对于维护社会的和谐至关重要，而刑讯的使用则可能会破坏此种和谐关系，因此许多司法官员都强调在审理家族成员之间的诉讼时应当尽量少采用刑讯这样的取证方式。明代吕新吾的《刑戒》认为，对于尊长该打的诉讼中，若是与卑幼讼则不打，因为这会给人以因卑幼而刑尊长的印象，与伦理世教非常有害。清人袁守定主张凡骨肉兴讼，最关风化，宜先感之，感而不动，然后为判曲直，切勿加刑。① 汪辉祖在《学治臆说》中也认为婚姻互诘案件勿轻笞挞，其意图同样是维护姻亲之间的和谐。

4. 影响证据证明力的判断

明清时期的法律中，立法很少规定判断证据证明力的方式，仅有的一些判断规则也是以家族伦理为依据。明代条例规定：

"告争家财田产，但系五年之上，并虽未及五年，验有亲族写立分书已定，出卖文约是实者，断令照旧管业，不许重分再赎，告词立案不行。"②

上述条例表明对于争家财田产的案件，争议事实的认定应当以亲族写立的分书及出卖文约为依据。当事人交易财产，首先应当对交易财产拥有所有权。明代条例明文规定将亲族写立的分书作为当事人拥有所有权的凭据。这显然是为了维护亲族写立分书的权威性，从而间接维护家族伦理。不仅立法如此，司法实践中判断证据证明力的做法也非常注重对于家族伦理的维护。《盟水斋存牍》记载了这样一份判词：

黄观辛承故绝之黄荣芳，遗产有田塘十一亩，其姑父刘时昭称嘱拨查田八亩，出其嘱书，族长黄太华不认，则其为伪造无疑也，且十一亩遗产，外戚据

---

① （清）徐栋：《牧令书·卷17·刑名上》，转引自《官箴书集成》第7册，黄山书社1997年影印本，第383页。

② 怀效锋点校：《大明律·户律2·典卖田宅条例》，法律出版社1999年版，第372页。

其八，所称有几。①

　　本案中刘时昭出示之嘱书应为黄荣芳在世所书，但黄荣芳已死。此案按现在之审查办法，应调集黄荣芳生前的笔迹进行比对，但司法官员并未按此法查验证据，而是直接交由族长黄太华确认，而黄太华不认，司法官员即认定此书证为刘时昭伪造。这样的认定思路可以看出当事人所立书面遗嘱成立的前提，即对族外人处理遗产时应有族长见证，甚至是同意。这一做法的意图正是为了确立族长对于族内财产向族外转移的监督权，而这一权利乃是家族同居共财伦理的体现。正是这一伦理规范的存在才导致了遗嘱审查方式的特殊性。明清时期的司法实践经验，以家族成员的参与作为判断某一财产转移行为效力的做法相当普遍。下面这几则案件的审理思路体现了这一观点的普遍性。

　　蔡少斋故绝，拨奁田五亩与婿刘克瞻，遗田各房轮祭，乃以（蔡少斋妻）邓氏出名卖二亩九分零与刘子玉，其契止克瞻金证，而蔡氏无人焉。司法官认为其为克瞻串通孀妇卖此产烹分入己无疑矣。不然果系公用，何不闻之通族。②

　　杜清吉告郑树，称其祖父死时曾将家业交与郑树照应，郑盗卖其中九块地，县令认为如果郑氏曾作过此事，何以各房默无一言，唯独杜清出控，所呈显有驾捏，不准。否定了杜清的主张。③

　　谷正立控称其岳父尉道用他的名义向一家票号借钱三十四万文，尉死后，其遗孀将六十亩族田作为此笔债的抵押。其子尉秉恭对此债拒不认账，谷因此告到官府。方大湜从情理角度分析了这桩讼案：秉恭的父亲家道殷实，这笔借贷据称是二十四年前发生的，当时谷氏才十四岁，方推测此事几乎不可能。为什么一个有钱人要凭借一个年幼的女婿的名义借钱？再者那张据称是孀妇立下的抵押契据并无尉家任何亲属作中或作保，仅有一外姓保人，方认为这也不大可能，尉氏的族亲理应介入这么一大笔交易中，方称原告在其有力分析之下，不得不承认自己的诬告行为。④

　　何仕和孙何扩衷将家产典与钟启遇，以萧贞复、叶元密为中。何仕和不知。司法官认为天下岂有其尊长现在，曾不相问，而诱其卑幼私相授受，此可

----

　　① （明）颜俊彦：《盟水斋存牍》，中国政法大学出版社 2002 年版，第 724 页。

　　② （明）颜俊彦：《盟水斋存牍》，中国政法大学出版社 2002 年版，第 725 页。

　　③ 黄宗智：《清代的法律、社会与文化——民法的表达与实践》，上海书店出版社 2001 年版，第 199 页。

　　④ 方大湜：《平平言》，转引自黄宗智：《清代的法律、社会与文化——民法的表达与实践》，上海书店出版社 2001 年版，第 196 页。

谓明中正契否？否定这了桩典契的效力。钟启遇钱产两空，司法官员断其所借之银自向原中萧贞复、叶元密问讨。①

上述案件中，司法官员对当事人行为是否存在及其效力的判断都是在充分考虑当事人的家族成员态度的基础上作出的。体现了维护家族和谐与尊长权力的思路。

5. 影响疑难案件的处理

由于在明清时期没有形成以证明责任来解决疑难案件的机制，因此实践对于民事疑难案件的处理方式并无一定之规，据笔者的统计约有常见的解决方式有七种，其中有一种即为依据伦理决狱。明代著名清官海瑞提出了对疑难案件法律处理的独特思路：

窃谓凡讼之可疑者，与其屈兄，宁屈其弟；与其屈叔伯，宁屈其侄，与其屈贫民，宁屈富民；与其屈愚直，宁屈刁顽。事在争产业，与其屈小民，宁屈乡宦，以救弊也（乡宦计夺小民田产债轴，假契侵界威逼，无所不为。为富不仁，比比有之，故曰救弊）。事在争言貌，与其屈乡宦，宁屈小民，以存体也（乡宦与小民有贵贱之别，故曰存体。若乡宦与小民擅作威福，打缚小民，又不可以存体论）。②

海瑞主张在解决家庭内部纠纷中如事实可疑"与其屈兄，宁屈其弟；与其屈叔伯，宁屈其侄"的做法与现代证据法的做法格格不入，不过却有利于维护家族伦理中尊尊原则。在司法实践中对于疑难的处理也能够看出司法者维护家族伦理的苦心。清代纪昀在《阅微草堂笔记》中记载的吴冠贤审幼男幼女争婚案中，因双方究竟是兄妹还是童养夫妇关系不能确认，遂听老吏之言断离，原因就是断离而误，不过误破婚姻，其失小；断合而误，则误乱人伦，其失大矣。该案中老吏主张对于不能认定关系的当事人的婚姻诉讼作出断离的决定，其做法的依据是为了使家族伦理不被破坏。

清人蓝鼎元在审理故民陈智二子阿明争产案中，以特殊的方式让当事人认识到亲情重于财产，表示再不敢兴讼并致谢而去。③ 本案的事实是查不清的，在此前提下，谳者提出此种案件的寻常断法是将争讼者各打三十大板，将田均分，但谳者实际上并未采取这样的通常做法，原因正是因为两名争讼者系亲兄弟，寻常断法可能会使两人的关系恶化，而调处解决则有利于维护兄弟之间的

① （明）颜俊彦：《盟水斋存牍》，中国政法大学出版社2002年版，第531页。

② 陈义钟编校：《兴格条例》，《海瑞集》上册，中华书局1962年版，第117页。

③ （清）蓝鼎元：《鹿州公案·兄弟讼田》，浙江图书馆古籍部藏清刻本，无出版单位及出版年代，第51—52页。

和谐关系。可以说正是为了维护兄弟之间和睦共处的家族伦理，谳者才花费了许多精力对案件进行调解。

6. 影响民事习惯的证据功能

明清时期的民事诉讼中，民事习惯对于事实的查明产生一定的影响，不过这种民事习惯证据功能的发挥显然受制于家族伦理。当事人以民事习惯来支持己方的主张，若提出的习惯不合伦理，其事实主张无法得到支持。清人徐士林在其判词中指出：

> 至于彭姓所称，兄妹合葬，虽乡愚陋习无所不为，但汤姓之母焉肯合葬于彭姓之父？事出不经，折之以理，决不信其鄙俗之词，致滋人伦风化之蠹。则此坟总以汤氏为政，两姓合葬之虚实皆不必深论。①

若某一民事习惯符合传统伦理观念时，该习惯便能在诉讼中发挥作用，成为判断当事人主张是否可信的依据。徐士林在审理葛行德与崔法楷争坟一案的判词中称：

> 又阅图载崔姓所指祖冢，紧在葛姓告争太外祖妣坟之顶上，相离仅二丈四尺，斩罡塞阳，皖人深忌，下坟果属葛姓太外祖妣，祖妣傍葬，方将借其余吉，岂容他人斩葬。②

中国人向来有在坟址选择时注意风水之习惯，这一习惯与重视祖宗祭祀的传统伦理观念相符，因此能够发挥证据功能，即可以作为判断墓主身份的重要依据之一。

（三）在伦理与真实之间

从传统伦理与民事证据法则存在的价值来看，两者并不一样。家族伦理规范存在的价值主要是为了维护传统伦理，维护家族的稳定与和谐；而证据法则的目的则应该有利于案件真实的发现。当传统伦理规范进入证据法领域，对于这两者的关系就应当予以协调。传统伦理与证据法则的关系可以从两个方面考察。

一方面，有些伦理规范追求的价值与证据法则的价值并不冲突，即在不破坏伦理的前提下也能够发现真实，甚至某些规则的存在既有利于伦理的维护也有利于真实的发现，如为了确定家族祭祀的成员资格而广泛修订族谱，而族谱

---

① （清）徐士林撰，陈全伦、毕可娟、吕晓东主编：《徐公谳词》，齐鲁书社2001年版，第553页。

② （清）徐士林撰，陈全伦、毕可娟、吕晓东主编：《徐公谳词》，齐鲁书社2001年版，第207页。

的存在则可以为确定当事人身份提供有力的证据。因此，当家族与外姓发生坟山纠纷时，族谱就可以作为证明墓主身份的重要证据。

另一方面，家族伦理与证据法则两者在某些时候又是冲突的。为了维护伦理就会让真相难以发现。当两者发生冲突时，为使伦理不被破坏，甚至可以牺牲事实真相的发现。亲亲相隐不为证的原则就是如此。这是处理家族伦理与证据法则冲突的一个基本原则，本书引用的大量的审判实践也都是以牺牲真相发现为代价的。但伦理与真实的冲突却并非总是以牺牲真实为代价来维护伦理。维护传统伦理的目的虽然是首位的，但却并不是绝对的。有时为了真实的发现也可以牺牲伦理的价值。如本书第一章第一节引用的绍兴某翁妾子身份案中的，就以发冢滴血的方式来确认妾子的身份。不过究竟在何种情况下，司法官员才会牺牲伦理价值来发现真实。笔者认为，司法官员牺牲伦理来发现真实应当满足实体与程序两个方面的条件。从实体上看，如司法官员认为发现真相非常重要时可以牺牲伦理规范。什么样的事实才算是非常重要，这并无一定的标准，但司法官员之所以牺牲真相而维护伦理，其目的就是维护家族的和谐，倘若案件真实得不到确认，家族的和谐便得不到保证，此时司法官员便会放弃伦理而发现真实。如前引的绍兴某翁妾子身份案中，妾子是否为翁亲子，这一事实至关重要，由于翁三子皆死，因而妾子的身份就关系到翁是否有后的问题，而这一问题的确认其价值要比是否让死者入土为安的价值大得多。因此，司法官员才同意滴血辨亲。

从程序上看，因为要牺牲的是当事人的家族伦理，因此，此一规范一般应得到当事人的授权，其实当事人是否愿意授权也正是当事人自己对伦理与真实价值大小作出的一个判断。当事人若愿意让司法官员采取牺牲伦理的方式来发现真实，则表明在当事人心目中，发现真实的价值已经大于维护伦理的价值，这样司法官员也就可以相信自己对于伦理与真实的判断已获得了当事人认可。前述某翁妾子的滴血辨亲的实施就是在某翁三位儿媳的具结后才实施的。

总的看来，在伦理与真实之间，明清司法官员更偏爱于维护伦理价值，不过到具体案件中，若真实的价值大于伦理的价值，并且得到了当事人支持，司法官员也会牺牲伦理价值以发现真实。

第十章　清末民初民事证据
制度的近代转型

　　由于中华法系"重实体、轻程序"，诉讼制度在诸法合体的古代法典中所占分量可谓无足轻重，"重刑轻民"的传统更是导致民事诉讼制度支离破碎，民事证据制度几乎阙如。尽管近年来一些学者致力于从法律社会学的视角研究传统诉讼制度，并据此复原了传统民事证据制度①。但诚如日本学者寺田浩明所言，"其实，在针对围绕民事利益而发生的争执进行裁决时，能够作为一整套具有具体内容、且在程序上得到实定化的规则而被予以适用的实体规范本身，无论在国家还是在民间都是不存在的"。② 传统法律对于程序法的忽视，独立的程序法从未产生，当然不可能形成系统的民事证据制度。

　　清末新政，司法改革成为首当其冲的改良措施。在移植西方大陆法系的制度和原则的基础上，近代意义的民事诉讼体制得以缔造。在民事诉讼法典修订过程中，民事证据制度从简疏到完备，不仅规定了证据种类、举证责任、证据保全等内容，还确立了自由心证、言词辩论、证据裁判等原则。由于政局跌宕，清末民初所确立的民事证据制度在一定程度上停留在立法层面，但毋庸置疑的是，中国民事证据制度在短短的二三十年，经历了从制定、发展到完善的历程。

第一节　变化动因

　　导致民事证据制度近代转型的原因是多方面的，但近代中国的种种变化都不可避免地追根溯源到鸦片战争所引起的一系列变动。鸦片战争不仅改变了传统的朝贡外交关系，而且使得闭关锁国的天朝上国经历了"三千年未有之变局"，人们的国际秩序观念、政治法律观念、经济社会观念等方面发生了翻天

---

　　① 蒋铁初：《明清民事证据制度研究》，中国人民公安大学出版社 2008 年版。
　　② 寺田浩明：《权利与冤抑——清代听讼和民众的民事法秩序》，载滋贺秀三等：《明清时期的民事审判与民间契约》，法律出版社 1998 年版，第 194 页。

覆地的变化。观念的改变也导致传统中华法系的解体。

一、清朝统治危机与政治变革

鸦片战争被后世公认为是改变中国的最大历史事件之一。一直被泱泱大国视为"外夷"的英国打败了自视为天朝大国的清王朝，正如马克思在《中国革命和欧洲革命》一文中所言："天朝帝国万世长存的迷信受到了致命打击，野蛮的、闭关自守的、与文明隔绝的状态被打破了……与外界完全隔绝曾是保存旧中国的首要条件。而当这种隔绝状态在英国的努力之下被暴力所打破的时候，接踵而来的必然是解体的过程，正如小心保存在密闭棺木里的木乃伊一接触新鲜空气便必然解体一样。"然而，这样的解体过程是缓慢的，因此鸦片战争在当时所引起的反响仅限于沿海发生过战火的地方，对于内地尤其是统治中心华北地区却是非常有限的，也没有激起昏聩无知的清朝统治者进取的意愿。

直至第二次鸦片战争的熊熊大火焚毁了圆明园，清廷面临太平天国起义的"心腹之害"、俄国威胁的"肘腋之患"和英国侵略的"肢体之患"，不得不面对政治改革的问题。1861年，总理各国事务衙门（"总理衙门"）应运而生，专司外交事务，但随着外国势力日益扩张。总理衙门的管辖事项从对外交涉延伸至与外国发生干系的海防、关税、财政、军事、教育等各方面，实际上成为清廷的中枢机构，尤其是南、北洋大臣分别以两江总督和直隶总督兼任，使得地方势力渐成气候，对清末政局的发展产生了不容忽视的影响。辛酉政变，慈禧太后开始执掌政权。为维护个人权力，她支持洋务运动，并借助列强势力剿灭太平天国运动，取得了所谓"同治中兴"的成就。但"同治中兴"并不能扭转封建专制解体的趋势，甲午战争的失利使得洋务派"富强"的期望落空。以西式的坚船利炮维护清朝统治的"中体西用"主张失去了号召力，难以再引起士大夫的共鸣。

在洋务运动引进科学技术的同时，西方的政治法律思想在中国的影响力日长，有识之士历经"欧风美雨"的洗礼，开始自觉地认识到，传统政治制度已经无法适应新时代的需要，维新派走上了历史舞台，革命派也悄然应运而生。"百日维新"作为一场政治运动迅速失败了，但"穷则变、变则通、通则久"的观念在士绅阶层产生了巨大影响，第一批具有现代化意识的知识分子脱胎而出，他们正视多灾多难的时局，毅然承担起为民族国家寻找出路的历史使命。待到义和团运动爆发，八国联军入京，《辛丑条约》的签订使得中国完全陷入了半殖民地的深渊。"量中华之物力，结与国之欢心"的清王朝丧失了抵抗意识，也失去了民心的支持。国内革命浪潮一波未平，一波又起。面对日益严重的统治危机，清廷再也不可能按照旧秩序维系其统治，不得不开始了自我挽救的新政。光绪二十六年，清廷发布变法上谕，宣称："世有万古不易之常经，无一成不变之治法……大抵法积则弊，法弊则更，要归于强国利民而已……现在议和，一切政事尤须切实整顿，以期暂图富强。懿训以为，取外国之长，乃可补中国之短；惩前事之失，乃可作后事之师……总之，法令不更，锢习不破，欲求振作，当议更张。"① 晚清最后十年的变法自此揭开了序幕。

变法所涉范围甚广，其中政治体制改革是核心内容。前期政治体制改革的主要内容是整饬吏治，裁汰、合并中央和地方的原有机构，总理衙门改为外交部，包揽了与外交有关的工作，班列各部之首。为进一步博取民意，清政府宣布仿行宪政，筹备立宪，开始按照立法、司法、行政三权分立的原则，改革中央机构，原来主管司法事务的刑部改为法部，大理寺改为大理院。司法权专属法部，审判权专属大理院。分权被视为解决传统体制效率低下、贪腐横行的良方，成为后期政治体制改革的重中之重。

由于清政府认为立法、行政分立尚需时日，司法独立"最为切实可行"，有识之士更是认为司法独立是"宪政之本"，"关乎中外之观瞻，国运之所系"②，因此司法制度改革所涉范围之广，力度之大远非其他部门所能比拟，具体包括：将大理寺改为大理院，作为全国最高审判机关，负责法律解释和监督各级审判厅；在大理院附设总检察厅，准备仿行资本主义国家的检察制度；推行民事、刑事诉讼分庭分级审判；司法从业人员职业化；从经费、建设、人员、管辖四个方面加快地方审判厅的筹办进度；厘清大理院和法部的权限划分。社会环境的不断恶化迫使主政者急于通过改革摆脱困局，司法改革的许多措施仅仅局限于设想，尤其是地方各级新式审判厅的筹设工作步履艰难，不仅经费、人才匮乏，更为重要的是，缺乏构建司法独立的法律体系，司法机构的运作难以开展。为保证审判机构能够独立行使审判权，程序法的重要性凸显，主持修律工作的沈家本、伍廷芳等人非常重视诉讼法典的修订工作，认为"现在改章伊始，一切未能详备，必得诉讼法相辅而行，方能推行无阻"。③ 修订法律馆先后起草了数部与审判工作密切相关的程序法和法院编制法，效仿大陆法系的新律，实体法与程序法相区别，与诸法合体的中华法系风格迥异，法

---

① 《清德宗实录》卷476，中华书局1987年版，第273—275页。
② 故宫博物院明清档案部编：《清末筹备立宪档案史料》（上册），中华书局1979年版，第75页。
③ 《奏核议恤刑狱各条折》，载《伍廷芳集》（上册），中华书局1993年版，第266页。

制近代化由此滥觞。

二、经济结构的演变与社会阶层多元化

中国自古以来就是自给自足的农业社会，日出而作、日落而息的生产方式，聚族而居、同居共财的生活模式，重农抑商、劝趣农桑的基本国策使得自然经济极具稳定性，导致法律调整的社会关系相对稳定，法律变革缺乏内在动力。"无讼"的价值取向使得程序法的制定更无必要。但海禁大开之后，开放的商埠逐渐增多，19世纪末，沿海、长江沿岸、新疆蒙古内陆等地开放的商埠已达三十多处，中国社会外国军事和经济侵略的双重影响下，悄然发生了变化，小农经济开始逐渐解体，社会出现了与新的经济发展密切相关的新生力量，社会阶层日趋多元化。

尤其在开放的商埠，社会结构日益复杂，世态万象，包罗大千。列强强迫清政府开放通商口岸是为了攫取经济利益，外国的工业产品、资本因此输入中国，封闭的市场被打破，西方商品对传统家庭手工业造成沉重的打击。具有强烈民族意识的买办郑观应描述这种情景：

"洋布、洋纱、洋花边、洋袜、洋巾入中国而女红失业，煤油、洋烛、洋电灯入中国，而东南数省之柏树皆弃为不材；洋铁、洋钉、洋针入中国，而业治者多无事投闲；此其大者，尚有小者不胜枚举。所以然者，外国用机制，故工致而价廉，且成功亦易。中国用人工，故工笨而价费，且成功亦难，华人之计，皆为所夺矣。"①

在列强经济掠夺的同时，频仍的战乱和天灾造成了农村经济的进一步破产，大量生活无着的农民涌入城市，出卖劳动力，农业经济雪上加霜，自给自足的自然经济结构逐渐瓦解。

在求富求强的洋务运动中，出现出了最早的资产阶级。洋务派创办了新式工厂，涉及军事、交通、采矿等行业。这些企业大多为官督商办、官商合办，效率低下，难以参与市场竞争。而最早与西方人打交道、深谙资本主义经济的买办也投资或创办近代工商企业，如郑观应的上海电报总局、唐汝霖的上海织布局、唐廷枢的仁济和保险公司等。从19世纪60年代到90年代，中国先后出现过300多家新式的工业企业，它们的投资者多为官僚、地主、商人和买办。由于民族工业诞生于半殖民地半封建的时代，既缺乏相应的法律保护，受到外国资本的挤压，又遭到旧势力的反对，一直在"夹缝中求生存"，举步维艰。直至清末，政府制定《商律》，设立商部，明确支持工商业发展，资产阶

---

① 郑观应：《盛世危言》卷7·纺织，中州古籍出版社1998年版。

级作为独立的阶层在经济领域发挥作用的同时，开始在政治舞台上展现自己的影响力，在清末民初的立宪活动中，"南张（张謇）北周（周学熙）"作为领袖型人物，对时局的影响不容忽视。在民族资本主义发展的同时，作为工商业阶层的行业组织商会产生了，这表明资产阶级开始自觉地团结在一起。

近代工业的产生也造就了工人阶级。早在中国资产阶级诞生之前，由于外国人在通商口岸举办轮船修造、原料加工等企业，雇佣当地的劳动力，中国工人阶级产生了，到1894年，中国工人总数已经达到九万多人。虽然工资微薄，多数来自农村，但他们代表新的生产方式，工业的集约化生产使他们的主体意识不断增长，具备了团结斗争的可能性，尽管深受封建势力和资本主义的双重压迫，这都不能改变他们在即将到来的新时代所能发挥出来的巨大能量。

近代工业的产生、城市的发展和乡村的衰落，使得聚族而居、鸡犬相闻的传统社会结构发生巨变，稳定的社区日益变成陌生人的城镇。乡土中国，人们安土重迁，邻里乡亲，彼此熟悉，许多纠纷多由乡族自行调解，不需也不必闹到官府通过诉讼的方式解决，以免日后难以相见相处。当城市的流动性增强，比邻而居的信任感不复存在，依法进行交易，如果发生纠纷，通过诉讼解决可以减少成本，即使因为在法庭上针锋相对而成为仇人，也许以后老死不相往来，故而民众对法律和司法有了更多的需求，不仅看重最终决定公平与否的判决，而且在诉讼过程中也要求法庭有章可循。当人情淡化，情面已无关紧要，依众证定案，诉讼法在清末修律活动中受到了特别关注，正是因为"内有民智之发达，外有交通之开展，因此而生之社会之极激变迁，不断的促新法规之制定，国家之立法机能，亦逐年而完整，卒至适应国民之新需要而制定新法规"。①

三、西学东渐与法观念的改变

在鸦片战争之前的数千年，中华文明虽然代有变化，但从未触及三纲五常、尊卑贵贱的等级封建法文化的根本。直至清政府被迫签订丧权辱国的《南京条约》，时人开始反思并追问：为何泱泱大国竟被数千英夷打败？他们最初认为应当学习西方先进的科学技术，走向富强。随着认识的深入，他们最终认识到，传统体制已不适应时代的发展，西方的政治体制和思想文化已主导世界潮流，应当学习西学，改变古老的中国，挽救民族危机。

---

① ［日］穗积陈重：《法律进化论》，黄尊三等译，中国政法大学出版社1997年版，第290页。

　　最初表现为学风的改变。鸦片战争之后，地主阶级中的一些有识之士继承并发展了明清之际由顾炎武、黄宗羲、王夫之等人开创的"经世致用"的学术传统，反对脱离实际，注重研究实际问题，主张向西方学习，倡导改革，以达到强国目的。魏源、林则徐、徐继畬等人开风气之先，将西方地理、制度、科技等方面的内容介绍进国内，当然这些介绍都比较粗浅，基本上提留在翻译介绍层面，而且其受众也非常有限，只有极少数的开明人士。

　　第二次鸦片战争之后，一批被称为"洋务派"的朝廷要员为维护清政府的统治，寻思仿造西式武器，开始运用西方先进技术，引进西方技术人才，创建新式企业。为适应外交需要，洋务派注重国际公法的作用，翻译了许多国际公法的书籍。同时在企业运作过程中，他们对于西方经济法律也有了一定的认识。由于在政坛地位尊崇，洋务派对西学的推崇，为西方法律思想在中国获得更广阔的发展空间赢得了可能。而另一些被称为早期改良派的人士对西方资本主义生产方式、科学技术乃至社会政治制度有了一定程度的了解，他们主张不仅要学习西方的科学技术，制造先进武器，抵抗西方的"兵战"，而且还应当进行某些政治经济方面的改革，同西方国家"商战"，并产生了浅显的宪政思想。

　　19世纪末，维新派在中国掀起了一场思想解放的风潮。"帝国的一再挫败使康有为相信，不论行政或思想方面的帝政都到了山穷水尽的境地。因那种制度只适合过去闭关时期的中国，而不适合今日与西方交通之世，西方国家的强盛，以及模仿西方的日本，是迫使中国接受近代世界挑战的有力证据——不仅仅接受西方技器（清廷在过去30年已进行改革但成效甚微），而且要作适当的制度与思想的改革。"[①]"百日维新"匆匆夭折，然而以帝王名义开展的改良活动表明传统体制已难以维系，尤其是尊君的守旧派不得不痛苦面对向西方学习的现实。

　　直至清末新政，中国进入"变器亦变道"的阶段，与西方接轨的修律活动改变了中华法系的原有结构。程序法作为法律运作最直观的方式首当其冲的成为改革重点。西方法文化最初伴随枪炮进入中国，国人被迫屈辱的接受，当文化自身的魅力散发出来，这种接受从被动变为主动。这种改变的根本动力是社会发展，然而作为思想的社会关系和社会意识的存在形式之一的法律，其转变亦需要一定的知识背景，即国人了解西方法律以及法观念的变化。

　　（1）人权理性的影响

　　近代人权观念在法律变革中起着不可估量的重要作用。人权，即人受一定

_____

　　① ［美］萧公权：《近代中国与新世界：康有为变法与大同思想研究》，汪荣祖译，江苏人民出版社1997年版，第106—107页。

伦理、道德所支持和认可的权利。人权是每个人须臾不离的权利，是作为个体的人生存最基本、最本能的要求。人权包含的内容广泛，生存权利是第一权利，还有人身权利、政治权利、社会、经济、文化等多方面的权利。人权观念对法律现代化具有指导作用。中国的近代化过程晚于西方国家，18 世纪，主要西方国家已经完成资产阶级革命，其面临的首要任务是迅速发展资本主义经济，巩固资产阶级统治。在思想领域，自然法、契约论、人民主权等已经逐渐淡出。而在中国，西方资产阶级革命时期曾经高扬的"天赋人权"、"主权在民"的思想却方兴未艾，有志之士希望将其作为思想武器改造中国，但"西学的某些内容，如伦理道德、宗教信仰、价值观念，尽管一再灌输，中国并没有全盘接受，有的基本没有接受。传统的君为臣纲、父为子纲，夫为妇纲，虽已受到一定的冲击，但仍占主导地位；自由、平等、民主思想，虽为一部分人接受，但并未为整个社会所认同"。① 人权思想在 19 世纪末的戊戌变法及孙中山领导的资产阶级革命运转中萌发并得以发展。

维新派的领袖人物康有为将西方人权思想糅合在《公羊三世说》之中。在其名著《大同书》中，天赋人权、平等独立成立贯穿全书的批判封建专制主义纲领。维新派的另一杰出人物谭嗣同更是强调自由平等才符合人性，是不可剥夺的人之天权。严复进一步系统介绍了天赋人权说，并要求实现中国民众至今所被剥夺的自由平等之权利。梁启超总结道，"天生人而赋之以权利，且赋之以扩充此权利之智识，保护此权利之能力"。如果不尽力争取人之权利，将不能尽人之天职，而失人之价值。维新派对于人权思想的大力倡导使得自由、平等、独立等权利思想逐渐深入人心，之后成为辛亥革命的思想纲领与政治纲领。② 人权思想既已成为社会热潮，清末修律需要一种全新的指导思想来修订法律，自然不可避免地受到影响。人权思想在中国的传播促进了民事证据制度的近代转型。

"法律的现代化即法律的理性化。" 理性主义与西方法律渊源深厚。理性主义曾是对付宗教神性的武器，并为近代科学的发展奠定了思想基础，西方资产阶级革命亦深受理性主义影响。但理性主义思维实际上是一种功利主义价值取向，是把人动物化、实体化的结果，这种急功近利的理性和漫无边际的利得精神，使得 19 世纪的西方人心灵疲惫不堪，继而出现了反理性主义的思潮。但是在中国，理性主义不仅与传统的实用理性思维暗合，又符合当时急需保家保身、救国救民的务实需求。在修律的过程中，近代民事证据制度产生了，这

---

① 熊月之：《西学东渐与晚清社会》，上海人民出版社 1994 年版，第 732 页。
② 陈少峰：《人权与近代思想的转折》，载《北方论丛》1994 年第 1 期。

也正是修律者面对天朝上国的对外失败、对内纷乱的理性选择，这种选择一部分是法律本身的理性，也是西方数百年来的理性理论，证明西方的法律体系符合时代的发展，本身更为进步；另一部分是现实理性，这是一种功利的需要，与人权思想一样成为变革者可资利用的工具。

（2）民事诉讼原则和制度的引进

除了人权、理性等宏观理念作为西方文化的精髓为中国所接受。在微观层次，民事诉讼法的一些专业理论逐渐在中国被认知和接受。传统中国以"无讼"为价值取向，官员以"讼简狱清"为政绩，当不得不面对民事诉讼时，就尽量使用调处手段，以情理使得两造协平，最终达到结束纷争的目的。当然涉及田土等民生根本的争讼，也会注重书面证据、证人证言等，但这些并不是最终决定案件结果的决定性因素。一位著名清官海瑞的断案体会是：

"凡讼之可疑者，与其屈兄，宁屈其弟；与其屈伯叔，宁屈其侄；与其屈愚直，宁屈刁顽。其在争产业，与其屈小民，宁屈乡宦，以救弊也。事在争言貌，与其屈乡宦，宁屈小民，以存体也。"①

正是由于传统司法制度在"法律的解释和执行离不开传统的伦理，组织上也没有对付复杂的因素与多元关系的能力"②，因此程序如何根本无须考虑，法律专业也缺乏严格门槛，通过科举考试踏上仕途的士人并不需要正式学习法律。

这种正当程序和权利保障缺失的司法制度使得西方侵略者以此为借口，攫取了治外法权。随着社会发展，新类型的民事诉讼不断出现，也使得民事司法实践越来越复杂。如近代出现的华洋诉讼纠纷③，主要涉及借贷、买卖、地产、商标、损害赔偿、侵占公司货款等方面，但关于婚姻、家庭、继承方面的案件却很少，可见社会和审判机构对于民事诉讼专业方面的知识愈发需要。正因如此，在西学东渐的过程中，西方民事诉讼方面的一些专业知识被引进，近代中国民事诉讼法学开始萌芽。

1. 诉讼权利平等原则

当事人诉讼权利平等是保障当事人平等进行诉讼和审判公正的前提。它是"法律面前人人平等"在民事诉讼中的体现。该原则在民事诉讼程序中主要体现在以下几个方面：

---

① 海瑞：《海瑞集》，中华书局1962年版，第117页。

② 黄仁宇：《万历十五年》，北京三联书店2004年版，第139页。

③ 直隶高等审判厅编：《华洋诉讼判决录》，中国政法大学出版社1997年版。该书收录五十份民事判决书、十九份民事决定书，只有九份刑事判决书。可见民事诉讼案件的比重在审判机构所占据的分量。

首先是及时送达诉讼文件，确保当事人能够获得诉讼资料，了解彼此的诉讼态度，并获得参与诉讼的机会；其次，审判程序中，当事人诉讼权利对等，当事人应当互相公开诉讼资料或攻击和防御的手段，避免一方当事人利用法律所许可的权利去损害另一方当事人的利益，以此保障当事人之间诉讼的平衡；此外，时人可以获得法律援助。由于民事诉讼中，当事人对事实主张、证据提供等起着决定性的作用，即使律规定了当事人享有平等的诉讼权利，但由于诉讼知识、经济条件等差异，可能导致实质上的不平等，因此法律援助可以使弱势方获得与对方对等的诉讼地位，从而保障权利平等原则的切实实现。

近代第一部诉讼法草案《刑事民事诉讼法》已注意到民事案件与刑事案件的不同，规定对民事案件的被告不得使用拘票，宜签发传票。审理时，原告、被告均须在场，对于原告、被告及证人，均不得拘留。《大清民事诉讼律草案》专置"诉讼救助"一章，对因经济困难而难以伸张权利的贫困人士提供救助，救助的内容包括暂行免交各种诉讼费用及为其选任暂免支付费用的律师。种种规定都体现了让当事人平等享有和行使诉讼权利的旨意。

2. 辩论原则

辩论原则是当事人在诉讼过程中，通过辩论来向法庭阐明自己的主张和理由，反驳对方的主张，从而实现自己的诉讼权利。辩论原则主要包括：当事人在诉讼中享有在法官面前进行辩论的权利，辩论的内容即可以是发生争议的实体问题、程序问题或法律适用问题；证据应当也只能由当事人提出，并在法庭上进行调查和质证；对双方当事人没有争议的事实，不允许法院作出相反的认定。①

《刑事民事诉讼法》中就明确规定了民事案件的庭审流程：首先，由原告朗诵起诉状和被告答辩状，叙述争议原委，并简略描述证据；其次，原告提交证据，被告可以发问，原告、被告就证据进行对质；原告证据提交完毕后，被告可以提交证据，原告可以辩驳。法庭断案，必须根据证据并参核辩词再作出判决。上述法庭审判的步骤反映了辩论原则的主要内容；《大清民事诉讼律草案》的制定者在第三编"普通诉讼程序"的"总则"按语中明确指出，该律采言词辩论一体主义，并设"言词辩论"一节，规定诉讼所涉资料，当事人应依言词辩论而提出，若非当事人以言词表述而认知的诉讼资料，不得作为判决依据，如审判人员变更，则须重新辩论，若法庭违背此规定，所作判决违法，当事人可以此为不服理由进行上诉。

---

① ［日］兼子一、竹下守夫：《日本民事诉讼法》，白绿铉译，法律出版社 1995 年版，第 71 页。

3. 处分原则

处分原则就是当事人有权自行决定是否行使自己的实体权利和诉讼权利。民事诉讼是保护私权之手段，因此尊重当事人在纠纷解决方式、行使权利的范围和程度等方面的选择。日本学者三月章认为："在民事诉讼何时开始、有何限度、持续至何时（即何时终结）方面，承认当事人有主导权的主义成为处分权主义。"① 这表明处分原则主要包括：首先，不告不理，诉讼是否开始应当由当事人决定；其次，诉讼标的应由当事人决定，法院不得就当事人未申请的事项做出判决；最后，当事人有权通过撤回诉讼、达成和解协议、放弃或承认诉讼请求等方式结束诉讼。

《大清民事诉讼律草案》的制定者已经认识到，民法是确定私权的基础，而民事诉讼法则是维护私权的保障，因此当事人可以定诉讼资料范围，当事人处分主义亦是该草案明确采纳的立法主义之一，但考虑到维系传统道德伦理和维护法庭权威之需，对于人事诉讼及法庭依职权调查的事项，则采取职权主义。

4. 审判公开原则

审判公开原则指法庭审理案件，除法律另有规定之外，一律允许公众旁听，向社会公开。审判公开是资产阶级革命时期作为封建司法擅断和秘密审判的对立物出现的，根植于民主政治对公权力运作的监督权和公民知情权的确认，是诉讼制度走向民主文明的重要标志。审判公开原则不仅可以防止司法腐败和司法专横，还能最大限度地提高司法透明度，实现司法公正的终极目标。《刑事民事诉讼法》即明确规定了案件认可以观审法庭审理案件，体现了审判公开原则，至《大清民事诉讼律草案》已明确规定除禁治产事件，其他通常诉讼事件，均公开审判。至民国北京政府时期，为维护军阀独裁，《刑事诉讼条例》甚至删去了公开审理的规定，但对于民事诉讼，则认为在审理之际，允许公众列席旁听，使公众知晓其生命财产均受到法律保护，从而有利于树立司法威信，因此《民事诉讼条例》依然坚持公开审理主义，只是对于禁治产事件及有碍于善良风俗的事件，禁止旁听。

清末民初，随着民事诉讼法典化程度的加深，立法者和法学家对于民事诉讼的基本原则认识更加清楚，在法律草案及法律解释中都详细阐述了立法主义，并在此基础上形成了民事诉讼的基本制度。

1. 律师制度

中国自古本无律师制度。传统中国代为诉讼被法律所禁止，帮助别人进行

---

① ［日］三月章：《日本民事诉讼法》，汪一凡译，台湾五南图书出版公司1997年版，第179页。

诉讼活动的人被称为"讼师"，被官府作为严厉打击的对象。然而随着近代社会的发展和统治阶级对法律功能的重视，法律的作用得以加强，社会对法律专业人才的需求呈上升趋势，但原有讼师的知识结构不足以适应社会需求。同时，随着领事裁判权在华日益扩大，作为西方司法制度的重要内容之一的律师制度逐渐被国人所了解，1903 年发生的"苏报案"淋漓尽致地暴露了传统情理办案思维与西方法治精神的冲突，使得朝野上下对律师作用有了更清晰的认识，主张设置律师制度适应时势之需，可以使"领事之不能越俎也"，"讼棍之自然消除也"，"律法明而民智大开也"，甚至"渐可使外人收回治外法权也"。① 因此《刑事民事诉讼法》规定了律师制度，但传统对讼师的鄙视与怀疑使其成为督抚评议的众矢之的。律师制度因该草案被搁置而未遂行。

　　至仿行宪政，律师制度成为司法独立的重要内容，时任邮传部主事陈传蕃指推事之权横而恣。今推事设矣，而录用律师，必迟至一两年以后，则奚以故？② 1910 年，清廷派员赴欧美考察制度，考察人员通过实地观察充分肯定了律师的作用："欧美虽法派不同，要使两造各有律师。无力用律师者，法庭得助以国家之律师。盖世界法理日精，诉讼法手续尤繁，短非常人所能周知，或为我国讼师刁健，法律所禁。不知律师受教育与司法官同一毕业于法律。其申辩时，凡业经证明事实，即不准妄为狡辩。是有律师，则一切狡供及妇女、废疾之紊乱法庭秩序在我国视为难处者，彼皆无之。"③ 他们注意到西方律师制度具备了法律职业共同体性质，与传统的讼师截然不同，因此主张中国引进律师制度。在沈家本等主导及参与修律的日本法学家的帮助下，清末出的《法院编制法》明文规定了律师代理制度。虽然这部法律得到了颁行，但当时清廷已是风雨飘摇，未几倾覆，律师制度未及切实施行。直至 1912 年 9 月，民国北京政府颁布《律师暂行章程》，律师制度才真正在中华古老大地开花结果。

　　2. 回避制度

　　回避制度的设立是为了维护司法公正，即强调法官的中立地位。任何人都不能是他自己案件法官的法谚可追溯至古罗马法，反映了法官应当与案件本身以及当事人双方无关联，保持中立，公正、客观，不因当事人的个人因素而区别对待，要使法官恪守职责，就必须确立利益规避制度，要求法官在必要情况

---

　　① 《时报》社评：《评中国亟宜教育律师》，载《东方杂志》1904 年第 6 期。

　　② 陈宗蕃：《司法独立之始亟宜预防流弊以重宪政》，载《清末筹备立宪档案史料》（下），中华书局 1979 年版，第 885 页。

　　③ 《两广官报·辛亥闰六月》第 8 期，宣统三年六月。

下予以回避，以排除偏见，从而保障诉讼公正。

《刑事民事诉讼法》已明确规定了回避制度，规定法官存在以下情况：自被损害者；与原告或被告有戚谊者；于该案曾为证人或代理人者；于该案无论现在或将来有关涉利益或损害者，应当申明原由，陈请回避。《大清民事诉讼律草案》将回避范围从法官扩充至书记、翻译官，对回避原因也规定的更加详细，不仅规定了法官与案件有利害关系应当回避的事由，而且还规定如果法官曾经参与案件此前的处理亦属于回避对象，更为重要的是，该草案完善了回避程序，规定法官自知有应回避的情形，必须自行声明回避，当事人发现法官有回避原因，可以申请法官回避，审判机构发现法官有应回避原因，应作出回避决定。可见，回避已经成为民事诉讼当事人的一项基本诉讼权利，它能防止法官等办案人员出于种种原因滥用权力，偏袒一方；也有利于增强当事人对司法机关的信任，有利于提高司法透明度，维护司法权威。

3. 审级制度

审级制度是法院内部的审判监督机制，其目的是确保案件公正审理。案件经过不同层级法院的过滤，会尽可能地矫正裁判瑕疵，从而实现当事人合法利益得到最优化的保障。民事案件在清末法律改革之前属于州县自理的案件，与刑事案件的"逐级审转复核制"不同，一般不需经过州—府—司—督抚四级，最后再上报至三法司。① 但由于民事与刑事案件适用的程序并不存在泾渭分明的区分，如果州县官员审理民事案件不公或不为审理，当事人亦可上控，甚至京控，都察院、步军统领衙门受到呈控之后，通常发回本省复审，并不送刑部处理。清律第 332 条附例规定：至钱债细事争控地亩，并无罪名可拟各案，仍照例听城坊及地方有司自行审断，毋得概行送部。② 这种模糊的审级划分使得"我国旧制最繁，如县府、司、院、部，凡五审，部院皆为五审，原虑有冤抑，故多设审级以备平反，而出入处分太严，实足以遏抑上诉。又因交通之不便，吏胥之需索，文牍之繁苛，审理之迟滞，皆足为上诉者之障碍"。③ 为改变传统诉讼审级繁复之弊，简化诉讼，提高司法效率，满足社会所需，并且与西方司法制度接轨，清廷决定采纳大部分大陆法系国家的三审终审制，《刑事民事诉讼法》称第二审程序为"控告程序"，第三审为"上告程序"，第三审为法律审，只能对违背法律的判决提起上告，民初继承了清末以来的三审终审制。三审终审在保证法律统一实施方面起到了重要作用，但也产生了拖延诉讼

---

① 郑秦：《清代法律制度研究》，中国政法大学出版社 2000 年版，第 172 页。

② 《大清会典事例》卷 817，第 6 页。

③ 《法学会杂志》1910 年第 2 期。

的消极影响。

民事诉讼原则是民事诉讼活动的普适性准则，决定和影响了民事诉讼的基本构架，对于指导民事诉讼过程的运行，保障当事人的合法权益，实现程序的正义性目标，具有重要的意义。民事诉讼制度是原则的具体体现，原则和制度都是为保证民事诉讼的正确实施，实现民事诉讼的目的服务的。清末民初民事诉讼知识的引入和运用决定了近代民事诉讼的模式和民事证据制度的转型。

四、传统诉讼法制的弊端和司法腐败

尽管西方文化产生了巨大的影响，但以"冲击——回应"说来论断民事证据制度的近代转型则失之偏颇。诚如史学名家罗荣渠先生所言，"外因论把史家的注意力引向中国近代发展的外部因素，实质上是一种西方中心论的历史观。从表面看，帝国主义侵略论似乎是反西方中心论的，但如果只承认帝国主义是近代中国各种变化的主导因素，忽视了中国的历史特点和国情特点，把内部问题简单归之于封建主义对帝国主义的屈服投降，而排除这一复杂历史过程中的多样性选择，实质仍是一种隐蔽的西方中心论。从哲学上说，也违反了外因通过内因起作用的基本原理"。[①] 近代民事证据制度的转型归根结底还是在国门被迫大开的情势下，传统诉讼体制的弊端暴露无遗，已经到了非改不可的地步。

首先，传统诉讼体制在理念上与现代司法制度存在相悖。传统社会追求和谐，崇尚"片纸不入公门"，一般民众不到万不得已不会打官司，官员也视原、被告为寻衅滋事的刁民，官府处理案件并不关心个人权益是否得到合法维护，而是强调平衡社会关系。在法学被认为是"申韩末学"的社会里，司法官员的法律素养和水准自然难以保证，更何况司法本身是政务工作的一部分，是为了树立父母官的权威和帝制的庄严。一旦程序公开透明，缺乏专业训练的司法官员必然无法应付。而且，传统刑事审判模式注重还原案件的客观真实，而在民事诉讼中，更多的官员按照道德伦理处理案件，并不过分追求真相，甚至在真相明了的情况下，依然按照社会普遍接受的道德标准和恢复社会和谐的宗旨处理案件，往往缺乏刚性的程序特征，如此即使通过严格程序，程序本身对案件的最终结果也缺乏意义，因此在传统司法格局中也无法产生正当程序的观念。

其次，传统证据制度以口供为中心，即使在民事诉讼中，原告、被告、证人都可以被拷讯。重口供在认识论上的根源主要是形而上学的唯心主义，地方

---

① 罗荣渠：《近代化新论》，商务印书馆 2004 年版，第 250 页。

官总是坚信被告自己供认的一定是可靠的，无人愿意冤枉自己，有了口供，地方官就无须分析错综复杂的案情，只要相信口供就可以了。当然除了认识论的根源外，还有一个阶级根源，地方官作为封建权利的代表，在处理案件时，他需要一个简单而又能让百姓信服的理由，口供恰好可以满足其需要，官僚主义作祟使得获取口供成为简单省事的办案方式，这些都使得口供成为"证据之王"，但这必然导致刑讯逼供，虽然历代统治者出于"载舟覆舟"的考虑，在一定程度上限制刑讯，但只要口供依然是认定案情的必要证据，刑讯逼供就无法避免。然而刑讯逼供和其背后的法观念与西方近代以来的民主、人权观念格格不入，这种形式上的证据的证明力也遭到质疑，因此整个传统中国的司法体制被认为是严苛野蛮的，受到越来越多的攻击。

最后，中华法系成文法典的体例也不能适应新形势的需要。中华法系拥有悠久的成文法传统，然而传统法典将各种社会关系归纳为一体，民刑不分、实体程序不分，这样的编纂体例在数千年封建社会从未改变，即使到了封建社会最后一部法典——《大清律例》，"诉讼"门中仅有56条条文，而且几乎是关于刑事诉讼的，"这种刑事程序法与刑事实体法合一的刑法典编纂体例和结构的先实体后程序、重实体轻程序的认识水平和思维方式，从而严重影响了刑事程序法理论的研究和发展，制约了刑事程序法体例和结构的改进与完善，也使得刑事程序法的内容在我国古代社会发展到西法东渐之前的清朝中期时仍然不能从刑事实体法中独立出来自成体系并独自成典，也当然使我们的古人更不可能对刑事程序正义论引起足够的重视和进行深入的探讨"。①，刑事诉讼尚且如此，更遑论民事诉讼。但随着经济社会的发展、民众法律意识的觉醒和提高，单靠调处已无济于事，何况西方列强对司法主权虎视眈眈，制定单独的程序法势在必然。

司法腐败集中体现了清末的统治危机。诚如孙中山先生在19世纪末所言，"在今日中国的社会生活部门中，也许没有什么部门比司法制度——如果能称之为制度的话——更迫切需要彻底改革……在中国对任何社会阶层都无司法可言……地方行政官和法官的存在只是为了自己发财致富和养肥他们的顶头上司，直至皇室本身。民事诉讼是公开的受贿竞赛；刑事诉讼程序只不过是受刑的代名词——没有任何预审——对被告进行不可名状的、难以忍受的严刑拷打，不仅对可能有证据的嫌疑犯是如此，而且对任何一个兵勇或地位较高者告发的人也是如此……只有王朝的变换使至少旨在公正、纯洁、为生命财产案情

---

①　宋四辈：《中国古代刑法典的编纂体例和结构特点——兼论传统刑法文化的作用和影响》，载《郑州大学学报》（哲学社会科学版）2003年7月。

提供某些公开保障的司法制度改革成为可能"。① 显然，问题的关键在于，自鸦片战争之后，传统统治秩序难以维系，司法主权开始丧失，司法权威风光不再，法律体系日渐混乱。当作为社会控制最有力的法律制度不再奏效时，改革就提上了日程。

鸦片战争标志中国社会发生了剧烈的转折，从天朝上国沦为半殖民地，国人心灵震撼和耻辱言语无法表述。西学东渐从润物无声演变为狂风暴雨，冲刷古老中国沉淀数千年的底蕴。民族危机如泰山压顶，覆巢之下岂有完卵的意识激起革命浪潮。当社会政治、经济、文化都处于波澜壮阔的大变动之时，内忧外困迫使统治者采取改良措施，近代化的审判制度得以缔造。

第二节　民事证据理论的变化

民事证据制度是国家法律规定的关于民事诉讼中的证据、证据种类、证明对象、举证责任与证明责任、证明标准与证明要求，以及如何收集、审查判断证据，如何运用证据认定案情的规则体系。19 世纪末，近代民事诉讼法学与民事诉讼立法同时出现。1880 年，就职于同文馆的法国人毕利干翻译了《法国律例》，其中的《民律指掌》，就是法国民事诉讼法的汉译。20 世纪初，随着修律工作的开展，出现了一批编译性质的民事诉讼法学著作，民事诉讼法学的研究开始发展，现代民事证据理论也发展起来。

传统中国的家国天下的政治格局一直相对稳定，包含证据制度在内的法律制度在数千年的历史时期也保持着一些明显的共同点，就民事证据制度而言，其最显著的特征主要有：包括当事人陈述和证人证言的人证是主要证明手段，"以五声听狱讼"的问案方法一直被推崇，但物证在不动产纠纷、债务纠纷、财货纠纷等案件的审理中，得到了地方官的高度重视，往往成为认定案件事实的重要依据。当然，由于调处在解决民事纠纷中的盛行，地方官员的非专业性和主观性，法律对证据的采信并无强制性规定等诸因素，证据在民事案件中的作用往往因人而异。直至清末法律改革，单独的民事诉讼法的制定，民事证据制度在立法层面接受了西方的政治思潮和法律制度，向西方国家靠近，对证据种类、证明责任等作出了明确的规定，完成了民事证据制度近代化历程。

---

① 孙中山、［英］埃德温·柯林斯：《中国司法之改革》，贺跃夫、周黎明译，载《中山大学学报》1984 年第 1 期。

一、民事证据制度的一般理论

（一）证据本质

民事诉讼的目的是维护私权，而私权的确定，首先应当由原告主张事实，然而再由法院决定是否合法。证据就是当事人对其主张事实提供必要资料，以确定事实真否，从而使法官确信其为真实，清末民初民事诉讼模式采当事人主义，因此举证原则上是当事人的行为，但人事诉讼以及其他事关公益的事项，法院有权依职权进行调查。证据在诉讼中起到证明的作用，其最终目的是让法官认定当事人的主张为法律事实，进而支持当事人主张。

（二）证据裁判原则

证据是诉讼得以展开的基础，民事诉讼过程就是证据收集、审查、判断及运用的过程。在证据制度的发展史上，最原始的一种证据制度应是神示证据制度，即根据神谕来判断诉讼中的是非曲直，获得神谕的仪式通常有：诅誓、占卜、决斗、水火考验等，法官并不是在查明案情的基础上适用法律，作出裁判，当事人也不是用证据和理由去说服法官去接受其诉讼主张，而是祈求神灵在帮助自己获得支持。随着科学的进步、社会实践的发展和人类认识水平的提高，人们对神明裁判的权威性产生了质疑，到 13 世纪末，神明裁判在欧洲被废止了。人们继而寻求更加理性科学的方法处理案件，证据裁判产生了，通过用物证、书证和人证等证据方法来更为准确地认定案件事实，证据裁判原则的确立改变了口供在诉讼中决定作用，人证地位下降。证据裁判原则得以确立，体现近代诉讼制度走向民主文明的关键原则就是证据裁判原则，即认定案件事实应当且必须依据证据，而且证据经过当事人质证和法庭审判判断，具备证据能力，方能成为裁判的依据。《大清民事诉讼律草案》的修订者在民事诉讼立法主义中明确表示，该法采证据结合主义，当事人的事实陈述应与证据结合为一，更在"证据"一节的按语中强调，审判基础之事实，应当依证据确定。民国北京政府颁行的《民事诉讼条例》继承了这一立法宗旨。

（三）证据的学理分类

按照不同的观察标准，学者对证据进行了划分：

1. 本证与反证，当事人证明自己主张事实为真实的证据为本证；当事人颠覆对方主张之事实，证明其有与对方主张之事实反对之事实存在的证据为反证。反证是为阻碍法官对于本证的确信所提出的证据。

2. 证明与释明的划分标准是法官信任程序之强弱。证明就是对于争议事实足以使法官完全确信其真实与否的作用，此种完全确信为审判上之确实；而释明则使法官大致相信其事实为真实的作用，不足以使法官充分确信。

3. 直接证据与间接证据，直接证据对于争议事实具有直接证明作用的证据，因其能独自证明发生法律效力的系争事实，又称为当然证据或单纯证据；间接证据对于系争事实不具有直接证明作用，可以由此事实推知发生法律效力的系争事实，又称为人为证据或综合证据。

（四）证据之标的物

证据标的物也是证据目的物，当代诉讼法学称之为证明对象，即当事人运用证据的指向，凡对于当事人主张之事实，可以起到使法官信其真实与否并取得心证之必要的事实均为证据标的物。

1. 当事人主张之事实，当事人主张某具体的法律关系发生、变更或消灭的事实，在法律上至关重要，不容忽视，且依证据为认定其存否之必要。包括：主张之事实；具体法律关系发生、变更或消灭之事实；法律上重要之事实，如诉讼中断中止之事实、证据力之事实等；以证据为必要之事实，如当事人之间不争之事实、在法院已显著或为其职务上已知之事实。

2. 法院依职权调查之事实是指当事人之间不存在争议，但法院应依职权进行调查之事实，如当事人的诉讼能力、管辖权等。

3. 法则是当事人主张之事实所应适用的法则、原则。法律适用本是法官职责，法官对于本国现行的制定法当然知晓，而对于不知晓的地方习惯法、外国现行法、商事习惯等，可依职权为必要调取，如调取困难，当事人有举证责任，但法则的解释及适用则是法官职权，不受当事人行为的约束。

二、举证责任

举证责任就是当事人为受有利之裁判，避免败诉结果，就自己主张之事实负有证明责任。举证责任既非权利，也非义务，只是当事人就其主张的特定事实有加以证明的必要。

（1）举证责任之效用

首先，当事人对于存在争议的主张事实，应当举证，如不提供证据，法院不得认定其真实或存在与否，但纵使当事人不能举证，法院也必须就该案实体作出裁判；其次，在终局裁判作出之前，当事人可就主张事实尽可能地提供证据，但为避免诉讼拖延，法院应当阻止漫无边际的证据调查；最后，法院应当根据负举证责任的当事人所主张事实及其提出的证据、法庭辩论的要旨及证据调查结果作出裁判。

（2）举证责任之分担

举证责任之分担是为使当事人在诉讼中适当实行其权利，相互间得以发生公平正义之效果，将举证责任在原、被告之间进行分配，即原告无须证明一切主张之事实，尤其是权利不消灭之事实或法则。举证责任分担的标准为法律分类或事实分类，依照标准，举证责任分担标准的适用如下：就积极的确认之诉、给付之诉、形成之诉，原告主张权利或法律关系的存在，应当由原告证明其法律关系的法律要件事实及诉讼要件事实；就消极的确认诉讼，原告应主张法律关系不成立，或主张妨碍权利发生或权利消灭之事实，如被告主张法律关系存在而原告否认时，被告应当证明其诉讼标的之权利或法律关系发生之特别要件事实。

（3）举证责任之转换

当发生某些特别情况，不能适用举证责任分担的一般情形，即发生举证责任之转换。特别情况一般有两种：一是举证责任者的对方，故意令其不能举证或举证困难，在无相反事实足以证明之前，推定举证责任之主张为真实，对方有提出反证之必要；二是依经验法则推定存在的事实，无须证明其事实，不负举证责任。

三、自由心证主义

自由心证，就是法律不预先规定各种证据的证明力和判断证据的规则，证据的取舍和证明力大小，案件事实的认定，由法官自由判断。近代西方国家，大多采用自由心证主义，兼采法定证据主义为例外。自由心证是由法官通过对证据的审查判断所形成的内心确信，达到深信不疑的程度，从而对案件事实作出结论。自由心证主义使得富有经验且一直聆讯的法官能够有效有效行使职权，但所谓自由心证，并非法官在采纳证据认定事实时，可以恣意妄为，法官对自由心证的形成的基础，即证据的收集，只能依据法律的规定进行，不能自由收集，而且证据必须经过当事人的言词辩论，然而法官依照证据法的规则，参酌诉讼资料，达到一定的心证程度，对案件事实作出判断。

四、证据保全

证据保全就是在起诉前或起诉后尚未进行证据调查之前，为防止证据灭失或以后难以取得，法院应当事人请求对证据进行预先调查和固定保存。法院采取证据保全必须符合三个前提条件：第一，证据存在丧失或难以使用之虞，或者一方当事人取得证据必须经对方同意；第二，证据保全的方法仅限于讯问证人、鉴定人和检证（勘验）；第三，为保全证据，当事人应提出申请，明确证据保全措施所指向的对方，并且释明证据灭失或以后难以取得并非申请人本人的过失。

证据保全的步骤如下：第一，证据保全的管辖法院在起诉前为受讯问者的居住地或检证物所在地的地方法院，起诉后为受诉法院；第二，证据保全的申请可以以书面或言词方式为之，内容包括对方当事人、应保全证据之事实、应保全之证据、请求法院保全证据的理由；第三，法院裁定是否予以证据保全，当事人对于驳回证据保全申请的裁定，有权抗告，如裁定准许证据保全，不得声明不服；第四，为保全证据而进行证据调查，按照一般适用的调查证据方法为之；第五，证据保全的结果，当事人可以在诉讼中使用；第六，因证据保全所产生的费用，作为本案诉讼费用的一部分，按照一般原则决定由谁承担。

传统儒学的统治地位，诸法合体的法典编纂体例、重实体轻程序的思维、民事诉讼被视为细故等诸因素导致民事诉讼立法没有发展起来，直至清末开始民事诉讼立法，民事证据制度正式形成，民事证据的理论逐渐丰富，但由于民事诉讼法"考列国之成规，采最新之学理"而成，其理论也大多为舶来品。直至民国初期，学者开始反思法律西化和本土化问题，一些有影响的民事诉讼法学著作开始出现，民事证据理论知识开始丰富起来。

第三节　有关民事证据的立法

近代民事证据立法肇始于清末新政时期，由于民事证据全部规定于民事诉讼法中，并未制定单行法，因此本节将回顾清末民初民事诉讼立法，并简单介绍其中关于证据制度的内容。

一、《刑事民事诉讼法草案》的制定

《刑事民事诉讼法草案》是中国历史上第一部程序法草案，也是清末修订法律馆拟定的第一部法律草案，其制定和审议过程可谓一波三折。

鸦片战争的失利，使得一些官僚和士人从最初对西方国家先进武器的感性认识逐渐上升到理性思考西方国家富强的根源，从而意识到学习西方制度（包括司法制度）的重要性。光绪三十年四月修订法律馆正式成立，沈家本和伍廷芳为修律馆总纂。修律工作正式展开，其首要任务是删改旧律中不合时宜的内容。废除刑讯成为修改旧律的第一个步骤，但此举却引起了激烈争论，直接刺激修律者加快了制定诉讼法的节奏。

"惟中外法制之最不相同者，莫若刑讯一端"，① 刑讯的残酷性遭到了外人的强烈指责：

"至于审讯强用拷打，逼人招供，如拧耳、跪链、背凳、压膝、夹棍、火烙，尤为暴虐已极，故常有杖不数巡而人毙于堂下，棍未去胫而毙命于阶前者。"②

考虑到修律最直接的原因是期望收回治外法权，禁止刑讯势在必行。光绪三十一年夏，沈家本和伍廷芳于上奏缩小刑讯范围。③ 清廷批准了这个奏折，通令全国遵行。禁止刑讯的改革主张立即遭到了质疑和非难，在争论是否禁止刑讯的过程中，御史刘彭年指出中国尚无完备诉讼法，应于"刑法及刑事诉讼法告成后，即将民法及民事诉讼法纂订，以成完备法律"，刘彭年的观点引起了沈家本和伍廷芳的重视，他们表示"现在改章伊始，一切未能详备，必得诉讼法相辅而行，方能推行无阻，拟编辑简明诉讼章程，先行奏明办理"。④

光绪三十二年四月初二，沈家本和伍廷芳向朝廷《奏进呈诉讼法拟请先行试办折》，该奏折的内容主要分为五部分：

首先，修律大臣指出实体法和程序法是"体用"关系，实体法的制定是"标立法之宗旨"而程序法的制定，则可以"收行法之实功"。因此程序法和实体法同样重要，"二者相因，不容偏废"。而古代"诉讼断狱"应视为程序法条，只是附载于刑律，而且过于"简括"，已经不适应时代的需要，"亟应扩充，以期详备"。其次，修律大臣对西方国家诉讼立法进行了介绍，认为西方各国均制定独立的诉讼法，由于民事案件和刑事案件的本质区别，对民事诉讼和刑事诉讼分别立法。制定程序法可使"断狱之制秩序井然，平理之功如执符契"。再次，修律大臣以日本为例，指出颁行程序法可以收回治外法权。同时也指出制定程序法是现实需要，"中国华洋讼案日益繁多，外人以我审判与彼不同，时存歧视；商民又不谙外国法制，往往疑为偏袒，积不能平，每因寻常争讼细故，酿成交涉问题，比年以来，更仆难数。若不变通诉讼之法，纵令事事规仿，极力追步，真体虽充，大用未妙，于法政仍无济也"。随后，修律大臣认为传统社会"刑部专理刑名，户部专理钱债、田产"的制度与西方刑事诉讼、民事诉讼分离有相似之处。而地方官身兼行政司法之权，由于牵涉

① 《奏停止刑讯请加详慎折》，载丁贤俊、喻作凤编：《伍廷芳集》上册，中华书局1993年版，第269页。

② ［德］花之安：《自西徂东》，上海书店出版社2002年版，第18页。

③ 参见《奏核议恤刑狱各条折》，载丁贤俊、喻作凤编：《伍廷芳集》上册，中华书局1993年版，第261—266页，

④ 奏折段落引言均出自《奏停止刑讯请加详慎折》，载丁贤俊、喻作凤编：《伍廷芳集》上册，中华书局1993年版，第271页。

官制变革，不可不慎重，还是在同一法庭审理刑事、民事案件，只是处理两种案件的办法要有所区别。最后，修律大臣指出立法参考了欧美的程序法，但由于欧美诉讼法条文繁多，与国情不符，目前制定的简明诉讼法，"亟应取法"的制度为两者："设陪审员"和"用律师"，这两种制度是收回治外法权的"最要之端"。为使清廷对新增制度有所认识，修律大臣用大量篇幅说明了这两种制度：以《周礼·秋官》中的"三刺之法"比附陪审制度，肯定了陪审制度对限制枉法裁判的作用；在对律师制度的介绍中，指出了律师在诉讼中的作用，外国律师在中国通商口岸办案的事实使得设立律师已为形势所需，要求各省设立法律学堂，培养律师人才，为国家储备司法官。①

虽然修律大臣详尽说明了立法理由，但该草案内容与传统司法制度差异过大，清廷对是否施行非常谨慎，发出上谕，要求地方长官根据"民情风俗，能否通行"，"悉心研究其中有无扞格之处"，对该草案进行"缕析条分"，将意见上报朝廷。② 始料反馈回来的却是"各督抚多议其窒碍"③，不能实施，其中湖广总督张之洞的意见最具代表性。

张之洞虽身为清末洋务派的领军人物，对于西方的法律制度有一定认识。但出于维护封建礼制的考虑，他坚决反对《刑事民事诉讼法》，向清廷进言称：该草案二百六十条"大率采用西法，于中法本原似有乖违，中国情形亦未尽合，诚恐难挽法权，转滋狱讼"。接着其对草案中近六十条法条进行了逐一驳议，其中对第三章"民事规则"的驳斥条文多达二十三条，考诸他与其他督抚对民事诉讼程序的反驳意见，可以归纳为以下几点：

第一，可能引发讼累。民事诉讼的受理制度采取不干涉主义，只要原告向公堂提交控词，法院即签发传票，会使奸民兴讼。第二，可能损害当事人的权益。"两造一贫一富，富者延律师，贫者凭口舌，则贫者虽直而必负，富者虽曲而必胜矣"，律师制度的实施会使民事诉讼当事人的地位实际上不平等。缺席审判可能导致被告失去为自己辩解的机会，如此酿成裁判不公，而执行错误的裁判会扩大被告的损失，甚至可能迫使农民失去土地，流离失所。第三，违背了纲常名教。"民事规则"中对被告妻子所有之物，父母、兄弟、姊妹及各戚属、家人之物，子孙所自得之物不在查封备抵之列的规定，更是遭到了张之洞的强烈反对。他认为这是对尊卑有序的纲常礼教的严重冲击。传统家庭同居

---

① 　奏折全文参见陈刚：《民事诉讼法制的现代化》，中国检察出版社 2003 年版，第 73—75 页。

② 　《大清法规大全·法律部》卷 11 "法律草案一"，政学社印行。

③ 　《清史稿·刑法志》，中华书局 1976 年版。

共财，遵循"亲亲"之礼，如果尊长在，子孙不得"别立户籍、分异财产"，否则即为"不孝"。无疑张之洞的反驳代表了当时的普遍看法①，自然受到了朝廷的重视。面对汹汹反对之声，清政府也认为《刑事民事诉讼法草案》不能为社会所接受，不具备实施条件，遂未将其颁行，下令法部再核议，中国历史上首部单行法典形式的程序法被束之高阁。

由于是中国历史上第一部专门的诉讼法，《刑事民事诉讼法草案》在体例和内容上的不成熟性是显而易见的：第一，该草案是急就章，在体例上依然囿于传统束缚，民刑不分，刑事和民事程序法合而为一。第二，内容上存在严重缺陷，没有诉讼阶段的区分，对西方的审判方式还缺乏理性的认识，没有规定诉讼的阶段性，使得全新的诉讼体制不能健全运行。第三，对民事诉讼与刑事诉讼的本质区别也认识不清，如第二章"刑事规则"第五节"审讯"中规定民事案件与刑事案件的审讯相同、第三章"民事规则"第七节"判案后监禁被告"的规定都与现代民事诉讼原则不符。第四，重视判决的执行，仅260条的内容中规定判决执行的多达57条，说明当时的诉讼立法还是偏重于具体的行为，对于举证责任、判决效力之类抽象的问题尚认识不明。此外，各地督抚的批评并非空穴来风，特别是与国情民俗不符的观点，的确直指该草案的致命弱点，如张之洞指出宣誓作证与中国风俗不符，"宣誓一节，法设罗马，如宗教之习惯，若中国矫诬之徒，岂惮矢誓，既不能据誓以定谳，则矢誓仍是空文，自可无庸沿袭"。②更为重要的是，在大规模官制改革之前，尚无各级新式的审判机关，此草案根本没有实施的土壤。先天不足和后天水土不服使得《刑事民事诉讼法草案》遭遇了搁置的命运，但该草案中许多内容在以后制定的关于司法制度改革的法规中得以保存，对程序法近代化产生了深远影响。

虽然未曾施行，该草案在中国近代民事诉讼立法历程中依然具有重要的意义：首先，作为清末修订法律馆仿效西方法律制定的第一部具有现代意义的法典草案，该草案首次将诉讼法独立出来，打破了中华法系"诸法合体"的传统体例，堪称民事诉讼立法进程中石破天惊的创举。其次，该草案虽采刑事、民事诉讼一体的体例，但突出了民事诉讼的重要性。其第三章"民事规则"

---

① 从《诉讼法驳议部居》一书来看，当时的许多朝廷政要如杭州将军端兴、闽浙总督松寿、新疆巡抚联魁、陕甘总督升允等都对《大清刑事民事诉讼法（草案）》提出了反驳意见。载《中国民事诉讼法法制百年进程》（清末时期·第1卷），中国法制出版社2004年版，第139—197页。

② 引文均出自《诉讼法驳议部居》，载陈刚主编：《中国民事诉讼法法制百年进程》（清末时期·第1卷），中国法制出版社2004年版，第153页。

部分条文多达 110 条，相比较第二章"刑事规则"部分 68 条规定，民事诉讼的复杂性得到了充分的重视。再次，该草案"民事规则"章第十节对"和解"的规定继续肯定了传统的调处手段，但对此加以约束，"如公正人或众人所定决词，查有受贿或别项弊窦之确据者，准两造申请公堂将决词注销，但须在宣布决词后十五日内，逾期不得追悔"，此种规定可谓对传统民事争议纠纷解决办法进行法律规范的尝试。最后，该草案一些内容体现立法者对于民事诉讼的基本原则已经有了一定的认识：一、公开审判原则；二、当事人诉讼地位平等原则；三、言词审理原则；四、辩论原则；五、处分原则。虽然从修律大臣的奏文中，这些原则没有体现，草案与现代民事诉讼法也大相径庭。但辩论原则的确定，说明以当事人主义为主的民事审判模式也为立法者所接受，从而指示了民事诉讼法近代化的发展方向。

　　如前所述，由于传统思维的影响和该草案在体例和内容上的缺陷，使得证据制度只有"证人"一节，这表明人证依然被立法者认为是最重要的证据，同时由于受到封建等级特权的影响，该草案对于不同身份的证人予以区别对待，职官、命妇作证，法庭须另置座位以礼相待，如证人系三品以上大员，不需出庭作证，由法庭派员询问，这显然与证人必须出庭作证的规定相违背。但该草案对于证人的规定依然表现出了历史的进步：第一，首先体现了对证人人权的保障，首次通知证人出庭采用知单，若证人拒不到庭，改用传票，若再不到者，才适用拘票拘提，但证人作证后，不得拘留；第二，规定了证人资格，凡不能辨别是非的未成年人、患有心疾、疯疾的人不能作为证人；第三，规定了证人出庭作证的义务，对拒不出庭者予以罚款处理。

二、《各级审判厅试办章程》的制定

　　《各级审判厅试办章程》诞生于清末地方司法改革之际，名义上是一部调整法院组织关系的法律，并非真正意义上的诉讼法。但该章程兼具地方法院组织法和诉讼法的大要，条文虽然简明，诉讼方面的内容已经相当为完备，其第二章"审判通则"和第三章"诉讼"共有九十三个条文，而全篇仅一百二十条，诉讼方面的规定占据了绝大部分篇幅。正因为其所具有的诉讼法色彩，从而被誉为"实际是清末唯一正式公布的具有近代诉讼法性质的法规"。①

　　清末新政是统治者企图借此自我挽救的自上而下的变革，虽然朝廷屡次下诏向民众表明决意革新，但改革是一项牵涉到社会政治、经济、文化等各方面极其复杂的系统工程，而新政主持者又是一批为维护既得利益曾仇视改革的朝

---

① 　朱勇主编：《中国法制通史》（第 9 卷），法律出版社 1999 年版，第 296 页。

廷显贵，因此，初期的改革措施并未对艰难时局起到期望的缓解作用。日俄战争的震撼使清廷决定"预备立宪"。① 按照三权分立原则建立中央机构，将"刑部著改为法部，专任司法；大理寺著改为大理院，专掌审判"。② 《大理院审判编制法》被准予实施，在"参酌中外"，主要是参考日本的基础上，在京师地区建立了四级三审的新式法院体系和审级制度。

　　清廷计划最早在京师地区试办新型审判机构，然后在东三省试办，再由直隶、江苏向全国推广。而直隶总督袁世凯素以率先开启了地方司法的先声，光绪三十三年二月，《天津府属试办审判厅章程》开始实施，按照该章程，计划在天津府设立高等审判分厅，天津县设立地方审判厅，在天津城乡地区设立四所乡谳局。袁世凯立足于当时实际情况，采取折中措施调和新旧两种诉讼体制的冲突，因此取得了较为显著的成效。同年六月，袁世凯向清廷详细汇报了天津府试办审判厅的情况，对审判厅的人事安排、民刑案件分离、检察公诉、预审、诉讼费用、设立待质所、华洋诉讼事务等进行了介绍。奏折最后指出试办的真正意图，"惟司法独立，未易一蹴而就。但既办有端倪，则此后之进步改良，尚非难事"。③ 由于天津府试办审判厅作了因地制宜的灵活变通，既采用了新型的审判形式，又在保留了传统审判机制的原则和让地方行政长官暂时兼理司法的体制，因此受到了当局和各地官员的好评。袁世凯在天津试办新型审判方式的成功经验，使清廷感觉已经找到地方司法改革新旧两种诉讼制度过渡的契合点，于是下令各地仿效实施。地方司法独立工作的开展，全国各地开办审判厅已箭在弦上，但适用于全国的法院组织法和诉讼法尚未出台之前，法部在参考《天津府审判厅试办章程》和修订法律馆已起草的《法院编制法（草案）》的基础上，编成《各级审判厅试办章程》，作为筹设省城商埠审判厅事宜的过渡性规定。于光绪三十三年十月奏呈朝廷并获准试行。

　　值得关注的是，虽然该法是以京师地区审判机构为适用对象的法院组织法，但审判机构行使国家赋予的审判权，其一些规定自然涉及了民事诉讼制度：如第三条规定民刑案件分理的原则："自大理院以下，各审判厅局均分民事、刑事二类为审判事"；第六条规定司法独立的原则："自大理院以下，及本院直辖各

---

　　① 故宫博物院明清档案部编：《清末筹备立宪档案史料》（上），中华书局1979年版，第43—44页。

　　② 故宫博物院明清档案部编：《清末筹备立宪档案史料》（上），中华书局1979年版，第471页。

　　③ 袁世凯：《奏报天津地方试办审判情形折》，载天津图书馆、天津社会科学院历史研究所编：《袁世凯奏议》，天津古籍出版社1987年版，总第1492—1494页。

审判厅局，关于司法裁判，全不受行政衙门干涉，以重国家司法独立大权，而保人民身体财产"；第九条规定了合议和独任两种形式的审判组织："大理院、京师高等审判厅、城内外地方审判厅，均为合议审判，以数人审判官充之。至城谳局，不妨以单独之一人审判官充之"；第二十二条、第二十九条、第三十四条、第三十五条、第三十七条、第四十一条对大理院、京师高等审判厅、城内外地方审判厅、城谳局四级审判机构的级别管辖进行了明确的规定。① 这些规定确立了中央司法机关新的民事审判模式，续写了《大清刑事民事诉讼法草案》夭折后的新篇章，为民事诉讼法的制定和实施准备了一些基本条件。

但该章程的缺陷也显而易见，首先在体例上，该章程虽然开宗明义地指出了民、刑案件的不同，但却采用了民事和刑事诉讼程序混合的模式，根本混淆了两者本质的差异。该章程的内容也较保守，不仅没有采纳此前《刑事民事诉讼法》模仿英美的陪审制度和律师制度，而且"所谓'审判方法由审判机关相机为之，不加限制'符合古代法官断案的传统，第 46 条、第 52 条、第 77 条等皆有古之遗风"②，"相机为之"背离了诉讼法严格程序主义的精神。尤其是该法规为试行性质，本身也不完善，如《法院编制法》尚未出台，在第二十九条中居然出现"法庭秩序，依法院编制法草案第十一章各条办理"的规定，映衬出该法规的临时性，在该法规的结束处也明确指出：本章程施行期间，自各级审判厅开办之日为始。俟法院编制法及民事、刑事诉讼法颁行后，本章程即禁止施行。

尽管《各级审判厅试办章程》名义上是一部法院组织法，但由于获得了试行，其中关于诉讼的规定成为规范清末各级审判厅实际运作的依据，其在民事诉讼立法史上的地位依然值得关注：首先，呈进该章程的立法者已经更加认识到民事诉讼的重要性，认为民事纠纷"每因薄物细故而生"，只要"民事之判决咸宜"，可以减少刑事案件的发生。因此处理民事案件，不能像过去那样"仅限于刑法之制裁"，当今审判机关"既分民事为专科，自宜酌乎情理之平，以求尽乎保护治安之责"。其次，该章程共分为五章，"总纲释民刑之定义；次审判通则，明司法之权能；次诉讼通则，详呈诉之方法；次检察通则，尽补助之作用，而以附则终之"，其中第二章"审判通则"和第三章"诉讼"均为诉讼法方面的规定，占据了全文的四分之三之强。仔细阅读该章程的内容，可以发现其已经具备民事诉讼法的主要内容："总纲"确定了民刑案件分理原则和民事案件的概念（第 1 条）。已经注意到审判机关对非讼事件的处理，第二

---

① 《大清法规大全·法律部》卷 7 "审判"，政学社印行。

② 张德美：《探索与抉择——晚清法律移植研究》，清华大学出版社 2003 年版，第 294 页。

条规定了登记事件由初级审判厅负责；"审判通则"第一节"审级"规定了级别管辖。第二节"管辖"指的是地域管辖、指定管辖和移送管辖。第三节为"回避"。第四节"总纲"是关于送达方面的规定。第六节则是公开审判和独任、合议制度。第七节规定了民事判决的执行方法为查封、以查封财产利息抵偿债务及拍卖；"诉讼"章由"起诉"、"上诉"、"证人鉴定人"、"管收"、"保释"、"讼费"六节组成，基本上涵盖了民事诉讼当事人、证据、审判程序、诉讼费用等有关内容。基于司法独立的现实需要和对民事诉讼重要性认识的加深，《大清刑事民事诉讼法草案》未规定的起诉、上诉、判决之执行等具体程序在该章程得到了完善，使得新型审判机关在处理民事诉讼时有了明确的法律依据，民事诉讼立法进程终于以迂回方式迈出了艰辛的一步。① 该法内容中最值得关注的是对律师代理和辩护制度的正式承认：第六十四条规定："律师在法庭代理诉讼或辩护案件，其言语举动如有不当，审判长得禁止其代理辩护。其非律师而为诉讼代理人或辩护人者，亦同。"此前《大清刑事民事诉讼法草案》首次规定了律师制度，因遭到了朝廷大臣的强烈反对而未能施行，律师制度的正式承认标志民事审判模式从传统纠问式向抗辩制转化，可以有效地防止司法专横独断；其次，该法对于民事案件的性质有了更深入的认识，不仅实行民刑分理，区分了民事案件和非讼事件，而且将军法及行政之诉讼单列出来，待军事审判衙门和行政审判院等法令制订时另行规定；最后，对检察官介入民事案件进行了规定：检察官对于"民事及其他事件：遵照民事诉讼律及其他法令所定，为诉讼当事人或公益代表人实行特定事宜。"②

《各级审判庭试办章程》奠定了近代民事诉讼制度的原则和制度，但在证据制度方面的立法较之《大清刑事民事诉讼法草案》的进步非常有限，证据方面的内容依然只有一节，但在证人之外增加了鉴定人。关于证人的规定，增加予证人日用旅费，对证人作证予以经济补偿的内容，而对于证人出庭作证的义务相比较《大清刑事民事诉讼法草案》甚至有所退步，只要证人身份特别，就不需出庭作证。关于鉴定人的规定，在民事诉讼程序中尊重当事人意愿，鉴定人可由双方当事人指名呈请法庭选用，但又混淆了证人与鉴定人的资格，规定原告或被告为亲属者不得为证人或鉴定人，为保证鉴定意见的公正性，当事人亲属不得担当鉴定人是适宜的，但考虑到民事纠纷的知情者多为当事人亲友，禁止他们作证，不利于查明案件事实。

虽然单行的民事诉讼法直至清廷被推翻都没有正式颁行，但在司法改革过程中所施行的一系列法规依然描绘出一幅民事诉讼制度近代化的美好蓝图：模

---

① 引文均出自《大清法规大全·法律部》卷7"审判"，政学社印行。

② 《大清法规大全·法律部》卷4"司法权限"，政学社印行。

仿大陆法系国家的四级三审制、民刑分理、司法独立、审判公开、独任和合议审判组织、回避、证据、律师代理和辩护等制度和原则引起了中国民事诉讼制度亘古未有的巨变。尽管这些制度和原则没有在全国普遍推行，但其仍然成为封建司法体制向近代民事诉讼法制转型的时代标志。

三、《民事诉讼律草案》的制定

《大清民事诉讼律草案》是中国历史上第一部独立的民事诉讼法草案，对民事诉讼立法的影响颇为深远。随着司法改革日趋深入，起草独立程序法的需要越来越迫切。清廷负责审核法律的宪政编查馆明确指出，"审判管辖事件为诉讼之要端"，如诉讼法不尽快制定，仅在法院编制法中"约举一二，亦属偏而不全"，制定法院编制法本为"改良审判之用，而诉讼不同时颁布，则良法美制恐亦牵掣难行"①，并将制定民事诉讼律列入了筹备立宪事宜②。

民事诉讼法的体例和模范对象此时亦已明确。此前修订的《大清刑事民事诉讼法草案》因仿效英美法系，与古老传统和惯性思维偏差太大被废弃。在清廷决定效仿日本实施"预备立宪"之后，大陆法系成为学习对象，受聘的日本法学家松冈义正主笔起草民事诉讼法，使得《民事诉讼律草案》在基本内容、体例和语言方面都以1890年日本民事诉讼法为蓝本。同时在编修法律的过程中，修律大臣更加清楚地认识到诉讼法的重要性，"民刑分立"的体例被采纳。光绪三十三年十一月，沈家本奏呈的《修订法律馆办事章程》第二条规定该馆分为两科，由第二科负责民事、刑事诉讼律的调查起草工作。③

宣统二年十二月二十七日，修订法律馆沈家本、俞廉三向清廷进呈《奏为民事诉讼律草案编纂告竣折》，清廷将该草案交与宪政编查馆核议。根据宣统二年十二月宪政编查馆修正宪政逐年筹备事宜清单，民事诉讼律将于宣统三年颁布，宣统四年实行。④但辛亥革命爆发，清政府迅速被推翻，《大清民事

---

① 《大清法规大全·法律部》卷四"司法权限"，政学社印行。

② 光绪三十三年七月，宪政编查馆大臣奕劻在《拟呈宪政编查馆办事章程折》所附清单中指出法律馆所订的法典草案包括刑事诉讼法和刑事诉讼法等。光绪三十四年八月，清廷颁布《九年预备立宪筹备事宜清单》明确了诉讼法制实施计划：光绪三十四年由修订法律大臣负责编订刑事、民事诉讼律；光绪三十七年由宪政编查馆核订刑事、民事诉讼律等法典；光绪三十九年颁布刑事、民事诉讼律，光绪四十一年实行民事、刑事诉讼律。载故宫博物院明清档案部编：《清末筹备立宪档案史料》（上），中华书局1979年版，第41页、第61—65页。

③ 《政治官报》光绪三十三年十一月二十一日 第六十号。

④ 故宫博物院明清档案部编：《清末筹备立宪档案史料》（上），中华书局1979年版，第91—92页。

诉讼律草案》未及颁行。

为防止重蹈《大清刑事民事诉讼法草案》遭搁置的覆辙,《大清民事诉讼律草案》的修订者在编纂态度上相当审慎,历经三年,"考列国之成规,采最新之学理,复斟酌中国民俗",反复斟酌,"力求精详",①使得该草案成为打破传统、面向未来的尝试,在近代民事诉讼立法发展进程上具有非常重大的历史意义:

首先,作为第一部独立的民事诉讼法草案,该草案改变了"民刑不分"、"重刑轻民"的传统,标志着民事诉讼法开始在中国法律近代化的历程中取得了独立的地位;其次,该草案虽基本取法日本1890年民事诉讼法,但并不拘泥于此,而是在体例上大胆创新。在具体编目上采取了完全不同于日本民事诉讼法的风格,日本1890年民事诉讼法按照总则、第一审之诉讼手续、上诉、再审、证书诉讼及为替诉讼、强制执行、公示催告、仲裁手续八编的逻辑来安排的②,而该草案则按照"民事诉讼乃审判衙门与当事人之间所成立之法律关系"的逻辑分为审判衙门、当事人、普通诉讼程序、特别诉讼程序四编。在强制执行立法方面,吸收最新法理,将其分立出来单独立法,而将日本1898年单

---

①　根据修订法律馆第二科总纂汪荣宝宣统元年的日记,参与大清《民事诉讼律草案》的修订者之一汪荣宝所著日记可窥见修订者所付出的努力:《日记》记载宣统元年三月初八日,"早起,冷水裕,到法律馆见沈、俞两大臣及提调诸君,到第二科视事,第二科现编民事诉讼草案,甫成一半云"。此后,三月二十二日、三月二十四日、三月二十九日、四月初三日、四月初七日、四月初十日、四月廿一日、四月廿四日、五月十二日、六月初七日、六月十四日、六月廿一日、六月廿八日、七月十二日、七月十六日、七月十九日其都在从事《民事诉讼律》草案的修订。在汪宣统二年的日记中又提及了修订《民事诉讼律草案》工作中遇到的日中法律术语互译的困难:"归,以民诉律内所用术语多承袭东人名词,思酌量改易,阅渡部万藏法律大辞典及上野贞正法律辞典,并参考英字翻检经籍繁诂及复斟酌,率不能一一得确译之字,始叹制作之难。"宣统二年五月二十二日汪写道:"早起,到修订法律馆与冈田博士商榷法律(诉讼律)名词,酌定数十语,属博士列表,用誉写板印刷,分馆同馆诸人。"该年六月八日、六月九日的日记中,亦有这样的记载:"到部阅大清律诉讼、田宅、钱宅,新定民诉律内'果实'二字代以旧律田宅律内'花利'二字,似尚相当。""以民诉律案尚多不惬之处,复加修改,自第一条至第五十二条,句斟字酌,又搜集经传及旧律内名词比附,译改如左:'手形'原译'票据',今改'券书',本同《周礼·郑注》;'辩论'改'辩理',见《大清律·诉讼》,'相手方'改'敌一家',用《周礼·郑注》、《论语皇疏》意;'检证'改'检勘',见《大清律·诉讼》。"载汪荣宝著:《汪荣宝日记》,北京图书馆馆藏稿本,转引自陈煜博士论文:《清末新政中的修订法律馆》,中国政法大学图书馆藏,第100—101页。

②　[日]高木丰三著,陈与年译:《日本民事诉讼法论纲》,中国政法大学出版社2006年版。

独制定的人事诉讼程序法则纳入特别诉讼程序内。需要特别说明的是，日本直至 1979 年为加强强制执行，才将民事诉讼法第六编"强制执行"与拍卖法合并，制定独立的民事执行法。该草案在体例上的创新表明编纂者并不是简单地照搬日本民事诉讼法，而是殚精竭虑作出的设计，其合理的体裁使得迄后制定的民事诉讼法俱难超越。民国北京政府和南京国民政府 1932 年《民事诉讼法》均继承了该体例，直至 1935 年修改《民事诉讼法》的体例方发生了重大改变。再次，该草案贯彻民事诉讼保护私权的精神，体现了公平与效率的立法理念，该草案内容中的管辖、审判公开、直接审理、诉讼代理、证据规则、一事不再理、回避等规定体现了公平与效率的主旨；最后，该草案催生了近代民事诉讼法学理论的产生和发展，不仅草案本身融会了修律者的学术素养和法律智慧，其按语更是当时诉讼法最新学理之反映，从而为诉讼法学的独立化提供了素材。

　　该草案也是近代民事证据制度立法史上的里程碑。该草案在第三编"普通诉讼程序"第二章"地方审判厅第一审诉讼程序"的第四节规定了证据制度的内容。虽然与《大清刑事民事诉讼法草案》和《各级审判厅试办章程》一样只占一节的分量，但其条款众多、内容丰富，已经构建了完备的民事证据制度：首先，立法者在第三编第一章"总则"按语中，就明确表示了民事诉讼根本法则之一为证据分离主义及证据结合主义、自由心证主义及法定证据主义，由于证据分离主义不利于保护当事人权益，而证据结合主义便于当事人主张权益，因此该草案采用证据结合主义，自由心证主义有利于法官根据实际情况进行审判，法定证据主义有利于防止法官专横，因此该草案以自由心证主义为原则，以法定证据主义为例外。其次，立法者在"证据"一节的开篇按语中即指出"为审判基础之事实，依证据而确定之，此通例也"，强调了证据在民事诉讼中的核心地位。最后，该节共分为六款 158 条，第一款"通则"中规定了举证责任，举证对象、自认与撤回自认、证据调查、证据调查与言词辩论之关系，第二款"人证"规定了作证义务、传唤证人程序、询问证人程序、免除出庭义务及免除证言义务、人证之抛弃、证人经济补偿请求权，第三款"鉴定"规定了鉴定义务、讯问鉴定人程序、拒绝鉴定权、鉴定人拒却程序、鉴定人经济补偿请求权、鉴定证人，第四款"证书"规定了证书效力、提出证书程序、在相对人手中书证声明程序、立证者提出在第三人手中或在官署等书状程序、确定证书真伪程序、交还书状程序、当事人故意隐匿书状或不认书状之制裁，第五款"检证"规定了规定了检证程序，第六款"证据保全"规定了证据保全情节及程序、当事人利用证据保全之结果。如果将该草案关于证据方面的规定与现行《民事诉讼法》寥寥十二条条文相比较，也不得不惊叹其条理明晰、内容缜密。在《民事诉讼法》再次修订之际，民事证据立法的一些疑难问题在该草案中都可以找到相应的参照：证据证明力、证明标准、法官依职权调查和收集证据、证人出庭作证、对作伪证的制裁等。

正因具有上述特色，该草案虽因政权更迭，当时未获施行，但其生命力在民国时期得到了延续。该草案关于管辖和回避方面的章节被民国北京政府所援用。1921年，广州军政府将该草案略加修改予以公布，改称《民事诉讼律》，并施行于西南各省，使其事实上成为第一部正式施行的民事诉讼法典。该草案亦是民国历届政府草拟民事诉讼法的范本，可谓北京国民政府《民事诉讼条例》和南京国民政府《民事诉讼法》之基础。更为重要的是，该草案理由中所明确的民事诉讼基本原则①指引着民事诉讼立法近代化的进程，南京国民政府民事诉讼法立法原则亦可追溯至该草案。

从清廷实施新政到清朝灭亡，并不存在现代意义的立法机关，但作为草拟

---

① 关于"民事诉讼基本原则"的概念将在第三章第二节详细阐释，当时修律者在《民事诉讼律草案》第三编"普通诉讼程序"第一节"总则"中"按语"中称其为"主义（即根本法则）"，归纳如下：一、言词审理主义及书状审理主义，本案并用此两主义，期收截长补短之效。例如，判决审判衙门之诉讼程序，虽以采用言词审理主义为本，而书状审理主义有时亦在所兼资。若当事人声明应受判决之事项，须朗读书状是也。二、公开审判主义及不公开审判主义，本案并用此两主义，如通常诉讼事件许公开审判，禁治产事件则不许公开审判。三、直接审理主义及间接审理主义，本案并用此两主义，如对于当事人之供述及证据调查，采用直接审理主义；而遇有不得已之际，则采用间接审理主义，使受命推事、受托推事调查证据。四、不干涉审理主义及干涉审理主义，民事诉讼为保护私权之方法，故本案采用以采用不干涉审理主义为原则，而于人事诉讼则出于例外，采用干涉审理主义。五、当事人进行诉讼主义及职权进行诉讼主义，本案并用此两主义，于不关公益之民事诉讼，及应由当事人自定之诉讼行为，采用当事人进行诉讼主义；于关系公益之民事诉讼（如人事诉讼），及不应由当事人自定之诉讼行为，则采用职权进行诉讼主义。六、当事人处分主义及审判衙门职权主义，本案以采用当事人处分主义为原则，于人事诉讼及以审判衙门职权所调查之事项，则出于例外，采用审判衙门职权主义。七、当事人两造审理主义及当事人一造审理主义，本案并用此两主义，凡诉讼事件之以判决断结者，采用当事人两造审理主义；凡诉讼事件之以决定或命令断结者，则采用当事人一造审理主义。八、当事人同等主义及当事人不同等主义，本案独采用当事人同等主义，于当事人两造所草诉讼上之利益，或行使上诉权之要件，均不设等差。九、言词辩论一体主义及诉讼行为同时主义，本案以采用言词辩论一体主义为原则，有时则出于例外，采用诉讼行为同时主义。十、证据分离主义及证据结合主义，证据结合主义甚便于当事人，故本案采用此主义。十一、自由心证主义及法定证据主义，本案利用此两主义，而以自由心证主义为原则，以法定证据主义为例外。十二、形式上真实主义及事实上真实主义，本案以采用形式上真实主义为原则，以实质上真实主义为例外。载陈刚主编：《中国民事诉讼法制百年进程》（清末时期·第2卷），中国法制出版社2004年版，第100—104页。

法律的机构——修订法律馆①在锐意进取的沈家本等人的主持下，修订了先进的民事诉讼法草案，虽然未获得实施，却为后世留下了宝贵的精神财富。清末修律旨在挽救岌岌可危的政权，移植而来的西方法律却无法承载统治者的希冀，其在政治上的努力归于失败，但清末修律者筚路蓝缕的初创之功并没有因为清王朝的覆灭而销声匿迹，中国法律近代化的伟大事业藉此发端，诚如美国学者费正清所言："清王朝从 1901 年到 1911 年间的最终衰亡与其说是一个崩溃阶段，不如称之为一系列新开端的显现期。"②

四、《民事诉讼条例》的制定

《民事诉讼条例》是中国历史上第一部由中央政府正式颁行的民事诉讼法，它是中华民国北京政府（以下简称北京政府）修订法律馆以前清《民事诉讼律草案》为蓝本拟定的民事诉讼法，其最初以"民事诉讼法草案"名义行之，后改称"条例"，但其体例和内容实质上均具备了民事诉讼法典的实质。③

"北洋政府时期，虽然军阀混战，政局动荡，但是清末以来开启的法律近代事业并没有中断，北洋政府将清末的各项法典以及法典草案进一步完善，为后来南京政府完成六法体系奠定了基础。"④ 1913 年 4 月 8 日，第一届国会在北京召开，国会正式成为北京政府的立法机构，并开始起草宪法。但袁世凯为维护个人权力，千万百计干预国会的立宪活动，并进而于 1914 年 1 月 10 日，宣布解散国会。此后民国政局风云突变，国会成为权力斗争的工具，时开时停，除在立宪方面作出了一些成绩外，在其他方面的立法几乎毫无建树。北京政府时期真正在立法方面发挥作用的是修订法律馆⑤，立法工作继续沿着清末修律所确定的航标前进，"形成辛亥革命后民国政府第一次大规模的立法高

---

　　① 　关于修订法律馆的组织机构和运作详情，请参见中国政法大学 2007 年博士论文陈煜：《清末新政中的修订法律馆》，中国政法大学图书馆藏。

　　② 　［美］费正清著，张沛译：《中国：传统与变迁》，世界知识出版社 2002 年版，第452 页。

　　③ 　黄宗智先生认为自清末到南京国民政府期间民事诉讼没有产生法典，参见氏著：《法典、习俗与司法实践：清代与民国的比较》第 3 章，上海书店出版社 2003 年版。

　　④ 　张晋藩主编：《中国民法通史》，福建人民出版社 2003 年版，第 1143 页。

　　⑤ 　民国元年成立法典编纂会，曾短暂隶属于法制局，嗣后改隶属于司法部，更名为法律编查会，民国七年更名为修订法律馆，主要负责编纂关于民事、刑事等法规。

潮"①。具体到民事诉讼的立法，集北京政府民事立法集大成者为 1921 年公布施行的《民事诉讼条例》。

在颁行《民事诉讼条例》之前，北京政府在规范民事诉讼行为，主要援用前清《各级审判厅试办章程》、《法院编制法》和《民事诉讼律草案》关于"管辖"和"审判衙门职员之回避、拒却及引避"方面的规定。此外，北京政府根据实际情况的变化颁行了一些单行的民事诉讼法规，如规范县知事兼理司法制度的《县知事审理诉讼暂行章程》、《民事非常上告暂行条例》等。这些法规多由司法部以部令颁行，由于政局的混乱，立法程序难以按照法定标准进行，这个时期关于民事诉讼的法规多以暂行章程、规则、条例等名行之。

为撤废领事领事裁判权，北京政府力图改良司法，加紧了民事诉讼立法工作。1921 年 11 月 14 日，由于无法提交国会议决，北京政府下令将《民事诉讼法草案》更名为《民事诉讼条例》，嗣后明令自 1922 年 7 月 1 日起全国各法院一律实施，② 但《民事诉讼条例》完全适用之区域以新式法院为限，而实际上处理了绝大多数民事案件的县公署则不适用。③ 加之当时南北分裂，《民事诉讼条例》只施行于北京政府控制的区域。

首先，该条例基本上袭用了前清的《民事诉讼律草案》，同时借鉴了奥地利和匈牙利两国的民事诉讼法，无论是内容还是体例，都较《大清民事诉讼律（草案）》都更加全面和科学，已经是一部相当成熟的民事诉讼法。《民事诉讼条例》与《民事诉讼律草案》相比较，其体例最大的变化就是"总则"编的出现，该条例将《民事诉讼律草案》中的"审判衙门"和"当事人"两编，以及第三编"普通诉讼程序"之"总则"合为总则编。其次，该条例将草案中第三编"普通诉讼程序"按照"第一审程序"、"上诉审程序"和"再审程序"分立为三编。最后，该条例注意到就判决所为上诉和就裁决所为上诉的不同，将就裁决所为上诉的"抗告程序"独立为第五编。这使得该条例在整体构架上，程序特征更加清晰明朗。在内容方面，该条例最为显著的变化为三点：1. 增加了"嗣续事件程序"一节，这主要是考虑到民国初年民法尚未颁行，而传统的立嗣风俗依然延续，为规范对这类案件的审理，特设此节。2. 该条例第五十二条第三项赋予了非法人团体当事人能力，扩大了民事诉讼

---

① 朱勇：《中华民国立法史·序言》，载谢振民编著、张知本校订：《中华民国立法史》，中国政法大学出版社 2000 年版，第 3 页。

② 《民事诉讼条例（附民事诉讼条例施行条例）》，中国社会科学院法学研究所图书馆藏。

③ 《调查治外法权委员会报告书》，上海商务印书馆 1926 年版，第 107 页。

法保障对象的范围。3. 扩大了法院的职权调查范围，其主要内容为审判官对于案件的审理不仅根据当事人的举证，还可依职权决定调查。虽然扩大法院职权有利于提高司法效率但《民事诉讼条例》相对于大清《民事诉讼律草案》所确定的辩论主义而言，无疑显得保守了。这也充分说明法律连续性与稳定性的特性决定了法律固然要具有一定的超前性，但适应社会现实、保持与主流社会的同步性也非常重要。北京政府在民事诉讼立法方面表现得更加务实。

《民事诉讼条例》亦将"证据"安排在"第一审程序"中通常诉讼程序中，其体例编排与《大清民事诉讼律草案》一致，内容大体相同，但对比二者，还是可以看到两部法律的不同之处：第一，《民事诉讼条例》所使用的立法语言的风格与现代更加接近，如《大清民事诉讼律草案》将举证责任写作"立证"，《民事诉讼条例》已明确为举证责任；书证、勘验在《大清民事诉讼律草案》中为"证书"、"检证"，《民事诉讼条例》则为"书证"、"勘验"；第二，增加了相关内容，如在"通则"中增加了"推定"，规定了法院对于显著或为职务上所已知者，在有反证前，毋庸举证，法院有权依据已经证明之他事实推定印证事实之真伪，从而免除调查举证之烦琐。增加了"鉴定"、"勘验"的条款，使得其程序更加清楚；第三，一些内容虽时代的变化而发生改变，如《大清民事诉讼律草案》免除出庭作证义务的人员为"皇族"、"大臣"、"国会议员"，《民事诉讼条例》则为"大总统"、"国务员或地方最高行政长官"、"国会议员"。所有这些变化都反映出了民初立法者在继承前清立法成果的同时，并不是简单的承袭，而是根据时代的进步和最新的民事证据理论进行必要的修正，使得民事证据立法不断发展。

北京政府时期，动荡的政局直接影响了法制发展，司法制度受到了诸如"新式法院过少"、"经训练之法官人数过少"、"司法经费短缺"等种种指责。① 但民主、共和、宪政逐渐成为时代的主旨，民事诉讼立法也朝着近代化的方向发展，北京政府在民事诉讼立法发展进程中承上启下的作用是值得肯定的。《民事诉讼条例》的颁行也标志着民事诉讼法法典化向前迈出了实质性的一步。

回顾清末民初民事证据法律制定情况，不得不慨叹近代民事诉讼立法历程的艰难曲折。在中国特定自然条件下所形成了自给自足的小农经济，因封建中央集权政权的建立而巩固，道德教化的影响，聚族而居的稳定社会关系等诸多因素使人们更注重相互之间的和谐共处，加之传统民事司法制度的缺陷，使得诉讼成为万不得已的选择，这些因素直接导致传统社会保护私权的民事司法长

---

① 《调查治外法权委员会报告书》，上海商务印书馆 1926 年版，第 207—219 页。

期被忽视。市古宙三曾写道："中国自古以来就有和现代行政法和刑法一致的法律，但就没有或极少与现代民法或商法一致的，而且也不像现代西方那样，司法和行政权力分离。"① 可见，中华法系"重刑轻民"和"轻程序、重实体"的传统使得民事诉讼法的制定难以一蹴而就。从近代西方司法独立观念导入中国到新式审判机构实际运作，程序法逐步完善，反映了中华民族面对危机，积极务实的奋斗精神。在清末修律过程中，最高统治者迫于存亡绝续的压力，不得不支持修订法律馆"考古今之沿革，订中外之异同"② 的修律工作。以沈家本为代表的先行者本着"参考古今、博稽中外"的宗旨，全身心投入了将孤立发展了两千余年的中华法系现代化的事业中，突破了传统法律文化的束缚，编纂了第一部民事诉讼法典草案，从而奠定了以后民事诉讼法律发展的根基。对于清末修律曾有过种种评价，肯定者赞誉有加，杨鸿烈先生盛赞沈家本为"媒介东西方几大法系成为眷属的一个冰人"。③ 批评者则指责清末修律完全以西方法律为指南，抹杀了中国数千年的传统与民情。但考虑到中华民族时处亡国灭种的危险境地，从容谨慎的辨别和抉择对于肩负法律近代化任务的修律者而言，似乎是画地为牢的约束，毅然抛弃成为不得不为的举动。因此这场持续数年的修律运动虽然在当时没有立即产生效应，但它引入的民事诉讼制度和原则在以后得以接受和确立。今人重读当时编撰的《大清民事诉讼律草案》，也将惊叹沈家本等先行者筚路蓝缕的勇气和魄力。清末修律者前无古人的开创工作为民国立法工作确定了明确的模式，奠定了坚实的基础，诚如民国学者陈顾远所言："清末变法，参取欧西法制精神，虽在当时未能有成，实开民国后新法制之先河。"④

民国延续清末未尽的修律事业，随着时代的进步，国民权利意识的觉醒，移植外国法律的范围更加广泛和丰富，同时在处理中国实际情况和外国法的关系方面更加理智，注重结合中国现实，斟酌取舍，使得《民事诉讼条例》等法律获得了实施。重温清末民初民事诉讼立法进程，可以发现正是这二十多年的艰辛探索，为南京国民政府的民事诉讼立法提供了丰富的历史经验。

---

① ［日］市古宙三：《1901—1911 年政治和制度改革》，转引自［美］任达著，李中贤译：《新政革命与日本：中国，1898—1912》，江苏人民出版社 2006 年版，第 180 页。

② 故宫博物院明清档案部编：《清末筹备立宪档案史料》（下），中华书局 1979 年版，第 843 页。

③ 杨鸿烈：《中国法律发达史》（下册），商务印书馆 1933 年版，第 326 页。

④ 陈顾远：《中国法制史概要》，台湾三民书局 1977 年版，第 20 页。

第四节　民事证据的分类及其变化

民事证据的分类是民事程序法对证据的法定形式进行的分类。近代民事证据分类随着立法的进步和民事诉讼的发展不断丰富，虽然法律对民事证据的分类没有明确规定，从其内容上看，主要分为四种：证人、书证、鉴定和勘验。

一、证人

证人是清末民事诉讼立法中最早明确的一类证据，在此后立法中也一直规定的最详尽。

（一）证人概念

所谓证人，就是当事人及法定代理人以外的第三人由审判机关讯问，就自己所经历的过去事实向法庭陈述。

（二）证人证明力

考察证人的证明力，主要考虑以下因素：1. 证言与待证事实的关系；2. 证言的可信度，一般根据证人的记忆力及认知能力、证人与待证事实是否存在利害关系，以及讯问方式和证言内容的复杂性；3. 讯问的合法性及当事人是否有异议。

（三）证人能力

证人能力即成为证人之资格，证人必须是自然人，近代民事证据立法对证人资格的限制不断减少，至《大清民事诉讼律草案》接受"无论何人，皆有为证人之能力"之观点，取消了此类规定。

《刑事民事诉讼法》第 241 条规定下列人员不得为证人：1. 不能辨别是非的未成年者；2. 有心疾者；3. 有疯疾者。凡是知道案情的人应当都具备作证的资格，其证言应当由法官根据实际情况和法律规定决定是否采信，将年龄或健康作为限制作证的条件并不科学，加之立法语言不精确，司法实践中难以操作。

《各级审判厅试办章程》第 77 条规定，证人若具有下列情况，应剥夺其作证资格：1. 与原告或被告为亲属者；2. 未成丁者；3. 有心疾或疯疾者；4. 曾受刑者。该章程对于证人资格的限制明显不合理。民事案件的知情人都为亲友，将当事人亲属排除在证人之外，而且立法对亲属的范围没有明确规定，显然不利于查明案情。不允许曾经受到刑事处罚的人作证更是带有歧视性，不符合现代法律人权理性的精神。

至《大清民事诉讼律草案》确定了自由心证主义，年幼者、心智发育不完全的人都可以作为证人，法官在听取证人陈述后，可以自由任意判断其陈述可信与否。

（四）证人义务

证人义务是国家为正当行使司法权，要求证人必须按照法院命令承担到场、证言、具结等义务。

1. 到场义务，证人经合法传唤应当列席法庭，在主审法官前陈述证言，未经允许不得自行离去。清末民初四部民事程序法都规定，无特殊情况，证人应当出庭作证。《刑事民事诉讼法》规定证人受到知单（通知单）之后，应当按时到公堂作证，如因故不能前往，必须预先声明，以便展期。如届时不到又不声明者，公堂可以处罚，并改用传票传唤，如还是不到，可以拘提。《各级审判厅试办章程》规定法官讯问证人，得发传票传讯，证人应按照传票期限到庭，如无正当理由不到庭处以罚款，再次签发传票，勒令到庭。《大清民事诉讼律草案》规定证人经合法传唤必须到场，如不到场，要处以罚款，并赔偿因不到场所产生的费用，如证人仍拒不到场，可再次处以罚款，并将证人拘提。《民事诉讼条例》关于证人出庭的规定与《大清民事诉讼律草案》基本一致。

但对于以上原则，亦存在例外规定：一种情形是具有特殊身份的人可免除到场义务，《刑事民事诉讼法》规定三品以上的大员为证人，不必到庭。《各级审判厅试办章程》规定具有特别身份的证人，不必到庭，而究竟那些人具有特别身份，法律并未明确。《大清民事诉讼律草案》规定身份特殊的皇族、大臣、国会议员在会议期间不必到场。《民事诉讼条例》规定大总统、国务员、地方最高行政长官、国会议员开会期间免除到场义务。如此规定一方面是为了维护特权阶层的体统，另一方面也是为了防止到场义务与执行公务相冲突。另一种情形是由法官根据具体情况决定证人不必到庭。这些情况包括：其一证人有正当理由无法出庭，如《各级审判厅试办章程》规定证人因疾病自行声明可以不出庭。其二为发现真实，有当场讯问证人之必要，例如土地境界确定之诉。其三证人居住地距离法院路途遥远，须多费时日及费用，为节省费用和防止诉讼拖延，以及保护证人利益，免除其到场义务。即使免除到场义务，证人依然承担作证义务，审理法官可在其住所或办公官署询问证言，对于身处他地的证人，可以委托其他法官询问。

2. 证言义务，证人经合法传唤出庭，必须就询问事项如实作出证言。《刑事民事诉讼法》规定证人须陈述目睹或自知之实情，不得妄言传闻无稽之词。《各级审判厅试办章程》规定证人作伪证应当承担刑责。《大清民事诉讼律草案》及《民事诉讼条例》均规定，不论何人，除法律有特别规定外，于他人之诉讼有为证人之义务。

对于证人应负证言义务之原则，法律上有得拒绝证言之例外，为能拒绝证言之原因主要有：其一，为维护伦常、合符人情、保持家庭安宁，证人与当事人有亲属、监护、保佐等关系得拒绝证言。《大清民事诉讼律草案》规定当事人之配偶或四亲等内之亲族，或曾有亲族关系的证人得拒绝作证。其二，证人因职务或业务关系负有保密义务得拒绝证言。若非其监督长官或政府承诺，公务员就其职务上应保守秘密的事项得拒绝证言。律师、医师等按照委托旨意或交易惯例，对于当事人或第三人负有保密义务，准许其得以拒绝证言。商人、学徒等非泄露其技术上或职业上之秘密不能为证言，亦准以法律许可为理由，拒绝证言。其三，因证言所证明事项的性质而拒绝证言。《大清民事诉讼律草案》规定如果证人所为证言，于证人自己或与证人有亲属、监护、保佐关系者直接产生财产上损害，或者讲授刑事追诉，或者将遗亲属以耻辱，得拒绝作证。但证人对于一些特定事项，如同居人身份上之事项等仍得作证，这主要是考虑这些事项一般只有亲属知晓，若无亲族证言，则无从查明案情。

3. 具结义务，证人应当具结保证如实作证。《刑事民事诉讼法》曾规定证人应当宣誓后作证。但督抚评议认为，宣誓出自宗教信仰习惯，中国无此习俗，毋庸沿袭，应当严格伪证须承担的法律责任。《各级审判厅试办章程》并无宣誓或具结规定，只是规定证人作伪证按照证佐不实例处理。《大清民事诉讼律草案》方始规定具结义务。证人可以在询问前或询问后具结，审判长在证人具结前，应当告知证人伪证之罚。除法律规定的特殊情况，证人当应当具结，否则其证言不被采信，当事人也可以此为上诉理由。

对于一些特殊的证人，法院按照法律规定免除其具结义务。《大清民事诉讼律草案》规定，未满十五岁的未成年证人、因精神障碍不解具结意义及效果的证人，因认知能力的欠缺，不承担具结义务；当事人之受雇人或同居人、与诉讼结果有直接利害关系者、证人对于亲属及于自己或其亲属生财产上直接损害或足致受刑事追诉或蒙耻辱者，不拒绝证言，法院可斟酌令其作证，此三类证人有具结能力，但因存在利益冲突，法院有权决定不令其具结。

（五）证人权利

凡证人遵传到场，不论是否受询问，都有请求给付日费和旅费的权利。这项权利即使证人因当事人舍弃或证人有拒绝证言权而未受讯也不受影响。《各级审判厅试办章程》规定，证人的日费与旅费由举证者供给，但得纳入诉讼费计算。具体的费用数目是证人的到厅费，每次银五钱；住所在十里以外的，加川资银一钱，火车、轮船照实数核给；另外，每天付给证人旅费五钱。《大清民事诉讼律草案》有证人有权获得日费和旅费的规定，因作证为证人履行公法之义务，应当由国库支付，受诉法院可要求举证人预征相关费用。

（六）证人作证之程序

1. 声明人证

当事人依人证证明自己所主张之当事人，应向法院表明证人的姓名、住址、职业等个人情况，及应询问事项。

2. 证据裁定

法院认定举证者所声明的证人合法而且必要，如证人已到场，可以直接讯问，无须为证据裁定；如证人不在庭，须为证据裁定。

3. 传唤证人

证人除已到庭者外，法院书记官应当根据证据裁定制作传票传唤证人。

（1）制作传票，受诉法院或受命推事命令传唤证人，书记官应当制作传票，送达证人。传票应记明下列事项：证人及当事人、证人应到场之日期及处所、证人不到场应受之制裁；法院；证人请求旅费及日费之权利。此外，如果审判长认为证人不预先准备不能为证言，应于传票注明询问事项，以免诉讼迟延。

（2）传唤现役军人或军属，应当嘱托所属长官或队长传唤，并通知该管长官，以防妨碍军务。

（3）传唤在监者，为免监狱管理不便，应当向该监狱长官送达，请求将证人解送到场。

需要注意的是，除《刑事民事诉讼法》用"知单"知会证人到场作证之外，《各级审判厅试办章程》、《大清民事诉讼律草案》、《民事诉讼条例》均采用传票传唤证人。显然，采用传票混淆了证人与当事人，而用知单则更尊重证人。

4. 证人具结

证人到场后经验证身份无误后，审判长应当在讯问前令其具结，但对应否具结有疑义，得于询问后释明，再令具结。

5. 询问证人

（1）场所：询问证人，应当在受诉法院进行，符合特别情形者，可在其住处或官署为之。

（2）顺序：审判长先核实证人身份和了解其认知能力；然后命证人陈述关于讯问事项所知始末；为使证言明确完全，审判长进行必要发问，其他法官告明审判长也可对证人发问；当事人可声请审判长为必要发问，或经审判长许可直接向证人发问。

（3）方法：如数人为证人时，应分别询问，但须与其他证人对质时，不在此限。证人在期日终止前，非经审判长许可，不得离开法院或其他询问处所。

（4）再询问：法院在言词辩论终结前，认为证人证言不完全、不明显、或系违法，可以依职权或由当事人声请，再询问证人。

（七）舍弃证人

当事人在询问尚未完毕之前，得舍弃声明之人证。因为民事诉讼本为维护私权，当事人为自己利益声明人证，故应准许其自行舍弃。如相对人请求询问同一证人，得进行询问或续行询问。

二、鉴定

鉴定是具有特别学识、经验的鉴定人就鉴定事项陈述之意见。《刑事民事诉讼法》尚未规定鉴定。《各级审判厅试办章程》将"鉴定人"与证人并列一节，这可能是受到德国诉讼法之影响，认为鉴定人是理论方面的证人、证人是事实方面的证人。《大清民事诉讼律草案》明确设立鉴定作为证据方法和审判官判断之辅助。与现代鉴定不同的是，清末民初立法中的鉴定专指诉讼内的鉴定。

（一）鉴定人

鉴定人是经法院委任，本诸自己特别的学识、经验，就法院指定事项（法则、习惯法、实验法则）陈述意见之第三人。上述定义可以说明鉴定人必须是当事人及当事人法定代理人之外的第三人，由于鉴定人与证人都是第三人，因此《大清民事诉讼律草案》和《民事诉讼条例》都规定除特别规定外，鉴定准用关于人证之规定，但鉴定人是在诉讼过程中，就裁判机关说指示的事项提供意见的第三人，鉴定标的物并非鉴定人所经历的过去事实。

（二）鉴定人资格

鉴定人必须符合以下条件，方具备法律资格：其一是具备完全行为能力的自然人；其二是非诉讼当事人及其法定代理人或审理案件之法官的第三人；其三是具备从事鉴定所需的知识技能。

（三）鉴定人义务

规范鉴定人义务是为了确保鉴定人如实公正地实施鉴定，法律关于鉴定人义务的规定与证人义务类似，因为鉴定人和证人参与诉讼的意义都是为了国家司法裁判能够正确，从而使民众承担公法上之义务。

1. 到场义务

鉴定人须遵照法院命令，赴法庭陈述意见。如鉴定人违反此义务，法院有权对处以罚款。但鉴定人拒不到场，法院不得拘提，因为鉴定人不同于证人，证人不可替代，为保障诉讼顺利进行，当其拒不到场时予以拘提，而鉴定人可以替代，适用强制措施让其到庭，鉴定人必不能作出客观的陈述，无法达到鉴定之目的。

2. 陈述义务

鉴定人应当到庭陈述自己的鉴定意见，如鉴定人拒绝鉴定，法院认为理由正当，可以免除其义务。

3. 具结义务

鉴定人须在鉴定前，在受诉法院主审法院或受托法官前，承担具结义务，保证作出公正诚实之鉴定，违反该义务所受制裁，与证人同。

（四）鉴定人权利

1. 鉴定所需的权利

鉴定人在鉴定时，有权利用存放在法院的所需资料，声请法院调取证物或询问证人，或者经当事人许可后直接对证人或当事人发问。鉴定人享有这些权利，才能够充分了解鉴定事项，从而作出符合事实真相的鉴定意见。

2. 请求给付费用和报酬的权利

《大清民事诉讼律草案》规定，鉴定人同证人一样，有权获得法定的日费和旅费。由于鉴定需要使用材料、器械等，因此鉴定人有权要求预先支付一定数额的鉴定费用。《民事诉讼条例》在此基础上，增加了鉴定人获得报酬的权利。

（五）拒却鉴定人

拒却鉴定人即申请鉴定人回避。当事人有权依据声请法官回避的原因拒却鉴定人：

（1）推事或其配偶为该事件当事人或就该事件与当事人有共同权利人、共同义务人、担保义务人、偿还义务人之关系者，推事之配偶为当事人者虽婚姻消灭亦同；

（2）推事与该事件当事人为亲属或有养亲、养子关系，其亲属、养亲、养子关系消灭亦同；

（3）推事为该事件当事人之未婚配偶者；

（4）推事为该事件之当事人之法定代理人、监护人、保佐人曾为以上各项关系者；

（5）推事于该诉讼事件，现为或曾为当事人之诉讼代理人者；

（6）推事于该诉讼事件曾为证人或鉴定人者；

（7）推事曾参与该诉讼事件之前裁判或公断者。

另外，法官虽没有上述情形，但存在使当事人足认其执行职务有偏颇之虞者，如与当事人一方有交谊、与该诉讼结果有利害关系等，当事人亦可以声请其回避。

当事人拒却鉴定人，应当在鉴定开始前，如果当事人事先不知道拒却原因或拒却原因发生在鉴定开始后，也可在鉴定意见作出后，以书状或言词向选任鉴定人的法院或推事提出声明，并释明理由。法院或法官就拒却声明作出裁决，认为拒却正当的裁决，当事人不得声明不服；认为拒却不当的裁决，当事人得以抗告。经法院认定拒却原因正当，鉴定人自不必从事鉴定工作，如在鉴定后被拒却，法院依职权或因声请另行委任鉴定人重新进行鉴定。

（六）鉴定程序

1. 声请鉴定

法院可依职权或因当事人声请而为鉴定。当事人声请鉴定，只需表明鉴定事项，不需指定鉴定人，是否需要鉴定，由法院决定。

2. 委任鉴定人

法院依职权命行鉴定，鉴定人由法院选任，法院有权根据鉴定事项的难易决定指定一人或数人担任鉴定人，并改任不适当的鉴定人。法院亦可令当事人指定应选任的鉴定人。

3. 鉴定人具结

鉴定人应当在鉴定前具结，保证公正诚实地实施鉴定。

4. 实施鉴定

鉴定人通过利用诉讼资料、声请调取证物或询问证人、向证人或当事人发问等方法实施鉴定，最终得出鉴定意见。当鉴定人有数人且意见不同各执一说时，应当分别作出鉴定书。

5. 询问鉴定人

如鉴定书需要说明，鉴定人应当到受诉法院以言词陈述意见，询问适用关于人证之规定。

6. 二次鉴定

法院认为鉴定意见不充分，得命同一鉴定人或其他鉴定人复行鉴定。

三、书证

《大清民事诉讼律草案》将书证作为证据法定种类，名曰"证书"，《民事诉讼条例》定名为"书证"。所谓书证就是以文字或符号表示思想的证据方法。书证在民事诉讼中的地位突出。因为当事人在发生民事关系的时候，常常会以书面形式在记载双方约定，"白纸黑字"可以做日后证据之用，即使在没有明确规定证据制度的传统中国，书证亦是涉及土地、交易等纠纷中最有力的证据。

（一）书证种类

清末民初民事证据立法中涉及的书证种类主要有两种：

1. 公证书证与私证书证，公证书证是政府公务人员在职权范围内依照法定形式制作的书面文件；公证书证以外的其他书面文件总称为私证书证。公证书证的证据力大于私证书证，即使相对人否认，如无反证，应当认定其为真实。私证书证如果相对人不承认，不能认定其为真实。但如果经当事人签名、盖章、捺指印，或经法院、公证人认证，未有反证之前推定其真正成立。

2. 原本与缮本，书证原本是记载意识表示最初形成的书面文件，即原始文件；缮本是与原本内容相同的抄本。书证要求提交原本，但如举证者提出缮本，相对人无异议，无须提出原本。

（二）提交书证之义务

书证所有者对于需要书证证明事实真否的举证者，负有将其书证提交给法院的义务。如果书证系举证人自己所有，他可随时使用，不存在任何障碍，但如果书证为他人所有，举证人不能自由使用，为保障举证人的利益，民事诉讼法规定了书证持有人提交文书的义务。如果当事人不提交自己持有的书证，应当承担诉讼主张不真实的结果，如果故意隐匿或毁损书证，妨碍对方当事人使用，法院可以认定对方当事人主张的事实为真实。第三人无正当理由不提交书证，法院可以裁决处以罚款，并赔偿相关费用，必要时法院可以强制处分，实施搜索或强迫其提出，举证人也可以提起以提交书证为标的的诉讼。

（三）提交书证之程序

1. 举证人所欲使用之书证为其自己所有

当事人声明其自己所有的书证，应当在言词辩论时提出书证，并以言词讲述其内容，使法院与相对人知悉该书证，但当事人因担心书证遗失、毁损，或书证不便运送，法院可依声请或以职权命其于受命推事或受托推事前提出。

2. 举证人所欲使用之书证为对方当事人所有

当事人应当在言词辩论时，声请法院命对方当事人提出书证，声明应当表明书证所记载事项、依据该书证证明之事实、书证为对方当事人持有的理由，以及对方当事人应负提出书证之义务。法院可以根据情形决定驳回或支持该项声请，如果法院认为该书证非常重要，且声请正当，应当命对方当事人提出该书证。对方当事人没有提出不利己之书证之义务，但对于以下书证有提出义务：在准备书证或言词辩论时曾引用为证据方法的文书；对方当事人依据法律规定请求交付或阅览的文书；为举证人利益而制作的文书；就当事人之间的法律关系而制作的文书；商业账簿。

3. 举证人所欲使用之书证为第三人所有

举证人应在言词辩论时声明使用第三人所持有的文书，其声请不符法律规定，法院依法驳回；其声请符合法律规定，法院认为该书证应证事实重要，且举证人声请正当，法院应裁定命第三人提出文书或命举证人自行提出书证的期限。第三人有权请求提出文书的费用。

4. 举证人所欲使用之书证为政府机关所保管或公务人员所执掌

对于政府机关所保管或公务人员执掌的文书，《大清民事诉讼律草案》规定法院可依声请令持有机关或人员送付或举证人有权依法令请求交付此文书，《民事诉讼条例》规定法院或当事人为阐明、确定诉讼关系或主要事实，法院依职权调取，以保护当事人利益，同时彰显政府部门保管文书的职责。

（四）确定文书之真伪

公证书证推定其为真实，对方当事人有异议，应当承担反证责任；私证书证的证据力不如公证书证强，除对方当事人自认其为真实，举证人应当承担证明其为真实的证人。若私证书证经签名、捺指印、盖章、画押，或有法院、公证人认证，推定为真实。如私证书证真伪可疑，可核对笔迹或印迹或依法鉴定。

公证文书应提交原本或经认证的缮本，私证文书原则上应提交原本，如不能提出原本，相对人无异议，则不必提出原本。缮本真否由法院确定其证明力。

所提交文书原本，无论是何类别，一经查阅，应与发还。但若怀疑为伪造、变造之文件，在诉讼未终结之前，由法院书记科保存，或者移交给其他部门，例如检察处侦查。

（五）书证之舍弃

书证在提交法院或受命推事、受托推事后，不论是当事人或第三人提出，只有征得对方当事人同意，方能舍弃。

四、勘验

勘验就是审判人员直接依据五官的作用，认识标的物状态，确定应证事项之真否的证据调查之一种，《大清民事诉讼律草案》称之为"检证"。

（一）勘验标的物

勘验标的物是法官依据五官作用所认识的事物。勘验标的物通常为有体物，多为土地、建筑物、其他物品及人身，即使为无体物，如果依五官作用可以认识，也可以成为勘验标的物，如气体。

（二）为勘验提供便利的义务

举证人之外占有勘验物之人，对于法院进行勘验或者提交该物用于勘验负有公法之义务。如违背此义务，无正当理由，不提交勘验物，或者拒绝法官进行勘验，法院有权裁定处以罚款。必要时，可以采取强制处分。

（三）勘验程序

1. 勘验程序之启动

当事人可以声请勘验以证明自己主张的事实，法院也可以依职权启动勘验程序。当事人声请勘验，应当表明勘验标的物及应勘验事项，法院认为理由正当，以裁定命持有勘验标的物的对方当事人或第三人提出勘验物，对于此裁定，第三人可以提出抗告。法院为确定管辖权或阐明事实关系等，得依职权进行勘验。

2. 实施勘验

勘验原则上由受诉法院在受诉法院之法庭实施，如因标的物的性质或重大障碍不能在受诉法院实施勘验，由受命法官、受托法官在法庭之外实施勘验。

如果业务需要，勘验得令鉴定人参与。实施勘验的法官应当将发现的事项及勘验结果制作笔录，必要时附以图画或像片。

（四）勘验笔录的证据力

勘验笔录由法官制作，但其证据力并不当然高于其他证据，不得径行作为定案依据。勘验笔录应当为当事人知晓并进行辩论，勘验笔录的证据力最终由主审法官自由心证判断其证据力。

在大陆法系国家中，证据来源于当事人、证人、鉴定人、书证和物证，清末民初证据种类立法虽然源自大陆法系，与德国、日本立法基本相似，但在证据通则中规定了当事人自认，未将其作为法定证据种类，其证据方法统分为两大类，即人的证据方法和物的证据方法，人的证据方法为人证和鉴定人，物的证据方法为证据及勘验标的物。

第五节　民事证据制度在司法活动中的应用

民事证据在司法实践中的应用就是审判机关和诉讼参与人运用证据查明和确定案件事实的活动。证据是民事诉讼证明的依据，其最终目的是查明已经发生且不可能再现的案件事实。从民事诉讼的审判程序来看，证明过程大致分为四个阶段，即收集固定证据、提出证据、质证和运用证据对案件事实作出认定。当然，这些阶段并非泾渭分明，许多环节相互交叉，不管进行的步骤如何，证据制度是诉讼进行的基础和核心，证据在诉讼中的作用至关重要，运用证据按照思维逻辑判断案情的过程就是司法活动的主要内容。

一、收集固定证据

在民事诉讼中，证据收集直接决定案件事实能否查明和当事人主张能否得到认定，可谓民事诉讼证明活动的基础。当事人在进行民事活动时，应当依法保存相关证据。在证据难以取得或有灭失风险时，法院可依当事人声请或主动依职权，采取鉴定、勘验等措施对证据进行固定和保护，在司法实践中可以采取证据保全、证据调查等途径收集固定证据。

大理院决定张王氏声请保全证据一案（三年声字第一号）的主文阐述了证据保全在诉讼中的重要性及采取该措施的条件：

"本院（大理院）以为证据保全程序应认为诉讼条理，予以采行，始克全当事人之利便，而贯彻民事诉讼之目的。惟其请求保全证据之条件，则应以该证据方法有不即调查即将纷失，或难以使用之虞，或经相对人统一，始得请求予以调查。至此情形或在诉讼系属前为之，或于诉讼进行尚未达调查证据之程序前为之。凡系惟一之证据，或于该案有重要关系，即予判断有直接影响之证据，则为当事人利益计，自不得不认其可利用保全证据程序。"①

如果声请符合法律规定，法院即会裁定采取保全措施。

"江苏省吴县地方民事裁决

声请人　顾福昌　住苏州司前街

上声请人与林阿和为赔偿损失纠葛声请证据保全，本院裁决如下：

主文

本件声请照准。

理由

本院按证据方法有灭失或碍难使用之虞者，得向法院声请证据保全，民事诉讼条例第四百三十七条已有明文规定。本件据声请人状称，声请人与林阿和系属邻居，林阿和于本月二日修理房屋，竟用木柱靠在声请人墙上，将声请人之墙推倒，并压倒披厢一间。现在声请人急须起盖，若不声请钧院选任鉴定人估定该项墙垣及披厢价值，异日起诉请求赔偿之标准必滋争执，请求迅予派人前往鉴定云云。核与首开法条尚无不合，应予照准，特为裁决如主文。

江苏吴县地方法院民事简易庭

推事

中华民国二十年三月四日"②

二、提出证据

当事人对于其诉讼主张负有提出证据证明的义务，法院可以在言词辩论前施行准备程序为下列各款事宜：命当事人提出图案、表册或外国语文书之释本；命将当事人提出之文书或其他物件于一定期限留置于书记科；收集或调查证据；传唤证人或鉴定人及调取证物或命当事人提出证物；命行鉴定及勘验。所谓"谁主张，谁举证"，无法提出证据或证据不足以支持其主张，就得承担败诉的结果。

"京师地方审判厅批吉苏氏呈诉崇志卖房纠葛一案

查该原告吉苏氏与该被告崇志既属母子，何至卖财各居，该被告又何敢擅

---

① 天虚我生编辑：《大理院民事判决例丁编》，中华图书馆印行，民国九年七月再版，第81—83页。

② 谢森等编，卢静仪点校：《民刑事裁判大全》，北京大学出版社2007年版，第8—9页。

将该原告住房售卖，竟不给与价银之理？且该状内所叙亦不明晰，又未开列证人证物，本厅无从核办，所诉应不准理。"①

一位母亲的房屋被儿子擅自卖掉，按照传统法律精神，这个不孝的逆子应当受到法律的严惩，而清末新式审判厅寥寥数语的判词反映了司法近代化与传统伦理道德的巨大差异。

"大理院判决李凤与春喜等黄帝纠葛上告一案（三年上字第四七六号）

上告人　李凤　被上告人　春喜　赵彦魁即赵彦奎

右上告人对于中华民国二年九月三十日黑龙江高等审判厅就上告人与春喜等荒地纠葛一案所为第二审判决声明上告，经本院审理判决如左：

主文

本案上告驳回。

理由

……

本院查诉讼通例，凡当事人主张有利于己之事实，须提出确实可信之证据以为证明。本案上告人主张被上告人等允许给荒二方半，不能提出实据，徒谓当时有以口头允许之事，而于口头契约之有无亦不能证明，空言争执，自不能信为真正，且查原审本系合并判决，本院为明晰起见，特予分别审究之。

依上论结，本案上告认为无理由应予驳回。又本件系空言不服原判，毫无法律上理由，终应驳回之件。依本院现行事例，得以书面审理行之，特为判决如右。"②

大理院的判决例明确了当事人举证的责任，以及举证不利应当承担的结果。

三、质证

调查证据在言词辩论环节进行，当事人陈述后，法院即为证据调查。当事人应当依法声明所用的证据方法，对方当事人对其提出的事实及证据方法有争议，应当声明证据方法是否合法、证据力的有无，否则视为自认。审判长在审理时，应当保证当事人得为完全适当的辩论，法律关系、攻击防御方法、证据方法或证据抗辩未记明准备程序之笔录者，以经对方当事人同意或释明发生在

---

① 汪庆祺编、李启成点校：《各省审判厅判牍》，北京大学出版社 2007 年版，第 21 页。

② 天虚我生编辑：《大理院民事判决例壬编》，中华图书馆印行，民国九年七月再版，第 120—121 页。

后或知悉在后为限，可以在言词辩论中提出主张。《民事诉讼条例》明确规定庭审笔录应当记明以下事项：一、诉讼标的之舍弃或认诺及自认；二、证据方法之声明或舍弃，及对于违背诉讼程序规定之异议；三、本条例定为应记明笔录之声明或陈述；四、证人或鉴定人之陈述及勘验所得之结果；五、不作裁判书附卷之裁判及裁判之宣判；此外，当事人所谓重要之声明或陈述，及经晓谕而不为声明或陈述之情形，审判长得命记明于笔录。即使是受诉法院依职权调查证据的结果也应当晓谕当事人，令其在言词辩论时，进行辩论。

"大理院判决马云鹏等因地亩涉讼上告一案（三年上字第四三九号）

上告人　马云鹏　马云凌　方震甲（律师）

被上告人　马孤宇子屯木梳屯公会会民　右代理人　喻良　田锡三

右上告人对于中华民国二年十二月二十六日奉天高等审判厅就该上告人与喻良等因地亩涉讼一案所为第二审判决声明上告，经本院审理判决如左。

主文

原判撤销。本案发还奉天高等审判厅迅予更为审判。

理由

……

本院查现行诉讼法例，审理事实之审判衙门应据言词辩论所得之资料以为判决基础。故凡一切证据，无论由当事人提出，或由审判衙门依职权作用所得，均须使当事人为言词辩论，必其已尽攻击防御之能事而可信为确实者，始得据以判决，原审衙门引为本案基础判决者。虽有学习推事汪崇度等之调查报告图说，及宣统二年报领牧养浮多之原图，然检阅诉讼记录，原审衙门仅于二年十月二十七日开言词辩论一次，谕以系争地亩由厅派员调查，而此次调查所得之结果，及报领牧养浮多之原图是否可以为证，迄未使当事人为言词辩论，遽引为判决基础。其践行诉讼程序殊多谬戾。况查阅诉讼记录，系争地之是否牧养，其可调查之点甚多：（一）如吴詹二姓，上告人前次业经声明可以作证，二姓均系地邻，该地情形应有所闻知。倘予传讯，或可得相当之结果；（二）又系争地内有垦地数亩，究系私肯抑究向公会交租，亦可传讯垦户，以为释明事实之资料；（三）又上告人前在本院已声明系争地之不在牧养地内，八界衙门有地图可证，是该衙门是否有图，及其图之可否为证，亦应予以调查；（四）又查宣统二年被上告人报领浮多，原告声明原领地二百晌，浮多一百二十晌等语，则系争地亩是否在原领牧地内，亦可再行丈量，以资考证。乃原审衙门概未予以调查，其于职权上应尽能事，尤多未尽，是本案上告不得谓为无理由。

依上论结，本案上告认为有理由应将原判撤销，发还原高等审判厅迅予更为审判。至本件系原审践行诉讼程序显有未合,并未尽职权上应尽能事,终应发还更审之件。故依本院现行事例,以书面审理行之,特为判决如右。"①

四、认证

法官根据辩论意旨和证据调查结果,依自由心证主义原则,判断事实真伪就是所谓的认证。法官自由评判和采信证据的方法不受限制,但必须符合人们经验规则和逻辑推理的正常理性。为防止法官滥用自由心证,法律作出一些特别规定,如公证证书未遇反证,则应推定其为真实,法官不得随意判断其为不真实等,最重要的是,自由心证的理由应当记明于判决书,以防止擅断。以下几则案例可以反映清末民初自由心证的规则。

(一) 凡证据方法之证明应由审理事实之审判衙门于法定范围内衡情认定以为取舍

大理院判决伊托克通阿与伊永山地亩纠葛上告一案(三年上字第五〇一号)

上告人　伊托克通阿　吉林省吉林县人住下八家子屯年六十六岁业农

右代理人　诸克聪　律师

被上告人　伊永山　吉林省吉林县人住六东们外仁和栈年二十三岁业农

右上告人对于中华民国二年十月二十日吉林高等审判厅就上告人与伊永山因地亩纠葛一案所为第二审判决声明上告,经本院审理判决如左。

主文

原判撤销。

理由

……

本院查现行诉讼法例,凡证据方法之证明力应由审理事实之审判衙门于法定范围内衡情认定,以为取舍。至关于案内事实,除当事人就其有利于己之主张应各负立证之责外。审判衙门为释明事实关系,亦应负相当之义务。本案系争之地,两造均有物证,有人证,欲断定此地应属何人,即应分别其证明力之强弱,并调查其与证据有关系之事实,以定取舍之标准。查上告人所提出之大照,与被告人所提出之满文红契均载有四至,是否相符,实为认定本案事实至关重要之点。审理事实之审判衙门自应详予调查。又如松龄保全等在第二审供

① 天虚我生编辑:《大理院民事判决例壬编》,中华图书馆印行,民国九年七月再版,第1—4页。

称，我们这地内有坟六块，则是否果有葬坟之事。如果有坟六块，是否在前清光绪二十八年以前所葬，亦与本案事实甚有关系，不可以不查究。再就人证而论，郭富文之证言利于上告人，郭正之证言利于被上告人，同郭家之人，而供述各异，则其他郭姓如郭恒等自应传呼到庭，详加讯问，以定其言之真伪。且查原审诉讼记录春祥供称 曾经中人说和，留出三四晌作为祭田。因上告人不允，始行成讼等语，其中人为谁，说和之事实若何亦不无为心证之处，乃原审就此等要点均未依法尽释明之能事，则其认定事实殊难谓为合法。本院自不能遽为法律上之判断。①

（二）证据之取舍由审理事实之审判衙门于法定范围内衡情认定

大理院判决董润定等与铁鉴亭债务纠葛上告一案（三年上字第四七八号）

上告人 董润定 胡沛轩

被上告人 铁鉴亭

右上告人等对于中华民国三年一月二十九日京师高等审判厅就上告人等与铁鉴亭债务纠葛一案所为第一审声明上告，经本院审理判决如左。

主文

本案上告驳回。

理由

本案债权之成立及其数额两造均无争执。惟据上告人声称，吾国一般商习惯，凡银号倒闭，关于欠人之款，概俟收归外欠，始能履行，即所谓以欠抵欠，是永和银号所欠英宅之款自应适用此习惯，乃原判不许延期偿还，实属违法等语。然本院查债权法例，有期债务债务人虽得于清偿期前给付，而不得过期不给付……本院查诉讼通例，认定事实专凭证据之提出，除审判衙门为释明事实关系负有相当义务外，当事人应各就其有利于己之事实主张一一提出。至其证据之取舍由审理事实之审判衙门于法定范围内衡情认定之。②

（三）采用习惯法则须以当事人所举证据及职权调查之结果为基础

大理院判决王英麟上告因赎田纠葛一案（二年上自第一百四十一号）

---

① 天虚我生编辑：《大理院民事判决例子编》，中华图书馆印行，民国九年七月再版，第61—65页。

② 天虚我生编辑：《大理院民事判决例壬编》，中华图书馆印行，民国九年七月再版，第121—124页。

上告人　王英麟

被上告人　胡丰玉

右上告人对于中华民国二年一月二十日奉天高等审判厅就该上告人与胡丰玉因赎田纠葛一案所谓第二审判决声明上告，经本院审理判决如左。

主文

本院上告驳回。

理由

本院按审判衙门采用习惯法则须审查其是否具备四种之条件，即（一）为法律无明文规定之事项；（二）确有惯行事实，即具备体的要素；（三）该习惯为地方通认为有拘束行为之效力，即具备心的要素；（四）不违背善良风俗及公安秩序是也。至审理习惯事实与审理诉讼原因之事实其应践程序，无甚差异。故除于审判衙门显著之事实及职权上已知之事实外，必以当事人依法提出之证据与该衙门职权调查之结果为基础，而认定其事实关系，断定当事人之主张是否成立。①

（四）　两造系争之点应释明事实关系，不得以推理为判决基础

大理院判决耿玉林上告因地涉讼一案（二年上字第五十六号）

上告人　耿玉林

被上告人　耿福廷

涉讼一案所为第二审判决声明上告，经本院审理判决如左。

主文

……

是于本案事实关系仍多疑窦。乃原审徒凭协领衙门移抄地册典契，及两造供词，各种抵触证凭并未能充分说明，又不免以推理之结果为判定事实之基础，是未尽适当行使职权，而使诉讼关系臻于明确。殊有未协，上告人之主张，自不能认为全无理由。②

（五）　否认证言应摘示心证理由

大理院判决陈象法上告欠款纠葛案（三年上字第一百七号）

---

① 天虚我生编辑：《大理院民事判决例丁编》，中华图书馆印行，民国九年七月再版，第12—16页。

② 天虚我生编辑：《大理院民事判决例甲编》，中华图书馆印行，民国九年七月再版，第163—164页。

上告人　陈象法　代理人　熊垓律师

被上告人　高怡廷

右上告人对于中华民国二年七月十五日山东高等审判厅就该上告人与高怡廷合伙及欠款纠葛一案所为第二审判决声明一部上告，经本院审理判决如左。

主文

原判除关于欠款之部分外撤销。

本案发回山东高等审判厅更为审判。

理由

查本案原审诉讼记录，据上告人陈称，伊与管敏生、吴功臣、李鸿先先在峄县向津浦路局出合同包办石灰工程，转包于姚定坤、李振清二人。曾由伊出洋一千五百元、银三百五十两，并长支路局钱十一千五百吊作本。嗣后更约，被上告人入伙，订立伙单，由管敏生书写，约定得利，按东四人六分配。旋因讼事，伊与管敏生在峄县被押。号事概交被上告人管理。不料被上告人变刊图记，伪造账簿，得利独占，应请追还分配等语……即两造主要之争执，即在合伙事实之有无。而上告所引用各种证据方法中，其于证明合伙事实为最有力之证据者，厥维伙单。是故伙单之真正与否实本案首当审究之事项……原控告审即欲否认此项证言，亦应摘示心证之理由，岂得恝置不问。是其证据之取舍，显未合法，由此以论。上告人论述各点攻击原审认定事实及调查证据之不合法者，尚不得谓为无理由。①

从上述案例可以看到，清末民初的民事证据立法对于证据证据采信和事实认定采用自由心证主义为原则，以法定证据主义为例外，法官依据理论知识或实践经验自由判断证据力。但法官的心证并非漫无标准，首先，法官对证据的调查必须依法进行；其次，辩论依照直接言词审理主义进行，未进行言词辩论者不得作为裁判的凭证；最后，心证判断的过程及其理由必须在判决书中予以说明。自由心证主义确保了法官审判独立，但难免发生因法官个人因素从而导致同样的案件，判决迥异的结果。

第六节　小　　结

纵观清末民初民事证据制度，其立法的完备和内容的详尽依然让今人惊叹。首先，近代民事证据立法仿照大陆法系的德日风格，将证据制度规定于诉

---

① 天虚我生编辑：《大理院民事判决例丁编》，中华图书馆印行，民国九年七月再版，第109—112页。

讼法的第一审程序中，强调了证据是诉讼的基础，民事程序法其实就是证明的法定过程。但法律近代化本身就是充满了曲折迂回的历程，这也决定了民事证据制度虽然在清末已经在纸面上初具规模，但直至北京政府颁布实施《民事诉讼条例》，民事证据制度才真正实现近代转型。其次，就《大清民事诉讼律草案》和《民事诉讼条例》两部法律而言，其中关于证据制度的条款都多达上百条，内容非常丰富，立法体例清晰，对于民事诉讼所涉及的举证责任、证据调查和证据保全，以及证据种类都予以明确规定。最后，近代民事证据制度确立的原则改变了传统中国民事诉讼的随意性。传统中国，地方官员在处理民事争议时，以调处息讼为能事，并无明确标准，这虽然有利于地方治安的稳定，但不利于维护个人权益，因此难以养成权利意识。证据裁判等民事证据原则的确定对于去除传统诉讼文化中畏讼惧讼的阴霾，维护人的正当权利产生了积极的作用。

但清末民初民事证据制度的历史局限性也是非常明显的。首先，立法的现实性令人疑虑。如法律规定举证责任的分配加重了原告方的负担，考虑到民事诉讼的原告一般是利益受损方，而利益受损的往往是弱势群体，这类人本身在与他人发生人身财产关系时就缺乏保护自己的法律意识，一旦发生纠纷，让其提出有利于己的证据无异雪上加霜，最终因举证不利而承担败诉的结果，往往会使他们质疑司法的公正性，难以养成现代法治意识；其次，自由心证主义虽然相对于法定证据主义而言，有利于克服口供裁判所造成的弊端，但在社会动荡、军阀横行、司法人员素质难以保证的近代中国，可能会沦为专权的工具；最后，追究事实真相的思维方式使得立法加重了第三人的责任。无论是出庭作证、提供书证，还是担当鉴定等工作，法律都规定了严格的处罚条款，虽然有利于查明事实，但都增加了第三人的负担，不利于保障第三人的合法权益。

清末民初的民事证据制度结束了传统中国"重实体、轻程序"，"重刑轻民"的法律文化传统，南京国民政府在此基础上完善了诉讼立法，使得诉讼法成为"六法体系"的主要部门，近代民事证据可谓在中国诉讼法制发展史上起到了承前启后的作用，其影响力至今在我国台湾地区的"民事诉讼法"中依然清晰可见。对照当今民事证据制度，可以看到立法的不完善导致司法实践无据可依，虽然独立的证据立法曾经被学者倡议，但考虑到民事诉讼和刑事诉讼及行政诉讼的差异，统一的证据法典难以制定，当务之急是在现有法律的基础上，借鉴历史经验，丰富程序法中的证据立法，完善现行民事证据制度。

结　　语

一、传统社会的复杂关系对证据认识的影响

（一）复杂经济关系对证据认识的影响

在中国传统社会中，经济关系是非常复杂的，它们的存在对证据的认识产生了重要影响。当着统治阶级与占主流的经济意识追求社会稳定与经济繁荣与发展的时候，经济关系则趋于平稳，适应它的法律关系也比较稳定，人们就会比较尊重证据规则与证据制度的应用，并希冀通过法制，特别是运用证据维护自身的合法权益。故在此时间段，人们对证据的认识往往比较客观，比较理性，保持着一种尊重的心态。相反，社会动荡，或社会处于转型期，经济危机或经济上的起伏不定，就会导致社会经济关系不稳定，法律关系的不稳定，加之利己经济利益的考虑，对证据的认识就会出现严重的偏差。凡有利于己方经济利益的证据，就采取认证与采证的方针，凡不利于己方经济利益的证据，则有意无意加以掩饰，甚至采取湮灭的方针。故经济上的利害关系在某些场合或某些时候，会影响人们对证据的客观认识，以致影响人们的正常判断。

（二）复杂政治关系对证据认识的影响

从总体看，在古代中国自给自足自然经济基础之上建立起来的君主专制制度中，是专制的政治制度决定法律制度，是人治决定法治。复杂的政治、法律关系必然会对证据的认识产生重大的影响。

一般来说，历代经历长期征战而建立的新生政权，都竭力谋求政治统治的长久性与可持续性，这要求其法律统治的稳定性和长期性，在这一时间段，统治者大都能注意在地主阶级整体利益与统治者个人利益冲突时采取自我克制的态度，克服各种干扰，保持法律的平稳，并且重视证据规则的运用。如汉文帝时期在处理犯跸案时，最终服从廷尉张释之的意见，对当事人“以赎论”。[①]表现出政治关系相对稳定的时期，对于法律，特别是证据的认识能够持客观、

---

① 《汉书·张释之传》。

公正的态度，其处理案件的结果也获得时人与后人的肯定。

与此同时，也有相反的情况，当统治者个人意志凌驾于地主阶级整体利益之上，表现出政治上的极端专制，严重破坏践踏法制，故在处理大案与要案时根本无视证据的客观存在，对政敌随意剥夺其生命，将其置于万劫不复的境地。诸如，在南宋时期，主和派的高宗与奸相秦桧无视法律规定与证据规则，以"莫须有"的罪名，秘密处死爱国名将岳飞父子，就是鲜明例证。

（三）复杂的心理因素对证据认识的影响

应当指出，不同的社会条件下，不同的政治生状环境下，人的心理因素是不一样的。甚至，人的心理因素会表现出千差万别，各色各样。当传统社会中执掌行政与司法权力的当权者们，心理状态属于平和的，他们对法律，特别是对证据的认识是理性的、客观的，也会是公正的。诸如，贞观年间，唐太宗在接到工部尚书郭亮揭发兵部尚书侯君集欲意"谋反"的报告时，就秉持着一种平和的心态，认为是此二人在喝酒后交谈的"言语"，只有二人知晓，属于孤证，不好定案，而采取"释而不问"的态度。① 只有在侯君集起兵真实造反时，才抓获并处死了侯君集。②

但是，在传统社会中执掌行政或是司法权力的当权者们，因政治利益的争夺，或以扭曲的心理考虑大案要案时，就会出现偏激、狂热和随心所欲的态度，完全无视法律和证据制度的存在，任意处理案件。明朝初期，承袭元朝贪腐风气的明代官吏腐败问题严重，朱元璋主张重典治吏，严加惩处。往往是朱元璋早晨刚处理完一批，傍晚又上报请求处治另一批犯赃官吏。本性严苛的明太祖，猜忌心很重，他竟然下令："今后犯赃者，不分轻重皆斩之。"③ 他还规定："凡官吏人等犯枉法赃者，不分南北，俱发北方边卫充军。"④ 官吏贪污腐败应按《大明律》处罚。但明太祖无视法律规定，不分轻重一律处死，或一律充军北边的做法，固然有许多原因，其中，与他的偏激的性情，不正常的心理状态都有一定的关系。

二、传统证据制度的理论与原则

对于传统证据理论，以往有许多论著都做过分析研究。大体上认为，中国

---

① 《旧唐书·侯君集传》，《二十五史》，上海辞书出版社、上海书店1986年版。
② 《旧唐书·侯君集传》，《二十五史》，上海辞书出版社、上海书店1986年版。
③ 刘辰：《国初事迹》。
④ 《明史·刑法志》。

传统证据理论是"口供至上"主义，属于唯心主义的范畴。这种认识固然有其道理，但是有些偏颇，也存在着片面性。通过认真地查找资料，以及深入的分析研究，我们认为指导传统证据制度的理论原则有三种，第一种是主观主义的指导原则；第二种是客观主义的指导原则；第三种是综合主义的指导原则。由于过去不少论者对传统证据制度的主观主义的指导原则论述得比较充分，本文不再赘述。以下着重对传统证据制度的客观主义与综合主义的指导原则加以说明。

（一）客观主义的理论原则

1975 年湖北省云梦睡虎地出土的《睡虎地秦墓竹简·封诊式·盗马》爰书中记载，秦代规定凡实行抓捕必须掌握现场证据，实行据证逮捕的原则。内中有："某里曰甲缚诣男子丙，及马一匹，雅牝右剽；缇覆衣，帛裹莽缘领袖，及履，告曰：丙盗马、衣，今日见亭旁，而捕来诣。"① 这就是说，根据当地里长的报告，求盗甲在亭旁抓捕盗窃嫌犯丙，送上现场查获的赃物马匹、鞋子、衣服等。秦简的这段文字表明，在秦的司法活动中强调法制原则，强调据证抓捕，其客观主义的证据原则十分清楚地显露出来。此外，秦代规定受理案件后应据证审理，不能偏离法律。据《睡虎地秦墓竹简·封诊式·亡自出》记载：先是逃犯甲出逃后自首，供认说："以酉二月不识日去亡，无它坐，今来自出。"② 值得注意的是，负责审理该案的司法官吏并没有轻信犯人的自首供词，而是采取调查核实的方法，验证犯人供词的真伪，再作出审断。经查证，该案犯在二月丙子为逃避三月的应承担的二十天徭役而逃亡。另查该犯还有前科，据档案，秦始皇四年三月丁未日载，该犯曾经逃亡过一次，总共五个月零十天。经过查实后，送交里典验视后，提交官府审理。官府认为该犯没有其他过犯，便不再覆审，交由里典乙作出处理。③ 由上可见，秦代并非仅凭犯人交代的口供定案的，而是继续查证，鉴别口供真伪，并根据法律与证据，最终定案的。这段记载进一步说明秦代确认并认真贯彻了证据制度的客观主义的指导原则，而且在特定的时期内取得了一定的成绩。

唐代承袭以往，在《唐代疏议·断狱律》中规定："若赃状露验，理不可疑，虽不承引，即据状断之。"其后所附疏议作了进一步的说明即所谓："计

---

① 《睡虎地秦墓竹简·封诊式·盗马》（简 21—22），文物出版社 1978 年版。
② 《睡虎地秦墓竹简·封诊式·亡自出》，文物出版社 1978 年版。
③ 《睡虎地秦墓竹简·封诊式·亡自出》，文物出版社 1978 年版。

赃者见获真赃，杀人者检得实状，理无可疑，问虽不承，听据状科断。"① 这表明在唐代正常情况下，只要盗赃与杀人罪证确凿无疑，反复推敲在法理上没有任何疑点，即便犯人拒不交代口供，也可以根据实物证据作出判决。这是由七世纪唐律首次明文规定的"零口供断案"的记载，这种证据制度客观主义的指导原则的确立，表明当时的中国人已站在了人类证据制度发展史的顶峰，其光辉依然照耀着后世。

（二）综合主义的理论原则

由上可知，在传统证据制度中既有主观主义的理论指导原则；也有客观主义的指导原则；同时也存在着综合主、客观两个方面的因素，而形成的综合主义的指导原则。而综合主义的理论原则往往被运用到解决疑案与要案的侦破与审理过程中。例如，发生在秦始皇六年八月的一起抢劫案件中，女子婢在从集市返家的途中被人用刀刺伤，抢劫钱财后犯罪嫌疑人逃亡不知去向。负责审理该案的秦代司法官吏首先询问被害人女子婢遭遇抢劫与被刺伤的经过。初步了解这一案件是持刀抢劫伤人案，属重案。另外，犯罪嫌疑人逃亡不知所向，又带有疑案的特征。针对案件的特殊情况，司法官员从客观环境入手，搜索到现场直接证据劫财伤人的"笄刀"等。随后司法官员根据被害人的描述以及在现场收集的物证展开全方位的调查，发现犯罪嫌疑人姓孔的男子身上有佩刀系物，而无佩刀。接着又开展对其周边人员的调查，找到目击证人走马仆，并交出得于孔处的系着绢的白皮革刀鞘，还提供证言说："公士孔以此鞞（刀鞘）予仆，不知安取。"经验证，证人提供的刀鞘与现场发现犯罪嫌疑人遗留物证——笄刀，俨然合为一体，案件的关键物证完全吻合。另外，嫌疑人孔的妻女也提供证词说："孔雅佩刀，今弗佩，不知存所。"有了充足物证与证言，司法官员又从主观方面入手，反复讯问嫌疑人抢劫杀人问题。孔百般狡辩，拒不认罪。最后司法官员宣布要动用刑讯手段，孔才如实交代了自己抢劫财物与刺伤的犯罪事实。司法官员据律宣判"孔完为城旦。"② 综上可见，在处理要案与疑案时，秦代往往运用多种证据形式断决案件，既有客观性证据（包括物证、证人证言等），也有以刑讯手段相威胁而取得的主观性证据（口供等）。秦代司法官吏将客观与主观证据相互比对，得出审判结论，在这一过程中，实际上运用了主观主义与客观主义相结合的理论原则指导案件的处理过程，体现了证据综合主义的理论特征。

---

① 《唐律疏议·断狱律》，中华书局 1999 年版。

② 《张家山汉墓竹简·奏谳书》第 22 则《得微难狱》，文物出版社 2006 年版。

上述综合性的证据理论与原则在汉朝司法审判中也有鲜明的反映。据《汉书·淮南衡山王传》中载：汉武帝元朔五年（前124年），"淮南王（刘）安大逆无道，谋反明白，当伏诛"。而胶西王刘端则指出："安废法度，行邪辟，有诈伪心，以乱天下，营惑百姓，背叛宗庙，妄作妖言，《春秋》曰：'臣毋将，将而诛'，安罪重于将，谋反形已定。"刘瑞根据《春秋》一书的解释认为刘安主观已具有谋反之心，臣子有谋反之心就应当判处死刑。另外，刘端又指出，欲令刘安心服口服，还必须核实各类证据，特别是要核查用作谋反的"书、印、图"以及其他相关的谋反证物，从客观上证明刘安的罪状。这里反映出汉朝审判时是把主观因素与客观实证相结合，采用了综合主义的证据理论与原则。在中国传统证据理论中，证据的主观性理论源自远古，源自人们的习惯认识，诚如有的学者所说："招认之被重视，盖被告对自己的行为最为清楚，作为判断的基础，亦最有价值；且裁判要使被告心服，而心服宜以被告自招为印记。"① 这种证据的主观性理论应用到司法实践，容易产生刑讯逼供，以求尽速结案的情况，导致冤假错案时有发生。由于维护社会稳定的封建法制主义的需要，所以作为重要的补充，相继形成证据的客观性理论与综合性理论。在君主专制的环境下，人治充斥，法治受制于人治，当时的中国证据理论虽具有多重性的特征，但主观性表现得最明显最突出，而客观性与综合性有所表现，但相对不足。由上述三者相互补充，相互为用，构成传统证据理论的基本内容。清末民初证据理论原则发生了深刻变化，引进了人权原则，法律强调依法据证维护公民的私权和公权的重要性，以免遭受不法侵害。引进法律平等的理论，确认证人具有平等出庭作证的权利，以及应当承担的义务。这种权利和义务关系受到法律的保护，从而排除了传统社会收禁、关押乃至拷打证人，逼迫他们违心作出证词的丑陋现象。引进公开辩论的原则，使原被告双方以及证人在法庭上享有质证与辩论的权利，同时也规定他们应该遵守的义务。出于审判独立的需求，又规定了法官自由心证的原则，进而排除外来不法干预，以期作出符合法律的正当判决。清末民初开启了证据理论近代化的先河，对中华民国各个历史时期都产生了重要影响。

三、研究中国传统证据制度的重要价值

（一）研究传统证据制度是拓宽学术领域的必然要求

法学界，特别是法史学界，对古往今来的司法制度多有研究，且成果颇

① 戴炎辉：《中国法制史》，三民书局1967年版，第170页。

丰。但对传统证据制度的研究，特别是全面系统深入的研究确有所不足。现今证据制度日益凸显它在整个司法制度当中的重要性，而我们至今却缺乏对它的重要渊源之一，即中国传统证据制度的全面系统深入的研究。历史已向世人提出研究传统证据制度，进而拓宽学术领域的要求，我们学者自当有所回应。我们认为当下应当拓宽传统司法制度的研究领域，进一步深入到传统证据领域的各个方面开展研究。诸如，加强传统证据制度的基础理论与指导原则方面的研究；加强刑事证据的立法，证据的分类，以及在司法活动中的应用等方面的研究；加强民事证据立法，证据分类，以及在司法活动中的应用等方面的研究。通过认真的研究，了解它的证据理论的优劣，证据立法与分类的发展程度，以及在司法活动中的应用情况。从中了解传统证据制度基本特点及其演化规律，其精华内容与糟粕内容之所在，以便去粗取精，为完善社会主义证据制度提供有益的借鉴；为消除传统证据制度的消极影响作出积极的努力。同时深入研究中国证据制度近代化的过程、总结其经验教训，为建设中国特色的社会主义证据制度提供积极有益的借鉴。

（二）研究传统证据制度是了解把握传统司法制度的关键环节

通过我们多年的分析与研究，逐渐认识到传统证据制度在传统司法制度中的重要性，它成为把握传统司法制度的关键环节。在我国传统社会法制比较健全，统治者比较重视法制的时期，人们可以发现传统证据制度就得到较大的发展，也得到比较广泛地应用，日益成为传统司法制度的灵魂与核心内容，而且从头至尾，贯穿于传统司法制度的始终。如从证据学的角度审视，人们不难发现，以往历代的勘验过程，是收集与逐步确立证据的过程；审察立案的过程，是依据法律，根据证据，确定是否受理的过程；诉讼的过程，是官府主持下，两造证据对质的过程；审判的过程，是官府依据法律，根据证据，确定判决的过程；最后行刑中的平反冤狱的过程，则是官府依据法律在重新补充证据与再次确认证据后，推翻原判，确定当事人不构成犯罪的新判的过程。所以，传统司法活动的每一个步骤都是依据法律，根据证据完成的，传统证据制度是司法活动须臾不可分离的重要构成部分，也是研究传统司法制度不可忽视的重要环节。

（三）研究传统证据制度是当前推进证据科学学科建设的重要途径

众所周知，证据制度是法制文明的生动体现。根据证据的科学性与客观性所确立的证据科学的学科体系，同样是推进法制文明建设促进司法改革所必需的。现今教育部已在中国政法大学建立国内唯一的一个证据科学研究院，这足以表明国家对证据科学这一新生的法学专业学科的重视程度。建设证据科学的学科体系，需要多方面学术营养的支撑。这既有新中国证据学建设经验的积累与升华；也需要借鉴西方发达国家，特别是美国法庭证据科学的建设经验；同时也需要研究中国传统证据制度，总结它内中的优秀成分为建设社会主义的证据科学学科体系服务。例如，借鉴中国古代重证据实行"零口供"定案的经验。根据《唐律疏议·断狱律》载："若赃状露验，理不可疑，虽不承引，即据状断之。"其后的"疏议"部分对"赃状露验"作了进一步说明："计赃者见获真赃，杀人者检得实状，赃状明白，理不可疑，问虽不承，听据状科断。"① 由上可难看出，早在 7 世纪的唐律已在世界范围内第一次确立了"零口供"定案的制度，从而把证据的客观主义原则推进到一个新阶段，使得证据文明乃至法制文明发展到巅峰状态，其注重证据定案的精神值得后世不断借鉴，也是证据科学学科建设需要吸收的重要营养成分。诸如此类，尚有一些，不便一一赘述。足见借鉴中国传统证据制度的有益内容的重要性。当然，在中国传统社会中，在君主集权专制的环境下，在人治充斥的条件中，统治者无视法律制度与证据规则，随便陷人于罪，实行司法专横与司法擅断，制造了大量的冤假错案，这类情况也严重存在。但这些惨重的教训，也可以加以利用，成为证据科学教学中的反面教材，用以警醒人们，不使历史悲剧再次重演。

---

① 《唐律疏议·断狱律·讯囚察辞理》。

图书在版编目（CIP）数据

中国证据制度的传统与近代化/郭成伟主编 . —北京：中国检出版社，
2013. 11

ISBN 978 - 7 - 5102 - 0990 - 1

Ⅰ.①中… Ⅱ.①郭… Ⅲ.①证据 – 司法制度 – 研究 – 中国
Ⅳ.①D925. 04

中国版本图书馆 CIP 数据核字（2013）第 215970 号

中国证据制度的传统与近代化

郭成伟　主编

出版发行：中国检察出版社	
社　　址：	北京市石景山区香山南路 111 号（100144）
网　　址：	中国检察出版社（www. zgjccbs. com）
电　　话：	(010)68650024(编辑)　68650015(发行)　68636518(门市)
经　　销：	新华书店
印　　刷：	三河市西华印务有限公司
开　　本：	720 mm×960 mm　16 开
印　　张：	40. 25 印张
字　　数：	738 千字
版　　次：	2013 年 11 月第一版　 2013 年 11 月第一次印刷
书　　号：	ISBN 978 - 7 - 5102 - 0990 - 1
定　　价：	62. 00 元